제12판

스마트세법

임성종

소득부가세편

CORPORATE TAX ACT
INCOME TAX ACT
VALUE-ADDED TAX ACT

머리말

세법을 처음 접하는 학생들은 세법이라는 과목이 공부하기에 다소 어렵다고 생각합니다. 실무 경험이 없는 학생들은 방대한 세법의 내용을 지면으로만 공부해 나가는 것이 결코 쉬운 일은 아닙니다. 게다가 생소하고 복잡한 세법의 규정들로 인해 세법을 공부하다보면 자신의 능력과 적성마저도 의심하는 경우가 종종 있습니다.

이 책은 어렵게 느껴지는 세법을 스마트하게 공부할 수 있는 세법 요약서입니다.

본서의 특징은 다음과 같습니다.

첫 째 거소의 판정, 임원등에게 시가보다 낮은 가격으로 제공하는 경우의 근로소득 과세, 소기업 · 소상공인 소득공제 한도 확대, 신용카드 사용액 중 체력단련장 사용분의 공제 적용율 상향 조정 등 출간일까지 개정된 세법내용을 충실히 반영하였습니다.

둘 째 대부분의 세법 내용을 표와 그림으로 요약을 했습니다. 또한 표현도 간결하고 쉽게 풀어 써서 이 책으로 학습하는 학생들은 세법을 굉장히 스마트하게 접근할 수 있습니다.

셋 째 각 이론 설명이 끝나면 이를 사례로 보여줌으로서 실무경험이 없는 학생들에게 법조문의 내용 및 취지를 쉽게 이해할 수 있도록 돕고 있습니다.

넷 째 여러 개의 공식 틀을 제시하여 틀만 정확히 기억하고 있으면 공식 전체를 쉽게 파악할 수 있도록 교재를 구성하였습니다.

다섯째 기업업무추진비 · 기부금 · 감가상각비 · 퇴직급여충당금 · 퇴직연금충당금 등 학생들이 어려워하는 항목에 대해서는 문제 풀이 순서 및 공식을 보기 한 눈에 들어오게 하여 학생들의 학습 효율을 높이고자 하였습니다.

이 책은 세법 기본서가 아니라 요약서입니다. 이 책을 통하여 시간을 단축하고 정리를 수월하게 할 수는 있지만 세법을 공부할 때에는 기본서를 언제나 옆에 두고 기본서와 함께 이 책을 활용해야 최고의 효과를 이끌어 낼 수 있다는 점을 양지하시기 바랍니다.

나름대로의 최선을 다했으나, 미처 발견하지 못한 실수나 또는 내용정리에 있어 부족한 부분에 대해서는 학생들의 의견 및 기탄없는 질책과 충고를 경청하여 계속 수정 및 보완에 최선을 다 할 것을 약속드립니다.

끝으로, 출판에 도움을 주신 나우퍼블리셔의 김대명 사장님과 편집부에게 감사의 말씀을 올리고, 한결같이 나를 믿고 묵묵히 응원해주는 소중한 가족에게 이 글을 통해 사랑의 마음을 가득 전합니다.

2025년 8월

저자 임 성 종

차 례

소득세편

▸ Chapter 05 소득금액계산의 특례

▸ Chapter 06 종합소득 과세표준

▸ Chapter 07 종합소득세액의 계산

▸ Chapter 08 퇴직소득세

▸ Chapter 09 양도소득세

세법의 기초개념

1. 재무회계와 세법의 유사한 용어 정리

재무회계	세 법
(1) 회 계 연 도	사 업 연 도
(2) 매 출 액	사 업 수 입 금 액
(3) 급 여 , 상 여 등	인 건 비
(4) 배 당 금 수 익	수 입 배 당 금
(5) 이 자 수 익	수 입 이 자
(6) 이 자 비 용	지 급 이 자

2. 세법의 기본 가정 및 명제

(1) 재무회계에서는 이익이 클수록 좋지만 세법에서는 이익(소득)이 작을수록 절세가 됨

(2) 세법은 '법'의 일종이므로 평가를 싫어함 ➠ 재무회계의 평가가 세법에서는 대부분 부인됨

(3) 우리나라는 땅이 좁아서 부동산에 대한 penalty가 있음 ➠ 간주임대료, 부동산임대업의 결손금 통산 불가 등

(4) ① 법인세법 초반에는, 재무회계는 잘못된 회계처리를 했다고 가정하고, 전지전능한 법인세법 관점에서 세무조정을 수행함 ➠ 즉, 회계처리는 오류가 있다고 가정함.

② 또는 재무회계의 회계처리가 올바르다 하더라도, 세법은 세법 본래의 관점으로 세무조정을 수행함 ➠ 본질적 차이

(5) 세법은 현재가치평가를 하지 않은 것이 원칙임(단, 특례로 인정되는 경우 있음)

3. 납세자

(1) 법인사업자 : S전자, H자동차 등 법으로 설립된 인격체(우리나라에 약 130만 개가 있음)

(2) 개인사업자 : 음식점, 슈퍼 등 장사하는 개인(우리나라에 약 1,000만 명의 개인사업자가 있음)

(3) (일반) 개인 : 근로소득자(약 2,100만 명) 등, 또는 소득이 없는 사람 등

4. 관할세무서장 등

(1) 관할세무서장 : 일반적으로 시 · 군 · 구별로 존재함

(예 종로세무서장, 삼척세무서장, 해남세무서장 등 약 120명)

(2) 관할지방국세청장 : 우리나라에 7명이 있음(서울 · 중부 · 인천 · 대전 · 광주 · 대구 · 부산)

(3) 국세청장 : 세종시에 1명 있음

(4) 세관장 : 부가가치세법에서 수입과 관련하여 세관업무를 총괄하는 자(서울, 인천, 평택, 청주 등)

2025

스마트세법

소득세편

이 책은 별도의 언급이 없는 한 1월 1일부터 12월 31일까지를 한 기로 봅니다. (12월말 결산법인 가정)

제1장 총설

1.1 소득세의 특징

1. 소득세의 의의

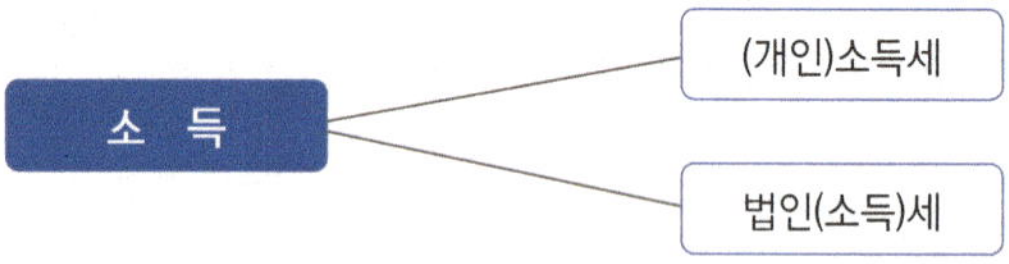

우리나라 세법에 따르면 소득이 발생 시 세율(t%)을 곱하여 과세하는 것이 원칙이다. 이 중 개인의 소득에 대한 세금을 개인소득세, 법인세 대한 세금을 법인소득세라고 하는데 이를 줄여서 개인소득세를 소득세, 법인소득세를 법인세라고 각각 부른다. 즉, 소득세는 자연인이 얻은 소득에 대하여 일정한 세율을 곱하여 과세하는 세금이다. 소득세법은 개인의 소득에 대하여 소득의 성격과 납세자의 부담능력 등에 따라 적정하게 과세함으로써 조세부담의 형평을 도모하고 재정수입의 원활한 조달에 이바지함을 목적으로 한다(소법 제1조).

소득세는 개인단위로 과세를 하나, 조세회피목적 공동사업장의 경우 세대단위로 과세를 한다.

2. 소득세 과세방법

소득세는 종합과세를 원칙으로 하며, 그 외 분류과세와 분리과세 방식이 있다.

구 분	내 용
① 종합과세	이자 · 배당 · 사업 · 근로 · 연금 · 기타소득을 일정 기간 단위로 종합합산하여 고율의 누진세율로 과세
② 분류과세	퇴직 · 양도소득 등 장기간에 걸쳐 발생하는 소득은 종합과세시 일시에 누진과세되어 결집효과가 발생하므로 종합소득과 별도로 분류하여 과세
③ 분리과세	이자소득 중 일부소득 등은 종합소득과세표준을 계산할 때 합산하지 아니하고(소법 제14조 ③) 완납적 원천징수에 의해 분리하여 과세[1]

1) 과세문제가 다음 연도 5월까지 가지 않고 조기에 종결된다는 특징이 있다. 처음 소득세를 공부하다 보면 분류과세와 분리과세를 혼동하기 쉬운데, 둘은 성격이 서로 다르므로 이를 정확히 이해해야 소득세의 전반적인 이해가 가능하다.

사례

거주자 유대리의 1년간 소득금액이 다음과 같을 때 산출세액은(종합소득공제는 없는 것으로 가정)
근로소득금액 4,000만원, 사업소득금액 4,000만원, 기타소득금액 1,000만원

구 분	분리과세 가정	종합과세 가정
(1) 사업소득금액	84만원 + (4,000만원 − 1,400만원) × 15% = 474만원	1,536만원 + (9,000만원 − 8,800만원) × 35% =1,606만원
(2) 근로소득금액	84만원 + (4,000만원 − 1,400만원) × 15% = 474만원	
(3) 기타소득금액	1,000만원 × 6% = 60만원	
합 계	1,008만원	

사례

거주자 유대리의 1년 간 소득금액이 다음과 같을 때 산출세액은(종합소득공제는 없는 것으로 가정)
근로소득금액 4,000만원, 양도소득과세표준 2억원

구 분	양도소득을 종합과세 가정	양도소득을 분류과세 가정
(1) 근로소득금액	3,706만원 + (2.4억원 − 1.5억원) × 38% =7,126만원	84만원 + (4,000만원 − 1,400만원) × 15% = 474만원
(2) 양도소득과세표준		3,706만원 + (2억원 − 1.5억원) × 38% = 5,606만원
합계		6,080만원

사례

거주자 유대리의 1년간 소득금액이 다음과 같을 때 산출세액은(종합소득공제는 없는 것으로 가정) 근로소득금액 4,000만원, 사업소득금액 4,000만원, 기타소득금액 1,000만원, 이외에도 은행이자가 3개월마다 100원 × 4회 = 400원 있었음

이자소득만 분리과세	이자소득을 제외한 종합과세
매 3개월마다 100원 × 14%=14 원천징수 1년간 14원 × 4회=56원의 원천징수로 과세문제 종결	1,536만원 + (9,000만원 − 8,800만원) × 35% =1,606만원

참고 소득세율(초과 누진세율 구조)[2)]

과세표준	일반적인 경우 세 율	속산표 이용시 세 율	속산표 이용시 누진공제
1,400만원 이하	6%	6%	−
1,400만원 ~ 5,000만원	84만원 + 1,400만원 초과액 × 15%	15%	126만원
5,000만원 ~ 8,800만원	624만원 + 5,000만원 초과액 × 24%	24%	576만원
8,800만원 ~ 1억 5천만원	1,536만원 + 8,800만원 초과액 × 35%	35%	1,544만원
1억 5천만원 ~ 3억원	3,706만원 + 1억 5천만원 초과액 × 38%	38%	1,994만원
3억원 ~ 5억원	9,406만원 + 3억원 초과액 × 40%	40%	2,594만원
5억원 ~ 10억원	1억 7,406만원 + 5억원 초과액 × 42%	42%	3,594만원
10억원 ~	3억 8,406만원 + 10억원 초과액 × 45%	45%	6,594만원

2) 양도소득세는 별도의 세율을 적용하는 경우가 있다(9장 참고).

사례

거주자 유대리의 1년간 과세표준이 6,000만원일 경우 산출세액은?

일반적인 경우	속산표 이용시
624만원 + (6,000만원 − 5,000만원) × 24%=864만원	6,000만원 × 24% − 576만원=864만원

3. 과세소득 규정방법

소득원천설과 순자산증가설은 소득의 개념과 과세 대상 범위를 정의하는데 사용되는 이론이다. 이는 소득세법에서 어떤 수입을 과세소득으로 볼 수 있는지를 판단할 때 중요한 기준이 된다.

구 분	소득원천설	순자산증가설
(1) 소득개념	소득세법은 소득원천설을 기본으로 하나, 순자산증가설도 일부 채택(기타 · 퇴직 · 양도소득 등의 일회성 소득도 과세될 수 있음)	
(2) 과세방법	소득의 원천이 열거된 것만 과세	소득의 원천이 열거된 것 외에도 이와 유사한 경우 과세
(3) 대상소득	사업 · 근로 · 연금 · 기타 · 퇴직 · 양도소득(열거주의)3)	이자 · 배당소득(유형별 포괄주의)

4. 소득세의 기타 특징

그 외 소득세의 특징으로는 인적공제제도, 신고납세제도 및 원천징수제도 등이 있다.

구 분	내 용	
(1) 인적공제제도	납세자의 부양가족 등 인적사항을 감안한 소득공제제도가 있음4)	
(2) 신고납세제도	다음 연도 5월에 관할세무서에 확정신고 해야 함	
(3) 원천징수제도5)	1) 완납적 원천징수	원천징수로서 과세가 종결됨 ➠ 분리과세제도
	2) 예납적 원천징수	원천징수한 경우에도 원천징수하기 전의 소득을 신고하고 원천징수액은 기납부세액으로 공제함 ➠ 종합과세제도

3) 예를 들어 일반적인 상장주식의 양도차익은 과세대상으로 열거되지 않았으므로 소득세를 과세하지 않는다. 또한 부모님으로부터 받은 용돈도 소득세를 과세하지 않는다. 다만 부모님으로부터 거액의 금액을 증여 받을 경우, 이는 용돈으로 보지 않고 증여세로 과세될 수도 있다.

4) 연말정산에서 부양가족 한 명당 일정 금액을 공제하는 제도 등이다.

5) 원천징수에는 예납적 원천징수도 있으므로 원천징수가 곧 분리과세(완납적 원천징수)와 동일한 개념은 아님에 유의해야 한다.

사례

〈case 1〉 은행이자를 3개월마다 100원 × 4회 = 400원(세전금액) 수령시 14% 세율로 56원이 원천징수 된 경우 ➠ 완납적 원천징수

〈case 2〉 매월 300만원(세전금액)의 과세대상 총급여를 수령하며 10만원씩 연간 120만원이 원천징수 된 경우(근로소득공제 및 종합소득 공제 1,600만원, 세액공제 100만원, 다른 소득 없는 것으로 가정) ➠ 예납적 원천징수

〈case 1〉 완납적 원천징수	〈case 2〉 예납적 원천징수
매 3개월마다 100원 × 14% = 14 원천징수 1년간 14원 × 4회 = 56원의 원천징수로 과세문제 종결	다음 연도 5월(연말정산으로 종결시에는 다음 연도 2월) • 종합소득과세표준 : 300만원 × 12개월 − 1,600만원=2,000만원 • 산출세액 : 72만원 + (2,000만원 − 1,200만원) × 15%=192만원 • 세액공제 : 100만원 • 결정세액 : 92만원 • 기납부세액 : 120만원 • 차감납부세액(환급세액) : (28만원)

1.2 납세의무자

1. 납세의무자

(1) 거주자와 비거주자

다음의 어느 하나에 해당하는 개인은 각자의 소득에 대한 소득세를 납부할 의무를 진다(소법 제2조 ①). 주1 주2 주3

① 거주자

② 비거주자로서 국내원천소득이 있는 개인

거주자 및 비거주자의 정의와 납세의무의 범위는 다음과 같다(소법 제1조의2 ① (1), (2)). 이 때 주소는 국내에서 생계를 같이 하는 가족 및 국내에 소재하는 자산의 유무등 생활관계의 객관적 사실에 따라 판정한다(소령 제2조 ①).

구 분	정 의	납세의무
① 거 주 자	국내에 ①주소를 두거나 ②183일 이상 거소를 둔 자	전세계소득(무제한납세의무) 주4
② 비 거 주 자	거주자가 아닌 자	국내원천소득(제한납세의무)

주1 국적이나 영주권은 거주자의 판단기준이 아님에 유의해야 한다.

주2 거주자나 내국법인의 국외사업장 또는 해외현지법인(내국법인이 발행주식총수 또는 출자지분의 100%를 직접 또는 간접 출자한 경우에 한정) 등에 파견된 임원 또는 직원이나 국외에서 근무하는 공무원은 거주자로 본다(소령 제3조).

예 삼성전자가 100% 직접 출자한 삼성전자 중국법인 김삼성 과장, 주미(駐美) 한국대사에 근무하는 이한국 서기관은 거주자이다.

주3 다음에 규정하는 자는 국내에 주소가 있는지 여부 및 국내 거주기간에 불구하고 그 신분에 따라 비거주자로 본다(소기통 1-0…3 외교관 등 신분에 의한 비거주자).

① 주한외교관과 그 외교관의 세대에 속하는 가족[6]

예 한국에 거주하는 주한(駐韓) 미국대사는 비거주자이다.

② 한미행정협정(「대한민국과 아메리카합중국 간의 상호방위조약에 의한 시설과 구역 및 대한민국에서 합중국군대의 지위에 관한 협정」)에 규정한 합중국군대의 구성원 · 군무원 및 그들의 가족[7]

주4 **외국인 단기거주자 특례**

해당 과세기간 종료일 10년 전부터 국내에 주소나 거소를 둔 기간의 합계가 5년 이하인 외국인 거주자에게는 과세대상 소득 중 국외에서 발생한 소득의 경우 국내에서 지급되거나 국내로 송금된 소득에 대해서만 과세한다(소법 제3조 1항). 즉, 이 경우에도 (단기이긴 하나) 거주자이므로 원칙적으로 무제한납세의무가 있지만, 국내에서 지급되거나 국내로 송금된 것만 과세하는 것이다.

예 프랑스 국적의 장 피에르 씨는 20×1년 1월 1일 한국 기업에 채용되어 20×3년말까지 3년간 국내에 거주하고 있다. 과거 10년 동안 한국 거주 기간은 이 3년에 불과하다. 한국 기업에서 얻은 근로소득은 국내에서 과세되고 있다. 한편 장 피에르 씨는 20×3년 한 해 동안 프랑스에서 주식 등을 투자에서 5만 유로의 금융소득이 발생하였고, 이 중 2만 유로는 한국 은행 계좌로 송금, 나머지 3만 유로는 프랑스 계좌에 그대로 두었다. 이 경우, 국내 과세대상 금융소득은 국내로 송금된 2만 유로에 한정된다.

사례

다음과 같은 경우 소득세 납세의무는?

해답

구 분	미 프로야구(MLB)에서 활동중인 김OO 선수(비거주자)	걸그룹 IVE 리더인 안OO(거주자)
(1) 국내원천소득	비시즌에 우리나라에서 광고촬영으로 받은 대가 ➠ 우리나라에서 소득세 과세	우리나라에서 광고촬영으로 받은 대가 ➠ 우리나라에서 소득세 과세
(2) 국외원천소득	미 프로야구 선수로 받은 대가 ➠ 미국에서 소득세 과세	유럽에서 공연하고 받은 대가 ➠ 우리나라에서 소득세 과세

실무 POINT

우리나라 걸그룹이 유럽에서 공연할 경우, 그 리더가 한국 세법상 거주자라면 우리나라에서 과세권이 있는 것은 분명하다. 하지만 이 상황은 해당 유럽국가 입장에서 보면 해당 유럽국가에도 과세권이 있다. 즉, 거주자(한국 국적, 한국 거주)로서 「소득세법」에 따라 전세계 소득을 한국 과세당국에서 과세할 뿐 아니라 공연지 국가의 세법에 따라 외국원천소득이 현지에서도 과세된다(출원국인 유럽국가와 거주국인 한국 모두 과세하려고 함). 이 때 억울하게 세금을 두 번 낸다고 오해할 수 있겠으나 이때에는 국제조세조정 제도를 이용해 이중과세를 조정할 수 있다. 즉, 유럽국가에서 공연에 대한 세금을 납부 후, 다음 연도 한국 종합소득세 신고 시 해당 해외소득을 포함하여 신고하면서 유럽에서 이미 낸 세금을 한도 내에서 외국납부세액공제로 공제 받을 수 있는 것이다. 이는 한국이 대부분의 유럽국가와 이중과세방지협약(DTA)을 체결하였기 때문이다.

6) 다만, 대한민국국민은 예외로 한다.

7) 다만, 합중국의 소득세를 회피할 목적으로 국내에 주소가 있다고 신고한 경우에는 예외로 한다.

예 프랑스에서 한화 10억원 상당의 공연료 소득을 걸그룹 리더가 받았을 경우(다른 경비, 공제 등은 없는 것으로 가정, 세율은 가정치임)

① 프랑스 원천징수세율: 15% (1.5억원 납부)

② 한국 소득세율에 따른 총 산출세액 3.5억원

③ 한국 납부세액 = 3.5억원 − 1.5억원(외국납부세액공제) = 2억원

④ 최종 부담세액 = 1.5억(프랑스) + 2억원(한국) = 3.5억원(한국의 총 산출세액과 동일해짐)

(2) 주소의 판정

주소는 국내에서 생계를 같이 하는 가족 및 국내에 소재하는 자산의 유무등 생활관계의 객관적 사실에 따라 판정한다(소령 제2조 ①). 국내에 거주하는 개인이 다음의 어느 하나에 해당하는 경우에는 국내에 주소를 가진 것으로 본다(소령 제2조 ③).

① 계속하여 183일 이상 국내에 거주할 것을 통상 필요로 하는 직업을 가진 때

② 국내에 생계를 같이하는 가족이 있고, 그 직업 및 자산상태에 비추어 계속하여 183일 이상 국내에 거주할 것으로 인정되는 때

〈세부내용〉

① 국외에 거주 또는 근무하는 자가 외국국적을 가졌거나 외국법령에 의하여 그 외국의 영주권을 얻은 자로서 국내에 생계를 같이하는 가족이 없고 그 직업 및 자산상태에 비추어 다시 입국하여 주로 국내에 거주하리라고 인정되지 아니하는 때에는 국내에 주소가 없는 것으로 본다(소령 제2조 ④).

② 외국을 항행하는 선박 또는 항공기의 승무원의 경우 그 승무원과 생계를 같이하는 가족이 거주하는 장소 또는 그 승무원이 근무기간외의 기간중 통상 체재하는 장소가 국내에 있는 때에는 당해 승무원의 주소는 국내에 있는 것으로 보고, 그 장소가 국외에 있는 때에는 당해 승무원의 주소가 국외에 있는 것으로 본다(소령 제2조 ⑤).

(3) 거소의 판정

거소는 주소지 외의 장소 중 상당기간에 걸쳐 거주하는 장소로서 주소와 같이 밀접한 일반적 생활관계가 형성되지 아니한 장소로 한다(소령 제2조 ②). 국내에 거소를 둔 기간은 입국하는 날의 다음날부터 출국하는 날까지로 한다(소령 제4조 ①).

국내에 거소를 둔 기간이 다음의 어느 하나에 해당하는 경우에는 국내에 183일 이상 거소를 둔 것으로 본다(소령 제4조 ③). 개정

① 1과세기간 동안 183일 이상인 경우

예 미국 국적의 Chloe가 20×1년 2월 1일부터 20×1년 8월 5일까지(총 186일) 국내에서 거주한 경우, 해당 과세기간(20×1년) 동안 183일 이상 거주했으므로 거주자로 판정한다.

② 2과세기간에 걸쳐 계속하여 183일 이상인 경우

예 미국 국적의 Sophia가 20×1년 10월 1일부터 20×2년 4월 15일까지(총 198일 연속) 국내에서 거주한 경우, 거주기간이 두 과세기간에 걸쳐 연속 183일 이상이므로 거주자로 판정한다.

〈세부내용〉

1. 국내에 거소를 두고 있던 개인이 출국 후 다시 입국한 경우에 생계를 같이하는 가족의 거주지나 자산소재지등에 비추어 그 출국목적이 다음의 사유에 해당하여 명백하게 일시적인 것으로 인정되는 때에는 그 출국한 기간도 국내에 거소를 둔 기간으로 본다(소령 제4조 ②, 소칙 제2조 ①).
   ① 단기 관광
   ② 질병의 치료
   ③ 친족 경조사 참석
   ④ 출장, 연수 등 사업의 경영 또는 업무와 관련된 사유
   ⑤ 그 밖에 위의 사유에 준하는 사유

   예 최민호 씨는 국내에서 거주하던 중 20×1년 5월 1일 심장 수술을 위해 일본 도쿄 소재 병원으로 출국, 20×1년 6월 30일 귀국하였다. 가족은 계속 국내에 거주하였고, 부동산과 금융자산도 국내에 보유 중이다. 이 경우 출국 목적이 질병 치료로 명백히 일시적이며, 생계 근거가 국내에 있으므로 5월~6월의 출국 기간도 국내 거소 기간으로 본다.

2. 「재외동포의 출입국과 법적 지위에 관한 법률」에 따른 재외동포가 입국한 경우 생계를 같이 하는 가족의 거주지나 자산소재지등에 비추어 그 입국목적이 관광, 질병의 치료 등 기획재정부령으로 정하는 사유에 해당하여 그 입국한 기간이 명백하게 일시적인 것으로 기획재정부령으로 정하는 방법에 따라 인정되는 때에는 해당 기간은 국내에 거소를 둔 기간으로 보지 아니한다(소법 제4조 ④).

   예 미국으로 이민하여 미국 시민권자인 박영수 씨(재외동포)는 20×1년 5월 1일부터 20×1년 5월 20일까지(20일간) 한국에 체류하며 제주도와 경주 등 관광지를 방문했다. 가족과 주된 생활 근거지는 미국에 있으며, 체류 기간이 짧고 목적이 관광임이 명백하므로 해당 20일은 국내 거소 기간에 포함되지 않는다.

(4) 거주자 또는 비거주자가 되는 시기

비거주자가 거주자로 되는 시기는 다음의 시기로 한다(소령 제2호의2 ①).

① 국내에 주소를 둔 날

② 국내에 주소를 가지거나 국내에 주소가 있는 것으로 보는 사유가 발생한 날

③ 국내에 거소를 둔 기간이 183일이 되는 날

거주자가 비거주자로 되는 시기는 다음의 시기로 한다(소령 제2호의2 ③).

① 거주자가 주소 또는 거소의 국외 이전을 위하여 출국하는 날의 다음 날

② 국내에 주소가 없거나 국외에 주소가 있는 것으로 보는 사유가 발생한 날의 다음 날

비거주자 ➠ 거주자로 되는 시기	거주자 ➠ 비거주자로 되는 시기
① 국내에 주소를 둔 날 ② 국내에 주소를 가지거나 국내에 주소가 있는 것으로 보는 사유가 발생한 날 ③ 국내에 거소를 둔 기간이 183일이 되는 날	① 거주자가 주소 또는 거소의 국외 이전을 위하여 출국하는 날의 다음 날 ② 국내에 주소가 없거나 국외에 주소가 있는 것으로 보는 사유가 발생한 날의 다음 날

2. 법인이 아닌 단체의 납세의무

「국세기본법」에 따른 법인으로 보는 단체 외의 법인 아닌 단체는 국내에 주사무소 또는 사업의 실질적 관리장소를 둔 경우에는 1거주자로, 그 밖의 경우에는 1비거주자로 보아 소득세

법을 적용한다(소법 제2조 ③).

다만, 다음의 어느 하나에 해당하는 경우에는 소득구분에 따라 해당 단체의 각 구성원별로 소득에 대한 소득세 또는 법인세[해당 구성원이 「법인세법」에 따른 법인(법인으로 보는 단체를 포함)인 경우로 한정]를 납부할 의무를 진다(소법 제2조 ③단서).[8)9)]

① 구성원 간 이익의 분배비율이 정하여져 있고 해당 구성원별로 이익의 분배비율이 확인되는 경우

② 구성원 간 이익의 분배비율이 정하여져 있지 아니하나 사실상 구성원별로 이익이 분배되는 것으로 확인되는 경우

요 건	과세방법 및 세부담
• 이익의 분배비율이 정하여져 있고 분배비율이 확인되는 경우 • 이익의 분배비율이 정하여져 있지 아니하나 사실상 구성원별로 이익이 분배되는 것으로 확인되는 경우	단체의 소득을 각 구성원에게 분배 ➠ 각 구성원의 다른 소득과 합산하여 세액을 계산
• 위가 아닌 경우	단체의 명의로 납세의무를 이행 (단체의 소득을 대표자나 관리인의 소득과 합산 X) ➠ 단체의 소득에 대해 누진세율 적용

사례

법인 아닌 단체인 갑씨 종친회에서 1억원의 소득이 있을 경우 과세방법은?

해답

요 건	과세방법 및 세부담
<case 1> 종친회 대표가 30%의 이익을 가져가고 나머지 종친회원들이 1/n의 이익을 가져간 경우	• 대표 30% ➠ 3,000만원(+자신의 다른 소득과 합산과세) • 나머지 종친회원 70명 ➠ 각 1%인 100만원을 분배 받은 후 각자 자신의 다른 소득과 합산하여 소득세 과세
<case 2> 위의 사실이 확인되지 아니한 경우	갑씨 종친회를 1거주자로 보아 1억원의 소득에 대해 단체의 명의로 납세의무를 이행 ➠ 단체의 소득에 대해 누진세율 적용(단체의 소득을 대표자나 관리인의 소득과 합산 X)

8) 위 규정에도 불구하고 해당 단체의 전체 구성원 중 일부 구성원의 분배비율만 확인되거나 일부 구성원에게만 이익이 분배되는 것으로 확인되는 경우에는 다음 각 호의 구분에 따라 소득세 또는 법인세를 납부할 의무를 진다(소법 제2조 ④).
① 확인되는 부분: 해당 구성원별로 소득세 또는 법인세에 대한 납세의무 부담
② 확인되지 아니하는 부분: 해당 단체를 1거주자 또는 1비거주자로 보아 소득세에 대한 납세의무 부담

9) 위 규정에도 불구하고 법인 아닌 단체에 해당하는 국외투자기구(투자권유를 하여 모은 금전 등을 가지고 재산적 가치가 있는 투자대상자산을 취득, 처분하거나 그 밖의 방법으로 운용하고 그 결과를 투자자에게 배분하여 귀속시키는 투자행위를 하는 기구로서 국외에서 설립된 기구를 말함)를 국내원천소득의 실질귀속자로 보는 경우 그 국외투자기구는 1비거주자로서 소득세를 납부할 의무를 진다(소법 제2조 ⑤).

3. 납세의무의 특례

소득세법상 주요 납세의무의 특례는 다음과 같다.

<table>
<tr><th colspan="2">구 분</th><th>과세방법 및 세부담</th></tr>
<tr><td rowspan="2">(1) 공동사업 등에 대한 납세의무
(소법 제2조의2 ①)</td><td>① 원칙</td><td>공동사업에 관한 소득금액을 계산하는 경우에는 해당 공동사업자별로 납세의무를 진다.
예 아버지 김부자 씨와 아들 김효자 씨가 카페를 공동 운영중이며 각각의 손익분배비율은 60%, 40%이다. 만약 연간 소득금액이 1억원일 경우 각각 소득금액 6,000만원과 4,000만에 대해 서로 독립적으로 소득세 납세의무가 있다.</td></tr>
<tr><td>② 특례</td><td>공동사업에 대한 소득금액 계산의 특례(공동사업합산과세)에 따른 주된 공동사업자에게 합산과세되는 경우 그 합산과세되는 소득금액에 대해서는 주된 공동사업자의 특수관계인은 손익분배비율에 해당하는 그의 소득금액을 한도로 주된 공동사업자와 연대하여 납세의무를 진다(5장 참고).
예 위 '① 원칙'의 사례에서 손익분배비율은 거짓으로 정한 것으로 판명되었을 경우 연간 소득금액이 1억원 전부에 대해 아버지 김부자 씨에게 납세의무가 있고, 아들 김효자 씨는 자신의 지분에 해당하는 소득세(소득금액 4,000만원에 해당하는 소득세)까지 김부자 씨와 연대하여 책임을 진다(즉, 과세당국은 아들 김효자 씨에게도 세금 징수 가능).</td></tr>
<tr><td colspan="2">(2) 상속인의 납세의무
(소법 제44조 ①, 제2조의2 ②)</td><td>피상속인의 소득금액에 대한 소득세로서 상속인에게 과세할 것과 상속인의 소득금액에 대한 소득세는 구분하여 계산하여야 한다. 피상속인의 소득금액에 대해서 과세하는 경우에는 그 상속인이 납세의무를 진다.</td></tr>
<tr><td colspan="2">(3) 양도소득의 부당행위계산에 대한 납세의무
(소법 제101조 ②, 제2조의2 ③)</td><td>양도소득의 부당행위계산 규정에 따라 증여자가 자산을 직접 양도한 것으로 보는 경우 그 양도소득에 대해서는 증여자와 증여받은 자가 연대하여 납세의무를 진다.</td></tr>
<tr><td colspan="2">(4) 분리과세소득의 납세의무
(소법 제2조의2 ④)</td><td>원천징수되는 소득으로서 종합소득과세표준에 합산되지 아니하는 소득이 있는 자는 그 원천징수되는 소득세에 대해서 납세의무를 진다.</td></tr>
<tr><td colspan="2">(5) 공동소유자산에 대한 양도소득금액의 납세의무
(소법 제2조의2 ⑤)</td><td>공동으로 소유한 자산에 대한 양도소득금액을 계산하는 경우에는 해당 자산을 공동으로 소유하는 각 거주자가 납세의무를 진다.</td></tr>
</table>

10) 신탁소득금액의 계산(소령 제4조의2 ①, ②)
① 신탁업을 경영하는 자는 각 과세기간의 소득금액을 계산할 때 신탁재산에 귀속되는 소득과 그 밖의 소득을 구분하여 경리하여야 한다.
② 수익자의 특정 여부 또는 존재 여부는 신탁재산과 관련되는 수입 및 지출이 있는 때의 상황에 따른다.

(6) 신탁재산 귀속 소득에 대한 납세의무의 범위[10) (소법 제2조의3 ①,②, 소령 제4조의2 ④)	① 원칙	신탁재산에 귀속되는 소득은 그 신탁의 이익을 받을 수익자(수익자가 사망하는 경우에는 그 상속인)에게 귀속되는 것으로 본다. 예 아버지 김부자(위탁자) 씨는 본인 소유의 상가 건물 A(신탁재산)를 K신탁회사(수탁자)에게 맡기고, K신탁회사가 건물 A를 관리중이다. 건물 A에서 매달 나오는 임대료를 아들 김효자(수익자) 씨가 수령하고 있는 경우, 수익자인 아들 김효자 씨가 소득세를 납부한다(아버지 김부자 씨는 소득세 납세 의무 없음).
	② 특례	위탁자가 신탁재산을 실질적으로 통제하는 등 다음의 어느 하나의 요건을 충족하는 신탁의 경우에는 그 신탁재산에 귀속되는 소득은 위탁자에게 귀속되는 것으로 본다[11). ① 위탁자가 신탁을 해지할 수 있는 권리, 수익자를 지정하거나 변경할 수 있는 권리, 신탁 종료 후 잔여재산을 귀속 받을 권리를 보유하는 등 신탁재산을 실질적으로 지배·통제할 것 예 위 '① 원칙'의 사례에서 계약서에 '위탁자가 수익자를 바꿀 수 있고, 신탁 해지 가능'이라고 명시되어 있을 경우 위탁자인 김부자 씨가 소득세를 납부한다(김부자 씨가 마음대로 수익자를 교체할 수 있고 실질적으로 김부자 씨가 재산을 통제하는 것임). ② 신탁재산 원본을 받을 권리에 대한 수익자는 위탁자로, 수익을 받을 권리에 대한 수익자는 그 배우자 또는 같은 주소 또는 거소에서 생계를 같이 하는 직계존비속(배우자의 직계존비속을 포함)으로 설정했을 것 예 위 '① 원칙'의 사례에서 신탁 계약이 끝났을 때 상가 건물(원본=건물) 자체는 위탁자인 김부자 씨가 다시 돌려받기로 하고 건물 A에서 매달 나오는 임대료를 수익자인 배우자 박부인 씨가 령하고 있는 경우, 위탁자인 김부자 씨가 소득세를 납부한다(위탁자인 김부자 씨가 신탁재산의 원본에 대한 권리를 그대로 보유하고 있음).

11) 이 규정은 특히 부모가 자녀에게 증여세를 피하려고 신탁을 활용하는 경우 이를 견제하려는 취지가 있다. 즉, 형식상 자녀가 수익자로 되어 있어도 위탁자인 부모가 통제권을 가지고 있으면 위탁자에게 납세의무가 있다.

1.3 과세기간과 납세지

1. 과세기간

소득세의 과세기간은 1월 1일부터 12월 31일까지 1년으로 한다(소법 제5조 ①).[12] 다만, 거주자가 사망한 경우의 과세기간은 1월 1일부터 사망한 날까지로 한다(소법 제5조 ②). 한편, 거주자가 주소 또는 거소를 국외로 이전(출국)하여 비거주자가 되는 경우의 과세기간은 1월 1일부터 출국한 날까지로 한다(소법 제5조 ③).

구 분	내 용
(1) 원 칙	1월 1일부터 12월 31일까지(역년주의)
(2) 예 외	① 사망시 : 1월 1일 ~ 사망일 ② 출국시 : 1월 1일 ~ 출국일

2. 납세지

거주자의 소득세 납세지는 그 주소지로 한다. 다만, 주소지가 없는 경우에는 그 거소지로 한다. 비거주자의 소득세 납세지는 국내사업장의 소재지로 한다. 다만, 국내사업장이 둘 이상 있는 경우에는 주된 국내사업장의 소재지로 하고, 국내사업장이 없는 경우에는 국내원천소득이 발생하는 장소로 한다(소법 제6조 ①, ②).

<table>
<tr><th>구 분</th><th>내 용</th></tr>
<tr><td>(1) 일반적인 납세지
(소법 제6조
①, ②)</td><td>
<table>
<tr><th>구 분</th><th>내 용</th></tr>
<tr><td>1) 거 주 자</td><td>주소지(주소지가 없는 경우에는 거소지)</td></tr>
<tr><td>2) 비 거 주 자</td><td>주된 국내사업장의 소재지, 단 국내사업장이 없는 경우에는 국내원천소득이 발생하는 장소(not 거류 · 체류지)</td></tr>
</table>
예 일본 국적의 야마모토 씨(비거주자 가정)가 부산에서 음식점, 서울에서 편의점 운영중이며, 두 사업장 중 부산 음식점 매출이 더 큰 경우 ➡ 주된 국내사업장은 부산 음식점이므로 납세지는 부산 음식점 소재의 세무서이다.

한편, 캐나다 국적의 로맥 씨(비거주자 가정)는 한국에 별도의 사무실이나 가게가 없으나, 한국 회사 주식에서 배당금 수령하고 있는 경우 ➡ 국내원천소득(배당금)의 발생지는 배당을 지급하는 회사의 소재지이다. 만약 그 회사가 인천에 본사를 두고 있으면 로맥 씨의 납세지는 인천 소재 세무서이다.
</td></tr>
</table>

12) 즉, 신규사업자 · 폐업자도 예외가 없고 정관 등으로 사업연도 선택 가능한 법인과 달리 개인은 1년을 과세기간으로 한다.

<table>
<tr><td rowspan="4">(2) 원천징수 등의 경우의 납세지
(소법 제7조 ①)</td><th>원천징수의무자</th><th>내 용</th></tr>
<tr><td>① 거 주 자</td><td>그 거주자의 주된 사업장 소재지. 다만, 주된 사업장 외의 사업장에서 원천징수를 하는 경우에는 그 사업장의 소재지, 사업장이 없는 경우에는 그 거주자의 주소지 또는 거소지로 한다.</td></tr>
<tr><td>② 비 거 주 자</td><td>그 비거주자의 주된 국내사업장 소재지. 다만, 주된 국내사업장 외의 국내사업장에서 원천징수를 하는 경우에는 그 국내사업장의 소재지, 국내사업장이 없는 경우에는 그 비거주자의 거류지(居留地) 또는 체류지로 한다.</td></tr>
<tr><td>③ 법 인</td><td>그 법인의 본점 또는 주사무소의 소재지. 다만, 그 법인의 지점, 영업소, 그 밖의 사업장이 독립채산제에 따라 독자적으로 회계사무를 처리하는 경우에는 그 사업장의 소재지(그 사업장의 소재지가 국외에 있는 경우는 제외)로 한다.[13]</td></tr>
<tr><td>(3) 납세조합
(소법 제7조 ②)</td><td colspan="2">그 납세조합의 소재지</td></tr>
<tr><td>(4) 납세지의 지정
(소법 제9조 ①)주1</td><td colspan="2">국세청장 또는 관할 지방국세청장은 다음의 어느 하나에 해당하는 경우에는 대통령령[14]으로 정하는 바에 따라 납세지를 따로 지정할 수 있다.
① 사업소득이 있는 거주자가 사업장 소재지를 납세지로 신청한 경우
② 위 ① 외의 거주자 또는 비거주자로서 납세지가 납세의무자의 소득 상황으로 보아 부적당하거나 납세의무를 이행하기에 불편하다고 인정되는 경우</td></tr>
<tr><td>(5) 납세지의 변경
(소법 제10조)</td><td colspan="2">거주자나 비거주자는 납세지가 변경된 경우 변경된 날부터 15일 이내에 대통령령으로 정하는 바[15]에 따라 그 변경 후의 납세지 관할 세무서장에게 신고하여야 한다.</td></tr>
</table>

---

13) 다만, 다음의 어느 하나에 해당하는 경우 그 법인의 본점 또는 주사무소의 소재지를 소득세 원천징수세액의 납세지로 할 수 있다(소법 제7조 ① (4)단서, 소령 제5조 ③).
 ① 법인이 지점, 영업소 또는 그 밖의 사업장에서 지급하는 소득에 대한 원천징수세액을 본점 또는 주사무소에서 전자적 방법 등을 통해 일괄계산하는 경우로서 본점 또는 주사무소의 관할 세무서장에게 신고한 경우
 ② 「부가가치세법」에 따라 사업자단위로 등록한 경우

14) 납세지의 지정과 통지(소령 제6조)
 ① 납세지 지정신청을 하려는 자는 해당 과세기간의 10월 1일부터 12월 31일까지 기획재정부령으로 정하는 납세지지정신청서를 사업장관할세무서장에게 제출(국세정보통신망에 의한 제출을 포함)하여야 한다.
 ② 납세지 지정신청이 있는 경우 관할지방국세청장(새로 지정할 납세지와 종전의 납세지의 관할지방국세청장이 다를 때에는 국세청장)은 기획재정부령이 정하는 경우를 제외하고는 사업장을 납세지로 지정하여야 하며 다음연도 2월 말일까지 그 지정여부를 서면으로 통지하여야 한다.
 ③ 국세청장 또는 지방국세청장은 납세지를 지정한 때에는 당해 과세기간의 과세표준확정신고 또는 납부기간 개시일전에 이를 서면으로 통지하여야 한다. 다만, 중간예납 또는 수시부과의 사유가 있는 때에는 그 납기개시 15일전에 통지하여야 한다.
 ④ 기한내에 통지를 하지 아니한 때에는 지정 신청한 납세지를 납세지로 한다.

15) 납세지 변경신고(소령 제7조 ①, ②)
 ① 납세지의 변경신고를 하고자 하는 자는 기획재정부령이 정하는 납세지변경신고서를 그 변경후의 납세지관할세무서장에게 제출(국세정보통신망에 의한 제출을 포함)하여야 한다.
 ② 납세자의 주소지가 변경됨에 따라 「부가가치세법 시행령」에 따른 사업자등록 정정을 한 경우에는 납세지의 변경신고를 한 것으로 본다.

주 납세지의 지정 기타규정(소법 제9조 ②~④)

① 납세지를 지정하거나 신청이 있는 경우로서 사업장 소재지를 납세지로 지정하는 것이 세무관리상 부적절하다고 인정되어 그 신청대로 납세지 지정을 하지 아니한 경우에는 국세청장 또는 관할 지방국세청장은 그 뜻을 납세의무자 또는 그 상속인, 납세관리인이나 납세조합에 서면으로 각각 통지하여야 한다.

② 납세지의 지정 사유가 소멸한 경우 국세청장 또는 관할 지방국세청장은 납세지의 지정을 취소하여야 한다.

③ 납세지의 지정이 취소된 경우에도 그 취소 전에 한 소득세에 관한 신고, 신청, 청구, 납부, 그 밖의 행위의 효력에는 영향을 미치지 아니한다.

〈세부내용〉

납세지가 불분명한 경우의 납세지의 결정은 다음에 의한다(소령 제5조 ①).

① 주소지가 2이상인 때에는 「주민등록법」에 의하여 등록된 곳을 납세지로 하고, 거소지가 2이상인 때에는 생활관계가 보다 밀접한 곳을 납세지로 한다.

② 국내에 2이상의 사업장이 있는 비거주자의 경우 그 주된 사업장을 판단하기가 곤란한 때에는 당해 비거주자가 납세지로 신고한 장소를 납세지로 한다.

③ 국내사업장이 없는 비거주자에게 국내의 2이상의 장소에서 국내원천 부동산소득 또는 국내원천 부동산등양도소득이 발생하는 경우에는 그 국내원천소득이 발생하는 장소 중에서 해당 비거주자가 납세지로 신고한 장소를 납세지로 한다.

④ 비거주자가 위 ② 또는 ③의 규정에 의한 신고를 하지 아니하는 경우에는 소득상황 및 세무관리의 적정성등을 참작하여 국세청장 또는 관할지방국세청장이 지정하는 장소를 납세지로 한다.

한편, 국세청장 또는 관할지방국세청장은 위 ④의 규정에 의하여 납세지를 지정한 때에는 당해 과세기간의 과세표준확정신고 또는 납부기간 개시일전(중간예납 또는 수시부과의 사유가 있는 때에는 그 납기개시 15일전)에 서면으로 통지하여야 한다(소령 제5조 ②).

〈세부내용〉

상속 등의 경우의 납세지는 다음과 같다(소법 제8조 ①~⑤, 소령 제5조 ⑥).

① 거주자 또는 비거주자가 사망하여 그 상속인이 피상속인에 대한 소득세의 납세의무자가 된 경우 그 소득세의 납세지는 그 피상속인 · 상속인 또는 납세관리인의 주소지나 거소지 중 상속인 또는 납세관리인이 대통령령으로 정하는 바에 따라 그 관할 세무서장에게 납세지로서 신고하는 장소로 한다.

② 비거주자가 납세관리인을 둔 경우 그 비거주자의 소득세 납세지는 그 국내사업장의 소재지 또는 그 납세관리인의 주소지나 거소지 중 납세관리인이 대통령령으로 정하는 바에 따라 그 관할 세무서장에게 납세지로서 신고하는 장소로 한다.

③ 위 ① 또는 ②에 따른 신고가 있는 때에는 그때부터 그 신고한 장소를 거주자 또는 비거주자의 소득세 납세지로 한다.

④ 위 ①이나 ②에 따른 신고가 없는 경우의 거주자 또는 비거주자의 소득세 납세지는 제6조(납세지)와 제7조(원천징수 등의 경우의 납세지)에 따른다.

⑤ 국내에 주소가 없는 공무원과 해외현지법인 등에 파견된 임직원으로서 거주자로 보는 사람의 소득세 납세지는 그 가족의 생활근거지 또는 소속기관의 소재지로 한다.

사례

다음의 경우 각각의 소득세 납세지는?

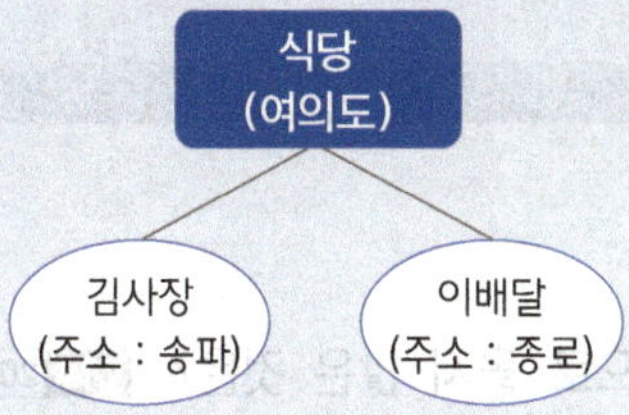

구 분	납세지
(1) 김 사 장 사 업 소 득	송 파 세 무 서
(2) 이 배 달 근 로 소 득	종 로 세 무 서
(3) 이배달에 대한 월급 원천징수	여의도(영등포)세무서

1.4 종합소득세의 계산구조[주1]

• 이자소득	:	총수입금액				=	이자소득금액
• 배당소득	:	총수입금액	+	배당가산액		=	배당소득금액
• 사업소득	:	총수입금액	−	필요경비		=	사업소득금액
• 근로소득	:	총급여액	−	근로소득공제		=	근로소득금액
• 연금소득	:	총연금액	−	연금소득공제		=	연금소득금액
• 기타소득	:	총수입금액	−	필요경비		=	기타소득금액
							종합소득금액

종합소득금액
− 종합소득공제
− (조특법상 소득공제)
종합소득과세표준
× 기본세율
종합소득산출세액
− 세액감면 · 공제
결정세액
\+ 가산세
총결정세액
− 기납부세액
차감납부세액

[주1] 종합소득세 계산시 유의사항

(1) 비과세소득과 분리과세소득은 이 산식에 포함되지 않는다.

(2) OO소득 ≠ OO소득금액이다.

① OO소득 : 필요경비 등을 차감하기 전 개념(예 사업소득 : 매출액(≒ 총수입) 개념과 유사)

② OO소득금액 : 필요경비 등을 차감한 후 개념(예 사업소득금액=총수입 − 필요경비)

(3) 필요경비 불인정

이자 · 배당 · 근로 · 연금소득은 필요경비가 없으며, 근로 · 연금소득은 일정액을 공제(개산공제)한다.

(4) 분리과세 여부

이자 · 배당 · 근로 · 연금 · 기타소득은 분리과세를 하는 경우가 있으나 사업소득은 원칙적으로 분리과세를 하지 않는다.

연습문제

01 소득세법상 납세의무자 및 과세소득의 범위에 관한 설명으로 옳지 않은 것은? CTA 2019

① 과세기간 종료일 10년 전부터 국내에 주소나 거소를 둔 기간의 합계가 5년 이하인 외국인 거주자에게는 과세대상 소득 중 국외에서 발생한 소득의 경우 국내에서 지급되거나 국내로 송금된 소득에 대해서만 과세한다.

② 소득세법상 거주자란 국내에 주소를 두거나 183일 이상의 거소를 둔 개인을 말한다.

③ 비거주자는 국내원천소득에 대하여 소득세를 납부할 의무가 있고 거주자는 원칙적으로 국내 · 외 원천소득에 대해서 소득세를 납부할 의무가 있다.

④ 내국법인이 발행주식총수 100%를 간접출자한 해외현지법인에 파견된 해당 내국법인의 직원이, 생계를 같이 하는 가족이나 재산상태로 보아 파견기간 종료 후 재입국할 것으로 인정되는 경우라면, 외국의 국적 취득과는 관계없이 거주자로 본다.

⑤ 국내에 거소를 둔 기간은 입국하는 날부터 출국하는 날까지로 한다.

02 거주자 또는 비거주자가 되는 시기에 관한 설명으로 옳지 않은 것은? CTA 2010

① 비거주자는 국내에 주소를 둔 날에 거주자로 된다.

② 비거주자는 국내에 거소를 둔 기간이 183일이 되는 날에 거주자로 된다.

③ 거주자는 주소 또는 거소의 국외 이전을 위하여 출국하는 날에 비거주자로 된다.

④ 국내에 거주하는 개인이 계속하여 183일 이상 국내에 거주할 것을 통상 필요로 하는 직업을 가진 날에 비거주자가 거주자로 된다.

⑤ 거주자는 국내에 주소가 없는 것으로 보는 사유가 발생한 날의 다음날에 비거주자로 된다.

03 소득세법상 납세의무에 관한 설명으로 옳지 않은 것은? CPA 2016

① 한국국적인 갑은 외교부 공무원으로 영국에서 국외근무하고 있으며, 영국에 거소를 둔 기간은 1년을 넘고 있다. 이 경우 갑은 국내·외 원천소득에 대하여 납세의무를 진다.

② 한국국적인 을은 외국법인 L.A. Ltd.에서 외국을 항행하는 선박 승무원으로 근무하며, 생계를 같이하는 가족과 함께 인천에 살고 있다. 이 경우 을은 국내·외 원천소득에 대하여 납세의무를 진다.

③ 미국국적인 A는 내국법인 ㈜한국IT에 네트워크관련 기술자로 근무하고 있으며, 해당 과세기간 종료일 10년 전부터 서울에 주소나 거소를 둔 기간의 합계는 3년이다. 이 경우 A는 국내·외 원천소득에 대하여 납세의무를 진다.

④ 영국국적인 B가 2025년 5월 3일에 영국국적을 포기하고 한국국적을 취득하여 거주자로 된 경우에는 2025년 5월 2일까지는 국내원천소득에 대해서만 납세의무를 지고, 2025년 5월 3일부터는 국내·외 원천소득에 대하여 납세의무를 진다.

⑤ 미국국적인 C는 주한 미국대사관에 외교관으로 근무하고 있으며, 생계를 같이하는 가족(대한민국 국민이 아님)과 함께 서울에 살고 있다. 이 경우 C는 국내 원천소득에 대해서만 납세의무를 진다.

04 소득세법상 거주자 및 비거주자의 납세의무에 관한 설명으로 옳은 것은? CTA 2017

① 국내에 거소를 둔 기간이 1과세기간에 걸쳐 183일 이상인 경우에는 국내에 183일 이상 거소를 둔 것으로 본다.

② 거주자는 거소의 국외 이전을 위하여 출국하는 날부터 비거주자가 된다.

③ 내국법인이 발행주식총수의 100분의 80을 직접 출자한 해외현지법인에 파견된 직원은 거주자로 본다.

④ 비거주자는 국내에 주소를 둔 기간이 183일이 되는 날부터 거주자가 된다.

⑤ 소득세법에 따른 거소는 국내에 생계를 같이 하는 가족 및 국내에 소재하는 자산의 유무 등 생활관계의 객관적 사실에 따라 판정한다.

05 소득세의 납세의무자 및 납세지에 대한 세법상의 규정으로 옳은 것은? CPA 2011

① 내국법인이 발행주식총수 또는 출지지분의 90% 이상을 출자한 해외현지법인에 파견된 임원 또는 직원은 '계속하여 183일 이상 국외에 거주할 것을 통상 필요로 하는 직업을 가진 경우' 임에도 불구하고 거주자로 본다.

② 외국을 항행하는 선박 또는 항공기의 승무원의 경우 그 승무원과 생계를 같이 하는 가족이 거주하는 장소 또는 그 승무원이 근무기간 외의 기간 중 통상 체제하는 장소가 국내에 있는 때에는 해당 승무원의 주소는 국내에 있는 것으로 본다.

③ 비거주자는 국내에 주소를 둔 기간이 183일이 되는 날에 거주자로 된다.

④ 비거주자의 소득세 납세지는 국내사업장(국내사업장이 둘 이상 있는 경우에는 주된 국내사업장)의 소재지로 하되, 국내사업장이 없는 경우에는 그 비거주자의 거류지 또는 체류지로 한다.

⑤ 원천징수하는 자가 비거주자인 경우 원천징수하는 소득세의 납세지는 그 비거주자의 주된 국내사업장 소재지로 하되, 주된 국내사업장 외의 국내사업장에서 원천징수를 하는 경우에는 그 국내사업장의 소재지로 하며, 국내사업장이 없는 경우에는 국세청장 또는 관할지방국세청장이 지정하는 장소로 한다.

06 소득세법상 납세의무와 납세지에 관한 설명이다. 옳지 않은 것은? CPA 2015

① 법인 아닌 단체 중 법인으로 보는 단체 외의 단체는 국내에 주사무소 또는 사업의 실질적 관리장소를 둔 경우에는 1거주자로, 그 밖의 경우에는 1비거주자로 보아 소득세법을 적용한다.

② 거주자는 납세지가 변경된 경우 변경된 날부터 15일 이내에 그 변경 후의 납세지 관할세무서장에게 신고하여야 하나, 주소지 변경으로 사업자등록 정정을 한 경우에는 그 변경 전의 납세지 관할세무서장에게 신고하여야 한다.

③ 국외에서 근무하는 공무원 또는 거주자나 내국법인의 국외사업장에 파견된 임원 또는 직원은 거주자로 본다.

④ 국내사업장이 있는 비거주자가 납세관리인을 둔 경우 그 비거주자의 소득세 납세지는 그 국내사업장의 소재지 또는 그 납세관리인의 주소지나 거소지 중 납세관리인이 그 관할세무서장에게 납세지로서 신고하는 장소로 한다.

⑤ 국외에 근무하는 자가 외국법령에 의하여 그 외국의 영주권을 얻은 자로서 국내에 생계를 같이하는 가족이 없고 그 직업 및 자산상태에 비추어 다시 입국하여 주로 국내에 거주하리라고 인정되지 아니하는 때에는 국내에 주소가 없는 것으로 본다.

07 소득세법상 납세의무자와 납세지에 관한 설명으로 옳지 않은 것은? CPA 2017

① 해당 과세기간 종료일 10년 전부터 국내에 주소나 거소를 둔 기간의 합계가 5년 이하인 외국인 거주자(동업기업의 동업자 아님)에게는 과세대상 소득 중 국외에서 발생한 소득의 경우 국내에서 지급되거나 국내로 송금된 소득에 대해서만 과세한다.

② 국외에서 근무하는 공무원은 거주자로 본다.

③ 피상속인의 소득금액에 대해서 과세하는 경우에는 그 상속인이 납세의무를 진다.

④ 납세지 지정사유가 소멸한 경우 국세청장 또는 관할 지방국세청장은 납세의무자가 요청하는 경우에 한하여 납세지의 지정을 취소할 수 있다.

⑤ 재외동포가 입국한 경우 생계를 같이하는 가족의 거주지나 자산소재지 등에 비추어 그 입국목적이 단기관광, 질병의 치료 등에 해당하여 그 입국한 기간이 명백하게 일시적으로 인정되는 때에는 해당 기간은 국내에 거소를 둔 기간으로 보지 아니한다.

08 소득세법상 거주자 및 납세지에 관한 설명이다. 옳지 않은 것은? CPA 2019

① 거주자가 주소를 국외로 이전하여 비거주자가 되는 경우의 과세기간은 1월 1일부터 출국한 날까지로 한다.

② 국내에 거주하는 개인이 계속하여 183일 이상 국내에 거주할 것을 통상 필요로 하는 직업을 가진 경우에는 국내에 주소를 가진 것으로 본다.

③ 내국법인이 발행주식총수의 100분의 50 이상을 직접 출자한 해외현지법인에 파견된 직원은 거주자로 본다.

④ 비거주자의 소득세 납세지는 국내사업장이 둘 이상 있는 경우 주된 국내사업장의 소재지로 하고, 국내사업장이 없는 경우에는 국내원천소득이 발생하는 장소로 한다.

⑤ 거주자는 납세지가 변경된 경우 변경된 날부터 15일 이내에 그 변경 후의 납세지 관할세무서장에게 신고하여야 한다.

09 소득세법상 납세지에 관한 설명이다. 옳지 않은 것은? CPA 2012

① 국내사업장이 있는 비거주자가 주된 국내사업장 외의 국내사업장에서 소득세를 원천징수한 경우에는 그 국내사업장의 소재지가 납세지가 된다.

② 소득세 납세의무가 있는 거주자의 납세지가 불분명한 경우로서 주소지나 거소지가 2 이상인 때에는 생활관계가 보다 밀접한 곳을 납세지로 한다.

③ 소득세 납세의무가 있는 거주자가 취학, 질병의 요양, 근무상 또는 사업상의 형편으로 본래의 주소 또는 거소를 일시 퇴거한 경우에는 본래의 주소지 또는 거소지를 납세지로 본다.

④ 공무원으로서 국내에 주소가 없는 사람의 소득세 납세지는 그 가족의 생활근거지 또는 소속기관의 소재지로 한다.

⑤ 사업소득이 있는 거주자가 사업장 소재지를 납세지로 지정신청하고자 할 경우 해당 과세기간의 10.1.부터 12.31.까지 소득세법령에 따라 납세지 지정신청서를 사업장 관할세무서장에게 제출(국세정보통신망에 의한 제출을 포함)하여야 한다.

10 소득세법상 납세지에 관한 설명으로 옳지 않은 것은? CTA 2018

① 주소지가 2 이상인 때에는 생활관계가 보다 밀접한 곳을 납세지로 한다.

② 비거주자 甲이 국내에 두 곳의 사업장을 둔 경우, 주된 사업장을 판단하기가 곤란한 때에는 둘 중 하나를 선택하여 신고한 장소를 납세지로 한다.

③ 해외근무 등으로 국내에 주소가 없는 공무원 乙의 소득세 납세지는 그 가족의 생활근거지 또는 소속기관의 소재지로 한다.

④ 납세지의 변경신고를 하고자 하는 자는 납세지변경신고서를 그 변경 후의 납세지 관할 세무서장에게 제출하여야 한다.

⑤ 납세지의 지정이 취소된 경우에도 그 취소 전에 한 소득세에 관한 신고, 신청, 청구, 납부, 그 밖의 행위의 효력에는 영향을 미치지 아니한다.

11 소득세법상 납세의무에 관한 설명으로 옳은 것을 모두 고른 것은? CTA 2015

ㄱ. 내국법인인 ㈜서울의 직원인 한국국적의 甲은 ㈜서울이 100% 출자한 미국 현지법인 Seoul Ltd.에 파견되어 근무하고 있으며, 甲은 미국에서 1년 이상 거소를 두고 있다. 이러한 경우 甲은 국내원천소득에 대해서만 납세의무를 진다.

ㄴ. 한미행정협정에 규정된 합중국군대에서 군무원으로 근무하고 있는 미국국적인 Jane은 가족과 함께 서울에 살고 있으며 거소지 선정과 관련하여 조세회피목적은 없다. 이 경우 국내 소득세법상 Jane은 비거주자로 본다.

ㄷ. 내국법인인 ㈜한국항공에서 승무원으로 근무하기 위하여 입국한 미국국적인 Smith는 가족이 없는 미혼이고, 근무시간 외에는 ㈜한국항공에서 제공한 서울시 마포구 소재 기숙사에서 통상 생활하고 있다. 이 경우 Smith는 비거주자로 본다.

ㄹ. 국내에 거소를 두고 있으면서 서울과 미국 LA에서 부동산임대업을 영위하고 있는 한국국적의 乙은 2025. 1. 1.에 질병 치료차 일시적으로 미국으로 출국하였다가 2025. 10. 10.에 다시 입국하였다. 乙은 2025년 과세연도의 경우 서울 및 LA에서 발생한 부동산임대소득 모두에 대해서 국내에서 소득세 납세의무를 진다.

ㅁ. 미국국적인 Tom은 2024년과 2025년에 계속하여 2024년에 80일, 2025년에 100일을 국내에 거소를 두고 있다. 이 경우 Tom은 2025년도의 소득세 납세의무를 국내외 원천소득에 대해서 진다.

① ㄱ, ㄴ　② ㄱ, ㄹ　③ ㄴ, ㄷ
④ ㄴ, ㄹ　⑤ ㄷ, ㄹ, ㅁ

12 소득세법에 관한 설명으로 옳지 않은 것은? CTA 2012

① 해당 과세기간 종료일 10년 전부터 국내에 주소나 거소를 둔 기간의 합계가 5년 이하인 외국인 거주자에게는 과세대상 소득 중 국외에서 발생한 소득의 경우 국내에서 지급되거나 국내로 송금된 소득에 대해서만 과세한다.

② 피상속인의 소득금액에 대해서 소득세를 과세하는 경우에는 그 상속인이 납세의무를 진다.

③ 선의의 제3자가 수익자로 정해진 신탁재산에 귀속되는 소득은 그 신탁의 위탁자에게 귀속되는 것으로 본다.

④ 사업소득이 있는 거주자가 사업장 소재지를 소득세의 납세지로 신청한 경우에 관할 지방국세청장은 해당 사업장 소재지를 납세지로 지정할 수 있다.

⑤ 거주자가 사망한 경우의 과세기간은 1월 1일부터 사망한 날까지로 한다.

13 소득세법상 납세의무에 관한 설명이다. 옳지 않은 것은? CTA 2024

① 미국 국적 야구선수 A는 한국의 프로야구팀과 연봉 계약을 하고, 2025년 3월 3일 생애 최초로 한국에 입국하였다. A가 프로야구 시즌이 끝난 2025년 10월 1일 출국한 경우 A의 2025년 국외원천소득은 국내에서 지급되거나 국내로 송금된 것에 대해서만 과세된다.

② 한국 국적 갑은 국내에 주소가 있는 유명 가수이다. 갑이 월드투어 콘서트 차 2025년 6월 19일 출국하여 2025년 12월 29일 입국한 경우 갑은 2025년의 국내·외 원천소득에 대해서 소득세 납세의무를 진다.

③ 한국 국적 을은 외교부 소속 공무원이다. 을이 일본에 있는 한국 영사관에서 근무하며 2025년 1월 1일부터 2025년 12월 31일까지 일본에 거소를 둔 경우 을은 2025년의 국내·외 원천소득에 대해서 소득세 납세의무를 진다.

④ 한국 국적 병은 2025년 5월 7일 미국 소재 IT 회사에 근무하기 위하여 가족과 함께 같은 날 출국하고 거소를 국외로 이전하였다. 병은 2025년 5월 7일부터 국내원천소득에 대해서만 소득세 납세의무를 진다.

⑤ 프랑스 국적 B는 교량 설계용역을 제공하기 위하여 2025년 4월 4일 한국에 입국하여 2025년 9월 19일 출국하였다. B는 2025년의 국내원천소득에 대해서만 소득세 납세의무를 진다.

정답 및 해설

01 정답 ⑤

국내에 거소를 둔 기간은 입국하는 날의 다음날부터 출국하는 날까지이다.

02 정답 ③

소득세 과세기간의 예외에는 사망과 출국 두 가지 사유가 있는데, 이 경우 과세기간은 1.1 ~ 사망일 또는 출국일까지이다. 그러므로 거주자는 주소 또는 거소의 국외 이전을 위하여 출국하는 다음 날에 비거주자로 된다.

03 정답 ③

이 경우 '해당 과세기간 종료일 10년 전부터 국내에 주소나 거소를 둔 기간의 합계가 5년 이하인 외국인 거주자'에 해당하여 외국인 단기 거주자 특례를 적용받을 수 있으므로 국외에서 발생한 소득의 경우 국내에서 지급되거나 국내로 송금된 소득에 대해서만 과세한다.

04 정답 ①

② 거주자는 거소의 국외 이전을 위하여 출국하는 날의 다음날부터 비거주자가 된다.

③ 내국법인이 발행주식총수의 100분의 100을 직접 출자한 해외현지법인에 파견된 직원은 거주자로 본다.

④ 비거주자는 국내에 주소를 둔 날부터 거주자가 된다.

⑤ 소득세법에 따른 주소는 국내에 생계를 같이 하는 가족 및 국내에 소재하는 자산의 유무 등 생활관계의 객관적 사실에 따라 판정한다. 거소는 주소지 외의 장소 중 상당기간에 걸쳐 거주하는 장소로서 주소와 같이 밀접한 일반적 생활관계가 형성되지 아니한 장소로 한다.

05 정답 ②

① 90% ➜ 100%

③ 주소 ➜ 거소

④ 거류지 또는 체류지 ➜ 국내원천소득이 발생하는 장소

⑤ 국세청장 또는 관할지방국세청장이 지정하는 장소 ➜ 거류지 또는 체류지

06 정답 ②

거주자는 납세지가 변경된 경우 변경된 날부터 15일 이내에 그 변경 후의 납세지 관할세무서장에게 신고하여야 하나, 주소지 변경으로 부가가치세법상 사업자등록 정정을 한 경우에는 소득세법상 납세지 변경신고를 한 것으로 본다.

07 정답 ④

납세지 지정사유가 소멸한 경우 국세청장 또는 관할 지방국세청장은 납세지의 지정을 직권으로 취소한다. 즉 이 경우에는 납세의무자의 요청이 있어야 하는 것이 아니다.

08 정답 ③

내국법인이 발행주식총수의 100% 직접 출자한 해외현지법인에 파견된 직원은 거주자로 본다.

09 정답 ②

소득세 납세의무가 있는 거주자의 납세지가 불분명한 경우로서 주민등록상 주소지로 납세지를 정하고, 주민등록상 주소지가 불분명한 경우 생활관계가 보다 밀접한 곳을 납세지로 한다.

10 정답 ①

주소지가 2 이상인 때에는 주민등록법에 의하여 등록된 곳을 납세지로 한다. 만일 거소지가 2 이상인 때에는 생활관계가 보다 밀접한 곳을 납세지로 한다.

11 정답 ④

ㄱ. 거주자나 내국법인의 국외사업장 또는 해외현지법인(내국법인이 발행주식총수 또는 출자지분의 100%를 직접 또는 간접 출자한 경우) 등에 파견된 임원 또는 직원이나 국외에서 근무하는 공무원은 거주자로 본다. 이러한 경우 甲은 국내외원천소득에 대해서 납세의무를 진다.

ㄷ. 외국을 항행하는 선박 또는 항공기의 승무원의 경우 그 승무원과 생계를 같이하는 가족이 거주하는 장소 또는 그 승무원이 근무기간외의 기간 중 통상 체재하는 장소가 국내에 있는 때에는 당해 승무원의 주소는 국내에 있는 것으로 본다. 즉, 이 경우 Smith는 거주자로 본다.

ㅁ. 국내에 거소를 둔 기간이 1과세기간에 걸쳐 183일 이상인 경우에는 거주자로 보나, Tom은 2025년에 183일 이상에 해당하지 않으므로 비거주자로 본다. 즉 국내 원천소득에 대해서만 납세의무를 진다.

12 정답 ③

선의의 제3자가 수익자로 정해진 신탁재산에 귀속되는 소득의 경우에는 수익자에게 귀속되는 것으로 본다.

13 정답 ④

① 외국인 단기 거주자 과세 특례를 적용하여 A의 2025년 국외원천소득 중 국내에서 지급되거나 국내로 송금된 것만 과세된다.

② 甲은 국내에 주소가 있으므로 거주자에 해당하므로 2025년 국내외 원천소득에 대해 소득세 납세의무가 있다.

③ 국외 근무 공무원은 거주자에 해당하므로 乙은 2025년 국내외 원천소득에 대해 소득세 납세의무가 있다.

④ 거주자는 주소 또는 거소의 국외 이전을 위하여 출국하는 날의 다음 날에 비거주자가 되므로, 丙은 2025년 5월 8일부터 국내원천소득에 대해서만 소득세 납세의무가 있다.

⑤ B는 국내에 거소를 둔 기간이 183일 미만이어서 비거주자 해당하므로 2025년 국내원천소득에 대해서만 소득세 납세의무가 있다.

제2장 금융소득(이자 · 배당소득)

2.1 이자소득

1. 이자소득의 범위

이자소득은 해당 과세기간에 발생한 다음의 소득으로 한다(소법 제16조 ①).

구 분	내 용
(1) 국가나 지방자치단체, 내국법인이 빌행한 채권 또는 증권의 이자와 할인액[1)2)]	채권 내매시 보유기간 이자상당액도 포함
(2) 예금[3)]의 이자	국내외에서 받는 예금의 이자, 「상호저축은행법」에 따른 신용계(信用契) 또는 신용부금으로 인한 이익
(3) 환매조건부매매차익(RP) 주1	매매차익이라는 이름에도 불구하고 이자소득 과세됨 즉, RP가 아닌 일반 채권 등의 일반적인 매매차익은 과세 제외
(4) 단기 저축성보험차익 주2	보험기간이 10년 미만인 저축성보험의 보험차익
(5) 직장공제회 초과반환금 주3	1999. 1. 1. 이후 최초로 직장공제회에 가입하고 퇴직 또는 탈퇴함으로써 받는 반환금(1998.12.31. 이전 가입자는 과세 안됨)
(6) 비영업대금의 이익 주4	대(여)금 활동이 비영업인 경우에는 이자소득임. 즉 대금 활동이 사업성이 있으면 사업소득 중 금융업에 해당함
(7) 유형별 포괄주의	위 (1)부터 (6)까지의 소득과 유사한 소득으로서 금전 사용에 따른 대가로서의 성격이 있는 것
(8) 파생상품의 거래 또는 행위로부터의 이익	위 (1)부터 (7)까지의 소득을 발생시키는 거래 또는 행위와 「자본시장과 금융투자업에 관한 법률」 제5조에 따른 파생상품이 결합된 경우 해당 파생상품의 거래 또는 행위로부터의 이익

1) 외국법인의 국내지점 또는 국내영업소, 외국법인이 발행한 채권 또는 증권의 이자와 할인액을 포함한다(소법 제16조 ① (5), (6)).

2) 국채 등의 이자소득(소령 제22조의 2)
  ① 국가가 발행한 채권이 원금과 이자가 분리되는 경우에는 원금에 해당하는 채권 및 이자에 해당하는 채권의 할인액은 채권의 할인액으로 본다.
  ② 다음의 채권을 공개시장에서 통합발행(일정 기간 동안 추가하여 발행할 채권의 표면금리와 만기 등 발행조건을 통일하여 발행하는 것)하는 경우 해당 채권의 매각가액과 액면가액과의 차액은 이자 및 할인액에 포함되지 아니하는 것으로 한다.
    1. 국채
    2. 「한국산업은행법」에 따른 산업금융채권

사례

20×1년에 채권(액면 1억원, 만기 3년, 표면이자율 5%)을 발행 시 투자자 A씨는 이를 9,700만원에 매입하였다. 20×3년 만기까지 보유한 경우 20×3년의 투자자 A씨의 이자소득은?

〈case 1〉 삼성전자가 발행한 회사채인 경우	〈case 2〉 한국산업은행이 발행한 산업금융채권인 경우
이자소득 = 액면이자 + 할인액 = 500만원 + 300만원 = 800만원	이자소득 = 액면이자 = 500만원 (할인액은 과세하지 않음)

주1 금융회사 등(「금융실명거래 및 비밀보장에 관한 법률」에 해당하는 금융회사등과 「법인세법 시행령」의 어느 하나에 해당하는 법인)이 환매기간에 따른 사전약정이율을 적용하여 환매수 또는 환매도하는 조건으로 매매하는 채권 또는 증권의 매매차익을 말한다(소령 제24조).

예 C씨는 20×1년 1월에 은행에서 환매조건부채권(RP, Repurchase Agreement) 상품에 1,000만 원을 투자했다. 이 상품은 은행이 C씨에게 채권을 판매하는 형식으로 진행되며, 20×2년 1월에 C씨가 은행에 채권을 1,000만 원보다 더 높은 가격(예: 1,020만 원)에 되팔기로 약속(환매)하였다. 이 때 채권의 매매차익은 20만원은 외형상 '매매차익'이지만, 실질적으로는 은행에 돈을 맡기고 이자를 받는 것과 같으므로 세법은 이 차익을 이자소득으로 과세한다.

매매차익 등의 과세여부

구 분	매매차익(처분이익)	투자 대가
(1) 주 식	일반적으로 과세 X (단, 비상장 주식 · 대주주 보유분 등 과세)	배당소득으로 과세
(2) 채 권	일반적으로 과세 X (단, 환매조건부채권은 과세)	이자소득으로 과세

주2 보험차익에 대한 과세

저축성보험의 보험차익이란 보험계약에 따라 만기 또는 보험의 계약기간 중에 받는 보험금 · 공제금 또는 계약기간 중도에 해당 보험계약이 해지됨에 따라 받는 환급금[4]에서 납입보험료 또는 납입공제료(보험료)를 뺀 금액*1을 말한다(소령 제25조 ①).

구 분	보험차익 과세여부	보험차익 계산구조
(1) 저축성 보험	1) 10년 이상	과세제외
	2) 10년 미만	이자소득(5년 이상 월 적립식 보험, 법 소정 종신형 연금보험 등은 과세제외. '세부내용' 참고)
(2) 보장성 보험*2	1) 사업 관련	사업소득
	2) 사업 무관	과세제외

*1 저축성보험의 보험차익 계산식

---

3. 「예금자보호법」에 따른 예금보험기금채권과 예금보험기금채권상환기금채권
4. 「한국은행법」에 따른 한국은행통화안정증권

③ 국가가 발행한 채권으로서 그 원금이 물가에 연동되는 채권(물가연동국고채)의 경우 해당 채권의 원금증가분은 이자 및 할인액에 포함된다.

3) 적금 · 부금 · 예탁금 및 우편대체를 포함한다(소법 제16조 ① (3)).

4) 피보험자의 사망 · 질병 · 부상 그 밖의 신체상의 상해로 인하여 받거나 자산의 멸실 또는 손괴로 인하여 받는 것이 아닌 것으로 한정한다.

보험차익 = 만기 또는 보험 계약기간 중 보험금(또는 공제금) · 중도해약 환급금 − 납입보험료(또는 공제료*)

* 보험계약기간중에 보험계약에 의하여 받은 배당금등은 이를 납입보험료에서 차감하되, 그 배당금등으로 납입할 보험료를 상계한 경우에는 배당금등을 받아 보험료를 납입한 것으로 본다(소령 제25조 ⑧).

*2 보장성보험은 만기 시에 지급하는 환급금이 납입보험료 합계액을 초과하지 않도록 설계된 보험을 말한다.[5)]

〈세부내용〉 이자소득으로 과세되지 않는 보험계약의 요건 (소령 제25조 ②)

구 분	요 건
(1) 일반 저축성 보험계약	① 계약자 1명당 납입할 보험료 합계액*1이 1억원(2017년 3월 31일까지 체결하는 보험계약의 경우 2억원) 이하인 저축성보험계약 ② 최초로 보험료를 납입한 날부터 만기일 또는 중도해지일까지의 기간이 10년 이상인 것*2 *1 계약자가 가입한 모든 저축성보험(아래의 (2) 및 (3)에 따른 저축성보험은 제외함)의 보험료 합계액 *2 최초납입일부터 만기일 또는 중도해지일까지의 기간은 10년 이상이지만 최초납입일부터 10년이 경과하기 전에 납입한 보험료를 확정된 기간 동안 연금형태로 분할하여 지급받는 경우를 제외
(2) 월적립식 저축성 보험계약	① 최초납입일부터 납입기간이 5년 이상인 월적립식 보험계약일 것 ② 최초납입일부터 매월 납입하는 기본보험료가 균등(최초 계약한 기본보험료의 1배 이내로 기본보험료를 증액하는 경우를 포함)하고, 기본보험료의 선납기간이 6개월 이내일 것 ③ 계약자 1명당 매월 납입하는 보험료 합계액[계약자가 가입한 모든 월적립식 보험계약(만기에 환급되는 금액이 납입보험료를 초과하지 아니하는 보험계약으로서 기획재정부령으로 정하는 것은 제외)의 기본보험료, 추가로 납입하는 보험료 등 월별로 납입하는 보험료를 기획재정부령으로 정하는 방식에 따라 계산한 합계액]이 150만원 이하일 것(2017년 4월 1일부터 체결하는 보험계약으로 한정)
(3) 종신형 연금 보험계약	① 계약자가 보험료 납입 계약기간 만료 후 55세 이후부터 사망시까지 보험금 · 수익 등을 연금으로 지급받을 것 ② 연금 외의 형태로 보험금 · 수익 등을 지급하지 아니할 것 ③ 사망시[「통계법」에 따라 통계청장이 승인하여 고시하는 통계표에 따른 성별 · 연령별 기대여명 연수이내에서 보험금 · 수익 등을 연금으로 지급하기로 보증한 기간(보증기간)이 설정된 경우로서 계약자가 해당 보증기간 이내에 사망한 경우에는 해당 보증기간의 종료시] 보험계약 및 연금재원이 소멸할 것 ④ 계약자와 피보험자 및 수익자가 동일하고 최초 연금지급개시 이후 사망일 전에 중도해지할 수 없을 것 ⑤ 매년 수령하는 연금액(연금수령 개시 후에 금리변동에 따라 변동된 금액과 이연하여 수령하는 연금액은 포함하지 아니함)이 다음의 계산식에 따라 계산한 금액을 초과하지 아니할 것 $$연금수령한도 = \frac{연금수령개시일\ 현재\ 연금계좌평가액}{연금수령\ 개시일\ 현재\ 기대여명연수} \times 3$$

5) 손해보험협회공시실 상품개요

주3 근로자가 퇴직하거나 탈퇴하여 그 규약에 따라 직장공제회[6]로부터 받는 반환금에서 납입공제료를 뺀 금액(납입금 초과이익)과 반환금을 분할하여 지급하는 경우 그 지급하는 기간 동안 추가로 발생하는 이익(반환금 추가이익)으로 한다(소령 제26조 ②). 즉, 지난 수년간 납입한 금액보다 퇴직시 반환금이 더 크다면, 그만큼 이자소득이 있는 것으로 본다.

직장공제회초과반환금* = 납입금 추가이익(직장공제회반환금 − 납입공제료) + 반환금 추가이익

예 철도공무원 한철도 씨는 10년간 매월 30만원씩 총 3,600만원을 철도공제회에 납입하였다. 20×1년 퇴직 시 반환금을 4,200만원 수령한 경우 600만원을 이자소득으로 과세한다.

직장공제회초과반환금* = 납입금 추가이익(직장공제회반환금 − 납입공제료) + 반환금 추가이익
= 600만원(4,200만원 − 3,600만원) + 0원 = 600만원

만약, 반환금을 일시에 수령하지 않고 5년간 분할 지급받기로 하였고, 매년 지급액에 대해 공제회가 운용이익을 총 200만원 붙여서 지급할 경우 800만원을 이자소득으로 과세한다.

직장공제회초과반환금* = 납입금 추가이익(직장공제회반환금 − 납입공제료) + 반환금 추가이익
= 600만원(4,200만원 − 3,600만원) + 200만원 = 800만원

주4 비영업대금의 이익은 금전의 대여를 사업목적으로 하지 아니하는 자가 일시적 · 우발적으로 금전을 대여함에 따라 지급받는 이자 또는 수수료 등으로 한다(소령 제26조 ③).

실무 POINT

이자소득은 필요경비가 인정되지 않으므로 이자소득총수입금액이 곧 이자소득금액이다. 즉, 사업활동 성격이 있는 대금업의 경우에는 필요경비 인정되나 비영업대금의 이익에는 필요경비가 없음에 유의해야 한다. 실무에서는 대금업자가 아닌 개인이 지인에게 단순히 돈을 빌려 주고 받은 이자를 과세당국에서 포착하기는 쉽지 않은 실정이다.

예 한사채 씨는 20×1년 초 원금 1억원을 지인에게 빌려주고 계약이자인 1,000만원(연 10%)의 이자를 20×1년말 수취하였다. 원금 1억원을 빌려주기 위해 드는 부대비용(계약서 작성비, 변호사 자문료 등)이 100만원이 소요되었다.

〈case 1〉 한사채 씨가 대금업자로 사업자 등록을 한 경우 ➠ 사업소득	〈case 2〉 한사채 씨가 대금업자가 아닌 경우 ➠ 이자소득
사업소득금액 = 총수입금액 − 필요경비 1,000만원 − 100만원 = 900만원	이자소득금액 = 총수입금액 = 1,000만원

6) 직장공제회란 「민법」 또는 그 밖의 법률에 따라 설립된 공제회 · 공제조합(이와 유사한 단체를 포함)으로서 동일직장이나 직종에 종사하는 근로자들의 생활안정, 복리증진 또는 상호부조 등을 목적으로 구성된 단체를 말한다(소령 제26조 ①).

2. 타소득과의 구분

구 분	내 용
(1) 외상매출금 등의 지급기일을 연장해 주고 추가로 받는 금액	① 물품을 판매하고 현금보다 외상으로 추가 수령한 금액(대금 결제방법에 따라 추가로 받는 금액) : 추가액도 모두 사업소득 ② 판매 후 연체이자 중 소비대차 전환분 : 이자소득(비영업대금의 이익) 주1 ③ 판매 후 연체이자 중 소비대차 미전환분 : 사업소득(단, 사업과 관련 없는 채권은 기타소득)
(2) 손해배상금에 대한 법정이자	① 계약의 위약 또는 해약을 원인으로 하는 손해배상금에 대한 법정이자 : 기타소득 주2 ② 기타의 원인(정신적 · 물질적 피해 등) 손해배상금에 대한 법정이자 : 과세제외

주1 외상매출금 등이 소비대차(즉, 대여금 등)로 전환됐으므로, 향후 동 대여금에 대한 이자소득을 인식하는 것이다.

주2 금전채무를 포함한 채무의 이행지체로 인하여 지급받는 지연배상금은 계약의 위약 또는 해약으로 인하여 받는 위약금 또는 배상금에 해당하므로 기타소득으로 과세한다.

사례

다음의 할부이자 및 연체이자의 소득 종류

내 용	소득 종류
(1) 현금판매시 100 외상판매시 120	120 전액이 사업소득임
(2) 제품의 외상기간 연장 후 연체이자 30 더 받음(소비대차 전환 O)	이자소득 30
(3) 제품의 외상기간 연장 후 연체이자 40 더 받음(소비대차 전환 X)	사업소득 40
(4) 토지양도로 인한 미수금 회수기간 연장 후 연체이자 50을 더 받음	기타소득 50

3. 비과세 이자소득

구 분	내 용
(1) 소 득 세 법	「공익신탁법」에 따른 공익신탁의 이익(소법 제12조 (1))주1
(2) 조 세 특 례 제 한 법 주2	① 청년우대형주택청약종합저축에서 발생하는 이자소득(합계액 500만원 한도)(조특법 제87조 ③) ② 농어가목돈마련저축에서 발생하는 이자소득과 저축장려금(조특법 제87조의 2) ③ 65세 이상인 거주자, 장애인, 독립유공자와 그 유족 또는 가족, 상이자(傷痍者), 수급자, 고엽제후유의증환자, 5 · 18민주화운동부상자 등의 비과세종합저축에서 발생하는 소득(1명당 저축원금 5,000만원 이하)(조특법 제88조의2 ①) ④ 농 · 어민 등을 조합원 · 회원 등으로 하는 조합 등에 대한 예탁금(1명당 3천만원 이하의 예탁금)에서 발생하는 이자(조특법 제89조의3 ①) ⑤ 청년도약계좌에서 발생하는 이자소득과 배당소득의 합계액(납입한도가 연 840만원 이하일 것)(조특법 제91조의22 ①) ⑥ 장병내일준비적금에 가입하는 경우 가입일부터 「병역법」에 따른 복무기간[7] 종료일까지 해당 적금(모든 금융회사에 납입한 금액의 합계액 기준으로 2025년 1월 1일 이후 납입분은 월 55만원 한도)에서 발생하는 이자소득(조특법 제91조의19 ①) ⑦ 개인종합자산관리계좌에서 발생하는 이자소득 및 배당소득(400만원 또는 200만원 한도)[8](조특법 제91조의18 ①)

주1 예 한장학 씨는 10억원을 은행에 신탁하고, 매년 이자소득 전액을 저소득층 대학생 장학금으로 지급하도록 신탁계약 체결하였다. 은행(수탁자)이 신탁재산을 운용하여 연간 4천만원의 이자가 발생하였고, 이는 전액 장학금으로 지급되었다. 이 경우 「신탁법」에 따라 공익 목적(교육, 학술, 자선, 종교, 사회복지, 문화, 환경보전 등)을 위해 설립된 신탁이며, 신탁재산에서 발생한 소득을 불특정 다수인 또는 공익을 위해 사용하였으므로 해당 4천만원의 이익에 대해서는 소득세가 비과세된다.

주2 ①~⑤는 2025년 12월 31일까지 가입하는 경우에 한정하고, ⑥은 2026년 12월 31일까지 가입하는 경우에 한정한다.

---

7) 복무기간이 24개월을 초과하는 경우 비과세 적용기간은 24개월을 초과하지 못한다.

8) 개인종합자산관리계좌의 비과세 한도금액은 가입일 또는 연장일을 기준으로 다음 각 호의 구분에 따른 금액으로 한다(조특법 제91조의18 ②).
   1. 다음의 어느 하나에 해당하는 경우: 400만원
      가. 직전 과세기간의 총급여액이 5천만원 이하인 거주자(직전 과세기간에 근로소득만 있거나 근로소득 및 종합소득과세표준에 합산되지 아니하는 종합소득이 있는 자로 한정)
      나. 직전 과세기간의 종합소득과세표준에 합산되는 종합소득금액이 3천8백만원 이하인 거주자(직전 과세기간의 총급여액이 5천만원을 초과하지 아니하는 자로 한정)
      다. 대통령령으로 정하는 농어민(직전 과세기간의 종합소득과세표준에 합산되는 종합소득금액이 3천8백만원을 초과하는 자는 제외)
   2. 위 '1'에 해당하지 아니하는 자의 경우: 200만원

4. 이자소득의 수입시기

이자소득의 수입시기는 다음에 따른 날로 한다(소령 제45조).

내 용	수입시기
(1) 그 밖의 금전 사용에 따른 대가로서의 성격이 있는 이자와 할인액 (2) 이자소득을 발생시키는 거래 또는 행위와 파생상품이 결합된 경우 해당 파생상품의 거래 또는 행위로부터의 이익	약정에 따른 상환일. 다만, 기일 전에 상환하는 때에는 그 상환일
(3) 채권의 이자와 할인액	무기명인 것: 지급 받은 날 기명인 것: 약정에 의한 지급일
(4) 보통예금 · 정기예금 · 적금 또는 부금의 이사	실제로 이자를 지급 받는 날[9]
(5) 통지예금의 이자	인출일
(6) 채권 또는 증권의 환매조건부 매매차익	약정에 의한 당해 채권 또는 증권의 환매수일 또는 환매도일. 다만, 기일전에 환매수 또는 환매도하는 경우에는 그 환매수일 또는 환매도일
(7) 저축성보험의 보험차익	보험금 또는 환급금의 지급일. 다만, 기일전에 해지하는 경우에는 그 해지일
(8) 직장공제회 초과반환금	약정에 따른 납입금 초과이익 및 반환금 추가이익의 지급일. 다만, 반환금을 분할하여 지급하는 경우 원본에 전입하는 뜻의 특약이 있는 납입금 초과이익은 특약에 따라 원본에 전입된 날
(9) 비영업대금의 이익	약정에 의한 이자지급일. 다만, 이자지급일의 약정이 없거나 약정에 의한 이자지급일전에 이자를 지급 받는 경우 또는 총수입금액 계산에서 제외하였던 이자를 지급 받는 경우에는 그 이자지급일
(10) 채권등의 보유기간이자등상당액	해당 채권등의 매도일 또는 이자등의 지급일
(11) 이자소득이 발생하는 상속재산이 상속되거나 증여되는 경우	상속개시일 또는 증여일

9) ① 원본에 전입하는 뜻의 특약이 있는 이자는 그 특약에 의하여 원본에 전입된 날
② 해약으로 인하여 지급되는 이자는 그 해약일
③ 계약기간을 연장하는 경우에는 그 연장하는 날
④ 정기예금연결정기적금의 경우 정기예금의 이자는 정기예금 또는 정기적금이 해약되거나 정기적금의 저축기간이 만료되는 날

㊟ 회수불가능한 비영업대금의 귀속시기

비영업대금의 이익의 총수입금액을 계산할 때 해당 과세기간에 발생한 비영업대금의 이익에 대하여 과세표준확정신고 전에 해당 비영업대금이 「법인세법 시행령」에 따른 채권에 해당하여 채무자 또는 제3자로부터 원금 및 이자의 전부 또는 일부를 회수할 수 없는 경우에는 회수한 금액에서 원금을 먼저 차감하여 계산한다. 이 경우 회수한 금액이 원금에 미달하는 때에는 총수입금액은 이를 없는 것으로 한다(소령 제51조 ⑦).

사례

당기에 비영업대금 1,000만원에 대해 이자 100만원을 약정했으나, 채무자의 파산으로 1,030만원만 회수된 경우 이자소득은?

해답

당기 이자소득은 30만원(원금 1,000만원부터 회수됨)이다.
만약, 차기에 60만원을 더 받으면 60만원은 차기의 이자소득이 된다.

2.2 배당소득

1. 배당소득의 범위

배당소득은 해당 과세기간에 발생한 다음의 소득으로 한다(소법 제17조 ①).

(1) 내국법인으로부터 받는 이익이나 잉여금의 배당 또는 분배금㊟1
(2) 법인으로 보는 단체로부터 받는 배당금 또는 분배금
(2)의2 법인과세 신탁재산으로부터 받는 배당금 또는 분배금
(3) 의제배당㊟2
(4) 「법인세법」에 따라 배당으로 처분된 금액㊟3
(5) 국내 또는 국외에서 받는 집합투자기구[10]로부터의 이익㊟4, ㊟5
(5)의2 국내 또는 국외에서 받는 파생결합증권 또는 파생결합사채로부터의 이익
(5)의3 금전이 아닌 재산의 신탁계약에 의한 수익권이 표시된 수익증권으로부터의 이익㊟6
(5)의4 「자본시장과 금융투자업에 관한 법률」에 따른 투자계약증권으로부터의 이익㊟6
(6) 외국법인으로부터 받는 이익이나 잉여금의 배당 또는 분배금
(7) 「국제조세조정에 관한 법률」에 따라 배당받은 것으로 간주된 금액[11]
(8) 공동사업에서 발생한 소득금액 중 출자공동사업자의 손익분배비율에 해당하는 금액㊟7
(9) 위 (1)부터 (7)에 따른 소득과 유사한 소득으로서 수익분배의 성격이 있는 것㊟8
(10) 위의 소득을 발생시키는 거래 또는 행위와 파생상품이 결합된 경우 해당 파생상품의 거래 또는 행위로부터의 이익[12]

---

10) 집합투자기구란 집합투자를 수행하기 위한 기구로서 다음의 것을 말한다(자본시장과 금융투자업에 관한 법률 제9조 ⑱).
  1. 집합투자업자인 위탁자가 신탁업자에게 신탁한 재산을 신탁업자로 하여금 그 집합투자업자의 지시에 따라 투자·운용하게 하는 신탁 형태의 집합투자기구(이하 "투자신탁"이라 한다)
  2. 「상법」에 따른 주식회사 형태의 집합투자기구(이하 "투자회사"라 한다)

주1 「상법」따라 자본준비금을 감액하여 받은 배당은 배당소득에 포함하지 아니한다. 단, 자본전입 시 의제배당에 해당하는 자본준비금(법인세가 과세된 잉여금을 재원으로 함)과 3% 평가세율이 적용된 재평가적립금을 감액하는 받은 배당은 배당소득으로 본다(소령 제26조의3 ⑥).

예 한배당 씨는 20×1년에 S전자에 5억원을 투자하여 현재 S전자의 주식을 보유하고 있는 주주이다. S전자는 20×2년에 다음과 같이 두 개의 재원으로 한배당 씨를 포함한 주주들에게 분배금을 주기로 하였다. <case1> 주식발행초과금을 자본준비금에 적립했다가 한배당 씨에게 1억원을 지급하는 경우와 <case2> 자기주식처분이익을 자본준비금에 적립했다가 한배당 씨에게 1억원을 지급하는 경우, 한배당 씨는 <case 1>에 대해서는 배당소득세로 과세되지 않는다(∵ 당초 주주가 투자한 금액의 회수이므로).

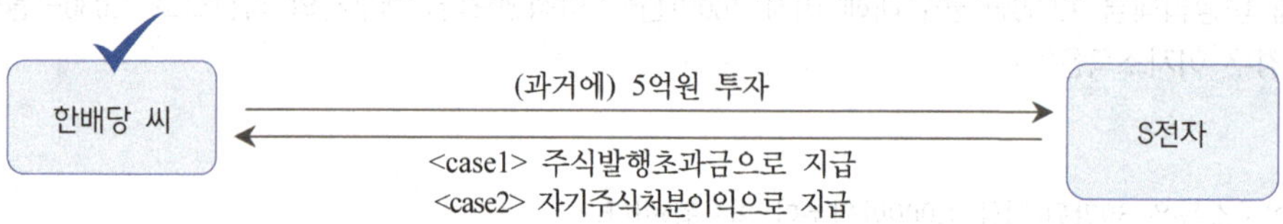

〈case 1〉 주식발행초과금으로 지급			
차) 현금	1억원	대) 배당금수익	1억원
〈case 2〉 자기주식처분이익으로 지급			
차) 현금	1억원	대) 배당금수익	1억원

〈case 1〉 주식발행초과금으로 지급			
차) 주식발행초과금	1억원	대) 현금	1억원
〈case 2〉 자기주식처분이익으로 지급			
차) 자기주식처분이익	1억원	대) 자본금	1억원

주2 의제배당이란 주식의 소각이나 자본의 감소로 인하여 주주가 취득하는 금전, 그 밖의 재산의 가액 또는 퇴사·탈퇴나 출자의 감소로 인하여 사원이나 출자자가 취득하는 금전, 그 밖의 재산의 가액이 주주·사원이나 출자자가 그 주식 또는 출자지분을 취득하기 위하여 사용한 금액[13]을 초과하는 금액 등을 말하며, 이를 해당 주주, 사원, 그 밖의 출자자에게 배당한 것으로 본다(소법 제17조 ②).

- 유형 1: 잉여금의 자본 전입으로 인한 의제배당
- 유형 2: 감자·퇴사·탈퇴·해산[14]·합병·분할의 경우의 의제배당

---

3. 「상법」에 따른 유한회사 형태의 집합투자기구(이하 "투자유한회사"라 한다)
4. 「상법」에 따른 합자회사 형태의 집합투자기구(이하 "투자합자회사"라 한다)
4의2. 「상법」에 따른 유한책임회사 형태의 집합투자기구(이하 "투자유한책임회사"라 한다)
5. 「상법」에 따른 합자조합 형태의 집합투자기구(이하 "투자합자조합"이라 한다)
6. 「상법」에 따른 익명조합 형태의 집합투자기구(이하 "투자익명조합"이라 한다)

즉, 다수의 투자자로부터 금전 등을 모아 운용(투자)하고 발생한 수익을 투자자에게 배분하는 구조로, 흔히 '펀드(Fund)'라고 불리며, 집합투자기구에 가입한 투자자는 기구가 발행한 수익증권 또는 지분을 보유하게 된다.

11) 요건을 모두 충족하는 외국법인에 대하여 내국인이 출자한 경우에는 특정외국법인의 각 사업연도 말 현재 배당 가능한 유보소득 중 내국인에게 귀속될 금액은 내국인이 배당받은 것으로 본다(국제조세조정에 관한 법률 제27조 ① ➡ 간주배당이라고도 한다.
1. 본점, 주사무소 또는 실질적 관리장소를 둔 국가 또는 지역에서의 실제부담세액이 다음 계산식에 따라 산출한 금액 이하일 것
2. 해당 법인에 출자한 내국인과 특수관계(의결권 있는 주식의 50퍼센트 이상을 직접 또는 간접으로 소유하고 있는 경우에 해당하는지를 판단할 때에는 내국인의 친족 등 대통령령으로 정하는 자가 직접 또는 간접으로 보유하는 주식을 포함)에 있을 것

12) 주가연계증권(ELS)이란 특정 시점에 다른 증권이나 주가지수를 기초자산으로 하여 조건 충족시 약정된 바에 따라 손익이 발생하는 파생결합증권을 말한다(맹수석, ELS투자에 있어서 증권회사의 고객보호의무, 선진상사법률연구 통권 제72호, 2015.10.) 특정 주식에 연계된 파생결합증권(ELS)에 투자하여 수익을 얻었고, 해당 파생상품은 주식 배당수익을 반영하여 수익구조를 설계하였으므로, 이는 배당소득에 해당한다.

13) 해당 주식을 취득하기 위해 사용된 금액을 계산할 때 해당 주식이 「조세특례제한법」에 따른 주식매수선택권의 행사로 취득한 벤처기업의 주식인 경우에는 주식매수선택권을 행사하는 당시의 시가를 해당 주식의 취득에 사용된 금액으로 본다(소령 제27조 ⑧).

〈세부내용〉

소득세법의 의제배당은 법인세법과 동일하나, 다음과 같은 두 가지 차이가 있다.

① 주식소각등에 의한 의제배당 총수입금액을 계산함에 있어서 의제배당일부터 역산하여 2년이내에 자본준비금의 자본전입에 따라 취득한 주식등으로서 의제배당으로 보지 아니하는 것(주식발행액면초과액의 자본전입에 따라 발행된 주식을 제외)이 있는 경우에는 단기소각주식등이 먼저 감소 또는 소각된 것으로 본다(소령 제27조 ③). ➡ 주식발행초과금의 자본전입으로 인한 무상주에 대해서는 단기소각주식 특례를 적용하지 않는다.

② 해당 주식을 취득하기 위하여 소요된 금액을 계산할 때에 주주가 소유주식의 비율 등을 고려하여 기획재정부령으로 정하는 소액주주에 해당하고, 해당 주식을 보유한 주주의 수가 다수이거나 해당 주식의 빈번한 거래 등에 따라 해당 주식을 취득하기 위하여 소요된 금액의 계산이 불분명한 경우에는 액면가액을 해당 주식의 취득에 소요된 금액으로 본다. 다만, 해당 주주가 액면가액이 아닌 다른 가액을 입증하는 경우에는 그렇지 않다(소령 제27조 ⑦). ➡ 법인세법의 의제배당에는 이러한 취득가액의 의제규정이 없다.

주3 이를 인정배당이라고 한다.

예 C법인이 대주주에게 10억원을 무이자로 대여했을 경우, 세법상 적정이자가 4,000만원이라고 가정하면 <익금산입> 인정이자 4,000만원(배당) 의 세무조정이 발생하고, 해당 대주주에게는 인정배당으로 배당소득세가 과세된다.

주4 집합투자기구 등의 신탁을 제외한 신탁의 이익은 「신탁법」에 따라 수탁자에게 이전되거나 그 밖에 처분된 재산권에서 발생하는 소득의 내용별로 구분한다(소법 제4조 ②).

예 집합투자기구가 아닌 일반신탁을 통하여 부동산 관리신탁(신탁재산: 부동산)의 이익을 분배받으면 사업소득으로, 집합투자기구가 아닌 일반신탁을 통하여 지식재산권 신탁(신탁재산: 특허권)의 이익을 분배받으면 기타소득으로 과세된다.

〈세부내용〉 집합투자기구의 요건

집합투자기구란 다음의 요건을 모두 갖춘 집합투자기구를 말한다(소령 제26조의2 ①). 이때, 국외에서 설정된 집합투자기구는 다음의 요건을 갖추지 않은 경우에도 집합투자기구로 본다(소령 제26조의2 ①).

1. 「자본시장과 금융투자업에 관한 법률」에 따른 집합투자기구(같은 법 제251조에 따른 보험회사의 특별계정은 제외하되, 금전의 신탁으로서 원본을 보전하는 것을 포함. 이하 "집합투자기구"라 함)일 것
2. 해당 집합투자기구의 설정일부터 매년 1회 이상 결산 · 분배할 것. 다만, 다음 각 목의 어느 하나에 해당하는 이익금은 분배를 유보할 수 있으며, 「자본시장과 금융투자업에 관한 법률」 제242조에 따른 이익금이 0보다 적은 경우에도 분배를 유보할 수 있다(같은 법 제9조제22항에 따른 집합투자규약에서 정하는 경우로 한정).
   가. 「자본시장과 금융투자업에 관한 법률」 따른 상장지수집합투자기구(이하 이 조에서 "상장지수집합투자기구"라 한다)가 지수 구성종목을 교체하거나 파생상품에 투자함에 따라 계산되는 이익[이자수입 및 배당이익(라목의 이자수입 및 배당이익은 제외한다)은 제외한다]
   나. 「자본시장과 금융투자업에 관한 법률」에 따라 평가한 집합투자재산의 평가이익
   다. 「자본시장과 금융투자업에 관한 법률」의 회계처리기준에 따른 집합투자재산의 매매이익
   라. 상장지수집합투자기구로서 증권시장에서 거래되는 주식의 가격만을 기반으로 하는 지수의 변화를 그대로 추적하는 것을 목적으로 하는 집합투자기구 중 지수의 변화를 그대로 추적하기 위해 배당이익을 구성종목의 비중에 따라 재투자하는 집합투자기구에서 발생한 이자수입 및 배당이익
3. 금전으로 위탁받아 금전으로 환급할 것(금전 외의 자산으로 위탁받아 환급하는 경우로서 해당 위탁가액과 환급가액이 모두 금전으로 표시된 것을 포함한다)

---

14) 내국법인이 조직변경하는 경우로서 다음의 어느 하나에 해당하는 경우는 제외한다(소법 제17조 ② (3)).
가. 「상법」에 따라 조직변경하는 경우
나. 특별법에 따라 설립된 법인이 해당 특별법의 개정 또는 폐지에 따라 「상법」에 따른 회사로 조직변경하는 경우
다. 그 밖의 법률에 따라 내국법인이 조직변경하는 경우로서 대통령령으로 정하는 경우

주5 집합투자기구로부터의 이익에는 집합투자기구가 법 소정 방법[15]으로 취득한 증권시장에 상장된 증권 등[16]의 거래나 평가로 발생한 손익을 포함하지 않는다(소령 제26의2 ④).

사례

소액주주 유대리(거주자)가 상장주식 등에 투자하여 다음과 같은 소득이 있을 경우 과세여부

구 분		Case1 : 일반적인 경우(직접투자)	Case2 : 집합투자기구인 경우
(1) 주 식	①매매차익	과세 X	과세 X
	②배 당 금	과세 O	과세 O
(2) 채 권	③매매차익	과세 X	~~과세 X~~ ➡ 과세 O*
	④이자소득	과세 O	과세 O*

* 집합투자기구의 경우에는 주식과 채권의 구분 없이 배당소득으로 본다. 채권의 매매차익도 직접투자와 달리 과세된다(∵채권투자로 인하여 발생하는 손실을 차감해주기 위해).

주6 수익증권은 부동산, 미술품 등의 재산 운용(임대, 매각, 로열티 등)에서 나온 수익을 배분하고, 투자계약증권은 음악저작권, 부동산개발 프로젝트 등 사업 운영 성과(매출 · 이익 등)에 따라 배분한다는 특징이 있다.

실무 POINT

최근 조각투자상품이라 하여 음악저작권 · 부동산 · 한우 등 실물 또는 권리에 기반하여 소액을 투자하는 경우가 있다. 뮤직카우(음원 저작권), 카사코리아(부동산), 열매컴퍼니(미술품), 고스트키친(식품 · 축산물) 등 플랫폼을 통해 수익증권이나 투자계약증권을 구매한 뒤 분기 · 연단위로 그 성과 등에 대한 대가를 지급받게 되는데, 이 때 배당소득으로 과세되는 것이다.

예 A씨가 음악 저작권 조각투자에 300만원을 투자해서 1년간 수익금 45만원을 받았다면 배당소득세로 과세된다.

주7 공동사업에서 발생한 소득금액 중 같은 조 제1항에 따른 출자공동사업자[17]의 손익분배비율에 해당하는 금액을 말한다(소법 제17조 ① (8)).

---

15) 다음 중 어느 하나의 방법으로 취득
가. 집합투자기구가 직접 취득
나. 집합투자기구가 「자본시장과 금융투자업에 관한 법률」에 따른 집합투자증권에 투자하여 취득
다. 집합투자기구가 「벤처투자 촉진에 관한 법률」에 따른 벤처투자조합 또는 「여신전문금융업법」에 따른 신기술사업투자조합의 출자지분에 투자하여 취득

16) 다음 중 어느 하나에 해당하는 상품
가. 증권시장에 상장된 증권(다음의 것은 제외)
1) 법 제46조제1항에 따른 채권등
2) 외국 법령에 따라 설립된 외국 집합투자기구의 주식 또는 수익증권
3) 증권시장 또는 이와 유사한 시장으로서 외국에 있는 시장을 대표하는 종목을 기준으로 산출된 지수(해당 지수의 변동성을 기준으로 산출된 지수를 포함)를 추적하는 것을 목적으로 하는 상장지수집합투자기구의 주식 또는 수익증권
4) 증권시장 또는 이와 유사한 시장으로서 외국에 있는 시장을 대표하는 종목을 기준으로 산출된 지수(해당 지수의 변동성을 기준으로 산출된 지수를 포함)를 추적하는 것을 목적으로 하는 상장지수증권
나. 「벤처기업육성에 관한 특별법」에 따른 벤처기업의 주식 또는 출자지분
다. 가목의 증권을 대상으로 하는 「자본시장과 금융투자업에 관한 법률」에 따른 장내파생상품

17) 경영에 참여하지 아니하고 출자만 하는 출자공동사업자는 다음의 어느 하나에 해당하지 아니하는 자를 말한다(소법 43조 ①, 소령 제100조 ①).
1. 공동사업에 성명 또는 상호를 사용하게 한 자
2. 공동사업에서 발생한 채무에 대하여 무한책임을 부담하기로 약정한 자

(1) 업무집행공동사업자 : 공동사업의 경영에 참여하고 그 채무에 대하여 무한책임을 지는 자

(2) 출자공동사업자 : 경영에 참여하지 않고 그 채무에 대하여 무한책임을 지지 않는 자

사례

김사장 씨와 이투자 씨는 다음과 같은 조건으로 치킨집을 운영하여 20×1년에 100의 소득을 얻었다.

① 김사장 씨(업무집행공동사업자)

치킨집의 경영(직원채용, 메뉴나 영업시간 결정 등)에 직접 참여, 치킨집 부채에 대해 무한책임을 부담함.

② 이투자 씨(출자공동사업자)

치킨집 경영에는 전혀 참여하지 않음. 부채에 대해서도 무한책임 없음(본인이 투자한 금액의 한도만 손실 가능). 단순히 돈만 투자하고 매달 수익 배당 받음.

치킨집 소득 100

이름	출자비율	손익분배비율	자 격	소득분배[*1]	소득구분
(1) 김사장 씨	50%	60%	업무집행공동사업자	60	사업소득
(2) 이투자 씨	50%	40%	출자공동사업자	40	배당소득

*1 공동사업장에서 발생한 소득금액은 약정된 손익분배비율이 있으면 그 비율에 따라 분배하고, 약정된 손익분배비율이 없으면 지분비율에 따라 분배함.

실무 POINT

이렇듯 출자공동사업자의 배당소득은 외관은 배당소득이나, 그 원천이 사업소득이므로 향후 소득세법상 일반적인 배당소득과 달리 여러 가지 고려사항이 있으므로 유의해야 한다((예) 무조건 종합과세, Gross-up 미적용, 부당행위계산부인 적용, 25% 원천징수, 비교과세액 도출 시 14% 적용 등).

주8 소득세법시행령에 따르면 다음과 같은 금액이 포함된다(소령 제26조의3 ④, ⑦). 이는 유형별포괄주의에 따른 배당에 해당한다.

① 거주자가 일정기간 후에 같은 종류로서 같은 양의 주식을 반환받는 조건으로 주식을 대여하고 해당 주식의 차입자로부터 지급받는 해당 주식에서 발생하는 배당에 상당하는 금액

② 거주자가 환매기간에 따른 사전약정이율을 적용하여 환매수하는 조건으로 증권(채권등은 제외)을 매도하고 환매수하는 날까지 해당 증권의 매수인으로부터 지급받는 해당 증권에서 발생하는 배당에 상당하는 금액

2. 비과세 배당소득

구 분	내 용
(1) 소 득 세 법	「공익신탁법」에 따른 공익신탁의 이익(소법 제12조 (1))
(2) 조 세 특 례 제 한 법	① 65세 이상인 거주자, 장애인, 독립유공자와 그 유족 또는 가족, 상이자(傷痍者), 수급자, 고엽제후유의증환자, 5 · 18민주화운동부상자 등의 비과세종합저축에서 발생하는 소득(1명당 저축원금 5,000만원 이하)(조특법 제88조의2 ①) ② 우리사주조합원이 우리사주조합을 통하여 취득한 후 증권금융회사에 예탁한 우리사주의 배당소득(조특법 제88조의4 ⑨) ③ 농민 · 어민 및 그 밖에 상호 유대를 가진 거주자를 조합원 · 회원 등으로 하는 금융기관에 대한 출자금으로서 1명당 2천만원 이하의 출자금에 대한 배당소득(조특법 제88조의5) ④ 개인종합자산관리계좌에서 발생하는 이자소득 및 배당소득(400만원 또는 200만원 한도)[18](조특법 제91조의18 ①) ⑤ 청년도약계좌에서 발생하는 이자소득과 배당소득의 합계액(납입한도가 연 840만원 이하일 것)(조특법 제91조의22 ①)

3. 배당소득의 계산구조

배당소득금액은 해당 과세기간의 총수입금액으로 한다. 다만, 법 소정배당소득에 대해서는 해당 과세기간의 총수입금액에 그 배당소득의 10%에 해당하는 금액을 더한 금액으로 한다(소법 제17조 ③). 배당소득은 별도의 필요경비가 인정되지 않는다는 점에서 이자소득과 공통점이 있다.

배당소득금액 = 배당소득 총수입금액 + 배당가산액(Gross－up)

18) 개인종합자산관리계좌의 비과세 한도금액은 가입일 또는 연장일을 기준으로 다음 각 호의 구분에 따른 금액으로 한다(조특법 제91조의18 ②).
1. 다음의 어느 하나에 해당하는 경우: 400만원
가. 직전 과세기간의 총급여액이 5천만원 이하인 거주자(직전 과세기간에 근로소득만 있거나 근로소득 및 종합소득과세표준에 합산되지 아니하는 종합소득이 있는 자로 한정)
나. 직전 과세기간의 종합소득과세표준에 합산되는 종합소득금액이 3천8백만원 이하인 거주자(직전 과세기간의 총급여액이 5천만원을 초과하지 아니하는 자로 한정)
다. 대통령령으로 정하는 농어민(직전 과세기간의 종합소득과세표준에 합산되는 종합소득금액이 3천8백만원을 초과하는 자는 제외)
2. 위 '1'에 해당하지 아니하는 자의 경우: 200만원

4. 배당소득의 수입시기

이자소득의 수입시기는 다음에 따른 날로 한다(소령 제46조).

구 분	내 용
(1) 무기명주식의 이익이나 배당	그 지급을 받은 날
(2) 잉여금의 처분에 의한 배당	당해 법인의 잉여금 처분결의일(주1)
(3) 출자공동사업자의 배당	과세기간 종료일(분배금 지급일이 아님)
(4) 그밖의 수익분배의 성격이 있는 배당 또는 분배금(유형별포괄주의 배당)	그 지급을 받은 날
(5) 배당소득을 발생시키는 거래 또는 행위와 파생상품이 결합된 경우 해당 파생상품의 거래 또는 행위로부터의 이익	그 지급을 받은 날
(6) 의제배당	① 주식의 소각, 자본의 감소 또는 자본에의 전입을 결정한 날(이사회의 결의에 의하는 경우에는 「상법」의 규정에 의하여 정한 날)이나 퇴사 또는 탈퇴한 날 ② 법인이 해산으로 인하여 소멸한 경우에는 잔여재산의 가액이 확정된 날 ③ 법인이 합병으로 인하여 소멸한 경우에는 그 합병등기를 한 날 ④ 법인이 분할 또는 분할합병으로 인하여 소멸 또는 존속하는 경우에는 그 분할등기 또는 분할합병등기를 한 날
(7) 법인세법에 따라 처분된 배당(인정배당)	당해 법인의 당해 사업연도의 결산확정일(주1)(주2)
(8) 집합투자기구로부터의 이익	집합투자기구로부터의 이익을 지급받은 날. 다만, 원본에 전입하는 뜻의 특약이 있는 분배금은 그 특약에 따라 원본에 전입되는 날
(9) 파생결합증권 또는 파생결합사채로부터의 이익	그 이익을 지급받은 날. 다만, 원본에 전입하는 뜻의 특약이 있는 분배금은 그 특약에 따라 원본에 전입되는 날
(10) 조각투자상품으로부터의 이익	그 이익을 지급받은 날

(주1) 12월말 결산법인의 경우 잉여금 처분 결의일, 결산확정일은 일반적으로 다음 연도 3월의 정기주주총회일을 의미한다(사업연도 종료일이 아님).

(주2) 인정배당과 인정기타소득은 결산확정일을, 인정상여는 근로제공일을 소득의 수입시기로 한다.

2.3 금융소득 과세방법

1. 금융소득의 구분

원천징수의무자가 이자소득 또는 배당소득을 지급할 때에는 그 지급금액에 원천징수세율을 적용하여 계산한 소득세를 원천징수한다(소법 제130조). 금융소득 종합과세는 이자소득과 배당소득을 합산하여 소득세 기본세율로 과세하는 것을 말한다. 구체적으로 다음과 같이 무조건 분리과세, 무조건 종합과세, 조건부 종합과세로 구분할 수 있다.

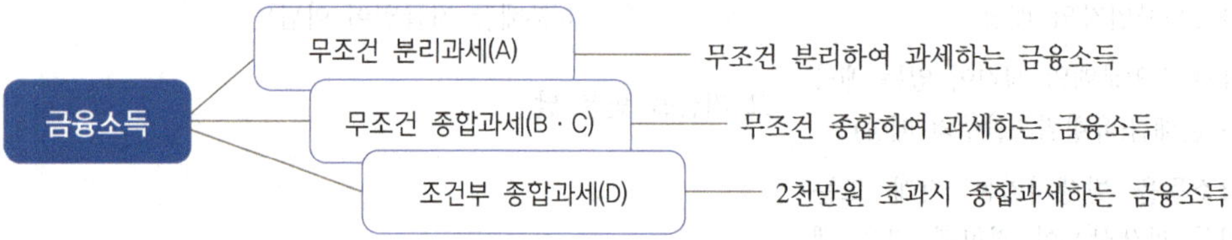

구 분	구 분	내 용	원천징수세율
(1) 무조건 분리과세 (A)	① 비실명 금융소득	실명이 확인되지 않는 금융소득	45% (금융실명제 대상 : 90%)
	② 직장공제회 초과반환금	직장공제회초과반환금	기본세율 (연분연승법 (8장 참고))
	③ 법원 보증금 및 경락대금이자소득	실명 여부에 관계없음[19]	14%
	④ 법인 아닌 단체의 금융수익	법인으로 보는 단체 외의 단체 중 수익을 구성원에게 배분하지 아니하는 단체로서 단체명을 표기하여 금융거래를 하는 단체가 금융회사등으로부터 받는 이자소득 및 배당소득[*2]	14%
	⑤ 장기채권의 이자와 할인액 중 분리과세 신청분	2017.12.31. 이전에 발행된 장기채권의 이자와 할인액으로서 분리과세를 신청한 이자소득	30%

19) 이는 민사소송법 제113조 및 제142조의 규정에 의하여 법원에 납부한 보증금 및 경락대금에서 발생하는 이자소득을 말한다. 본래 부동산 경매를 통하여 부동산을 경락받고자 하는 자가 법원에 납부하는 경매보증금 또는 경락대금(법원보관금)의 이자는 부동산 소유자에게 귀속되는 것이 원칙이다. 그러나 실제로는 법원의 부동산 경매입찰의 경우 부동산소유자를 확인할 수 없는 것이 보통이고, 설혹 부동산 소유자를 확인할 수 있다 하더라도 그 이자가 실제로 부동산 소유자에게 귀속되는 경우는 거의 없기 때문에 이를 원천징수 분리과세함으로써 간단하게 납세의무를 종결하기 위하여 둔 규정이다(한국세무사회 홈페이지. 홈 〉 연구 · 상담 〉 무료세무상담).

<table>
<tr><td rowspan="3">(2) 무조건 종합과세 (B, C)</td><td>구 분</td><td>내 용</td><td>원천징수세율</td></tr>
<tr><td>① 출자공동사업자의 배당소득 (B)</td><td>출자공동사업자의 분배금</td><td>25% (어차피 무조건 종합과세이므로 예납적 원천징수임에 유의)</td></tr>
<tr><td>② 국내에서 원천징수 하지 않은 금융소득 (C)</td><td>ㄱ. 국외에서 받는 금융소득
ㄴ. 국내에서 원천징수 되지 아니한 금융소득</td><td>-*3
14%(비영업대금의 이익 25%*4)</td></tr>
<tr><td rowspan="2">(3) 조건부 종합과세 (D)</td><td>구 분</td><td>내 용</td><td>원천징수세율</td></tr>
<tr><td>조건부 종합과세(D)</td><td>상기 외의 모든 금융소득</td><td>14% (단, 비영업대금의 이익은 25%)</td></tr>
</table>

*1 예를 들어, 채무자 김철수 씨의 채무 변제를 위해 그의 아파트가 법원 경매에 부쳐졌고, 경매에서 박영희 씨가 최종 낙찰자로 결정되어 낙찰자인 박영희 씨가 경매 대금 3억원을 법원에 납부하였다. 법원은 이 3억원을 채무자 김철수 씨에 대한 채권자들에게 배당하기 전까지, 법원 지정 예금계좌(예금관리계좌, 법원 명의)에 해당 금액을 보관한다. 이 보관 기간 동안 10만원의 이자가 발생했다고 가정하면 이때 발생한 이자는 납부자(박영희)가 아니라 경매절차 관련자(채무자 · 채권자)에게 귀속되며, 소득세법에 따라 14%의 원천징수세율로 과세되고 무조건 분리과세 된다.

*2 예를 들어, 아파트 입주자대표회의 명의의 은행 계좌에서 관리비 잔액을 보관하며 이 금액을 정기예금에 예치 후 이자소득이 있을 경우 무조건 분리과세 대상 이자소득이 된다.

*3 만약, 국외금융소득을 국내 대리인이 원천징수하면 D에 해당한다.

*4 비영업대금의 이익은 원천징수대상 금융소득이지만 원천징수되지 않은 경우에는 C에 해당한다.

주1 조세특례제한법상 분리과세(주요항목)

구 분	원천징수세율
① 특정사회기반시설 집합투자기구 투자자에 대한 과세특례(조특법 제26조의2). 2022년 12월 31일까지 가입분에 한함.	9%
② 투융자집합투자기구 투자자에 대한 과세특례(조특법 제27조). 2025년 12월 31일까지 투자분에 한함.	14%
③ 영농조합법인 등에 대한 법인세의 면제 등(조특법 제66조). 2026년 12월 31일까지 받는 소득분에 한함.	5%
④ 영어조합법인 등에 대한 법인세의 면제 등(조특법 제67조). 2026년 12월 31일까지 받는 소득분에 한함.	5%
⑤ 농업회사법인에 대한 법인세의 면제 등(조특법 제68조). 2026년 12월 31일까지 받는 소득분에 한함.	14%
⑥ 공모부동산집합투자기구의 집합투자증권의 배당소득에 대한 과세특례(조특법 제87조의7). 2026년 12월 31일까지 투자분에 한함.	9%
⑦ 고위험고수익채권투자신탁에 대한 과세특례(조특법 제91조의15). 2024년 12월 31일까지 가입분에 한함.	14%
⑧ 개인투자용국채에 대한 과세특례(조특법 제91조의23). 2027년 12월 31일까지 매입분에 한함.	14%
⑨ 기회발전특구집합투자기구 투자자에 대한 과세특례(조특법 제121조의35). 2026년 12월 31일까지 가입분에 한함.	9%

2. 종합과세 세율 적용

구분	적용

B
C
D ─ 이자
  ├ G/U X
  └ G/U O
	if C + D ≦ 2,000만원 : D분리과세(이때에도 C는 종합과세)
	if C + D ＞ 2,000만원 : C, D *all* 종합과세
	➠ 2,000만원 까지 : 14%(완납적 원천징수시의 세율)
	  2,000만원 초과 : 기본세율(6 ~ 45%)

2.4 배당가산액(Gross-up 제도)

1. 취지 및 요건

배당소득금액은 해당 과세기간의 총수입금액으로 한다. 다만, 법 소정 배당소득에 대해서는 해당 과세기간의 총수입금액에 그 배당소득의 10%에 해당하는 금액(배당가산액, Gross-up금액[20])을 더한 금액으로 한다(소법 제17조 ③). 이는 법인세가 과세된 법인으로부터 개인주주가 배당을 받으면 이중과세[21]의 문제가 있으므로 이를 조정하기 위한 취지이다.

> 금융소득금액 = 금융소득 총수입금액 + 배당가산액(Gross-up금액)

〈법인단계〉			〈주주단계〉
법인세 10	세후소득 90	→	배당소득 90

- 요건 1 : (법인단계) 내국법인한테서 받은 배당일 것
- 요건 2 : (법인단계) 법인세가 과세된 재원으로 받은 배당일 것
- 요건 3 : (주주단계) 배당소득이 종합과세 & 기본세율 적용될 것

주) 요건 1과 2를 만족한 배당을 본래적G/U대상 배당소득이라고 한다. 이 경우 요건3(종합과세 & 기본세율)을 만족해야 G/U를 적용받을 수 있으므로 ① 이자소득 ➠ ② 본래적G/U대상 아닌 배당소득 ➠ ③ 본래적 G/U대상 배당소득 순으로 금융소득을 배치한다*

* 만약 고배당기업 배당소득이 있는 경우, 상기 ②와 ③ 사이에 고배당기업의 배당소득을 배치하여 납세자에게 유리하도록 금융소득 종합과세 기준 금액 합산순서를 규정한다.

---

20) 귀속법인세, imputation제도 등으로도 부른다.

21) 법인이 영업 활동을 통해 이익을 창출 법인 자체는 해당 이익에 대해 법인세를 납부한다. 이 과정을 거친 후의 세후소득이 회사의 이익잉여금으로 적립되며, 법인이 이익잉여금을 주주들에게 배당금으로 지급할 경우 이 배당금은 개인 주주의 소득이 된다. 개인 주주는 이 소득에 대해 소득세를 납부해야 한다. 이처럼 동일한 이익 원천에 대해 법인 단계에서 한 번, 개인 주주 단계에서 또 한 번 세금을 부과하는 구조를 이중과세라고 한다. 과세당국은 이중과세를 보완하기 위해 배당소득에 대한 세액공제(Gross-up) 등 다양한 보완책을 마련하고 있다. 즉 배당소득금액 산정 단계에서는 배당가산액을 적용하고, 세액공제 단계에서는 한도 내의 금액에 한하여 배당세액공제를 적용하는 것이다.

㈜2 G/U대상 배당소득

Min[본래적G/U대상소득, 기본세율 금융소득] × 10%

사례

정기예금이자 1,000만원, 본래적G/U아닌 배당소득 600만원, 본래적 G/U대상 배당소득이 1,400만원일 경우, G/U 금액은?

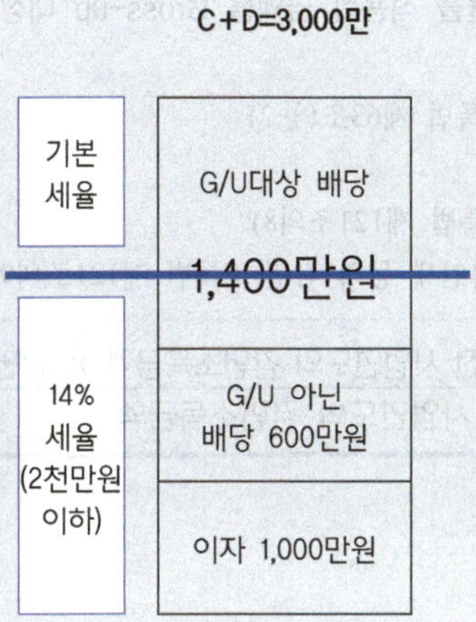

Min[본래적G/U대상소득, 기본세율 금융소득] × 10%
= Min[1,400만, 1,000만] × 10% = 100만원

금융소득금액 = 금융소득 총수입금액 + 배당가산액
= 3,000만원 + 100만원 = 3,100만원

2. Gross-up 제외 배당소득

아래 소득은 Gross-up 제외 배당소득에 해당한다.

구 분	내 용	분 류
(1) 출자공동사업자	출자공동사업자의 배당	B
(2) 국외배당	외국법인으로부터 받는 배당소득	C
(3) 의제배당	잉여금의 자본전입으로 인한 무상주 의제배당 중 일정금액 ㈜1	D(G/U X)
(4) 펀드수익	집합투자기구로부터의 이익(신탁회사의 소득이 아니므로)	D(G/U X)
(5) 법인단계 이중과세 조정	① 지급한 배당에 대하여 소득공제를 적용받는 법인(유동화전문회사 등에 대한 소득공제, 프로젝트금융투자회사에 대한 소득공제)으로부터의 배당 ② 동업기업과세특례를 적용받는 법인으로부터의 배당[22] (법인세 참고)	D(G/U X)
(6) 최저한세 배제감면 법인 배당	최저한세 배제대상인 감면 ㈜2 을 받은 법인의 배당소득 중 감면비율에 상당하는 금액[23]	D(G/U X)
(7) 기타배당	유형별 포괄주의에 해당하는 배당과 파생상품배당	D(G/U X)

주1 의제배당 중 일정금액

① 자기주식소각이익의 자본전입으로 인한 의제배당(의제배당 유형 1의 예외 1인 '소각 당시 시가가 취득가액을 초과하거나 소각일부터 2년 이내의 자본금 전입에 해당)

② 법인이 자기주식을 보유한 상태에서 익금불산입항목인 자본잉여금을 자본전입함으로써 법인 이외의 주주의 지분비율이 증가한 경우 그 증가한 지분비율에 상당하는 주식의 가액으로 인한 의제배당(의제배당 유형 1의 예외 2)

③ 1% 재평가세율이 적용된 토지의 재평가적립금의 자본전입으로 인한 의제배당[24)]

주2 「조세특례제한법」에 따른 최저한세액이 적용되지 아니하는 법인세의 비과세 · 면제 · 감면 또는 소득공제를 받은 법인으로부터 받은 배당소득이 있는 경우에는 별도의 비율을 적용한 금액을 Gross-up 대상에서 제외한다.

① 수도권 밖으로 본사를 이전하는 법인에 대한 세액감면 등(조특법 제63조의 2)

② 외국인투자에 대한 조세 감면(조특법 제121조의2)

③ 제주첨단과학기술단지 입주기업에 대한 법인세 등의 감면(조특법 제121조의8)

④ 제주투자진흥지구 또는 제주자유무역지역 입주기업에 대한 법인세 등의 감면(조특법 제121조의9)

$$\text{감면비율} = \frac{\text{직전사업연도의 감면소득금액} \times \text{감면율} + \text{직전 전 사업연도의 감면소득금액} \times \text{감면율}}{\text{직전사업연도의 감면소득금액} + \text{직전 전 사업연도의 감면소득금액}}$$

22) 동업기업과세특례를 적용받는 법인은 개인 주주에게 배당을 주기 전에 이미 법인단계에서 법인세가 과세되지 않았을 것이므로 이 경우 이중과세 조정을 할 필요가 없다.

23) 최저한세가 배제되면 이론상 법인 차원에서 법인세 납부가 배제될 수 있으므로 이 경우 이중과세 조정을 할 필요가 없다.

24) 토지재평가차액은 익금으로 법인세 과세가 됐어야 하나, 압축기장충당금 설정으로 손금산입 했을 것이므로 과세 이연된 이유로 gross up을 하지 않는다.

연습문제

01 금융소득의 수입시기에 관한 설명으로 옳지 않은 것은? CTA 2010

① 잉여금의 처분에 의한 배당 – 해당 법인의 잉여금처분결의일
② 직장공제회 초과반환금 – 약정에 의한 공제회반환금의 지급일
③ 법인세법에 의하여 처분된 배당 – 해당 법인의 해당 사업연도의 종료일
④ 통지예금의 이자 – 인출일
⑤ 내국법인이 발행한 무기명 채권의 이자와 할인액 – 그 지급을 받은 날

02 소득세법상 배당소득에 관한 설명으로 옳은 것은? CTA 2017

① 법인으로 보는 단체로부터 받는 분배금은 배당소득에 해당하지 않는다.
② 외국법인으로부터 받는 이익이나 잉여금의 배당은 배당소득에 해당하지 않는다.
③ 합병으로 소멸한 법인의 주주가 합병 후 존속하는 법인으로부터 그 합병으로 취득한 주식의 가액과 금전의 합계액이 그 합병으로 소멸한 법인의 주식을 취득하기 위하여 사용한 금액을 초과하는 금액은 배당소득에 해당하지 않는다.
④ 거주자가 일정기간 후에 같은 종류로서 같은 양의 주식을 반환 받는 조건으로 주식을 대여하고 해당 주식의 차입자로부터 지급받는 해당 주식에서 발생하는 배당에 상당하는 금액은 배당소득에 해당하지 않는다.
⑤ 국외에서 설정된 집합투자기구로부터의 이익은 해당 집합투자기구의 설정일부터 매년 1회 이상 결산 · 분배할 것이라는 요건을 갖추지 않아도 배당소득에 해당한다.

03 거주자 甲의 2025년 소득자료가 다음과 같을 때, 이자소득과 배당소득으로 소득세가 과세되는 금액의 합계액은 얼마인가? (단, 주어진 자료 이외에는 고려하지 않으며 다툼이 있으면 판례에 따름) CTA 2016

> (1) 법령으로 정한 직장공제회 초과반환금 13,000,000원(국내에서 받았으며, 원천징수는 적법하게 이루어짐)
> (2) 법원의 판결에 의한 손해배상금 30,000,000원(법정이자 5,000,000원 포함)
> (3) 2025년 초에 대여한 비영업대금의 원금 30,000,000원과 그에 대하여 발생한 이자 3,000,000원 중 채무자의 파산으로 인하여 2025. 12. 1. 32,000,000원만 회수하고 나머지 채권은 과세표준확정신고 전에 회수 불능사유가 발생하여 회수할 수 없는 것으로 확정됨
> (4) 내국법인이 발행한 채권을 만기 전에 중도 매도함에 따른 매매차익 40,000,000원(채권 매입은 2024. 1. 1.이고 채권 매도는 2025. 1. 1.이며, 보유기간의 이자상당액 15,000,000원 포함)

① 17,000,000원 ② 30,000,000원 ③ 35,000,000원
④ 36,000,000원 ⑤ 55,000,000원

04 거주자 갑의 2025년 국내발생 소득에 대한 자료가 다음과 같을 때 갑의 이자소득금액을 계산한 것으로 옳은 것은? 단, 원천징수는 모두 적법하게 이루어졌다. CPA 2018

> (1) 2025년 5월 31일에 지급받은 저축성보험의 만기보험금: 100,000,000원 (3년 전 납입하기 시작하였으며, 총 납입보험료는 88,000,000원임)
> (2) 계약의 해약으로 받은 배상금(계약금이 배상금으로 대체됨): 25,000,000원
> (3) 내국법인이 2024년 3월 1일에 발행한 채권을 발행일에 취득한 후 만기 전인 2025년 2월 1일에 중도 매도함에 따른 매매차익: 40,000,000원(보유기간의 이자상당액 10,000,000원 포함)
> (4) 공익신탁법에 따른 학술관련 공익신탁으로 받은 이자: 3,000,000원
> (5) 2025년초에 대여한 비영업대금의 원금 40,000,000원과 그에 대하여 발생한 이자 4,000,000원 중 채무자의 파산으로 인하여 2025년 11월 1일에 42,000,000원만 회수하고, 나머지 채권은 과세표준확정 신고 전에 회수 불능사유가 발생하여 회수할 수 없는 것으로 확정됨

① 24,000,000원 ② 29,000,000원 ③ 32,000,000원
④ 34,000,000원 ⑤ 64,000,000원

05 다음은 거주자 甲의 금융소득자료이다. 甲의 2025년 귀속 금융소득의 합계액은 얼마인가? CTA 2011

> (1) 변제기한이 2024. 12. 31.인 대여금에 대하여 2025년 1월부터 2025년 4월까지 추가로 지급받은 지연이자 4,000,000원
>
> (2) 이자지급 약정일은 2024. 9. 25.인데 2025. 3. 2.에 실제로 수령한 비영업대금의 이익 5,000,000원
>
> (3) 이자지급 약정일이 2024. 9. 25.인데 2025. 3. 2.에 실제로 수령한 기명식 회사채이자 7,000,000원
>
> (4) 2025년 초 거래처에 1억원을 연 6% 이자율로 빌려준 뒤 2025년 3월까지 이자 150만원을 수령하였으나, 거래처가 2025년 4월 파산함으로 인하여 이자와 원금을 회수할 수 없게 된 경우
>
> (5) 비상장법인인 ㈜A가 2024. 1. 1.부터 2024. 12. 31.까지의 기간 중 甲에게 배당으로 처분한 8,000,000원(결산확정일은 2025. 3. 23.임)

① 8,000,000원　② 9,000,000원　③ 12,000,000원
④ 16,000,000원　⑤ 17,000,000원

06 2025년도에 거주자 갑에게 귀속되는 이자 및 배당소득과 관련된 자료이다. 이 자료를 이용하여 거주자 갑의 2025년도에 종합과세되는 이자 및 배당소득금액으로 옳은 것은? CPA 2012

> (1) 이자 및 배당소득과 관련된 내역은 다음과 같다.
> 가. 비상장내국법인 ㈜A로부터 받은 현금배당금: 10,000,000원
> 나. 비상장내국법인 ㈜B가 이익잉여금을 자본전입함에 따라 지급받은 무상주: 10,000주 (액면가 500원/주, 지급당시 시가 600원/주)
> 다. 국내은행이 취급하는 엔화예금과 엔화선물환계약의 결합 파생금융상품의 이익(소득세법령이 정하는 바에 따라 결합됨): 15,000,000원
> 라. 소득세법령이 정하는 채권의 환매조건부 매매차익: 3,000,000원
> 마. 외국법인인 K사로부터 받은 현금배당금(국외에서 지급되었으며 원천징수되지 않았음): 5,000,000원
> 바. 소득세법령이 정하는 집합투자기구인 투자신탁으로부터 지급받은 투자이익금: 11,000,000원(동 이익은 한국거래소 상장주식 매매차익 6,000,000원과 배당소득 5,000,000원으로 구성되며 수수료는 차감된 후의 금액임)

(2) 위 소득들에 대해서는 세법상 적법하게 원천징수가 이루어졌으며, 위의 모든 금액들은 원천징수세액을 차감하기 전의 금액이다.

① 5,000,000원 ② 13,000,000원 ③ 39,100,000원
④ 43,330,000원 ⑤ 44,500,000원

07 거주자 갑의 2025년 귀속 금융소득에 대한 자료이다. 갑의 종합소득금액에 합산되는 배당소득금액으로 옳은 것은? 단, 소득에 대한 원천징수는 적법하게 이루어졌으며, 모든 금액은 국내에서 지급받았고 원천징수세액을 차감하기 전의 금액이다. CPA 2020

(1) A증권사로부터 상법에 따른 파생결합사채의 이익 10,000,000원을 지급받았다.
(2) B은행으로부터 조세특례제한법상 요건을 충족하는 개인종합자산관리계좌에서 발생하는 배당소득 5,000,000원을 지급받았다.
(3) ㈜C(비상장 내국법인)로부터 자기주식처분이익의 자본전입에 따른 무상주 20,000주(주당 액면가액 1,000원)를 지급받았다.
(4) ㈜D(코넥스시장 상장법인)로부터 현금배당 3,000,000원을 지급받았다.

① 33,000,000원 ② 34,300,000원 ③ 35,530,000원
④ 38,000,000원 ⑤ 42,180,000원

08 사업자가 아닌 거주자 갑의 2025년 금융소득에 대한 자료가 다음과 같을 때, 이자소득금액과 배당소득금액으로 종합소득금액에 합산되는 총 금액으로 옳은 것은? 단, 자료에 언급된 것 이외에는 모두 적법하게 원천징수되었다. CPA 2017

> (1) 거주자 갑이 비상장 내국법인으로부터 수취한 무상주에 대한 설명은 다음과 같다.
> 가. 자기주식처분이익 (자기주식처분일 2023. 9. 30.)을 자본전입 (자본전입일 2025. 10. 25.)함에 따른 무상주 10,000주(주당 액면가 500원)를 ㈜A로부터 수취하였다.
> 나. 주식발행초과금의 자본전입(자본전입일 2025. 3. 31.)에 따른 무상주 20,000주(주당 액면가 500원)를 ㈜B로부터 수취하였다.
> 다. 자기주식소각이익(주식소각일 2023. 8. 30., 소각당시 시가 : 주당 800원, 취득가액 : 주당 850원)의 자본전입(자본전입일 2025. 6. 10.)에 따른 무상주 5,000주(주당 액면가 500원)를 ㈜C로부터 수취하였다.
>
> (2) 주권상장 내국법인 ㈜D로부터 8,000,000원의 현금배당을 수취하였다.
>
> (3) 장기채권에 투자하여 이자 3,000,000원을 지급받았다(2025. 1. 1.에 발행한 채권으로 약정기간은 20년이다).
>
> (4) 2025년 초에 지인에게 자금을 대여해 주고 이자 6,000,000원을 지급받았다(동 이자에 대해서는 원천징수가 되지 않았다).

① 15,995,000원 ② 21,665,000원 ③ 22,220,000원
④ 24,500,000원 ⑤ 24,950,000원

09 거주자 甲의 2025년 국내에서 발생한 이자소득 및 배당소득과 관련한 자료는 다음과 같다. 甲의 2025년의 종합소득 과세표준을 계산할 때 합산되는 금액은 얼마인가? (단, 자료에 언급된 것 이외에는 모두 적법하게 원천징수되었고, 모든 금액은 원천징수세액을 차감하기 전의 금액이다. 주어진 자료 이외에는 고려하지 않음) CTA 2019

> (1) 乙에게서 받은 비영업대금의 이익 : 13,000,000원(원천징수되지 아니함)
>
> (2) 주권상장법인 ㈜A로부터 받은 현금배당금 : 5,000,000원
>
> (3) 비상장내국법인 ㈜B가 자기주식소각이익을 2025.5.1. 자본전입 결의하고, 그에 따라 2025.7.1. 甲에게 무상주를 교부하였음. 세법상 수입시기 현재 甲이 교부받은 무상주의 액면가액은 3,000,000원이고, 시가는 6,000,000원임. 주식소각일은 2025.1.5.이며, 소각 당시 자기주식의 시가는 취득가액을 초과함.

① 18,000,000원 ② 21,100,000원 ③ 21,550,000원
④ 21,880,000원 ⑤ 24,000,000원

10 다음은 거주자 갑의 2025년 귀속 이자 및 배당소득 관련 자료이다. 거주자 갑의 2025년도 ㉮ 종합소득금액에 합산될 금융소득금액(이자 및 배당소득금액의 합계액)과 ㉯ 종합소득결정세액에서 기납부세액으로 차감될 원천징수세액을 각각 계산한 것으로 옳은 것은? 단, 원천징수 대상이 되는 소득에 대한 원천징수는 적법하게 이루어졌으며, 모든 금액은 원천징수세액을 차감하기 전 금액이다. CPA 2014

> (1) 국내은행 정기예금이자 : 5,000,000원
> (2) 비영업대금의 이익 : 8,000,000원
> (3) 민사집행법에 따라 법원에 납부한 보증금 및 경락대금에서 발생한 이자소득 : 1,000,000원
> (4) 신탁법에 따른 공익신탁의 이익 : 4,000,000원
> (5) 외국법인으로부터 받은 현금배당(국내에서 원천징수되지 않음) : 6,000,000원
> (6) 비상장법인 배당소득 : 5,000,000원

	㉮ 금융소득금액	㉯ 원천징수세액
①	24,000,000원	3,360,000원
②	24,400,000원	3,150,000원
③	24,400,000원	3,400,000원
④	25,500,000원	3,400,000원
⑤	25,500,000원	3,540,000원

11 다음은 거주자 甲 이 국내에서 지급받은 2025년 귀속 금융소득 관련 자료이다. 소득세법상 2025년 귀속 금융소득에 대하여 원천징수되는 소득세액은? (단, 甲은 출자공동사업자가 아니며 금융소득은 소득세법령에 따른 실지명의가 확인된 것이고 이자소득 또는 배당소득 원천징수시기에 대한 특례, 원천징수의 배제, 집합투자기구 및 특정금전신탁 등의 원천징수 특례는 고려하지 않음) CTA 2020

구 분	금 액	비 고
공익신탁의 이익	5,000,000원	공인신탁법에 따른 공익신탁임
회사채의 이자	10,000,000원	내국법인이 2024년에 발행한 회사채(만기 10년)임
보증금 및 경락대금에서 발생한 이자소득	10,000,000원	민사집행법 제113조 및 같은 법 제142조에 따라 법원에 납부한 보증금 및 경락대금임
정기예금의 이자	10,000,000원	국내은행으로부터 지급받음
비영업대금의 이익	5,000,000원	개인 간 금전대차거래로서 차입자로부터 직접 지급받은 이자임
내국법인으로부터 받은 현금배당	10,000,000원	
합 계	50,000,000원	

① 6,300,000원 ② 6,850,000원 ③ 7,000,000원
④ 7,200,000원 ⑤ 8,600,000원

12 거주자 갑의 2025년 이자 및 배당소득에 대한 자료이다. 거주자 갑의 2025년 원천징수세액과 종합소득금액 중 금융소득금액은 각각 얼마인가? 조건부 종합과세 대상 금융소득에 대한 원천징수는 적법하게 이루어졌으며, 모든 금액은 원천징수세액을 차감하기 전의 금액이다. CPA 2019

<table>
<tr><th colspan="2">구 분</th><th>조건부 종합과세</th><th>무조건 종합과세</th></tr>
<tr><td colspan="2" rowspan="2">이자소득</td><td>15,000,000원</td><td>5,000,000원</td></tr>
<tr><td>비영업대금의 이익 5,000,000원이 포함되었으며, 나머지는 정기예금이자임</td><td>비영업대금의 이익으로 원천징수되지 않음</td></tr>
<tr><td rowspan="4">배당소득</td><td rowspan="2">Gross-up 대상</td><td>7,000,000원</td><td></td></tr>
<tr><td>내국법인으로부터 받은 배당소득임</td><td></td></tr>
<tr><td rowspan="2">Gross-up 비대상</td><td>3,000,000원</td><td>6,000,000원</td></tr>
<tr><td>집합투자기구로부터의 이익으로 비상장주식 매매차익으로 구성됨</td><td>외국법인으로부터의 배당으로 국내에서 원천징수되지 않음</td></tr>
</table>

	원천징수세액	종합소득금액 중 금융소득금액
①	3,500,000원	31,700,000원
②	4,050,000원	31,700,000원
③	3,500,000원	36,700,000원
④	4,050,000원	36,700,000원
⑤	4,820,000원	36,700,000원

13 거주자 갑의 2025년 금융소득에 관한 자료이다. 갑의 종합소득금액에 합산될 금융소득금액으로 옳은 것은? 별도의 언급이 없는 경우 금융소득에 대한 원천징수는 적법하게 이루어졌으며, 모든 금액은 원천징수세액을 차감하기 전의 금액이다. CPA 2024

> (1) 2025년초 지인에게 자금을 대여해주고 회수한 금액(동 이자는 원천징수되지 않음): 35,000,000원*
>
> * 원금 30,000,000원과 이자 7,000,000원의 합계액 37,000,000원 중 일부를 회수한 것이고 나머지는 채무자의 파산으로 회수할 수 없는 상태임
>
> (2) 「민사집행법」에 따라 법원에 납부한 보증금에 대한 이자: 3,000,000원
>
> (3) 출자공동사업자의 배당소득: 9,000,000원
>
> (4) 국내은행 정기예금이자: 3,000,000원
>
> (5) 「공익신탁법」에 따른 공익신탁의 이익: 6,000,000원
>
> (6) 비상장 내국법인으로부터 받은 현금배당: 12,000,000원
>
> (7) 소득세법령이 정하는 채권의 환매조건부 매매차익: 7,000,000원
>
> (8) 배당가산(Gross-up)율: 10%

① 36,700,000원 ② 36,770,000원 ③ 39,300,000원

④ 42,200,000원 ⑤ 42,220,000원

정답 및 해설

01 정답 ③

법인세법에 의하며 처분된 배당을 '인정배당' 이라고 하며, 이 경우에는 해당 사업연도의 결산 확정일이 수입시기가 된다.

02 정답 ⑤

① 법인으로 보는 단체로부터 받는 분배금은 배당소득에 해당한다.

② 외국법인으로부터 받는 이익이나 잉여금의 배당도 내국법인과 동일하게 배당소득에 해당한다.

③ 이는 합병시 의제배당에 해당한다.

④ 이는 유사배당소득에 해당한다.

03 정답 ②

구 분	금 액	계 산 내 역
직장공제회 초과반환금	13,000,000	
비영업대금의 이익	2,000,000	32,000,000 – 30,000,000
보유기간의 이자상당액	15,000,000	
합 계	30,000,000	

* 손해배상금 법정이자는 기타소득으로 과세됨
채권매매차익은 비열거소득이며, 채권의 보유기간의 이자상당액은 이자소득임

04 정답 ①

구 분	금 액	비 고
단기저축성보험의 보험차익	12,000,000	100,000,000 – 88,000,000
보유기간의 이자상당액	10,000,000	
비영업대금의 이익	2,000,000	42,000,000 – 40,000,000
계	24,000,000	

* 계약의 해약으로 인한 배상금은 기타소득에 해당하며, 공익신탁의 이자는 비과세임

05 정답 ①

(1) 대여금에 대한 변제기한 경과로 인하여 추가로 지급받은 지연이자는 계약의 위약 또는 해약으로 인하여 받는 위약금 또는 배상금에 해당 ➜ 기타소득

(2) 비영업대금의 이익은 약정주의와 실제수령일 중 빠른 날 ➜ 2024년 귀속

(3) 기명식 이자수익은 약정주의 ➜ 2024년 귀속

(4) 비영업대금의 이익이 회수불가능시에는 원금부터 회수한 것으로 봄 ➜ 이자소득 없음

(5) 인정배당의 귀속시기는 결산확정일 ➜ 8,000,000

06 정답 ⑤

(1) 금융소득금액 구분

```
┌ B
├ C     5,000,000
└ D ┌ 이자 : 15,000,000*1 + 3,000,000 = 18,000,000
    ├ G/U X : 5,000,000*2
    └ G/U O : 10,000,000 + 5,000,000 = 15,000,000
```

*1 결합파생상품 이익은 이자소득에 해당함
*2 집합투자기구 이익 중 상장주식의 매매차익 · 평가차익은 과세 제외

C + D = 43,000,000 > 20,000,000 ➜ C + D 모두 종합과세됨

(2) Gross-up = min[본래적G/U대상소득, 기본세율 금융소득] × 10%
= min[15,000,000, 23,000,000] × 10% = 1,500,000

(3) 종합과세 금융소득 : 43,000,000 + 1,500,000 = 44,500,000

07 정답 ②

(1) 금융소득금액 구분

```
┌ B
├ C
└ D ┌ 이자 :
    ├ G/U X : 10,000,000
    └ G/U O : 20,000,000 + 3,000,000 =23,000,000
```

*1 개인종합자산관리계좌에서 발생하는 배당소득은 비과세하거나 200만원 초과분 무조건 분리과세함
*2 의제배당(무상주) : 20,000주 × 1,000원 = 20,000,000

C + D = 33,000,000 > 20,000,000 ➜ C + D 모두 종합과세됨

(2) Gross-up = min[본래적G/U대상소득, 기본세율 금융소득] × 10%
= min[23,000,000, 13,000,000] × 10% = 1,300,000

(3) 종합과세 금융소득 : 33,000,000 + 1,300,000 = 34,300,000

08 정답 ⑤

(1) 금융소득금액 구분

```
┌ B
├ C      6,000,000
└ D  ┌ 이자 : 3,000,000*1
     ├ G/U X : 2,500,000
     └ G/U O : 5,000,000 + 8,000,000 =13,000,000
```

*1 분리과세를 신청하지 않았으므로 조건부 종합과세임

C + D = 24,500,000 > 20,000,000 ➜ C + D 모두 종합과세됨

(2) Gross-up = min[본래적G/U대상소득, 기본세율 금융소득] × 10%
= min[13,000,000, 4,500,000] × 10% = 450,000

(3) 종합과세 금융소득 24,500,000 + 450,000 = 24,950,000

09 정답 ②

(1) 금융소득금액 구분

```
┌ B
├ C      13,000,000
└ D  ┌ 이자 :
     ├ G/U X : 3,000,000
     └ G/U O : 5,000,000
```

C + D = 21,000,000 > 20,000,000 ➜ C + D 모두 종합과세됨

(2) Gross-up = min[본래적G/U대상소득, 기본세율 금융소득] × 10%
= min[5,000,000, 1,000,000] × 10% = 100,000

(3) 종합과세 금융소득 21,000,000 + 100,000 = 21,100,000

10 정답 ③

(1) 금융소득금액의 구분

```
┌─ B
├─ C      6,000,000
└─ D  ┌─ 이자 : 5,000,000 + 8,000,000 = 13,000,000
      ├─ G/U X :
      └─ G/U O : 5,000,000
```

C + D = 24,000,000 > 20,000,000 ➜ C + D 모두 종합과세됨

(2) Gross-up = min[본래적G/U대상소득, 기본세율 금융소득] × 10%
= min[5,000,000, 4,000,000] × 10% = 400,000

(3) 종합과세 금융소득: 24,000,000 + 400,000 = 24,400,000

(4) 원천징수세액: 5,000,000(국내은행 예금이자) × 14% + 8,000,000(비영업대금의 이익) × 25%
+ 5,000,000(비상장 현금배당) × 14% = 3,400,000

11 정답 ②

구 분	금 액
공익신탁의 이익	비과세소득
회사채의 이자	10,000,000원 × 14% = 1,400,000
보증금 및 경락대금에서 발생한 이자소득	10,000,000원 × 14% = 1,400,000
정기예금의 이자	10,000,000원 × 14% = 1,400,000
비영업대금의 이익	5,000,000원 × 25% = 1,250,000
내국법인으로부터 받은 현금배당	10,000,000원 × 14% = 1,400,000
합 계	6,850,000

12 정답 ④

(1) 금융소득금액의 구분

```
┌─ B
├─ C      5,000,000 + 6,000,000 = 11,000,000
└─ D  ┌─ 이자 : 10,000,000 + 5,000,000 = 15,000,000
      ├─ G/U X : 3,000,000
      └─ G/U O : 7,000,000
```

C + D = 36,000,000 > 20,000,000 ➜ C + D 모두 종합과세 됨

(2) Gross-up = min[본래적G/U대상소득, 기본세율 금융소득] × 10%
= min[7,000,000, 16,000,000] × 10% = 700,000

(3) 종합과세 금융소득: 36,000,000 + 700,000 = 36,700,000

(4) 원천징수세액: 5,000,000(비영업대금의 이익) × 25%
+ (10,000,000 + 7,000,000 + 3,000,000) × 14% = 4,050,000

13 정답 ①

(1) 금융소득의 구분

- B 9,000,000
- C 5,000,000[*1]
- D
  - 이자 : 3,000,000 + 7,000,000= 10,000,000
  - G/U X :
  - G/U O : 12,000,000

*1 35,000,000 − 30,000,000(원금) = ₩5,000,000
비영업대금의 이익의 총수입금액을 계산할 때 회수불능채권은 회수한 금액에서 원금을 먼저 차감하여 계산한다,

C + D = 27,000,000 > 20,000,000 ➜ C + D 모두 종합과세 됨

(2) Gross-up = min[본래적G/U대상소득, 기본세율 금융소득] × 10%
= min[12,000,000, 7,000,000] × 10% = 700,000

(3) 종합과세 금융소득: 27,000,000 +700,000 + 9,000,000(출자공동사업자 배당소득) = 36,700,000

제3장 사업소득

3.1 사업소득의 범위

사업소득은 영리를 목적으로 자기의 계산과 책임 하에 계속적 · 반복적으로 행하는 활동을 통하여 얻는 소득이다(소법 제19조 ① (21)). 소득세법상 사업소득은 해당 과세기간에 발생한 다음의 소득[1])으로 한다(소법 제19조 ①).

(1) 농업주1 · 임업 및 어업에서 발생하는 소득
(2) 광업에서 발생하는 소득
(3) 제조업에서 발생하는 소득
(4) 전기, 가스, 증기 및 공기조절공급업에서 발생하는 소득
(5) 수도, 하수 및 폐기물 처리, 원료 재생업에서 발생하는 소득
(6) 건설업에서 발생하는 소득
(7) 도매 및 소매업에서 발생하는 소득
(8) 운수 및 창고업에서 발생하는 소득
(9) 숙박 및 음식점업에서 발생하는 소득
(10) 정보통신업에서 발생하는 소득
(11) 금융 및 보험업에서 발생하는 소득
(12) 부동산업에서 발생하는 소득주2
(13) 전문, 과학 및 기술서비스업주3에서 발생하는 소득
(14) 사업시설관리, 사업 지원 및 임대 서비스업에서 발생하는 소득
(15) 교육서비스업주4에서 발생하는 소득
(16) 보건업 및 사회복지서비스업주5에서 발생하는 소득
(17) 예술, 스포츠 및 여가 관련 서비스업에서 발생하는 소득주6
(18) 협회 및 단체주7, 수리 및 기타 개인서비스업에서 발생하는 소득
(19) 가구내 고용활동에서 발생하는 소득

1) 다만, 「전자상거래 등에서의 소비자보호에 관한 법률」에 따라 통신판매중개를 하는 자를 통하여 물품 또는 장소를 대여하고 연간 수입금액 500만원 이하의 사용료로서 받은 금품을 기타소득으로 원천징수하거나 과세표준확정신고를 한 경우에는 그러하지 아니하다(소법 제19조 ① 단서, 제21조 ① (8호의2), 소령 제41조 ⑦).

예 스튜디오를 운영하는 김사진 씨는 통신판매중개업자인 네이버예약, 스페이스클라우드 등을 통해 자신의 스튜디오를 프리랜서 사진사들에게 사진 촬영용으로 가끔 빌려주고 연간 수입금액 300만원(월 2~3회, 회당 10만 원 내외)을 얻은 경우, 500만원 이하의 금액이므로 네이버예약 등의 통신판매중개업자가 기타소득으로 원천징수 후 김사진 씨에게 대가를 지급하거나, 다음 연도 5월에 김사진 씨가 기타소득으로 과세표준확정신고를 할 수 있다.

(20) 복식부기의무자가 차량 및 운반구 등 사업용 유형자산주8을 양도함으로써 발생하는 소득. 다만 소득세법상 양도소득에 해당하는 경우(토지 또는 건물)은 제외

(21) 위의 규정에 따른 소득과 유사한 소득으로서 영리를 목적으로 자기의 계산과 책임 하에 계속적 · 반복적으로 행하는 활동을 통하여 얻는 소득

사업의 범위에 관하여는 소득세법에 특별한 규정이 있는 경우 외에는 「통계법」에 따라 통계청장이 고시하는 한국표준산업분류에 따르고, 그 밖의 사업소득의 범위에 관하여 필요한 사항은 대통령령으로 정한다(소법 제19조 ③).

주1 작물재배업 중 곡물 및 기타 식량작물 재배업은 제외한다. ➡ 과세대상에서 제외하므로 소득세를 과세하지 않는다.

주2 「공익사업을 위한 토지 등의 취득 및 보상에 관한 법률」에 따른 공익사업과 관련*하여 지역권 · 지상권[2](지하 또는 공중에 설정된 권리를 포함)을 설정하거나 대여함으로써 발생하는 소득은 제외한다. ➡ 기타소득으로 과세된다.

* 공익사업과 관련이 없는 일반적인 지역권 · 지상권의 설정이나 대여소득은 사업소득(부동산임대업)으로 과세된다.

주3 전문, 과학 및 기술 서비스업의 일종인 연구개발업은 과세대상에서 제외되나, 계약 등에 따라 그 대가를 받고 연구 또는 개발용역을 제공하는 사업은 과세대상에 해당한다.

주4 「유아교육법」에 따른 유치원, 「초 · 중등교육법」 및 「고등교육법」에 따른 학교와 이와 유사한 것으로서 「근로자직업능력 개발법」에 의하여 사업주가 소속 근로자의 직업능력의 개발 · 향상을 위하여 설치 · 운영하는 직업능력개발훈련시설, 노인학교는 제외한다. ➡ 과세대상에서 제외하므로 소득세를 과세하지 않는다.

주5 「사회복지사업법」에 따른 사회복지사업 및 「노인장기요양보험법」에 따른 장기요양사업은 제외한다. ➡ 과세대상에서 제외하므로 소득세를 과세하지 않는다.

주6 연예인 및 직업운동선수 등이 사업활동과 관련하여 받는 전속계약금은 사업소득으로 한다(소령 제37조 ①).

주7 한국표준산업분류의 중분류에 따른 협회 및 단체의 소득은 과세대상에서 제외되나, 해당 협회 및 단체가 특정사업을 경영하는 경우에는 그 사업의 내용에 따라 분류한다.

예 대한의사협회는 의사들의 권익 보호 및 학술 발전을 목적으로 설립된 비영리 단체이므로 의사 회원들이 내는 회비는 협회 운영, 학술 대회 개최, 정책 연구 등 비영리 목적으로 사용되어 이 회비수입은 대한의사협회의 과세 대상에서 제외된다. 하지만 대한의사협회에서 발행하는 학술지에 제약회사 등의 광고를 유치하여 광고료를 받는다면, 이 광고 사업은 수익을 목적으로 하는 사업이므로 과세 대상이 된다.

---

2) ① 지역권: 다른 사람의 토지를 일정한 목적(예: 통행, 물 사용 등)으로 이용할 수 있는 권리. 지상권과 달리 설정 · 대여만 가능하고 지역권만의 양도는 불가능하다.

예 산골짜기에 있는 A 토지는 도로와 연결되어 있지 않은 땅[(맹지(盲地)]라서 A 토지의 주인이 집을 짓거나 농사를 짓기 위해서는 옆집 B 토지를 통과해야 한다. 이때 A 토지 주인은 B 토지 주인에게 통행 지역권을 설정해달라고 요청할 수 있고 B 토지 주인은 자신의 땅 일부를 A 토지 주인이 통행하는 데 사용할 수 있는 지역권을 설정해 줄 수 있다(A 토지 주인은 그에 대한 대가를 지불할 수도 있고, 친한 사이라면 무상으로 허락할 수도 있음).

② 지상권: 다른 사람의 토지 위에 건물, 그 밖의 공작물(다리, 터널 등 인공 구조물) 또는 수목(나무)을 소유하기 위해 그 토지를 사용할 수 있는 권리. 토지의 소유권은 여전히 토지 주인에게 있지만, 토지를 사용하는 권리는 지상권자에게 있음. 양도가 가능한 권리이고 양도할 경우 양도소득으로 과세된다.

예 A는 B가 가지고 있는 토지 위에 건물을 짓고 싶은데, B 소유 토지 값이 너무 비싸서 토지 구입이 힘든 경우 A와 B는 지상권 설정 계약을 통해 A는 B에게 매달 지료(토지사용료)를 지급하고, B의 토지 위에 자기 건물을 지어서 건물만 소유할 수 있다. 이 경우 B는 자기 마음대로 A에게 건물을 허물라고 할 수 없다.

주8 다음의 어느 하나에 해당하는 자산[3]을 말한다(소령 제62조 ① (1)).

① 건축물(건물과 구축물)

② 차량 및 운반구, 공구, 기구 및 비품

③ 선박 및 항공기

④ 기계 및 장치

⑤ 동물과 식물

한편, 간편장부대상자가 사업용 유형자산(양도소득에 해당하는 토지 또는 건물 제외)을 처분하는 경우, 사업소득으로 과세하지 않는다.

한줄요약

- 곡물 · 식량작물 재배업은 과세대상 제외
- 공익사업 관련 지역권 · 지상권 소득은 기타소득으로 과세, 일반적인 경우는 사업소득으로 과세
- 연구개발업 자체는 과세대상 제외, 단, 계약 맺고 돈 받고 연구용역 하면 과세
- 유치원 · 학교 · 직업능력개발훈련시설 · 노인학교는 과세대상 제외
- 사회복지사업 · 장기요양사업은 과세대상 제외
- 연예인 · 운동선수의 전속계약금은 사업소득으로 과세
- 협회 · 단체의 회비수입은 과세대상 제외, 단, 광고 등 수익사업은 과세
- 복식부기의무자가 차량 · 기계 · 선박 등 사업용 자산을 팔면 사업소득 과세, 단, 간편장부 대상자는 과세하지 않음.

구 분	내 용
(1) 의 미	영리를 목적으로 자기의 계산과 책임 하에 계속 · 반복적으로 하는 영업활동에서 발생하는 소득
(2) 과세제외 사업소득	① 작물재배업 중 곡물 및 기타 식량작물 재배업 ② 연구 및 개발업(단, 계약 등에 따라 그 대가를 받고 연구 및 개발용역을 제공하는 사업은 과세됨) ③ 교육서비스업 중 교육기관(유치원 · 학교 · 직업능력개발훈련시설 · 노인학교 등) ④ 사회복지사업, 노인장기요양사업 ⑤ 한국표준산업분류의 중분류에 따른 협회 및 단체(특정 사업을 경영하는 경우는 제외)
(3) 사업소득 유의사항	① 연예인이나 직업운동선수가 사업활동과 관련하여 받은 전속계약금은 사업소득임(기타소득이 아님) ② 사업소득 중 부동산임대업주에서 발생한 결손금은 종합소득 과세표준을 계산할 때 결손금으로 공제하지 않으므로 구분 필요[4](5장 참고) ③ 통신판매중개업자를 통해 물품 · 장소를 대여하고 연 수입금액 500만원 이하의 사용료를 받는 경우 기타소득으로 과세함

3) 다만, 「건설기계관리법 시행령」 별표 1에 따른 건설기계(불도저, 굴착기 등)는 2018년 1월 1일 이후 취득한 경우로 한정한다(소령 제37조의2 단서).

4) 다만, 주거용 건물 임대업의 경우에는 결손금 통산이 가능하다(소법 제45조 ② 단서).

㊟ 부동산임대업의 범위(소법 제45조 ②, 소령 제101조 ②)

① 부동산 또는 부동산상의 권리를 대여하는 사업

② 공장재단 또는 광업재단을 대여하는 사업

③ 채굴에 관한 권리를 대여하는 사업으로서 대통령령으로 정하는 사업(광업권자등이 채굴 시설과 함께 광산을 대여하는 사업. 다만, 광업권자등이 자본적 지출이나 수익적 지출의 일부 또는 전부를 제공하는 것을 조건으로 광업권·조광권 또는 채굴에 관한 권리를 대여하고 덕대 또는 분덕대로부터 분철료를 받는 것은 제외)

〈세부내용〉 복식부기의무자와 간편장부대상자

사업자(국내사업장이 있거나 국내원천 부동산소득이 있는 비거주자를 포함)는 소득금액을 계산할 수 있도록 증명서류 등을 갖춰 놓고 그 사업에 관한 모든 거래 사실이 객관적으로 파악될 수 있도록 복식부기에 따라 장부에 기록·관리하여야 한다. 다만, 업종·규모 등을 고려하여 대통령령으로 정하는 업종별 일정 규모* 미만의 사업자가 간편장부를 갖춰 놓고 그 사업에 관한 거래 사실을 성실히 기재한 경우에는 장부를 비치·기록한 것으로 본다(소법 제160조 ①, ②).

* 대통령령으로 정하는 업종별 일정 규모 미만의 사업자는 간편장부대상자라 하고, 간편장부대상자 외의 사업자는 복식부기의무자라 한다(소령 제208조 ③). 업종별 일정 규모 미만의 사업자란 다음의 어느 하나에 해당하는 사업자를 말한다(소령 제208조 ⑤).

① 해당 과세기간에 신규로 사업을 개시한 사업자

② 직전 과세기간의 수입금액(결정 또는 경정으로 증가된 수입금액을 포함하며, 사업용 유형자산을 양도함으로써 발생한 수입금액은 제외)의 합계액이 다음의 금액에 미달하는 사업자. 다만, 욕탕업의 경우에는 1억 5천만원에 미달하는 사업자로 한다.

구 분	직전 과세기간 수입금액 기준
가. 농업·임업 및 어업, 광업, 도매 및 소매업(상품중개업 제외), 부산매매업, 그 밖에 '나' 및 '다'에 해당되지 아니하는 사업	3억원
나. 제조업, 숙박 및 음식점업, 전기·가스·증기 및 공기조절 공급업, 수도·하수·폐기물처리·원료재생업, 건설업(비주거용 건물 건설업은 제외), 부동산 개발 및 공급업(주거용 건물 개발 및 공급업에 한정), 운수업 및 창고업, 정보통신업, 금융 및 보험업, 상품중개업	1억5천만원
다. 부동산임대업, 부동산업(부동산매매업은 제외), 전문·과학 및 기술서비스업, 사업시설관리·사업지원 및 임대서비스업, 교육서비스업, 보건업 및 사회복지서비스업, 예술·스포츠 및 여가관련 서비스업, 협회 및 단체, 수리 및 기타 개인서비스업, 가구내 고용활동	7,500만원

이 때, 가~다 의 업종을 겸영하거나 사업장이 2이상인 경우에는 주업종(수입금액이 가장 큰 업종)의 수입금액 + 주업종 외의 업종의 수입금액을 환산한 금액을 수입금액으로 한다(소령 제208조 ⑦).

다만, 다음에 해당하는 사업자는 간편장부대상자에서 제외한다(소령 제208조 ⑤단서).

① 「의료법」에 따른 의료업, 「수의사법」에 따른 수의업 및 「약사법」에 따라 약국을 개설하여 약사(藥事)에 관한 업(業)을 행하는 사업자

② 변호사업, 심판변론인업, 변리사업, 법무사업, 공인회계사업, 세무사업, 경영지도사업, 기술지도사업, 감정평가사업, 손해사정인업, 통관업, 기술사업, 건축사업, 도선사업, 측량사업, 공인노무사업, 의사업, 한의사업, 약사업, 한약사업, 수의사업과 그 밖에 이와 유사한 사업서비스업으로서 기획재정부령으로 정하는 것

한줄요약

- 사업자는 원칙적으로 복식부기에 따라 장부를 기록 · 관리해야 한다.
- 다만, 업종별 일정 규모 미만 사업자는 복식부기 대신 간편장부 작성이 허용된다.
- 간편장부대상자 요건: ① 신규 개업자, ② 직전연도 수입금액이 업종별 기준 미만인 자.
- 업종별 기준: 가. 도소매 · 농업 · 광업 등 3억, 나. 제조 · 숙박 · 운수 · 금융 등 1억5천만, 다. 부동산임대 · 전문서비스 · 교육 · 복지 등 7,500만.
- 여러 업종을 겸영하거나 사업장이 2곳 이상이면 주업종 수입금액 + 다른 업종 환산금액으로 판정한다.
- 간편장부 제외 업종: 의료업 · 수의업 · 약국 등은 복식부기의무자이다.
- 전문자유업종(변호사 · 회계사 · 세무사 · 건축사 등)도 업종 규모와 관계없이 복식부기의무자이다.

3.2 비과세 사업소득

다음의 소득에 대해서는 소득세를 과세하지 아니한다(소법 제12조 (2)).

구 분	내 용	비과세 한도
(1) 논밭임대소득	논밭을 작물생산에 이용하게 함으로써 발생하는 소득. 단, 다른 용도(예 주차장)로 사용하면 과세됨	한도 없음
(2) 주택임대소득 주	1주택을 소유하는 자의 주택임대소득 (단, 기준시가가 12억원[5])을 초과하는 주택과 국외소재 주택 임대소득은 제외)	한도 없음
(3) 농어가부업소득	① 축산부업 : 세법상 축산부업(예 소 50마리 등)의 규모까지는 비과세, 그 금액을 초과하면 아래 금액과 합산하여 다시 과세여부를 따짐	사육두수 내에서 전액 비과세
	② 축산부업 이외의 부업 : 고공품(藁工品)제조 · 민박 · 음식물판매 · 특산물제조 · 전통차제조 및 그 밖에 이와 유사한 활동에서 발생한 소득	축산부업 초과금액과 합산하여 소득금액 연 3,000만원 ➡ 초과액만 과세
(4) 전통주제조소득	「주세법」에 따른 전통주를 수도권 밖의 읍 · 면지역에서 제조함으로써 발생하는 소득	소득금액 연 1,200만원 ➡ 1,200만원 초과시 전액 과세

5) 양도소득세 고가주택 여부는 실지거래가액 12억원 초과로 판단한다.

(5) 임목의 벌채 · 양도소득	조림기간 5년 이상인 임지(林地)의 임목(林木)의 벌채 또는 양도로 발생하는 소득 주2	연 600만원
(6) 작물재배업에서 발생하는 소득	작물재배업에서 발생하는 소득 주3	해당 과세기간의 수입금액의 합계액이 10억원 이하
(6) 어로 · 양식어업 소득	연근해 어업과 내수면 어업에서 발생하는 소득	해당 과세기간의 소득금액 5,000만원 이하

주1 고가주택과 국외소재 주택 또는 2주택 이상 소유자의 과세방법은 다음과 같음

주거용 건물 임대업에서 발생한 수입금액의 합계액이

- 2천만원 이하인 경우 : 종합과세와 분리과세 선택
- 2천만원 초과인 경우 : 종합과세

주2 자연림, 조림기간이 5년 미만인 임목은 과세대상이다.

주3 작물재배업 중 '곡물 및 기타 식량작물 재배업'은 과세 제외 소득이다.

예 농민이 벼, 보리 등의 작물을 재배하면 작물재배업 중 '곡물 및 기타 식량작물 재배업'에 해당하여 과세되지 않으나, 화훼업자가 꽃을 재배하면 작물재배업 중 '채소, 화훼작물 및 종묘재배업'에 해당하여 연 10억원 이하의 연간 수입금액에 대해서 비과세하는 것이다.

〈세부내용〉 주택 수의 계산 등(소령 제8조의 2)

1. 주택과 주택부수토지의 정의
   (1) 주택: 상시 주거용으로 쓰는 건물(단, 사업을 위한 주거용 건물은 제외)
   (2) 주택부수토지: 주택에 딸린 토지 중 아래 중 큰 면적을 기준으로 함
      ① 주택 건물의 연면적(단, 지하 · 주차장 · 피난안전구역 · 주민공동시설 면적은 제외)
      ② 주택이 위치한 대지면적 × 5배(단, 도시지역 밖이면 10배)
      예 건물이 도시지역에 위치하고, 바닥 면적이 30㎡이라면, 30㎡ x 5배 = 150㎡까지를 주택부수토지로 인정
2. 주택 수 계산 방법
   (1) 다가구주택
      1주택으로 본다. 단, 구분등기가 되어 있으면 각각 별도 주택으로 계산한다.
   (2) 공동소유 주택[6]
      지분이 가장 큰 사람 소유로 계산한다. 지분이 같으면 합의로 한 사람에게 귀속한다.
   (3) 전대 · 전전세
      임차인 · 전세 받은 사람의 주택으로 계산한다.
      예 직장인 김지훈 씨는 아파트를 월세 200만원에 계약하고 거주 중에 본인은 다른 지역으로 발령 나서, 그 아파트를 다시 다른 사람에게 월세 180만원에 전대 또는 전전세를 줄 경우, 이 주택은 주택 수 산정 시 김지훈 씨의 주택수로 산입된다.
   (4) 배우자 소유 주택
      본인과 배우자가 각각 주택을 가지면 합산한다(즉, 개인별 주택수의 산정이 아닌 세대별 주택수 산정임). 공동소유의 경우 지분이 큰 사람(또는 합의한 사람)의 소유로 계산한다.
3. 주택과 사업용건물(예를 들어 상가건물)이 함께 설치되어 있는 경우 그 주택과 주택부수토지의 범위는 다음의 구분에 따른다.[7]
   (1) 주택 부분의 면적이 사업용건물 부분(상가 부분)의 면적보다 큰 때에는 그 전부를 주택으로 본다.
   (2) 주택 부분의 면적이 사업용건물 부분(상가 부분)의 면적과 같거나 그 보다 작은 때에는 주택 부분 외의 사업용 건물 부분은 주택으로 보지 아니한다. 이 경우 해당 주택의 주택부수토지의 면적은 총토지면적에 주택 부분의 면적이 총건물면적에서 차지하는 비율을 곱하여 계산한다.

예 1층은 상가(편의점), 2~4층은 주택인 건물의 경우(부수토지면적은 고려하지 아니함)
면적비교: 주택(300㎡) > 상가(100㎡)
판정: 전체를 주택으로 보며, 부수토지 전부 포함 → 건물 전체의 임대수입이 1세대 1주택 요건 충족 시 비과세 가능
반대 사례로 상가가 더 넓을 경우, 상가 부분은 주택으로 보지 않음 ➠ 상가 부분의 임대소득은 과세되고, 주택 부분만 비과세 판정

4. 기준시가가 12억원을 초과하는 주택은 과세기간 종료일 또는 해당 주택의 양도일을 기준으로 판단한다.
5. 주택임대사업자가 공동사업자인 경우에는 공동사업장에서 발생한 주택임대수입금액의 합계액을 손익분배비율에 의해 공동사업자에게 분배한 금액을 각 사업자의 주택임대수입금액에 합산한다.

한줄요약

- 주택은 상시 주거용 건물이며, 주택부수토지는 연면적 또는 대지면적×5배(도시 외 10배) 중 큰 면적까지 인정한다.
- 다가구주택은 1주택으로 보되, 구분등기 시 호실별 각각 주택으로 계산한다.
- 공동소유 주택은 지분이 큰 사람 소유로 보지만, 지분 임대수입이 연 600만 원↑ 또는 기준시가가 12억 초과&지분 30%↑이면 각자 소유로 계산한다.
- 지분이 동일하면 합의한 사람에게 귀속하고, 배우자 소유 주택은 합산한다.
- 전대 · 전전세의 경우 임차인 · 전세 받은 사람의 주택으로 계산한다.
- 주택+상가 건물은 주택면적이 크면 전체를 주택으로, 상가가 같거나 크면 주택 부분만 주택으로 본다.
- 12억 초과 고가주택은 비과세 제외, 공동사업자는 손익분배비율에 따라 임대수입을 각자 합산한다.

〈세부내용〉 분리과세 주택임대소득에 대한 과세 특례

1. 해당 과세기간에 주거용 건물 임대업에서 발생한 총수입금액의 합계액이 2천만원 이하인 자의 주택임대소득을 분리과세 주택임대소득이라 한다(소법 제14조 ③ (7)).
2. 분리과세 주택임대소득에 대한 사업소득금액
   ① 미등록임대주택의 경우: 총수입금액에서 필요경비(총수입금액의 50%)를 차감한 금액으로 하되, 분리과세 주택임대소득을 제외한 해당 과세기간의 종합소득금액이 2천만원 이하인 경우에는 추가로 200만원을 차감한 금액으로 한다.
   ② 등록임대주택: 해당 임대사업에서 발생한 사업소득금액은 총수입금액에서 필요경비(총수입금액의 60%)를 차감한 금액으로 하되, 분리과세 주택임대소득을 제외한 해당 과세기간의 종합소득금액이 2천만원 이하인 경우에는 추가로 400만원을 차감한 금액으로 한다.
3. 등록임대주택이란 다음의 요건을 모두 충족하는 임대주택을 말한다(소령 제122조의2 ①).
   ① 다음의 어느 하나에 해당하는 주택일 것
      가. 「민간임대주택에 관한 특별법」에 따른 임대사업자등록을 한 자가 임대 중인 같은 법에 따른 공공지원민간임대주택

---

6) 단, 다음의 경우에는 반드시 본인 소유로 계산한다.
① 해당 공동소유하는 주택을 임대해 얻은 수입금액을 해당 공동소유자가 보유한 해당 주택의 지분율을 곱한 금액이 연간 6백만원 이상인 사람
② 해당 공동소유하는 주택의 기준시가가 12억원을 초과하는 경우로서 그 주택의 지분을 30%를 초과 보유하는 사람
예 아버지(60% 지분)와 아들(40% 지분)이 주택A를 소유 및 임대하고 있는 경우 원칙적으로 지분이 큰 아버지 소유의 주택으로 봐야 하나, 다음의 경우에는 아들도 A주택을 소유한 것으로 주택 수를 계산한다.
① 주택 A의 연간 수입금액(월세 등)이 3천만원이어서, 아들 지분 40%를 곱한 금액(1,200만원)이 6백만원 이상인 경우
② 주택 A의 기준시가가 12억원을 초과(예를 들어 20억원)하고 아들의 지분율이 30%를 초과하는 경우

7) 이 경우 주택과 주택부수토지를 2인 이상의 임차인에게 임대한 경우에는 각 임차인의 주택 부분의 면적(사업을 위한 거주용은 제외)과 사업용건물 부분의 면적을 계산하여 각각 적용한다.

나. 민간임대주택에 관한 특별법」에 따른 임대사업자등록을 한 자가 임대 중인 장기일반민간임대주택[8]

다. 종전의 「민간임대주택에 관한 특별법」에 따른 임대사업자등록을 한 자가 임대 중인 같은 법에 따른 단기민간임대주택[9]

② 소득세법 제168조(사업자등록 및 고유번호의 부여)에 따른 사업자의 임대주택일 것

③ 임대료등의 증가율이 5%를 초과하지 않을 것[10]

4. 해당 과세기간에 분리과세 주택임대소득이 있는 경우에도 그 과세기간의 다음 연도 5월 1일부터 5월 31일까지 납세지 관할 세무서장에게 신고하여야 한다(소법 제70조 ①②). 즉, 분리과세 주택임대소득은 종합소득과세표준에 합산하여 과세표준을 산정하는 것은 아니나, 이는 원천징수대상 소득이 아니기 때문에 별도로 계산한 세액을 종합소득세액에 포함하여 신고납부해야 한다.

예 음식점 김사장은 20×1년에 음식점에서 발생한 사업소득금액이 5천만원이고, 주택임대 총수입금액(등록임대주택임) 1,200만원(월 100만원)이 있다. 김사장의 다른 소득은 없다고 할 때, 분리과세 주택임대소득은 480만원(=1,200만원 − 1,200만원 × 60%)이고, 결정세액은 67,200원(=480만원 × 14%)이다. 만약, 음식점 관련 사업소득금액 5천만원에 대한 종합소득결정세액이 300만원(가정치임)이라면, 김사장의 20×2년 5월 종합소득세 신고 시 종합소득 결정세액은 3,067,200원이다. 이렇듯 분리과세 주택임대소득은 종합소득세 신고 시 다른 소득에 합산하여 과세표준을 산정하지는 않으나, 별도로 계산한 세액을 종합소득세 신고서에 포함해서 결정세액을 산정하고 이를 신고 · 납부해야 한다.

사례

농민 유씨는 축산부업 7,000만원(사육두수 70마리, 비과세 규모 50마리), 민박 1,200만원, 전통주 1,500만원의 소득이 있을 경우 사업소득 과세 여부

해답

(1) 농가부업 : 7,000만원 × $\frac{50}{70}$ = 5,000만원 ➟ 비과세

(2) 농가부업 이외 : 1,200만원 ➟ 농가부업 초과금액 2,000만원과 합산시 총 3,200만원이므로 200만원만 과세

(3) 전통주 1,500만원 ➟ 1,200만원 초과했으므로 전액 과세

8) 아파트를 임대하는 민간매입임대주택의 경우에는 2020년 7월 10일 이전에 종전의 「민간임대주택에 관한 특별법」(법률 제17482호 민간임대주택에 관한 특별법 일부개정법률에 따라 개정되기 전의 것) 제5조에 따라 등록을 신청(임대할 주택을 추가하기 위해 등록사항의 변경 신고를 한 경우를 포함)한 것에 한정한다.

9) 2020년 7월 10일 이전에 등록을 신청한 것으로 한정한다.

10) 이 경우 임대료등의 증액 청구는 임대차계약의 체결 또는 약정한 임대료등의 증액이 있은 후 1년 이내에는 하지 못하고, 임대사업자가 임대료등의 증액을 청구하면서 임대보증금과 월임대료를 상호 간에 전환하는 경우에는 「민간임대주택에 관한 특별법」 제44조제4항의 전환 규정을 준용한다.

3.3 사업소득의 계산구조

사업소득은 소득원천설에 의해서 영업과 관련 있는 거래만을 사업소득으로 본다. 즉, 사업자금의 운용으로 인한 예금이자 등은 사업소득에 해당하지 않는다.

직접법 계산구조	간접법 계산구조[11]
총수입금액 (−) 필요경비 사업소득금액	당기순이익 (+) 총수입금액산입 및 필요경비불산입 (−) 필요경비산입 및 총수입금액불산입 사업소득금액

1. 총수입금액항목

사업소득에 대한 총수입금액의 계산은 다음에 따라 계산한다(소령 제51조 ③).

(1) 매출액 · 부동산 임대소득㈜
(2) 거래상대방으로부터 받는 장려금 기타 이와 유사한 성질의 금액
(3) 관세환급금등 필요경비로 지출된 세액이 환입되었거나 환입될 경우에 그 금액
(4) 사업과 관련하여 무상으로 받은 자산의 가액과 채무의 면제 또는 소멸로 인하여 발생하는 부채의 감소액
(5) 확정급여형퇴직연금제도의 보험차익과 신탁계약의 이익 또는 분배금
(6) 사업과 관련하여 해당 사업용 자산의 손실로 취득하는 보험차익
(7) 그 외 사업과 관련된 수입금액으로서 해당 사업자에게 귀속되었거나 귀속될 금액

㈜ **매출액 등을 계산할 때 고려사항(소령 제51조 ③ (1)~(1의5))**

① 부동산을 임대하거나 지역권 · 지상권을 설정 또는 대여하고 받은 선세금(先貰金)에 대한 총수입금액은 그 선세금을 계약기간의 월수로 나눈 금액의 각 과세기간의 합계액으로 한다.
② 환입된 물품의 가액과 매출에누리는 해당 과세기간의 총수입금액에 산입하지 아니한다. 다만, 거래수량 또는 거래금액에 따라 상대편에게 지급하는 장려금과 그 밖에 이와 유사한 성질의 금액과 대손금은 총수입금액에서 빼지 아니한다.
③ 외상매출금을 결제하는 경우의 매출할인금액은 거래상대방과의 약정에 의한 지급기일(지급기일이 정하여져 있지 아니한 경우에는 지급한 날)이 속하는 과세기간의 총수입금액 계산에 있어서 이를 차감한다.
④ 보험가입자의 모집 및 이에 부수되는 용역을 제공하고 받은 모집수당 등을 반환하는 경우 그 반환 금액은 반환일이 속하는 과세기간의 총수입금액을 계산할 때 차감한다.
⑤ 사업자나 법인이 자사제품등을 임원등에게 시가보다 낮은 가격으로 판매 또는 제공하는 방식판매 또는 제공가액과 시가와의 차액은 총수입금액에 산입한다.

---

11) 위의 직접법과 간접법 계산구조에서 보듯이 사업소득 계산구조는 법인세의 계산구조와 유사하다. 즉 익금산입 ≒ 총수입금액산입, 익금불산입 ≒ 총수입금액불산입, 손금산입 ≒ 필요경비산입, 손금불산입 ≒ 필요경비불산입으로 이해한 후, 그 차이점 위주로 학습하면 된다.

구분	규정내용	사례	총수입금액 계산
① 선세금(先貰金)	임대료를 미리 받은 경우 계약기간에 나눠서 계산	건물 2년 임대료 2,400만 원을 선불로 수령 → 매년 1,200만 원씩 반영	2,400만 원을 2년에 나눠 총수입금액에 포함
② 환입 · 매출에누리	반품, 가격할인 금액은 수입에서 제외	100만 원 물건 판매 후 10만 원 반품	총수입금액 90만 원
③ 장려금 · 대손금	인센티브나 못 받은 외상(대손)은 빼지 않음	A사장이 자신의 물건을 100만원 팔아 준 B 편의점에 장려금 10만 원 지급	총수입금액에서 차감 불가(A사장의 총수입금액은 100만원[12])
④ 매출할인	외상매출 조기 결제로 깎아준 금액은 차감	외상대금 100만 원 → 조기 결제 시 2만 원 할인	총수입금액 98만 원
⑤ 보험수당 반환	모집수당을 나중에 반환하면 반환연도에 차감	20×1년 수당 500만 원 수령, 20×2년 100만 원 반환	20×2년 총수입금액 △100만 원
⑥ 자사제품 임직원 특가 판매	시가와 판매가 차액을 수입에 산입	시가 100만 원 TV를 직원에게 60만 원에 판매	차액 40만 원 총수입금액에 가산(총수입금액 60만 원 + 40만원 = 100만원)

〈세부내용〉

거주자의 각 소득에 대한 총수입금액은 해당 과세기간에 수입하였거나 수입할 금액의 합계액으로 한다. 이 때, 금전외의 것을 수입할 때 그 수입금액의 계산은 다음에 의한다(소법 제24조 ①,②, 소령 제51조 ⑤).

① 제조업자 · 생산업자 또는 판매업자로부터 그 제조 · 생산 또는 판매하는 물품을 인도받은 때에는 그 제조업자 · 생산업자 또는 판매업자의 판매가액

예 배우 A씨가 화장품 회사 모델 계약을 맺고 신제품 화장품 세트(판매가 100만 원)를 제공받음 ➠ 판매가액 100만 원을 배우 A씨의 수입금액으로 본다(∵화장품 회사가 직접 제조 · 판매하는 물품을 받았으므로).

② 제조업자 · 생산업자 또는 판매업자가 아닌 자로부터 물품을 인도 받은 때에는 시가

예 직업강사 B씨가 C자동차에서 강연을 하고 사례비로 중고 노트북(중고가 70만원)을 받음 ➠ 노트북의 시가(예: 중고가 70만 원)를 B씨의 수입금액으로 산정한다(∵ C자동차가 노트북의 제조업자 · 생산업자 등이 아니므로).

③ 법인으로부터 이익배당으로 받은 주식은 그 액면가액

④ 주식의 발행법인으로부터 신주인수권을 받은 때(주주로서 받은 경우를 제외)에는 신주인수권에 의하여 납입한 날의 신주가액에서 당해신주의 발행가액을 공제한 금액

⑤ 이 외의 경우에는 기획재정부령이 정하는 시가

주2 간주임대료

(1) 주택 이외의 부동산(상가 등) : 요건과 무관하게 계산(즉, 부동산임대업 · 차입금과다여부는 고려안함)

(2) 주택 : 3주택 이상을 소유 & 주택보증금 등의 합계액이 3억원을 초과하는 경우

(단, 2026년 말까지는 전용면적 $40m^2$ 이하로서 기준시가 2억원 이하 주택을 주택수에 포함 안함)

12) 이 때 10만원은 매출의 차감이 아니라 비용(판매촉진비 등)으로 계상한다.

구 분		간주임대료
(1) 주택이외 부동산 (상가 등)	1) 추계 이외 (일 반)	$\left(\frac{\text{보증금 등}}{\text{적수}} - \frac{\text{건설비}}{\text{적수}^{*1}}\right) \times \frac{1}{365(366)} \times \text{정기예금(\%)} - \text{금융수익}^{*2}$ *1 법인세법과 동일(토지 제외 등) *2 ① 수입이자 · 할인료 ② 수입배당금 (법인세법과 달리 ③ 유가증권처분이익 ④ 신주인수권처분이익은 제외 ∵ 소득세법상 과세대상이 아님)
	2) 추계 시	$\text{보증금 등 적수} \times \frac{1}{365(366)} \times \text{정기예금(\%)}$
(2) 주택과 부수토지 임대	1) 추계 이외 (일 반)	$(\text{보증금 등} - \text{3억원}^{*1})\ \text{적수} \times 60\% \times \frac{1}{365(366)} \times \text{정기예금(\%)} - \text{금융수익}^{*2}$ *1 보증금 등을 받은 주택이 2개 이상이면 보증금 등의 적수가 큰 주택부터 차감 *2 ① 수입이자 · 할인료 ② 수입배당금 (③ 유가증권처분이익 ④ 신주인수권처분이익 X)
	2) 추계 시	$(\text{보증금 등} - \text{3억원}^{*1})\ \text{적수} \times 60\% \times \frac{1}{365(366)} \times \text{정기예금(\%)}$

사례

거주자 유대리가 다음과 같이 건물을 소유 중일 경우 간주임대료 계산 여부(주택은 기준시가 3억원을 초과하는 주택임)

해답

(1) 주택 1개와 상가 1개를 보유 ➠ 상가만 간주임대료 계산 O
(2) 주택 2개 보유(보증금 합계가 4억원) ➠ 간주임대료 계산 X
(3) 주택 3개 보유(보증금 합계가 4억원) ➠ 간주임대료 계산 O
(4) 주택 3개 보유(보증금 합계가 3억원) ➠ 간주임대료 계산 X

사례

기준시가 3억원을 초래하는 4주택을 소유 중인 거주자 유대리가 다음과 같이 2주택을 임대한 경우 간주임대료는? (추계의 경우를 가정. 정기예금이자율은 5% 가정)

해답

주택	보증금	임대일수	보증금적수	간주임대료
(1) A	2억원	200일	400억원	(2억원－2억원) × 200일 × 60% × 1/365 × 5% = 0
(2) B	3억원	100일	300억원	(3억원－1억원) × 100일 × 60% × 1/365 × 5% = 1,643,836

2. 총수입금액불산입항목

총수입금액불산입항목은 다음과 같다(소법 제26조).

(1) 거주자가 소득세 또는 개인지방소득세를 환급받았거나 환급받을 금액 중 다른 세액에 충당한 금액
(2) 거주자가 무상으로 받은 자산의 가액[13]과 채무의 면제 또는 소멸로 인한 부채의 감소액 중 이월결손금의 보전에 충당된 금액
(3) 거주자의 사업소득금액을 계산할 때 이전 과세기간으로부터 이월된 소득금액주1
(4) 자기가 생산한 제품을 자기가 생산하는 다른 제품의 원재료 또는 제조용 연료로 사용한 경우 그 사용된 부분에 상당하는 금액[14]주2
(5) 개별소비세 및 주세의 납세의무자인 거주자가 자기의 총수입금액으로 수입하였거나 수입할 금액에 따라 납부하였거나 납부할 개별소비세 및 주세[15]주3
(6) 「국세기본법」에 따른 국세환급가산금, 「지방세기본법」에 따른 지방세환급가산금, 그 밖의 과오납금의 환급금에 대한 이자주4
(7) 부가가치세의 매출세액주5
(8) 「조세특례제한법」에 따라 석유판매업자가 환급받은 세액

주1 이전 과세기간으로부터 이월된 소득금액이란 각 과세기간의 소득으로 이미 과세된 소득을 다시 해당 과세기간의 소득에 산입한 금액을 말한다(소령 제54조 ②).

주2 예 제과점 김사장은 자신의 제과점에서 만든 식빵 일부를 다시 다른 빵(샌드위치) 원재료로 사용했음 ➡ 이 때 식빵은 외부에 팔아서 수입이 생긴 게 아니므로 총수입금액 불산입함(결국 샌드위치 매출액이 총수입금액에 산입될 것임)

주3 예 자동차대리점 이사장은 자동차를 3,000만원(자동차 가격 2,700만원 + 개별소비세 300만원)에 판매함. 손님에게서 받은 총액은 3,000만원이지만, 이 중 개별소비세 300만원은 국가에 납부할 세금이므로 총수입금액에 불산입함

주4 예 음식점 박사장은 부가가치세를 신고하면서 실수로 100만원을 더 납부. 국세청은 이 100만원을 돌려주면서 5만원의 국세환급가산금(이자성격)을 지급 ➡ 이때 환급가산금 5만원은 박사장의 총수입금액에 불산입함

주5 예 의류 판매점 송사장은 옷 한 벌 정가 50,000원에 부가가치세 5,000원을 합산하여 손님으로부터 결제금액 55,000원을 수령함. 이 때 송사장의 총수입금액은 50,000원이고, 나머지 5,000원은 부가가치세 매출세액이므로 총수입금액에 불산입함

---

13) 복식부기의무자가 국고보조금 등 국가, 지방자치단체 또는 공공기관으로부터 무상으로 지급받은 대통령령으로 정하는 금액은 제외한다.

14) ① 농업, 임업, 어업, 광업 또는 제조업을 경영하는 거주자가 자기가 채굴, 포획, 양식, 수확 또는 채취한 농산물, 포획물, 축산물, 임산물, 수산물, 광산물, 토사석이나 자기가 생산한 제품을 자기가 생산하는 다른 제품의 원재료 또는 제조용 연료로 사용한 경우 그 사용된 부분에 상당하는 금액
② 건설업을 경영하는 거주자가 자기가 생산한 물품을 자기가 도급받은 건설공사의 자재로 사용한 경우 그 사용된 부분에 상당하는 금액
③ 전기 · 가스 · 증기 및 수도사업을 경영하는 거주자가 자기가 생산한 전력 · 가스 · 증기 또는 수돗물을 자기가 경영하는 다른 사업의 동력 · 연료 또는 용수로 사용한 경우 그 사용한 부분에 상당하는 금액

15) 다만, 원재료, 연료, 그 밖의 물품을 매입 · 수입 또는 사용함에 따라 부담하는 세액은 그러하지 아니하다.

3. 필요경비산입항목

사업소득금액을 계산할 때 필요경비에 산입할 금액은 해당 과세기간의 총수입금액에 대응하는 비용[16]으로서 일반적으로 용인되는 통상적인 것의 합계액으로 한다(소법 제27조 ①).

(1) 판매한 상품 또는 제품에 대한 원료의 매입가격(매입에누리 및 매입할인금액을 제외)과 그 부대비용[17]. 판매한 상품 또는 제품의 보관료, 포장비, 운반비, 판매장려금 및 판매수당 등 판매와 관련한 부대비용(판매장려금 및 판매수당의 경우 사전약정 없이 지급하는 경우를 포함)
(2) 부동산의 양도 당시의 장부가액(건물건설업과 부동산 개발 및 공급업의 경우만 해당)
(3) 임업 · 양잠업의 경비, 가축 및 가금비
(4) 종업원의 급여㈜, 종업원의 출산 또는 양육 지원을 위해 해당 종업원에게 공통적으로 적용되는 지급기준에 따라 지급하는 금액
(5) 사업용 자산에 대한 수선비, 관리비와 유지비, 임차료, 손해보험료 등의 비용
(6) 복식부기의무자가 사업용 유형자산의 양도가액을 총수입금액에 산입한 경우 해당 사업용 유형자산의 양도 당시 장부가액[18]
(7) 사업과 관련이 있는 제세공과금(세액공제를 적용하지 않는 경우의 외국소득세액을 포함)
(8) 「근로복지기본법」에 따른 사내근로복지기금 등의 기금에 출연하는 금품
(9) 「건설근로자의 고용개선 등에 관한 법률」에 따라 공제계약사업주가 건설근로자퇴직공제회에 납부한 공제부금 등의 부담금 · 기여금
(10) 「국민건강보험법」, 「고용보험법」 및 「노인장기요양보험법」에 의하여 사용자로서 부담하는 보험료 또는 부담금 및 「노인장기요양보험법」에 따른 지역가입자로서 부담하는 보험료
(11) 단체순수보장성보험 및 단체환급부보장성보험의 보험료
(12) 총수입금액을 얻기 위하여 직접 사용된 부채에 대한 지급이자
(13) 사업용 유형자산 및 무형자산의 감가상각비
(14) 자산의 평가차손
(15) 대손금(부가가치세 매출세액의 미수금으로서 회수할 수 없는 것 중 「부가가치세법」에 따른 대손세액공제를 받지 아니한 것을 포함)
(16) 거래수량 또는 거래금액에 따라 상대편에게 지급하는 장려금 기타 이와 유사한 성질의 금액
(17) 매입한 상품 · 제품 · 부동산 및 산림 중 재해로 인하여 멸실된 것의 원가를 그 재해가 발생한 과세기간의 소득금액을 계산할 때 필요경비에 산입한 경우의 그 원가
(18) 종업원을 위하여 직장체육비 · 직장문화비 · 가족계획사업지원비 · 직원회식비 등으로 지출한 금액
(19) 보건복지부장관이 정하는 무료진료권에 의하여 행한 무료진료의 가액
(20) 업무와 관련이 있는 해외시찰 · 훈련비
(21) 「초 · 중등교육법」에 의하여 설치된 근로청소년을 위한 특별학급 또는 산업체부설 중 · 고등학교의 운영비
(22) 「영유아보육법」에 의하여 설치된 직장어린이집의 운영비
(23) 광물의 탐광을 위한 지질조사 · 시추 또는 갱도의 굴진을 위하여 지출한 비용과 그 개발비

16) 해당 과세기간 전의 총수입금액에 대응하는 비용으로서 그 과세기간에 확정된 것에 대해서는 그 과세기간 전에 필요경비로 계상하지 아니한 것만 그 과세기간의 필요경비로 본다(소법 제27조 ②).

(24) 광고 · 선전을 목적으로 견본품 · 달력 · 수첩 · 컵 · 부채 기타 이와 유사한 물품을 불특정다수인에게 기증하기 위하여 지출한 비용[특정인에게 기증한 물품(개당 3만원 이하의 물품은 제외)의 경우에는 연간 5만원 이내의 금액으로 한정] 주2
(25) 영업자가 조직한 단체로서 법인이거나 주무관청에 등록된 조합 또는 협회에 지급하는 회비
(26) 종업원의 사망 이후 유족에게 학자금 등 일시적으로 지급하는 금액으로서 기획재정부령으로 정하는 요건을 충족하는 것
(27) 위의 경비와 유사한 성질의 것으로서 해당 총수입금액에 대응하는 경비

주1 종업원에는 당해 사업자의 사업에 직접 종사하고 있는 그 사업자의 배우자 또는 부양가족을 포함하는 것으로 한다(소칙 제24조 ①).

구 분	필요경비 산입 여부
(1) 대표자 급여(퇴직급여 포함)	필요경비 불산입(공동사업자도 불산입임)
(2) 대표자의 가족(배우자 포함)에 대한 급여	사업에 직접 종사하고 있는 경우에만 필요경비 산입
(3) 일반 종업원에 대한 급여	필요경비 산입

주2 예 김 세무사가 거래처 사장에게 다이어리(개당 2만원 상당)를 연말 선물로 증정 ➠ 개당 3만원 이하, 연간 5만 원 이내이므로 필요경비 인정
이 학원장이 특정 학부모에게 백화점 상품권(권당 10만원)을 증정 ➠ 개당 3만원 초과 & 연간 5만원 초과 ➠ 기업업무추진비이므로 한도 내에서만 필요경비 인정

4. 필요경비불산입항목

거주자가 해당 과세기간에 지급하였거나 지급할 금액 중 다음에 해당하는 것은 사업소득금액을 계산할 때 필요경비에 산입하지 아니한다(소법 제33조 ①).

(1) 소득세(세액공제를 적용하는 경우의 외국소득세액을 포함)와 개인지방소득세
(2) 벌금 · 과료(통고처분에 따른 벌금 또는 과료에 해당하는 금액을 포함)와 과태료
(3) 「국세징수법」이나 그 밖에 조세에 관한 법률에 따른 가산금과 강제징수비
(4) 조세에 관한 법률에 따른 징수의무의 불이행으로 인하여 납부하였거나 납부할 세액(가산세액을 포함)
(5) 사업자가 가사(家事)와 관련하여 지출하였음이 확인되는 경비
(6) 각 과세기간에 계상한 감가상각자산의 감가상각비로서 법 소정 방법에 따라 계산한 금액을 초과하는 금액
(7) 재고자산을 제외한 자산의 평가차손

17) 이 경우 사업용외의 목적으로 매입한 것을 사업용으로 사용한 것에 대하여는 당해 사업자가 당초에 매입한 때의 매입가액과 그 부대비용으로 한다.
18) 감가상각비 중 업무사용금액에 해당하지 않는 금액이 있는 경우에는 그 금액을 차감한 금액을 말한다.

(8) 반출하였으나 판매하지 아니한 제품에 대한 개별소비세 또는 주세의 미납액.
(9) 부가가치세의 매입세액[19]
(10) 차입금 중 건설자금에 충당한 금액의 이자
(11) 채권자가 불분명한 차입금의 이자
(12) 법령에 따라 의무적으로 납부하는 것이 아닌 공과금이나 법령에 따른 의무의 불이행 또는 금지·제한 등의 위반을 이유로 부과되는 공과금
(13) 각 과세기간에 지출한 경비 중 직접 그 업무와 관련이 없다고 인정되는 금액
(14) 선급비용
(15) 업무와 관련하여 고의 또는 중대한 과실로 타인의 권리를 침해한 경우에 지급되는 손해배상금

(1) 자산의 평가차손의 필요경비 인정

법인세	소득세
① 재고자산 : 파손·부패시	① 좌동
② 유형자산 : 천재지변·화재·수용·폐광 등의 사유시	② 좌동
③ 주식 : 발행자의 부도·파산 등	③ 주식은 필요경비불산입(주식은 사업관련성 없음)

(2) 인건비 성격의 비용

구 분	법인세	소득세
① 대표자 인건비	손금 인정	필요경비 불산입(사업에 종사하지 않는 가족 포함)
② 사업자(대표자) 본인의 건강보험료	손금 인정(복리후생비)	필요경비 인정
③ 퇴직급여충당금 설정대상자	대표자 포함	대표자 제외(공동사업자 및 사업에 종사하지 않는 가족도 제외)
④ 퇴직급여충당금·퇴직연금충당금 한도설정시	Max[일시퇴직기준, 보험수리적기준] 추계액	일시퇴직기준추계액

19) 다만, 부가가치세가 면제되거나 「개별소비세법」에 따른 자동차(운수업, 자동차판매업 등 대통령령으로 정하는 업종에 직접 영업으로 사용되는 것은 제외한다)의 구입과 임차 및 유지에 관한 매입세액, 기업업무추진비 및 이와 유사한 비용으로서 대통령령으로 정하는 비용의 지출에 관련된 매입세액, 영수증을 교부받은 거래분에 포함된 매입세액으로서 공제대상이 아닌 금액, 부가가치세 간이과세자가 납부한 부가가치세액은 제외한다.

(3) 기업업무추진비

법인세	소득세
1) 법인 단위로 기업업무추진비 한도 계산	① 둘 이상 사업장이 있을 경우 각 사업장별로 계산
	② 각 사업장별 한도초과액과 미달액은 통산 불가

㊟ 사업장이 여럿일 경우 기업업무추진비한도액(①+②)

① 기초금액 = 1,200만원(중소기업[*1] 3,600만원) × $\frac{\text{월수}^{*2}}{12}$ × $\frac{\text{각 사업장}}{\text{전체사업장}^{*3}}$

② 각 사업장의 수입금액 × 적용률[*4]

*1 수입금액이 큰 업종을 주업종으로 판단(소매업 5억원, 소비성서비스업 10억원 ➡ 소비성서비스업이 주업 ➡ 비중소기업이 됨)

*2 여러 사업장 중에 영업월수가 가장 긴 사업장 월수(대부분 12개월이나 신규사업장일 때 유의)
추계사업장의 월수는 없는 것으로 봄

*3 추계사업장의 수입금액은 없는 것으로 봄

*4 일반수입금액과 특정수입금액이 동시에 있으면 일반수입금액부터 3/1,000 적용함. 여러 사업장 중 어느 사업장부터 3/1,000를 적용할지는 문제풀이에 따라 한도초과액이 최소화 되도록 선택

사례

거주자 김사장의 사업내역이 다음과 같을 때 기업업무추진비 한도초과액은?(세부담 최소화 가정)

구 분	소매업(중소기업)	소비성서비스업(비중소기업)	도매업(중소기업)
(1) 기 장 여 부	기장	기장	추계
(2) 사업연도월수	9개월	6개월	12개월
(3) 일반수입금액	3억원	6억원	알 수 없음
(4) 기업업무추진비 해 당 액	5,000,000	7,000,000	알 수 없음

해답

구 분		소매업(중소기업)	소비성서비스업(비중소기업)
(1) 수 입 금 액		3억원	6억원 ➡ 주업종 : 비중소기업
(2) 기업업무추진비해당액		5,000,000	7,000,000
(3) 기업업무추진비 한도	1) 기초금액 기준[*1]	3,000,000	6,000,000
	2) 수입금액 기준[*2]	900,000	1,800,000
	소 계	3,900,000	7,800,000
(4) 한 도 초 과 액		1,100,000	△800,000 ➡ 0(상계불가)

*1 $12,000,000 \times \frac{9월}{12월} \times \frac{3억원}{9억원} = 3,000,000$, $12,000,000 \times \frac{9월}{12월} \times \frac{6억원}{9억원} = 6,000,000$

*2 3억원 × 3/1,000 = 900,000, 6억원 × 3/1,000 = 1,800,000

(4) 기부금

구 분	법인세	소득세
1) 특례기부금	① 법인세법상 특례기부금 ② N/A ③ (법인세에서는 비지정기부금)	① 좌동 ② 특별재난지역 자원봉사용역 주1 ③ 정치자금 중 10만원 초과금액 주2
2) 우리사주조합기부금	법인세법상 우리사주조합기부금	우리사주조합원이 아닌 자가 우리사주조합에 기부(우리사주조합원이 기부하면 우리사주조합출연금 소득공제 가능 (6장 참고)
3) 일반기부금	① 법인세법상 일반기부금 ② N/A ③ N/A	① 좌동 ② 노동조합비 · 교원단체회비 · 공무원직장협의회회비 · 공무원노동조합회비 ③ 사회환원기부신탁
4) 기타 • 기부금지출자 명의 • 한도문제 주3 - 특례기부금 - 우리사주조합 기부금 - 일반기부금 • 한도초과이월공제 - 특례기부금 - 일반기부금 • 현물기부금 평가 - 특례 · 일반기부금 - 특수관계인일반기부금	 법인 명의 기부금 50% 30% 10% 10년 10년 장부가액 Max[시가, 장부가액]	 사업자 및 사업자 기본공제대상자 기부금 100% 30% 30%(종교기부금만 있으면 10%) 좌동(단, 정치자금기부금은 이월공제 X) 좌동 Max[시가, 장부가액] Max[시가, 장부가액]

주1 **특별재난지역의 자원봉사용역**(특별재난지역으로 선포되기 이전에 같은 지역에서 수령한 자원봉사용역 포함) 봉사일수 1일당 8만원을 특례기부금으로 보며, 유류대 등 직접비용도 공제 가능함. 봉사일수는 총 봉사시간을 8시간으로 나누어 계산(1일 미만은 1일로 봄). 직접비용은 제공당시의 시가와 장부가액 중 선택. 개인사업자는 본인분만 계산하며, 종업원분은 종업원이 각자 공제함

예 태안반도 기름유출사건 자원봉사 38시간
자재(장부가액 100,000원, 시가 150,000원) 사용
➡ 38시간 / 8시간 ≒ 5일
5일 × 8만원 + 15만원 = 55만원 ➡ 특례기부금

주2 정치자금에 대한 소득세법상 처리

정치자금	내 용
(1) 10만원까지	지출액의 100/110을 세액공제(실제로는 90,909 + 지방소득세 9,091까지 정확히 10만원이 환급됨)
(2) 10만원초과	정치자금기부금으로 공제받거나, 소득금액에서 이월결손금을 뺀 금액을 한도로 필요경비산입이 가능함

주3 소득세법상 기부금의 한도

구 분	내 용
(1) 특례기부금 (정치자금 포함)	기준소득금액 × 100%
(2) 우리사주조합기부금	(기준소득금액 − 특례기부금공제액) × 30%
(3) 일반기부금	1) 종교기부금이 없는 경우 (기준소득금액 − 특례 · 우리사주조합기부금공제액) × 30% 2) 종교기부금이 있는 경우 (기준소득금액 − 특례 · 우리사주조합기부금공제액) × 10% + Min[(기준소득금액 − 특례 · 우리사주조합기부금공제액) × 20%, 종교 외 일반기부금]

* 기준소득금액 = 차가감 사업소득금액 + 기부금지출액 − 공제대상 이월결손금

(5) 지급이자 및 가지급금인정이자

구 분	법인세	소득세
1) 지급이자손금불산입 · 필요경비불산입	① 채권자불분명사채이자 ② 비실명채권 · 증권이자 ③ 건설자금이자 N/A ④ 업무무관자산에 대한 지급이자 (서로 다른 이자율이 있더라도 총액기준으로 한번 부인함)	① 좌동 N/A(개인은 채권 · 증권 발행 못함) ② 좌동(단, 일반차입금은 자본화 불가) ③ 초과인출금 관련이자 주 ④ 업무무관자산에 대한 지급이자 (서로 다른 이자율이 있으면 높은 이자율부터 먼저 부인함)
2) 대표이사 가지급금	① 지급이자 손금불산입 ② 가지급금 인정이자	지급이자 필요경비불산입 · 가지급금 인정이자 계산 X (개인은 출자 및 인출의 자유가 있음)

주 초과인출금 관련이자

개인은 법인과 달리 인출의 자유가 있으므로 '일반인출금'에는 penalty가 없으나 '초과인출금(즉, 자산보다 부채가 더 커질 정도로 인출한 경우)'에는 관련 지급이자를 필요경비 불산입하는 penalty제도

$$\text{지급이자} \times \frac{\text{초과인출금}^{*}\ \text{적수(100\% 한도)}}{\text{차입금 적수}}$$

* '사업용자산 < 부채인 경우'임. 단, 충당금과 준비금(인출할 수 없고 성격상 좋은 부채임)은 부채 X

사례

사업용자산이 100, 부채가 170(충당금 20 포함), 차입금 100에 대한 이자비용이 6일 경우 초과인출금에 대한 지급이자 필요경비 불산입액은? (금액은 1년 내내 동일한 것으로 가정)

해답

$$6 \times \frac{150 - 100}{100} = 3$$

(6) 양도자산 감가상각비 및 고정자산처분손익

구 분	법인세	소득세
1) 기중 양도시	① 감가상각 월할계상 ② 시부인계산(한도초과여부)은 생략	① 감가상각 월할계상 ② 시부인계산(한도초과여부) 수행
2) 고정자산 처분손익	① 원칙 : 익금 또는 손금 인정 ② 특례* : a. (당기) 폐기시 (비망 1,000원을 남기고) 손금산입 b. (차기) 처분시 1,000원 추인	① 원칙 : 복식부기의무자가 사업용 유형고정자산을 양도함으로써 발생하는 손익은 총수입금액, 필요경비에 산입함 (단, 토지 · 건물은 제외함) ② 특례* a. (당기) 폐기시 필요경비불산입 (귀속시기가 처분시이기 때문) b. (차기) 처분시 : 장부가액 - 처분가액만큼 손실 인정
3) 양도자산에 대한 상각부인액	① 원칙 : 손금산입 (반대조정 △유보)	① 원칙 : 별도세무조정 없이 자연소멸 ② 특례* : 필요경비 산입

* 시설개체 · 기술낙후로 인한 생산설비폐기손실 및 사업폐지로 인한 임대차 계약상 원상회복 시설물 철거손실을 의미함

사례

기계장치(내용연수 5년, 정액법, 취득가액 100, 전기말 감가상각누계액 40, 상각부인액 10)에 대하여 당기 6월 중 감가상각비 15를 계상하고 70에 처분한 경우

해답

구분	감가상각시		처분시	
B	감가상각비 15 감가상각누계액 15		현금 70 감가상각누계액 55 기계장치 100 처분이익 25	
T	법인세법	소득세법	법인세법	소득세법
	–	감가상각비 10 감가상각누계액 10	현금 70 감가상각누계액 45 기계장치 100 처분이익 15	–
T/A	세무조정 생략	<필요경비 불산입> 감가상각비 5	<손금산입> 감가상각누계액 10(△유보)	<총수입금액 불산입> 25

(7) 기타의 차이 비교

구 분	법인세	소득세
1) 자산의 평가차익	법률에 의한 평가증만 허용	평가증불가, 총수입금액 X
2) 대표자의 자금인출	업무무관가지급금이므로 인정이자 익금산입, 지급이자 손금불산입 대상이 됨	초과인출금(자산 < 부채)만 문제 있으므로 일반인출금은 문제 없음
3) 외화자산과 부채의 평가	외화환산규정 있음 (환산 여부 선택가능)	외화환산규정 없음 ➠ 환산손익이 총수입금액 · 필요경비 아님
4) 대손충당금한도액	채권의 장부가액 × 설정률 계산 시 매출채권, 미수금, 대여금 등 모두 포함	채권의 장부가액 × 설정률 계산 시 사업관련성을 따지므로 대여금 및 고정자산처분미수금 등은 불가능
5) 일시상각충당금	국고보조금, 공사부담금, 보험차익에 대하여 결산조정과 신고조정 중 선택	국고보조금, 보험차익에 대하여 결산조정만 인정
6) 유가증권처분손익	익금 또는 손금 인정	사업무관이므로 총수입금액 · 필요경비 아님
7) 가사관련경비	업무무관비용으로 손금불산입	가사관련 경비는 사업과 무관하므로 필요경비 불산입
8) 재고자산 자가소비	별도 규정 없으므로 손금 인정 (단, 부당행위 요건 만족시 부인됨)	자기가 자신에게 매출한 것으로 봄 ➠ 시가를 총수입금액 산입 & 원가를 필요경비 산입
9) 업무용승용차 관련비용	모든 법인에 대하여 적용 업무전용자동차보험 미가입시 손금부인됨	복식부기의무자만 적용 업무전용자동차보험에 미가입시에도 경비 인정*

* 단, 1대 초과분에 대해서 일반 복식부기의무자는 50%, 직전 과세기간의 성실신고확인대상자 및 법 소정 전문직사업자(변호사, 공인회계사, 세무사, 의사 등)는 0%를 적용하여 경비 인정

3.4 사업소득의 수입시기

거주자의 각 과세기간 총수입금액 및 필요경비의 귀속연도는 총수입금액과 필요경비가 확정된 날이 속하는 과세기간으로 한다(소법 제39조 ①). 사업소득의 수입시기는 다음에 따른 날로 한다(소령 제48조).

구 분	수입시기
① 상품(건물건설업과 부동산 개발 및 공급업의 경우의 부동산을 제외)·제품 또는 그 밖의 생산품의 판매	그 상품등을 인도한 날
② 상품등의 시용판매	상대방이 구입의 의사를 표시한 날[20]
③ 상품등의 위탁판매	수탁자가 그 위탁품을 판매하는 날
④ 장기할부조건에 의한 상품등의 판매	그 상품등을 인도한 날[21]
⑤ 건설·제조 기타 용역의 제공	용역의 제공을 완료한 날(목적물을 인도하는 경우에는 목적물을 인도한 날)[22]
⑥ 무인판매기에 의한 판매	당해 사업자가 무인판매기에서 현금을 인출하는 때
⑦ 인적용역의 제공	용역대가를 지급받기로 한 날 또는 용역의 제공을 완료한 날 중 빠른 날*

* 다만, 연예인 및 직업운동선수 등이 계약기간 1년을 초과하는 일신전속계약에 대한 대가를 일시에 받는 경우에는 계약기간에 따라 해당 대가를 균등하게 안분한 금액을 각 과세기간 종료일에 수입한 것으로 하며, 월수의 계산은 해당 계약기간의 개시일이 속하는 달이 1개월 미만인 경우에는 1개월로 하고 해당 계약기간의 종료일이 속하는 달이 1개월 미만인 경우에는 이를 산입하지 아니한다.

---

20) 다만, 일정기간내에 반송하거나 거절의 의사를 표시하지 아니하는 한 특약 또는 관습에 의하여 그 판매가 확정되는 경우에는 그 기간의 만료일로 한다.

21) 다만, 그 장기할부조건에 따라 수입하였거나 수입하기로 약정한 날이 속하는 과세기간에 당해 수입금액과 이에 대응하는 필요경비를 계상한 경우에는 그 장기할부조건에 따라 수입하였거나 수입하기로 약정된 날. 이 경우 인도일 이전에 수입하였거나 수입할 금액은 인도일에 수입한 것으로 보며, 장기할부기간중에 폐업한 경우 그 폐업일 현재 총수입금액에 산입하지 아니한 금액과 이에 상응하는 비용은 폐업일이 속하는 과세기간의 총수입금액과 필요경비에 이를 산입한다.

22) 다만, 계약기간이 1년이상인 경우로서 기획재정부령이 정하는 경우(건설등의 계약기간이 1년 이상인 건설등으로서 비치·기장된 장부에 의하여 해당과세기간 종료일까지 실제로 발생한 건설등의 필요경비 총누적액을 확인할 수 있는 경우)에는 작업진행률을 기준으로 하여야 하며, 계약기간이 1년미만인 경우로서 기획재정부령이 정하는 경우(약기간이 1년 미만인 경우로서 사업자가 그 목적물의 착수일이 속하는 과세기간의 결산을 확정함에 있어서 작업진행률을 기준으로 총수입금액과 필요경비를 계상한 경우)에는 작업진행률을 기준으로 할 수 있다.

㊟ 장기할부판매 및 건설공사의 법인세법과 소득세법 귀속시기 차이

구 분	법인세법	소득세법
(1) 장 기 할부판매	1) 원칙 명목가치에 의한 인도기준 2) 특례 ① 기업회계가 현재가치인도기준 · 회수기일도래기준을 적용시 ➠ 세법이 이를 수용 ② 중소기업은 기업회계 방법과 관계없이 회수기일도래기준으로 신고조정 가능	1) 원칙 좌동 2) 특례 ① 좌동 ② 해당사항 없음
(2) 건설공사	1) 원칙 장 · 단기 불문 진행기준 적용 2) 특례 ① 중소기업 & 단기건설 ➠ 인도기준으로 신고조정 가능함 ② 예약매출은 기업회계에서 인도기준 계상시 ➠ 세법이 이를 수용	1) 원칙 ① 단기건설 : 인도기준 ② 장기건설 : 진행기준 2) 특례 단기건설 : 인도기준이 원칙이나 기업회계에서 진행기준 계상시 ➠ 세법이 이를 수용

사례

연예인 유씨는 광고전속계약을 20×1년 7월 31일에 체결하고 당일 대가를 지급하기로 함
- case1 : 2.4억원의 계약금 & 전속계약기간이 20×3년 7월 30일까지인 경우
- case2 : 1억원의 계약금 & 전속계약기간이 20×2년 1월 30일까지인 경우

해답

구 분	case1 (1년 초과)	case2 (일반적인 경우)
(1) 20×1년 사업소득	$2.4억원 \times \dfrac{6개월(초월\ 포함)}{(6+12+6개월)} = 0.6억원$	1억원
(2) 이 유	1년 초과 전속계약 시, 월할상각함 (이 때, 초월산입함)	일반적인 경우엔 지급하기로 한 날(20×1년 7월 31일)과 용역제공 완료일(20×2년 1월 30일) 중 빠른 날

〈세부내용〉 그 외 사업소득의 귀속시기(소법 제162조 ①, 소령 제48조 (10),(11), 제210조 ①)

1. 어음의 할인: 그 어음의 만기일. 다만, 만기전에 그 어음을 양도하는 때에는 그 양도일로 한다.
2. 장기할부조건 등에 의하여 자산을 판매하거나 양도함으로써 발생한 채권에 대하여 기업회계기준이 정하는 바에 따라 현재가치로 평가하여 현재가치할인차금을 계상한 경우 당해 현재가치할인차금상당액은 그 계상한 과세기간의 총수입금액에 산입하지 아니하며, 당해 채권의 회수기간동안 기업회계기준이 정하는 바에 따라 환입하였거나 환입할 금액은 이를 각 과세기간의 총수입금액에 산입한다.
3. 한국표준산업분류상의 금융보험업에서 발생하는 이자 및 할인액: 실제로 수입된 날
4. 자산을 임대하거나 지역권 · 지상권을 설정하여 발생하는 소득의 경우에는 다음 각 목의 구분에 따른 날
   ① 계약 또는 관습에 따라 지급일이 정해진 것: 그 정해진 날
   ② 계약 또는 관습에 따라 지급일이 정해지지 아니한 것: 그 지급을 받은 날
   ③ 임대차계약 및 지역권 · 지상권 설정에 관한 쟁송(미지급임대료 및 미지급 지역권 · 지상권의 설정대가의 청구에 관한 쟁송은 제외)에 대한 판결 · 화해 등으로 소유자 등이 받게 되어 있는 이미 지난 기간에 대응하는 임대료상당액(지연이자와 그 밖의 손해배상금을 포함): 판결 · 화해 등이 있은 날. 다만, 임대료에 관한 쟁송의 경우에 그 임대료를 변제하기 위하여 공탁된 금액에 대해서는 가목에 따른 날로 한다.
5. 위의 귀속시기에 해당하지 아니하는 자산의 매매: 대금을 청산한 날. 다만, 대금을 청산하기 전에 소유권 등의 이전에 관한 등기 또는 등록을 하거나 해당 자산을 사용수익하는 경우에는 그 등기 · 등록일 또는 사용수익일로 한다.
6. 영수증을 작성 · 교부할 수 있는 사업자가 금전등록기를 설치 · 사용한 경우에 총수입금액은 해당 과세기간에 수입한 금액의 합계액에 따라 계산할 수 있다

한편, 거주자가 각 과세기간의 소득금액을 계산할 때 총수입금액 및 필요경비의 귀속연도와 자산 · 부채의 취득 및 평가에 대하여 일반적으로 공정 · 타당하다고 인정되는 기업회계의 기준을 적용하거나 관행을 계속 적용하여 온 경우에는 이 법 및 「조세특례제한법」에서 달리 규정하고 있는 경우 외에는 그 기업회계의 기준 또는 관행에 따른다(소법 제39조 ⑤).

3.5 사업소득의 과세방법

사업소득은 종합소득과세 표준에 합산하여 기본세율로 과세하는 것이 원칙이므로 분리과세되지 않는다. 예외적으로, 총수입금액 합계액이 2천만원 이하인 자의 주택임대소득(분리과세 주택임대소득)의 금액은 종합소득과세표준을 계산할 때 합산하지 않는다. 또한 사업소득은 대부분 원천징수되지 않으나 아래와 같이 예외적으로 원천징수되는 경우가 있다.

실무 POINT

만약, 일반적인 사업소득을 원천징수 한다면 A학생(대가 지급자)은 편의점에서 1,000원짜리 음료수를 사 먹고 나서, 1,000원의 3%는 970원만 편의점 B씨에게 주고, 30원을 자신이 직접 세무서에 납부해야 하므로 무척 혼란스러울 것이다. 이런 이유로 사업소득은 그 대가를 지급하는 자가 원천징수하는 경우가 매우 드물다.

<table>
<tr><th>구 분</th><th colspan="3">과세방법</th></tr>
<tr><td rowspan="5">(1) 특 례</td><td>구 분</td><td>내 용</td><td>원천징수</td></tr>
<tr><td>① 부가가치세 면세대상인 의료보건용역[23]·인적용역</td><td>국가·지방자치단체 등·법인·개인사업자가 지급하는 경우(즉, 일반 개인이 병원 이용시에는 원천징수 안함) 주</td><td>지급금액 × 3%*</td></tr>
<tr><td>② 부가가치세 면세대상인 봉사료</td><td>과세유흥장소 등 운영하는 사업자가 공급가액과 별도 구분기재 된 봉사료(공급가액의 20% 초과시)를 받은 경우</td><td>지급금액 × 5%</td></tr>
<tr><td>③ 납세조합에 가입한 사업자</td><td>납세조합에 가입한 농·축·수산물 판매업자 등의 법소정 사업자(납세조합세액공제 : 산출세액의 5%, 조합원 1인당 연간 100만원 공제 한도)에 대하여 납세조합은 소득세를 매월 원천징수하여 다음 달 10일까지 납부</td><td>소득세-납세조합세액공제액</td></tr>
<tr><td colspan="3">* 외국인 직업운동가가 프로스포츠구단과 계약에 따라 용역을 제공하고 받은 소득은 20%</td></tr>
<tr><td>(2) 연말정산</td><td colspan="3">연말정산은 일반적으로 근로소득자가 행하나 (근로소득자와 성격이 비슷한 사업소득자인) ①간편장부대상자인 보험모집인 ②방문판매인(후원방문판매인 포함) ③음료품배달원의 사업소득은 다음 연도 2월에 연말정산을 함 ➠ 이들은 다른 소득이 없으면 다음 연도 5월의 확정신고 의무 면제됨</td></tr>
</table>

주 학원강사(인적용역)에게 강사료를 학원이 지급할 때 ➠ 법인이 부가세 면세대상인 인적용역에 대해 대가를 지급하는 경우로서, 강사료에 대해 3% 원천징수함

실무 POINT

납세조합의 사례로 시장에서 농산물을 판매하는 상인을 들 수 있다. 영희 씨는 동네 전통시장에서 작은 채소가게를 운영하고 있다. 하지만 세무 지식이 부족하고 채소가게도 영세하여 복잡한 세법을 이해하기 어렵고, 공인회계사나 세무사에게 기장대리를 맡기기에는 비용이 부담될 수 있다. 이 때, 영희 씨를 포함한 시장 상인들은 납세조합을 결성하고, 납세조합은 상인들의 장부와 영수증을 대신 정리해주거나 세금 신고를 도와줄 수 있는 것이다. 이렇듯 영희 씨가 납세조합을 통해 세금 신고를 하면, 산출된 세금의 5%를 공제 받을 수 있다. 예를 들어, 영희 씨가 내야 할 세금이 100만원이라면, 5%인 5만원을 깎아 95만원만 납부한다. 이 공제 혜택은 연간 100만원 한도 내에서 받을 수 있다. 시장 납세조합은 영희 씨가 내야 할 소득세를 매월 원천징수하여 다음 달 10일까지 대신 납부하는 것이다.

---

23) 다만, 다음의 어느 하나에 해당하는 소득은 원천징수대상 사업소득에서 제외한다(소령 184조 ① 단서).
① 다음의 조제용역의 공급으로 발생하는 사업소득 중 기획재정부령으로 정하는 바에 따라 계산한 의약품가격이 차지하는 비율에 상당하는 소득
가. 「약사법」에 따라 의사 또는 치과의사가 직접 제공하는 조제용역
나. 「부가가치세법 시행령」에 따른 조제용역
② 접대부·댄서 또는 이와 유사한 용역
② 삭제 〈2009. 2. 4.〉

연습문제

01 소득세법상 소득세가 비과세되는 주택임대소득에 관한 설명으로 옳지 않은 것은? CTA 2008

① 국외에 소재하는 주택의 임대소득은 주택 수에 관계없이 과세될 수 있다.

② 주택 수의 계산에 있어서 다가구주택은 1개의 주택으로 보되, 구분등기된 경우에는 각각을 1개의 주택으로 계산한다.

③ 주택 수의 계산에 있어서 본인과 배우자가 각각 주택을 소유하는 경우에는 이를 합산한다.

④ 주택 수의 계산에 있어서 임차 또는 전세받은 주택을 전대하거나 전전세하는 경우에는 해당 임차 또는 전세받은 주택을 임차인 또는 전세받은 자의 주택으로 계산한다.

⑤ 주택임대소득이 과세되는 고가주택이라 함은 과세기간종료일 또는 해당 주택의 양도일 현재 실지거래가액이 12억원을 초과하는 주택을 말한다.

02 소득세법상 거주자의 주택임대소득의 과세에 관한 설명으로 옳지 않은 것은? (단, 소득세법령에 정한 해당 요건을 모두 충족하며, 공동소유 및 공동사업자인 경우는 고려하지 않음) CTA 2020

① 해당 과세기간에 주거용 건물 임대업에서 발생한 총수입금액의 합계액이 2천만원 이하인 자의 주택임대소득은 주택임대소득에 대한 세액 계산의 특례가 적용된다.

② 1개의 주택을 소유하는 자(부부 합산 제외)의 주택임대소득은 소득세를 과세하지 아니하지만, 과세기간 종료일 또는 해당 주택의 양도일 현재 기준시가가 12억원을 초과하는 주택 및 국외에 소재하는 주택의 임대소득은 제외한다.

③ 주택을 대여하고 보증금 등을 받은 경우에는 3주택(법령에 정한 요건을 충족한 주택 제외) 이상을 소유하고 해당 주택의 보증금 등의 합계액이 3억원을 초과하는 경우에는 총수입금액 계산의 특례가 적용된다.

④ 임차 또는 전세받은 주택을 전대하거나 전전세하는 경우에는 당해 임차 또는 전세받은 주택을 임차인 또는 전세받은 자의 주택으로 계산한다.

⑤ 등록임대주택의 임대사업에서 발생한 사업소득금액은 총수입금액에서 필요경비(총수입금액의 100분의 60)를 차감한 금액으로 하되, 분리과세 주택임대소득을 제외한 해당 과세기간의 종합소득금액이 2천만원 이하인 경우에는 추가로 200만원을 차감한 금액으로 한다.

03 소득세법상 비과세소득이 아닌 것은? CTA 2019

① 사업소득 중 전통주의 제조에서 발생하는 소득으로서 연 1,500만원 이하의 금액
② 사업소득 중 조림기간 5년 이상인 임지(林地)의 임목(林木)의 벌채 또는 양도로 발생하는 소득으로서 연 600만원 이하의 금액
③ 공익신탁법에 따른 공익신탁의 이익
④ 기타소득 중 서화 · 골동품을 박물관 또는 미술관에 양도함으로써 발생하는 소득
⑤ 고용보험법에 따라 받는 실업급여

04 소득세법상 비과세소득에 해당하는 것을 모두 고른 것은? (단, 거주자의 2025년 귀속소득이며, 조림기간, 전통주 및 민박은 소득세법령에 정한 해당 요건을 충족하고 각 내용은 상호 독립적임) CTA 2020

> ㄱ. 밭을 작물 생산에 이용하게 함으로써 발생한 소득금액 5천 5백만원
> ㄴ. 한국표준산업분류에 따른 연근해어업에서 발생한 소득금액 5천만원
> ㄷ. 조림기간 5년 이상인 임지의 임목의 양도로 발생한 소득금액 5백만원
> ㄹ. 수도권정비계획법 제2조 제1호에 따른 수도권 지역에서 전통주를 제조함으로써 발생한 소득금액 1천 3백만원
> ㅁ. 농민이 부업으로 민박을 운영하면서 발생한 소득금액 2천만원

① ㄱ, ㄷ, ㅁ
② ㄴ, ㄷ, ㄹ
③ ㄱ, ㄴ, ㄷ, ㅁ
④ ㄱ, ㄴ, ㄹ, ㅁ
⑤ ㄴ, ㄷ, ㄹ, ㅁ

05 총수입금액 혹은 소득금액의 계산에 관한 설명으로 옳지 않은 것은? CTA 2014

① 거주자의 각 소득에 대한 총수입금액(총급여액과 총연금액 포함)은 해당 과세기간에 수입하였거나 수입할 금액의 합계액이다.

② 거주자의 사업소득금액을 계산할 때 이전 과세기간부터 이월된 소득금액은 해당 과세기간의 소득금액을 계산할 때 총수입금액에 산입하지 않는다.

③ 부가가치세의 매출세액은 해당 과세기간의 소득금액을 계산할 때 총수입금액에 산입하지 않는다.

④ 사업소득금액을 계산할 때, 해당 과세기간 전의 총수입금액에 대응하는 비용으로서 그 과세기간에 확정된 것에 대해서는 그 과세기간 전에 필요경비로 계상하지 아니한 것만 그 과세기간의 필요경비로 본다.

⑤ 업무와 관련하여 중대한 과실로 타인의 권리를 침해한 경우에 지급되는 손해배상금은 사업소득금액을 계산할 때 확정되는 과세기간의 필요경비에 산입한다.

06 소득세법상 사업소득의 필요경비에 관한 설명이다. 옳지 않은 것은? CPA 2015

① 사업소득금액 계산시 필요경비에 산입할 금액은 해당 과세기간의 총수입금액에 대응하는 비용으로서 일반적으로 용인되는 통상적인 것의 합계액으로 한다.

② 도소매업을 영위하는 거주자의 사업소득 총수입금액에 대응하는 필요경비에는 상품 또는 제품 판매와 관련하여 사전약정 없이 지급하는 판매장려금 및 판매수당도 포함된다.

③ 거주자가 해당 과세기간에 납부한 소득세와 개인지방소득세는 사업소득금액 계산시 필요경비에 산입되지 아니한다.

④ 거주자의 필요경비 귀속연도는 그 필요경비가 발생된 날이 속하는 과세기간으로 한다.

⑤ 거주자가 사업소득금액 계산시 해당 과세기간에 납부한 법령상 직장가입자로서 부담하는 자신의 건강보험료는 필요경비에 산입되는 반면, 법령상 부담하는 자신의 연금보험료는 필요경비에 산입되지 아니한다.

07 사업소득에 관한 설명으로 옳지 않은 것은? CTA 2014

① 연예인이 사업활동과 관련하여 받는 전속계약금은 사업소득이다.

② 부동산 임대업에서 발생하는 소득은 사업소득이지만, 부동산 임대업(주거용 건물 임대업 제외)에서 발생한 결손금은 종합소득 과세표준 계산시에 공제하지 아니한다.

③ 총수입금액을 계산할 때 금전 이외의 것은 그 거래 당시의 가액에 의하여 수입금액을 계산한다.

④ 작물재배업 중 곡물 및 기타 식량작물 재배업에서 발생하는 소득은 사업소득으로 과세된다.

⑤ 거주자의 각 과세기간 총수입금액의 귀속연도는 총수입금액이 확정된 날이 속하는 과세기간으로 한다.

08 다음 자료를 이용하여 부동산임대사업자인 거주자 갑의 2025년도 사업소득 총수입금액을 계산한 것으로 옳은 것은? CPA 2014

(1) 갑은 국내에 주택 3채(각각의 기준시가는 모두 2억원을 초과함)를 소유하고, 그 중 하나의 주택(소득세법에 따른 간주임대료 계산대상임)을 임대하고 있다.
(2) 2024년 10월 16일에 임대주택의 임대보증금 500,000,000원과 1년분 임대료 36,000,000원을 수령하였다.
(3) 임대기간은 2024년 10월 16일부터 1년간이며, 2025년도 임대일수는 288일이다.
(4) 임대보증금 운용수익은 2025년에 발생한 수입이자 1,000,000원이 있다.
(5) 기획재정부령으로 정하는 정기예금이자율은 연 3.65%로 가정한다.
(6) 갑은 적법하게 장부를 비치 · 기록하고 있으며, 장부에 의하여 사업소득금액을 신고하는 것으로 한다. 1년은 365일로 가정한다.

① 3,456,000원 ② 27,000,000원 ③ 29,456,000원
④ 30,456,000원 ⑤ 38,456,000원

09 다음은 거주자 갑의 2025년도 부동산 임대자료이다. 다른 사업소득이 없다고 가정할 때 거주자 갑의 2025년 사업소득금액을 계산한 것으로 옳은 것은? 단, 갑은 사업소득에 대하여 장부를 비치 · 기장하고 있으며, 정기예금이자율은 연 3%로 가정한다. CPA 2017

(1) 임대대상 자산 : 상가건물
(2) 임대기간 : 2024.8.1. ~ 2026.7.31.
(3) 취득가액 : 200,000,000원(토지가액 100,000,000원 포함)
(4) 임대보증금 : 300,000,000원
(5) 월임대료 : 1,000,000원(매월 말일에 받기로 약정하였음)
(6) 관리비수입 : 6,000,000원(2025년 지급받은 총액이며, 이 중 전기요금과 수도요금을 징수대행하는 명목으로 지급받은 2,000,000원이 포함되어 있음)
(7) 상가건물의 부속토지를 임대기간 동안 상가건물 임차인의 영업에 사용하게 하는 대가로 임대기간 시작일인 2024.8.1.에 5,000,000원을 전액 수령하였다.
(8) 임대보증금 운용수익 : 정기예금이자 2,000,000원, 수입배당금 1,000,000원, 유가증권처분이익 500,000원

① 18,500,000원 ② 20,500,000원 ③ 21,000,000원
④ 21,500,000원 ⑤ 24,000,000원

10 거주자 갑의 2025년 상가부동산 임대업에 대한 자료이다. 갑의 2025년 사업소득 총수입금액으로 옳은 것은? 단, 갑은 상가부동산임대업만을 영위하고 있으며, 임대업 사업소득에 대하여 장부를 기장하여 비치하고 있다. CPA 2020

(1) 임대기간 : 2024년 5월 1일 ~ 2026년 4월 30일
(2) 월임대료 : 2,000,000원
(3) 임대보증금 : 500,000,000원
(4) 상가부동산 취득가액 : 토지 100,000,000원, 건물 300,000,000원
(5) 월관리비수입 : 500,000원
(6) 2025년 임대보증금 운용수익 : 수입배당금 500,000원, 수입이자 300,000원, 신주인수권처분이익 200,000원
(7) 금융회사 등의 정기예금이자율을 고려하여 기획재정부령이 정하는 이자율 : 연 2% 가정

① 33,000,000원　　② 33,200,000원　　③ 35,600,000원
④ 39,200,000원　　⑤ 41,600,000원

11 다음 자료를 이용하여 개인사업자인 거주자 갑의 2025년 사업소득 총수입금액을 계산한 것으로 옳은 것은? CPA 2015

(1) 2025년 과세기간의 손익계산서상 총매출액 : 25,000,000원(매출에누리와환입 700,000원과 매출할인 800,000원이 차감되어 있지 않음)

(2) 위의 총매출액에 포함되지 않은 기타 매출거래는 다음과 같음

가. 계약금 수령
2026년 4월 21일에 제품을 인도하는 조건으로 2025년 4월 4일에 거래처로부터 1,500,000원의 계약금을 수령함. 2025년말 현재 해당 제품의 판매가는 3,000,000원(원가 2,000,000원)임

나. 시용판매
2025년 7월 4일에 거래처로부터 제품 500,000원(원가 400,000원)에 대한 구입의사표시를 받았지만 2025년 말까지 대금결제를 받지 못함

다. 무인판매기에 의한 판매
2025년 과세기간의 무인판매기에 의한 매출액은 1,200,000원(원가 800,000원)이며 2026년 1월 3일에 동 금액을 무인판매기에서 현금으로 인출함

라. 위탁판매
2025년 11월 7일에 수탁자에게 제품(판매가 1,600,000원, 원가 1,300,000원)을 발송하여 수탁자는 이 중의 절반을 2025년 12월 29일에 판매하고, 나머지는 2026년 1월 7일에 판매함

① 23,500,000원　　② 24,800,000원　　③ 25,000,000원
④ 26,000,000원　　⑤ 26,500,000원

12 다음은 제조업을 영위하는 개인사업자 갑의 2025년도 사업과 관련된 자료이다. 갑의 2025년도 사업소득금액으로 옳은 것은? CPA 2011

(1) 손익계산서상 당기순이익은 60,000,000원이다.

(2) 손익계산서상 주요 수익항목은 다음과 같다.

가. 사업과 관련이 없는 자산수증이익: 4,000,000원

나. 예금이자 수익: 3,000,000원

다. 사업과 관련하여 해당 사업용자산의 손실로 인한 보험차익: 1,000,000원

라. 사업에 사용하는 토지의 처분이익: 9,000,000원

마. 상장법인 배당금: 3,500,000원

(3) 손익계산서상 주요 비용항목은 다음과 같다.

가. 소득세비용: 6,000,000원

나. 상장주식 처분손실: 3,400,000원

다. 갑의 장남(경리부에 근무)에 대한 급여: 10,000,000원

라. 대손상각비: 1,000,000원(외상매출금 100,000,000원에 대하여 1%에 해당하는 금액을 설정한 것이며 대손실적률은 0.8%이다)

(4) 재고자산(취득원가 3,000,000원, 시가 5,000,000원)을 가사용으로 소비하고 이에 대하여 아무런 회계처리를 하지 아니하였다.

① 50,100,000원 ② 51,900,000원 ③ 52,100,000원
④ 54,900,000원 ⑤ 60,900,000원

13 다음은 제조업(중소기업)을 영위하는 개인사업자 대표자 갑(거주자)의 제18기(2025. 1.1. ~ 12.31.) 사업소득금액 계산을 위한 자료이다. 2025년 귀속 사업소득금액은 얼마인가? (단, 주어진 자료 이외에는 고려하지 않음) CTA 2018

(1) 손익계산서 내역
① 당기순이익은 100,000,000원이다.
② 인건비에는 대표자 갑의 급여 48,000,000원이 포함되어 있다.
③ 영업외손익에는 다음의 항목이 포함되어 있다.
- 예금이자 수익 : 300,000원
- 업무용화물차 처분이익 : 100,000원
- 사업관련 공장의 화재로 인한 보험차익 : 5,000,000원
- 현금배당수익(배당기준일의 1개월 전에 취득한 비상장주식의 현금 배당임): 3,000,000원
- 유가증권처분이익(채권매매차익임) : 1,000,000원

(2) 대표자 갑이 개인적으로 사용한 제품 5,000,000원은 잡비로 계상되어 있으며, 동 제품의 판매가격 및 시가는 8,000,000원이다.

(3) 갑은 복식부기의무자이다.

① 104,700,000원 ② 147,700,000원 ③ 150,700,000원
④ 151,700,000원 ⑤ 152,700,000원

14 제조업을 영위하는 개인사업자 갑의 2025년도 사업소득금액을 계산한 것으로 옳은 것은? 단, 갑은 복식부기의무자가 아니다. CPA 2016

(1) 손익계산서상 당기순이익 : 50,000,000원
(2) 손익계산서에 포함된 수익항목
   가. 거래상대방으로부터 받은 장려금 : 2,000,000원
   나. 사업과 관련이 없는 채무면제이익 : 1,000,000원
   다. 예금이자 수입 : 1,500,000원
(3) 손익계산서에 포함된 비용항목
   가. 소득세비용 : 2,500,000원
   나. 업무와 관련하여 지급한 손해배상금 : 3,000,000원
      (경과실로 타인의 권리를 침해한 경우에 해당함)
   다. 갑의 배우자(경리부서에 근무)에 대한 급여 : 2,000,000원
   라. 사무용 비품 처분손실 : 1,000,000원
(4) 가사용으로 소비하고 회계처리하지 않은 재고자산 : 취득원가 2,000,000원, 시가 3,500,000원

① 51,000,000원 ② 52,500,000원 ③ 53,500,000원
④ 54,500,000원 ⑤ 55,500,000원

15 다음 자료를 이용하여 개인사업자인 거주자 갑의 2025년도 사업소득금액을 계산한 것으로 옳은 것은? CPA 2014

(1) 손익계산서(2025.1.1. ~ 12.31.)

매　　출	300,000,000원
매출원가	(100,000,000원)
급　　여(갑의 급여 50,000,000원 포함)	(100,000,000원)
판 매 비	(30,000,000원)
이자수익	10,000,000원
토지처분이익	20,000,000원
이자비용	(8,000,000원)
당기순이익	92,000,000원

(2) 추가자료

가. 2025년 중 부채의 합계액이 사업용 자산의 합계액을 초과하는 금액의 적수는 25억원이며, 2025년 총차입금 적수는 500억원이다.

나. 2025년 중 재고자산(취득원가 1,000,000원, 시가 2,000,000원)을 가사용으로 소비하였으며, 아무런 회계처리를 하지 않았다.

① 93,400,000원　② 112,000,000원　③ 113,400,000원
④ 123,400,000원　⑤ 142,000,000원

16 다음은 거주자 갑의 2025년 귀속 사업소득에 대한 자료이다. 갑의 2025년 사업소득금액을 계산한 것으로 옳은 것은? CPA 2018

(1) 2025년 손익계산서 (단위: 원)

Ⅰ. 매출액		600,000,000
Ⅱ. 매출원가		380,000,000
Ⅲ. 매출총이익		220,000,000
Ⅳ. 판매비 및 관리비		
1. 급 여	42,000,000	
2. 기업업무추진비	40,000,000	
3. 보험료	4,500,000	86,500,000
Ⅴ. 영업이익		133,500,000
Ⅵ. 영업외수익		
1. 배당금수익	6,000,000	6,000,000
Ⅶ. 영업외비용		0
Ⅷ. 소득세차감전순이익		139,500,000
Ⅸ. 소득세비용		15,000,000
Ⅹ. 당기순이익		124,500,000

(2) 추가자료

- 제조업(중소기업)을 영위하고 있으며, 사업장은 1개이다.
- 대통령령으로 정하는 특수관계인과의 거래에서 발생한 매출액은 없다.
- 급여는 대표자인 갑의 급여 20,000,000원, 같은 사업장의 경리로 근무하는 을(갑의 아들)의 급여 15,000,000원, 일용근로자의 급여 7,000,000원으로 구성되어 있다.
- 기업업무추진비는 모두 업무용 사용분으로 적격증명서류를 수취한 것이다.
- 보험료는 갑에 대한 국민건강보험료 2,000,000원과 을에 대한 국민건강 보험료 및 고용보험료의 사용자 부담분 2,500,000원의 합계이다.
- 배당금수익은 대표자 갑이 국내기업으로부터 받은 현금배당금이다.
- 소득세비용은 소득세와 개인지방소득세의 합계액이며 이월 결손금은 없다.

① 143,800,000원 ② 151,300,000원 ③ 155,700,000원
④ 174,300,000원 ⑤ 188,500,000원

17 다음은 국내에서 제조업을 영위하는 거주자 甲의 2025년 귀속 사업소득에 대한 자료이다. 甲의 2025년 귀속 사업소득금액은 얼마인가? (단, 주어진 자료 이외에는 고려하지 않음) CTA 2016

(1) 2025년 손익계산서 (단위: 원)

구분		금액
Ⅰ. 매출액		800,000,000
Ⅱ. 매출원가		590,000,000
Ⅲ. 매출총이익		210,000,000
Ⅳ. 판매비및관리비		
1. 급 여	22,000,000	
2. 기업업무추진비	30,000,000	
3. 보험료	3,000,000	55,000,000
Ⅴ. 영업이익		155,000,000
Ⅵ. 영업외수익		
1. 이자수익	7,000,000	7,000,000
Ⅶ. 영업외비용		0
Ⅷ. 소득세차감전순이익		162,000,000
Ⅸ. 소득세비용		40,000,000
Ⅹ. 당기순이익		122,000,000

(2) 추가자료

- 급여는 대표자인 甲에 대한 급여 10,000,000원과 같은 사업장의 경리로 근무하는 乙(甲의 배우자)에 대한 급여 12,000,000원으로 구성되어 있다.
- 기업업무추진비는 모두 업무용 사용분으로 법적 증빙요건을 충족하며, 소득세법상 기업업무추진비 한도액은 25,000,000원이다.
- 보험료는 전액 甲에 대한 국민건강보험료이다.
- 이자수익은 사업자금을 은행에 예탁하여 받은 이자이다.
- 소득세비용은 소득세와 개인지방소득세의 합계액이며 이월결손금은 없다.

① 122,000,000원 ② 137,000,000원 ③ 155,000,000원
④ 170,000,000원 ⑤ 173,000,000원

18 다음 자료를 이용하여 도매업을 영위하는 거주자 갑(복식부기의무자가 아님)의 2025년 사업소득금액을 계산하면 얼마인가? CPA 2019

(1) 손익계산서상 소득세비용차감전순이익 : 51,000,000원

(2) 손익계산서에 계상된 주요 수익항목

① 2025년 8월 17일 발송한 위탁상품 매출액 2,000,000원(원가 1,200,000원) : 발송시 원가에 대한 회계처리는 하지 않았으며, 수탁자는 동 상품을 2026년 1월 10일에 판매함

② 2025년 11월 21일 판매장건물 처분으로 인한 유형자산처분이익 5,000,000원

(3) 손익계산서에 계상된 주요 비용항목

① 2025년 11월 21일 처분된 판매장건물의 감가상각비 1,000,000원 : 세무상 상각범위액은 800,000원이며, 전기말 상각부인액은 500,000원임

② 2025년 12월 14일 시설개체를 위한 생산설비 일부인 기계장치A의 폐기처분으로 인한 유형자산처분손실 2,000,000원 : 기계장치A의 감가상각비는 600,000원이고, 세무상 상각범위액은 400,000원이며, 전기말 상각부인액은 300,000원임

① 44,900,000원　② 44,700,000원　③ 44,400,000원
④ 44,100,000원　⑤ 43,900,000원

19 다음은 거주자 갑이 100% 출자하여 대표자로 있는 XY공업의 제10기(2025.1.1. ~ 12.31.) 손익계산서상의 자료이다. 이 자료를 이용하여 XY공업이 법인사업자인 경우의 제10기 각사업연도소득금액과, 개인사업자인 경우의 제10기 사업소득금액을 계산하면 각각 얼마인가? CPA 2009

(1) 세차감전순이익은 120,000,000원이다.

(2) 비용 또는 수익으로 반영된 금액에는 다음 항목들이 포함되어 있다.

가. 갑의 급여 : 40,000,000원

나. 갑의 부인(재무담당 이사로 근무 중)의 급여 : 30,000,000원

다. 증빙이 없는 기업업무추진비 지출액 : 2,000,000원

라. 사업과 관련하여 발생한 채무면제이익 : 4,000,000원(이 중에서 1,000,000원은 이월결손금 보전에 충당하였음)

마. 배당금수익 : 3,000,000원

바. 사업운영자금의 일시적 예금이자 : 1,500,000원

사. 사업과 관련 없이 보유하던 토지의 처분이익 : 20,000,000원

	법인사업자인 경우의 각사업연도소득금액	개인사업자인 경우의 사업소득금액
①	122,000,000원	136,000,000원
②	122,000,000원	137,500,000원
③	121,000,000원	136,500,000원
④	121,000,000원	138,000,000원
⑤	121,000,000원	166,500,000원

20 내국 중소기업인 성공실업(제조업)의 2025년도(사업연도 2025.1.1~12.31) 소득관련 자료이다. 성공실업이 개인사업자(복식부기의무자가 아님)일 경우의 2025년도 사업소득금액에서 성공실업이 법인사업자일 경우의 2025년도 각사업연도소득금액을 차감한 금액으로 옳은 것은? CPA 2012

(1) 2025년도 손익계산서상 당기순이익은 500,000,000원이다.

(2) 2025년도 손익계산서상 인건비에는 대표자인 거주자 병씨의 급여 50,000,000원과 경리과장으로 근무중인 병씨의 배우자의 급여 40,000,000원이 포함되어 있다.

(3) 2025년도 손익계산서상 영업외손익에는 다음의 항목이 포함되어 있다.
가. 사업 관련 공장의 화재로 인한 보험차익 10,000,000원
나. 현금배당수익* 5,000,000원
* 배당기준일의 1개월전에 취득한 비상장주식의 현금배당임
다. 생산비품 처분손실 3,000,000원
라. 유가증권처분이익(채권매매차익임) 1,000,000원

(4) 2025년도말 재무상태표상 외상매출금은 200,000,000원이고, 금전대차거래에 의한 대여금은 100,000,000원이며, 이들에 대한 대손충당금 잔액은 3,000,000원이다. 2025년도 중 대손은 발생하지 않았다.

(5) 위 내용 이외의 세무조정 관련 사항은 없다.

① △50,000,000원 ② △3,000,000원 ③ 2,000,000원
④ 5,000,000원 ⑤ 48,000,000원

21 총수입금액 및 필요경비의 귀속연도 등에 관한 설명으로 옳지 않은 것은? CTA 2010

① 거주자의 각 과세기간 총수입금액 및 필요경비의 귀속연도는 총수입금액과 필요경비가 확정된 날이 속하는 과세기간으로 한다.

② 거주자가 보유하는 무형자산의 장부가액을 증액한 경우 그 평가일이 속하는 과세기간 및 그 후의 과세기간의 소득금액을 계산할 때 해당 자산의 장부가액은 평가한 후의 가액으로 한다.

③ 거주자가 각 과세기간의 소득금액을 계산할 때 총수입금액 및 필요경비의 귀속연도와 자산 · 부채의 취득 및 평가에 대하여 일반적으로 공정 · 타당하다고 인정되는 기업회계의 기준을 적용하거나 관행을 계속 적용하여 온 경우에는 소득세법 및 조세특례제한법에서 달리 규정하고 있는 경우 외에는 그 기업회계의 기준 또는 관행에 따른다.

④ 거주자가 매입 · 제작 등으로 취득한 자산의 취득가액은 그 자산의 매입가액이나 제작원가에 부대비용을 더한 금액으로 한다.

⑤ 천재지변으로 파손 또는 멸실된 유형자산은 법령으로 정하는 방법에 따라 그 장부가액을 감액 할 수 있다.

22 소득세법상 사업소득에 관한 설명으로 옳은 것을 모두 고른 것은? CTA 2015

ㄱ. 추계조사결정방식으로 사업소득금액을 계산하는 경우에는 사업자가 어떤 업종을 영위하는지의 여부가 사업소득금액을 결정하는데 영향을 미치지 않는다.

ㄴ. 사업소득의 총수입금액은 해당 과세기간에 수입하였거나 수입할 금액의 합계액에 의한다. 따라서 소매업 등 영수증을 교부할 수 있는 사업자로서 금전등록기를 설치 · 사용하는 사업자의 경우에도 총수입금액은 해당 연도에 수입하였거나 수입할 금액으로 하여야 한다.

ㄷ. 부동산 양도로 인한 소득의 경우 부동산매매가 지속적 · 반복적으로 이루어진 것은 사업소득으로 과세되지만, 개인적으로 보유하고 있던 부동산을 매각하는 비반복적 양도의 경우에는 양도소득으로 과세된다.

ㄹ. 기준시가 12억원을 초과하는 1주택을 소유하는 자(다른 주택은 없음)가 그 주택을 임대하여 연간 1,000만원의 총수입금액이 발생한 경우 해당 주택의 임대소득은 사업소득으로 과세된다.

ㅁ. 고용됨이 없이 독립된 자격으로 일정한 고정보수를 받지 아니하고 타인으로부터 상품 등의 구매신청을 받아 그 실적에 따라 지급받는 대가는 사업소득으로 본다.

① ㄱ, ㅁ　　② ㄴ, ㄷ　　③ ㄷ, ㅁ

④ ㄱ, ㄹ, ㅁ　　⑤ ㄷ, ㄹ, ㅁ

23 소득세법상 사업소득에 관한 설명이다. 옳지 않은 것은? CPA 2025

① 「방문판매 등에 관한 법률」에 의하여 후원방문판매조직에 판매원으로 가입하여 후원방문판매업을 수행하고 후원수당 등을 받는 사업자의 사업소득에 대하여 최초로 연말정산을 하려는 원천징수의무자는 해당 과세기간의 종료일까지 사업소득세액연말정산신청서를 사업장 관할세무서장에게 제출하여야 한다.

② 사업자가 음식 · 숙박용역이나 서비스용역을 공급하고 그 대가를 받을 때 소득세법 시행령에 따른 일정한 봉사료를 함께 받아 해당 소득자에게 지급하는 경우에는 그 사업자가 그 봉사료에 대한 소득세를 원천징수하여야 한다.

③ 농 · 축 · 수산물 판매업자(복식부기의무자가 아님)에 해당하는 거주자는 납세조합을 조직할 수 있다.

④ 부가가치세 면세대상인 저술가 · 작곡가나 그 밖의 자가 직업상 제공하는 인적용역으로서 대통령령으로 정한 소득은 원천징수대상 사업소득이다.

⑤ 부가가치세법시행령에 따른 조제용역의 공급으로 발생하는 사업소득 중 기획재정부령으로 정하는 바에 따라 계산한 의약품가격이 차지하는 비율에 상당하는 소득은 원천징수대상 사업소득이다.

정답 및 해설

01 정답 ⑤

기준시가 12억원 초과(양도소득세 1세대 1주택 비과세 규정은 실지거래가액 12억원 초과)

02 정답 ⑤

분리과세 주택임대소득을 제외한 해당 과세간의 종합소득금액이 2천만원 이하인 경우에는 추가로 400만원을 차감한 금액으로 한다.

03 정답 ③

ㄹ. 법 소정 전통주를 수도권 밖의 읍·면지역에서 제조함으로써 발생한 소득금액이 연 1천2백만원 이하인 경우 비과세 소득에 해당한다.

04 정답 ①

전통주 제조소득은 소득금액의 합계액이 연 1,200만원 이하인 경우 비과세한다.

05 정답 ⑤

업무와 관련하여 고의나 중과실로 타인의 권리를 침해한 경우에 지급되는 손해배상금은 사업소득금액을 계산할 때 확정되는 과세기간의 필요경비에 산입하지 아니한다.

06 정답 ④

거주자의 각 과세기간 필요경비의 귀속연도는 필요경비가 확정된 날이 속하는 과세기간으로 한다.

07 정답 ④

작물재배업 중 곡물 및 기타 식량작물 재배업은 과세 제외한다.
일반적인 작물재배업은 해당과세기간의 총수입금액 합계액이 10억원 이하인 경우 사업소득을 비과세한다.

08 정답 ③

(1) 월 임대료 : 36,000,000 × 9/12 = 27,000,000

(2) 간주임대료 : (500,000,000 − 300,000,000) × 288일* × 60% × 3.65% × 1/365 − 1,000,000
= 2,456,000

* 1.1~10.15까지의 일수임

(3) 총수입금액 : 29,456,000

09 정답 ④

(1) 임대료 = 14,500,000
① 월임대료 : 1,000,000 × 12 = 12,000,000
② 토지임대료 : 5,000,000 × 12/24 = 2,500,000

(2) 간주임대료 : (300,000,000 − 100,000,000) × 3% − 3,000,000* = 3,000,000
* 임대보증금 운용수익 : 2,000,000 + 1,000,000 = 3,000,000

(3) 관리비수입 : 4,000,000
* 징수대행금액 2,000,000원은 총수입금액에 포함하지 않음

(4) 합계 : 14,500,000 + 3,000,000 + 4,000,000 = 21,500,000

10 정답 ②

(1) 임대료 : 2,000,000×12개월 = 24,000,000

(2) 간주임대료 : (₩500,000,000 − ₩300,000,000) × 2% − (₩500,000 + ₩300,000)*
= ₩3,200,000
* 신주인수권처분익은 소득세법상 과세대상이 아니므로 차감하지 않음

(3) 관리비수입: 500,000 × 12개월 = 6,000,000

∴ 합계 : 24,000,000 + 3,200,000 + 6,000,000 = 33,200,000

11 정답 ②

구 분	금 액
총매출액	25,000,000
매출에누리와 환입	△700,000
매출할인	△800,000
계약금수령*1	–
시용판매*2	500,000
무인판매기*3	–
위탁판매*4	800,000
합 계	24,800,000

*1 인도기준이므로 계약금만 수령한 것은 총수입금액에 포함되지 아니함

*2 시용판매는 대금결제 여부와 무관하게 상대방의 구입의사표시일이 귀속시기가 됨

*3 무인판매기는 현금 인출일이 귀속시기가 됨

*4 위탁판매는 수탁자가 최종소비자에게 판매하는 날이 귀속시기가 됨(1,600,000 × 50% = 800,000)

12 정답 ②

구 분	금 액	비 고
당 기 순 이 익	60,000,000	
사업무관 자산수증익	−4,000,000	'사업관련' 보험차익 1백만원은 조정 안함
예 금 이 자 수 익	−3,000,000	
유 형 자 산 처 분 이 익	−9,000,000	
배 당 소 득	−3,500,000	
소 득 세 비 용	+6,000,000	실제 근무 장남의 급여는 조정 안함
상 장 주 식 처 분 손 실	+3,400,000	대손상각비는 max[1%, 0.8%]이므로 조정 없음
가 사 용 소 비	+2,000,000	가사용소비 시가 : 총수입, 원가 : 필요경비 인정
사 업 소 득 금 액	=51,900,000	

13 정답 ④

사업소득금액 = 100,000,000 + 48,000,000 − 300,000 − 3,000,000 − 1,000,000 + 8,000,000
= 151,700,000

* 대표자급여는 경비인정이 안됨. 개인적으로 사용한 제품의 시가를 수입금액에 가산함
예금이자 수입, 배당금수익은 각각 이자소득과 배당소득임. 유가증권처분이익은 과세대상 아님 (개인적으로 사용한 제품의 원가를 '원가항목'으로 경비처리 해야 하나, 문제 조건상 이미 '잡비'로 처리했으므로 별도의 가산 또는 차감을 하지 않아도 됨)

14 정답 ②

사업소득금액 = 당기순이익 + 총수입금액산입 · 필요경비불산입 − 필요경비산입 · 총수입금액불산입
= 50,000,000 + 7,000,000[*1] − 4,500,000[*2] = 52,500,000

*1 2,500,000 + 1,000,000 + 3,500,000 = 7,000,000
*2 1,000,000 + 1,500,000 + 2,000,000 = 4,500,000

15 정답 ③

구 분	금 액	비 고
당기순이익	92,000,000	
(+) 대 표 자 급 여	+50,000,000	
(−) 이 자 수 익	−10,000,000	
(−) 토 지 처 분 이 익	−20,000,000	
(+) 초 과 인 출 금 이 자	+ 400,000	8,000,000 × 25억원/500억원 = 400,000
(+) 가 사 용 소 비	+ 2,000,000	*1
(−) 가 사 용 소 비 원 가	− 1,000,000	*1
계	113,400,000	

*1 재고자산의 가사용소비는 시가를 총수입금액에 산입하고 장부가액을 필요경비에 산입해야 함

16 정답 ③

구 분	금 액	비 고
당기순이익	124,500,000	
(+) 소 득 세 비 용	+15,000,000	
(+) 대 표 자 급 여	+20,000,000	
(+) 기업업무추진비한도 초 과 액	+ 2,200,000	
(−) 배 당 금 수 익	− 6,000,000	
계	155,700,000	

*1 건강보험료는 필요경비로 인정하므로 별도의 세무조정은 없음
*2 기업업무추진비 한도초과액
① 기업업무추진비 해당액 : 40,000,000
② 기업업무추진비 한도액 : 36,000,000 + 600,000,000 × 3/1,000 = 37,800,000
③ 기업업무추진비 한도초과액 : 2,200,000

17 정답 ④

사업소득금액 = 당기순이익 + 총수입금액산입 · 필요경비불산입 − 필요경비산입 · 총수입금액불산입
= 122,000,000 + 55,000,000[*1] − 7,000,000[*2] = 170,000,000

*1 40,000,000(소득세비용) + 10,000,000(대표자급여) + 5,000,000(기업업무추진비 한도초과) = 55,000,000
*2 7,000,000(예금이자)

18 정답 ⑤

사업소득금액: 51,000,000 − 2,000,000[*1] − 5,000,000[*2] + 200,000[*3] + 200,000[*4] − 500,000[*5]
= 43,900,000

*1 위탁상품 매출액은 다음기 매출액임(원가에 대한 처리를 하지 않았으므로 매출액만 조정)
*2 건물처분이익은 사업소득에 해당하지 아니함
*3 건물 당기 상각부인액(1,000,000−800,000)
*4 생산설비상각부인액
*5 생산설비상각부인액의 잔액

19 정답 ③

구 분	각사업연도소득금액	사업소득금액	비 고
소득세차감전순이익	120,000,000	120,000,000	
갑의 급여	−	+40,000,000	
증빙없는 지출	+2,000,000	+2,000,000	
이월결손금충당 채무면제익	−1,000,000	−1,000,000	*1
배당금수익	−	−3,000,000	
예금이자	−	−1,500,000	
사업무관토지처분이익	−	−20,000,000	
소득금액	= 121,000,000	= 136,500,000	

*1 채무면제이익 4백만원이 모두 순이익에 포함되어 있으므로, 이 중 이월결손금 보전에 충당한 금액인 1,000,000원은 법인과 개인 모두 소득에서 차감함

20 정답 ⑤

구 분	사업소득금액	각사업연도소득금액
당기순이익	500,000,000	500,000,000
대표자인건비	+50,000,000	-
배당소득	(−)5,000,000	-
생산비품 처분손실	+3,000,000	-
유가증권처분이익	(−)1,000,000	-
대손충당금*	+1,000,000	-
계	548,000,000	500,000,000

* 사업소득은 법인세와 달리 대여금에 대하여는 대손충당금을 설정하지 못함

21 정답 ②

사업소득의 경우에는 자산의 평가증을 인정할 수 없으므로 동 평가차익은 향후 소득금액 계산 시 평가하기 이전 가액으로 한다.

22 정답 ⑤

ㄱ. 추계조사결정방식으로 사업소득금액을 계산하는 경우, 기준경비율과 단순경비율은 국세청장이 규모와 업황에 있어서 평균적인 기업에 대하여 업종과 기업의 특성에 따라 조사한 평균적인 경비비율을 참작하여 기준경비율심의회의 심의를 거쳐 결정한 경비율로 한다.

ㄴ. 소매업 등 영수증을 교부할 수 있는 사업자로서 금전등록기를 설치 · 사용하는 사업자의 경우에는 해당 과세기간에 수입한 금액의 합계액에 따라 계산할 수 있다. 즉, 그 금액이 실제로 수입된 사업연도로 할 수 있다.

23 정답 ⑤

다음의 어느 하나에 해당하는 소득은 원천징수대상 사업소득에서 제외한다(소령 184조 ① 단서).

① 다음의 조제용역의 공급으로 발생하는 사업소득 중 기획재정부령으로 정하는 바에 따라 계산한 의약품가격이 차지하는 비율에 상당하는 소득

가. 「약사법」에 따라 의사 또는 치과의사가 직접 제공하는 조제용역

나. 「부가가치세법 시행령」에 따른 조제용역

② 접대부 · 댄서 또는 이와 유사한 용역

제4장 근로 · 연금 · 기타소득

4.1 근로소득

1. 근로소득의 범위

근로소득이란 고용계약(근로계약)에 따라 근로를 제공하고 그 대가로 받는 봉급, 급여, 임금, 상여, 수당 등을 말한다. 즉, 타인의 지휘 · 감독 아래 노동을 제공하고, 그 대가로 정기적 · 지속적으로 받는 급여를 근로소득이라고 한다. 독립적인 자격(프리랜서, 자영업자 등)으로 일하고 받는 보수는 근로소득이 아니며, 사업소득 또는 기타소득으로 구분된다.

근로소득은 해당 과세기간에 발생한 다음의 소득으로 한다(소법 제20조 ①).

(1) 근로를 제공함으로써 받는 봉급 · 급료 · 보수 · 세비 · 임금 · 상여 · 수당과 이와 유사한 성질의 급여

(2) 법인의 주주총회 · 사원총회 또는 이에 준하는 의결기관의 결의에 따라 상여로 받는 소득

예 잉여금처분 상여. 김과장은 근무중인 A주식회사 주주총회에서 "20×1년 사업연도 성과급으로 5천만원을 지급한다." 는 결의로 20×2년 3월에 5천만원을 수령하였음 ➡ 근로소득으로 과세됨

(3) 「법인세법」에 따라 상여로 처분된 금액

예 인정상여. B법인이 대표이사 김대표 씨의 가족여행비 2,000만원을 회사 비용으로 처리 ➡ 세무조사에서 부인당하여 〈손금불산입〉 사적경비 2,000만원(상여)로 소득처분 ➡ 근로소득으로 과세됨

(4) 퇴직함으로써 받는 소득으로서 퇴직소득에 속하지 아니하는 소득

예 C 회사의 최 이사가 퇴직하면서 퇴직금 규정에 따라 계산된 퇴직금 외에, 회사의 특별 보상 명목으로 퇴직위로금 1억 원을 추가로 받은 경우, 이 퇴직위로금 1억 원은 퇴직소득이 아닌 근로소득으로 분류됨

(5) 종업원등 또는 대학의 교직원이 지급받는 직무발명보상금(종업원등 또는 대학의 교직원이 퇴직한 후에 지급받는 직무발명보상금[1)]은 기타소득)

예 반도체 기업 D의 엔지니어 박대리는 업무 중 새로운 전력 효율 개선 회로를 개발하여 회사는 해당 기술을 특허 출원하고 제품에 적용하여 수익을 창출하였다. 회사는 박대리에게 출원보상금 100만원, 등록보상금 200만원, 실시보상금 1천만원 등 총 1,300만원의 직무발명보상금을 지급하였다. ➡ 근로소득으로 과세됨(일정 한도내 비과세 혜택 있음)

(6) 사업자나 법인이 생산 · 공급하는 재화 또는 용역을 그 사업자나 법인(「독점규제 및 공정거래에 관한 법률」에 따른 계열회사를 포함)의 사업장에 종사하는 임원등에게 시가보다 낮은 가격으로 제공하거나 구입할 수 있도록 지원함으로써 해당 임원등이 얻는 이익 개정

예 D자동차회사가 계열사 임원에게 신차를 시가 5천만원을 3천만원에 제공. 임원은 2천만 원의 경제적 이익을 봤으므로 2천만원 차액은 근로소득으로 과세됨

〈세부내용〉 임원등에게 시가보다 낮은 가격으로 제공

1. 임원등에게 시가보다 낮은 가격으로 제공하거나 구입할 수 있도록 지원하는 방식은 다음의 어느 하나에 해당하는 방식으로 한다(소령 제38조 ③).
   ① 사업자나 법인이 생산 · 공급하는 재화 또는 용역(자사제품등)을 임원등에게 시가보다 낮은 가격으로 판매 또는 제공하는 방식
   ② 사업자나 법인이 임원등에게 자사제품등을 구입하거나 제공받는 데 사용하도록 지원금을 지급하는 방식
   ③ 사업자나 법인이 임원등에게 사업자나 법인의 계열회사(「독점규제 및 공정거래에 관한 법률」에 따른 계열회사)가 생산 · 공급하는 재화 또는 용역(계열회사제품등)을 구입하거나 제공받는 데 사용하도록 지원금을 지급하는 방식
   ④ 사업자나 법인의 계열회사가 사업자나 법인의 임원등에게 계열회사제품등을 시가보다 낮은 가격으로 판매 또는 제공하고, 사업자나 법인이 그 계열회사에 그 판매 또는 제공가액과 시가와의 차액을 지급하는 방식
2. 이 때 시가는 「법인세법」에 따른 시가로 한다. 다만, 다음의 어느 하나에 해당하는 경우에는 임원등이 해당 재화 또는 용역을 구입하거나 제공받을 때 지급한 가격을 시가로 한다(소령 제38조 ④).
   ① 재화의 파손 또는 변질로 인해 임원등이 아닌 자에게 판매할 수 없는 경우
   ② 탑승권 및 숙박권 등 사용시기가 제한되는 재화 또는 용역의 사용 기한이 임박하여 임원등이 아닌 자에게 판매 또는 제공하는 것이 현저히 곤란한 경우

구체적으로, 소득세법시행령에 따르면 근로소득에는 다음의 소득이 포함되는 것으로 한다(소령 제38조 ①).

① 기밀비(판공비를 포함한) · 교제비 기타 이와 유사한 명목으로 받는 것으로서 업무를 위하여 사용된 것이 분명하지 아니한 급여
② 종업원이 받는 공로금 · 위로금 · 개업축하금 · 학자금 · 장학금(종업원의 수학중인 자녀가 사용자로부터 받는 학자금 · 장학금을 포함) 기타 이와 유사한 성질의 급여
③ 근로수당 · 가족수당 · 전시수당 · 물가수당 · 출납수당 · 직무수당 기타 이와 유사한 성질의 급여
④ 보험회사, 「자본시장과 금융투자업에 관한 법률」에 따른 투자매매업자 또는 투자중개업자 등의 종업원이 받는 집금(集金)수당과 보험가입자의 모집, 증권매매의 권유 또는 저축을 권장하여 받는 대가, 그 밖에 이와 유사한 성질의 급여
⑤ 급식수당 · 주택수당 · 피복수당 기타 이와 유사한 성질의 급여
⑥ 주택을 제공받음으로써 얻는 이익

1) 종업원등은 직무발명에 대하여 특허등을 받을 수 있는 권리나 특허권등을 계약이나 근무규정에 따라 사용자등에게 승계하게 하거나 전용실시권을 설정한 경우에는 정당한 보상을 받을 권리를 가진다(직무발명법 제15조 ①). 즉, 종업원이 회사의 업무 범위 내에서 발명을 했고, 그 권리를 회사가 승계하거나 사용한다면, 종업원은 이에 대해 보상을 받을 수 있다.

⑦ 종업원이 주택(주택에 부수된 토지를 포함)의 구입 · 임차에 소요되는 자금을 저리 또는 무상으로 대여 받음으로써 얻는 이익
⑧ 기술수당 · 보건수당 및 연구수당, 그 밖에 이와 유사한 성질의 급여
⑨ 시간외근무수당 · 통근수당 · 개근수당 · 특별공로금 기타 이와 유사한 성질의 급여
⑩ 여비의 명목으로 받는 연액 또는 월액의 급여
⑪ 벽지수당 · 해외근무수당 기타 이와 유사한 성질의 급여
⑫ 종업원이 계약자이거나 종업원 또는 그 배우자 및 그 밖의 가족을 수익자로 하는 보험 · 신탁 또는 공제와 관련하여 사용자가 부담하는 보험료 · 신탁부금 또는 공제부금
⑬ 「법인세법 시행령」에 따라 손금에 산입되지 아니하고 지급받는 퇴직급여
⑭ 휴가비 기타 이와 유사한 성질의 급여
⑮ 계약기간 만료전 또는 만기에 종업원에게 귀속되는 단체환급부보장성보험의 환급금
⑯ 법인의 임원등이 해당 법인 또는 해당 법인과 「법인세법 시행령」에 따른 특수관계에 있는 법인으로부터 부여받은 주식매수선택권을 해당 법인등에서 근무하는 기간 중 행사함으로써 얻은 이익(주식매수선택권 행사 당시의 시가와 실제 매수가액과의 차액을 말하며, 주식에는 신주인수권을 포함)
⑰ 「공무원 수당 등에 관한 규정」, 「지방공무원 수당 등에 관한 규정」, 「검사의 보수에 관한 법률 시행령」, 대법원규칙, 헌법재판소규칙 등에 따라 공무원에게 지급되는 직급보조비

한편, 다음은 근로소득으로 보지 않는다.

① 퇴직급여로 지급되기 위하여 적립(근로자가 적립금액 등을 선택할 수 없는 것으로서 기획재정부령으로 정하는 방법에 따라 적립되는 경우에 한정)되는 급여는 근로소득에 포함하지 아니한다(소령 제38조 ②).[2)]

② 사업자가 그 종업원에게 지급한 경조금중 사회통념상 타당하다고 인정되는 범위내의 금액은 이를 지급받은 자의 근로소득으로 보지 아니한다(소칙 제10조 ①).

구 분	근로소득 포함	근로소득 불포함
(1) 일 반 급 여	봉급 · 급료 · 보수 · 세비 · 임금 · 상여 · 수당과 이와 유사한 성질의 급여	고용관계에 의하지 않으면 사업소득 등에 해당
(2) 잉여금처분에 의 한 상 여	주주총회 · 사원총회 등에 의하여 잉여금 처분을 통해 얻는 상여	
(3) 인 정 상 여	예 근무중인 법인에서 <익금산입> 부당행위 100(상여) 처분을 받은 개인	

2) 퇴직급여(퇴직금 등)를 근로자의 퇴직에 대비해 회사가 따로 적립해 두는 경우, 그 적립은 근로소득으로 보지 않는다는 규정이다. 즉, 퇴직금을 회사가 자동으로 적립금에 쌓아두고 있다면, 근로자는 월급처럼 받은 것으로 간주하지 않고 나중에 퇴직할 때 실제로 수령하는 시점에 '퇴직소득'으로 과세한다는 뜻이다.

(4) 퇴직관련 소득	퇴직으로 인해 받는 소득 중 법인세법상 임원퇴직급여 한도초과 등으로 손금불산입한 금액 및 소득세법상 2012년 이후 임원에 대한 퇴직소득 한도(3배수) 초과액(2012년~2019년 : 3배, 2020년~: 2배)	퇴직급여지급규정(취업규칙, 노사합의 포함)에 의한 퇴직소득, 퇴직위로금 등
(5) 주식매수선택권 행사이익	근무기간 중 행사	근무 후 행사는 기타소득 주1
(6) 주택(사택 등) 제공받은 이익	출자임원인 경우	비출자임원(상장법인 및 비상장법인 소액주주임원 포함), 직원으로서 받은 사택 등
(7) 주택구입대여금	종업원이 주택의 구입, 임차에 소요되는 자금을 저리 또는 무상으로 대여 받음으로써 얻는 이익	비출자임원 등 불문하고 근로소득에 포함. 단, 중소기업 종업원이 대여 받음으로써 얻는 이익은 제외
(8) 기밀비 등	기밀비(판공비 포함) · 교제비 등의 명목으로 받은 것으로서 업무 사용이 불분명한 경우	
(9) 여비 등	여비의 명목으로 받는 연액 또는 월액의 급여 및 휴가비	
(10) 경조금		사회통념상 타당한 금액
(11) 사내강연료 등	업무와 관련된 강연, 신입사원 출제료 등	업무와 무관한 기고(사보 여행기 등)는 기타소득 과세
(12) 보험료 등	종업원이 부담해야 할 부분을 회사가 대신 부담한 금액은 근로소득이 원칙임	① 단체순수(환급부)보장성 보험의 1인당 연간 70만원까지의 금액, ② 임직원의 고의 및 중과실 외 업무상 보험료 대납분, ③ 퇴직일시금신탁 · 퇴직연금의 보험료 등
(13) 직무발명보상금	종업원 등이 발명진흥법상 지급받는 직무발명 보상금 또는 대학의 교직원 또는 대학과 고용관계에 있는 학생이 산학협력단으로부터 받는 보상금 단, 연 700만원 이하는 비과세임	퇴직 후 받으면 기타소득으로 구분
(14) 기타	휴가비, 자녀학비 보조금, 의료비 보조금, 공무원에게 지급되는 직급보조비, 공무원이 국가 또는 지방자체단체로부터 공무수행과 관련하여 받는 상금과 부상 등	근로자 본인 학자금은 요건 만족시 비과세임

주1 고용관계 없이 부여받은 주식매수선택권의 행사로 인한 이익(행사당시 시가 - 실제 매수가액)은 기타소득임 2027.12.31. 이전에 부여받은 벤처기업 주식매수선택권 행사이익은 연간 2억원(벤처기업별 총 누적금액은 5억원 한도)까지 비과세임

주2 현물급여의 평가는 사업소득의 수입금액을 준용(주로 받은 것의 시가)

사례

회사는 거주자 유대리를 위해 연 100만원의 단체환급부보장성보험료를 5년간 납입하였음. 유대리가 계약 만료 전에 40만원을 환급 받은 경우 세무상의 문제는?

해답

납입시	수령시
70만원 × 5년 = 350만원 ➡ 비과세	40만원 × $\frac{350만원}{500만원}$ ➡ 28만원 근로소득 과세
30만원 × 5년 = 150만원 ➡ 근로소득 과세	40만원 × $\frac{150만원}{500만원}$ ➡ 12만원 비과세

2. 비과세근로소득

다음의 소득에 대해서는 소득세를 과세하지 아니한다(소법 제12조 (3)).

(1) 대통령령으로 정하는 복무 중인 병(兵)이 받는 급여
(2) 법률에 따라 동원된 사람이 그 동원 직장에서 받는 급여
(3) 「산업재해보상보험법」에 따라 수급권자가 받는 요양급여, 휴업급여, 장해급여, 간병급여, 유족급여, 유족특별급여, 장해특별급여, 장의비 또는 근로의 제공으로 인한 부상 · 질병 · 사망과 관련하여 근로자나 그 유족이 받는 배상 · 보상 또는 위자(慰藉)의 성질이 있는 급여
(4) 「근로기준법」 또는 「선원법」에 따라 근로자 · 선원 및 그 유족이 받는 요양보상금, 휴업보상금, 상병보상금(傷病補償金), 일시보상금, 장해보상금, 유족보상금, 행방불명보상금, 소지품 유실보상금, 장의비 및 장제비
(5) 「고용보험법」에 따라 받는 실업급여, 육아휴직 급여, 육아기 근로시간 단축 급여, 출산전후휴가 급여등, 「제대군인 지원에 관한 법률」에 따라 받는 전직지원금, 「국가공무원법」 · 「지방공무원법」에 따른 공무원 또는 「사립학교교직원 연금법」 · 「별정우체국법」을 적용받는 사람이 관련 법령에 따라 받는 육아휴직수당[3]
(6) 「국민연금법」에 따라 받는 반환일시금(사망으로 받는 것만 해당) 및 사망일시금
(7) 「공무원연금법」, 「공무원 재해보상법」, 「군인연금법」, 「군인 재해보상법」, 「사립학교교직원 연금법」 또는 「별정우체국법」에 따라 받는 공무상요양비 · 요양급여 · 장해일시금 등[4]
(8) 대통령령으로 정하는 학자금 주1
(9) 대통령령으로 정하는 실비변상적(實費辨償的) 성질의 급여 주2
(10) 외국정부(외국의 지방자치단체와 연방국가인 외국의 지방정부를 포함) 또는 대통령령으로 정하는 국제기관에서 근무하는 사람으로서 대통령령으로 정하는 사람이 받는 급여[5]
(11) 「국가유공자 등 예우 및 지원에 관한 법률」 또는 「보훈보상대상자 지원에 관한 법률」에 따라 받는 보훈급여금 · 학습보조비
(12) 「전직대통령 예우에 관한 법률」에 따라 받는 연금
(13) 작전임무를 수행하기 위하여 외국에 주둔 중인 군인 · 군무원이 받는 급여

(14) 종군한 군인 · 군무원이 전사(전상으로 인한 사망을 포함)한 경우 그 전사한 날이 속하는 과세기간의 급여

(15) 국외 또는 「남북교류협력에 관한 법률」에 따른 북한지역에서 근로를 제공하고 받는 대통령령으로 정하는 급여 주3

(16) 「국민건강보험법」, 「고용보험법」 또는 「노인장기요양보험법」에 따라 국가, 지방자치단체 또는 사용자가 부담하는 보험료

(17) 생산직 및 그 관련 직에 종사하는 근로자로서 급여 수준 및 직종 등을 고려하여 대통령령으로 정하는 근로자 주4 가 연장근로 · 야간근로 또는 휴일근로를 하여 통상임금에 더하여 받는 급여 중 연 240만원 이하의 금액[6]

(18) 근로자가 사내급식이나 이와 유사한 방법으로 제공받는 식사 기타 음식물 또는 근로자(식사 기타 음식물을 제공받지 아니하는 자에 한정)가 받는 월 20만원 이하의 식사대

(19) 근로자 또는 그 배우자의 출산이나 자녀의 보육과 관련하여 사용자로부터 지급받는 다음의 급여

① 근로자(사용자와 대통령령으로 정하는 특수관계[7]에 있는 자는 제외) 또는 그 배우자의 출산과 관련하여 자녀의 출생일 이후 2년 이내에 사용자로부터 대통령령으로 정하는 바에 따라 최대 두 차례에 걸쳐 지급받는 급여[8](2021년 1월 1일 이후 출생한 자녀에 대하여 2024년 1월 1일부터 2024년 12월 31일 사이에 지급받은 급여를 포함한다) 전액

② 근로자 또는 그 배우자의 해당 과세기간 개시일을 기준으로 6세 이하(6세가 되는 날과 그 이전 기간)인 자녀의 보육과 관련하여 사용자로부터 지급받는 급여로서 월 20만원 이내의 금액

(20) 「국군포로의 송환 및 대우 등에 관한 법률」에 따른 국군포로가 받는 보수 및 퇴직일시금

(21) 「교육기본법」에 따라 받는 장학금 중 대학생이 근로를 대가로 지급받는 장학금(「고등교육법」 제2조제1호부터 제4호까지의 규정에 따른 대학에 재학하는 대학생에 한정)

(22) 「발명진흥법」 에 따른 직무발명보상금으로서 연 700만원 이하의 금액

① 「발명진흥법」에 따른 종업원등이 사용자등으로부터 받는 보상금. 다만, 보상금을 지급한 사용자등과 대통령령으로 정하는 특수관계에 있는 자가 받는 보상금은 제외

② 대학의 교직원 또는 대학과 고용관계가 있는 학생이 소속 대학에 설치된 「산업교육진흥 및 산학연협력촉진에 관한 법률」에 따른 산학협력단으로부터 받는 보상금

(23) 대통령령으로 정하는 복리후생적 성질의 급여 주5

(24) 시가보다 낮은 가격으로 제공하여 얻은 근로소득 중 다음의 요건을 모두 충족하는 소득으로서 대통령령으로 정하는 금액[9] 이하의 금액 주6

① 임원 또는 종업원 본인이 소비하는 것을 목적으로 제공받거나 지원을 받아 구입한 재화 또는 용역으로서 대통령령으로 정하는 기간[10] 동안 재판매가 허용되지 아니할 것

② 해당 재화 또는 용역의 제공과 관련하여 모든 임원등에게 공통으로 적용되는 기준이 있을 것

---

3) 「사립학교법」 제70조의2에 따라 임명된 사무직원이 학교의 정관 또는 규칙에 따라 지급받는 육아휴직수당으로서 월 150만원 이하의 것을 포함한다.

4) 비공무상 장해일시금 · 비직무상 장해일시금 · 장애보상금 · 사망조위금 · 사망보상금 · 유족일시금 · 퇴직유족일시금 · 유족연금일시금 · 퇴직유족연금일시금 · 퇴역유족연금일시금 · 순직유족연금일시금 · 유족연금부가금 · 퇴직유족연금부가금 · 퇴역유족연금부가금 · 유족연금특별부가금 · 퇴직유족연금특별부가금 · 퇴역유족연금특별부가금 · 순직유족보상금 · 직무상유족보상금 · 위험직무순직유족보상금 · 재해부조금 · 재난부조금 또는 신체 · 정신상의 장해 · 질병으로 인한 휴직기간에 받는 급여

한줄요약

(1) 병사 급여 – 복무 중 병(兵)이 받는 군 급여
(2) 동원급여 – 법률에 따른 동원 근무 중 받은 급여
(3) 산재보험 급여 – 산재보험법에 따른 각종 요양 · 휴업 · 장해 · 유족 급여 등
(4) 산재보상금(근기법/선원법) – 근로기준법 · 선원법상 요양 · 휴업 · 장해 · 유족 보상금 등
(5) 고용보험 · 공무원 육아휴직수당 – 실업급여, 육아휴직급여, 출산휴가급여 등
(6) 국민연금 사망 일시금 – 국민연금 반환일시금(사망시) 및 사망일시금
(7) 연금 · 재해보상 급여 – 공무원연금 · 군인연금 · 사학연금 등에서 지급하는 장해 · 유족 · 재해보상금 등
(8) 본인학자금
(9) 실비변상적 급여(월 20만원 이내의 자가운전보조금 포함)
(10) 외국정부 · 국제기구 급여 – 일정 조건 충족 시 외국 정부 · 국제기구 근무자가 받는 급여
(11) 보훈급여금 – 국가유공자 및 보훈대상자가 받는 급여 · 학습보조비
(12) 전직대통령 연금 – 전직 대통령 예우법상 연금
(13) 해외파병 급여 – 작전임무로 외국에 주둔 중 군인 · 군무원이 받는 급여
(14) 전사자 급여 – 종군 군인 · 군무원이 전사(전상 사망 포함) 시 해당 과세기간 급여
(15) 북한 · 국외 근로급여 – 북한지역 또는 국외에서 받는 100만원(건설현장 등은 500만원) 이내 급여
(16) 사회보험료 – 국가 · 지자체 · 사용자가 부담하는 4대 보험료(건보, 고용, 장기요양 등)
(17) 생산직 야간 · 휴일수당 – 생산직 근로자 등의 연장 · 야간 · 휴일근로수당 연 240만 원 이하
(18) 사내급식/식대 – 사내식사 또는 월 20만 원 이하 식대
(19) 출산 · 보육수당 – 출산 관련 최대 2회 지급 급여(전액 비과세), 6세 이하 자녀 보육수당 월 20만 원 한도
(20) 국군포로 보수 – 국군포로가 받는 보수 및 퇴직일시금
(21) 근로장학금 – 대학생이 근로 대가로 받는 장학금(대학생 한정)
(22) 직무발명보상금 – 발명진흥법상 직무발명보상금 연 700만 원 이하
(23) 복리후생적 급여 – 대통령령 정한 복리후생 성격의 급여(예: 사내 체육 · 복지)
(24) 직원 할인 혜택 – 시가보다 싸게 제공받은 재화 · 용역 중 일정 한도(연 240만 원 또는 시가의 20% 중 큰 금액까지)

---

5) 다만, 그 외국정부가 그 나라에서 근무하는 우리나라 공무원의 급여에 대하여 소득세를 과세하지 아니하는 경우만 해당한다.

6) 광산근로자 및 일용근로자의 경우에는 해당 급여총액

7) 대통령령으로 정하는 특수관계에 있는 자란 해당 사용자와 다음의 구분에 따른 관계에 있는 사람을 말한다(소령 제17조의2 ①).
 ① 사용자가 개인인 경우: 「국세기본법 시행령」 제1조의2제1항에 따른 친족관계
 ② 사용자가 법인인 경우: 「법인세법 시행령」 제43조제7항에 따른 지배주주등(해당 지배주주등과 「국세기본법 시행령」 제1조의2제1항에 따른 친족관계 또는 같은 조 제3항제2호가목에 따른 경영지배관계에 있는 사람을 포함한다)인 관계

8) 사용자로부터 해당 급여를 지급받는 횟수에 관계 없이 자녀의 출생일 이후 2년 이내에 첫 번째와 두 번째 지급받는 급여를 말한다. 이 경우 근로자가 지급받는 급여의 횟수는 사용자별로 계산한다(소령 제17조의2 ②).

9) 대통령령으로 정하는 금액이란 다음의 금액 중 큰 금액을 말한다(소령 제17조의5 ①).
 ① 임원등이 해당 과세기간 동안 시가보다 낮은 가격으로 제공받거나 지원을 받아 구입한 재화 또는 용역의 시가를 합한 금액에 20%를 곱한 금액
 ② 연간 240만원

10) 대통령령으로 정하는 기간이란 다음의 구분에 따른 기간을 말한다(소령 제17조의5 ②).
 ① 「소비자기본법 시행령」 제8조제3항의 품목별 소비자분쟁해결기준에 따른 품목별 내용연수가 5년을 초과하는 재화: 2년
 ②「개별소비세법」 제1조제2항제2호에 해당하는 재화(보석, 고급시계, 고급가방 등): 2년
 ③ 위에 해당하지 않는 재화: 1년

주1 근로자본인의 학자금(소령 제11조)

「초 · 중등교육법」 및 「고등교육법」에 따른 학교(외국에 있는 이와 유사한 교육기관을 포함)와 「국민 평생 직업능력 개발법」에 따른 직업능력개발훈련시설의 입학금 · 수업료 · 수강료, 그 밖의 공납금 중 다음의 요건을 갖춘 학자금[11]을 말한다.

① 당해 근로자가 종사하는 사업체의 업무와 관련 있는 교육 · 훈련을 위하여 받는 것일 것

② 당해 근로자가 종사하는 사업체의 규칙등에 의하여 정하여진 지급기준에 따라 받는 것일 것

③ 교육 · 훈련기간이 6월이상인 경우 교육 · 훈련 후 당해교육기간을 초과하여 근무하지 아니하는 때에는 지급받은 금액을 반납할 것을 조건으로 하여 받는 것일 것

주2 대통령령으로 정하는 실비변상적(實費辨償的) 성질의 급여(소령 제12조)

(1) 「선원법」에 의하여 받는 식료

(2) 일직료 · 숙직료 또는 여비로서 실비변상정도의 금액

(3) 종업원이 소유하거나 본인 명의로 임차한 차량을 종업원이 직접 운전하여 사용자의 업무수행에 이용하고 시내출장 등에 소요된 실제여비를 받는 대신에 그 소요경비를 해당 사업체의 규칙 등으로 정하여진 지급기준에 따라 받는 금액 중 월 20만원 이내의 금액(자가운전보조금)

(4) 법령 · 조례에 의하여 제복을 착용하여야 하는 자가 받는 제복 · 제모 및 제화

(5) 병원 · 시험실 · 금융회사 등 · 공장 · 광산에서 근무하는 사람 또는 특수한 작업이나 역무에 종사하는 사람이 받는 작업복이나 그 직장에서만 착용하는 피복(被服)

(6) 특수분야에 종사하는 군인이 받는 낙하산강하위험수당 등[12]

(7) 「선원법」의 규정에 의한 선원으로서 기획재정부령이 정하는 자가 받는 월 20만원 이내의 승선수당 등[13]

(8) 광산근로자가 받는 입갱수당 및 발파수당

(9) 교원, 연구원 등[14]이 받는 연구보조비 또는 연구활동비 중 월 20만원 이내의 금액

(10) 국가 또는 지방자치단체가 지급하는 보육교사 근무환경개선비 등[15]

(11) 기자 등[16]이 취재활동과 관련하여 받는 취재수당중 월 20만원이내의 금액

---

11) 해당 과세기간에 납입할 금액을 한도로 한다.

12) 수중파괴작업위험수당 · 잠수부위험수당 · 고전압위험수당 · 폭발물위험수당 · 항공수당(기획재정부령으로 정하는 유지비행훈련수당을 포함한다) · 비무장지대근무수당 · 전방초소근무수당 · 함정근무수당(기획재정부령으로 정하는 유지항해훈련수당을 포함한다) 및 수륙양용궤도차량승무수당, 특수분야에 종사하는 경찰공무원이 받는 경찰특수전술업무수당과 경호공무원이 받는 경호수당

13) 경찰공무원이 받는 함정근무수당 · 항공수당 및 소방공무원이 받는 함정근무수당 · 항공수당 · 화재진화수당

14) ① 「유아교육법」, 「초 · 중등교육법」 및 「고등교육법」에 따른 학교 및 이에 준하는 학교(특별법에 따른 교육기관을 포함)의 교원

② 「특정연구기관육성법」의 적용을 받는 연구기관, 특별법에 따라 설립된 정부출연연구기관, 「지방자치단체출연 연구원의 설립 및 운영에 관한 법률」에 따라 설립된 지방자치단체출연연구원에서 연구활동에 직접 종사하는 자(대학교원에 준하는 자격을 가진 자에 한한다) 및 직접적으로 연구활동을 지원하는 자로서 기획재정부령으로 정하는 자

다. 「기초연구진흥 및 기술개발지원에 관한 법률 시행령」 제16조의2제1항제1호 또는 제3호의 기준을 충족하여 「기초연구진흥 및 기술개발지원에 관한 법률」 제14조의2제1항에 따라 인정받은 중소기업 또는 벤처기업의 기업부설연구소와 같은 항에 따라 설치하는 연구개발전담부서(중소기업 또는 벤처기업에 설치하는 것으로 한정한다)에서 연구활동에 직접 종사하는 자

15) 가. 「영유아보육법 시행령」 제24조제1항제7호에 따른 비용 중 보육교사의 처우개선을 위하여 지급하는 근무환경개선비

나. 「유아교육법 시행령」 제32조제1항제2호에 따른 사립유치원 수석교사 · 교사의 인건비

다. 전문과목별 전문의의 수급 균형을 유도하기 위하여 전공의(專攻醫)에게 지급하는 수련보조수당

16) 「방송법」에 따른 방송, 「뉴스통신진흥에 관한 법률」에 따른 뉴스통신, 「신문 등의 진흥에 관한 법률」에 따른 신문(일반일간신문, 특수일간신문 및 인터넷신문을 말하며, 해당 신문을 경영하는 기업이 직접 발행하는 「잡지 등 정기간행물의 진흥에 관한 법률」에 따른 정기간행물을 포함한다)을 경영하는 언론기업 및 「방송법」에 따른 방송채널사용사업에 종사하는 기자(해당 언론기업 및 「방송법」에 따른 방송채널사용사업에 상시 고용되어 취재활동을 하는 논설위원 및 만화가를 포함한

(12) 근로자가 기획재정부령이 정하는 벽지에 근무함으로 인하여 받는 월 20만원 이내의 벽지수당

(13) 근로자가 천재 · 지변 기타 재해로 인하여 받는 급여

(14) 수도권 외의 지역으로 이전하는 「지방자치분권 및 지역균형발전에 관한 특별법」에 따른 공공기관의 소속 공무원이나 직원에게 한시적으로 지급하는 월 20만원 이내의 이전지원금

(15) 종교관련종사자가 소속 종교단체의 규약 또는 소속 종교단체의 의결기구의 의결 · 승인 등을 통하여 결정된 지급 기준에 따라 종교 활동을 위하여 통상적으로 사용할 목적으로 지급받은 금액 및 물품

주3 대통령령으로 정하는 급여란 다음의 것을 말한다(소령 제16조 ① (1) (2)).

(1) 국외등에서 근로를 제공(원양어업 선박 또는 국외등을 항행하는 선박이나 항공기에서 근로를 제공하는 것을 포함)하고 받는 보수 중 월 100만원 이내의 금액

(2) 원양어업 선박, 국외등을 항행하는 선박 또는 국외등의 건설현장 등에서 근로(설계 및 감리 업무를 포함)를 제공하고 받는 보수의 경우에는 월 500만원 이내의 금액

(3) 공무원(「외무공무원법」에 따른 재외공관 행정직원과 이와 유사한 업무를 수행하는 사람으로서 기획재정부장관이 정하여 고시하는 사람을 포함), 「대한무역투자진흥공사법」에 따른 대한무역투자진흥공사 등[17]의 종사자가 국외등에서 근무하고 받는 수당 중 해당 근로자가 국내에서 근무할 경우에 지급받을 금액상당액을 초과하여 받는 금액 중 실비변상적 성격의 급여로서 외교부장관이 기획재정부장관과 협의하여 고시하는 금액

주4 대통령령으로 정하는 근로자란 월정액급여[18] 210만원 이하로서 직전 과세기간의 총급여액이 3천만원 이하인 근로자(일용근로자를 포함)로서 다음의 어느 하나에 해당하는 사람을 말한다(소령 제17조 ①).

① 공장 또는 광산에서 근로를 제공하는 자로서 통계청장이 고시하는 한국표준직업분류에 의한 생산 및 관련종사자중 기획재정부령이 정하는 자[19]

② 어업을 영위하는 자에게 고용되어 근로를 제공하는 자로서 기획재정부령이 정하는 자

③ 통계청장이 고시하는 한국표준직업분류에 따른 운전 및 운송 관련직 종사자, 돌봄 · 미용 · 여가 및 관광 · 숙박시설 · 조리 및 음식 관련 서비스직 종사자, 매장 판매 종사자, 상품 대여 종사자, 통신 관련 판매직 종사자, 운송 · 청소 · 경비 · 가사 · 음식 · 판매 · 농림 · 어업 · 계기 · 자판기 · 주차관리 및 기타 서비스 관련 단순 노무직 종사자 중 기획재정부령으로 정하는 자

주5 대통령령으로 정하는 복리후생적 성질의 급여란 다음의 것을 말한다(소령 제17조의 4).

(1) 다음의 어느 하나에 해당하는 사람이 무상 또는 저가로 사택을 제공받음으로써 얻는 이익

① 주주 또는 출자자가 아닌 임원

② 기획재정부령으로 정하는 소액주주인 임원[20]

③ 임원이 아닌 종업원(비영리법인 또는 개인의 종업원을 포함)

④ 국가 또는 지방자치단체로부터 근로소득을 지급받는 사람

다). 이 경우 취재수당을 급여에 포함하여 받는 경우에는 월 20만원에 상당하는 금액을 취재수당으로 본다.

17) 「한국관광공사법」에 따른 한국관광공사, 「한국국제협력단법」에 따른 한국국제협력단, 「한국국제보건의료재단법」에 따른 한국국제보건의료재단, 「한국산업인력공단법」에 따른 한국산업인력공단 및 「중소기업진흥에 관한 법률」에 따른 중소벤처기업진흥공단

18) 이 경우 월정액급여는 매월 직급별로 받는 봉급 · 급료 · 보수 · 임금 · 수당, 그 밖에 이와 유사한 성질의 급여(해당 과세기간 중에 받는 상여 등 부정기적인 급여와 제12조에 따른 실비변상적 성질의 급여 및 제17조의4에 따른 복리후생적 성질의 급여는 제외한다)의 총액에서 「근로기준법」에 따른 연장근로 · 야간근로 또는 휴일근로를 하여 통상임금에 더하여 받는 급여 및 「선원법」에 따라 받는 생산수당(비율급으로 받는 경우에는 월 고정급을 초과하는 비율급을 말한다)을 뺀 급여를 말한다.

19) 소득세법시행규칙 별표2에 따른 서비스 종사자, 판매 종사자, 기능원 및 관련기능 종사자, 장치 · 기계 조작및 조립 종사자, 단순노무 종사자 등이다.

20) 1%에 미달하는 주식등을 소유한 주주등(해당 법인의 국가, 지방자치단체가 아닌 지배주주등의 특수관계인인 자는 제외

(2) 중소기업의 종업원이 주택(주택에 부수된 토지를 포함)의 구입 · 임차에 소요되는 자금을 저리 또는 무상으로 대여 받음으로써 얻는 이익21)

(3) 「영유아보육법」에 따라 직장어린이집을 설치 · 운영하거나 위탁보육을 하는 사업주가 같은 법 및 같은 법 시행령에 따라 그 비용을 부담함으로써 해당 사업장의 종업원이 얻는 이익

(4) 종업원이 계약자이거나 종업원 또는 그 배우자 및 그 밖의 가족을 수익자로 하는 다음의 보험료등

① 종업원의 사망 · 상해 또는 질병을 보험금의 지급사유로 하고 종업원을 피보험자와 수익자로 하는 보험으로서 만기에 납입보험료를 환급하지 않는 보험(단체순수보장성보험)과 만기에 납입보험료를 초과하지 않는 범위에서 환급하는 보험(단체환급부보장성보험)의 보험료 중 연 70만원 이하의 금액

② 임직원의 고의(중과실을 포함) 외의 업무상 행위로 인한 손해의 배상청구를 보험금의 지급사유로 하고 임직원을 피보험자로 하는 보험의 보험료

(5) 공무원이 국가 또는 지방자치단체로부터 공무 수행과 관련하여 받는 상금과 부상 중 연 240만원 이내의 금액

주6 예 자동차 제조사에 근무 중인 박과장은 전 직원 공통 직원가 정책. 재판매 금지 등의 비과세 요건을 갖춘 자사 제조 자동차를 45,000,000원(시가 60,000,000원)에 구입하였다.

① 비과세 한도 = max(시가×20%, 2,400,000원) = max(60,00,000×20%, 2,400,000원) = 12,000,000원

② 과세 근로소득 = (60,000,000원 - 45,000,000원) - 12,000,000원 = 3,000,000원

∴ 할인 혜택 15,000,000원 중 12,000,000원까지 비과세, 3,000,000원은 근로소득으로 과세됨.

구 분	내 용	한도액
(1) 자가운전보조금 (실비변상 성질)	종업원이 자신의 소유차량으로 업무수행 후 여비를 받지 않아야 함 주1	월 20만원
(2) 기타 실비변상 성질의 급여	일직료, 숙직료, 직장 피복 등	-
(3) 식사 또는 식사대	① 식사를 제공 받지 않으면서 수령하는 식사대(② 식사를 제공 받으면서 식대도 수령시 식대 전액과세, ③ 식사만 제공 받으면 전액 비과세)	월 20만원
(4) 연구보조비	유아교육법, 초 · 중등교육법, 고등교육법에 따른 학교 및 이에 준하는 학교 교원의 연구보조비 및 일정한 연구기관의 연구활동비 등	월 20만원
(5) 본인의 학자금	학교와 직업훈련시설의 입학금 · 수업료 등 업무와 관련있는 교육 · 훈련 중 법정요건을 충족한 경우 주2	-
(6) 취재수당 등	취재수당, 벽지수당, 공공기관 소속 공무원 또는 직원의 지방이전 이주수당	월 20만원
(7) 천재지변 등	천재지변으로 인한 급여 등	-

21) 다만, 해당 종업원이 중소기업과 다음 각 목의 구분에 따른 관계에 있는 경우 그 종업원이 얻는 이익은 제외한다.
① 중소기업이 개인사업자인 경우: 「국세기본법 시행령」 제1조의2제1항에 따른 친족관계
② 중소기업이 법인사업자인 경우: 「법인세법 시행령」 제43조제7항에 따른 지배주주등(해당 지배주주등과 「국세기본법 시행령」 제1조의2제1항에 따른 친족관계 또는 같은 조 제3항에 따른 경영지배관계에 있는 자를 포함한다)인 관계

(8) 출산 · 보육수당	근로자 또는 그 배우자의 출산이나 6세 이하 자녀의 보육 관련 급여(자녀수와 상관없이 월 20만원. 다만 맞벌이 부부일 경우 각각 20만원)	월 20만원
(9) 육아기 근로시간 단축급여 비과세	근로자가 만 6세 이하의 초등학교 취학 전 자녀를 양육하기 위하여 전일제 육아휴직 대신 근로시간 단축으로 받는 급여액	
(10) 국외근로소득 주3		월 100만원 등
(11) 사용자부담 법정부담금	국민연금 · 건강보험 · 고용보험 · 노인장기요양보험료 등	사용자 부담분 주4
(12) 생산직근로자의 연장근로수당 주5	월정액급여가 210만원 이하이고, 직전 과세기간 총급여액이 3,000만원 이하일 것	연간 240만원
(13) 종교활동비	종교관련종사자가 소속 종교단체의 규약 또는 의결기구의 의결 · 승인 등을 통하여 결정된 지급기준에 따라 종교활동을 위하여 통상적으로 사용할 목적으로 지급받은 금액 및 물품	

주1 종업원(임원 포함)이 자신(부부 공동 명의 포함)의 차량(구입 또는 임차)을 직접 운전하여 사용자의 업무수행에 이용하고 실제 소요된 여비 대신 받는 자가운전보조금(아래의 요건 갖출 것)
① 시내(외)출장 등에 소요된 실제 여비를 받지 않을 것
② 해당 사업체의 규칙 등에 의하여 정하여진 지급기준에 따라 받을 것

주2 근로자 본인*이 받는 학교(외국의 유사 교육기관 포함)와 직업능력개발훈련시설의 교육비(입학금 · 수업료 · 수강료 등)는 아래 요건을 모두 구비 시 비과세(해당 과세기간에 납입할 금액이 함도임)
① 해당 근로자가 종사하는 사업체의 업무와 관련 있는 교육 · 훈련일 것
② 해당 근로자가 종사하는 사업체의 규칙 등의 지급기준에 따라 받는 것일 것
③ 교육 · 훈련기간이 6월 이상인 경우 교육 · 훈련 후 해당 교육기간을 초과하여 근무하지 아니하는 때에는 지급받은 금액을 반납할 것을 조건으로 하여 받는 것일 것

주3 **국외 또는 북한지역에서 근로를 제공하고 받는 급여의 비과세**

구 분	비과세 한도
(1) 일반적인 경우	100만원 비과세
(2) 원양어선 · 외항선박 및 국외건설현장(감리업무 수행자 포함) 등에서 근로를 제공하는 자	500만원 비과세
(3) 국외 등의 지역에서 근무하는 공무원, 대한무역투자진흥공사 · 한국관광공사 · 한국국제협력단, 한국국제보건의료재단의 종사자	국내 근무시보다 초과하여 받는 금액

주4 사용자부담 법정부담금

구 분	비과세 한도
(1) 사용자(회사) 부담분(50%)	근로소득세 비과세
(2) 근 로 자 부담분(50%)	1) (정상적으로) 근로자가 (급여 원천징수로) 부담시 : 별도의 과세문제 없음. 연말에 연금보험료 공제 등 가능 2) (비정상적으로) 회사가 대납시 : (근로자는 비용을 부담하지 않았으므로) 그만큼 급여를 더 받은 것으로 보고 총급여에 근로소득으로 과세 ➡ 연말에 연금보험료 공제 등 가능

주5 생산직근로자의 연장근로수당(overtime pay. OT)

구 분	비과세 한도
(1) 생산직 근로자 요건	월정액급여[*1] 210만원 이하 & 직전 과세기간 총급여액이 3,000만원 이하인 근로자(일용근로자 포함) 중 ① 공장 또는 광산 생산직 근로자 ② 어업을 영위하는 자에게 고용되어 근로를 제공하는 자로서 어선에 승무하는 선원(선장 제외) ③ 운전원 및 관련종사자와 배달 및 수하물 운반종사자 등
(2) 비 과 세 대 상	연장근로 · 야간근로 또는 휴일근로를 하여 받는 급여
(3) 비 과 세 한 도	연 240만원 (광산근로자 및 일용근로자의 경우에는 전액 비과세)

*1 월정액급여 = 급여총액 - 상여 등 부정기적인 급여 - 실비변상적 성질의 급여 - 복리후생적 급여
- 연장근로수당 · 야간근로수당 · 휴일근로수당

*2 국민건강보험법 등에 의한 사용자부담금은 월정액급여에 포함하지 않으나 근로자부담분까지 회사가 대납할 경우에는 월정액급여에 포함함

사례

월급여 275만원(짝수달에 받는 상여 40만원, 자가운전보조금 30만원, 식대 10만원, 연장근로수당 8만원 포함)의 생산직 근로자 유대리(거주자)의 월정액급여

해답

월정액급여 = 급여총액 - 상여 등 부정기적인 급여 - 실비변상적 성질의 급여 - 복리후생적 급여
- 연장근로수당 · 야간근로수당 · 휴일근로수당(자기 자신의 금액)
= 275만 - 40만 - 20만(*not* 30만) - 8만 = 207만원(요건 만족)

사례

국외에서 600만원을 월급을 수령하는 유대리의 비과세금액(국내 근무시 450만원 수령했었음)

해답

구 분	비과세 한도
(1) 일 반 적 인 경 우	100만원 비과세
(2) 원 양 어 선 종 사 자 인 경 우	500만원 비과세
(3) 국 외 건 설 현 장 종 사 자 인 경 우	500만원 비과세
(4) 국외 등의 지역에서 근무하는 공무원인 경우	150만원 비과세(국내 근무시보다 초과 금액)

〈세부내용〉 우리사주조합원의 근로소득 비과세

1. 우리사주조합원이 우리사주조합을 통하여 배정받은 우리사주가 해당 법인이 출연하거나 해당 법인의 출연금으로 취득한 것으로서 대통령령으로 정하는 한도[22]를 초과하는 부분에 대해서는 소득세를 부과한다(조특법 제88의4 ④).
2. 우리사주조합원이 우리사주조합에 출자하고 그 조합을 통하여 우리사주를 취득하는 경우 그 주식의 취득가액과 시가와의 차액에 대한 소득세 과세는 다음에 따른다(조특법 제88의4 ⑧).
   ① 출자금액이 400만원(벤처기업등의 우리사주조합원의 경우에는 1천500만원) 이하인 경우에는 해당 차액에 대하여 과세하지 아니한다.
   ② 출자금액이 400만원(벤처기업등의 우리사주조합원의 경우에는 1천500만원)을 초과하는 경우 그 초과금액으로 취득한 우리사주의 취득가액이 기준가액(자사주의 취득일 현재 시가의 70%에 상당하는 가액)보다 낮은 경우에는 해당 취득가액과 기준가액과의 차액에 대하여 근로소득으로 보아 과세한다(조특법 제88의4 ⑧).

3. 근로소득의 계산구조

근로소득금액은 총급여액(비과세소득의 금액은 제외)에서 근로소득공제를 적용한 금액으로 한다(소법 제20조 ②).

근로소득금액 = 총급여액(비과세제외) - 근로소득공제 주1

주1 근로소득이 있는 거주자에 대해서는 해당 과세기간에 받는 총급여액에서 다음의 금액을 공제한다. 다만, 공제액이 2천만원을 초과하는 경우에는 2천만원을 공제한다(소법 제47조 ①).

총급여액	공제액*
500만원 이하	총급여액의 70%
500만원 초과 1,500만원 이하	350만원 + 500만원 초과금액의 40%
1,500만원 초과 4,500만원 이하	750만원 + 1,500만원 초과금액의 15%
4,500만원 초과 1억원 이하	1,200만원 + 4,500만원 초과금액의 5%
1억원 초과	1,475만원 + 1억원 초과금액의 2%

* 상용근로자에게만 해당(일용근로자 제외). 신입사원 등 1년 미만도 월할계산 안함. 신청요건 없음, 미공제분은 다음 연도로 이월되지 않음

주2 일용근로자*에 대한 공제액[23]은 1일 15만원으로 한다(소법 제47조 ①).

22) 자사주의 매입가액등을 기준으로 연간 우리사주조합원의 직전연도 총급여액의 100분의 20에 상당하는 금액(당해 금액이 500만원 이하인 경우에는 500만원)

23) 근로소득이 있는 거주자의 해당 과세기간의 총급여액이 근로소득공제액에 미달하는 경우에는 그 총급여액을 공제액으로 한

* 근로를 제공한 날 또는 시간에 따라 근로대가를 계산하거나 근로를 제공한 날 또는 시간의 근로성과에 따라 급여를 계산하여 받는 사람으로서 동일한 고용주에게 3월이상[24] 계속하여 고용되어 있지 아니한 자를 말한다(소령 제20조 ① (3)).

4. 근로소득의 수입시기

근로소득의 수입시기는 다음에 따른 날로 한다[25](소령 제49조 ①).

구 분	내 용
(1) 급여	근로를 제공한 날 ➡ *not* 현금주의
(2) 잉여금처분에 의한 상여	당해 법인의 잉여금처분결의일
(3) 인정상여	해당 사업연도 중의 근로를 제공한 날[26]
(4) 근로소득으로 보는 임원 퇴직소득 한도초과액	지급받거나 지급받기로 한 날

5. 소득의 과세방법

(1) 매월분의 원천징수

국내에서 근로소득을 지급하는 자(원천징수의무자)는 소득세를 원천징수하여야 한다(소법 제127조 ①). 원천징수의무자는 원천징수한 소득세를 그 징수일이 속하는 달의 다음 달 10일까지 원천징수 관할 세무서, 한국은행 또는 체신관서에 납부하여야 한다(소법 제128조 ①).

매월분의 근로소득에 대한 원천징수세율을 적용할 때에는 근로소득 간이세액표[27]를 적용한다(소법 제129조 ③).

다(소법 제47조 ③).

24) 건설공사, 하역작업에 종사하는 자는 다음 규정을 적용한다(소령 제20조 ① (1) (2)).
  1. 건설공사에 종사하는 자로서 다음의 자를 제외한 자
    (1) 동일한 고용주에게 계속하여 1년이상 고용된 자
    (2) 다음의 업무에 종사하기 위하여 통상 동일한 고용주에게 계속하여 고용되는 자
      ① 작업준비를 하고 노무에 종사하는 자를 직접 지휘 · 감독하는 업무
      ② 작업현장에서 필요한 기술적인 업무, 사무 · 타자 · 취사 · 경비등의 업무
      ③ 건설기계의 운전 또는 정비업무
  2. 하역작업에 종사하는 자(항만근로자를 포함)로서 다음 각목의 자를 제외한 자
    (1) 통상 근로를 제공한 날에 근로대가를 받지 아니하고 정기적으로 근로대가를 받는 자
    (2) 다음의 업무에 종사하기 위하여 통상 동일한 고용주에게 계속하여 고용되는 자
      ① 작업준비를 하고 노무에 종사하는 자를 직접 지휘 · 감독하는 업무
      ② 주된 기계의 운전 또는 정비업무

25) 도급 기타 이와 유사한 계약에 의하여 급여를 받는 경우에 당해 과세기간의 과세표준확정신고기간 개시일전에 당해 급여가 확정되지 아니한 때에는 그 확정된 날에 수입한 것으로 본다. 다만, 그 확정된 날 전에 실제로 받은 금액은 그 받은 날로 한다(소령 제49조 ②).

26) 이 경우 월평균금액을 계산한 것이 2년도에 걸친 때에는 각각 해당 사업연도 중 근로를 제공한 날로 한다.

27) 소득세법시행령 별표2에 따르면, 예를 들어 월급여액 400만원, 부양가족 4인의 경우 매월 91,670원의 원천징수를 적용한다.

(2) 연말정산

원천징수의무자는 해당 과세기간의 다음 연도 2월분의 근로소득을 지급할 때에는 연말정산을 하여 추가납부세액을 원천징수하거나 환급액을 환급하여야 한다[28](소법 제137조 ① ②). 근로소득만 있는 자는 근로소득에 대하여 다음 연도 5월에 과세표준확정신고를 하지 아니할 수 있다(소법 제73조 ①). 이는 종합과세되는 다른 소득이 없는 경우 근로소득에 대한 연말정산으로 과세문제가 종결되기 때문이다.

구 분	급여지급시 원천징수 여부	연말정산 여부	다른 소득 없는 경우 확정신고 여부
(1) 상용근로자	간이세액표대로 원천징수	다음 연도 2월분 급여 지급시 수행	하지 않음
(2) 일용근로자	분리과세 원천징수 주	해당 없음	해당 없음

주 일용근로자의 분리과세 금액(완납적 분리과세)

$$분리과세\ 금액 = (일당 - 15만원) \times 6\% \times (1 - 55\%)$$

예를 들어, 일당 20만원을 수령한 일용근로자의 일일 기준 분리과세 금액
(20만원 − 15만원) × 6% × (1 − 55%) = 1,350원

〈세부내용〉 원천징수의 대상이 아닌 근로소득

다음의 어느 하나에 해당하는 소득은 원천징수 대상 근로소득에서 제외한다(소법 제127조 ① (4)).

1. 외국기관 또는 우리나라에 주둔하는 국제연합군(미군은 제외)으로부터 받는 근로소득
2. 국외에 있는 비거주자 또는 외국법인(국내지점 또는 국내영업소는 제외)으로부터 받는 근로소득. 다만, 다음의 어느 하나에 해당하는 소득은 제외한다.
   ① 비거주자의 국내사업장과 외국법인의 국내사업장의 국내원천소득금액을 계산할 때 필요경비 또는 손금으로 계상되는 소득
   ② 국외에 있는 외국법인(국내지점 또는 국내영업소는 제외)으로부터 받는 근로소득 중 외국법인 소속 파견근로자의 소득에 대한 원천징수 특례에 따라 소득세가 원천징수되는 파견근로자의 소득

월급여액(천원) [비과세 및 학자금 제외]		공제대상가족의 수										
		1	2	3	4	5	6	7	8	9	10	11
4,000	4,020	195,960	167,950	109,590	91,670	78,550	65,420	52,300	39,170	33,570	28,320	23,070

28) 예를 들어, 간이세액표에 의해 연간 1,100,040원(91,670원 × 12개월)이 원천징수된 근로자의 연말정산 결과, ① 근로소득에 대한 소득세 결정세액이 50만원인 경우에는 600,040원을 환급받고 ② 근로소득에 대한 소득세 결정세액이 120만원인 경우에는 99,960원을 추가 납부하는 것이다.

〈세부내용〉 국외 근로소득에 대한 납세조합의 조직

1. 위 '〈세부내용〉 원천징수의 대상이 아닌 근로소득' 이 있는 거주자는 납세조합을 조직할 수 있다(소법 제149조 (1)). 납세조합은 그 조합원의 근로소득에 대한 소득세를 매월 징수하여야 한다(소법 제150조 ①).
2. 납세조합이 2027년 12월 31일 이전에 그 조합원에 대한 매월분의 소득세를 징수할 때에는 그 세액의 3%에 해당하는 금액을 공제하고 징수한다. 다만, 위 '〈세부내용〉 원천징수의 대상이 아닌 근로소득이 있는 자가 종합소득과세표준확정신고를 하거나 연말정산을 하는 경우에는 해당 납세조합에 의하여 원천징수된 근로소득에 대한 종합소득산출세액의 3%에 해당하는 금액을 공제한 것을 세액으로 납부하거나 징수한다(소법 제150조 ② ③).

〈세부내용〉 외국인근로자에 대한 과세특례

1. 외국인인 임원 또는 사용인(일용근로자는 제외)이 2026년 12월 31일 이전에 국내에서 최초로 근로를 제공하기 시작하는 경우 국내에서 근무[29]함으로써 받는 근로소득으로서 국내에서 최초로 근로를 제공한 날부터 20년 이내에 끝나는 과세기간까지 받는 근로소득에 대한 소득세는 「소득세법」에도 불구하고 해당 근로소득에 19%를 곱한 금액을 그 세액으로 할 수 있다. 다만, 외국인근로자가 대통령령으로 정하는 지역본부에 근무함으로써 받는 근로소득의 경우에는 국내에서 최초로 근로를 제공한 날부터 20년 이내에 끝나는 과세기간까지 받는 근로소득에 대한 소득세에 대하여 「소득세법」에도 불구하고 해당 근로소득에 19%를 곱한 금액을 그 세액으로 할 수 있다(조특법 제18조의2 ①).
2. 위 조항을 적용할 때 「소득세법」 및 이 법에 따른 소득세와 관련된 비과세(복리후생적 성질의 급여 중 사택을 제공받음으로써 얻는 이익에 대한 비과세는 제외), 공제, 감면 및 세액공제에 관한 규정은 적용하지 아니하며, 해당 근로소득은 「소득세법」에 따른 종합소득과세표준에 합산하지 아니한다(조특법 제18조의2 ①).

29) 대통령령으로 정하는 외국인투자기업을 제외한 대통령령으로 정하는 특수관계인(이하 이 조에서 "특수관계기업"이라 한다)에게 근로를 제공하는 경우는 제외한다.

4.2 연금소득

1. 연금소득의 범위

연금소득이란 공적연금, 퇴직연금, 개인연금 등 일정한 기간에 걸쳐 정기적으로 지급받는 소득이다. 즉, '현재 일한 대가'가 아니라, 과거의 근로·저축·보험 납입의 결과로 퇴직 후 또는 노후에 수령하는 생활자금의 성격으로서, 노후에 대비해 적립한 자금이 일정 기간에 걸쳐 정기적으로 지급되는 소득을 말한다.

연금소득은 해당 과세기간에 발생한 다음의 소득으로 한다(소법 제20조의3 ①).

> 1. 공적연금 관련법에 따라 받는 각종 연금(공적연금소득)
> 2. 다음에 해당하는 금액을 그 소득의 성격에도 불구하고 연금계좌(연금저축계좌 또는 퇴직연금계좌)에서 연금형태 등으로 인출[연금수령이라고 함, 연금수령 외의 인출은 연금외수령(예 일시수령)이라 함]하는 경우의 그 연금
>   ① 제146조제2항[30]에 따라 원천징수되지 아니한 퇴직소득
>   ② 연금계좌세액공제에 따라 세액공제를 받은 연금계좌 납입액
>   ③ 연금계좌의 운용실적에 따라 증가된 금액
>   ④ 그 밖에 연금계좌에 이체 또는 입금되어 해당 금액에 대한 소득세가 이연(移延)된 소득으로서 대통령령으로 정하는 소득(현재 대통령령으로 정하는 소득은 없음)

구 분	대 상	시 기
(1) 공적연금*1 *2	공적연금 관련법에 따라 받는 각종 연금	2002.1.1. 이후*3 납입분에 대하여 지급받는 부분
(2) 사 적 연 금	① (과거 퇴직시, 지급받지 않고 연금계좌*4 *5에 입금시켰던) 이연퇴직소득 ② 연금계좌*4 *5 자기불입분으로서 세액공제를 받은 연금계좌 납입액(2013.12.31. 이전은 소득공제 받은 납입액) ③ 연금계좌*4 *5 발생 운용수익 ④ 그 밖에 연금계좌*4 *5에 과세이연된 소득으로 대통령령으로 정하는 것(현재 대통령령으로 정하는 소득은 없음)	2013.1.1. 이후 가입하는 연금계좌부터 적용

30) 거주자의 퇴직소득이 다음의 어느 하나에 해당하는 경우에는 해당 퇴직소득에 대한 소득세를 연금외수령하기 전까지 원천징수하지 아니한다. 이 경우 제1항에 따라 소득세가 이미 원천징수된 경우 해당 거주자는 원천징수세액에 대한 환급을 신청할 수 있다.
1. 퇴직일 현재 연금계좌에 있거나 연금계좌로 지급되는 경우
2. 퇴직하여 지급받은 날부터 60일 이내에 연금계좌에 입금되는 경우

*1 공적연금에는 국민연금, 공무원연금, 군인연금, 사립학교교직원연금, 별정우체국연금, 연계노령연금 · 연계퇴직연금 등이 있음

*2 공적연금소득을 지급하는 자(예 국민연금공단 등)가 연금소득의 일부 또는 전부를 지연하여 지급하면서 지연지급에 따른 이자를 함께 지급하는 경우 해당이자는 공적연금소득으로 봄(이자소득이 아님)

*3 공적연금은 2002.1.1.이후 납입된 연금기여금 · 사용자부담금에 대하여 향후 수령시 연금소득으로 과세됨

*4 연금계좌의 범위

1. 연금저축계좌

다음의 어느 하나에 해당하는 금융회사 등과 체결한 계약에 따라 '연금저축'이라는 명칭으로 설정하는 계좌를 말함

① 신탁업자와 체결하는 신탁계약

② 투자중개업자와 체결하는 집합투자증권 중개계약

③ 보험계약을 취급하는 기관과 체결하는 보험계약

2. 퇴직연금계좌

퇴직연금을 지급받기 위하여 가입하여 설정하는 다음의 어느 하나에 해당하는 계좌를 말함

① 근로자퇴직급여 보장법의 확정기여형퇴직연금제도에 따라 설정하는 계좌

② 근로자퇴직급여 보장법의 개인형퇴직연금제도에 따라 설정하는 계좌

③ 과학기술인공제회법에 따른 퇴직연금급여를 지급받기 위하여 설정하는 계좌

④ 근로자퇴직급여 보장법에 따른 중소기업퇴직연금

*5 연금계좌의 납입요건

연금계좌의 가입자는 다음의 요건을 갖추어 연금보험료를 납입할 수 있음

① 연간 1천800만원 이내(연금계좌가 2개 이상인 경우에는 그 합계액을 말함)의 금액을 납입할 것. 이 경우 해당 과세기간 이전의 연금보험료는 납입할 수 없으나, 보험계약의 경우에는 최종납입일이 속하는 달의 말일부터 2년 2개월이 경과하기 전에는 그 동안의 연금보험료를 납입할 수 있음

② 연금수령 개시 이후에는 연금보험료를 납입하지 않을 것

주1 사적연금의 과세체계

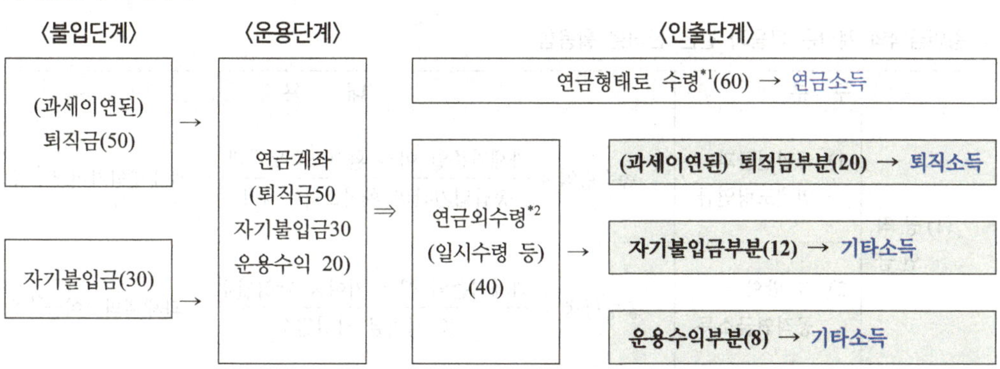

*1 연금형태 등으로 인출이란 연금계좌에서 다음의 요건을 모두 갖추어 인출하는 것을 말한다(소령 제40조의2 ③).[31]

① 가입자가 55세 이후 연금계좌취급자에게 연금수령 개시를 신청한 후 인출할 것

② 연금계좌의 가입일부터 5년이 경과된 후에 인출할 것. 다만, 이연퇴직소득)이 연금계좌에 있는 경우에는 그러하지 아니한다.

---

31) 다만, 이연퇴직소득을 해외이주에 해당하는 사유로 인출하는 경우에는 해당 퇴직소득을 연금계좌에 입금한 날부터 3년 이후 해외이주하는 경우에 한정하여 연금수령으로 본다.

③ 과세기간 개시일(연금수령 개시를 신청한 날이 속하는 과세기간에는 연금수령 개시를 신청한 날) 현재 다음의 계산식에 따라 계산된 금액(연금수령한도) 이내에서 인출할 것. 이 경우 제20조의2제1항(부득이한 사유)에 따라 인출한 금액은 인출한 금액에 포함하지 아니한다.

$$\text{연금수령한도} = \frac{\text{과세기간 개시일 현재 연금 계좌평가 총액}}{11 - \text{연금수령연차}^{*}} \times 120\%$$

* 2013.3.1. 이전에 가입한 연금계좌의 경우 6년차임

*2 연금외수령

연금수령 외의 인출을 연금외수령이라 함 ➡ 연금외수령하는 경우, ① 과세이연된 퇴직소득은 퇴직소득으로, ② 그 외(자기불입분, 운용수익 등)에는 기타소득으로 과세함

〈세부내용〉 부득이한 인출의 요건

부득이한 사유 등 대통령령으로 정하는 요건이란 다음의 어느 하나에 해당하여 연금계좌에서 인출하는 금액을 말한다(소령 제20조2 ①).

1. 다음의 어느 하나에 해당하는 사유가 발생하여 연금계좌에서 인출하려는 사람이 해당 사유가 확인된 날부터 6개월 이내에 그 사유를 확인할 수 있는 서류를 갖추어 연금계좌취급자에게 제출하는 경우
   ① 천재지변
   ② 연금계좌 가입자의 사망 또는 「해외이주법」에 따른 해외이주
   ③ 연금계좌 가입자 또는 그 부양가족[법 제50조에 따른 기본공제대상이 되는 사람(소득의 제한은 받지 아니함)으로 한정]이 질병 · 부상에 따라 3개월 이상의 요양이 필요한 경우
   ④ 연금계좌 가입자가 「재난 및 안전관리 기본법」의 재난으로 15일 이상의 입원 치료가 필요한 피해를 입은 경우
   ⑤ 연금계좌 가입자가 「채무자 회생 및 파산에 관한 법률」에 따른 파산의 선고 또는 개인회생절차개시의 결정을 받은 경우
   ⑥ 연금계좌취급자의 영업정지, 영업 인 · 허가의 취소, 해산결의 또는 파산선고
2. 연금계좌 가입자가 의료비(본인을 위한 의료비에 한정)를 연금계좌에서 인출하기 위하여 해당 의료비를 지급한 날부터 6개월 이내에 기획재정부령으로 정하는 증명서류를 연금계좌취급자에게 제출하는 경우

주2 총연금액의 계산은 다음과 같은 산식을 활용함

구 분		내 용
(1) 공적연금	1) 국민연금과 연계노령연금	$\text{총수령액} \times \frac{\text{과세기준일 이후 환산소득누계액}}{\text{총납입기간의 환산소득누계액}} - \text{과세제외기여금}^{*1}$ 등
	2) 그 밖의 공적연금소득	$\text{총수령액} \times \frac{\text{과세기준일 이후 기여금 납입월수}}{\text{총 기여금 납입월수}} - \text{과세제외기여금}^{*1}$ 등
(2) 사적연금		연금계좌의 소득원천에 따른 인출 순서*2 : ① → ② → ③ ① 과세제외금액(세액공제(2013.12.31. 이전분은 소득공제) 소득공제 받지 못한 금액 등) ② 이연퇴직 소득 ③ 그 밖의 연금계좌에 있는 금액(세액공제액(2013.12.31. 이전분은 소득공제액) + 운용소득)

*1 과세제외기여금 등이란 과세기준일 이후에 연금보험료공제의 적용 없이(즉, 한도초과 등으로 세액공제(2013. 12. 31. 이전분은 소득공제) 못 받았던 금액) 납입한 기여금 또는 개인부담금을 의미함

*2 연금계좌의 운용에 따라 연금계좌에 있는 금액이 원금에 미달하는 경우 연금계좌에 있는 금액은 원금이 상기의 인출순서와 반대의 순서로 차감된 후의 금액으로 본다.

사례

거주자 유대리는 당기에 퇴직하며 국민연금을 50,000,000수령함. 과거에 국민연금 납입 시기 및 금액이 다음과 같을 경우, 총연금액은?

시 기	납입한 연금보험료 누계액	환산소득 누계액
2001.12.31. 까지	20,000,000	7억원
2002. 1 .1. 이후	10,000,000 (실제 세액공제 또는 소득공제 받은 금액 6,000,000)	3억원

해답

$$\text{총연금액} = 50,000,000 \times \frac{3\text{억원}}{10\text{억원}} - 4,000,000 = 11,000,000$$

사례

거주자 유대리는 2025년 중에 연금계좌에서 일부 금액을 인출하여 40,000,000원을 수령하였다. 연금수령 개시일 현재 연금계좌의 구성 내역은 다음과 같다. (연금계좌에서 인출한 40,000,000원 중 당기의 연금수령 한도는 과세기간 개시일 현재 연금 계좌 평가 총액은 125,000,000원으로 가정 시 30,000,000*원임)

$$* \frac{125,000,000}{11\text{년} - 6\text{년}} \times 120\% = 30,000,000$$

① 이연퇴직소득 10,000,000원

② 연금계좌 본인불입액 80,000,000원*

* 이 중 과거에 소득공제 또는 세액공제를 적용 받지 못한 금액은 6,000,000원 포함되어 있다.

③ 연금계좌 운용수익 35,000,000원

만약 유대리가 연금소득에 대한 분리과세의 선택이 가능한 경우, 분리과세를 선택하지 않는 것으로 가정하면 유대리의 소득구분은?

해답

연금에서 수령한 금액을 다음과 같이 구분한다.

① 과세제외 금액 : 6,000,000 ➠ 과세되지 아니함

② 이연퇴직소득 : 10,000,000 ➠ 연금소득이면서 무조건 분리과세 대상이 됨

③ 그 밖의 금액(공제액 및 운용수익) 24,000,000

ㄱ. 이 중 한도내 금액 : 14,000,000(당기의 한도가 30,000,000원이므로) ➠ 연금소득

ㄴ. 한도 초과하여 수령한 금액(연금외수령) : 10,000,000 ➠ 기타소득

2. 비과세 연금소득

연금소득 중 다음의 어느 하나에 해당하는 소득에 대해서는 소득세를 과세하지 아니한다(소법 제12조 (4)).

① 공적연금 관련법[32]에 따라 받는 유족연금 · 퇴직유족연금 · 퇴역유족연금 · 장해유족연금 · 상이유족연금 · 순직유족연금 · 직무상유족연금 · 위험직무순직유족연금, 장애연금, 장해연금 · 비공무상 장해연금 · 비직무상 장해연금, 상이연금(傷痍年金), 연계노령유족연금 또는 연계퇴직유족연금

② 「산업재해보상보험법」에 따라 받는 각종 연금

③ 「국군포로의 송환 및 대우 등에 관한 법률」에 따른 국군포로가 받는 연금

3. 연금소득의 계산구조

연금소득금액은 총연금액에서 연금소득공제를 적용한 금액으로 한다(소법 제20의3 ③).

> 연금소득금액 = 총연금액(비과세제외) - 연금소득공제 주

주 연금소득공제(분리과세연금소득은 제외) ➠ 한도 연 900만원[33](제47조의2 ①)

총연금액	공제액
350만원 이하	총연금액
350만원 초과 700만원 이하	350만원 + 350만원 초과액 × 40%
700만원 초과 1,400만원 이하	490만원 + 700만원 초과액 × 20%
1,400만원 초과	630만원 + 1,400만원 초과액 × 10%

4. 연금소득의 수입시기

연금소득의 수입시기는 다음의 구분에 따른 날로 한다(소령 제50조 ⑤).

구 분	내 용
(1) 공적연금소득	공적연금관련법에 따라 연금을 지급받기로 한 날
(2) 연금계좌에서 연금수령한 연금소득	연금수령한 날
(3) 그 밖의 연금소득	해당 연금을 지급받은 날

32) 「국민연금법」, 「공무원연금법」 또는 「공무원 재해보상법」, 「군인연금법」 또는 「군인 재해보상법」, 「사립학교교직원 연금법」, 「별정우체국법」 또는 「국민연금과 직역연금의 연계에 관한 법률」

33) 총연금액이 4,100만원이 넘으면 한도에 걸려서 900만원을 공제한다.

5. 연금소득의 과세방법

국내에서 연금소득을 지급하는 자(원천징수의무자)는 소득세를 원천징수하여야 한다(소법 제127조 ①). 원천징수의무자는 원천징수한 소득세를 그 징수일이 속하는 달의 다음 달 10일까지 원천징수 관할 세무서, 한국은행 또는 체신관서에 납부하여야 한다(소법 제128조 ①).

(1) 공적연금소득의 원천징수와 연말정산

매월분의 공적연금소득에 대한 원천징수세율을 적용할 때에는 연금소득 간이세액표를 적용한다(소법 제129조 ③, 제143조의2 ①). 또한 원천징수의무자가 해당 과세기간의 다음 연도 1월분[34] 공적연금소득을 지급할 때에는 공적연금소득세액의 연말정산규정에 따라 소득세를 원천징수한다(소법 제143조의2 ③).

한편, 공적연금소득만 있는 자는 공적연금소득에 대하여 다음 연도 5월에 과세표준확정신고를 하지 아니할 수 있다(소법 제73조 ① (3)). 이는 종합과세되는 다른 소득이 없는 경우 공적연금소득에 대한 연말정산으로 과세문제가 종결되기 때문이다.

(2) 사적연금소득의 원천징수

원천징수의무자가 사적연금소득을 지급하여 소득세를 원천징수할 때 적용하는 세율은 다음의 구분에 따른다(소법 제129조 (5의2) (5의3)). 사적연금은 연말정산을 하지 아니한다.

구 분	연금수령일 현재 수령자의 나이(또는 수령연차)	세 율
① 세액공제를 받은 연금계좌 납입액, 연금계좌의 운용실적에 따라 증가된 금액	70세 미만	5%
	70세 이상 80세 미만	4%
	80세 이상	3%
	종신연금[35]	4%
② 이연퇴직소득을 연금수령하는 연금소득	연금 실제 수령연차가 10년 이하인 경우	연금외수령 가정 시 원천징수세율* × 70%
	연금 실제 수령연차가 10년을 초과하는 경우	연금외수령 가정 시 원천징수세율* × 60%

* 연금 외 수령 시 연금소득세액 : 이연퇴직소득세 $\times \frac{\text{연금 외 수령액}}{\text{이연퇴직소득}}$

예 20×1년에 75세인 이퇴직 씨는 다음과 같은 원천으로 사적연금을 지급받았다. 이 때 원천징수의무자인 S생명보험이 원천징수할 금액은?

① 연금계좌에서 20×1년에 2,000만원의 연금소득을 받았고 이 금액은 모두 이퇴직 씨가 과거 연말정산 과정에서 세액공제 혜택을 받은 납입액과 S생명보험에서의 운용수익으로 구성된 경우의 원천징수세액은?

---

34) 공적연금소득을 받는 사람이 해당 과세기간 중에 사망한 경우 원천징수의무자는 그 사망일이 속하는 달의 다음다음 달 말일까지 그 사망자의 공적연금소득에 대한 연말정산을 하여야 한다(소법 제143조의4 ④).

35) 사망일까지 연금수령하면서 중도 해지할 수 없는 계약을 말한다(소령 제187조의2).

2,000만원 × 4% = 80만원

② 이퇴직 씨가 과거에 퇴직하며 받은 1억원의 퇴직금을 IRP 계좌에 넣고(이연퇴직소득세는 1억원에 대해 800만원이었다고 가정) 19년째 연금으로 수령하고 있다. 20×1년에 500만원을 수령하였다면, 원천징수세액은?
연금외수령 가정 시 원천징수세율 × 60% = 800만원 × 500만원/1억원 × 60% = 240,000원

(3) 확정신고

1) 분리과세

공적연금은 분리과세대상이 없다. 사적연금소득 중 다음에 해당하는 연금소득은 분리과세 연금소득에 해당한다(소법 제14조 ③ (9)).

구 분	내 용
① 무조건분리과세	가. 이연퇴직소득을 연금수령하는 연금소득 나. 세액공제를 받은 연금계좌 납입액, 연금계좌의 운용실적에 따라 증가된 금액을 의료목적, 천재지변이나 그 밖에 부득이한 사유로 인출하는 연금소득
② 선택적분리과세	가. 위 ①외의 사적연금소득 합계액이 연 1,500만원 이하인 경우 그 연금소득은 납세의무자의 선택에 따라 종합과세 또는 분리과세를 적용할 수 있음
	나. 위 ①외의 사적연금소득 합계액이 연 1,500만원 초과인 경우 그 연금소득은 납세의무자의 선택에 따라 종합과세 또는 15% 세율의 분리과세를 적용할 수 있음 ➠ 분리과세 선택하는 경우 확정신고 시 연금소득에 15%의 세율을 곱한 금액을 종합소득결정세액에 합산함

2) 종합과세

공적연금소득은 종합소득과세표준에 합산하여 과세하는 것이 원칙이나, 공적연금소득만 있는 자는 공적연금소득에 대하여 다음 연도 5월에 과세표준확정신고를 하지 아니할 수 있다. 한편 사적연금소득의 경우 위에서 설명한 분리과세되는 사적연금소득을 제외하면 원칙적으로 종합소득과세표준에 합산하여 과세한다.

실무 POINT

연말정산 대상 소득과 연말정산 시기

대상소득	내 용	연말정산 시기
(1) 사업소득	간편장부대상자에 해당하는 보험모집인 · 방문판매인(후원 방문판매인 포함), 음료품배달원의 사업소득	다음 연도 2월
(2) 근로소득	상용근로소득자	
(3) 연금소득	공적연금소득자	다음 연도 1월

4.3 기타소득

1. 기타소득의 범위

열거주의 과세방법 & 다른 소득 우선의 원칙

* 만약 소설가라면 문예창작소득이 사업소득으로 우선 적용됨

기타소득은 이자소득 · 배당소득 · 사업소득 · 근로소득 · 연금소득 · 퇴직소득 및 양도소득 외의 소득으로서 다음에서 규정하는 것으로 한다(소법 제21조 ①).

(1) 법정필요경비가 인정되는 기타소득

기타소득의 범위	종합과세시 구분
1) 원작자 원고료	
2) 다음에 해당하는 인적용역을 일시적으로 제공하고 받는 대가 ① 고용관계가 없이 다수인에게 강연을 하고 받은 강연료 등 대가를 받는 용역 ② 라디오 · 텔레비전 방송 등을 통하여 해설 · 계몽 또는 연기의 심사 등을 하고 받는 보수 또는 이와 유사한 성질의 대가를 받는 용역 ③ 변호사 · 공인회계사 · 세무사 그 밖에 전문적 지식 또는 기능을 활용하여 보수 또는 그 밖의 대가를 받고 제공하는 용역 ④ 그 밖에 고용관계 없이 수당 또는 이와 유사한 성질의 대가를 받고 제공하는 용역	D
3) 주택입주 지체(보)상금	
4) 공익사업을 위한 토지 등의 취득 및 보상에 관한 법률에 따른 공익사업과 관련하여 지역권 · 지상권을 설정하거나 대여함으로써 발생하는 소득 주1	
5) 공익법인이 주무관청의 승인을 받아 시상하는 상금 및 부상과 다수가 순위 경쟁하는 대회에서 입상자가 받는 상금 및 부상	
6) 무형자산(광업권 · 어업권 · 산업재산권 · 산업정보 · 산업상비밀 · 상표권 · 영업권 주2 등) 토사석의 채취허가에 관한 권리, 지하수개발 · 이용권 그 밖에 이와 유사한 자산이나 권리를 양도하거나 대여하고 그 대가로 받는 금품	D
7) 통신판매중개를 하는 자를 통하여 물품 또는 장소를 대여하고 연간 수입금액이 500만원 이하의 사용료로 받는 금품	
8) 서화 및 골동품의 양도소득(양도가액이 6천만원 이상. 단, 양도일 현재 생존해 있는 국내 원작자의 작품은 제외)	A

주1 지역권을 '양도' 하면 과세제외(지역권은 양도가 불가능한 자산임), 지상권을 '양도' 하면 양도소득임

주2 사업용 고정자산(토지 · 건물 · 부동산에 관한 권리 등)과 함께 양도하는 영업권은 양도소득으로 봄

(2) 실제 필요경비를 공제하는 기타소득

기타소득의 범위	종합과세시 구분
1) 승마투표권(경마장), 승자투표권(경륜장), 소싸움경기투표권 및 체육진흥투표권 환급금	A
2) 슬롯머신 및 투전기, 그 밖에 이와 유사한 기구를 이용하는 행위에 참가하여 받는 당첨금품 · 배당금품 또는 이에 준하는 금품	
3) 복권 · 경품권 기타 추첨권에 의하여 받는 당첨금품	A(D)*1
4) 뇌물, 알선수재 및 배임수재에 의하여 받는 금품	B
5) 계약의 위약 · 해약에 의하여 받는 위약금, 배상금 또는 부당이득 반환시 지급받는 이자(정신적 피해 보상 등은 과세제외)	D(C)*2
6) 연금계좌 중 연금외수령액 중 자기불입분과 운용수익 주1	A
7) 소기업 · 소상공인 공제부금 해지일시금 (폐업 등의 사유가 발생하기 전에 해지된 경우에 한하며, 폐지 등의 사유가 발생하여 공제금을 지급받는 경우에는 퇴직소득임)	D
8) 상금 · 현상금 · 포상금 · 보로금 또는 이에 준하는 금품	
9) 퇴직 후 또는 고용관계 없이 받은 주식매수선택권을 행사함으로써 얻는 이익	
10) 저작자 이외의 자가 받는 저작권 사용료 등	
11) 물품(유가증권 포함) 또는 장소를 일시적으로 대여하고 사용료로서 받는 금품	
12) 재산의 매매 · 양도 · 교환 · 임대차계약 기타 이와 유사한 계약을 알선하고 받는 수수료	
13) 유실물의 습득 또는 매장물의 발견으로 보상금, 새로 소유권을 취득하는 경우 그 보상금	
14) 사례금	
15) 인정기타소득(법인세법에 따라 처분된 기타소득)	
16) 노동조합의 전임자가 노동조합 및 노동관계조정법을 위반하여 받는 급여 주2	
17) 가상자산을 양도하거나 대여함으로써 발생하는 소득*3 (가상자산소득) (2027년부터 시행함)	A

*1 복권당첨소득 A 그 외의 소득은 D

*2 계약금이 위약금 대체된 경우(매수자가 해약한 경우)는 C

*3 양도되는 가상자산의 실제 취득가액과 부대비용을 필요경비로 함. 2027년 1월 1일 전에 이미 보유하고 있던 가상자산의 취득가액도 2026년 12월 31일 당시의 시가와 그 가상자산의 취득금액 중 큰 금액임

주1 다음의 금액을 그 소득의 성격에도 불구하고 연금외수령한 소득

① 연금계좌에 납입한 금액(공적연금 제외) 중 세액공제(2013.12.31. 이전 연금보험료공제)를 받은 금액

② 연금계좌의 운용실적에 따라 증가된 금액

주2 노조전임자가 time-off 한도 내에서 근무 후 적법하게 받는 급여는 근로소득이나, time-off 한도를 초과(위반)하여 받는 급여는 기타소득임

실무 POINT

서화(골동품 포함)의 양도소득

(1) 법인이 양도시 ➠ 각사업연도소득금액으로 과세
(2) 원작자 개인(화가)이 사업활동으로 양도 ➠ 사업소득
(3) 원작자 개인(일반인)이 일회성으로 그린 그림을 양도 ➠ 기타소득
(4) 인사동 화랑 주인이 계속적 · 사업적으로 양도(서화 · 골동품의 거래를 위하여 사업장 중 물적시설을 갖추었거나 거래하기 위한 목적으로 사업자등록을 한 경우) ➠ 사업소득
(5) 소장가가 소장하던 미술품을 양도 ➠ 양도가액 6천만원 이상 등 요건충족시 기타소득

사례

거주자인 개인이 다음과 같은 소득이 있을 경우 각 소득별 소득의 구분

내 용	소득종류
(1) 공인회계사로 S회계법인에서 월급을 수령	근로소득
(2) 공인회계사로 S회계법인에서 근무 중에 (개인적으로) 지인 상속세 절세법 상담 대가	기타소득
(3) S회계법인 퇴사 후 세무회계사무소를 개업하여 번 소득	사업소득
(4) 소설가가 소설을 쓰고 받은 소득	사업소득
(5) 학원에서 매월 단과반을 개설하여 받는 강사료	사업소득
(6) 대한상공회의소에서 연말정산 강의를 하고 받는 강사료	기타소득
(7) 대학에서 한 학기(3~6월 : 4개월) 동안 강의 후 받는 시간강사료	근로소득
(8) 작곡가가 가수에게 작곡을 해주고 받는 대가	사업소득
(9) 지휘자 금난새 씨가 부친(작곡가 고 금수현)이 작곡한 가곡 '그네'에 대해 받는 저작권료	기타소득
(10) 아이돌 가수가 TV 광고를 촬영 후 받는 대가	사업소득
(11) 대학 재학중인 학생이 자신의 학교 홍보 모델로 선정되어 학교 광고 촬영 후 받은 대가	기타소득
(12) 공인중개사가 자신의 부동산 중개사무소에서 건물 매매계약을 알선하고 받는 대가	사업소득
(13) 일반인이 지인의 건물 매매계약을 다른 사람과 연결해주고 받는 소개료	기타소득
(14) 개인이 경영중인 렌터카 회사가 자동차를 일시적으로 대여해주고 받는 대가	사업소득
(15) 개인이 자신의 땅을 일시적으로 대여해주고 받는 대가	기타소득

2. 비과세 기타소득

기타소득 중 다음의 어느 하나에 해당하는 소득에 대해서는 소득세를 과세하지 아니한다(소법 제12조 (5)).

(1) 「국가유공자 등 예우 및 지원에 관한 법률」 또는 「보훈보상대상자 지원에 관한 법률」에 따라 받는 보훈급여금 · 학습보조비 및 「북한이탈주민의 보호 및 정착지원에 관한 법률」에 따라 받는 정착금 · 보로금(報勞金)과 그 밖의 금품

(2) 「국가보안법」에 따라 받는 상금과 보로금

(3) 「상훈법」에 따른 훈장과 관련하여 받는 부상(副賞)이나 그 밖에 대통령령으로 정하는 상금과 부상

(4) 종업원등 또는 대학의 교직원이 퇴직한 후에 사용자등 또는 산학협력단으로부터 지급받거나 대학의 학생이 소속 대학에 설치된 산학협력단으로부터 받는 직무발명보상금으로서 연 700만원 이하의 금액[36]

(5) 「국군포로의 송환 및 대우 등에 관한 법률」에 따라 국군포로가 받는 위로지원금과 그 밖의 금품

(6) 「문화유산의 보존 및 활용에 관한 법률」에 따라 국가지정문화유산으로 지정된 서화·골동품의 양도로 발생하는 소득

(7) 서화·골동품을 박물관 또는 미술관에 양도함으로써 발생하는 소득

(8) 종교인소득 중 다음의 어느 하나에 해당하는 소득
   ① 종교관련종사자가 받는 대통령령으로 정하는 학자금
   ② 종교관련종사자가 받는 대통령령으로 정하는 식사 또는 식사대
   ③ 종교관련종사자가 받는 대통령령으로 정하는 실비변상적 성질의 지급액
   ④ 종교관련종사자 또는 그 배우자의 출산이나 6세 이하(해당 과세기간 개시일을 기준으로 판단) 자녀의 보육과 관련하여 종교단체로부터 받는 금액으로서 월 20만원 이내의 금액
   ⑤ 종교관련종사자가 기획재정부령으로 정하는 사택을 제공받아 얻는 이익

(9) 법령·조례에 따른 위원회 등의 보수를 받지 아니하는 위원(학술원 및 예술원의 회원을 포함) 등이 받는 수당

3. 기타소득의 계산구조

기타소득금액은 해당 과세기간의 총수입금액에서 이에 사용된 필요경비를 공제한 금액으로 한다(소법 제21조 ③).

기타소득금액 = 총수입금액(비과세제외) − 필요경비 주

주 필요경비 공제 방법

(1) 법정 필요경비 = Max[총수입금액 × 60%$^{*1 \cdot 2}$, 실제 필요경비]

(2) 실제 필요경비 공제 ➠ 법정 필요경비 공제(8개)를 뺀 모든 기타소득

36) 다만, 직무발명보상금을 지급한 사용자등 또는 산학협력단과 대통령령으로 정하는 특수관계에 있는 자가 받는 직무발명보상금은 제외한다.

*1 서화 및 골동품의 양도로 발행하는 소득 ─
- 1억원 이하 : Max[실제비용, 총수입금액의 90%]
- 1억원 초과 : Max[실제비용, 9천만원 + 1억원 초과의 80%*]
- *1억원 초과시에도 보유기간 10년 이상은 90%를 적용함

*2 공익법인이 주무관청의 승인을 얻어 시상하는 상금과 다수의 사람이 순위경쟁을 통하여 받는 상금은 80%를 적용함

사례

일시적 강연을 하고 100만원을 수령한 경우(실제 필요경비는 90만원 가정)

해답

기타소득금액 = 100만원 - Max[100만원 × 60%, 90만원] = 10만원

4. 기타소득의 수입시기

기타소득의 수입시기는 다음에 따른 날로 한다(소령 제50조 ①).

구 분	내 용
(1) 일반적인 경우	그 지급을 받은 날(현금주의)
(2) 법인세법에 따라 처분된 기타소득(인정기타소득)	법인의 결산확정일
(3) 광업권 등의 양도소득	대금청산일 · 인도일 · 사용수익일 중 가장 빠른 날 주
(4) 계약금이 위약금 · 배상금으로 대체된 경우의 기타소득(매수자 해약)	계약의 위약 · 해약이 확정된 날
(5) 연금계좌에서 연금외수령 하는 기타소득	연금외수령한 날

주 단, 대금을 청산하기 전에 자산을 이미 인도 또는 사용 · 수익하였으나 대금이 확정되지 아니한 경우에는 그 대금지급일로 함(무형자산 대금이 향후 매출 × 10% 등으로 나중에야 확정되는 경우)

사례

아래의 경우 기타소득 수입시기는?

해답

(1) 20×1년 12월말에 연말정산 강연을 하고 20×2년 1월에 현금으로 강사료를 받은 경우 ➡ 20×2년
(2) 갑씨가 을씨에게 상표권을 20×1년 10월 1일에 이미 양도했으나, 그 대가는 향후 1년간의 매출액에 대해 10%를 수령하기로 한 경우 ➡ 20×2년 10월

5. 기타소득의 과세방법

(1) 과세최저한

구 분	내 용
1) 일 반 적 인 경 우	기타소득금액(*not* 기타소득)이 건별로 5만원 이하인 경우(연금계좌에서 연금외수령한 소득은 제외)
2) 승마투표권 · 승자투표권 · 체육진흥투표권의 환급금 등의 경우	건당 권면에 표시된 금액의 합계액이 10만원 이하이고, 단위투표금액당 환급금이 단위투표금액의 100배 이하이며, 개별환급금이 200만원 이하인 경우
3) 슬롯머신 등으로 인한 당첨금품 등	건별로 200만원 미만인 경우
4) 가 상 자 산 소 득(2027년 시행)	해당 과세기간의 가상자산 기타소득금액이 250만원 이하인 경우

사례

거주자 유씨가 일회성 강의(시간당 강사료 10만원)를 했을 경우 기타소득 과세여부

해답

(1) 1시간 강의시 : 기타소득금액 = 총수입금액 10만원 − 필요경비 6만원(Max 60%) = 4만원
➡ 과세최저한에 해당하여 기타소득 과세되지 않음

(2) 2시간 강의시 : 기타소득금액 = 총수입금액 20만원 − 필요경비 12만원(Max 60%) = 8만원
➡ 과세최저한이 아니므로 기타소득 과세됨

(2) 과세방법

무조건 분리과세 — 원천징수 20%*1 →
① 복권 당첨소득
② 슬롯머신 등 당첨금품
③ 승마투표권 · 승자투표권 · 소싸움경기투표권 · 체육진흥투표권 환급금
④ 연금계좌에서 연금외수령한 자기불입분 및 운용수익
⑤ 서화 · 골동품의 양도로 발생한 소득
⑥ 가상자산소득(2027년 시행)

무조건 종합과세 — 원천징수 X → 뇌물, 알선수재 및 배임수재에 의하여 받는 금품

조건부 분리과세 — 원천징수*3 20%*2 → 위 이외의 기타소득

*1 원천징수세율 : 복권 중 3억원을 초과시에는 초과액의 30%, 기타소득으로 분류되는 연금계좌에서 연금외수령한 소득 15%, 그 밖의 기타소득은 20%

예 복권 10억원 당첨시 : 3억원 × 20% + 7억원 × 30% = 2.7억원 원천징수 & 분리과세로 과세문제 종결됨

*2 소기업 · 소상공인 공제부금의 해지일시금 : 15%

*3 계약금이 위약금 · 해약금으로 대체되는 경우의 위약금은 원천징수 하지 않음

기타소득금액 3단계 접근법

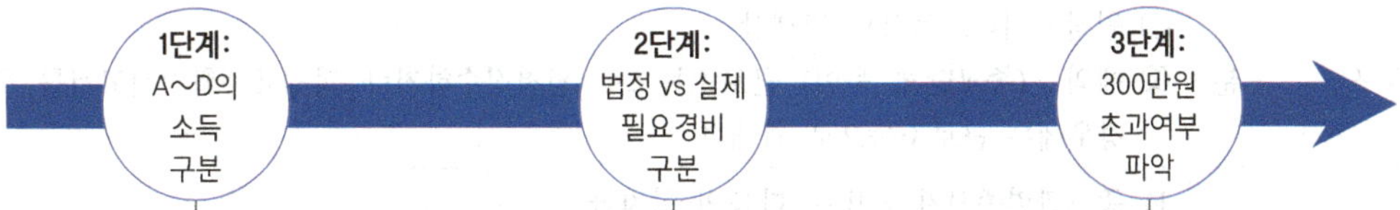

	Max[80%(또는 60%), 실발생경비]	실발생경비
B 무조건종합과세	–	뇌물 등
C 무조건종합과세	–	매수자 해약
D 조건부분리과세	원·인·주·지·상·무·서	그 외 모두

if C + D ≦ 300만원
➡ C는 무조건 종합과세
D는 분리과세와 종과 선택 가능

if C + D 〉 300만원
➡ C, D all 종합과세

* 서화 · 골동품 양도로 발생하는 소득의 원천징수 특례

서화 · 골동품의 양도로 발생하는 소득에 대하여 원천징수의무자가 국내사업장이 없는 비거주자 또는 외국법인인 경우로 원천징수를 하기 곤란하여 원천징수를 하지 못하는 경우에는 서화 · 골동품의 양도로 발생하는 소득을 지급받는 자를 원천징수의무자로 보아 소득세법을 적용한다.

사례

거주자 유대리의 2025년 기타소득 내역이 다음과 같을 때, 종합과세되는 금액은? (별도 언급이 없으면 실제 필요경비는 없음)

신문원고료 10만원, 상표권양도 500만원(실제 필요경비 450만원), 복권당첨소득 1억원, 배임수재에 의해 받은 금품 260만원

해답

구 분	내 용	금 액			종합과세 판정	원천징수 금액
		총수입	필요경비	기타소득금액		
무 조 건 종합과세	배 임 수 재	260만원	–	260만원	① 배임수재 금품은 무조건 종합과세임	–
조 건 부 종합과세	원 고 료	10만원	Max[6만원, 0]	– (과세최저한)	② 원고료와 상품권 양도의 합계액이 300만원 이하이므로 분리과세 선택 가능함	–
	상표권양도	500만원	Max[300만원*, 450만원]	50만원		10만원

* 500만원 × (1 – 60%) = 300만원

복권당첨소득은 분리과세(A)이므로 이 문제와 관련 없음

6. 종교인소득

구 분	내 용
(1) 의 미	종교관련종사자(목사, 신부, 승려 등의 성직자 및 기타 종교관련 종사자)가 종교단체로부터 받는 소득
(2) 구 분	① 원칙 : 기타소득으로 과세함 ② 예외 : (종교단체 등이) 근로소득으로 원천징수하거나 과세표준확정신고서를 한 경우에는 근로소득으로 과세함
(3) 비과세소득	1) 종교관련종사자가 받는 다음의 학자금 ① 소속된 종교단체의 종교관련종사자로서의 활동과 관련있는 교육 · 훈련을 위하여 받는 다음의 어느 하나에 해당하는 학교 또는 시설의 입학금 · 수업료 · 수강료, 그 밖의 공납금 ㄱ. 초 · 중등교육법에 따른 학교(외국에 있는 이와 유사한 교육기관을 포함) ㄴ. 고등교육법에 따른 학교(외국에 있는 이와 유사한 교육기관을 포함) ㄷ. 평생교육법에 따른 평생교육시설 2) 종교관련종사자가 받는 식사 또는 식사대 ① 소속 종교단체가 종교관련종사자에게 제공하는 식사나 그 밖의 음식물 ② 식사나 그 밖의 음식물을 제공받지 아니하는 종교관련종사자가 소속 종교단체로부터 받는 월 20만원 이하의 식사대 3) 종교관련종사자가 받는 실비변상적 성질의 지급액 ① 일직료 · 숙직료 및 그 밖에 이와 유사한 성격의 급여 ② 여비로서 실비변상 정도의 금액 주1 ③ 종교활동비(수행지원비, 목회활동비, 성무활동비 등 종교단체의 의결기구 의결 · 승인을 통한 금액 및 물품) ④ 종교관련종사자가 천재 · 지변이나 그 밖의 재해로 인하여 받는 지급액 4) 종교관련종사자 또는 그 배우자의 출산이나 6세 이하(해당 과세기간 개시일을 기준으로 판단) 자녀의 보육과 관련하여 종교단체로부터 받는 금액으로서 월 10만원 이내의 금액 5) 종교관련종사자가 일정 사택을 제공받아 얻는 이익
(4) 소득금액의 계 산	1) 기타소득으로 보는 경우 기타소득금액 = 총수입금액 − 필요경비 주2 2) 근로소득으로 보는 경우 근로소득금액 = 총급여액 − 근로소득공제
(5) 수 입 시 기	① 기타소득으로 보는 경우 : 지급을 받은 날 ② 근로소득으로 보는 경우 : 근로소득 규정을 준용함

(6) 과 세 방 법	1) 소득의 지급자 주3 주4 ① 종교인 소득을 지급하는 자(종교단체 등의 원천징수의무자)는 기타소득 또는 근로소득 지급 시 간이세액표에 따라 원천징수를 함 ② 원천징수의무자는 다음 연도 2월분의 종교인소득을 지급할 때 (또는 종교관련 종사자와 소속관계가 종료되는 달의 종교인소득을 지급할 때) 해당 과세기간의 종교인소득에 대하여 연말정산을 함 2) 소득의 귀속자 ① 기타소득으로 보는 경우 ㄱ. 지급자가 원천징수 및 연말정산을 하지 않은 경우 : 무조건 종합과세 ㄴ. 지급자가 원천징수 및 연말정산을 수행한 경우 : 조건부 과세 ② 근로소득으로 보는 경우 : 근로소득 과세방법을 준용

주1 종교관련종사자가 본인 소유의 차량을 직접 운전하여 소속 종교단체의 종교관련종사자로서의 활동에 이용하고 소요된 실제 여비 대신에 해당 종교단체의 규칙 등에 정하여진 지급기준에 따라 받는 금액 중 월 20만원 이내의 금액을 포함

주2 Max[① 실제 필요경비 ② 아래 표의 일정 금액]

받은 금액	필요경비
2천만원 이하	받은 금액의 80%
2천만원 초과 4천만원 이하	1,600만원 + 2천만원 초과금액의 50%
4천만원 초과 6천만원 이하	2,600만원 + 4천만원 초과금액의 30%
6천만원 초과	3,200만원 + 6천만원 초과금액의 20%

주3 종교인소득을 지급하는 자는 소득세의 원천징수를 하지 않을 수 있음. 이 경우에는 종교인 소득을 받은 자(종교관련종사자)가 종합소득과세표준을 신고하여야 함

주4 종교인에게 종교인소득을 지급하는 자는 원천징수 및 연말정산 여부와 관계없이 다음 연도 3월 10일까지 지급명세서를 원천징수 관할세무서장, 지방국세청장 또는 국세청장에게 제출하여야 함

연습문제

01 소득세법상 과세대상 근로소득에 포함되는 것은? CTA 2015

① 퇴직급여로 지급되기 위하여 사용자가 적립한 급여 중 근로자가 적립금액 등을 선택할 수 없는 것으로서 기획재정부령으로 정하는 방법에 따라 적립되는 급여

② 만기에 종업원에게 귀속되는 단체환급부보장성보험의 환급금

③ 임원이 아닌 종업원이 사용자 소유의 사택을 제공받음으로써 얻는 이익

④ 임직원의 업무상 과실(고의나 중과실 제외)로 인한 손해배상청구를 지급사유로 하는 손해배상보험료를 사용자가 부담하는 경우

⑤ 사원이 업무와 관계없이 독립된 자격으로 사내에서 발행하는 사보 등에 원고를 게재하고 받는 대가

02 내국법인 ㈜A에 근무하는 거주자의 소득세법령상 근로소득에 관한 설명으로 옳지 않은 것은? CTA 2020

① 거주자 甲(일용근로자 아님)의 근로소득금액을 계산할 때 총급여액에서 공제되는 근로소득공제액의 한도는 2천만원이다.

② 법인세법에 따라 상여로 처분된 금액은 근로소득으로 한다.

③ 일용근로자 乙의 근로소득은 종합소득과세표준을 계산할 때 합산하지 아니한다.

④ 산업재해보상보험법에 따라 수급권자가 받는 휴업급여는 비과세소득이지만, 고용보험법에 따라 받는 육아휴직급여는 과세대상 근로소득이다.

⑤ 퇴직함으로써 받는 소득으로서 퇴직소득에 속하지 아니하는 소득은 근로소득으로 한다.

03 국내 상장법인(비중소기업임)의 직원으로 근무하는 거주자 갑의 소득세법상 2025년도 근로소득의 총급여액을 계산한 것으로 옳은 것은? CPA 2016

> (1) 급 여 : 24,000,000원(비과세소득 제외)
> (2) 법인세법에 의해 상여로 처분된 금액 : 6,000,000원
> - 근로제공 사업연도는 2025년이며, 결산확정일은 2026년 2월 3일임
>
> (3) 자가운전보조금(월 300,000원×12개월) : 3,600,000원
> - 갑의 소유차량을 업무수행에 이용하고 실제여비를 받는 대신에 지급기준에 따라 받은 금액임
>
> (4) 자녀학비보조금 : 2,000,000원
> (5) 배우자의 자녀양육수당(월 300,000원×1개월. 6세 이하) : 300,000원
> (6) 식사대(월 100,000원×12개월) : 1,200,000원(현물식사를 별도로 제공받았음)
> (7) 주택구입자금을 무상대여 받음으로써 얻은 이익 : 5,000,000원

① 33,500,000원 ② 34,500,000원 ③ 37,500,000원
④ 39,500,000원 ⑤ 39,700,000원

04 거주자 갑의 2025년 근로소득 관련 자료이다. 거주자 갑은 ㈜A에 회계담당자로 근무하던 중 2025년 7월 1일에 ㈜B로 이직하였다. 2025년 거주자 갑의 근로소득금액은 얼마인가? CPA 2019

> (1) ㈜A로부터 수령한 금액(2025.1.1. ~ 6.30.)
> - 급여 : 12,000,000원
> - 상여금 : 2,000,000원
> - 잉여금처분에 의한 성과배분상여금 : 5,000,000원(잉여금처분결의일 2024.12.20.)
> - 식대 : 600,000원(월 100,000원 × 6개월, 식사는 제공받지 않음)
> - 숙직비 : 200,000원(1일당 실비상당액 20,000원×10일)
>
> (2) ㈜B로부터 수령한 금액(2025.7.1. ~ 12.31.)
> - 급여: 15,000,000원
> - 식대: 900,000원(월 150,000원 × 6개월, 식사를 제공받음)
> - 회사규정에 따른 자가운전보조금 : 1,200,000원(월 200,000원 × 6개월, 자가차량을 업무수행에 이용하나 여비를 수령하지 않음)
> - 건강검진보조금 : 500,000원

- 추석명절격려금 : 3,000,000원
- 자녀학비보조금 : 3,000,000원

① 20,650,000원 ② 22,715,000원 ③ 25,265,000원
④ 25,690,000원 ⑤ 25,860,000원

05 다음은 거주자 甲이 2025년에 ㈜A에 근무하면서 지급받은 급여 등에 관련된 자료이다. 거주자 甲의 2025년 총급여액은?(단, 주어진 자료 이외에는 고려하지 않음) CTA 2019

(1) 연간 급여 합계액 : 30,000,000원
(2) 연간 상여 합계액 : 10,000,000원
(3) 상여 소득처분금액 : 2,000,000원
 * ㈜A는 2025.3.20.에 2024.1.1.~12.31. 기간의 법인세를 신고하면서 익금산입한 금액 중 2,000,000원을 甲을 귀속자로 하는 상여로 소득처분하였다.
(4) 연간 급여 및 상여 외의 甲의 주식매수선택권 행사로 인한 이익 : 10,000,000원
 * 주식매수선택권은 ㈜A의 100% 모회사인 ㈜B 발행 주식을 대상으로 한 것으로서, 2025.5.5. 행사하였다. ㈜A 및 ㈜B는 모두 벤처기업이 아니다.
(5) 연간 급여 외의 식대 : 3,600,000원
 * ㈜A는 구내식당을 운영하고 있지 아니하여 식대를 월 300,000원씩 금전으로 지급하고 있다.

① 41,200,000원 ② 48,800,000원 ③ 51,200,000원
④ 53,200,000원 ⑤ 54,400,000원

06 다음은 국내 상장법인의 인사과 대리로 근무하고 있는 거주자 갑의 2025년도 연간 급여와 관련된 명세내역이다. 근로소득 총급여액으로 옳은 것은? CPA 2017

(1) 기본급 : 48,000,000원(비과세소득 제외)

(2) 식사대 : 3,000,000원(월250,000원×12개월)
- 현물식사를 별도로 제공받지 않음

(3) 자가운전보조금 : 3,600,000원(월300,000원×12개월)
- 갑의 소유차량을 업무수행에 이용하고 실제 여비를 받는 대신에 회사의 지급기준에 따라 수령한 금액임

(4) 이익잉여금처분에 의한 성과배분상여금의 내역:

대상 사업연도	잉여금처분결의일	지급일	금 액
2024.1.1. ~ 2024.12.31.	2025.2.25.	2025.3.22.	5,000,000원
2025.1.1. ~ 2025.12.31.	2026.2.19.	2026.2.24.	9,000,000원

(5) 6세 이하 자녀의 보육수당: 3,600,000원(월 300,000원 × 12개월)

(6) 근로기준법에 따른 연장근로와 야간근로로 인하여 받은 수당 : 3,000,000원

(7) 회사가 보유하고 있는 사택을 무상으로 제공받음으로 인해 얻은 이익 : 6,000,000원

① 56,600,000원　② 58,400,000원　③ 59,000,000원
④ 60,200,000원　⑤ 63,000,000원

07 벤처기업이 아닌 중소기업 ㈜A에 종업원(일용근로자 아님)으로 근무하는 거주자 갑의 2025년 근로소득 관련 자료이다. 갑의 2025년 근로소득 총급여액으로 옳은 것은?

CPA 2020

(1) 급여 : 24,000,000원

(2) 상여금 : 10,000,000원

(3) 식사대 : 3,000,000원(월 250,000원×12개월)
- 갑은 식사대 이외에 별도로 식사를 제공받지 않음

(4) 자녀보육수당(6세) : 2,400,000원(월 200,000원×12개월)

(5) ㈜A가 납부한 단체환급부보장성보험의 보험료 : 1,200,000원(월 100,000원×12개월)
- 갑의 배우자가 보험의 수익자임

(6) ㈜A의 사택을 무상제공 받음으로써 얻는 이익 : 5,000,000원

(7) ㈜A로부터 부여받은 주식매수선택권 행사이익(행사일 2025년 10월 5일) : 20,000,000원

① 43,200,000원 ② 55,100,000원 ③ 56,300,000원
④ 57,100,000원 ⑤ 59,100,000원

08 다음은 내국법인 ㈜A에서 영업사원으로 근무하던 거주자 甲의 근로소득 관련 자료이다. 甲의 2025년 귀속 근로소득금액은 얼마인가? (단, 주어진 자료 이외에는 고려하지 않음)

CPA 2018

(1) 근무기간 : 2025.1.1.부터 2025.10.31.(퇴직일)까지 계속 근무하였음

(2) 급여내역

구 분	금 액	비 고
기본급여총액	50,000,000원	기본급으로 월 5,000,000원 지급 받음
휴 가 비	5,000,000원	㈜A로부터 보조받은 휴가임
강 연 수 당	4,000,000원	㈜A로 사내연수 강연수당임
인 정 상 여	2,000,000원	㈜A의 2024년도 귀속 법인세무조정시 발생한 것임
식 사 대	2,200,000원	월 220,000원(회사는 현물식사를 별도 제공하지 않음)
자 가 운 전 보 조 금	3,000,000원	월 300,000원(시내출장 등이 있을 시 甲소유 차량을 업무에 이용하였고, 이에 소요된 실제 여비는 자가운전보조금을 받았음에도 불구하고 출장여비 규정에 의해 별도로 지급받았음)

(3) 근로소득공제액

총급여액	근로소득공제액
1,500만원 초과 4,500만원 이하	750만원 + (총급여액 − 1,500만원) × 15%
4,500만원 초과 1억원 이하	1,200만원 + (총급여액 − 4,500만원) × 5%

① 44,590,000원 ② 44,840,000원 ③ 48,290,000원
④ 49,340,000원 ⑤ 50,090,000원

09 다음은 2024년 1월 1일에 ㈜A에 입사한 생산직근로자(공장에서 금속 용접 업무 담당)인 거주자 갑의 2025년 급여 내역이다. 갑의 2025년 귀속 총급여액을 계산한 것으로 옳은 것은? 단, 갑의 직전 과세기간의 총급여액은 24,000,000원이다. CPA 2018

(1) 급여 : 12,000,000원(월 1,000,000원×12개월)
(2) 상여금 : 4,000,000원(부정기적인 수령임)
(3) 자가운전보조금 : 3,000,000원(월 250,000원×12개월) − 갑 소유의 차량을 업무수행에 이용하고 시내출장 등에 소요된 실제여비를 지급받는 대신에 그 소요경비를 회사의 사규에 의한 지급기준에 따라 받은 금액임
(4) 작업복 : 150,000원 − 작업에 필요하여 지급받은 작업복의 금액임
(5) 식사대 : 1,200,000원(월 100,000원×12개월) − 회사는 무상으로 중식을 제공하며 이와 별도로 지급된 식사대임
(6) 자녀보육수당 : 4,800,000원(월 400,000원×12개월) − 5세인 자녀 보육과 관련된 수당임
(7) 연장근로수당 : 1,500,000원 − 근로기준법에 따른 연장근로로 인해 통상임금에 더한 지급액임

① 19,000,000원 ② 20,200,000원 ③ 20,500,000원
④ 21,400,000원 ⑤ 21,850,000원

10 2025.2.1.에 생애 최초로 입사한 거주자 甲(생산직근로자임)의 다음의 자료를 이용한 2월분 급여 중 비과세 근로소득의 합계는 얼마인가? (단, 상여금 및 연장근무수당 이외에는 매월 동액이 지급되며, 주어진 자료 이외에는 고려하지 않음) CTA 2013

〈甲의 2월 급여내역〉

항 목	금 액	비 고
(1) 급　　여	1,100,000원	
(2) 상　여　금	500,000원	부정기적인 상여임
(3) 자가운전보조금	250,000원	甲 소유의 차량을 업무수행에 이용하고 시내출장 등에 소요된 실제여비를 받는 대신에 그 소요경비를 사규에 의한 지급기준에 따라 받는 금액임
(4) 식　사　대	100,000원	회사는 무상으로 중식을 제공하며 이와 별도로 지급된 식사대임
(5) 자녀보육수당	300,000원	甲의 3세 및 5세인 자녀 보육과 관련된 수당임
(6) 연장근무수당	250,000원	근로기준법에 따른 연장근무로 인한 통상임금에 더한 지급액이며 당월 외에는 연장 · 야간 · 휴일근무수당은 없음
계	2,500,000원	

① 300,000원　② 400,000원　③ 450,000원
④ 550,000원　⑤ 650,000원

11 연금소득에 관한 설명으로 옳지 않은 것은? CTA 2016

① 연금소득이 있는 거주자의 해당 과세기간에 받은 총연금액(분리과세연금소득은 제외함)에서 공제하는 연금소득공제액이 900만원을 초과하는 경우에는 900만원을 공제한다.

② 공적연금소득을 받는 사람이 해당 과세기간 중에 사망한 경우 공적연금소득에 대한 원천징수의무자는 그 사망일이 속하는 달의 다음다음 달 말일까지 그 사망자의 공적연금소득에 대한 연말정산을 하여야 한다.

③ 연금계좌세액공제를 받은 연금계좌 납입액과 연금계좌의 운용실적에 따라 증가된 금액을 그 소득의 성격에 불구하고 연금계좌에서 연금수령하면 연금소득으로, 연금외수령하면 퇴직소득으로 과세한다.

④ 연금계좌에서 인출된 금액이 연금수령한도를 초과하는 경우에는 연금수령분이 먼저 인출되고 그 다음으로 연금외수령분이 인출되는 것으로 본다.

⑤ 공적연금소득의 수입시기는 공적연금 관련법에 따라 연금을 지급받기로 한 날로 한다.

12 소득세법상 연금소득에 관한 설명이다. 옳지 않은 것은? CPA 2015

① 공적연금소득은 2002년 1월 1일 이후에 납입된 연금 기여금 및 사용자 부담금을 기초로 하거나 2002년 1월 1일 이후 근로 제공을 기초로 하여 받는 연금소득으로 한다.

② 연금계좌의 운용실적에 따라 증가된 금액을 그 소득의 성격에도 불구하고 연금저축계좌 또는 퇴직연금계좌에서 법령상 정하는 연금형태로 인출하는 경우의 그 연금은 연금소득에 해당한다.

③ 연금소득이 있는 거주자가 주택담보노후연금 이자비용공제를 신청한 경우 법령상 요건에 해당하는 주택담보노후연금 수령액에서 해당 과세기간에 발생한 이자비용 상당액을 200만원 한도 내에서 공제한다.

④ 연금소득이 있는 거주자에 대해서는 해당 과세기간에 받은 총연금액(분리과세연금소득 제외)에서 법령상의 금액을 900만원 한도 내에서 공제한다.

⑤ 공적연금소득을 지급하는 자가 연금소득의 일부 또는 전부를 지연하여 지급하면서 지연지급에 따른 이자를 함께 지급하는 경우 해당 이자는 기타소득으로 본다.

13 소득세법상 거주자의 연금소득에 관한 설명으로 옳지 않은 것은? CTA 2020

① 산업재해보상보험법에 따라 받는 각종 연금은 비과세소득이다.

② 공적연금소득의 수입시기는 공적연금 관련법에 따라 연금을 지급받기로 한 날로 한다.

③ 연금계좌의 운용실적에 따라 증가된 금액을 연금계좌에서 연금외수령한 소득은 그 소득의 성격에 따라 이자 또는 배당소득으로 본다.

④ 연금소득금액은 소득세법에 정한 총연금액에서 연금소득공제를 적용한 금액으로 한다.

⑤ 공적연금소득을 지급하는 자가 연금소득의 일부 또는 전부를 지연하여 지급하면서 지연지급에 따른 이자를 함께 지급하는 경우 해당 이자는 공적연금소득으로 본다.

14 다음은 거주자 갑의 국민연금과 관련된 자료이다. 이를 이용하여 거주자 갑의 2025년 과세대상 총 연금액을 계산한 것으로 옳은 것은? **CPA 2017**

(1) 거주자 갑(나이 60세)은 2025년에 국민연금법에 의한 연금으로 18,000,000원을 수령하였다.

(2) 거주자 갑이 국민연금에 납입한 연금보험료 누계액과 환산소득의 누계액은 다음과 같다.

구 분	납입한 연금보험료 누계액	환산소득의 누계액
2001.12.31. 까지	45,000,000원	600,000,000원
2002. 1. 1. 이후	75,000,000원	900,000,000원

(3) 과세기준일인 2002.1.1. 이후 납입한 연금보험료 누계액 75,000,000원 중 납입한 과세기간에 연금보험료 소득공제를 받은 금액의 누계액은 70,000,000원*이다.

* 관할세무서장으로부터 연금보험료 소득공제확인서를 발급받고 원천징수의무자에게 제출하여 확인받음.

① 0원 ② 1,750,000원 ③ 2,200,000원
④ 5,800,000원 ⑤ 6,250,000원

15 다음은 거주자 甲(62세)이 2025년도에 수령한 국민연금과 연금계좌에 대한 자료이다. 소득세법상 甲의 2025년도 종합과세되는 총연금액은 얼마인가? (단, 甲이 종합과세와 분리과세 중 선택할 수 있는 경우에는 종합과세를 선택한 것으로 가정함) **CTA 2017**

(1) 2025년도 국민연금 수령액은 30,000,000원이고, 국민연금 환산소득누계액과 국민연금보험료 누계액 자료는 다음과 같음

① 2002.1.1. 이후 국민연금 납입기간의 환산소득 누계액 : 450,000,000원

② 2001.12.31. 이전 국민연금 납입기간의 환산소득 누계액 : 900,000,000원

③ 2002.1.1. 이후 납입한 국민연금보험료 누계액 : 60,000,000원(소득공제 받지 않은 금액 3,000,000원)

(2) 2025년도 연금계좌(가입일 : 2011.2.10., 수령시작일 : 2025.3.10.)에서 연금으로 수령한 금액은 25,000,000원이고, 연금수령개시 신청일인 2025.3.10. 현재 연금계좌 평가액 50,000,000원의 내역은 다음과 같음

① 甲이 납입한 연금보험료 합계액 : 33,000,000원(소득공제 또는 세액공제 받지 않은 금액 2,000,000원)

② 연금계좌 운용수익 : 10,000,000원
③ 이연퇴직소득 : 7,000,000원

① 7,000,000원 ② 10,000,000원 ③ 16,000,000원
④ 20,000,000원 ⑤ 23,000,000원

16 다음 중 기타소득으로 과세되는 것이 아닌 것은? CPA 2018

① 저작자가 저작권의 양도 또는 사용의 대가로 받는 금품
② 노동조합의 전임자가 노동조합 및 노동관계조정법을 위반하여 사용자로부터 지급받은 급여
③ 퇴직 전에 부여받은 주식매수선택권을 퇴직 후에 행사하거나 고용관계 없이 주식매수선택권을 부여받아 이를 행사함으로써 얻는 이익
④ 발명진흥법에 따라 종업원 또는 대학의 교직원이 퇴직한 후에 지급받는 직무발명보상금으로서 비과세한도를 초과하는 소득
⑤ 유실물의 습득 또는 매장물의 발견으로 인하여 보상금을 받거나 새로 소유권을 취득하는 경우 그 보상금 또는 자산

17 소득세법 상 기타소득에 관한 설명으로 옳지 않은 것은? CTA 2019

① 법령에 기타소득으로 열거된 항목이라 하더라도 사업소득으로 과세하는 것이 가능한 경우가 있을 수 있다.
② 10년 이상 보유한 서화의 양도로 발생하는 소득이 기타소득으로 구분되는 경우, 최소한 해당 거주자가 받은 금액의 100분의 90에 상당하는 금액을 필요경비로 인정받을 수 있다.
③ 정신적 피해를 전보하기 위하여 받는 배상금은 기타소득으로 과세되지 아니한다.
④ 퇴직 전에 부여받은 주식매수선택권을 퇴직 후에 행사함으로써 얻은 이익은 기타소득에 해당한다.
⑤ 특정한 소득이 기타소득의 어느 항목에 해당하는지 여부는 세액에 영향이 없다.

18 소득세법상 소득구분에 대한 설명이다. 옳지 않은 것은? CPA 2009

① 연구 및 개발업으로부터의 소득은 사업소득에 해당하지 않는다.

② 퇴직 전에 부여받은 주식매수선택권을 퇴직 후에 행사함으로써 얻는 이익은 근로소득에 해당한다.

③ 종교인소득은 기타소득에 해당하지만 이에 대해 근로소득으로 원천징수한 경우에는 해당 소득을 근로소득으로 본다.

④ 광업권을 대여하고 그 대가로 받는 금품은 기타소득에 해당한다.

⑤ 지상권을 양도함으로 인하여 얻는 소득은 양도소득에 해당한다.

19 소득세법상 거주자의 소득구분에 관한 설명으로 옳지 않은 것은? CPA 2013

① 직장공제회 초과반환금(2003년 직장공제회에 최초로 가입하고 수령)은 이자소득으로 과세한다.

② 공익사업과 관련한 지역권과 지상권(지하 또는 공중에 설정된 권리를 포함)을 대여함으로써 발생하는 소득은 기타소득으로 과세한다.

③ 고용관계 없이 주식매수선택권을 부여받아 이를 행사함으로써 얻는 이익은 기타소득으로 과세한다.

④ 퇴직함으로써 받는 소득으로서 퇴직소득에 속하지 아니하는 소득은 근로소득으로 과세한다.

⑤ 연금계좌의 운용실적에 따라 증가된 금액을 연금계좌에서 연금외수령하는 경우에는 그 소득의 성격에 따라 이자소득, 배당소득 또는 기타소득으로 과세한다.

20 소득세 과세에 관한 설명이다. 옳은 것은? CPA 2010

① 전세권의 대여로 인하여 발생하는 소득은 기타소득으로 과세된다.
② 국가로부터 근로소득을 지급받는 공무원이 국가 소유 사택을 무상으로 제공받음으로써 얻는 이익은 근로소득으로 과세된다.
③ 명예훼손으로 인한 정신적 고통에 대한 손해배상금에 대해서는 소득세를 과세하지 않는다.
④ 종업원의 수학중인 자녀가 사용자로부터 받는 학자금에 대해서는 소득세를 과세하지 않는다.
⑤ 체육진흥투표권의 구매자가 받는 환급금으로서 건별로 권면에 표시된 금액의 합계액이 100만원 이하이고 단위투표금액당 환급금이 단위투표금액의 10배 이하인 경우에는 소득세를 과세하지 않는다.

21 다음 내용 중 옳은 것은 모두 몇 개 인가? CTA 2011

> ㄱ. 퇴직 전에 부여받은 주식매수선택권을 퇴직 후에 행사함으로써 얻는 이익은 기타소득으로 과세한다.
> ㄴ. 정신적 고통에 대한 대가로 지급받는 손해배상금은 기타소득으로 과세한다.
> ㄷ. 국내에서 지급되는 금융소득으로서 원천징수되지 않은 소득은 해당 금액이 금융소득종합과세기준금액 이하인 경우에도 무조건 종합과세한다.
> ㄹ. 공익사업과 관련한 지상권의 대여나 설정으로 인하여 받는 대가는 기타소득으로 과세한다.
> ㅁ. 주권상장법인의 소액주주임원이 주택과 그 부수토지의 구입에 소요되는 자금을 무상으로 대여받음으로써 얻는 이익은 근로소득에 해당한다.

① 없음 ② 1개 ③ 2개
④ 3개 ⑤ 4개

22 비과세소득에 관한 설명으로 옳은 것을 모두 고른 것은? CTA 2014

ㄱ. 국민건강보험법에 따라 사용자가 부담하는 보험료는 근로소득으로 비과세 소득이다.
ㄴ. 1개의 국내주택(과세기간 종료일 현재 기준시가 15억원인 아파트)을 소유하는 거주자의 국내주택임대소득 5천만원은 사업소득으로 비과세소득이다.
ㄷ. 사내급식 등의 방법으로 식사 기타 음식물을 제공받는 근로자가 받는 월 20만원 이하의 식사대는 근로소득으로 비과세소득이다.
ㄹ. 서화를 미술관에 양도함으로써 발생하는 소득은 기타소득으로 비과세소득이다.
ㅁ. 병역의무 수행을 위해 복무중인 현역병인 병장이 받는 급여는 근로소득으로 비과세소득이다.

① ㄱ, ㄷ ② ㄴ, ㅁ ③ ㄷ, ㄹ
④ ㄱ, ㄴ, ㅁ ⑤ ㄱ, ㄹ, ㅁ

23 다음 자료에 의하여 거주자 갑의 2025년 귀속 종합소득에 합산되는 기타소득금액을 계산하면 얼마인가? CTA 2013

(1) 갑의 2025년 귀속 소득내역은 다음과 같다.
- 고용관계 없이 다수인에게 강연을 하고 받은 강연료 : 100,000원
- 신문에 원고를 기고하고 받은 원고료 : 3,000,000원
- 복권에 당첨되어 받은 금품 : 2,000,000원
- 공익사업과 관련하여 지역권을 대여하고 받은 대가 : 10,000,000원
- 부동산과 함께 영업권을 양도하고 받은 대가 : 20,000,000원
- 산업재산권을 양도하고 받은 대가 : 5,000,000원(확인된 필요경비 4,500,000원)

(2) 갑의 소득은 모두 국내에서 일시적으로 발생한 것이며, 소득에 대한 필요경비는 자료에서 별도로 명시한 것을 제외하고는 확인되지 않는다.
(3) 갑의 소득에 대한 원천징수는 적법하게 이루어졌고, 위에 제시된 금액들은 원천징수세액을 차감하기 전의 금액이며, 갑은 기타소득에 대하여 종합과세를 선택한다고 가정한다.

① 2,600,000원 ② 3,100,000원 ③ 3,150,000원
④ 3,600,000원 ⑤ 5,700,000원

24 ㈜A에 근무하는 거주자 갑의 2025년 소득내역의 일부이다. 거주자 갑의 종합소득금액 중 기타소득금액은 얼마인가? 기타소득을 제외한 거주자 갑의 종합소득에 대한 한계세율은 15%이다. CPA 2019

구 분	금 액	실제 필요경비
(1) 공익사업과 관련하여 지역권을 설정하고 받은 대가	2,000,000원	1,000,000원
(2) 대학에 한 학기(4개월) 출강하고 받은 시간강사료	2,500,000원	-
(3) B신문에 기고하고 받은 원고료	500,000원	-
(4) 산업재산권의 양도로 인해 수령한 대가	3,500,000원	1,500,000원
(5) 퇴직한 전 회사로부터 수령한 직무발명보상금	4,000,000원	-
(6) 공익법인이 주최하는 발명경진대회에서 입상하여 받은 상금	3,000,000원	-
(7) 법인세법에 의해 기타소득으로 처분된 금액	1,000,000원	-

① 0원 ② 2,600,000원 ③ 3,800,000원
④ 4,000,000원 ⑤ 5,100,000원

25 다음은 ㈜A에 근무하는 거주자 甲의 2025년도 소득자료이다. 甲의 기타소득으로 원천징수될 소득세액은 얼마인가? (단, 다음 소득은 일시·우발적으로 발생하였으며, 소득과 관련된 필요경비는 확인되지 않음) CTA 2017

(1) 상가입주 지체상금	1,500,000원
(2) 상표권 대여료	1,000,000원
(3) 공익사업 관련 없는 지상권 설정대가	2,000,000원
(4) 서화를 미술관에 양도하고 받은 대가	10,000,000원
(5) ㈜B의 입사시험 출제수당	100,000원
(6) 복권당첨금	3,000,000원
(7) 배임수재로 받은 금품	5,000,000원

① 300,000원 ② 460,000원 ③ 860,000원
④ 980,000원 ⑤ 1,020,000원

26 다음은 거주자 甲의 2025년 귀속 소득 관련 자료이다. 소득세법상 종합소득에 합산되는 소득금액에 대하여 원천징수되는 소득세액은? (단, 모두 국내에서 지급받은 것으로 일시적 · 우발적으로 발생하였으며, 필요경비는 확인되지 않고 주어진 자료 외의 사항은 고려하지 않음) CTA 2020

(1) 계약의 위약으로 인하여 받은 위약금 중 주택입주 지체상금(계약금이 위약금으로 대체되지 않음) : 10,000,000원
(2) 영업권을 기계장치와 함께 양도함에 따라 받은 대가 : 5,000,000원
(3) 공익사업을 위한 토지 등의 취득 및 보상에 관한 법률 제4조에 따른 공익사업과 관련하여 지상권을 설정함으로써 발생하는 소득 : 3,000,000원
(4) 부동산매매계약의 해약으로 계약금이 위약금으로 대체된 금액 : 12,000,000원

① 640,000원 ② 1,040,000원 ③ 1,440,000원
④ 2,640,000원 ⑤ 3,202,000원

27 다음 자료에 의하여 거주자 갑의 2025년 귀속 종합소득금액을 계산하면 얼마인가? CTA 2013

(1) 갑의 2025년 귀속 소득내역은 다음과 같다.
- 직장공제회 초과반환금 : 6,000,000원
- 비영업대금의 이익(원천징수되지 않음) : 5,000,000원
- 출자공동사업자의 배당소득 : 50,000,000원
- 종업원으로 근무하던 직장을 퇴직함으로써 지급받은 퇴직소득 : 25,000,000원
- 퇴직 전에 부여 받은 주식매수선택권을 퇴직 후에 행사함으로써 얻은 이익 : 10,000,000원
- 보유기간이 15년인 서화를 양도하고 받은 대가: 20,000,000원

(2) 갑의 소득은 모두 국내에서 지급받았으며 소득에 대한 필요경비는 확인되지 않는다.
(3) 갑의 소득에 대한 원천징수는 별도로 명시한 것을 제외하고는 적법하게 이루어졌으며, 위에 제시된 금액은 모두 원천징수세액을 차감하기 전의 금액이다.

① 46,000,000원 ② 57,000,000원 ③ 65,000,000원
④ 67,000,000원 ⑤ 69,000,000원

28 다음 자료를 이용하여 거주자 甲의 2025년 귀속 종합소득금액을 계산하면 얼마인가? (단, 주어진 자료 이외에는 고려하지 않음) CTA 2018

(1) 甲의 2025년도 귀속 근로소득 등 관련 자료

① 연 급여 : 94,200,000원[식사대 2,400,000원(월 200,000원×12개월) 포함, 회사는 현물식사를 별도 제공하지 않음]

② 발명진흥법에 따른 직무발명보상금 : 9,000,000원

③ 법령에 의한 건강보험료 회사부담금 : 2,400,000원

④ 법령으로 정한 직장공제회 초과반환금 : 6,000,000원(국내에서 받았으며 원천징수는 적법하게 이루어짐)

(2) 甲은 상가건물은 2024년 12월 초부터 2025년 12월 말까지 매월 임대료 2,000,000원(부가가치세 별도)을 받기로 약정하고 임대사업을 하고 있다. 해당 임대사업은 세무대리인을 통해 장부 기장에 의한 신고를 하였으며, 2025년 필요경비는 10,000,000원이다. (임차인과 특수관계가 아니며 임차기간 중 임차인 변동은 없고, 사업기간 중 휴업사실 없음)

(3) 甲이 문화재보호법에 따라 국가지정문화재로 지정된 서화를 양도하고 발생한 양도소득은 10,000,000원이다.

(4) 甲은 직장동료 乙에게 2025.4.1.에 1억원을 빌려주고 원금과 이자(연 5%)는 1년 후 받기로 하였다. (甲은 금전 대여를 사업적으로 하지 않음)

① 89,560,000원 ② 93,360,000원 ③ 99,560,000원

④ 103,360,000원 ⑤ 123,100,000원

29 ㈜A에 근무하는 거주자 甲의 2025년 과세기간의 소득 및 공제자료가 다음과 같은 경우 甲의 동 과세기간의 종합소득금액은 얼마인가? [단, 종합소득세 부담의 최소화를 가정하고, 총급여액의 4,500만원을 초과하는 경우의 근로소득공제액은 (1,200만원 + 4,500만원을 초과하는 총급여액의 5%임)] CTA 2012

(1) 소득자료의 일부는 다음과 같고, 甲은 해당 소득들과 관련하여 장부를 비치 · 기장하지 않고 있다. (아래 소득은 모두 사업소득이 아니며, 적법하게 원천징수됨)

명　세	금　액
㈜A의 사내연수 강연수당	3,000,000원
대학생을 대상으로 한 특별 강연료	2,000,000원
국가 주최 우수기술대회의 상금	14,000,000원
복권당첨금액(해당 복권의 구입금액은 1,000원)	21,000,000원
본인이 보유하고 있던 산업재산권의 양도금액	5,000,000원

(2) 위 소득 외에 甲이 ㈜A로부터 지급받은 급여와 상여의 합계는 72,000,000원이고 제시된 자료 외의 다른 소득은 없다.

(3) 甲의 종합소득공제액은 4,000,000원이다.

① 50,250,000원　② 52,000,000원　③ 52,250,000원
④ 53,250,000원　⑤ 61,500,000원

30 ㈜성공의 생산직 직원으로 재직중인 거주자 을의 2025년도 소득관련 자료이다. 조세부담을 최소화하고자 할 때 을의 2025년 종합소득금액으로 옳은 것은? CPA 2012

(1) 연간 급여 관련 자료

구 분	금 액
기본급(월 600,000원 × 12개월)	7,200,000원
상여금	1,500,000원
직책수당(월 100,000원 × 12개월)	1,200,000원
식대보조금(월 225,000원 × 12개월, 별도 식사나 음식물 제공 없음)	2,700,000원
연장근로수당	2,500,000원

(2) 2025.3.1에 을은 ㈜성공으로부터 부여받은 주식매수선택권을 행사하였으며 행사로 인한 이익(주식매수선택권 행사 당시의 시가와 실제 매수가액과의 차액)은 2,000,000원이다.

(3) 을은 위 (1)과 (2) 외에 다음과 같은 소득이 있다.
가. 문예잡지에 수필을 쓰고 받은 대가(실제 필요경비 확인 안 됨) 5,000,000원
나. 산업재산권을 대여하고 받은 대가(실제 필요경비 확인 안 됨) 10,000,000원
다. 복권당첨금(복권구입비는 1,000원임) 50,000,000원

(4) 총급여액 500만원 초과 1,500만원 이하의 근로소득공제는 350만원 + (총급여액 − 500만원) × 40%이다.

(5) 2024년도에 을이 받은 총급여액은 18,000,000원이었으며, 2025년도 종합소득공제액은 2,500,000원으로 가정한다.

① 309,000원 ② 729,000원 ③ 5,650,000원
④ 11,880,000원 ⑤ 57,649,000원

31 다음은 거주자 갑에게 귀속되는 2025년도 종합소득과 관련된 자료이다. 이 자료를 이용하여 소득세 원천징수세액을 계산한 것으로 옳은 것은? (단, 지방소득세는 고려하지 아니함) CPA 2013

> (1) 2025년도의 종합소득과 관련된 내역은 다음과 같으며, 비과세되는 소득은 없다.
> 가. 영리내국법인으로부터 받은 비영업대금의 이익 10,000,000원
> 나. 재산권에 관한 계약의 위약을 원인으로 법원의 판결에 의하여 영리내국법인으로부터 지급받은 손해배상금(주택입주지체상금이 아니며, 계약금이 위약금으로 대체된 것도 아님) 6,000,000원과 손해배상금에 대한 법정이자 500,000원
> 다. 비상장영리내국법인 ㈜A로부터 받은 현금배당금 5,000,000원
> 라. 골동품(갑의 보유기간은 20년임) 1개를 영리내국법인에 양도하고 받은 대가(기타소득임) 100,000,000원
> 마. 저술가인 갑이 직업상 제공하는 인적용역(부가가치세가 면세됨)을 공급하고 내국법인으로부터 받은 대가(사업소득임) 50,000,000원
>
> (2) 위 소득들에 대하여 실제로 소요된 필요경비는 확인되지 아니한다.
> (3) 위 소득들에 대해서는 소득세법에 따라 적법하게 원천징수가 이루어졌으며, 위의 모든 금액들은 원천징수세액을 차감하기 전의 금액이다.

① 6,500,000원 ② 7,000,000원 ③ 8,000,000원
④ 9,000,000원 ⑤ 10,000,000원

32 다음은 거주자 갑의 2025년도 종합소득세 신고와 관련된 자료이다. 거주자 갑의 2025년도 종합소득 과세표준으로 옳은 것은? (단, 특별히 언급되지 않는 한 원천징수는 적절히 이루어졌으며, 제시된 금액들은 원천징수 세액을 차감하기 전의 금액이다) CPA 2011

> (1) 소득내역은 다음과 같다.
> 가. 비영업대금의 이익 : 10,000,000원
> 나. 국내은행 예금이자 : 13,000,000원
> 다. 국외에서 지급받은 이자(국내에서 원천징수 되지 아니함) : 14,000,000원
> 라. 비상장내국법인으로부터의 현금배당(법인세가 과세된 소득을 재원으로 함) : 6,000,000원
> 마. 비실명배당소득 : 5,000,000원
> 바. 분리과세를 신청하지 아니한 상환기간 12년의 장기채권이자 : 7,000,000원
> 사. 복권당첨금 : 9,000,000원
> 아. 고용관계 없이 다수인에게 일시적으로 강연을 하고 받은 강연료 : 20,000,000원 (실제 사용된 필요경비는 10,000,000원임)
>
> (2) 종합소득공제는 3,000,000원이다.

① 51,000,000원
② 51,660,000원
③ 55,660,000원
④ 57,220,000원
⑤ 59,220,000원

정답 및 해설

01 정답 ②

계약기간 만료전 또는 만기에 종업원에게 귀속되는 단체환급부보장성보험의 환급금은 근로소득에 포함된다.

02 정답 ④

산업재해보상보험법에 따라 수급권자가 받는 휴업급여와 고용보험법에 따라 받는 육아휴직급여는 비과세대상 근로소득이다.

03 정답 ④

구 분	금 액	비 고
급 여	24,000,000	
인정상여	6,000,000	근로를 제공한 사업연도에 과세됨
자가운전보조금	1,200,000	
자녀학비보조금	2,000,000	
자녀양육수당	100,000	월 20만원까지 비과세임
식 대	1,200,000	별도로 식사를 제공받았으므로 금전은 전액 과세임
주택자금이익	5,000,000	
합 계	39,500,000	

04 정답 ④

(1) 총급여액 합계 : ① + ② = 36,400,000

① A사 : 12,000,000 + 2,000,000 = 14,000,000

* 잉여금처분에 의한 성과배분상여금은 2024년이 귀속시기임. 식대와 숙직비는 비과세임

② B사 : 15,000,000 + 900,000 + 500,000 + 3,000,000 + 3,000,000 = 22,400,000

* 자가운전보조금은 비과세임

(3) 근로소득공제 : 7,500,000 + (36,400,000 − 15,000,000) × 15% = 10,710,000

(4) 근로소득금액 : 25,690,000

05 정답 ③

총급여액 : 30,000,000 + 10,000,000 + 10,000,000*1 + (100,000*2 × 12월) = 51,200,000

*1 근무하는 기간 중 행사함으로써 얻은 이익이므로 근로소득임(임원 또는 종업원의 당해 법인 또는 당해 법인과 특수관계에 있는 법인으로부터 부여받은 주식매수선택권의 행사임)

*2 식대는 월 20만원까지 비과세임
상여 소득처분금액은 2024년 귀속임

06 정답 ③

총급여액 = 48,000,000 + (250,000 − 200,000) × 12개월 + (300,000 − 200,000) × 12개월 + 5,000,000 + (300,000 −200,000) × 12개월 + 3,000,000 = 59,000,000

*1 잉여금처분 상여의 귀속시기는 잉여금처분결의일임

*2 연장근로와 야간근로수당은 생산직근로자가 아니므로 전액과세

*3 출자임원이 아니므로 사택제공이익은 근로소득에 해당하지 않음

07 정답 ②

24,000,000 + 10,000,000 + (250,000 − 200,000) × 12개월 + (1,200,000 − 700,000) + 20,000,000 = 55,1000,000

* 식대는 월 20만원 초과분 과세. 단체환급부보장성보험료는 연 70만원 초과분 과세
임직원 사택 무상제공 이익은 비과세. 벤처기업이 아니므로 주식매수선택권 행사이익은 근로소득 과세임

08 정답 ④

(1) 총급여액 = 50,000,000 + 5,000,000 + 4,000,000 + (20,000 × 10개월) + (300,000 × 10개월) = 62,200,000

*1 인정상여는 근로제공일이 귀속시기이므로 전년도 근로소득임

(2) 근로소득공제 = 12,000,000 + (62,200,000 − 45,000,000) × 5% = 12,860,000

(3) 근로소득금액 = 62,200,000 − 12,860,000 = 49,340,000

09 정답 ②

총급여액: 12,000,000 + 4,000,000 + (250,000 − 200,000) × 12개월 + 1,200,000 + (400,000 − 200,000) × 12개월 = 20,200,000

*1 중식을 제공받았으므로 식사대는 전액과세임

*2 월정액급여: 1,000,000 + 50,000 + 100,000 + 300,000 = 1,450,000이므로 210만원에 미달하여 연장근로수당 등이 연 240만원 한도로 비과세됨

10 정답 ⑤

비과세근로소득: 200,000(자가운전보조금) + 200,000(보육수당) + 250,000(연장근무수당*1)
= 650,000

*1 월정액급여 : 1,100,000 + 50,000 + 100,000 + 300,000 = 1,550,000
➜ 210만원 이하이므로 연장근로수당 연 240만원 한도 비과세

*2 현물로 식사를 제공받고 있으므로 금전은 모두 과세됨

11 정답 ③

연금계좌세액공제를 받은 연금계좌 납입액과 연금계좌의 운용실적에 따라 증가된 금액을 그 소득의 성격에 불구하고 연금계좌에서 연금수령하면 연금소득으로 연금외수령하면 기타소득으로 과세한다.

12 정답 ⑤

공적연금소득을 지급하는 자가 연금소득의 일부 또는 전부를 지연하여 지급하면서 지연지급에 따른 이자를 함께 지급하는 경우 해당 이자는 연금소득으로 본다.

13 정답 ③

연금계좌의 운용실적에 따라 증가된 금액을 연금계좌에서 연금외수령한 소득은 기타소득으로 과세한다.

14 정답 ④

(1) 과세기준금액 : 18,000,000 × 9억원/15억원 = 10,800,000

(2) 과세제외 기여금 : 5,000,000

(3) 총연금액 : (1) − (2) = 5,800,000

15 정답 ⑤

1. 공적연금 : ① − ② = 7,000,000
   ① 과세기준금액 : 30,000,000 × 4.5억원 / (4.5억원 + 9억원) = 10,000,000
   ② 과세제외 기여금 등 : 3,000,000(연금보험료공제를 받지 못한 금액)

2. 연금계좌에서 인출된 금액
   ① 연금계좌의 구성 및 평가액

연금계좌의 구성 및 평가액		연금수령*	연금외수령
내 역	금 액		
과 세 제 외 금 액	2,000,000	2,000,000	−
이 연 퇴 직 소 득	7,000,000	7,000,000	−
세액공제 및 운용수익	41,000,000	16,000,000	−
합 계	50,000,000	25,000,000	−

* 이연퇴직소득이 있으므로 가입요건은 적용하지 아니함. 또한 연령요건(55세)을 충족한 날이 속하는 과세연도인 2013년이 기산연차가 됨. 연금계좌는 2013.3.1. 전에 가입하였으므로 2013년이 6년차이며 2025년에는 이미 연금수령연차가 11년 이상이므로 연금수령한도를 적용하지 않고 25,000,000원 모두 연금수령에 해당함

   ② 연금계좌 인출액 중 종합과세되는 연금소득: 16,000,000
   ∴ 종합과세 총연금액: 7,000,000 + 16,000,000 = 23,000,000

16 정답 ①

저작자가 저작권의 양도 또는 사용의 대가로 받는 금품은 사업소득에 해당한다.

17 정답 ⑤

기타소득의 항목별로 법정 필요경비가 다르므로 해당 기타소득이 어느 항목인지가 세액에 영향을 미친다.

18 정답 ②

퇴직 전에 부여받은 주식매수선택권을 퇴직 후에 행사함으로써 얻는 이익은 기타소득에 해당한다.

19 정답 ⑤

연금계좌의 운용실적에 따라 증가된 금액을 연금계좌에서 연금외수령하는 경우에는 그 소득의 성격에 따라 기타소득으로 과세한다.

20 정답 ③

① 전세권의 대여 : 사업소득(부동산임대)

② 출자임원이 아니면 과세되지 않음(공무원은 출자임원 개념 없음)

④ 종업원의 수학중인 자녀가 사용자로부터 받는 학자금 : 근로소득 과세

⑤ 승마투표권 · 체육진흥투표권 등의 구매자가 받는 환급금으로서 건별로 권면에 표시된 금액의 합계액이 10만원 이하이고 단위투표금액당 환급금이 단위투표금액의 100배 이하이면서 적중한 개별투표당 환급금이 200만원 이하인 경우에는 소득세를 과세하지 않는다.

21 정답 ⑤

ㄴ. 정신적 고통에 대한 대가로 지급받는 손해배상금은 과세하지 않는다.

22 정답 ⑤

ㄴ. 기준시가 12억원을 초과하는 고가주택의 임대소득이므로 1개의 주택이라 하더라도 사업소득이 과세된다.

ㄷ. 식사와 식사대를 동시에 제공받는 경우, 식사대는 전액 과세한다.

23 정답 ⑤

구 분	금 액	비 고
강 연 료	-	100,000 × (1 − 60%) = 40,000 ➜ 기타소득금액이 5만원 이하이므로 과세최저한에 해당함
원 고 료	1,200,000	3,000,000 × (1 − 60%)
복 권 당 첨 소 득	-	무조건 분리과세되는 소득임
지 역 권 의 대 여	4,000,000	10,000,000 × (1 − 60%)
영 업 권 의 양 도	-	부동산과 함께 양도하는 영업권은 양도소득임
산업재산권의 양도	500,000	5,000,000 − max[4,500,000 5,000,000 × 60%]
합 계	5,700,000	

24 정답 ④

구 분	금 액	비 고
공익사업관련 지역권 설정대가	800,000	2,000,000 − Max[1,000,000, 2,000,000 × 60%]
원고료	200,000	500,000 × (1 − 60%)
산업재산권 양도	1,400,000	3,500,000 − Max[1,500,000, 3,500,000 × 60%]
상금	600,000	3,000,000 × (1 − 80%)
인정기타소득	1,000,000	
합 계	4,000,000	

* 4개월 시간강사료는 근로소득임. 직무발명보상금은 비과세임

25 정답 ④

구 분	금 액	계산내역
상가입주 지체상금	300,000	1,500,000 × 20%
상표권 대여료	80,000	1,000,000 × (1 − 60%) × 20%
복권당첨금	600,000	3,000,000 × 20%
합 계	980,000	

* 공익사업 관련 없는 지상권 설정대가는 사업소득임. 서화를 미술관에 양도하고 받은 대가는 비과세소득, 배임수재로 받은 금품은 원천징수 대상이 아님
  ㈜B의 입사시험 출제수당은 100,000 × (1 − 60%) = 40,000원이므로 과세최저한임

26 정답 ②

구 분	금 액	계산내역
주택입주지체상금	400,000	10,000,000 × (1 − 80%) ×20%
영업권	400,000	5,000,000 × (1 − 60%) ×20%
지상권 설정	240,000	3,000,000 × (1 − 60%) ×20%
위약금	−	계약금이 위약금으로 대체된 금액은 원천징수대상이 아님
합 계	1,040,000	

27 정답 ③

구 분	금 액	비 고
직장공제회 초과반환금	-	무조건 분리과세 대상 소득임
비영업대금의 이익	5,000,000	무조건 종합과세 대상 소득임
출자공동사업자의 배당소득	50,000,000	무조건 종합과세 대상 소득임
지급받은 퇴직소득	-	퇴직소득으로 분류과세 됨
주식매수선택권	10,000,000	퇴직 후의 행사시에는 기타소득임
서화 양도	-	6천만원 미만이므로 기타소득으로 과세되지 아니함
합 계	65,000,000	

28 정답 ②

1. 근로소득금액 : (1) − (2) = 79,360,000
   (1) 총급여액 : 94,200,000 − 2,400,000 + 2,000,000 = 93,800,000
   (2) 근로소득공제 : 12,000,000 + (93,800,000 − 45,000,000) × 5% = 14,440,000
   * 식사대는 월 20만원까지 비과세임. 직무발명보상금은 연 700만원을 초과하는 금액이 과세임. 건강보험료 회사부담금은 비과세임. 직장공제회 초과반환금은 이자소득임

2. 사업소득금액 : (1) − (2) = 14,000,000
   (1) 총수입금액: 2,000,000 × 12 = 24,000,000
   (2) 필요경비 : 10,000,000
   * 국가지정문화재로 지정된 서화의 양도소득은 비과세임. 비영업대금의 이익(5,000,000)은 차기 이자소득임

3. 종합소득금액 : 79,360,000 + 14,000,000 = 93,360,000

29 정답 ⑤

구 분	금 액	계 산 내 역
1. 근로소득금액	61,500,000	
(1) 총급여	75,000,000	72,000,000 + 3,000,000 = 75,000,000
(2) 근로소득공제	13,500,000	12,000,000 + (75,000,000 − 45,000,000) × 5%
2. 기타소득금액	-	(2,000,000 + 5,000,000) × (1 − 60%) = 2,800,000*1
3. 종합소득금액	61,500,000	

*1 기타소득금액이 300만원이 이하 & 과세표준이 5,000만원 초과로 적용세율 24%이므로, 분리과세가 유리함
국가 또는 지방자치단체로부터 받는 상금과 부상은 비과세기타소득이므로 기술대회 상금은 비과세임

∴ 문제에서 종합소득금액을 묻고 있으므로 정답은 61,500,000임

30 정답 ④

구 분	금 액	계산내역
1. 근로소득금액	5,880,000	
(1) 총급여	12,300,000	7,200,000 + 1,500,000 + 1,200,000 + (25,000 × 12월) + 100,000[*1] + 2,000,000
(2) 근로소득공제	6,420,000	3,500,000 + (12,300,000 − 5,000,000) × 40%
2. 기타소득금액	6,000,000	(5,000,000 + 10,000,000) × (1 − 60%)
3. 종합소득금액	11,880,000	

*1 월정액급여 150만원 이하이므로 연간 240만원까지 연장근로소득 비과세임

31 정답 ③

구 분	금 액	계산내역	비 고
가. 비영업대금의 이익	2,500,000	10,000,000 × 25%	비영업대금의 이익이므로 25%로 원천징수함
나. 손해배상금 등	1,300,000	6,500,000 × 20%	기타소득으로 구분되어 20%로 원천징수함
다. 현금배당	700,000	5,000,000 × 14%	
라. 골동품	2,000,000	100,000,000 × (1 − 90%) × 20%	1억원까지는 필요경비 없는 경우에도 90%가 인정됨
마. 저술가	1,500,000	50,000,000 × 3%	부가가치세 면세 인적용역 사업소득으로서 3%로 원천징수함
합 계	8,000,000		

32 정답 ③

구 분	금 액	계 산 내 역
금융소득금액	50,660,000	*1 아래 참조
기타소득금액	8,000,000	20,000,000 － max[10,000,000, 20,000,000 × 60%]
종합소득금액	58,660,000	
과 세 표 준	55,660,000	58,660,000 － 3,000,000

*1 금융소득금액

(1) 금융소득금액의 구분

```
┌─ B
├─ C      14,000,000
└─ D ┌─ 이자 : 10,000,000 + 13,000,000 + 7,000,000 = 30,000,000
     ├─ G/U X :
     └─ G/U O : 6,000,000
```

C + D = 50,000,000 > 20,000,000 ➜ C + D 모두 종합과세됨

(2) Gross-up = min[본래적G/U대상소득, 기본세율 금융소득] × 10%
= min[6,000,000, 30,000,000] × 10% = 600,000

(3) 종합과세 금융소득 = 50,000,000 + 600,000 = 50,600,000

제5장 소득금액계산의 특례

5.1 부당행위계산의 부인 특례

1. 특수관계인과의 거래
& 2. 조세부담을 부당히 감소
& 3. (필요경비가 인정되는) 특정소득

1. 특수관계인과의 거래

구 분	내 용
(1) 친족관계	4촌 이내 혈족, 3촌 이내 인척, 배우자, 친생자로서 타인에게 친양자 입양된 자 등
(2) 경제적 연관관계	임원과 그 밖의 직원, 본인의 금전 등으로 생계를 유지하는 자, 이들과 생계를 함께하는 자
(3) 경영지배관계	본인이 직접 또는 그와 친족관계 및 경제적 연관관계에 있는 자를 통해 법인의 경영에 대한 지배적인 영향력을 행사하고 있는 경우 그 법인 등

2. 조세부담을 부당히 감소시킨 경우

구 분	내 용
(1) 원 칙	고가양수 · 저가양도 · 고율차입 · 저율대부 등 상대방에게 이익을 분여하는 경우(법인세 동일)
(2) 적용 배제	직계존비속에게 주택을 무상으로 사용하게 하고 실제 직계존비속이 동 주택에 거주하는 경우(단, 관련 비용은 가사관련경비이므로 필요경비 불산입됨)

3. 부당행위계산 부인의 대상소득 ≑ (필요경비가 인정되는) 특정소득

(필요경비를 과다하게 적용하는 방식으로 세금을 회피할 수 있으므로) 필요경비가 인정되는 소득인 출자공동사업자 배당소득 · 사업소득 · 기타소득 · 양도소득에 대해서만 적용

사례

다음 중 부당행위에 해당하는 경우는?

내 용	부당행위 여부
(1) 부친에게 주택을 임대해주고, 부친이 무상으로 거주중인 경우	부당행위 제외 거래
(2) 사업장의 여유자금을 부친에게 무상 대여한 경우	부당행위 아님(이자소득의 회피이므로)
(3) 형으로부터 사업자금을 고율로 차입한 경우	부당행위(필요경비인 이자비용을 과다계상 했으므로)

5.2 결손금과 이월결손금의 공제 특례

1. 결손금과 이월결손금의 처리

구 분	내 용	
(1) 일반사업소득 결손금 · 이월결손금 ➡ 타소득 통산가능	1) 결손금공제	① 부동산임대업 ➡ ② 근로소득금액 ➡ ③ 연금소득금액 ➡ ④ 기타소득금액 ➡ ⑤ 이자소득금액* ➡ ⑥ 배당소득금액* 순서로 공제함
	2) 이월결손금공제	먼저 일반사업소득금액에서 공제 후 (향후 15년간, 2019년 과세기간까지 발생분은 10년) 1)의 순서를 따름
(2) 부동산임대업결손금 ➡ 타소득 통산불가	타소득에서 공제하지 못하고 (향후 10년간) 부동산임대업에서만 공제 가능함. 다만 주거용 건물 임대업의 경우에는 그러하지 아니함	

* 금융소득 중 원천징수세율이 적용되는 부분은 (무늬만 종합과세이므로) 결손금 · 이월결손금 공제 불가
금융소득 중 누진세율이 적용되는 부분은 결손금 또는 이월결손금의 공제 여부 및 공제금액을 결정 가능(납세자가 유리한 방향으로 선택 가능)

㈜ 소득세법상 결손금 공제 및 이월공제 여부

구 분	타소득 통산여부	이월공제여부	소급공제여부
(1) 일반사업소득 결손금	가 능	가 능	가 능
(2) 부동산임대업(주거용 건물 임대업 제외) 결손금	불가능	가 능	불가능

2. 결손금과 이월결손금이 동시에 있는 경우의 공제순서

3. 이월결손금의 공제 배제

구 분	내 용
(1) 추계신고 · 추계결정하는 경우	이월결손금을 공제하지 않음 (다만, 천재지변이나 그 밖의 불가항력의 경우에는 공제함) ➡ 이때에도 결손금 공제는 가능
(2) 국세부과제척기간이 지난 경우	국세기본법에 따른 국세부과의 제척기간이 지난 후에 그 제척기간 이전 과세기간의 이월결손금이 확인된 경우에도 그 이월결손금은 공제하지 않음

4. 결손금 소급공제에 의한 환급

구 분	내 용
(1) 요 건	1) 중소기업의 사업소득(*not* 부동산임대업)에서 발생한 결손금일 것 2) 당기와 전기의 소득세를 신고기한 내 신고하였을 것 3) 환급신청 할 것
(2) 결손금 처리순서	결손금을 먼저 당기의 타소득 통산 ➡ 그래도 미공제분이 있으면 전기에 한해 소급공제 가능(즉, 사업소득 결손금을 당기 타소득 통산부터 하지 않고 소급공제를 먼저 받을 수 없음)

㊟ 결손금 소급공제 제도는, 그 소급공제 단위가 법인별(법인세법) vs 사업장별(소득세법)이라는 점을 제외하고는 법인세법과 소득세법의 규정이 유사함

사례

다음의 경우 20×2년 종합소득금액을 구하면 얼마인가?

구 분	20×1년	20×2년	20×3년
(1) 사 업 소 득 금 액			
1) 일반사업소득금액	△60	△100	△30
2) 부 동 산 임 대 업	△30	40	100
(2) 근 로 소 득 금 액	–	50	10
(3) 연 금 소 득 금 액	–	20	30
(4) 기 타 소 득 금 액	–	30	–

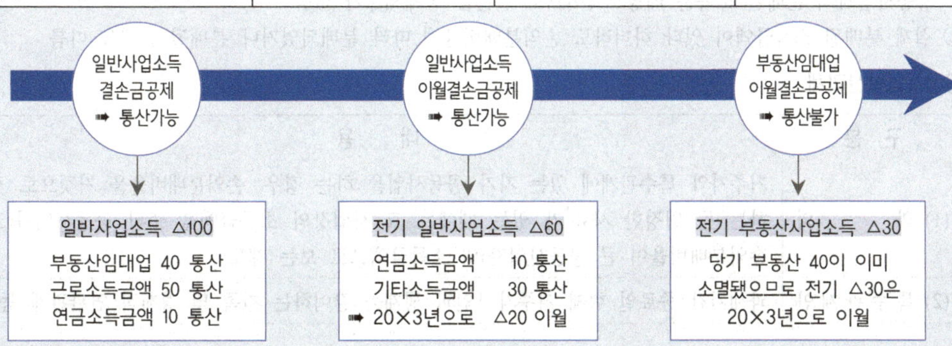

5.3 공동사업의 소득금액계산 특례

공동사업
치킨집
소득 1억원

이 름	출자비율	손익분배비율	원칙적인 소득분배	공동사업합산과세*
(1) 朴씨	50%	40%	0.4억원	-
(2) 林씨	50%	60%	0.6억원	1억원

* 원칙적으로 공동사업의 손익은 손익분배비율로 안분해야 하나, 조세회피 목적으로 박씨의 명의만 빌려서 박씨와 임씨가 공동사업을 한 것처럼 꾸민 것이 적발되면, 손익분배비율이 가장 큰 자인 임씨에게 과세를 하는 특례

[1단계] 공동사업장의 소득금액계산

(개인별로 보지 않고) 공동사업장을 1거주자로 보아 공동사업장별로 소득금액을 계산 주1

[2단계] 공동사업장의 소득금액분배

[2-1] 원칙 주2

공동사업자 간에 약정된 손익분배비율 (없으면 지분비율)에 따라 각 공동사업자에게 분배

[2-2] 특례 주3

공동사업자인 동거가족의 소득을 주된 공동사업자에게 합산하여 과세

[3단계] 공동사업자의 소득신고납부

분배된 소득금액을 자신의 다른 소득금액에 더하여 종합소득금액 · 종합소득과세표준 및 세액을 계산 후 신고 · 납부

주1 1단계 유의사항

① 공동사업장 자체에 소득세를 과세한다는 의미는 아님

② 공동사업장을 1거주자로 보므로 기업업무추진비한도액의 기초금액(1,200만원 또는 2,400만원)에 인원수를 곱하는 것은 아님

주2 [2-1]단계 유의사항

① 업무집행 공동사업자에게 경영참여 대가로 지급한 보수는 그 공동사업자의 분배소득에 더함

② 소득만이 아니라 결손금도 손익분배비율에 따라 분배하여 각 공동사업자가 분배된 결손금을 각자의 소득에서 공제함. (이월결손금이 분배되지 않고 공동사업장 단위로 그대로 이월되는 것은 아님) 단, 출자공동사업자의 분배된 소득은 배당소득이므로 결손금 공제제도가 없음

③ 실제 분배된 소득금액이 있다 하더라도 손익분배비율에 따라 분배되었거나 분배될 금액을 따름

주3 공동사업합산과세

구 분	내 용
(1) 의 의	거주자와 특수관계에 있는 자가 공동사업을 하는 경우, 손익분배비율을 거짓으로 정하는 등 일정한 사유*가 있는 때에는 그 사업장의 소득금액을 주된 공동사업자(그 손익분배비율이 큰 공동사업자)의 소득금액으로 보는 제도
(2) 특수관계인	과세기간 종료일 현재 거주자 1인과 생계를 같이하는 친족 및 경제적 연관관계 등

(3) 합산대상소득	사업소득만 대상임(공동사업장의 이자 · 배당소득 등은 원래의 손익분배비율로 과세함)
(4) 주된 공동 사업자	1) 손익분배비율이 큰 공동사업자 2) 손익분배비율이 같으면 공동사업소득 이외의 종합소득금액이 많은 자 3) 공동사업소득 이외의 종합소득도 같으면 직전 과세기간의 종합소득금액이 많은 자 4) 직전 과세기간의 종합소득금액이 동일한 경우에는 해당 사업에 대한 종합소득 과세표준을 신고한 자(단, 종합소득 과세표준을 신고하지 아니한 경우에는 관할 세무서장이 지정하는 자)

* 일정한 사유(조세회피목적)

① 공동사업자가 제출한 신고서와 첨부서류에 기재한 사업의 종류, 소득금액 내역, 지분비율, 약정된 손익분배비율 및 공동사업자 간의 관계 등이 사실과 현저하게 다른 경우

② 공동사업자의 경영참가, 거래관계, 손익분배비율 및 자산 · 부채 등의 재무상태 등을 감안할 때 조세를 회피하기 위하여 공동으로 사업을 경영하는 것이 확인되는 경우

주4 공동사업 기타규정

구 분	내 용
(1) 원천징수세액 배분	공동사업장 소득금액에 대해 원천징수된 세액은 각 공동사업자의 손익분배비율에 따라 배분함
(2) 가산세 배분	1) 공동사업장과 관련 있는 가산세(예 적격증명서류 불성실가산세) : 손익분배비율에 따라 배분(무기장가산세*는 공동사업자별로 계산) 2) 공동사업장과 관련 없는 가산세 : 신고납부 관련 가산세(예 무신고가산세, 과소신고가산세, 초과환급신고가산세, 납부 · 환급불성실가산세)는 배분하지 않고 거주자별로 부담
(3) 납세의무	1) 원칙 : 거주자별 납세의무이므로 연대납세의무 없음 2) 공동사업합산과세 : 합산과세되는 소득금액에 대해서, 주된 공동사업자의 특수관계인은 약정된 손익분배비율에 해당하는 그의 소득금액을 한도로 주된 공동사업자와 연대하여 납세의무 있음
(4) 경영참여자에게 지급한 보수	해당 공동사업자의 소득분배로 보고 그 공동사업자의 분배소득에 가산함. 단, 그 보수를 비용처리 한 경우 ➠ 대표자급여이므로 <필요경비불산입>으로 가산함
(5) 기장의무와 사업자등록	공동사업장에 대해서는 공동사업장을 1거주자로 보아 기장의무 규정을 적용하며, 사업자등록도 공동사업장별로 함
(6) 공동사업장에 대한 소득금액의 결정	공동사업장에 대한 소득금액의 결정 · 경정은 대표공동사업자의 주소지 관할 세무서장이 수행(단, 국세청장이 특히 중요하다고 인정하는 경우에는 사업장 관할 세무서장 또는 주소지 관할 지방국세청장이 결정 · 경정함)

* 무기장으로 인해 공동사업장의 산출세액 자체가 없으므로 이론상 공동사업장 단계에서는 계산 및 안분이 불가능함

사례

공동사업장(조세회피목적이 있음)의 현황이 다음과 같을 때 공동사업자별 소득내역은?

구 분	내 용
(1) 공동사업자현황	생계를 같이하는 갑(본인), 을(부인), 병(친구) (손익분배비율 50:30:20)
(2) 1차 세무조정 완료 결과	사업소득금액 8,800만원
(3) 세무조정 중 특이사항	1) 이자소득 3,600만원이 사업소득금액에 포함되어 있음 2) 기업업무추진비 한도 계산시, 기초금액 2,400만원 × 3인으로 계산하여 한도초과가 500만원이 나온 바 있음 3) 대표자인 본인에 대한 급여 5,000만원이 사업소득금액에 포함되어 있음(공동사업의 계약에 따르면 동 급여를 제외한 소득 금액을 손익분배비율에 의하여 분배하기로 하였음)

해답

사업소득금액 = 8,800만원 − 3,600만원 + 2,400만원 × 2인 + 5,000만원 = 1.5억원
이자소득금액 = 3,600만원

구분	손익분배비율	사업소득금액			이자소득금액
		대표자급여	기 타	소 계	
갑	80%	50,000,000	80,000,000	130,000,000	18,000,000
을	−	−	−	−	10,800,000
병	20%	−	20,000,000	20,000,000	7,200,000
계		50,000,000	100,000,000	150,000,000	36,000,000

5.4 채권이자 소득금액의 계산특례

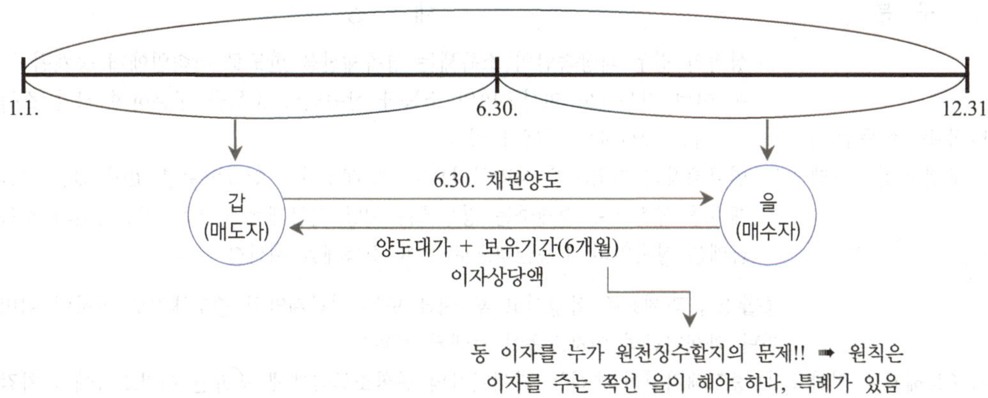

<table>
<tr><th>구 분</th><th>내 용</th></tr>
<tr><td>(1) 의 미</td><td>채권에서 발생하는 이자와 할인액은 채권의 상환기간 중에 보유한 개인에게 그 보유기간의 이자상당액이 각각 귀속되는 것으로 봄</td></tr>
<tr><td>(2) 보유기간 이자상당액</td><td>채권 보유기간 이자상당액은 해당 채권의 발행일 또는 직전 원천징수일(매수일)부터 매도일까지의 보유기간에 대하여 약정된 이자계산방식에 따라 산정함
$$\text{보유기간 이자상당액} = \text{채권 등 액면가액} \times \text{이자율}^{*1} \times \frac{\text{보유기간일수}^{*2}}{365}$$
*1 표면이자율에 할인율을 가산하고 할증률을 차감(단, 공개시장에서 발행하는 국채 등은 할인 · 할증 고려 안 함)
*2 매수일(발행일 · 직전 원천징수일)의 다음날부터 매도일(이자 등의 지급일)까지의 보유기간</td></tr>
<tr><td>(3) 보유기간 이자상당액 원천징수 방법</td><td><table>
<tr><th>매도자</th><th>매수자</th><th>원천징수의무자</th><th>이 유</th></tr>
<tr><td>1) 개인</td><td>개인</td><td>–</td><td>특례1 : 개인끼리는 보유기간 이자에 대한 원천징수 개념이 없음</td></tr>
<tr><td>2) 개인</td><td>법인</td><td>매수법인</td><td>원칙대로 수행</td></tr>
<tr><td>3) 법인</td><td>개인</td><td>매도법인</td><td>특례2 : 개인은 원천징수 개념이 없음</td></tr>
<tr><td>4) 법인</td><td>법인</td><td>매도법인</td><td>특례3 : 특례 2처럼 매도자가 법인이면 원천징수 하기로 통일함</td></tr>
</table></td></tr>
</table>

5.5 기타 소득금액의 계산특례

<table>
<tr><th>구 분</th><th>내 용</th></tr>
<tr><td>(1) 상속 소득금액 구분계산 특례</td><td>① 상속의 경우 피상속인의 소득세는 상속재산을 한도로 상속인에게 승계됨
➡ 이런 경우에도 피상속인의 소득과 상속인의 소득을 구분하여 각각 소득세를 계산하는 특례가 있음 ㈜
② 연금계좌의 가입자가 사망하였으나 그 배우자가 연금외수령 없이 해당 연금계좌를 상속으로 승계하는 경우에는 해당 연금계좌에 있는 피상속인의 소득금액은 상속인의 소득금액으로 보아 소득세를 계산함</td></tr>
<tr><td>(2) 중도해지로 인한 이자소득금액 계산특례</td><td>종합소득 과세표준 확정신고 후 예금 또는 신탁계약의 중도해지로 인하여 이미 지난 과세기간의 이자소득이 감액된 경우
① 중도해지일이 속하는 과세기간의 종합소득금액에 포함된 이자소득에서 차감하는 방법(과다하게 납부한 세액을 환급하려면 번거로우므로, 당기의 이자소득에서 차감해 주는 편리한 특례임)
② 감액된 이자소득을 신고한 과세기간의 이자소득에서 차감하여 감소된 세액에 대하여 경정청구 하는 방법(원칙적인 방법)</td></tr>
<tr><td>(3) 신탁소득의 귀속</td><td>
<table>
<tr><th>구 분</th><th>내 용</th></tr>
<tr><td>원 칙</td><td>신탁재산에 귀속되는 소득에 대해서 그 신탁의 이익을 받을 수익자(수익자가 사망하는 경우 그 상속인)가 그 신탁재산을 가진 것으로 봄</td></tr>
<tr><td>위탁자과세</td><td>위에 불구하고 다음 중 어느 하나에 해당하는 신탁의 경우에는 신탁재산에 귀속되는 소득에 대하여 그 신탁의 위탁자에게 귀속되는 것으로 봄
1) 수익자가 특별히 정하여지지 않거나 존재하지 않는 신탁
2) 다음의 요건을 모두 충족하는 신탁
① 위탁자가 신탁재산을 실질적으로 통제 또는 지배할 것
② 신탁재산 원본의 이익에 대한 수익자와 수익의 이익에 대한 수익자를 다음과 같이 구분하여 설정하였을 것
• 신탁재산 원본의 이익에 대한 수익자: 위탁자
• 수익의 이익에 대한 수익자: 위탁자의 지배주주 등의 배우자 또는 생계를 같이하는 직계존비속(배우자의 직계존비속을 포함)</td></tr>
</table>
</td></tr>
</table>

㈜ 상속인의 소득금액을 합하여 세액을 계산하여 높은 누진세율 적용되는 것을 막기 위한 특례임

연습문제

01 소득세법상 부당행위계산의 부인에 관한 설명으로 옳은 것을 모두 고른 것은? CTA 2015

> ㄱ. 대금업을 영위하지 아니하는 거주자 甲이 아버지에게 연 이자율 5%(자금대여 시 이자율의 시가는 연 10%임)의 조건으로 10억원을 대여한 경우 부당행위계산의 부인 대상이 된다.
>
> ㄴ. 거주자 乙이 형으로부터 사업자금을 연 이자율 40%(자금대여 시 이자율의 시가는 연 10%임)의 조건으로 10억원을 차입한 경우 부당행위계산의 부인 대상이 된다.
>
> ㄷ. 거주자 丙이 운영자금을 마련하기 위하여 사무실로 사용하고 있던 상가건물을 시가의 절반가격으로 사촌동생에게 매각하였다면 부당행위계산의 부인 대상이 된다.
>
> ㄹ. 부당행위계산의 부인에 의하여 총수입금액에 산입하거나 필요경비에 불산입한 금액은 사기 · 기타 부정한 행위에 의해 조세를 포탈한 것으로 간주하여 조세범처벌법의 적용 대상이 된다.
>
> ㅁ. 사업소득이 있는 거주자 丁이 사업자인 형으로부터 시가 1,000만원의 재고자산을 2,000만원에 구입하여 전부 판매한 경우, 사업소득금액을 계산할 때 丁의 필요경비는 1,000만원, 형의 총수입금액은 2,000만원으로 계산한다.

① ㄱ, ㄴ　② ㄱ, ㄴ, ㄷ　③ ㄴ, ㄷ, ㄹ
④ ㄴ, ㄷ, ㅁ　⑤ ㄷ, ㄹ, ㅁ

02 공동사업에 대한 소득금액계산의 특례에 관한 설명으로 옳지 않은 것은? (단, 공동사업 소득 이외의 다른 소득은 없는 것으로 가정한다.) CTA 2010

① 사업소득이 발생하는 사업을 공동으로 경영하고 그 손익을 분배하는 공동사업의 경우에는 공동사업장을 1거주자로 보아 공동사업장별로 그 소득금액을 계산한다.

② 거주자 1인과 그와 법령으로 정하는 특수관계에 있는 자가 공동사업자에 포함되어 있는 경우로서 손익분배비율을 거짓으로 정하는 등 법령으로 정하는 사유가 있는 경우에는 그 특수관계인의 소득금액은 주된 공동사업자의 소득금액으로 본다.

③ 공동사업에서 발생한 소득금액은 해당 공동사업을 경영하는 각 거주자 간에 특수관계가 없는 경우 약정된 손익분배비율에 의하여 분배되었거나 분배될 소득금액에 따라 각 공동사업자별로 분배한다.

④ 공동사업에서 발생한 소득금액은 해당 공동사업을 경영하는 각 거주자 간에 특수관계가 없는 경우 약정된 손익분배비율이 없는 때에는 지분비율에 의하여 분배되었거나 분배될 소득금액에 따라 각 공동사업자별로 분배한다.

⑤ 출자공동사업자에는 공동사업에 성명 또는 상호를 사용하게 한 자와 공동사업에서 발생한 채무에 대하여 무한책임을 부담하기로 약정한 자를 포함한다.

03 소득세법상 공동사업에 대한 소득금액계산의 특례에 관한 설명으로 옳지 않은 것은? CTA 2009

① 사업소득이 발생하는 사업을 공동으로 경영하고 그 손익을 분배하는 공동사업(법령이 정하는 출자공동사업자가 있는 공동사업 포함)의 경우에는 공동사업장을 1거주자로 보아 공동사업장별로 그 소득금액을 계산한다.

② 공동사업에서 발생한 소득금액은 공동사업자간(특수관계인 아님)에 약정된 손익분배비율(약정된 손익분배비율이 없는 경우에는 지분비율)에 의하여 분배되었거나 분배될 소득금액에 따라 각 공동사업자별로 분배한다.

③ 거주자 1인과 특수관계에 있는 자가 공동사업자에 포함되어 있는 경우로서 손익분배비율을 허위로 정하는 등 법령이 정하는 사유가 있는 때에는 해당 특수관계인의 소득금액은 주된 공동사업자의 소득금액으로 본다.

④ 공동사업자의 소득금액을 계산하는 경우 기업업무추진비 한도액, 일반기부금 한도액은 공동사업에 출자한 공동사업자별로 각각 계산한다.

⑤ 공동사업장에서 발생한 사업소득의 결손금은 각 공동사업자별로 분배된 금액의 범위 내에서 각 공동사업자의 다른 사업장의 동일 소득 또는 다른 종합소득과 통산한다.

04 소득세법상 공동사업장 및 출자공동사업자에 관한 설명이다. 옳은 것은? CPA 2020

① 공동사업자간 특수관계가 없는 경우 공동사업에서 발생한 소득금액은 공동사업을 경영하는 각 거주자 간에 손익분배비율에 의하여 분배되었거나 분배될 소득금액에 따라 각 공동사업자별로 분배한다.

② 공동사업에서 발생한 채무에 대하여 무한책임을 부담하기로 약정한 자는 출자공동사업자에 해당한다.

③ 공동사업장의 해당 공동사업을 경영하는 각 거주자는 자신의 주소지 관할 세무서장에게 사업자등록을 해야 한다.

④ 출자공동사업자의 배당소득 수입시기는 그 배당을 지급받는 날이다.

⑤ 출자공동사업자의 배당소득 원천징수세율은 14%이다.

05 소득세법상 공동사업의 과세에 관한 설명으로 옳지 않은 것은? CTA 2013

① 사업소득이 발생하는 사업을 공동으로 경영하고 그 손익을 분배하는 공동사업의 경우에는 공동사업장을 1거주자로 보아 공동사업장별로 그 소득금액을 계산한다.

② 공동사업에서 발생한 소득금액은 해당 공동사업을 경영하는 각 공동사업자 간에 약정된 손익분배비율(약정된 손익분배비율이 없는 경우에는 지분비율)에 의하여 분배되었거나 분배될 소득금액에 따라 각 공동사업자별로 분배한다.

③ 공동사업에 성명 또는 상호를 사용하게 한 자로서 해당 공동사업의 경영에 참여하지 아니하고 출자만 하는 자는 출자공동사업자에 해당한다.

④ 공동사업자에 출자공동사업자가 포함되어 있는 경우 공동사업에서 발생한 소득금액 중 출자공동사업자의 손익분배비율에 해당하는 금액은 배당소득이다.

⑤ 거주자 1인과 그와 생계를 같이 하는 특수관계인이 공동사업자에 포함되어 있는 경우로서 조세를 회피하기 위하여 공동으로 사업을 경영하는 것이 확인되는 경우에는 그 특수관계인의 소득금액은 주된 공동사업자의 소득금액으로 본다.

06 공동사업에 대한 거주자의 소득세 납세의무(동업기업에 대한 조세특례포함)에 관한 설명으로 옳지 않은 것은? CTA 2012

① 출자공동사업자의 배당소득에 대한 원천징수세율은 100분의 25다.

② 공동사업장에서 발생한 소득금액에 대하여 원천징수된 세액은 각 공동사업자의 손익분배비율에 따라 배분한다.

③ 공동사업에 관한 소득금액이 주된 공동사업자에게는 합산과세되는 경우 그 합산과세되는 소득금액에 대해서는 주된 공동사업자의 특수관계인은 손익분배비율에 해당하는 그의 소득금액을 한도로 주된 공동사업자와 연대하여 납세의무를 진다.

④ 출자공동사업자에 대한 배당소득의 총수입금액이 2천만원을 초과하는 경우, 배당소득금액은 총수입금액에 그 배당소득의 100분의 11에 해당하는 금액을 더한 금액으로 한다.

⑤ 수동적동업자의 경우에는 동업기업으로부터 배분받은 소득금액을 배당소득으로 본다.

07 거주자 甲, 乙, 丙, 丁 4인은 공동출자하여 음식점을 경영하고 있다. 甲, 乙, 丙 3인은 생계를 같이 하는 친족 간이고, 2025년에 동 음식점업에서 발생한 총수입금액은 5억원, 필요경비는 1억원이다. 한편 2025년에 甲은 ㈜A의 이사로 등재되어 있어 3,000만원의 근로소득금액이 있고, 丁은 국내 소재 B은행에 돈을 맡겨 받은 이자소득 500만원(원천징수 됨)이 있으며, 그 이외의 소득은 없다. 甲, 乙, 丙, 丁의 당초 손익분배비율은 각각 70% : 10% : 10% : 10%인데, 이를 40% : 30% : 20 : 10%로 허위신고 하였음이 밝혀졌다면, 甲과 丁에게 2025년 귀속분으로 종합과세되는 금액은 얼마인가? CTA 2011

	甲	丁
①	310,000,000원	40,000,000원
②	310,000,000원	45,000,000원
③	360,000,000원	40,000,000원
④	390,000,000원	40,000,000원
⑤	390,000,000원	45,000,000원

08 거주자 갑은 생계를 같이 하고 있는 다음의 동거가족 및 친구와 음식점을 공동으로 경영하고 그 손익을 분배하고 있는 바, 조세회피 목적으로 공동사업을 경영하는 것으로 확인되었다. 2025년도의 사업소득과 관련된 다음의 자료를 이용하여 갑에게 귀속되는 사업소득금액을 계산한 것으로 옳은 것은? (단, 추가 자료는 전액 손익계산서에 수익과 비용으로 계상된 것이다) CPA 2010

(1) 손익계산서의 당기순이익 20,000,000원

(2) 공동사업자간 약정된 손익분배비율은 갑 50%, 갑의 배우자 20%, 갑의 삼촌 10%, 갑의 조카 10%, 갑의 친구 10%이다.

(3) 추가 자료

가. 이자수익(은행예금이자임) 1,500,000원

나. 주식처분이익 1,000,000원

다. 공동사업의 대표자(갑) 급여 6,000,000원

라. 비영업대금에 대한 대손금 500,000원

마. 벌금 500,000원

바. 감가상각비 1,000,000원(세무상 감가상각범위액 1,500,000원)

사. 지급수선비 5,000,000원(갑과 특수관계에 있는 거래처와의 거래로서 정상적인 거래가격은 3,000,000원임)

아. 소득세 2,000,000원

① 29,500,000원 ② 28,500,000원 ③ 25,650,000원

④ 24,550,000원 ⑤ 14,250,000원

09 소득세법상 결손금 또는 이월결손금의 공제에 관한 설명으로 옳지 않은 것은? CTA 2009

① 결손금이란 사업소득 또는 부동산임대소득이 있는 거주자가 비치 · 기장한 장부에 의하여 해당 소득금액을 계산함에 있어서 해당연도에 속하는 필요경비가 해당연도에 속하는 총수입금액을 초과하는 경우 그 초과하는 금액을 말한다.

② 부동산임대소득(주거용 건물 임대업 제외)의 결손금은 해당연도의 근로소득금액에서 공제할 수 있다.

③ 사업소득의 이월결손금은 발생한 연도의 종료일부터 10년 이내에 종료하는 과세기간의 소득금액을 계산함에 있어서 먼저 발생한 연도의 이월결손금부터 순차로 해당 소득별로 이를 공제한다.

④ 사업소득의 결손금(부동산임대업은 제외하되 주거용 건물임대업은 포함)은 해당연도의 종합소득과세표준의 계산에 있어서 부동산임대소득금액, 근로소득금액, 연금소득금액, 기타소득금액, 이자소득금액, 배당소득금액에서 순차로 공제한다.

⑤ 법령이 정하는 중소기업을 영위하는 거주자가 해당 중소기업의 사업소득금액을 계산함에 있어서 해당 과세기간의 이월결손금(부동산임대업에서 발생한 이월결손금 제외)이 발생한 경우에는 직전 과세기간의 해당 중소기업의 사업소득에 부과된 소득세액을 한도로 하여 결손금소급공제세액을 환급신청할 수 있다.

10 다음 자료에 의하여 거주자 갑의 2025년 귀속 배당소득금액을 계산하면 얼마인가?

CTA 2013

(1) 갑의 2025년 귀속 소득금액 내역은 다음과 같다(△는 결손금을 의미함).

구 분	금 액
가. 이자소득금액	20,300,000원
나. 배당소득금액	55,700,000원
다. 상가임대업 사업소득금액	7,000,000원
라. 도매업 사업소득금액	△25,000,000원
마. 근로소득금액	8,000,000원
바. 연금소득금액	3,000,000원
사. 기타소득금액	5,000,000원

(2) 갑의 2025년 귀속 소득은 모두 종합과세대상이다. 그리고 기본세율을 적용받는 이자소득금액과 배당소득금액에서도 결손금과 이월결손금을 제한 없이 공제하는 것으로 한다.

(3) 갑의 2024년 귀속 결손금은 부동산임대업으로부터 발생한 금액 9,000,000원과 부동산임대업 이외의 사업으로부터 발생한 13,000,000원 있다. 이들은 모두 2025년으로 이월되었으며 이들 중에서 자산수증이익 등으로 충당된 것은 없다.

① 32,000,000원 ② 41,000,000원 ③ 49,000,000원
④ 54,000,000원 ⑤ 55,700,000원

11 소득세법상 소득금액 계산의 특례와 관련된 설명이다. 옳지 않은 것은? CPA 2011

① 사업소득, 기타소득, 출자공동사업자의 배당소득 그리고 양도소득은 부당행위계산 부인의 대상이 된다.

② 사업소득이 발생하는 사업을 공동으로 경영하고 그 손익을 분배하는 공동사업(출자공동사업자가 있는 공동사업을 포함함)의 경우에는 공동사업장을 1거주자로 보아 공동사업장별로 그 소득금액을 계산한다.

③ 주된 공동사업자와 특수관계에 있는 자의 소득금액이 주된 공동사업자에게 합산과세되는 경우 그 합산과세되는 소득금액에 대해서는 주된 공동사업자의 특수관계인은 그의 손익분배비율에 해당하는 소득금액을 한도로 주된 공동사업자와 연대하여 납세의무를 진다.

④ 결손금 및 이월결손금을 공제할 때 '이자소득 등에 대한 종합과세시 세액계산의 특례'에 따라 세액계산을 하는 경우 종합과세되는 배당소득 또는 이자소득 중 기본세율을 적용받는 부분은 결손금 또는 이월결손금의 공제대상에서 제외한다.

⑤ 중소기업을 경영하는 거주자가 그 중소기업의 사업소득금액을 계산할 때 해당 과세기간의 이월결손금이 발생한 경우에는 직전 과세기간의 그 중소기업의 사업소득에 부과된 소득세액을 한도로 하여 결손금소급공제세액을 환급신청할 수 있다. 다만 부동산임대업에서 발생한 이월결손금의 경우에는 그러하지 아니하다.

12 소득세법상 소득금액계산의 특례에 관한 다음의 설명으로 옳은 것을 모두 묶은 것은? CPA 2017

ㄱ. 출자공동사업자의 배당소득, 사업소득, 기타소득, 양도소득은 부당행위계산 부인의 대상이 된다.

ㄴ. 사업소득금액을 계산할 때 해당 과세기간에 결손금이 발생하고 이월결손금이 있는 경우에는 이월결손금을 먼저 소득금액에서 공제한다.

ㄷ. 공동사업자가 과세표준확정신고를 할 때에는 과세표준확정신고서와 함께 해당 공동사업장에서 발생한 소득과 그 외의 소득을 구분한 계산서를 제출하여야 한다.

ㄹ. 공동사업합산과세 규정에 따라 특수관계인의 소득금액이 주된 공동사업자에게 합산과세되는 경우, 주된 공동사업자의 특수관계인은 그 합산과세되는 소득금액 전체에 대하여 주된 공동사업자와 연대하여 납세의무를 진다.

① ㄱ, ㄴ ② ㄴ, ㄷ ③ ㄱ, ㄷ
④ ㄱ, ㄴ, ㄷ ⑤ ㄱ, ㄷ, ㄹ

13 소득세법상 거주자의 소득금액계산 특례에 관한 설명으로 옳지 않은 것은? CTA 2013

① 근로소득과 연금소득에 대하여는 부당행위계산부인을 적용하지 아니한다.

② 피상속인의 소득금액에 대한 소득세로서 상속인에게 과세할 것과 상속인의 소득금액에 대한 소득세는 구분하여 계산하여야 한다.

③ 연금계좌의 가입자가 사망하였으나 그 배우자가 연금외수령 없이 해당 연금계좌를 상속으로 승계하는 경우에는 해당 연금계좌에 있는 피상속인의 소득금액은 상속인의 소득금액으로 보아 소득세를 계산한다.

④ 종합소득과세표준 확정신고 후 예금 또는 신탁계약의 중도 해지로 이미 지난 과세기간에 속하는 이자소득금액이 감액된 경우, 이와 관련하여 과세표준 및 세액의 경정을 청구하지 않았다면 그 중도 해지일이 속하는 과세기간의 종합소득금액에 포함된 이자소득금액에서 그 감액된 이자소득금액을 뺄 수 있다.

⑤ 국세부과의 제척기간이 지난 후에 그 제척기간 이전 과세기간의 이월결손금이 확인된 경우 그 이월결손금은 경정청구를 통하여 공제받을 수 있다.

14 소득세법상 소득금액계산의 특례에 관한 설명으로 옳은 것은? CPA 2018

① 거주자 1인과 특수관계인이 공동사업자에 포함되어 있는 경우로서 손익분배비율을 거짓으로 정하는 등의 사유가 있는 경우에는 손익분배비율에 따른 소득분배규정에 따라 소득금액을 산정한다.

② 대통령령으로 정하는 중소기업을 영위하는 거주자는 사업소득에서 결손금이 발생되는 경우 종합소득금액이 있더라도 여기에서 이를 공제하는 대신 직전 과세기간으로 소급공제하여 직전 과세기간의 사업소득에 부과된 소득세액을 한도로 환급신청할 수 있다.

③ 거주자가 채권을 내국법인에게 매도하는 경우에는 채권을 매도하는 거주자가 자신의 보유기간 이자 등 상당액을 이자소득으로 보아 소득세를 원천징수한다.

④ 사업소득에서 발생한 결손금은 그 과세기간의 종합소득과세표준을 계산할 때 이자소득금액, 배당소득금액, 근로소득금액, 연금소득금액, 기타소득금액에서 순서대로 공제한다.

⑤ 공동사업합산과세 규정에 따라 특수관계인의 소득금액이 주된 공동사업자에게 합산과세되는 경우, 그 합산과세되는 소득금액에 대하여 주된 공동사업자의 특수관계인은 자신의 손익분배비율에 해당하는 그의 소득금액을 한도로 주된 공동사업자와 연대하여 납세의무를 진다.

15 소득세법상 소득금액 계산의 특례에 관한 설명으로 옳지 않은 것은? CTA 2018

① 종합소득과세표준 확정신고 후 예금 또는 신탁계약의 중도 해지로 이미 지난 과세기간에 속하는 이자소득금액이 감액된 때에는, 경정청구를 하지 아니한 경우라면 그 중도 해지일이 속하는 과세기간의 종합소득금액에 포함된 이자소득금액에서 그 감액된 이자소득금액을 뺄 수 있다.

② 우리나라가 조세조약의 상대국과 그 조세조약의 상호 합의 규정에 따라 거주자가 국외에 있는 비거주자와 거래한 그 금액에 대하여 권한 있는 당국 간에 합의를 하는 경우에는 그 합의에 따라 납세지 관할 세무서장은 그 거주자의 각 과세기간의 소득금액을 조정하여 계산할 수 있다.

③ 사업소득이 발생하는 사업을 공동으로 경영하고 그 손익을 분배하는 공동사업의 경우에는 각 공동사업자별로 소득금액을 계산한다.

④ 연금계좌의 가입자가 사망하였으나 그 배우자가 연금외수령 없이 해당 연금계좌를 상속으로 승계하는 경우에는 그 연금계좌에 있는 피상속인의 소득금액은 상속인의 소득금액으로 보아 소득세를 계산한다.

⑤ 결손금 및 이월결손금을 공제할 때 해당 과세기간에 결손금이 발생하고 이월결손금이 있는 경우에는 그 과세기간의 결손금을 먼저 소득금액에서 공제한다.

16 소득세법상 소득금액계산의 특례에 관한 설명이다. 옳지 않은 것은? CPA 2010

① 거주자가 내국법인이 발행한 채권에서 발생하는 이자를 지급받거나 해당 채권을 매도하는 경우에는 그 보유기간별로 거주자에게 귀속되는 이자 상당액을 해당 거주자의 이자소득으로 보아 소득금액을 계산한다.

② 피상속인의 소득금액에 대한 소득세로서 상속인에게 과세할 것과 상속인의 소득금액에 대한 소득세는 구분하여 계산하여야 한다.

③ 거주자 1인과 그와 특수관계에 있는 자가 공동사업자에 포함되어 있고 손익분배비율을 거짓으로 정하는 경우에는 그 특수관계인의 소득금액은 주된 공동사업자의 소득금액으로 본다.

④ 사업소득을 계산할 때 발생한 결손금은 그 과세기간의 종합소득과세표준을 계산할 때 근로소득금액, 연금소득금액, 이자소득금액, 배당소득금액, 기타소득금액에서 순서대로 공제한다.

⑤ 종합소득과세표준 확정신고 후 예금의 중도해지로 이미 지난 과세기간에 속하는 이자소득금액이 감액된 경우 그 중도해지일이 속하는 과세기간의 종합소득금액에 포함된 이자소득금액에서 그 감액된 이자소득금액을 뺄 수 있다.

17 종합소득세 계산에 적용되는 규정에 관한 설명이다. 옳은 것은? CPA 2012

① 총연금액이 연 1,500만원인 경우 납세의무자의 선택에 따라 그 연금소득금액을 종합소득과세표준에 합산하지 아니하고 분리과세를 신청할 수 있다.

② 거주자가 받은 뇌물 또는 알선수재 및 배임수재에 따라 받은 금품은 종합소득세 과세대상 소득에서 제외된다.

③ 사업소득의 결손금은 그 과세기간의 종합소득과세표준을 계산할 때 근로소득금액 · 기타소득금액 · 연금소득금액 · 이자소득금액 · 배당소득금액 순으로 공제한다.

④ 부동산임대업(주거용 건물 임대업 포함)에서 발생한 이월결손금은 다른 소득과 통산할 수 없다.

⑤ 사업소득금액 계산시 추계신고를 하는 경우에는 이월결손금 공제를 적용하지 아니하나, 천재지변이나 그 밖의 불가항력으로 장부가 멸실되어 추계신고를 하는 경우에는 이월결손금 공제를 허용한다.

18 소득세법상 소득금액 및 세액 계산과 관련된 설명이다. 옳지 않은 것은? CPA 2019

① 공동사업자가 과세표준확정신고를 할 때에는 과세표준확정신고서와 함께 해당 공동사업장에서 발생한 소득과 그 외의 소득을 구분한 계산서를 제출하여야 한다.

② 공동사업장에서 발생한 소득금액에 대하여 원천징수된 세액은 각 공동사업자의 손익분배비율에 따라 배분한다.

③ 직계존비속에게 주택을 무상으로 사용하게 하고 직계존비속이 해당 주택에 실제 거주하는 경우, 부당행위계산부인 규정을 적용하여 임대료의 시가에 해당하는 금액에 대하여 소득세를 과세한다.

④ 결손금소급공제 환급요건을 갖춘 자가 환급을 받으려면 과세표준확정신고기한까지 납세지 관할세무서장에게 환급을 신청하여야 하며, 환급신청을 받은 납세지 관할세무서장은 지체없이 환급세액을 결정하여 국세기본법에 따라 환급하여야 한다.

⑤ 이월결손금을 공제할 때 종합과세되는 금융소득 중 원천징수세율을 적용받는 부분은 이월결손금의 공제대상에서 제외하며, 그 금융소득 중 기본세율을 적용받는 부분에 대해서는 사업자가 그 소득금액의 범위에서 공제 여부 및 공제금액을 결정할 수 있다.

19 소득세법상 거주자의 소득금액계산의 특례와 납세의무의 범위에 관한 설명으로 옳지 않은 것은? (단, 출자공동사업자, 연금외수령, 사업자, 주된 공동사업자 및 손익분배비율은 소득세법령의 요건을 충족하며, 비거주자 등과의 거래에 대한 소득금액 계산의 특례는 고려하지 않음) CTA 2020

① 부당행위계산의 부인규정이 적용되는 종합소득은 출자공동사업자의 손익분배비율에 해당하는 배당소득, 사업소득 또는 기타소득이 해당된다.

② 사업소득이 발생하는 사업을 공동으로 경영하고 그 손익을 분배하는 공동사업(경영에 참여하지 아니하고 출자만 하는 출자공동사업자가 있는 공공사업을 포함)의 경우에는 해당 사업을 경영하는 장소인 공동사업장을 1거주자로 보아 공동사업장별로 그 소득금액을 계산한다.

③ 연금계좌의 가입자가 사망하였으나 그 배우자가 연금외수령 없이 해당 연금계좌를 상속으로 승계하는 경우에는 해당 연금계좌에 있는 피상속인의 소득금액은 상속인의 소득금액으로 보아 소득세를 계산한다.

④ 사업자가 비치 · 기록한 장부에 의하여 해당 과세기간의 사업소득금액을 계산할 때 발생한 결손금(주거용 건물 임대업 외의 부동산임대업에서 발생한 금액 제외)은 그 과세기간의 종합소득과세표준을 계산할 때 근로소득금액 · 연금소득금액 · 이자소득금액 · 기타소득금액 · 배당소득금액에서 순서대로 공제한다.

⑤ 주된 공동사업자에게 합산과세되는 경우 그 합산과세되는 소득금액에 대해서는 주된 공동사업자의 특수관계인은 손익분배비율에 해당하는 그의 소득금액을 한도로 주된 공동사업자와 연대하여 납세의무를 진다.

20 소득세법상 거주자의 소득구분 등에 관한 설명으로 옳지 않은 것은? CTA 2015

① 공익사업과 관련된 지역권 · 지상권(지하 또는 공중에 설정된 권리를 포함한다)을 설정하거나 대여하고 받는 금품은 기타소득으로 과세한다.

② 등기된 부동산임차권과 함께 양도하는 영업권(영업권을 별도로 평가하지 아니하였으나 사회통념상 자산에 포함되어 함께 양도된 것으로 인정되는 영업권과 행정관청으로부터 인가 · 허가 · 면허 등을 받음으로써 얻는 경제적 이익을 포함한다)은 양도소득으로 과세한다.

③ 부동산임대업에서 발생한 결손금(주거용 건물 임대업 포함)은 그 발생연도의 종합소득 과세표준을 계산함에 있어서 공제하지 않는다.

④ 퇴직 전에 부여받은 주식매수선택권을 퇴직 후에 행사하거나 고용관계 없이 주식매수선택권을 부여받아 이를 행사함으로써 얻는 이익은 기타소득으로 과세한다.

⑤ 저작자가 저작권의 양도 또는 사용의 대가로 받는 금품은 사업소득으로 과세한다.

정답 및 해설

01 정답 ④

ㄱ. 대금업을 영위하지 아니하는 거주자 甲이 아버지에게 연 이자율 5%(자금대여 시 이자율의 시가는 연 10%임)의 조건으로 10억원을 대여한 경우, 이는 이자소득이므로 부당행위계산부인에 해당하지 않는다.

ㄹ. 부당행위계산의 부인에 의하여 총수입금액에 산입하거나 필요경비에 불산입한 금액은 사업소득을 산정할 때에 고려하는 것이지, 이를 사기 · 기타 부정한 행위에 의해 조세를 포탈한 것으로 간주하는 것은 아니다. 따라서 부당행위계산의 부인은 어디까지나 세법 적용의 문제에 한정되는 것이다.

02 정답 ⑤

출자공동사업자라 함은 공동사업의 경영에 참여하지 아니하고 출자만 한 자로서 다음 어느 하나에 해당하지 아니하는 자를 말한다.

가. 공동사업에 성명 또는 상호를 사용하게 한 자

나. 공동사업에서 발생한 채무에 대하여 무한책임을 부담하기로 약정한 자

03 정답 ④

사업소득의 기본원칙은 사업자가 한명이고 사업장이 여러 개 있을 경우 사업장단위로 과세를 한다는 것이다. 즉, 공동사업자의 소득금액을 계산하는 경우 기업업무추진비 한도액, 일반기부금 한도액은 공동사업에 출자한 공동사업장별로 각각 계산한다.

04 정답 ①

② 공동사업에서 발생한 채무에 대하여 무한책임을 부담하기로 한 자는 출자공동사업자에서 제외한다.

③ 공동사업장의 경우 공동사업장을 하나의 사업자로 보아 사업자등록에 관한 규정을 적용한다.

④ 출자공동사업자의 배당소득 수입시기는 과세기간의 종료일로 한다.

⑤ 출자공동사업자 배당소득의 원천징수세율은 25%이다.

05 정답 ③

공동사업에 성명 또는 상호를 사용하게 한 자는 출자공동사업자에 해당하지 않는다.

06 정답 ④

출자공동사업자에 대한 배당소득은 gross-up 대상 배당소득에서 제외된다.

07 정답 ④

구 분	갑의 종합소득금액	정의 종합소득금액
총 수 입 금 액	500,000,000	
필 요 경 비	− 100,000,000	
사 업 소 득 금 액	= 400,000,000	좌 동
공동사업합산과세액	× 90% = 360,000,000	× 10% = 40,000,000
근 로 소 득 금 액	+ 30,000,000	
종 합 소 득 금 액	390,000,000	40,000,000(은행이자는 분리과세)

08 정답 ③

구 분	금 액	비 고
당 기 순 이 익	20,000,000	
이 자 수 익	− 1,500,000	
주 식 처 분 이 익	− 1,000,000	
대 표 자 급 여	+ 6,000,000	
비영업대금 대손금	+ 500,000	비영업대금은 사업 무관 ➜ 대손금도 부인
벌 금	+ 500,000	
부당행위계산부인	+ 2,000,000	
소 득 세	+ 2,000,000	
사 업 소 득 금 액	= 28,500,000	
공동사업합산과세액	× 90% = 25,650,000	갑의 친구 외에 합산과세 대상임

09 정답 ②

부동산임대소득의 결손금(주거용 건물 임대업은 제외)은 다른 종합소득에서 공제하지 않는다.

10 정답 ②

구 분	문제상 자료	결손금 공제액(순서)	공제 후 잔액	이월결손금 공제액(순서)	해당 소득금액
가. 이자소득금액	20,300,000원	△300,000원 (순서 5)	20,000,000원	공제불가 *1	20,000,000원
나. 배당소득금액	55,700,000원	△1,700,000원 (순서 6)	54,000,000원	△13,000,000원 (순서 7)	41,000,000원
다. 부동산임대업의 사업소득금액	7,000,000원	△7,000,000원 (순서 1)	–	–	–
라. 부동산임대업 이외의 사업소득금액	△25,000,000원	공제로 소멸됨	–	–	–
마. 근로소득금액	8,000,000원	△8,000,000원 (순서 2)	–	–	–
바. 연금소득금액	3,000,000원	△3,000,000원 (순서 3)	–	–	–
사. 기타소득금액	5,000,000원	△5,000,000원 (순서 4)	–	–	–

*1 기본세율이 적용되는 금액이 아니므로 사업소득의 결손금을 적용하지 못함.

11 정답 ④

원천징수세율 적용 금융소득에서는 결손금 또는 이월결손금의 공제가 불가능하고, 그 외 기본세율 적용 금융소득에서는 공제여부 및 금액을 선택할 수 있다.

12 정답 ③

ㄴ. 사업소득금액을 계산할 때 해당 과세기간에 결손금이 발생하고 이월결손금이 있는 경우 결손금을 먼저 소득금액에서 공제한다.

ㄹ. 공동사업합산과세 규정에 따라 특수관계인의 소득금액이 주된 공동사업자에게 합산과세되는 경우, 주된 공동사업자의 특수관계인은 그 합산과세되는 소득금액에 대하여 그의 손익분배비율에 해당하는 소득금액을 한도로 주된 공동사업자와 연대하여 납세의무를 진다.

13 정답 ⑤

국세부과의 제척기간이 지난 후에 그 제척기간 이전 과세기간의 이월결손금이 확인된 경우에도 그 이월결손금은 경정청구를 통하여 공제받을 수 없다.

14 정답 ⑤

① 거주자 1인과 특수관계인이 공동사업자에 포함되어 있는 경우로서 손익분배비율을 거짓으로 정하는 등의 사유가 있는 경우에는 그 특수관계인의 소득금액을 주된 공동사업자의 소득금액으로 본다.

② 대통령령으로 정하는 중소기업을 영위하는 거주자는 사업소득에서 결손금이 발생되는 경우 종합소득금액에서 우선 공제하고 남은 잔액을 직전 과세기간으로 소급공제하여 직전 과세기간의 사업소득에 부과된 소득세액을 한도로 환급신청할 수 있다.

③ 거주자가 채권을 내국법인에게 매도하는 경우에는 채권을 매수하는 법인이 보유기간에 대한 이자상당액을 이자소득으로 보아 소득세를 원천징수한다.

④ 사업소득의 결손금(부동산임대업은 제외하되 주거용 건물임대업은 포함)은 당해연도의 종합소득과세표준의 계산에 있어서 부동산임대소득금액, 근로소득금액, 연금소득금액, 기타소득금액, 이자소득금액, 배당소득금액에서 순차로 공제한다.

15 정답 ③

사업소득이 발생하는 사업을 공동으로 경영하고 그 손익을 분배하는 공동사업의 경우에는 공동사업장을 1거주자로 보아 공동사업장별로 그 소득금액을 계산한다.

16 정답 ④

사업소득의 결손금(부동산임대업은 제외하되 주거용 건물임대업은 포함)은 당해연도의 종합소득과세표준의 계산에 있어서 부동산임대소득금액, 근로소득금액, 연금소득금액, 기타소득금액, 이자소득금액, 배당소득금액에서 순차로 공제한다.

17 정답 ⑤

① 총연금액이 연 1,200만원인 경우 납세의무자의 선택에 따라 그 연금소득금액을 종합소득과세표준에 합산하지 아니하고 분리과세를 신청할 수 있다.

② 거주자가 받은 뇌물 또는 알선수재 및 배임수재에 따라 받은 금품은 종합소득세가 된다.

③ 사업소득의 결손금(부동산임대업은 제외하되 주거용 건물임대업은 포함)은 당해연도의 종합소득과세표준의 계산에 있어서 부동산임대소득금액, 근로소득금액, 연금소득금액, 기타소득금액, 이자소득금액, 배당소득금액에서 순차로 공제한다.

④ 부동산임대업(주거용 건물 임대업 제외)에서 발생한 이월결손금은 다른 소득과 통산할 수 없다.

18 정답 ④

결손금(주거용 건물 임대업 외의 부동산임대업에서 발생한 금액 제외)은 그 과세기간의 종합소득과세표준을 계산할 때 근로소득금액 · 연금소득금액 · 기타소득금액 · 이자소득금액 · 배당소득금액 순서대로 공제한다.

19 정답 ③

직계존비속에게 주택을 무상으로 사용하게 하고 직계존비속이 해당 주택에 실제 거주하는 경우는 부당행위계산의 부인대상에 해당하지 아니한다.

20 정답 ③

부동산임대업에서 발생한 결손금은 종합소득 과세표준을 계산할 때 공제하지 아니한다. 다만, 주거용 건물 임대업의 경우에는 그러하지 아니하다.

제6장 종합소득 과세표준

종합소득공제 개요

구 분		내 용
(1) 인적공제	① 기 본 공 제	1인당 150만원
	② 추 가 공 제	장애인공제 · 경로우대자공제 · 부녀자공제 · 한부모공제
(2) 연 금 보 험 료 공 제		공적연금보험료 납부액 전액
(3) 주택담보노후연금 이자비용공제		Min[해당 과세기간에 발생한 이자비용, 200만원]
(4) 특 별 소 득 공 제		보험료공제, 주택자금공제

㈜ 종합소득에서 미공제 된 소득공제는 퇴직 · 양도소득에서 공제불가. 차기 이월 불가
과세기간이나 부양기간이 1년 미만이어도 월할 계산 하지 않음

6.1 인적공제

1. 기본공제

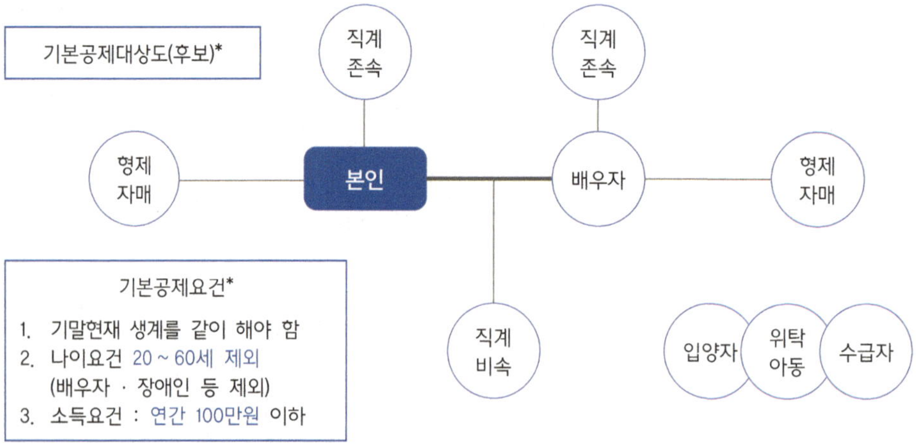

* 공제대상도 안에 들어오면 기본공제대상자의 후보는 되나, 기본공제요건을 갖추지 못하면 공제불가

종합소득이 있는 거주자(자연인만 해당하므로 법인 아닌 단체는 제외)에게 다음의 기본공제 대상자가 있으면 1인당 150만원을 공제해 줌

구 분	공제대상자		나이요건(장애인 제외) 주1	소득요건 주2 주3
(1) 기 초 공 제	해당 거주자 본인		–	–
(2) 배 우 자 공 제	거주자의 배우자		–	연간소득금액이 100만원 이하인 경우
(3) 부양가족공제	1)	직계존속(계부 · 계모 포함)	60세 이상	연간소득금액이 100만원 이하인 경우
	2)	직계비속(의붓자녀 포함)*1	20세 이하	
	3)	동거입양자	20세 이하	
	4)	위탁아동*2	18세 미만	
	5)	국민기초생활보장법상 수급자	–	
	6)	형제자매	60세 이상 · 20세 이하	

*1 직계비속(입양자)과 그 배우자가 모두 장애인인 경우 그 배우자(예 아들 부부가 모두 장애인일 경우의 며느리)

*2 해당 과세기간에 6개월 이상 직접 양육한 위탁아동(아동복지법에 따라 보호기간이 연장된 경우로서 20세 이하인 위탁아동 포함). 단, 직전 과세기간에 소득공제를 받지 못한 경우에는 직전기와 당기를 포함함

예 전기 11.1.에 친구가 야반도주를 하며 맡기고 간 친구 아들을 당기 6.1.에 친구가 다시 데려갈 경우 ➠ 전기 · 당기 각각 6개월이 안되나, 전기와 당기를 합하면 당기에 6개월 이상이므로 공제 가능

주1 장애인은 나이요건이 없으나 소득요건은 있음. 항시 치료를 요하는 중증환자도 장애인에 포함됨

주2 소득은 1년간의 종합소득금액 · 퇴직소득금액 · 양도소득금액의 합계액임 ➠ 비과세소득 · 비열거소득과 분리과세소득은 제외

구 분	내 용
(1) 총급여액이 300만원인 경우	근로소득금액이 90만원 ➠ 기본공제 가능
(2) 은행이자가 2,000만원인 모친의 경우	2,000만원까지는 분리과세임 ➠ 기본공제 가능
(3) 작물재배업 중 곡물재배업 400만원	작물재배업 중 곡물재배업은 과세제외 ➠ 기본공제 가능
(4) 총연금액이 500만원에 분리과세 신청한 경우	전액 분리과세 ➠ 기본공제 가능
(5) 양도소득금액 300만원	연간소득 합계액 100만원 초과 ➠ 기본공제 불가

주3 총급여 500만원 이하인 공제대상자는 소득금액 요건을 충족한 것으로 함

2. 추가공제

구 분		대 상 자	금 액
(1) 추가공제	1) 장 애 인 공 제	기본공제대상자 중 장애인	200만원
	2) 경로우대자공제	기본공제대상자 중 70세 이상	100만원
	3) 부 녀 자 * 공 제	①배우자가 있는 여성인 경우이거나 ②배우자가 없는 여성으로서 기본공제대상 부양가족이 있는 세대주	50만원
	4) 한 부 모 공 제	해당 거주자가 배우자가 없는 사람으로서 기본공제대상자인 직계비속 또는 입양자가 있는 경우. 다만, 부녀자공제와 한부모공제에 모두 해당되는 경우에는 한부모공제를 적용함	100만원

* 해당 과세기간의 종합소득금액이 3천만원 이하인 거주자로 한정

?! 추가공제는 기본적으로 기본공제 대상자에 대해서만 추가되는 공제임에 유의할 것

?! 문제에서 거주자가 여성인 경우, 반드시 부녀자공제를 고려함 (남녀 여부가 정확치 않으면 부양가족 표에 남편이 있는지 확인)

3. 인적공제 적용시 유의사항

구 분	내 용
(1) 인 적 공 제 액 의 한 도	종합소득금액을 한도로 함
(2) 생계를 같이하는 자의 판정	해당 과세기간말 현재로 판단함. 단, 다음에 해당하는 자는 언제나 생계를 같이하는 것으로 봄 ① 배우자 · 직계비속과 입양자 ② 직계존속이 주거형편상 별거하는 경우 ③ 취학 · 질병의 요양 · 근무상 또는 사업상 형편 등으로 일시퇴거한 경우 (예 시골에 계신 부모님에게 용돈을 보내드리는 등, 실질적으로 모시고 있다면 인적공제 가능함)
(3) 공 제 대 상 자 의 판 정 시 기	해당 과세기간말 현재로 판단함. 단, 두 가지 예외 있음(올해까지는 기본공제 가능) ① 해당 과세기간 종료일 전에 사망 : 사망일 전날의 상황 ② 해당 과세기간 종료일 전에 장애치유 : 치유일 전날의 상황 (예 12.25.에 벌떡 일어선 22세 앉은뱅이 아들에 대하여 당기까지는 기본공제 가능)

<table>
<tr><td colspan="2">(4) 나 이 계 산 방 법</td><td>해당 과세기간 중 그 나이에 해당하는 날이 하루라도 있으면 공제 가능
(예 올해 9.19에 만으로 20세가 된 아들에 대하여 당기까지는 기본공제 가능)</td></tr>
<tr><td rowspan="3">(5) 동 일 인 이 여러 거주자의 소 득 공 제 대상인 경우</td><td>1) 공제대상자 판 정 기 준</td><td>① (다음 연도 2월에 회사에 제출하는) 소득공제신고서에 기재된 바에 따라 누구의 공제대상 가족인지를 결정함
② 기본공제를 받은 거주자가 그 사람에 대한 추가공제도 모두 적용받는 것이 원칙임
(예 75세 아버지를 장남이 기본공제로 신청하고 차남이 경로우대자공제로 신청 ➡ X)</td></tr>
<tr><td>2) 신 고 서 에 중 복 기 재 또는 무기재</td><td>2 이상의 거주자가 서로 공제대상 가족으로 하여 중복신고하거나 무신고한 경우
① (나의 배우자가 나의) 배우자공제와 (직장인 아들의) 부양가족공제에 동시에 해당하는 경우 ➡ 배우자공제 적용
② 거주자의 부양가족공제대상인 경우 : 전기의 부양가족공제를 받은 자가 당기에 다시 공제 받음(전기에 부양가족공제를 받지 않았으면 당기 종합소득금액이 많은 자가 공제를 받음)
(예 매년 장남이 아버지를 인적공제 신고하는 것에 불만을 품은 차남이, 당기에는 자신도 아버지를 인적공제로 신청 ➡ 여전히 장남이 기본공제 받을 수 있음)</td></tr>
<tr><td>3) 거 주 자 가 사망 · 출국 한 경 우</td><td>당기에 사망 · 외국 영주를 위해 출국한 경우, 그 거주자의 공제대상가족으로서 다른 거주자의 공제대상가족에 해당하는 자는 피상속인 또는 출국한 거주자의 공제대상가족 함
(예 당기 7월에 미국으로 이민 간 형님이 연말에 아버지를 기본공제 받을 리 없음 ➡ 당기말에는 동생이 아버지를 기본공제 받을 수 있음)</td></tr>
</table>

6.2 연금보험료공제 및 주택담보노후연금이자비용공제

구 분		내 용
(1) 연금보험료 공 제	1) 공제대상	공적연금보험료(예 국민연금) : 종합소득이 있는 거주자가 공적연금 관련법에 따른 기여금 또는 개인부담금을 납부한 경우, 납부한 보험료를 전액 공제(*if* 건강보험 · 고용보험료 등 ➡ 연금보험료공제가 아닌 별도의 보험료공제임) ?! 매월 월급에서 차감됐던 국민연금은 다음 연도 2월에 알아서 전액 연금보험료 공제를 받으므로 실무에서는 거의 신경 쓸 필요 없는 자동공제제도임
	2) 공제한도	다음에 해당하는 공제를 모두 합한 금액이 종합소득금액을 초과하는 경우 그 초과하는 금액을 한도로 연금보험료공제를 받지 않는 것으로 함 ① 인적공제 ② 연금보험료공제 ③ 주택담보노후연금 이자비용공제 ④ 특별소득공제 ⑤ 조세특례제한법에 따른 소득공제
(2) 주택담보노후연금이자비용공제	1) 공제대상	연금소득이 있는 거주자가 주택담보노후연금(역 mortgage loan)을 받은 경우
	2) 공제한도	Min[① 해당 과세기간에 발생한 주택담보노후연금 이자비용, ② 200만원] ?! 은퇴자 등이 내 집을 은행에 맡기고 생활비 등을 차입형태로 쓰는 제도로서, 실무에서 많이 활성화 되지 못한 편임

6.3 특별공제

1. 보험료공제

구 분	공제대상지출액	공제한도
(1) 건강보험 · 고용보험 등 사회보험료	근로자 본인부담 보험료(사용자부담분은 근로소득비과세 & 소득공제 안됨)	전액공제

2. 주택자금공제 주1

구 분	공제대상지출액	공제한도
(1) 주택청약종합저축 납입액소득공제	해당과세기간의 총급여액이 7천만원 이하이고 청약저축 · 주택청약종합저축 · (연간 납입액 240만원 이하만 인정) × 40%	① 1차한도 = (1) ~ (2)합계액 ➡ 연 400만원 ② 2차한도 = (1) ~ (3)합계액 ➡ 연 600만원 ~ 2,000만원 주2
(2) 주택임차자금 원리금상환액	국민주택규모의 임차를 위한 (은행 등) 차입금의 원리금상환액 × 40%	
(3) 장기주택저당 차입금이자상환액	국민주택규모 & 취득당시 기준시가가 5억원 이하인 주택의 구입을 위한 (은행 등) 차입금의 이자상환액 × 100%	

주1 주택자금공제는 기본적으로 무주택 세대주인 근로소득자만 가능(모든 근로소득자에게 적용되지는 않음) 단, 주택임차자금원리금상환액과 장기주택저당 차입금이자상환액 공제는 세대주가 주택자금공제를 받지 않은 경우 근로소득 있는 세대원이 받을 수 있음. 두 제도는 법소정 외국인도 공제받을 수 있음

주2 공제한도

구 분	내 용
① 만기(차입금의 상환기간) 15년 이상인 경우(일반)	800만원
② 만기 15년 이상 & 고정금리*1 & 비거치식 분할상환*2	2,000만원
③ 만기 15년 이상 & 고정금리 또는 비거치식 분할상환	1,800만원
④ 만기 10년 이상 & 고정금리 또는 비거치식 분할상환	600만원

*1 5년 이상 단위로 금리를 변경하는 경우

*2 매년 차입금의 70%를 상환기간 연수로 나눈 금액 이상 상환

참고 소득세 특별공제 및 사업소득 필요경비 종합한도

① 공제한도 : 2,500만원

② 한도포함 소득공제 : 주택자금소득공제, 우리사주조합 · 창투조합 등 출자에 대한 소득공제 중 일부항목, 신용카드 소득공제, 소기업 · 소상공인공제부금 소득공제, 장기집합투자증권저축 소득공제

참고 종합소득공제 배제

① 분리과세만 있는 자(분리과세이자소득 · 분리과세배당소득 · 분리과세연금소득과 분리과세기타소득)에 대해서는 종합소득공제를 적용 안함

② 과세표준 확정신고를 하여야 할 자가 소득공제를 증명하는 서류를 제출하지 아니한 때에는 거주자 본인에 대한 기본공제 중 본인분(150만원)와 표준세액공제 만을 자동공제. 단, 향후에 제출시에는 인정해 줌

③ 수시부과결정의 경우에는 기본공제 중 본인분(150만원)만 인정

참고 공동사업에 대한 소득공제 특례

공적연금보험료공제, 연금계좌세액공제, 조특법에 따른 소득공제를 적용하는 경우, 공동사업합산과세규정에 따라 주된 공동사업자(갑)에게 합산과세되는 특수관계인(을)이 지출한 금액이 있으면 주된 공동사업자의 소득에 합산과세되는 소득금액의 한도에서 주된 공동사업자가 지출한 금액으로 보아 주된 공동사업자의 종합소득금액 또는 종합소득산출세액에서 공제 가능함

예 갑(손익분배비율 70%), 을(손익분배비율 30%)이 공동사업장을 운영 중에, 공동사업합산과세 규정에 의하여, 공동사업장 소득 100이 전액 갑에게 합산과세될 경우, 을이 지출한 공적연금 40 중, 한도 30(= 100 × 30%) 내에서 갑의 종합소득금액에서 공제 가능함

6.4 조세특례제한법상 소득공제

<table>
<tr><th>구 분</th><th>공제대상지출액</th><th>공제한도</th></tr>
<tr><td>(1) 신용카드 등 소득공제</td><td>신용카드 등 사용금액이 총급여액의 25%를 초과하는 경우, 초과지출액의 15%(현금영수증 · 직불 · 선불카드 · 전통시장 사용분은 30%~40%)</td><td>① 기본한도 Min[연 300만원, 총급여액의 20%] + ② 추가한도 Min[기본한도, 전통시장공제액, 대중교통비 각각 100만원]</td></tr>
<tr><td>(2) 소기업 · 소상공인 소득공제</td><td>사업자 또는 법인의 대표자로서 해당 과세기간의 총혜택이 7,000만원 이하인 경우 소기업 · 소상공인 공제부금에 납입한 금액의 일정금액(부동산임대업의 소득금액은 제외함)</td><td><table>
<tr><th>사업소득금액 / 근로소득금액</th><th>공제한도 개정</th></tr>
<tr><td>4천만원 이하</td><td>600만원</td></tr>
<tr><td>4천만원~6천만원</td><td>500만원</td></tr>
<tr><td>6천만원~1억원</td><td>400만원</td></tr>
<tr><td>1억원 초과</td><td>200만원</td></tr>
</table></td></tr>
<tr><td>(3) 우리사주조합원 출연 소득공제</td><td>우리사주조합원이 자사주를 취득하기 위하여 조합에 출자하는 경우 그 출연액</td><td>연 400만원
(벤처기업 등 1,500만원)</td></tr>
<tr><td>(4) 중소기업창업투자조합 등 출자 소득공제</td><td>• 창투조합, 벤처조합 등 간접출자 : 투자금액의 10%
• 개인투자조합 또는 벤처기업 직접 투자 : 투자금액의 30%, 70%, 100%*</td><td>종합소득금액의 50%</td></tr>
<tr><td>(5) 청년형 장기집합투자증권저축 소득공제</td><td>저축가입일 현재 19세 이상 34세 이하인 사람으로서 일정 기준을 충족하는 거주자가 2025.12.31. 까지 청년형 장기집합투자증권저축에 가입하는 경우, 납입한 금액의 40%</td><td>-</td></tr>
</table>

* 출자 또는 투자한 금액 중 3,000만원 이하분 100%, 5천만원 이하분은 50%, 5천만원 초과분은 30%

1. 신용카드 등 소득공제 주1

> 소득공제액 = Min[(1), (2)]
>
> (1) 초과사용금액*1,2 × 15~40%*3
>
> (2) 한도액 : ① + ②
>
> ① 기본한도 : Min[총급여액 × 20%, 300만원]*4
>
> ② 추가한도 : Min[ⓐ, ⓑ]
>
> ⓐ 전통시장사용분의 40% + 대중교통이용분의 40% + 도서 등 사용분의 30%
>
> ⓑ 연간 300만원(총급여 7천만원 초과시 200만원)

*1 공제대상 신용카드 합계액 주2 − 총급여액 × 25%

*2 초과사용금액은 전통시장사용분 · 대중교통비 ➠ 현금영수증 · 직불카드 등 사용분 ➠ 신용카드사용분의 순서로 배분함 주3

*3 전통시장 · 대중교통이용분 : 40%

직불카드사용분 30%

신용카드사용분 : 15%(총급여액 7천만원 이하인 경우, 도서 · 공연 · 박물관 · 미술관 · 영화상영관, 수영장, 체력단련장 개정 사용분 30%)

*4 공제한도

① 총급여 7천만원 이하 : 300만원

② 총급여 7천만원 초과 : 250만원

주1 신용카드 소득공제 해당자

구 분	내 용
(1) 거 주 자 본 인	근로소득자 본인(상용근로소득자만 가능)
(2) 거 주 자 의 배 우 자	연간 소득금액의 합계액이 100만원 이하인 자
(3) 거 주 자 와 생 계 를 같이하는 직계존비속	연간 소득금액의 합계액이 100만원 이하인 자(다른 거주자가 기본공제를 받은 자 제외) 형제자매 · 위탁아동 · 수급자 안 됨. 나이요건 안 봄(즉, 55세 어머니가 사용한 금액도 가능)

㊟2 신용카드 소득공제에서 배제되는 사용액

> ① 개인사업자의 사업소득 또는 법인의 비용인 경우(이미 경비 인정은 받은 금액)
> ② 신용카드 등으로 결제한 정치자금에 대해 세액공제를 이미 받은 경우
> ③ 각종 보험료 : 국민건강보험료, 고용보험료, 연금보험료 및 각종 보험계약에 의한 보험료 및 공제료(보험료 공제를 이미 받으므로)
> ④ 공교육비 : 보육비용 · 유치원 · 초 · 중 · 고 · 대학 · 대학원의 수업료 · 입학금 등
> ⑤ 주택자금공제를 적용 받은 월세액
> ⑥ 외국에서의 신용카드 사용액
> ⑦ 상품권 등 유가증권 구입비
> ⑧ 국세 · 지방세 및 공과금(전기료 · 수도료 · 가스료 · 전화료 · 아파트관리비 · 텔레비전시청료(종합유선방송이용료 포함)) 및 고속도로통행료
> ⑨ 취득세 또는 등록면허세가 부과되는 재산의 구입비용(토지 · 건물 · 신차 등)
> 다만, 중고차 구입액은 10%를 공제적용금액에 포함
> ⑩ 리스료(자동차대여료 포함)
> ⑪ 부가가치세 과세 업종 외의 업무를 수행하는 국가 · 지방자치단체 또는 지방자치단체조합에 지급하는 사용료 · 수수료 등의 대가
> ⑫ 금융 · 보험관련 지급액(차입금 이자상환액, 증권거래수수료 등)
> ⑬ 위장카드가맹점에서 사용한 금액
> ⑭ 보세판매장, 지정면세점, 선박 및 항공기에서 판매하는 면세품 구입액

참고 다른 소득공제와 신용카드 소득공제가 중복 적용되는 경우

① 취학전 아동 학원비 등과 중고등학생 교복구입비를 신용카드로 결제 ➡ 교육비 공제 & 신용카드 공제
② 병원 · 약국 등에서 의료비를 신용카드로 결제 ➡ 의료비 공제 & 신용카드 공제

㊟3 초과사용액 배분순서 및 공제

구 분	내 용	공제율
[1순위] 전통시장 사용액 · 대중교통비	전통시장 사용액* · 대중교통비(버스, 지하철, 철도)	40%
[2순위] 현금영수증 · 직불카드 등 사용액, 도서 · 신문 등	현금영수증 · 직불카드 · 기명식선불카드 · 직불전자지급수단 · 기명식선불카드 · 기명식전자화계 사용액 등	30%
[3순위] 신용카드 등 사용액	신용카드	15%

* 유통산업발전업에 따른 준대규모점포(SSM 등) 제외

연습문제

01 소득세법상 종합소득공제에 대한 설명이다. 옳지 않은 것은? CPA 2008

① 경로우대자공제를 받기 위한 최소한의 연령은 70세이다.

② 종합소득이 있는 거주자와 생계를 같이 하면서 소득이 없는 장애인 아들은 연령에 관계없이 그 거주자의 기본공제대상자가 된다.

③ 기본공제대상자가 아닌 자는 추가공제대상자가 될 수 없다.

④ 거주자의 배우자나 부양가족이 다른 거주자의 부양가족에 해당되는 경우 소득공제 신고서에 기재된 바에 따라 그 중 1인의 공제대상 가족으로 한다.

⑤ 거주자 갑의 배우자가 양도소득금액만 8백만원이 있는 경우 종합소득금액이 2천만원인 갑은 배우자공제를 받을 수 있다.

02 다음 자료에 의하여 거주자 갑의 2025년도 귀속 종합소득과세표준의 계산시 인적공제의 합계액을 계산하면 얼마인가? CTA 2009

- 갑(남,48세)의 총급여액 : 80,000,000원
- 부양가족 현황 : 처(48세), 아들(22세, 장애인), 아들(15세), 딸(5세), 부친(69세), 장인(71세)
- 부양가족은 생계를 같이 하며 소득이 없다.

① 12,500,000원　② 13,500,000원　③ 14,500,000원

④ 15,500,000원　⑤ 16,500,000원

03 내국법인의 사무직 근로자(일용근로자가 아님)로 근무하는 거주자 갑은 소득이 없는 네 명의 부양가족과 생계를 같이 하고 있는 남성 세대주이다. 2025년도 가족 현황과 갑의 소득 및 지출액 내역이 다음의 자료와 같을 때, 인적공제와 특별소득공제의 합계를 계산한 것으로 옳은 것은? CPA 2010

(1) 본인 및 부양가족 현황(나이는 2025년 말 기준이며 장애인은 없음)
가. 본인(35세) 나. 아버지(71세) 다. 동생(19세) 라. 자녀(9세 및 5세)

(2) 소득 및 보험료 지출액 내역
가. 총급여액 : 50,000,000원
나. 보험료 지출액
- 국민건강보험법상 건강보험료 본인부담분 납부액 : 600,000원
- 고용보험법상 고용보험료 본인부담분 납부액 : 300,000원
- 갑을 피보험자로 하는 자동차보험료 : 1,100,000원
다. 국민연금 납입액 : 2,000,000원

① 10,400,000원 ② 12,400,000원 ③ 12,700,000원
④ 12,900,000원 ⑤ 13,200,000원

04 다음 자료를 이용하여 거주자 갑(남성이며 52세임)의 2025년도 종합소득과세표준 계산시 공제되는 인적공제액을 계산한 것으로 옳은 것은? 단, 별도의 언급이 없는 한 본인과 부양가족은 주민등록표의 동거가족으로서 해당 과세기간 동안 동일한 주소에서 생계를 같이 하고 있다. CPA 2014

구 분	나 이	비 고
배우자	45세	소득 없음
부 친	80세	소득 없음. 2025년 5월 20일 사망함
모 친	72세	소득 없음
장 인	68세	주거형편상 별거하고 있으며, 소득 없음
장 남	23세	장애인이며, 사업소득금액 3,000,000원 있음
장 녀	18세	소득 없음

① 9,500,000원 ② 11,000,000원 ③ 12,500,000원
④ 13,000,000원 ⑤ 14,500,000원

05 40세 남성인 거주자 정씨의 2025년도의 가족현황과 소득 및 지출액의 내역이다. 종합소득 신고시 관련 증빙을 갖추어 특별소득공제 신청을 했을 경우 정씨의 2025년도 종합소득공제로 옳은 것은? CPA 2012

> (1) 정씨는 ㈜화성에서 사무직근로자(일용근로자 아님)로 재직중이고 근로소득금액은 37,750,000원(총급여액은 50,000,000원임)이며 국내은행 정기예금 이자수익은 20,000,000원이다(이 소득들은 세법상 적법하게 원천징수가 이루어졌으며, 이 금액들은 원천징수세액을 차감하기 전의 금액이다).
>
> (2) 가족으로는 아버지(64세), 어머니, 처(40세), 장남(16세, 장애인), 장녀(15세), 차녀(5세)가 있다. 아버지는 현재 주거형편상 별도로 거주하고 있으며 어머니는 2025년 4월 1일에 62세로 사망하였다. 정씨의 아버지는 2025년 2월에 대학에서 일시적 강연을 하고 1,500,000원의 강연료를 받은 것을 제외하고는 다른 소득이 없다. 나머지 가족들은 소득이 없다.
>
> (3) 사용자부담분이 아닌 본인 부담분으로 건강보험료 800,000원, 고용보험료 700,000원, 국민연금보험료 2,000,000원을 부담하고, 처를 피보험자로 하고 만기환급금이 없는 보장성 생명보험료 1,200,000원을 납부하였다.

① 13,500,000원 ② 14,000,000원 ③ 16,000,000원
④ 16,900,000원 ⑤ 17,500,000원

06 다음은 근로소득이 있는 거주자 갑(50세 여성이며 일용근로자에 해당하지 않음)의 2025년도 종합소득과 관련된 자료이다. 갑의 2025년도 종합소득공제로 옳은 것은? CPA 2011

> (1) 갑의 총급여액은 50,000,000원이다.
>
> (2) 갑과 생계를 같이 하는 부양가족은 부친(75세), 장남(19세), 차남(17세), 장녀(22세)가 있으며 이들은 모두 아무런 소득이 없고 장애인에 해당하지 않는다. 갑과 부양가족의 나이는 2025년도말 현재기준이다.
>
> (3) 보험료 및 의료비 지출내역은 다음과 같다.
> 가. 국민연금법에 의하여 갑 본인이 부담한 연금보험료 : 3,000,000원
> 나. 국민건강보험법에 의하여 갑 본인이 부담한 건강보험료 : 3,400,000원
> 다. 장녀의 질병치료비 지출액 : 4,000,000원
>
> (4) 갑은 종합소득공제를 받기 위하여 필요한 모든 증빙자료를 제출하였다.

① 8,000,000원 ② 9,500,000원 ③ 11,400,000원
④ 13,900,000원 ⑤ 14,400,000원

07 근로소득이 있는 거주자 갑(여성)의 다음 자료를 바탕으로 2025년 종합소득공제 중 인적공제액을 계산한 것으로 옳은 것은? CPA 2018

(1) 본인 및 부양가족 현황

관 계	연 령	소 득	비 고
본인	40세	근로소득금액 28,000,000원	
부친	72세	없 음	2025년 10월 31일 사망
모친	70세	기타소득금액 4,000,000원	
남편	44세	총급여액 4,500,000원	
아 들	6세	없 음	
동 생	38세	없 음	장애인

(2) 본인과 부양가족은 주민등록표의 동거가족으로서 해당 과세기간 동안 동일한 주소에서 생계를 같이 하고 있다.

(3) 조세부담 최소화를 가정한다.

① 9,000,000원 ② 9,500,000원 ③ 10,500,000원
④ 11,000,000원 ⑤ 12,500,000원

08 거주자 갑의 2025년 자료이다. 갑의 종합소득공제액은 얼마인가? CPA 2019

(1) 본인 및 부양가족 현황은 다음과 같다.

관 계	연 령	소 득
본 인(여성)	38세	총급여액 60,000,000원
배우자	40세	고용보험법에 따라 수령한 육아휴직 급여 6,000,000원
부 친	72세	일시적 강연으로 수령한 금액 8,000,000원
모 친	67세	수도권 밖의 읍·면 지역에서 전통주를 제조함으로써 발생한 소득금액 8,000,000원
장 남	16세	소득 없음
장 녀(장애인)	5세	소득 없음

(2) 국민건강보험료 및 노인장기요양보험료 본인부담분 600,000원과 국민연금보험료 본인부담분 1,500,000원을 납부하였다.

(3) 부친과 모친은 주거형편상 별거하고 있으며, 장남은 기숙사 생활로 별거하고 있다.

① 7,500,000원 ② 8,100,000원 ③ 10,100,000원
④ 11,600,000원 ⑤ 13,100,000원

09 다음 자료를 이용하여 거주자 甲의 2025년도 종합소득공제액을 계산하면 얼마인가? (단, 소득공제의 종합한도나 조세특례제한법상의 소득공제는 고려하지 아니하고, 주어진 자료 이외에 종합소득공제의 배제 사유는 없음) CTA 2019

(1) 본인 및 가족현황(소득현황란에 기재된 소득 이외의 소득은 없음)

구 분	연 령	소득현황	비 고
본인	51세	총급여액 60,000,000원	무주택자이고 부녀자 아님
배우자	47세	총급여액 4,000,000원의 근로소득	별거중임
부친	80세	사업소득금액 10,000,000원	
모친	75세	작물재배업에서 발생하는 소득 15,000,000원	2025. 2. 8. 사망
장녀	21세	소득금액 합계액 2,000,000원	장애인
장남	18세	소득 없음	장애인
※ 가족들은 모두 甲과 생계를 같이 한다.			

(2) 기타 甲이 지출하였거나 甲이 근무하고 있는 회사가 부담한 사항은 다음과 같다.
가. 국민건강보험법에 따른 국민건강보험료 3,600,000원(본인 부담분 1,800,000원, 회사 부담분 1,800,000원)
나. 고용보험법에 따른 고용보험료 1,000,000원(본인 부담금 500,000원, 회사부담금 500,000원)
다. 생명보험 보험료 1,000,000원

① 11,300,000원 ② 12,300,000원 ③ 12,348,000원
④ 13,600,000원 ⑤ 14,800,000원

10 다음 자료에 의하여 거주자 갑의 2025년도 종합소득공제액을 계산한 것으로 옳은 것은? CPA 2016

(1) 본인 및 부양가족 현황

가족	연령	소득현황	비 고
본인	42세	총급여액 50,000,000원	-
배우자	39세	총급여액 4,000,000원	-
부친	72세	정기예금이자 20,000,000원	2025년 6월 10일 사망함
모친	68세	식량작물재배업소득 5,000,000원	-
장남	10세	소득 없음	장애인
장녀	7세	소득 없음	-

(2) 국민건강보험료 및 노인장기요양보험료 본인부담분 500,000원, 국민연금보험료 본인부담분 2,000,000원을 납부하였음

(3) 부모는 주거형편상 본인과 별거하고 있음

① 11,500,000원 ② 12,500,000원 ③ 13,000,000원
④ 14,500,000원 ⑤ 16,000,000원

정답 및 해설

01 정답 ⑤

소득금액 100만원 이하인지를 고려할 때에는 종합소득금액 뿐만 아니라 퇴직소득금액, 양도소득금액도 포함됨

02 정답 ②

구 분		금 액	대 상 자	금 액
기본공제		150만원	갑, 처, 아들1, 아들2, 딸, 부친, 장인	1,050만원
추가공제	장 애 인 공 제	200만원	아들1	200만원
	경로우대자공제	100만원	장인	100만원
	부 녀 자 공 제	50만원	–	–
	한 부 모 공 제	100만원	–	–
합 계				1,350만원

03 정답 ①

1. 인적공제 9,500,000

구 분		금 액	대 상 자	금 액
기본공제		150만원	본인, 아버지, 동생, 자녀 둘	750만원
추가공제	장 애 인 공 제	200만원	–	
	경로우대자공제	100만원	아버지	100만원
	부 녀 자 공 제	50만원		
	한 부 모 공 제	100만원	본인	100만원
합 계				950만원

2. 연금보험료 공제 : 2,000,000

3. 특별공제 : 900,000

• 보험료공제

구 분	금 액	한도액	보험료공제액
사회보험료	600,000 + 300,000 = 900,000	–	900,000

4. 합계 : 12,400,000

∴ 인적공제와 특별공제 합계 : 9,500,000 + 900,000 = 10,400,000

04 정답 ②

(1) 기본공제 : 1,500,000 × 6명* = 9,000,000

* 대상자: 본인, 배우자, 부친, 모친, 장인, 장녀
부친은 사망일 전일 60세이상이므로 공제대상임
직계존속은 주거형편상 별거하는 경우 생계를 같이하는 것으로 보므로 장인어른도 공제대상임
장남은 장애인이나, 소득요건을 충족하지 못하였음

(2) 추가공제 : 경로우대자 공제: 1,000,000 × 2명* = 2,000,000

* 부친과 모친이 공제대상이 됨

∴ 인적공제 합계액 : 11,000,000

05 정답 ③

구 분	금 액	계 산 내 역
(1) 인 적 공 제	12,500,000	
1) 기 본 공 제	10,500,000	(본인, 아버지, 어머니, 처, 장남, 장녀, 차녀) × 150만원
2) 추 가 공 제	2,000,000	장애인공제 2,000,000
(2) 연금보험료공제	2,000,000	
(3) 특 별 공 제	1,500,000	보험료공제 800,000 + 700,000
합 계	16,000,000	

06 정답 ⑤

(1) 인적공제 : 8,000,000

구 분		금 액	대 상 자	금 액
기 본 공 제		150만원	본인, 부친, 장남, 차남	600만원
추가공제	장 애 인 공 제	200만원	–	
	경로우대자공제	100만원	부친	100만원
	부 녀 자 공 제	50만원	–	
	한 부 모 공 제	100만원	배우자 없음	100만원
합 계				800만원

(2) 연금보험료공제 : 3,000,000

(3) 특별공제 : 3,400,000(건강보험료)

∴ 종합소득공제 : 14,400,000

07 정답 ④

구 분		금 액	대 상 자	금 액
기 본 공 제		150만원	본인, 부친, 남편, 아들, 동생	750만원
추가공제	장 애 인 공 제	200만원	동생	200만원
	경로우대자공제	100만원	부친	100만원
	부 녀 자 공 제	50만원	본인	50만원
	한 부 모 공 제	100만원	–	
합 계				1,100만원

∴ 인적공제 : 11,000,000

08 정답 ④

(1) 인적공제 : 9,500,000

구 분		금 액	대 상 자	금 액
기 본 공 제		150만원	본인, 배우자, 모친, 장남, 장녀	750만원
추가공제	장 애 인 공 제	200만원	장녀	200만원
	경로우대자공제	100만원		
	부 녀 자 공 제	50만원		
	한 부 모 공 제	100만원	–	
합 계				950만원

*1 본인의 종합소득금액이 3,000만원을 초과(60,000,000 − 12,750,000(근로소득공제) = 47,250,000)하므로 부녀자공제를 적용받을 수 없음

*2 부친의 종합소득금액이 100만원을 초과(8,000,000 × (1 − 60%) = 3,200,000 ➜ 기타소득금액이 300만원을 초과하여 종합과세됨)하므로 부친에 대한 기본공제 및 추가공제를 적용받을 수 없음

*3 소득금액의 합계액이 연 1,200만원 이하인 전통주 제조소득은 비과세이므로 모친의 종합소득금액은 0원이어서 공제대상에 해당함

(2) 특별소득공제 : 600,000(보험료공제)

(3) 연금보험료공제 : 1,500,000

∴ 종합소득공제액 : (1) + (2) + (3) = 11,600,000

09 정답 ①

(1) 인적공제 : 9,000,000

구 분		금 액	대 상 자	금 액
기 본 공 제		150만원	본인, 배우자, 모친, 장남	600만원
추가공제	장 애 인 공 제	200만원	장남	200만원
	경로우대자공제	100만원	모친	100만원
	부 녀 자 공 제	50만원	–	
	한 부 모 공 제	100만원	–	
합 계				900만원

(2) 특별소득공제 : 1,800,000 + 500,000 = 2,300,000

* 국민건강보험료와 고용보험료 본인부담분만 소득공제 대상임. 생명보험료는 세액공제 대상임

∴ 종합소득공제 : 11,300,000

10 정답 ④

(1) 인적공제 : ① + ② = 12,000,000

① 기본공제 : 6명[*1]× 1,500,000 = 9,000,000

*1 본인, 배우자, 부친, 모친, 장남, 장녀
배우자의 총급여액이 5,000,000원 이하에 해당하므로 배우자는 기본공제대상자에 해당함

② 추가공제 : 1,000,000(경로우대자공제) + 2,000,000(장애인공제) = 3,000,000

(2) 특별소득공제 : 500,000(보험료공제)

(3) 연금보험료공제 : 2,000,000

∴ 종합소득공제액 : (1) + (2) + (3) = 14,500,000

제7장 종합소득세액의 계산

7.1 산출세액의 계산

1. 일반적인 경우

과세표준	일반적인 경우 세율	속산표 이용시 세율	속산표 이용시 누진공제
1,400만원 이하	6%	6%	-
1,400만원 ~ 5,000만원	84만원 + 1,400만원 초과액 × 15%	15%	126만원
5,000만원 ~ 8,800만원	624만원 + 5,000만원 초과액 × 24%	24%	576만원
8,800만원 ~ 1억 5천만원	1,536만원 + 8,800만원 초과액 × 35%	35%	1,544만원
1억 5천만원 ~ 3억원	3,706만원 + 1억 5천만원 초과액 × 38%	38%	1,994만원
3억원 ~ 5억원	9,406만원 + 3억원 초과액 × 40%	40%	2,594만원
5억원 ~ 10억원	1억 7,406만원 + 5억원 초과액 × 42%	42%	3,594만원
10억원 ~	3억 8,406만원 + 10억원 초과액 × 45%	45%	6,594만원

2. 세액계산 특례

(1) 금융소득에 대한 세액계산 특례

1) 종합과세되는 금융소득이 2,000만원 초과시

종합소득 산출세액 : Max[(1), (2)]

구 분	산 식
(1) 일반산출 세 액	2천만원 × 14%*1 + (과세표준 − 2천만원) × 기본 t
(2) 비교산출 세 액	금융소득 총수입금액*2 × 14%(비영업대금이익 : 25%) + Max[㉠, ㉡] ㉠ (출자공동사업자의 배당소득 + 다른 종합소득금액 − 소득공제) × 기본 t ㉡ 출자공동사업자의 배당소득 × 14% + (다른 종합소득금액 − 소득공제) × 기본 t

*1 고배당기업 주식의 배당소득이 있는 경우 그 배당소득에 대해서는 9%를 적용함

*2 여기에는 gross-up 금액을 포함하지 않음

비교산출세액이란? 금융소득을 종합과세하는 것이 분리과세하는 것보다 중과되기 위한 개념적 보완장치임. 즉, 비교산출세액을 통해, 종합소득과세표준 중 금융소득만 별도로 골라내어 (마치 분리과세처럼) 14%(분리과세율)를 적용해봐서 오히려 이 비교산출세액이 일반산출세액(일반적인 종합과세 적용법)보다 더 크면 이를 산출세액으로 채택함

2) 종합과세되는 금융소득이 2,000만원 이하시

> 종합소득산출세액 = 금융소득 총수입금액* × 14%(비영업대금이익 : 25%) + Max[①, ②]
> ① (출자공동사업자의 배당소득 + 다른 종합소득금액 − 소득공제) × 기본 t
> ② 출자공동사업자의 배당소득 × 14% + (다른 종합소득금액 − 소득공제) × 기본 t

* 여기에는 gross-up 금액을 포함하지 않음

사례

거주자 유대리의 1년간 소득자료가 다음과 같을 때 산출세액은?

(1) 금융소득 자료
  가. 비상장법인인 내국법인의 현금배당(법인세가 과세된 잉여금을 재원으로 함) 35,000,000원
  나. 주권상장법인인 내국법인의 자기주식소각이익 자본전입으로 지급받은 무상주 액면총액(의제배당에 해당함) 2,000,000원
  다. 외국법인의 현금배당(국내에서 원천징수되지 않음) 5,000,000원
  라. 국내은행 예금이자 10,000,000원
  마. 공익신탁이익 10,000,000원
(2) 기타의 자료
  가. 사업소득금액 20,000,000원
  나. 종합소득공제 15,200,000원
(3) 제시된 자료 이외의 고려사항은 없다.

해답

1. 종합소득금액 = 75,200,000
   (1) 금융소득금액 = 55,200,000

```
┌ B
├ C    5,000,000
└ D ┬ 이자 : 10,000,000
    ├ G/X : 2,000,000
    └ G/O : 35,000,000
```

   C + D = 52,000,000 > 20,000,000 ➜ all 종합과세
   G / U = Min[본래적G / U대상소득, 기본세율 금융소득] × 10%
   = Min[35,000,000, 32,000,000] × 10% = 3,200,000

   (2) 사업소득금액 = 20,000,000
2. 종합소득공제 = 15,200,000

3. 종합소득과세표준 = 60,000,000

4. 종합소득 산출세액 : Max [①, ②] = 7,548,800

① 일반산출세액

(종합소득과세표준 − 2천만원) × 기본t + 2천만원 × 14%

= {(60,000,000 − 20,000,000) × 15% − 1,260,000} + 20,000,000 × 14% = 7,540,000

② 비교산출세액

(다른종합소득금액 − 소득공제) × 기본t + 금융소득총수입금액 × 원징t

= (20,000,000 − 15,520,000) × 6% + 52,000,000 × 14% = 7,548,800

(2) 부동산매매업자에 대한 세액계산 특례

구 분	내 용
1) 의 미	(미등기 토지 등의) 부동산을 양도했을 경우, 사업성이 없어서 양도소득세(최고 70%)가 과세되어야 함에도 불구하고 (허위로) 사업소득 중 부동산매매업자로 위장하여 사업소득으로 작게(최고 45%) 과세되는 방법으로 소득세를 부당하게 회피하는 경우를 막기 위해, 특정한 부동산매매업자*의 경우 일반적인 방법인 사업소득 과세 방식과 양도소득세 과세 방식을 비교하여 둘 중 큰 금액을 산출세액으로 결정하는 방법 * 비주거용 건물건설업(건물을 자영건설하여 판매하는 경우만 해당함)과 부동산 개발 및 공급업을 말함. 다만, 주거용 건물 개발 및 공급업(구입한 주거용 건물을 재판매하는 경우는 제외함)은 제외
2) 대 상	① 비사업용 토지 · 미등기자산(양도소득세율이 50% 이상으로 높은 자산들임) (9장 참고) ② 부동산에 관한 권리 중 조정대상지역* 내 주택의 입주자로서 선정된 지위에 따른 분양권(조합원입주권은 제외) ③ 다주택자의 조정대상지역* 내 주택 중 1세대 2주택 등 일정 주택 * 서울특별시 전역, 경기도(과천시 등 일부), 부산광역시(해운대구 등 일부), 세종특별자치시 등 ④ 양도소득세법상 중과세율이 적용되는 분양권
3) 비 교 과 세	종합소득 산출세액 : Max[①, ②] ① (일반적인 사업소득자를 가정한) ➡ 종합소득 산출세액 ② (양도소득자를 가정한) ➡ (종합소득 과세표준 − 부동산 매매차익*1) × 기본 t + (부동산 매매차익*1 − 장기보유특별공제*2 − 양도소득기본공제*3) × 양도소득세율 *1 매매가액 − 필요경비(취득가액, 자본적 지출, 양도비용) *2 비사업용토지와 미등기양도자산은 적용 안함 *3 250만원(미등기자산은 제외)

(3) 분리과세 주택임대소득에 대한 세액계산 특례

구 분	내 용
1) 대 상	해당 과세기간에 주거용 건물 임대에서 발생한 총수입금액 합계액이 2,000만원 이하인 자
2) 분리과세 계산방법	① 등록임대주택 : 사업소득금액 = 총수입금액 - 총수입금액 × 60% - 400만원[*1] ② 미등록임대주택 : 사업소득금액 = 총수입금액 - 총수입금액 × 50% - 200만원[*1]
3) 결정세액 계산방법	결정세액은 다음 중 선택 가능함 ① 분리과세방식[*2] : 위의 계산방법에 의한 사업소득금액 × 14%(분리과세 세율) + 분리과세 주택임대소득 외의 종합소득결정세액 ② 종합과세방식 : 분리과세 주택임대소득을 모두 포함하여 종합소득과세표준을 산정한 후 계산한 종합소득결정세액
4) 기 타	해당 과세기간에 분리과세 주택임대소득이 있는 경우에도 사업자 등록을 해야 하며, 종합소득과세표준 확정신고를 해야 함

*1 분리과세 주택임대소득을 제외한 해당 과세기간 종합소득금액이 2,000만원 이하인 경우에만 차감함

*2 소형주택임대사업자가 국민주택규모의 주택 등을 1호 임대하는 경우, 2025.12.31. 이전까지 해당 임대사업에서 발생한 소득세의 30%(공공지원 민간임대주택 등은 75%)를 감면함. 2호 이상 임대의 경우는 20%(공공자원 민간임대주택 등은 50%)를 세액 감면함

*3 해당과세기간 중에 임대주택을 등록한 경우 주택임대소득금액은 다음과 같이 계산함
등록한 기간에 발생한 수입금액 × (1 - 60%) + 등록하지 않은 기간에 발생한 수입금액 × (1 - 50%)

*4 해당과세기간 동안 등록임대주택과 미등록임대주택에서 수입금액이 발생한 경우 차감하는 금액(400만원 또는 200만원은 다음과 같이 계산함
등록한 기간에 발생한 수입금액 × (1 - 60%) + 등록하지 않은 기간에 발생한 수입금액 × (1 - 50%)

7.2 세액감면

1. 세액감면

$$세액감면 = 종합소득\ 산출세액 \times \frac{감면소득금액}{종합소득금액} \times 감면율(문제에서\ 주어짐)$$

법인세는 일반적으로 과세표준비율(과세표준/과세표준)임에 반해, 소득세는 소득비율(소득/소득)임에 유의할 것

참고 소득세법 및 조특법상 주요 세액감면 요약

관련법	구 분	감면율
(1) 소득세법	1) 근로소득(우리나라에 파견된 외국인 등)	100%
	2) 사업소득(거주자 중 대한민국 국적을 가지지 않은 자 등)	100%
(2) 조세특례제한법	1) 국제금융거래에 따른 이자소득이 있는 자(거주자와 내국법인 제외)	100%
	2) 농업조합법인으로부터 조합원이 2026.12.31.까지 받는 농업소득에서 발생한 배당소득 전액 등	100%
	3) 외국인기술자가 국내에서 내국인에게 근로를 제공하고 받는 근로소득으로서 국내에서 최초로 근로를 제공한 날(2026.12.31. 이전)부터 10년이 되는 날이 속하는 달까지 발생한 근로소득 등	50%
	4) 중소기업에 취업하는 청년에 대한 소득세 감면(2026.12.31.까지)	70% (청년 90%)

7.3 세액공제

1. 자녀 세액공제 등

(1) 자녀세액공제

구 분	내 용	
① 대상자	종합소득이 있는 거주자로서 기본공제대상자 중 8세 이상에 해당하는 자녀(입양자 · 위탁아동 포함) 및 손자녀가 있는 경우	
② 공제액 개정	자녀 1명	연 25만원
	자녀 2명	연 55만원
	자녀 3명 이상	연 55만원 + (자녀수 − 2명) × 연 40만원
③ 해당 과세기간에 출생하거나 입양 신고한 공제대상자녀가 첫째인 경우 1명당 연 30만원(둘째 출생 · 입양시 50만원, 셋째이상 출생 · 입양시 70만원)을 종합소득산출세액에서 공제		

(2) 연금계좌세액공제

구 분	내 용
① 대 상 자	종합소득이 있는 거주자로서 연금계좌 납입액[*1]이 있는 경우(단, 연금계좌세액공제액이 종합소득 산출세액을 초과하는 경우, 그 금액은 없는 것으로 함)
② 공제액[*5]	연금계좌 세액공제액 : Min[①, ②] × 12%[*2] ① Min(연금저축계좌 납입액, 연 400만원[*3]) + 퇴직연금계좌 납입액 ② 900만원 + 추가한도[*4]

*1 연금계좌에 납입한 금액 중 다음에 해당하는 금액을 제외한 금액임
① 소득세가 원천징수되지 아니한 퇴직소득 등 과세가 이연된 소득
② 연금계좌에서 다른 연금계좌로 계약을 이전함으로써 납입되는 금액

*2 종합소득금액이 4,500만원 이하(근로소득만 있는 경우에는 총급여액 5천500만원 이하)인 거주자에 대해서는 15% 적용

*3 단, 총급여 1억2천만원 또는 종합소득금액 1억원 초과자 : 연 300만원

*4 개인종합자산관리계좌(ISA) 전환금액 추가한도 : Min[전환금액 × 10%, 300만원]

(3) 특별세액공제

구 분	내 용
(1) 근 로 소 득 자	Max[① 특별소득공제 및 특별세액공제와 월세세액공제, ② 표준세액공제(13만원)]
(2) 근로소득이 없는 자로서 종합소득이 있는 경우	표준세액공제(7만원) & 기부금 세액공제만을 적용

* 성실사업자의 특별세액공제

구 분	세액공제
(1) 조특법상 성실사업자	기부금 세액공제 + '의료비 · 교육비 세액공제 및 월세세액공제 or 표준세액공제(12만원)'
(2) 소득세법상 성실사업자	기부금 세액공제 + 표준세액공제(12만원)

1) 보험료 세액공제

구 분	공제대상지출액	공제액
① 장애인전용 보장성보험	기본공제대상자 중 장애인을 피보험자* 또는 수익자로 하는 경우	Min[보험료, 연 100만원] × 15%
② 일 반 보장성보험	기본공제대상자를 피보험자로 하는 경우(장애인전용 보장성보험은 제외, 납입일 기준 & 현금주의로 공제)	Min[보험료, 연 100만원] × 12%

* 계 약 자 : 보험료를 납입하는 사람
피보험자 : 다치거나 아프면 보험혜택을 볼 사람
예 장애인 아들을 위해 아버지가 보험료를 납부하면 계약자는 아버지, 피보험자는 아들임

주 보장성보험은 만기환급보험 ≤ (그간) 납입보험료 & 보험계약상 보험료공제대상임이 표시된 것임

2) 의료비 세액공제(나이 및 소득제한 없음)

구 분	공제대상지출액	기준초과 의료비한도액
일 반 의 료 비 (하기 외 부양가족)	① 진찰 · 진료 · 질병예방 지출액(치과 · 한의원 · 조산원 O, 외국 병원 X) 주1	연 700만원
특 정 의 료 비 (본인 · 장애인 · 과세종료일 현재 65세 이상인 자, 6세 이하인 자, 건강보험산정특례에 따른 중증질환자, 희 귀 난 치 성 질 환자, 결핵환자)*	② 치료 목적 의약품(한약 포함, 단 건강증진용 보약 X) ③ 장애인보장구 · 의료기기의 구입(고가이므로 임차 포함) ④ 시력보정용 안경 · 콘택트렌즈 구입(1인당 연 50만원) ⑤ 보청기구입지출액 ⑥ 노인장기요양보험법에 따라 실제 지출한 금액 본인일부부담금 ⑦ 해당과세기간 총급여액 7,000만원 이하인 근로자(성실사업자의 경우 사업소득금액 6,000만원)가 산후조리원에 지급하는 비용(출산 1회당 200만원 이내)	한도 없음

* 난임수술비(체외수정시술비)를 포함

주1 미용 · 성형수술비용, 건강증진(*not* 건강검진) 실손의료 보험금을 지급받은 경우 그 실손의료보험금은 공제대상지출액에서 제외

주2 의료비 세액공제액 : [(1) + (2)] × 15% (난임시술비 30%, 미숙아 · 선천성 이상아 치료비 20%를 적용함)

구 분	지출액	차감액	기준초과 의료비한도액
(1) 일반의료비	×××	지출액에서 총급여 × 3%를 차감	연 700만원
(2) 특정의료비	×××	만약 일반의료비지출액 − 총급여 3% ≤ 0 이라면 ➡ 이 금액을 특정의료비에서 차감함	한도 없음

사례

총급여 3,000만원인 거주자 유대리가 1년간 지출한 의료비가

case 1 : 일반 900만원, 특정 70만원(난임시술비 등 없음)일 경우 의료비 세액공제

구 분	지출액	차감액	기준초과 의료비한도액
(1) 일반의료비	900만원	3,000만원 × 3% = 90만원	810만원 ➡ 700만원 한도에 걸림
(2) 특정의료비	70만원	없 음	70만원 전액공제

➡ 세액공제액 : (700만원 + 70만원) × 15% = 1,155,000원

case 2 : 일반 50만원, 특정 70만원(난임시술비 등 없음)일 경우 의료비 세액공제

구 분	지출액	차감액	기준초과 의료비한도액
(1) 일반의료비	50만원	3,000만원 × 3% = 90만원	△40만원 ➡ 0
(2) 특정의료비	70만원	△40만원	30만원

➡ 세액공제액 : (0만원 + 30만원) × 15% = 45,000원

3) 교육비 세액공제(나이제한 없음)

구 분*1	공제대상 지출액	세액공제대상 교육비한도
① 본 인	등록금 · 입학금 · 직업능력개발훈련시설 등(본인은 대학원도 가능)	전액공제
② 취 학 전 아 동	보육시설 · 학원 · 체육시설 주1	연 300만원
③ 초 · 중 · 고등학생	등록금 · 입학금 · 급식비 · 교과서대 · 방과후 수업료 등 주2	
④ 대 학 생	등록금 · 입학금 · 학자금 대출 원리금 상환액(연체금 등은 제외)	연 900만원
⑤ 기 타	장애인특수교육비공제 주3	전액공제

* 직계존속 및 수급자를 제외함

주1 초등학교 취학전 아동이 학원 등에서 월단위로 실시하는 교습과정(주 1회 이상 실시) ➡ 초 · 중 · 고등학생의 학원비 X

주2 학교급식비(어린이집 및 유치원, 학원 및 체육시설(초등학교 취학 전 아동에 한함) 급식비 포함), 학교에서 구입한 교과서대, 방과 후 학교 수강료(교재구입비는 학교에서 구입하는 경우에 한하여 포함), 어린이집, 학원 및 체육시설(초등학교 취학전 아동의 경우만 해당)에서 실시하는 방과후학교, 방과후 과정 등의 수업료 및 특별활동비(학교 등에서 구입한 교재비를 포함), 교복 구입비(학생 1인당 연 50만원 한도, 중 · 고등학생

만 가능), 체험학습비(1인당 연 30만원 한도), 대학입학전형료, 수능응시료 ➡ 학원비 · 참고서대 X

주3 기본공제대상자(이 경우는 직계존속도 가능함)인 장애인(이 경우는 나이 및 소득제한 없음)을 위하여 사회복지시설, 보건복지가족부장관이 장애인 재활교육을 실시하는 기관으로 인정한 비영리법인 또는 외국에 그와 유사한 시설 · 법인에 지급하는 장애인재활교육비는 전액 공제함

주4 외국으로 유학을 간 경우에도 가능(초 · 중학생은 일정 요건 만족시 가능)

주5 교육비 세액공제액

교육비 세액공제액 = Min[①, ②] × 15%

① 교육비총액 - 학자금 · 장학금(소득세 및 증여세 비과세분)

② 교육비 한도

?! 회사 등에서 보조해 준 학자금 중 소득세가 비과세 된다면, (세금도 안 낸 데다가) 본인이 부담한 교육비가 아닌 셈이므로, 이 금액을 차감한 금액만을 교육비로 공제해줘야 적정한 대응논리가 가능함

주6 보험료세액공제 · 의료비세액공제 · 교육비세액공제는 과세기간 종료일 이전에 혼인 · 이혼 · 별거 · 취업 등의 사유로 (연말 현재로서는) 기본공제대상자에 해당이 안 되더라도 그 사유 이전까지 이미 지급한 금액이 있는 경우에는 그 사유가 발생한 날까지 지급한 금액을 인정함

예 4.1.에 이혼한 배우자는 연말 현재 기본공제대상자가 아니지만, 4.1.까지 배우자를 위해 지출한 의료비는 공제 가능

4) 월세 세액공제

월세 세액공제액 = Min[월세액, 1천만원] × 15%(해당 과세기간 총급여액 5,500만원 이하인 근로소득자는 17%*5)

*1 과세기간 종료일 무주택 세대주(세대주가 월세세액공제, 주택자금소득공제를 받지 아니하는 경우에는 세대의 구성원을 말하며, 법 소정 외국인을 포함함)로서 해당 과세기간의 총급여액이 8천만원 이하인 근로소득이 있는 근로자(종합소득금액이 7천만원을 초과하는 사람은 제외) 및 종합소득금액이 7천만원 이하인 성실사업자

*2 국민주택규모의 주택 또는 기준시가 4억원 이하 주택(주거용 오피스텔, 준주택 중 고시원 등 다중 생활시설 포함)을 임차하기 위하여 지급하는 월세액에 한함

*3 월세액이 1,000만원을 초과하는 경우 그 초과하는 금액은 없는 것으로 함

*4 조세특례제한법상 성실사업자 중 해당 과세기간의 종합소득금액이 7천만원 이하인 성실사업자의 경우 월세액 세액공제를 해당 과세기간의 소득세(사업소득에 대한 소득세만 해당)에서 공제한다.

*5 해당 과세기간에 종합소득과세표준을 계산할 때 합산하는 종합소득금액이 4,500만원 이하인 경우임.

5) 기부금 세액공제 (나이제한 없음)

기부금세액공제액 = Min[(1), (2)]

(1) 공제대상 기부금*1 중 1천만원까지 × 15% + 1천만원 초과분 × 30%

(2) 종합소득금액 - 사업소득금액 또는 14%세율 적용분 금융소득에 대한 산출세액*2

*1 공제대상 기부금 = 특례기부금(전액) + 우리사주조합기부금(한도내 금액)*3 + 일반기부금(한도내 금액)*3

- 사업소득금액 산정 시 필요경비산입 기부금

*2 종합소득산출세액 × $\frac{\text{사업소득금액 + 14\%세율 적용분 금융소득금액}}{\text{종합소득금액}}$

*3 한도금액

구 분	내 용
(1) 정치 · 특례기부금	기준소득금액* × 100%
(2) 우리사주조합기부금	(기준소득금액* − 정치 · 특례기부금) × 30%
(3) 일 반 기 부 금	1) 종교기부금이 없는 경우 (기준소득금액* − 정치 · 특례 · 우리사주조합기부금) × 30% 2) 종교기부금이 있는 경우 (기준소득금액* − 정치 · 특례 · 우리사주조합기부금 × 10% + Min[(기준소득금액 − 정치 · 특례 · 우리사주조합기부금) × 20%, 종교 외 일반기부금]

* 기준소득금액 = 종합소득금액 + 사업소득 산정시 필요경비에 산입한 기부금 − 원천징수세율을 적용받는 금융소득

*4 사업소득만 있는 자(연말정산대상 사업소득자는 제외)는 기부금세액공제를 받지 못함

주 기부금특별세액공제는 종합소득이 있는 거주자* 모두(*not only* 근로소득자)가 가능. 거주자의 기본공제대상자(다른 거주자가 기본공제를 받은 자 제외)가 지출한 기부금도 본인이 기부금특별세액공제를 가능 (단, 정치자금기부금과 우리사주조합기부금은 본인 기부금만 가능) 이때, 부양가족의 나이요건은 고려하지 않음

예 어머니가 지출한 종교단체 기부금도 본인이 공제 가능. 단, 어머니에 대한 기본공제를 형이 적용한다면 형만 가능

6) 혼인세액공제 개정

2026년 12월 31일 이전에 혼인신고를 한 경우 1회에 한정하여 혼인신고를 한 날이 속하는 과세기간의 종합소득산출세액에서 50만원을 공제함

2. 기타세액공제

구 분	대 상	내 용
(1) 외국납부세액공제 주1	거주자	① 공제액 = 외국납부세액(직접 + 의제) ② 한도액 = 종합소득산출세액 × $\frac{\text{국외원천소득금액}}{\text{종합소득금액}}$
(2) 재해손실세액공제	사업자	① 공제액 : a + b a. 재해발생일 현재 미부과 · 미납소득세(가산금포함) × 재해손실비율 b. (종합소득산출세액 − 배당 · 기장세액공제액) × $\frac{\text{사업소득금액}}{\text{종합소득금액}}$ × 재해손실비율 ② 한도액 : 재해손실가액 사업자만 가능하다는 점을 제외하면 법인세법과 유의할만한 차이점 없음

<table>
<tr><td>(3) 배당 세액공제</td><td>거주자</td><td><table><tr><th>구분</th><th>내 용</th></tr><tr><td>1) 의미</td><td>배당소득에 대한 gross-up을 배당소득에 합산하여 산출세액 계산 ➟ 산출세액에서 gross-up을 세액공제함</td></tr><tr><td>2) 한도</td><td>배당세액공제액 : Min[①, ②]
① 공제액 : 배당가산액(2장에서 더했던 금액)
② 한도액 : 종합소득 산출세액 − 비교산출세액 주2</td></tr></table></td></tr>
<tr><td>(4) 근로소득 세액공제</td><td>근로 소득자</td><td>1) 상용근로자<table><tr><th>근로소득에 대한 종합소득산출세액*2</th><th>근로소득 세액공제액</th></tr><tr><td>130만원 이하</td><td>산출세액의 55%</td></tr><tr><td>130만원 초과</td><td>715,000 + (산출세액*2 − 130만원) × 30%</td></tr></table>한도액 : 하단참조*1
2) 일용근로자 : 산출세액 × 55%</td></tr>
<tr><td>(5) 기장 세액공제</td><td>간편장부 사업자</td><td>간편장부대상자가 복식부기에 따라 장부를 기장하고 그 장부에 따라 소득금액을 계산하는 경우 주3
① 공제액 = 종합소득산출세액 × $\frac{\text{사업소득금액}}{\text{종합소득금액}}$ × 20%
② 한도액 = 연 1,000,000원</td></tr>
</table>

*1 근로소득세액공제 한도

총급여	한 도	간편법 한도
3,300만원 이하	74만원	66만원
3,300만원 초과 7천만원 이하	Max[74만원 − (총급여액 − 3천300만원) × 8/1,000, 66만원]	63만원 ~ 66만원
7천만원 초과 1억 2천만원 이하	Max[66만원 − (총급여액 − 7천만원) × 1/2, 50만원]	50만원 ~ 63만원
1억 2천만원 초과	Max[50만원 − (총급여액 − 1억2천만원) × 1/2, 20만원]	20만원 ~ 50만원

*2 종합소득산출세액 × $\frac{\text{근로소득금액}}{\text{종합소득금액}}$

*3 전자세금계산서 의무발급 사업자로서 과세 · 면세 겸영사업자, 전전과세기간 총수입액 3억원 이상 사업자

주1 법인세법의 외국납부세액공제와 비교하면 ① (개인은 자회사개념이 없으므로)간접외국납부세액이 없음 ② 과세표준비율이 아닌 소득비율임 ③ 사업소득은 (법인세처럼) 세액공제와 필요경비산입 중 선택을 하나, 나머지 종합소득은 세액공제만 가능하다는 점을 제외하고는 유의할만한 차이점 없음

주2 일반산출세액이 비교산출세액보다 커야만 배당세액공제의 한도가 나옴. 이는 배당세액공제를 적용해도 최소한 분리과세를 가정한 세액 정도는 부담해야 한다는 의미임
만약 이 반대의 경우에는 한도가 나오지 않으므로 gross-up을 배당소득금액 산출시 더하기만 할 뿐, 배당세액공제로 차감해주지는 못한다는 의미임)

주3 다음의 경우에는 적용을 배제함

① 비치 · 기장한 장부에 의하여 신고하여야 할 소득금액의 20% 이상을 누락하여 신고한 경우

② 기장세액공제와 관련된 장부 및 증명서류를 해당 확정신고기간 종료일부터 5년간 보관하지 않은 경우(단, 천재지변 · 화재 · 전화 기타의 재해를 입거나 도난을 당한 경우 및 이에 준하는 사유가 있는 경우에는 배제 안함)

사례

근로소득금액 2천만원, 사업소득금액 3천만원, 산출세액 2백만원인 경우 근로소득세액공제액은?

해답

- 근로소득에 대한 종합소득산출세액 $= 2{,}000{,}000 \times \dfrac{20{,}000{,}000}{50{,}000{,}000} = 800{,}000$
- 근로소득세액공제액 $= 800{,}000 \times 55\% = 440{,}000$

참 고 간편장부대상자 vs 복식부기의무자

(1) 간편장부대상자

① 해당 과세기간의 신규사업자

② 직전 과세기간의 수입금액(사업용 유형자산 양도로 인한 수입금액 제외)이 일정금액* 미만인 사업자

* 도 · 소매업 · 부동산매매업 등 : 3억원, 제조업 · 숙박 · 음식점업 등 : 1.5억원, 부동산임대업 등 : 0.75억원

(2) 복식부기의무자

간편장부대상자가 아닌 사업자. 단, 아래의 전문직 사업자는 (위의 (1) ②의 금액에 미달해도) 간편장부대상자가 될 수 없음

① 의료업, 수의업 및 약사에 관한 업무를 하는 사업자

② 변호사업, 심판변론인업, 변리사업, 법무사업, 공인회계사업, 세무사업, 경영지도사업 및 그 밖에 이와 유사한 사업으로서 기획재정부령으로 정하는 것

(3) 기장세액공제 및 무기장가산세 적용여부

구 분	간편장부대상자 중 소규모사업자*2	간편장부대상자 중 일반적인 경우	복식부기의무자
1) 기장세액공제	O	O	X
2) 무기장가산세*1	X	O	O

*1 종합소득산출세액 $\times \dfrac{\text{기장누락소득금액}}{\text{종합소득금액}} \times 20\%$ (한도 X, 기장누락비율은 0 ~ 1사이로 함)

*2 소규모사업자란 ① 해당 과세기간 신규사업자 or ② 직전 과세기간 사업소득의 수입금액이 4,800만원 미달사업자 or ③ 보험모집인 · 방문판매인(후원 방문판매인 포함), 음료품배달원 중 연말정산대상사업자를 의미함

?! ① 간편장부대상자 중 소규모사업자는 언제나 유리

② 간편장부대상자 중 일반적인 경우는 so so

③ 복식부기의무자는 잘해야 본전임

참고 조특법상 세액공제

(1) 전자신고세액공제
납세자가 직접 전자적 방법으로 신고하는 경우 20,000원 공제함. 단, 확정신고 의무가 없는 납세자의 경우 10,000원(이 경우 추가납부, 환급세액이 한도임)

(2) 정치자금세액공제
정당(후원회 및 선거관리위원회를 포함)에 기부한 금액 중
① 10만원까지 : 기부금액 × 100/110
② 10만원 초과분 : 3천만원까지의 기부금 × 15% + 3천만원 초과분 기부금 × 25%

(3) 성실신고 확인비용에 대한 세액공제
성실신고확인대상사업자가 성실신고확인서를 제출하는 경우, 성실신고확인에 직접 사용한 비용 × 60%(연 120만원 한도)

(4) 현금영수증발급세액공제

(5) 고향사랑 기부금세액공제
① 10만원 이하 : 기부금액 × 100/110
② 10만원 초과 500만원 이하 : 10만원 × 100/110 + (기부금액 − 10만원) × 15%

7.4 개인사업자의 최저한세

구 분	대 상	내 용
최저한세	사업소득자	조특법상 감면 등을 받은 사업자는 다음의 금액 중 큰 금액을 최저한세로 함 ① 감면 후 사업소득에 대한 세액 ② 최저한세대상 조특법상 감면 등 적용 전 산출세액 × 35%(45%*)

* 감면전 산출세액 3천만원 이하분은 35%, 감면전 산출세액 3천만원 초과분 : 45%를 적용함

㈜ 법인세법은 산출세액이 아니라 감면 전 과세표준에 최저한세율(7 · 10 · 12 · 17%)을 곱하는 점이 다름

참고 근로장려세제(Earned Income Tax Credit, EITC)

구 분	내 용
(1) 의 미	저소득자의 근로를 장려하고 소득을 지원하여 근로장려금을 결정 · 환급함
(2) 신청자격	거주자로서 다음의 요건을 모두 갖춘 자(주민등록상 동거가족 및 현실적 생계를 같이하는 사람일 것, 다만 직계비속은 그렇지 않아도 됨) 1) 배우자 · 부양자녀 요건 거주자와 생계를 같이하는 자로서 다음의 요건을 모두 갖춘 부양자녀를 1명 이상 부양하고 있을 것 ① 거주자의 자녀이거나 동거입양자일 것(단, 부모가 없거나 부모가 자녀를 부양할 수 없는 경우로서 법령으로 정하는 경우에는 손자녀 또는 형제자매를 포함) ② 18세 미만일 것(장애인은 나이 제한 X) ③ 연간 소득금액의 합계액이 100만원 이하

(2) 신청자격	2) 소득요건 거주자와 그 배우자의 연간 총소득의 합계액(이자소득 등 종합소득의 합계액을 말하며, 비과세되는 소득을 제외함)이 부양자녀수별 기준금액 (0명: 1,300만원, 1명: 1,700만원, 2명: 2,100만원, 3명: 2,500만원) 미만일 것 3) 무주택요건 거주자를 포함한 1세대의 구성원 전원(세대원)이 주택을 소유하지 아니할 것. 단, 기준시가가 6천만원 이하인 소규모주택 한 채는 무주택으로 봄) 4) 재산요건 거주자를 포함한 세대원이 소유하고 있는 토지 · 건축물 · 승용자동차 · 전세금 · 금융재산 · 유가증권 · 조합원입주권 등의 합계액이 1억원 미만일 것
(3) 신청배제	① 국민기초생활보장법의 규정에 따른 생계급여 등을 3개월 이상 받은 자 ② 외국인. 다만, 대한민국 국적을 가진 자와 혼인한 자는 제외 ③ 다른 거주자의 부양자녀
(4) 금액산정	부양자녀가 0 ~ 3인 이상인 경우로 나누어, 각각 점증 · 평탄 · 점감구간별로 총급여액의 7/60 ~ 2/9, 또는 정액(70 · 140 · 170 · 200만원)을 적용
(5) 신청방법	종합소득과세표준 확정신고기간에 근로장려금신청서 및 근로소득 원천징수영수증 등 증거자료를 관할세무서장에게 신청
(6) 결정방법	납세지 관할세무서장은 종합소득과세표준 확정신고기한 경과 후 3개월 이내에 결정
(7) 환급방법	납부할소득세 − (기납부세액 + 근로장려금) < 0 ➡ 환급. 이때 국세환급가산금 규정은 적용 X
(8) 환급제한	고의 또는 중대한 과실로 사실과 다르게 하여 신청한 경우에는 그 사실이 확인된 날이 속하는 해(그 사실이 확인된 날이 속하는 해에 근로장려금을 환급받을 경우에는 그 다음 해)부터 2년간(사기 등 5년간) 근로장려금 환급 불가능함
(9) 경　　정	경정으로 근로장려금이 감소될 경우 1일당 3/10,000이 이자상당액 추징당함

연습문제

01 소득세법상 세액공제에 관한 설명으로 옳지 않은 것은? CTA 2009

① 미용 · 성형수술을 위한 비용 및 건강증진을 위한 의약품 구입비용은 의료비 세액공제대상에 포함하지 아니한다.

② 세액공제대상 교육비에는 초 · 중 · 고등학교 학생의 교복구입비용(학생 1명당 연 50만원)이 포함된다.

③ 장애인전용보장성보험의 보험계약에 의하여 보험자에게 지급하는 보험료의 합계액이 연 100만원을 초과하는 경우에는 그 초과하는 금액은 이를 없는 것으로 본다.

④ 기본공제대상인 직계존속(장애인)을 위한 법령에 정한 장애인특수교육비는 그 연령 또는 소득금액에 관계없이 공제대상이 된다.

⑤ 근로소득이 없는 자(조세특례제한법상 성실사업자는 제외)는 기부금 세액공제 및 표준세액공제 7만원(소득세법상 성실사업자는 12만원)을 중복해서 적용받는다.

02 다음은 거주자 갑의 2025년 종합소득에 대한 자료이다. 갑의 2025년 종합소득 산출세액을 계산한 것으로 옳은 것은? 단, 원천징수는 모두 적법하게 이루어졌으며, 모든 금액은 원천징수세액을 차감하기 전 금액이다. CPA 2018

(1) 과세대상 소득명세

가. 상장 내국법인으로부터 받은 현금배당* : 15,000,000원

* 법인단계에서 법인세가 과세된 이익을 재원으로 이루어진 배당임

나. 국내은행의 정기예금으로부터 받은 이자 : 15,000,000원

다. 비영업대금으로 인한 이익 : 10,000,000원

라. 사업소득금액 : 20,000,000원

(2) 종합소득공제 : 4,850,000원

① 8,620,000원　② 7,870,000원　③ 7,217,500원

④ 5,635,000원　⑤ 4,720,000원

03 거주자 甲의 2025년 귀속 소득내역은 다음과 같으며, 종합소득금액이 바로 종합소득 과세표준인 것으로 전제하고 종합소득산출세액을 계산하면 얼마인가? CTA 2008

> (1) 국내에서 받은 예금의 이자 : 2,000,000원
> (2) 법인세법에 의하여 배당으로 처분된 금액 : 11,000,000원
> (3) 외국법인으로부터 받은 현금배당금으로서 국내에서 원천징수되지 않은 금액 : 6,000,000원
> (4) 甲은 하얀돌산업의 손익분배비율 40%인 출자공동사업자이며, 하얀돌산업의 2025년 중 사업소득금액은 30,000,000원

① 6,720,000원 ② 2,520,000원 ③ 2,160,000원
④ 1,980,000원 ⑤ 1,800,000원

04 다음은 거주자 갑의 2025년 종합소득세를 계산하기 위한 자료이다. 거주자 갑의 2025년 종합소득결정세액을 계산한 것으로 옳은 것은? 단, 원천징수는 적법하게 이루어졌으며, 모든 금액은 원천징수세액을 차감하기 전 금액이다. CPA 2015

> (1) 소득명세
> 가. 상장내국법인으로부터 받은 현금배당(법인세가 과세된 잉여금이 재원임) : 20,000,000원
> 나. 저축성보험 만기(보험계약기간 10년, 월 적립식)로 인한 보험차익 : 10,000,000원
> 다. 국내은행의 정기예금으로부터 받은 이자 : 25,000,000원
> 라. 비영업대금으로 인한 이익 : 5,000,000원
> 마. 사업소득금액 : 15,000,000원
> (2) 종합소득공제는 2,300,000원이고, 특별세액공제는 200,000원임

① 8,100,000원 ② 8,225,000원 ③ 8,345,000원
④ 8,425,000원 ⑤ 8,635,000원

05 다음은 제조업을 영위하는 거주자 갑의 2025년도 종합소득과 관련된 자료이다. 종합소득 결정세액을 계산한 것으로 옳은 것은? (단, 자료의 금융소득은 소득세를 원천징수하기 전 금액이다) CPA 2010

(1) 금융소득 자료
가. 비상장법인인 내국법인의 현금배당(법인세가 과세된 잉여금을 재원으로 함): 27,000,000원
나. 주권상장법인인 내국법인의 자기주식소각이익 자본전입으로 지급받은 무상주 액면총액(의제배당에 해당함) 3,000,000원
다. 외국법인의 현금배당(국내에서 원천징수되지 않음): 5,000,000원
라. 국내은행 예금이자: 10,000,000원
마. 공익신탁이익: 10,000,000원

(2) 기타의 자료
가. 사업소득금액: 20,000,000원
나. 종합소득공제: 7,500,000원

(3) 제시된 자료 이외의 고려사항은 없다.

① 6,296,000원 ② 6,491,000원 ③ 6,965,000원
④ 7,720,000원 ⑤ 8,066,000원

06 거주자 甲(개인사업자 아님)의 2025년 과세기간의 금융소득 명세가 다음과 같고, 甲은 동 과세기간에 제시된 금융소득 외에 60,230,000원의 근로소득금액이 있으며, 甲의 동 과세기간의 종합소득공제액이 7,760,000원인 경우, 甲의 해당 과세기간의 종합소득 산출세액은 얼마인가? 단, 외국법인의 배당 외의 금융소득은 모두 적법하게 소득세가 원천징수되었다. CTA 2012

명 세	금 액
발행일부터 원금 전부의 일시상환 약정일까지의 기간이 12년인 채권의 이자(甲은 지급자에게 분리과세를 신청하였고, 해당 채권은 주식으로의 전환 · 교환 또는 중도상환을 할 수 없음)	12,000,000원
거주자 乙에게 자금을 대여하고 받은 이자	11,000,000원
저축성 보험(계약유지기간 12년)의 보험차익	4,000,000원
세금우대종합저축에서 발생한 이자소득	2,000,000원
외국법인으로부터 지급받은 금전배당(원천징수되지 아니함)	12,000,000원
주권상장법인 ㈜A로부터 지급받은 금전배당	24,000,000원

① 14,780,000원 ② 14,905,200원 ③ 14,980,000원
④ 15,105,200원 ⑤ 16,688,800원

07 다음은 중소기업을 운영하는 거주자 甲의 2025년도 소득자료이다. 甲의 종합소득산출세액에서 공제될 배당세액공제액을 계산하면 얼마인가? CTA 2017

(1) 금융소득 자료
 ① 내국법인 A의 현금배당 70,000,000원
 ② 외국법인 B의 현금배당 10,000,000원
 ③ 국내은행 정기예금이자 5,000,000원
(2) 금융소득 외에 2025년도 사업소득금액은 28,500,000원이며, 종합소득공제액은 20,000,000원임

① 3,209,000원 ② 3,869,000원 ③ 5,609,000원
④ 7,150,000원 ⑤ 7,700,000원

08 다음은 거주자 갑의 2025년도 종합소득세 납부세액 계산과 관련된 자료이다. 갑의 2025년도 종합소득 결정세액으로 옳은 것은? CPA 2011

> (1) 종합과세되는 이자소득총수입금액은 4,000,000원이며, 이는 비영업대금의 이익이다.
> (2) 종합과세되는 배당소득총수입금액은 54,000,000원이고, 이에 대한 배당소득금액은 56,000,000원이다.
> (3) 종합과세되는 근로소득금액은 10,000,000원이다.
> (4) 종합과세되는 기타소득금액은 30,000,000원이다.
> (5) 종합소득공제는 10,000,000원이다.(특별공제는 4,000,000원임)
> (6) 특별세액공제는 300,000원이다.
> (7) 근로소득세액공제는 다음과 같이 산출한다(총급여는 3,300만원 이하임).

근로소득에 대한 종합소득산출세액	근로소득 세액공제액
130만원 이하	산출세액의 55%
130만원 초과	715,000원 + (산출세액 − 130만원) × 30%

① 9,883,600원 ② 10,800,000원 ③ 11,095,600원
④ 11,340,000원 ⑤ 11,480,000원

09 거주자의 종합소득공제 및 세액공제에 관한 설명으로 옳지 않은 것은? CTA 2012

① 기부금 세액공제를 적용할 경우, 정치자금기부금 및 우리사주조합기부금은 본인이 지출한 기부금에 한정한다.
② 성실신고 확인 대상사업자로서 성실신고확인서를 제출한 자는 교육비 세액공제를 받을 수 있다.
③ 분리과세연금소득과 분리과세기타소득만이 있는 자에 대해서는 인적공제 및 특별소득공제를 적용하지 아니한다.
④ 건강증진을 위한 의약품 구입비용은 의료비 세액공제의 대상에 포함하지 아니한다.
⑤ 의료비 세액공제의 대상인 의료비 지출액은 신용카드 등 사용금액에 대한 소득공제의 대상에 포함하지 아니한다.

10 근로소득만 있는 거주자 갑(40세)의 2025년 종합소득세 세액공제 관련 자료이다. 갑의 2025년 자녀세액공제액과 연금계좌세액공제액의 합계액으로 옳은 것은? CPA 2020

> (1) 갑의 근로소득 총급여액 : 30,000,000원
> (2) 갑의 기본공제대상자에 해당하는 자녀 나이 : 6세, 8세, 10세
> - 갑은 조세특례제한법상 자녀장려금 적용대상자가 아니며, 2025년에 입양 신고한 자녀는 없음
>
> (3) 갑의 연금계좌 신규납입액
> ① 연금저축계좌 : 3,000,000원
> ② 퇴직연금계좌 : 2,000,000원
>
> (4) 갑의 연금계좌 신규납입액 중 소득세가 원천징수되지 않은 퇴직소득 등 과세가 이연된 소득이나 다른 연금계좌로 계약을 이전함으로써 납입한 금액은 없다.

① 600,000원 ② 750,000원 ③ 900,000원
④ 1,050,000원 ⑤ 1,300,000원

11 다음은 근로자(일용근로자 아님)인 거주자 갑의 2025년 의료비 세액공제액을 산출하기 위한 자료이다. 근로자 갑의 2025년 의료비 세액공제액을 두 가지 상황별로 계산한 것으로 옳은 것은? 단, 각 상황은 상호 독립적이고, 난임시술비는 없다. CPA 2015

> (1) 근로자 갑(41세)의 2025년 총급여액 : 50,000,000원(다른 소득 없음)
> (2) 부양가족은 부친(71세, 소득없음), 배우자(40세, 소득없음)이며 모두 생계를 같이하고 장애인은 없음
> (3) 2025년 중 의료비 지급명세

구 분	내 역
지출1	병원치료비 8,000,000원, 건강증진 영양제 구입비 1,500,000원
지출2	건강진단비 4,000,000원, 치료의약품 구입비 6,200,000원
지출3	시력보정용 안경구입비 800,000원, 해외여행시 지출한 현지 의료비 1,500,000원

> (4) 상황 구분
> 상황1 : 지출1은 근로자 갑을 위한 지출이고, 지출2는 부친을 위한 지출이며, 지출3은 배우자를 위한 지출인 경우
> 상황2 : 지출1은 부친을 위한 지출이며, 지출2와 지출3은 배우자를 위한 지출인 경우

	상황1	상황2
①	2,730,000원	2,580,000원
②	2,730,000원	2,280,000원
③	2,730,000원	2,250,000원
④	2,580,000원	2,580,000원
⑤	2,580,000원	2,250,000원

12 거주자 갑의 2025년 자료이다. 갑의 의료비 세액공제액은 얼마인가? CPA 2019

(1) 갑의 총급여액 : 50,000,000원

(2) 갑이 본인과 부양가족을 위하여 지출한 의료비는 다음과 같다.
① 본인(40세) : 본인 시력보정용 안경구입비 900,000원
② 배우자(36세) : 보조생식술에 소요된 난임시술비 4,000,000원
③ 부친(69세, 장애인) : 장애인 보장구 구입비 1,500,000원
④ 모친(64세) : 질병치료 목적으로 구입한 한약비 1,000,000원

(3) 모친은 국내은행으로부터 수령한 이자소득금액 3,000,000원이 있으며, 그 외 부양가족은 소득이 없다.

① 750,000원 ② 825,000원 ③ 1,025,000원
④ 1,085,000원 ⑤ 1,425,000원

13 다음은 거주자 甲(2025년도 중 계속 근로자임)이 기본공제대상자를 위하여 2025년에 지출한 의료비 내역이다. 2025년 귀속 의료비 세액공제액은 얼마인가? (단, 주어진 자료 이외에는 고려하지 않음) CTA 2018

(1) 연 급여 : 35,000,000원(비과세급여 3,000,000원 포함)
(2) 본인(34세)을 위한 시력보정용 안경 구입비 : 800,000원
본인의 국외 치료비 : 4,000,000원
(3) 배우자(32세)를 위한 치료목적 한약비 : 1,000,000원
배우자를 위한 난임시술비(모자보건법에 따른 보조생식술에 소요된 비용) : 3,000,000원
(4) 부친(67세)에 대한 질병 치료비 : 700,000원
(5) 모친(장애인, 62세)을 위한 장애인 보장구 구입비 : 600,000원
(6) 부양가족은 모두 생계를 같이 하고 있으며 소득은 없다.
(7) 부양가족은 다른 근로자의 기본공제대상이 아니고, 본인 국외 치료비를 제외한 다른 의료비는 모두 국내 의료기관 등에 지출한 금액이며, 의료비 세액공제액 외 다른 세액공제 및 표준세액공제는 적용하지 않는다.

① 726,000원 ② 831,000원 ③ 1,176,000원
④ 1,431,000원 ⑤ 1,476,000원

14 다음은 ㈜ABC의 경리부장으로 근무하는 거주자 갑(남성)의 2025년 귀속 종합소득 신고와 관련한 자료이다. 이 자료를 이용하여 거주자 갑의 2025년 의료비세액공제를 계산하면 얼마인가? 단, 의료비세액공제는 전액 근로소득금액에서 공제 가능한 것으로 가정한다. CPA 2009

(1) 근로소득 관련 자료
가. 기본급 및 상여금 : 42,000,000원
나. 잉여금처분에 의한 상여금 : 7,000,000원(2024년의 성과에 대한 상여금으로서, 이에 대한 잉여금처분 결의일은 2025년 2월 20일이다)
다. 사택을 무상으로 제공받음으로 인하여 얻는 이익 : 4,000,000원
라. 국민건강보험법 및 국민연금법에 따른 건강보험료와 연금보험료 중 사용자 부담분 : 3,000,000원
마. 2025년 5월 2일에 사내 신입사원 교육을 하고 받은 강사료 : 1,000,000원

(2) 거주자 갑 본인과 생계를 같이 하는 부양가족 내역 및 이들의 의료비 지출액은 다음과 같다. 그리고 의료비 지출액은 모두 의료비공제의 대상에 해당된다.

구 분	연 령	의료비 지출액	비 고
본 인	54세	500,000원	
배우자	50세	1,000,000원	양도소득금액 3,000,000원이 있음
장 남	23세	2,000,000원	
차 남	18세	4,000,000원	장애인임
부 친	75세	2,500,000원	2025년 9월 10일 사망함

① 1,275,000원 ② 1,500,000원 ③ 1,625,000원
④ 1,800,000원 ⑤ 1,930,000원

15 다음은 근로자(일용근로자 아님)인 거주자 갑의 2025년 교육비와 관련된 자료이다. 거주자 갑의 교육비 세액공제액으로 옳은 것은? 단, 갑을 제외한 다른 사람의 소득은 없으며, 세부담 최소화를 가정한다. CPA 2017

지출대상	연령	교육비 명세	금액	비 고
본인(갑)	46세	대학 등록금	4,000,000원	총급여액 8,000만원 (다른 종합소득 없음)
배우자	42세	대학원 등록금	8,200,000원	
장 녀	14세	중학교에서 구입한 교과서대금	200,000원	
		방과후 학교 수업료 및 특별활동비	1,900,000원	
		교복구입비용	650,000원	
		사설 영어학원 수강료	1,400,000원	
장 남	5세	유치원 교육비	2,500,000원	
		관련법률에 의한 체육시설 수강료	1,200,000원	주당 2회 실시하는 과정

① 1,290,000원 ② 1,440,000원 ③ 1,545,000원
④ 1,890,000원 ⑤ 2,790,000원

16 다음은 소득세법상 근로소득이 있는 거주자 甲이 지출한 2025년 교육비 자료이다. 이 자료에 의해 계산한 교육비세액공제액은? (단, 甲은 일용근로자가 아니며, 가족 모두 기본공제대상자이고 학자금 대출을 받지 아니함) CTA 2020

(1) 甲의 2025년 귀속 총급여액 : 100,000,000원임
(2) 본인 : 대학원(4학기 교육과정) 수업료 10,000,000원을 지출하였으며, 이 중 회사에서 3,000,000원의 학자금(소득세 비과세)을 지원받음
(3) 배우자 : 대학원(4학기 교육과정) 수업료 7,000,000원을 지출함
(4) 아들(15세 중학생) : 초 · 중등교육법 제2조에 따른 학교에서 실시하는 방과 후 학교 수업료 1,500,000원 및 교복구입비용 700,000원을 지출함
(5) 딸(5세) : 유아교육법 제2조 제2호에 따른 유치원 수업료 2,200,000원 및 특별활동비 1,800,000원을 지출함

① 1,630,000원 ② 1,750,000원 ③ 1,800,000원
④ 1,950,000원 ⑤ 2,105,000원

17 다음 자료를 토대로 근로소득이 있는 거주자 甲의 2025년 기부금 세액공제액은 얼마인가? CTA 2012

(1) 갑의 근로소득금액은 31,000,000원이다.

(2) 기부금 지출현황은 다음과 같다.

명 세	금 액
甲은 특별재난지역에서 42시간을 자원봉사를 수행하였음	-
천재지변으로 생기는 이재민을 위한 구호금품의 가액	520,000원
甲명의 불우이웃돕기 기부금	8,000,000원
甲명의 장학단체(정부의 인 · 허가를 받음) 기부금	4,000,000원

(3) 주어진 자료 외의 다른 소득은 없으며 기부금세액공제액은 전액 종합소득 산출세액에서 공제 가능한 것으로 한다.

① 1,500,000원 ② 1,900,000원 ③ 2,000,000원
④ 2,900,000원 ⑤ 10,000,000원

18 ㈜A에서 회계과장으로 근무중인 거주자 甲의 2025년 귀속 근로소득 연말정산 관련 자료이다. 근로소득 산출세액에서 공제되는 세액의 합계액은 얼마인가? CTA 2014

(1) 2025년 귀속 근로소득금액은 30,000,000원이며, 근로소득 산출세액은 3,000,000원임

(2) 2025년 중에 甲을 피보험자로 하는 생명보험의 보험료(보험료세액공제 대상임) 지급액은 2,000,000원임

(3) 2025년 중에 기본공제대상자인 자녀의 대학등록금(교육비세액공제 대상임) 지출액은 8,000,000원임

(4) 기본공제대상자인 자녀는 4명임(7세 이하의 자녀는 없음)

(5) 근로소득세액공제액은 660,000원으로 가정함

① 660,000원 ② 2,480,000원 ③ 2,880,000원
④ 2,960,000원 ⑤ 3,330,000원

19 소득세법상 거주자의 외국납부세액공제에 관한 설명으로 옳지 않은 것은? CTA 2008

① 거주자의 종합소득금액에 국외원천소득이 합산되어 있는 경우에는 그 국외원천소득에 대하여 외국에서 외국정부에 의하여 과세된 외국소득세액을 납부하였거나 납부할 것이 있는 때에는 외국납부세액공제를 받을 수 있다.

② 외국납부세액공제를 받는 거주자는 세액공제방법과 필요경비산입방법 중 하나를 선택하여 적용받을 수 있다.

③ 종합소득금액을 계산함에 있어서 외국정부에 납부하였거나 납부할 외국소득세액이 공제한도를 초과하는 경우 그 초과하는 금액은 해당 과세기간의 다음 과세기간부터 10년 이내에 종료하는 과세기간에 이월하여 그 이월된 과세기간의 공제한도 범위 안에서 공제받을 수 있다.

④ 국외원천소득이 있는 거주자가 조세조약의 상대국에서 해당 국외원천소득에 대하여 소득세를 감면받은 세액의 상당액은 해당 조세조약이 정하는 범위 안에서 외국납부세액공제의 대상이 되는 외국소득세액으로 본다.

⑤ 거주자의 퇴직소득금액에 국외원천소득이 합산되어 있는 경우에는 외국납부세액공제 규정을 적용받을 수 없다.

20 소득세법상 세액공제 등에 관한 설명으로 옳은 것은? CTA 2018

① 기장세액공제를 받은 간편장부대상자는 이와 관련된 장부 및 증명서류를 해당 과세표준 확정신고기간 종료일부터 10년간 보관하여야 한다.

② 거주자가 외국소득세액을 종합소득산출세액에서 공제하는 경우 그 외국소득세액이 소득세법에서 정하는 공제한도를 초과하는 때에는 초과하는 금액은 이를 이월하여 공제받을 수 없다.

③ 거주자의 사업소득금액에 국외원천소득이 합산되어 있는 경우 그 국외원천소득에 대하여 외국에서 외국소득세액을 납부하였거나 납부할 것이 있을 때에는 그 외국소득세액을 해당 과세기간의 사업소득금액 계산상 필요경비에 산입하는 방법을 선택할 수 있다.

④ 특별세액공제 규정을 적용할 때 과세기간 종료일 이전에 이혼하여 기본공제대상자에 해당되지 아니하게 되는 종전의 배우자를 위하여 과세기간 중 이미 지급한 금액에 대한 세액공제액은 해당 과세기간의 종합소득산출세액에서 공제할 수 없다.

⑤ 이월공제가 인정되는 세액공제로서 해당 과세기간 중에 발생한 세액공제액과 이전 과세기간에서 이월된 미공세액이 함께 있을 때에는 해당 과세기간 중에 발생한 세액공제액을 먼저 공제한다.

21 소득세법상 세액공제에 관한 설명이다. 옳은 것은? **CPA 2012**

① 간편장부대상자가 비치 · 기록한 장부에 의하여 신고하여야 할 소득금액의 20%를 누락하여 신고한 경우 기장세액공제를 적용하지 않는다.

② 종합소득세와 퇴직소득세 계산시 외국납부세액이 공제한도를 초과하는 경우 해당 과세기간의 다음 과세기간부터 10년 이내에 이월공제가 가능하다.

③ 사업자가 해당 과세기간에 천재지변이나 그 밖의 재해로 자산총액의 15%에 상당하는 자산을 상실한 경우 재해손실세액공제를 적용한다.

④ 일용근로자의 근로소득에 대한 소득세 계산시 근로소득세액공제를 적용하지 않는다.

⑤ 사업소득과 기타소득에 대한 외국납부세액은 외국납부세액공제방법에 따라 공제하거나 필요경비에 산입하는 방법 중 하나를 선택할 수 있다.

22 소득세 관련 세액감면 및 세액공제에 관한 설명이다. 옳지 않은 것은? **CPA 2014**

① 거주자의 종합소득금액에 국외원천사업소득이 합산되어 있는 경우 그 국외원천사업소득에 대하여 국외에서 외국소득세액을 납부하였거나 납부할 것이 있을 때에는 외국납부세액공제와 외국납부세액의 필요경비 산입 중 하나를 선택하여 적용받을 수 있다.

② 사업소득만 있는 거주자(연말정산 대상 사업소득자는 제외)는 기부금세액공제를 적용받을 수 없다.

③ 종합소득이 있는 거주자의 기본공제대상자에 해당하는 자녀(입양자 및 위탁아동을 포함)가 2명(8세 이상임)인 경우 연 55만원을 종합소득산출세액에서 공제한다.

④ 세액감면을 적용받는 사업자가 해당 과세기간에 산출세액이 없어 감면을 받지 못하는 경우 그 감면세액 상당액을 해당 과세기간의 다음 과세기간부터 5년 이내에 끝나는 과세기간으로 이월하여 그 이월된 과세기간의 산출세액 범위에서 공제받을 수 있다.

⑤ 정부 간의 협약에 따라 우리나라에 파견된 외국인이 그 양쪽 또는 한쪽 당사국의 정부로부터 받는 급여에 대해서는 소득세를 면제한다.

23 거주자의 종합소득공제 및 세액공제에 관한 설명으로 옳지 않은 것은? CTA 2012

① 기부금 세액공제를 적용할 경우, 기본공제대상자(다른 거주자가 기본공제를 받은 자 제외)가 지출한 기부금도 공제대상이 된다.

② 성실신고 확인 대상사업자로서 성실신고확인서를 제출한 자는 교육비 세액공제를 받을 수 있다.

③ 분리과세연금소득과 분리과세기타소득만이 있는 자에 대해서는 인적공제 및 특별공제를 적용하지 아니한다.

④ 건강증진을 위한 의약품 구입비용은 의료비 세액공제의 대상에 포함하지 아니한다.

⑤ 의료비 세액공제의 대상인 의료비 지출액은 신용카드 등 사용금액에 대한 소득공제의 대상에 포함하지 아니한다.

24 다음은 부동산임대업을 영위하는 거주자인 갑의 2025년도 사업소득과 관련된 자료이다. 이 자료를 이용하여 갑의 2025년도 기장세액공제액을 계산한 것으로 옳은 것은?

CPA 2013

(1) 갑은 국내에 3주택(각 주택의 기준시가는 모두 3억원을 초과함)을 소유하고 있으며, 그 중 2주택(모두 소득세법에 따른 간주임대료 계산대상임)을 다음과 같이 전세로 임대하고 있다.

구 분	임대기간	임대보증금	임대보증금의 적수
주택A	2024. 5. 1. ~ 2026. 4.30.	1억원	365억원
주택B	2025.11. 1. ~ 2027.10.31.	5억원	305억원

(2) 해당 과세기간의 해당 임대사업부분에서 발생한 수입이자와 할인료 및 배당금은 없으며, 기획재정부령으로 정하는 정기예금이자율은 연 7.3%로 가정한다.

(3) 위의 주택임대 외의 부동산임대업에서 발생한 총수입금액은 40,000,000원이며, 필요경비는 20,000,000원이다.

(4) 갑의 2025년도 종합소득금액은 80,000,000원, 종합소득 과세표준은 64,000,000원이다.

(5) 갑의 2025년도 종합소득 산출세액은 10,000,000원으로 가정한다.

(6) 갑은 간편장부대상자로서 종합소득 과세표준확정신고를 할 때 복식부기에 따라 비치·기록한 장부에 의하여 적법하게 소득금액을 신고하였으며, 법령에서 정한 서류를 적법하게 제출하고, 1년은 365일로 가정한다.

① 443,920원 ② 516,880원 ③ 554,900원
④ 591,500원 ⑤ 646,100원

25 다음은 거주자인 갑(만 40세인 남성임)의 2025년도 종합소득과 관련된 자료이다. 이 자료를 이용하여 갑의 2025년도 종합소득 결정세액을 계산한 것으로 옳은 것은? (단, 조세특례제한법상 소득세 소득공제 등의 종합한도는 고려하지 아니하며, 주어진 자료 이외의 다른 사항은 고려하지 않음) CPA 2013

(1) 갑은 음식점업을 영위하는 소득세법상 성실사업자이다(조세특례제한법상 성실사업자의 요건을 모두 충족함).

(2) 갑의 2025년도 종합소득금액(전액 사업소득금액임)은 50,000,000원(사업소득금액 계산시 필요경비에 산입한 기부금은 없음)이며, 사업소득 이월결손금은 없다.

(3) 갑의 인적공제는 5,000,000원이며, 갑이 2025년도에 지급한 보험료 등의 내역은 다음과 같다.

가. 본인을 피보험자로 하는 생명보험료 3,000,000원과 공적연금 관련법에 따른 연금보험료 2,000,000원

나. 본인의 질병치료를 위하여 의료기관(병원)에 지급한 비용 5,000,000원(난임시술비 아님)

다. 본인의 대학원 석사과정 수업료 5,000,000원

라. 본인 명의로 기부한 일반기부금 15,000,000원(종교단체에 기부한 금액 10,000,000원 포함)

(4) 갑은 종합소득 과세표준확정신고시 특별공제 및 의료비 등 공제대상임을 증명하는 서류를 갖추어 적법하게 제출하였다.

(5) 기부금은 세액공제를 받지 아니하고 필요경비에 산입한다.

① 2,370,000원 ② 2,880,000원 ③ 3,220,000원
④ 3,620,000원 ⑤ 4,020,000원

26 다음 자료에 의하여 거주자 갑이 2025년 귀속 종합소득세 확정신고 시 납부할 세액을 계산하면 얼마인가? CTA 2013

(1) 갑의 2025년 종합소득에 관한 자료는 다음과 같다.
- 근로소득금액 : 28,750,000원(총급여 40,000,000원)
- 사업소득금액 : 31,250,000원
- 종합소득공제 : 4,000,000원
- 특별세액공제 : 300,000원
- 근로소득에 대한 원천징수세액 : 2,000,000원

(2) 갑은 법인 A의 경리부장으로 근무하고 있다. 갑의 소득은 모두 국내원천소득이며, 갑은 간편장부대상자로서 과세표준 확정신고를 함에 있어 사업소득금액 전액을 복식부기에 따라 비치 · 기장한 장부에 의하여 계산하여 신고한다.

(3) 종합소득과세표준이 5,000만원 초과 8,800만원 이하인 경우의 종합소득산출세액 계산식은 다음과 같다.
624만원 + (과세표준 − 5,000만원) × 24%

(4) 근로소득세액공제는 다음과 같다.

근로소득 산출세액	공제대상액
130만원 이하	근로소득산출세액 × 55%
130만원 초과	715,000원 + (근로소득산출세액 − 1,3000,000원) × 30%

(5) 근로소득세액공제 적용시 총급여액 3,300만원 초과 7천만원 이하의 한도는 다음과 같다.
max[a, b]
a. 740,000원 − [(총급여액 − 33,000,000원) × 8/1,000]
b. 660,000원

① 3,896,000원 ② 5,280,000원 ③ 6,321,500원
④ 6,580,000원 ⑤ 7,321,000원

정답 및 해설

01 정답 ②

이 경우 초등학생의 교복비는 포함되지 아니한다.

02 정답 ②

1. 금융소득금액: 41,500,000

- B
- C
- D
  - 이 자: 15,000,000 + 10,000,000
  - G/U X:
  - G/U O: 15,000,000

C + D = 40,000,000 > 20,000,000 ➜ all 종합과세
G / U = min[본래적G / U대상소득, 기본세율 금융소득] × 10%
= min[15,000,000, 20,000,000] × 10% = 1,500,000

2. 사업소득금액 = 20,000,000

3. 종합소득공제 = 4,850,000

4. 종합소득과세표준 = 56,650,000

5. 종합소득산출세액 = Max[①, ②] = 7,870,000
① 20,000,000 × 14% + (56,650,000 − 20,000,000) × 기본세율 = 7,037,500
② 10,000,000 × 25% + 30,000,000 × 14% + (20,000,000 − 5,000,000) × 기본세율 = 7,870,000

03 정답 ②

1. 금융소득금액 : 18,000,000

B			12,000,000
C			6,000,000
D	이 자	:	2,000,000
	G/U X	:	
	G/U O	:	11,000,000

C + D = 19,000,000 < 20,000,000 ➜ C만 종합과세(6,000,000)

종합과세 금융소득 = B + C = 12,000,000 + 6,000,000 = 18,000,000

2. 종합소득산출세액 = max[①, ②] = 2,520,000

① (종합소득과세표준 − C) × 기본세율 + C × 14%
= (18,000,000 − 6,000,000) × 6% + 6,000,000 × 14% = 1,560,000

② (종합소득과세표준 − C − B) × 기본세율 + (C + B) × 14%
= (18,000,000 − 6,000,000 − 12,000,000) × 6% + (6,000,000 + 12,000,000) × 14%
= 2,520,000

04 정답 ①

1. 종합소득금액 = 67,000,000

(1) 금융소득금액 = 52,000,000

B			
C			
D	이 자	:	25,000,000 + 5,000,000
	G/U X	:	
	G/U O	:	20,000,000

C + D = 50,000,000 > 20,000,000 ➜ all 종합과세

G / U = min[본래적G / U대상소득, 기본세율 금융소득] × 10%
= min[20,000,000, 50,000,000] × 10% = 2,000,000

(2) 사업소득금액 = 15,000,000

2. 종합소득공제 = 2,300,000

3. 종합소득과세표준 = 64,700,000

4. 종합소득 산출세액 : Max [①, ②] = 8,300,000

① 일반산출세액

(종합소득과세표준 − 2천만원) × 기본t + 2천만원 × 14%

= (64,700,000 − 20,000,000) × 15% − 1,260,000 + 20,000,000 × 14% = 8,245,000

② 비교산출세액

(다른종합소득금액 − 소득공제) × 기본t + 금융소득총수입금액 × 원징t

= (15,000,000 − 2,500,000) × 6% + 45,000,000 × 14% + 5,000,000 × 25%

= 8,300,000

5. 세액공제 200,000

(1) 배당세액공제 = min[①, ②] = 0

① 2,200,000(G/U금액)

② 8,245,000 − 8,300,000 = △55,000 → 0

(2) 특별세액공제: 200,000

6. 종합소득결정세액 = 8,300,000 − 200,000 = 8,100,000

05 정답 ③

1. 종합소득금액 = 67,500,000

(1) 금융소득금액 = 47,500,000

- B
- C 5,000,000
- D
  - 이 자 : 10,000,000
  - G/U X : 3,000,000
  - G/U O : 27,000,000

C + D = 45,000,000 > 20,000,000 ➜ all 종합과세

G / U = min[본래적G / U대상소득, 기본세율 금융소득] × 10%

= min[27,000,000, 25,000,000] × 10% = 2,500,000

(2) 사업소득금액 = 20,000,000

2. 종합소득공제 = 7,500,000

3. 종합소득과세표준 = 60,000,000

4. 종합소득 산출세액 : Max [①, ②] = 7,540,000

① 일반산출세액

(종합소득과세표준 − 2천만원) × 기본t + 2천만원 × 14%

= {(60,000,000 − 20,000,000) × 15% − 1,260,000} + 20,000,000 × 14% = 7,540,000

② 비교산출세액

(다른종합소득금액 − 소득공제) × 기본t + 금융소득총수입금액 × 원징t

= {(20,000,000 − 7,750,000) × 6%} + 45,000,000 × 14% = 7,035,500

5. 배당세액공제 = min[①, ②] = 505,000

① 2,750,000(G/U금액)

② 7,540,000 − 7,035,000 = 505,000

6. 표준세액공제: 70,000

7. 종합소득결정세액 = 7,540,000 − 505,000 − 70,000 = 6,965,000

06 정답 ⑤

구 분	금 액	계 산 내 역
금융소득금액	49,400,000	*1
근로소득금액	60,230,000	
종합소득금액	109,630,000	
과 세 표 준	101,870,000	109,630,000 − 7,760,000
산 출 세 액	16,688,800	*2

*1 금융소득금액

(1) 금융소득금액의 구분

- B
- C 12,000,000
- D
  - 이 자 : 11,000,000
  - G-U X :
  - G-U O : 24,000,000

C + D = 47,000,000 > 20,000,000 ➜ C + D 모두 종합과세됨

(2) Gross-up = min[본래적G/U대상소득, 기본세율 금융소득] × 10%

= min[24,000,000, 27,000,000] × 10% = 2,400,000

(3) 종합과세 금융소득 47,000,000 + 2,400,000 = 49,400,000

*2 max[①, ②] = 16,688,800

① 20,000,000 × 14% + (101,870,000 − 20,000,000) × 24% − 5,760,000 = 16,688,800

② 11,000,000 × 25% + 36,000,000 × 14% + (60,230,000 − 8,000,000) × 24% − 5,760,000 = 14,565,200

07 정답 ②

1. 종합소득금액 = 120,000,000

(1) 금융소득금액 = 91,500,000

```
┌ B
├ C              10,000,000
└ D ┌ 이  자 : 5,000,000
    ├ G/U X :
    └ G/U O : 70,000,000
```

C + D = 85,000,000 > 20,000,000 ➜ all 종합과세

G / U = min[본래적G / U대상소득, 기본세율 금융소득] × 10%

= min[70,000,000, 65,000,000] × 10% = 6,500,000

(2) 사업소득금액 = 28,500,000

2. 종합소득공제 = 20,000,000

3. 종합소득과세표준 = 100,000,000

4. 종합소득 산출세액 : Max [①, ②] = 16,240,000

① 일반산출세액

(종합소득과세표준 − 2천만원) × 기본t + 2천만원 × 14%

= {(100,000,000 − 20,000,000) × 24% − 5,760,000} + 20,000,000 × 14% = 16,240,000

② 비교산출세액

(다른종합소득금액 − 소득공제) × 기본t + 금융소득총수입금액 × 원징t

= (27,850,000 − 20,000,000) × 6% + 85,000,000 × 14% = 12,371,000

5. 배당세액공제 = min[①, ②] = 3,869,000

① 6,500,000(G/U금액)

② 16,240,000 − 12,371,000 = 3,869,000

08 정답 ②

1. 종합소득금액 = 100,000,000
   (1) 금융소득금액 = 4,000,000 + 56,000,000 = 60,000,000
   (2) 근로소득금액 = 10,000,000
   (3) 기타소득금액 = 30,000,000

2. 종합소득공제 = 10,000,000

3. 종합소득과세표준 = 90,000,000

4. 종합소득 산출세액 : Max[①, ②] = 13,840,000
   ① (종합소득과세표준 – 2천만원) × 기본t + 2천만원 × 14%
   = (90,000,000 – 20,000,000) × 24% – 5,760,000 + 20,000,000 × 14%
   = 13,840,000

   ② (다른종합소득금액 – 소득공제) × 기본t + 금융소득총수입금액 × 원징t
   = (40,000,000 – 10,000,000) × 15% – 1,260,000 + 54,000,000 × 14% + 4,000,000 × 25%
   = 11,800,000

5. 세액공제 3,040,000
   (1) 배당세액공제 = min[①, ②] = 2,000,000
   ① 2,000,000(G/U금액)
   ② 13,840,000 – 11,800,000 = 2,040,000

   (2) 근로소득세액공제 = 756,400 ➜ 한도 740,000
   715,000 + (1,384,000*1 – 1,300,000) × 30% = 740,200
   *1 13,840,000 ×10,000,000/100,000,000 = 1,384,000

   (3) 특별세액공제 : 300,000

6. 종합소득결정세액 = 13,840,000 – 3,040,000 = 10,800,000

09 정답 ⑤

의료비 세액공제의 대상인 의료비 지출액은 신용카드 등 사용금액에 대한 소득공제의 대상에 포함되어, 이중공제의 혜택이 있다.

10 정답 ⑤

(1) 자녀세액공제액 : 550,000

* 기본공제대상자녀로서 8세 이상인 경우 자녀세액공제가 적용함

(2) 연금계좌세액공제 : [min(3,000,000, 4,000,000) + 2,000,000] × 15%* = 750,000

* 근로소득만 있는 경우로서 총급여액이 5,500만원 이하인 경우 15%를 공제함

(3) 합계 : 550,000 + 750,000 = 1,300,000

11 정답 ⑤

1. 의료비 해당액
   (1) 지출1 : 8,000,000
   (2) 지출2 : 4,000,000 + 6,200,000 = 10,200,000
   (3) 지출3 : Min[800,000, 500,000] = 500,000

2. 의료비의 구분

구 분		상 황1	상 황2
일 반 의료비	대상자	배우자(지출3)	배우자(지출2,3)
	지출액	500,000	10,200,000 + 500,000 = 10,700,000
	공 제 대상액	500,000 - 50,000,000 × 3% = △1,000,000 ➜ 0	10,700,000 - 50,000,000 × 3% = 9,200,000 ➜ 한도 7,000,000
특 정 의료비	대상자	갑(지출1), 부친(지출2)	부친(지출1)
	금 액	8,000,000 + 10,200,000 = 18,200,000	8,000,000
	공 제 대상액	18,200,000 - 1,000,000 = 17,200,000	8,000,000
공제대상액 합계		0 + 17,200,000 = 17,200,000	7,000,000 + 8,000,000 = 15,000,000

3. 의료비 세액 공제액
   (1) 경우1 : 17,200,000 × 15% = 2,580,000
   (2) 경우2 : 15,000,000 × 15% = 2,250,000

12 정답 ⑤

구 분	지 출 액	차 감 액	의료비공제액
① 일반의료비	1,000,000	50,000,000 × 3% = 1,500,000	△500,000 ➔ 0
② 특정의료비	500,000* + 1,500,000 = 2,000,000	△500,000	1,500,000
③ 난임시술비	4,000,000	–	4,000,000

* 시력보정용 안경은 연 50만원 한도임

∴ 의료비세액공제 : (① + ②) × 15% + ③ × 30% = 1,425,000

13 정답 ③

(1) 공제대상 의료비

① 난임시술비 : 3,000,000

② 특정의료비 : 500,000(본인*) + 700,000(65세 이상) + 600,000(장애인) = 1,800,000

* 안경 · 콘택트렌즈 구입비용(1인당 연 50만원을 한도)
국외의료비는 공제대상 의료비에 해당하지 않음

③ 일반의료비 : Min[(1,000,000 − 32,000,000* × 3%), 7,000,000] = 40,000

* 총급여액 : 35,000,000 − 3,000,000(비과세소득) = 32,000,000

(2) 의료비세액공제 : ① × 30% + (② + ③) × 15% = 1,176,000

14 정답 ①

구 분	지 출 액	차 감 액	의료비공제액
(1) 일반의료비	1,000,000 + 2,000,000 = 3,000,000	50,000,000[*1] × 3% = 1,500,000	1,500,000
(2) 특정의료비	500,000 + 4,000,000 + 2,500,000 = 7,000,000	일반의료비지출액이 총급여의 3%를 초과하므로 차감액은 없음	7,000,000
합 계			8,500,000

*1 총급여 : 42,000,000 + 7,000,000 + 1,000,000

∴ 세액공제 : 8,500,000 × 15% = 1,275,000

15 정답 ②

지출대상	금 액	비 고
본 인 (갑)	4,000,000	
장 녀	2,600,000	200,000 + 1,900,000 + 500,000(교복구입비 한도)
장 남	3,000,000	Min[3,700,000*1, 3,000,000]

*1 취학전 아동이므로 학원수강료(1주 1회 이상 실시하는 과정)도 교육비 세액공제 대상임

대학원은 본인만 공제대상임. 장녀의 사설학원비는 공제대상이 아님

∴ 교육비세액공제액 : (4,000,000 + 2,600,000 + 3,000,000) × 15% = 1,440,000

16 정답 ③

지출대상	금 액	비 고
본 인	7,000,000	10,000,000 - 3,000,000(비과세 학자금 제외)
아 들	2,000,000	1,500,000 + min[700,000, 500,000]
딸	3,000,000	2,200,000 + 1,800,000 = 4,000,000 ➜ 한도 3,000,000
합 계	12,000,000	

∴ 교육비세액공제액 : 12,000,000 × 15% = 1,800,000

17 정답 ①

구 분	금 액	한 도	대상액
특례기부금	480,000*1 + 520,000 = 1,000,000	31,000,000	1,000,000
일반기부금	8,000,000 + 4,000,000 = 12,000,000	9,000,000*2	9,000,000

*1 특별재난지역 자원봉사: 42시간/8시간 = 5.25일 ➜ 6일. 6일 × 80,000원 = 480,000원

*2 기준소득금액(= 종합소득금액 - 14%세율 금융소득금액 - 특례기부금) × 30%

= (31,000,000 - 0 - 1,000,000) × 30% = 9,000,000

∴ 세액공제 : 10,000,000 × 15% = 1,500,000

18 정답 ⑤

(1) 보험료세액공제 : Min[① 2,000,000 ① 1,000,000(한도)] × 12% = 120,000

(2) 교육비세액공제 : Min[① 8,000,000 ① 9,000,000(한도)] × 15% = 1,200,000

(3) 자녀세액공제 : 4명 ➜ 1,350,000

(4) 근로소득세액공제 : 660,000

∴ 합계 : 3,330,000

19 정답 ⑤

거주자의 퇴직소득금액에 국외원천소득이 합산되어 있는 경우에는 외국납부세액공제 규정을 적용받을 수 있다.

20 정답 ③

① 해당 과세표준 확정신고기간 종료일부터 5년간 보관하여야 한다.

② 그 초과하는 금액은 해당 과세기간의 다음 과세기간부터 10년 이내에 끝나는 과세기간으로 이월하여 그 이월된 과세기간의 공제한도 범위 에서 공제받을 수 있다.

④ 보험료 · 의료비 · 교육비 세액공제규정을 적용할 때 과세기간 종료일 이전에 혼인 · 이혼 · 별거 · 취업 등의 사유로 기본공제대상자에 해당되지 아니하게 되는 종전의 배우자 · 부양가족 · 장애인 또는 과세기간 종료일 현재 65세 이상인 사람을 위하여 이미 지급한 금액이 있는 경우에는 그 사유가 발생한 날까지 지급한 금액에 대하여 해당 과세기간의 종합소득산출세액에서 공제한다.

⑤ 이월공제가 인정되는 세액공제로서 해당 과세기간 중에 발생한 세액공제액과 이전 과세기간에서 이월된 미공제액이 함께 있을 때에는 이전 과세기간 중에 발생한 세액공제액을 먼저 공제한다.

21 정답 ①

② 종합소득세 외국납부세액이 공제한도를 초과하는 경우 10년 이내에 이월공제가 가능하다.

③ 사업자가 해당 과세기간에 천재지변이나 그 밖의 재해로 자산총액의 20%에 상당하는 자산을 상실한 경우 재해손실세액공제를 적용한다.

④ 일용근로자도 근로소득세액공제 55%를 적용한다.

⑤ 사업소득과 양도소득에 대한 외국납부세액은 외국납부세액공제방법에 따라 공제하거나 필요경비에 산입하는 방법 중 하나를 선택할 수 있다.

22 정답 ④

세액감면은 해당 과세기간에 대한 산출세액이 없거나 부족하여 감면을 받지 못한 금액을 차기에 이월할 수 없다.

23 정답 ⑤

의료비 세액공제의 대상인 의료비 지출액은 신용카드 등 사용금액에 대한 소득공제의 대상에 포함되어, 이중공제의 혜택이 있다.

24 정답 ③

구 분	금 액	비 고
1. 사업소득금액	22,196,000	
(1) 주택임대 외 부동산임대소득	20,000,000	40,000,000 − 20,000,000
(2) 주택 간주임대료	2,196,000	(6억원 − 3억원) × 61일 × 1 / 365 × 60% × 7.3%
2. 기장세액공제	554,900	10,000,000 × 22,196,000/80,000,000 × 20% (기장세액공제 한도 1,000,000)

* 보증금 등을 받은 주택이 2 이상인 경우 보증금 등의 적수가 큰 주택부터 차감 ➜ 주택A에서 1억원 차감, 주택B에서 2억원 차감

25 정답 ①

구 분	금 액	비 고
1. 사업소득금액	40,000,000	
(1) 총수입	50,000,000	
(2) 필요경비	10,000,000	*1
2. 종합소득공제	7,000,000	
(1) 인적공제	5,000,000	
(2) 연금보험료공제	2,000,000	
3. 과세표준	33,000,000	
4. 산출세액	3,690,000	840,000 + (33,000,000 − 14,000,000) × 15%
5. 세액공제	1,320,000	
① 의료비공제	570,000	*2
② 교육비공제	750,000	5,000,000 × 15%
6. 종합소득결정세액	2,370,000	

*1 기부금 필요경비 한도 : 50,000,000 × 10% + min[5,000,000(종교 외 일반기부금), 50,000,000 × 20%]

*2 일반 : 0 − 40,000,000 × 3% = △1,200,000. 특정 : 5,000,000 − 1,200,000 = 3,800,000
공제액 = 3,800,000 × 15% = 570,000

26 정답 ①

구 분	금 액	비 고
1. 종합소득금액	60,000,000	
2. 종합소득과세표준	56,000,000	60,000,000 − 4,000,000
3. 종합소득산출세액	7,680,000	6,240,000 + (56,000,000 − 50,000,000) × 24%
4. 세액공제	1,784,250	
(1) 근로소득세액공제	684,000	715,000 + (3,680,000*1 − 1,300,000) × 30% = 1,429,000 ➜ 한도 684,000에 걸림*2
(2) 기장세액공제	800,000	$7,680,000 \times \frac{31,250,000}{60,000,000} \times 20\% = 800,000$ ➜ 한도는 1,000,000
(3) 특별세액공제	300,000	
5. 종합소득결정세액	5,896,000	
6. 기납부세액	2,000,000	근로소득에 대한 원천징수세액
7. 차감 납부할 세액	3,896,000	

*1 7,680,000 × 28,750,000/60,000,000 = 3,680,000

*2 총급여액 3,300만원 초과 7천만원 이하의 한도는 다음과 같다.

max[a, b] = 684,000

a. 740,000 − [(40,000,000 − 33,000,000) × 8/1.000] = 684,000 b. 660,000

제8장 퇴직소득세

8.1 퇴직소득

구 분	대 상
(1) 일반적 퇴직금	① 사용자 부담금을 기초로 하여 현실적인 퇴직을 원인으로 지급받는 소득 ② 공적연금 관련법에 따라 받는 일시금 주1
(2) 기타 유사소득	③ 위 ②의 공적연금 관련법에 따른 일시금을 지급하는 자가 퇴직소득의 일부 또는 전부를 지연하여 지급하면서 지연지급에 대한 이자를 함께 지급하는 경우 해당 이자 ④ 과학기술인공제회법에 따라 지급받는 과학기술발전장려금 ⑤ 건설근로자의 고용개선 등에 관한 법률에 따라 지급받는 퇴직공제금 ⑥ 폐업 등의 사유가 발생하여 소기업, 소상공인 공제에서 공제금을 지급받는 경우
(3) 임원특례	임원의 경우 특정금액을 초과하는 퇴직금은 퇴직소득이 아님 ➡ 근로소득으로 봄 주3

주1 공적연금일시금은 다음 중 적은 금액으로 함

① 과세기준일(2002.1.1.)이후 납입한 연금보험료(사용자부담분 포함)의 누계액과 이에 대한 이자 및 가산이자

② 실제 지급받은 일시금에서 과세기준일 이전에 납입한 연금보험료를 뺀 금액

주2 퇴직소득과 유사소득의 구분

구 분	내 용
① 임원 또는 직원의 퇴직급여한도초과액	근로소득
② 임원의 경우, 2012년부터 근속기간의 3배수 초과액, 2020년부터 근속기간의 2배수 초과액 주3	근로소득
③ 현실적으로 퇴직하지 아니한 경우에 받는 퇴직급여	업무무관가지급금

2012년까지는 퇴직공로금 · 위로금 등은 불특정 다수에게 지급시 퇴직소득이나 이외에는 근로소득으로 구분했음 ➡ 2013년부터는 퇴직소득 과세집행상 혼란을 방지하기 위하여 퇴직을 원인으로 지급받은 대가는 원칙적으로 퇴직소득으로 인정함

주3 임원의 퇴직급여(2011.12.31.에 퇴직했다고 가정하는 경우의 금액[*1] 및 공적연금 일시금은 제외) 중 다음 한도를 초과하면 이는 근로소득으로 봄

2012년 이후분 퇴직급여의 세법상 한도 : ① + ②

① 2012년부터 2019년까지의 한도 : 2019년말부터 소급 3년간[*2] 총급여[*3]의 연평균환산액 × 10% × 2012.1.1.부터 2019.12.31.까지의 근속기간[*4]/12개월 × 3배

② 2020년 이후의 한도 : 퇴직일부터 소급 3년간 총급여[*3]의 연평균환산액 × 10% × 2020.1.1.이후 근속기간[*4]/12개월 × 2배

*1 퇴직소득금액에 2011.12.31. 이전 근무기간을 전체 근무기간으로 나눈 비율을 곱한 금액 다만, 2011.12.31. 당시 임원 퇴직급여지급규정이 있는 경우에는 해당 규정에 따라 지급받을 퇴직소득금액으로 할 수 있음

*2 2012.1.1.부터 2019.12.31.까지 근무기간이 3년 미만인 경우 ➡ 해당 근무기간으로 계산함

*3 근무기간 중 해외현지법인에 파견되어 해외에서 받은 급여를 포함(단, 주거보조비, 교육비수당, 특수지수당, 의료보험료, 해외체재비, 자동차임차료, 실의료비 및 이와 유사한 급여로서, 임원이 국내에서 근무할 경우 국내에서 지급받을 금액을 초과한 금액은 제외)

*4 개월 수로 계산함(1개월 미만은 1개월로 봄)

사례

대표이사 유씨는 2011.1.1.에 입사하여 2025.12.31.에 퇴직함

① 규정에 따른 퇴직급여 수령액은 1,500,000,000원임

② 2019년말부터 소급한 3년간 총급여의 연평균환산액은 120,000,000원임

③ 2023년말부터 소급한 3년간 총급여의 연평균환산액은 140,000,000원임

④ 2011.12.31.에 퇴직하였다고 가정할 경우 규정에 따라 수령할 퇴직급여는 20,000,000원이었음

해답

① 2012년 이후 퇴직급여 :
전체 퇴직급여 − 2011년까지의 퇴직급여 = 1,500,000,000원 − 100,000,000원* = 1,400,000,000원
* 2011년까지의 퇴직급여 = Max[가. 나] = 100,000,000원
가. 1,500,000,000원 × 1년(2011년) / 15년(2011년~2025년) = 100,000,000원
나. 20,000,000원

② 2012년 이후 퇴직급여 한도 : 가 + 나 = 456,000,000원
가. 2019.12.31.까지 한도 : 120,000,000원 × 10% ×8년 × 3배 = 288,000,000원
나. 2020.1.1.이후 한도 : 140,000,000원 × 10% × 6년 × 2배 = 168,000,000원

③ 근로소득으로 보는 금액(2012.1.1.이후 퇴직소득 한도초과액)
= 2012년 이후 퇴직급여 − 2012년 이후 퇴직급여 한도
= 1,400,000,000원 − 456,000,000원
= 944,000,000원

④ 퇴직소득 = 1,500,000,000원 − 944,000,000원 = 556,000,000원
(나머지 944,000,000원은 임원 퇴직소득 한도초과로 인해 근로소득으로 봄)

?! 2011년까지는 임원의 고위직위를 악용하여 근속연수의 4배 이상(예를 들어 30년 근무한 대표이사의 근속연수가 120년이 되는 관행)의 퇴직금을 적립해주던 것을 막기 위하여, 2012년부터는 임원의 경우 근속연수의 3배(2020년부터 2배)까지 만을 퇴직소득으로 보고, 그 금액을 초과하면 (퇴직소득과 비교하여 세부담이 더 큰) 근로소득으로 보고자 하는 취지임

주4 퇴직판정의 특례

구 분	대 상
(1) 퇴직으로 보지 않는 경우	다음 중 어느 하나에 해당하는 사유가 발생하였으나 퇴직급여를 실제로 받지 아니한 경우는 퇴직으로 보지 아니할 수 있음 ① 종업원이 임원이 된 경우 ② 합병 · 분할 등 조직변경, 사업양도 또는 직 · 간접으로 출자관계에 있는 법인으로의 전출(또는 동일한 사업자가 경영하는 다른 사업장으로의 전출)이 이루어진 경우 ③ 법인의 상근임원이 비상근임원이 된 경우
(2) 퇴직소득 중간지급	계속근로기간 중에 다음의 어느 하나에 해당하는 사유로 퇴직급여를 미리 지급받은 경우(임원인 근로소득자를 포함)에는 그 지급받은 날에 퇴직한 것으로 봄 ① 근로자퇴직급여 보장법 시행령에 따른 퇴직금 중간정산 사유에 해당하는 경우 ② 근로자퇴직급여 보장법 제38조에 따라 퇴직연금제도가 폐지되는 경우

8.2 비과세 퇴직소득

비과세 근로소득의 규정 준용함 (4장 근로소득세 참고)

8.3 퇴직소득의 계산구조

환 산 급 여	(퇴직소득금액 – 근속연수공제 주1) × 12/근속연수
– 환산급여공제 주2	
= 퇴직소득과세표준	
× 기 본 세 율	
= 퇴직소득산출세액 주3	퇴직소득과세표준 × 기본세율 × 근속연수/12
– 외국납부세액공제 주4	➡ (다른 외국납부세액공제와 달리) 이월공제 X, 필요경비산입방식 X
= 퇴직소득결정세액	

주1 근속연수공제*

➡ 1년 미만은 1년으로 봄. 당해 연도 2회 이상 퇴직시 (중복기간 제외 후)1회만 공제

근속연수	공제액	근속연수	공제액
① 5년 이하	연 100만원	③ 10년 초과 20년 이하	1,500만원 + 10년 초과 × 250만원
② 5년 초과 10년 이하	500만원 + 5년 초과 × 200만원	④ 20년 초과	4,000만원 + 20년 초과 × 300만원

* 근속연수공제에는 한도가 없으며, 근속연수 계산 시 1년 미만은 1년으로 봄

주2 환산급여공제

환산급여	환산급여공제
800만원 이하	환산급여의 100%
800만원 초과 7,000만원 이하	800만원 + (환산급여 − 800만원) × 60%
7,000만원 초과 1억원 이하	4,520만원 + (환산급여 − 7,000만원) × 55%
1억원 초과 3억원 이하	6,170만원 + (환산급여 − 1억원) × 45%
3억원 초과	1억5,170만원 + (환산급여 − 3억원) × 35%

참 고 직장공제회초과반환금 ➠ 이자소득의 일종이나, 퇴직소득처럼 연분연승법적용

(1) 과세표준 : 초과반환금 − 초과반환금 × 40%(2010년 이전분 50%) − 납입연수공제
(2) 산출세액 : 과세표준 × 1/납입연수 × 기본세율 × 납입연수

8.4 퇴직소득의 수입시기

구 분	대 상
(1) 원 칙	현실적인 퇴직일(*not* 현금주의)
(2) 예 외 ➠ 현금주의*	① 국민연금법에 따라 받는 일시금 ② 건설근로자의 고용개선에 관한 법률에 따라 지급받는 퇴직공제금 ③ 소기업, 소상공인 공제에서 발생하는 퇴직소득

* 분할하여 지급받는 경우에는 최초로 지급을 받은 날

8.5 퇴직소득의 과세방법

구 분	대 상
(1) 퇴직소득 지 급 자	① 원칙 : 퇴직소득을 지급하는 자는 퇴직소득을 지급하는 때 퇴직소득세를 원천징수함 ② 퇴직금의 연금계좌 이체 시 과세이연*1 거주자의 퇴직소득이 다음의 어느 하나에 해당하는 경우에는 해당 퇴직소득에 대한 소득세를 연금외수령*2하기 전까지 원천징수하지 않음*3 • 퇴직일 현재 연금계좌에 있거나 연금계좌로 지급되는 경우 • 지급받은 날부터 60일 이내에 연금계좌에 입금되는 경우 ③ 퇴직소득세 정산(예 연도 중 A사, B사에서 두 번 퇴직시) 퇴직자가 퇴직소득을 지급받을 때, 이미 지급받은 다음의 퇴직소득에 대한 원천징수영수증을 원천징수의무자에게 제출하는 경우 원천징수의무자는 퇴직자에게 이미 지급된 퇴직소득과 자기가 지급할 퇴직소득을 합계한 금액에 대하여 정산한 소득세를 원천징수 하여야 함 • 해당 과세기간에 이미 지급받은 퇴직소득 • 근로제공을 위하여 사용자와 체결하는 계약으로서 사용자가 같은 하나의 계약(현실적 퇴직으로 보지 않는 경우를 포함함)인 근로계약에서 이미 지급받은 퇴직소득
(2) 퇴 직 자	종합소득에 합산하지 않고 별도로 분류과세함 ➡ 차기 5월에 확정신고 의무 있음. 다만, 퇴직소득에 대한 원천징수 규정에 의해 소득세를 이미 납부한 경우에는 과세표준 확정신고 의무를 면제함

*1 이연퇴직소득세는 다음의 계산식에 따라 산출함

$$\text{이연퇴직소득세} = \text{퇴직소득 산출세액} \times \frac{\text{연금계좌로 지급 또는 입금된 금액}}{\text{퇴직소득금액}}$$

*2 이연퇴직소득을 연금외수령하는 경우 원천징수

원천징수의무자는 다음의 계산식에 따라 계산한 이연퇴직소득세를 원천징수 하여야 함

$$\text{원천징수할 세액} = \text{연금외수령 당시 이연퇴직소득세} \times \frac{\text{연금외수령한 이연퇴직소득}}{\text{연금외수령 당시 이연퇴직소득}}$$

여기에서 '연금외수령 당시 이연퇴직소득세'란 해당 연금외수령 전까지의 이연퇴직소득세 누계액에서 인출한 이연퇴직소득의 누계액(이를 '인출퇴직소득누계액'이라 함)에 대한 세액을 뺀 금액을 말하며, 인출퇴직소득누계액에 대한 세액은 다음의 계산식에 따라 계산함

$$\text{인출퇴직소득누계액에 대한 세액} = \text{이연퇴직소득세 누계액} \times \frac{\text{인출퇴직소득누계액}}{\text{이연퇴직소득누계액}}$$

*3 이 경우 소득세가 이미 원천징수된 경우 해당 거주자는 원천징수세액에 대한 환급을 신청할 수 있음

연 습 문 제

01 소득세법상 퇴직소득이 아닌 것은? CTA 2015

① 공적연금 관련법에 따라 받는 일시금
② 과학기술인공제회법에 따라 지급받는 과학기술발전장려금
③ 건설근로자의 고용개선 등에 관한 법률에 따라 지급받는 퇴직공제금
④ 한국교직원공제회법에 따라 설립된 한국교직원공제회로부터 지급받는 초과반환금
⑤ 사용자 부담금을 기초로 하여 현실적인 퇴직을 원인으로 지급받은 소득

02 소득세법상 거주자의 퇴직소득에 관한 설명이다. 옳지 않은 것은? CPA 2014

① 퇴직소득의 수입시기는 퇴직한 날로 하되, 국민연금법에 따른 일시금의 경우에는 소득을 지급받는 날(분할하여 지급받는 경우에도 최초로 지급받는 날)로 한다.
② 원천징수의무자가 12월에 퇴직한 사람의 퇴직소득을 12월 31일까지 지급하지 아니한 경우에는 그 퇴직소득을 12월 31일에 지급한 것으로 보아 소득세를 원천징수한다.
③ 종업원이 임원이 되었으나 퇴직급여를 실제로 받지 아니한 경우에는 퇴직으로 보지 아니할 수 있다.
④ 거주자의 퇴직소득이 퇴직일 현재 연금계좌에 있거나 연금계좌로 지급되는 경우에는 해당 퇴직소득에 대한 소득세를 연금외수령하기 전까지 원천징수하지 아니한다.
⑤ 건설근로자의 고용개선 등에 관한 법률에 따라 지급받은 퇴직공제금은 퇴직소득에 해당한다.

03 소득세법상 퇴직소득 과세에 관한 설명으로 옳지 않은 것은? CPA 2016

① 법인의 상근임원이 비상근임원이 되었지만 퇴직급여를 받지 아니한 경우 퇴직으로 보지 않을 수 있다.

② 임원의 2012년 1월 1일 이후 근무기간에 대한 퇴직소득금액(공적연금 관련법에 따라 받는 일시금 제외)이 퇴직소득 한도액을 초과하는 금액은 근로소득으로 본다.

③ 거주자가 국외원천의 퇴직소득금액이 있고 그 소득에 대하여 국외에 외국소득세액을 납부한 경우에는 법정한도 내에서 외국납부세액공제를 받을 수 있다.

④ 퇴직소득에 대하여 외국정부에 납부하였던 외국소득세액에 의한 외국납부세액공제의 한도초과액은 10년간 이월공제를 적용받을 수 있다.

⑤ 퇴직소득금액이 퇴직소득공제금액에 미달하는 경우에는 그 퇴직소득금액을 공제액으로 한다.

04 연금소득 및 퇴직소득에 관한 설명으로 옳지 않은 것은? CPA 2018

① 공적연금 관련법에 따라 받는 일시금은 퇴직소득으로 과세된다.

② 종업원이 임원이 된 경우 퇴직급여를 실제로 받지 아니한 경우는 퇴직으로 보지 않을 수 있다.

③ 퇴직소득이 퇴직일 현재 연금계좌에 있거나 연금계좌로 지급되는 경우 또는 퇴직하여 지급받은 날부터 60일 이내에 연금계좌에 입금되는 경우에 해당 퇴직소득으로 인한 소득세는 연금외수령시 비과세가 적용된다.

④ 연금계좌세액공제를 받은 연금계좌 납입액과 연금계좌의 운용 실적에 따라 증가된 금액을 그 소득의 성격에 불구하고 연금외 수령하면 기타소득으로 과세한다.

⑤ 국내에서 거주자나 비거주자에게 연금소득을 지급하는 자는 그 거주자나 비거주자에 대한 소득세를 원천징수하여 그 징수일이 속하는 달의 다음 달 10일까지 납부하여야 한다.

05 ㈜A의 대표이사인 거주자 甲이 2025. 12. 31.자로 퇴직하면서 15억원의 퇴직금을 지급받고 관련 자료가 다음과 같은 경우, 甲의 2025년 과세기간의 퇴직소득금액은 얼마인가? CTA 2012

(1) 甲의 입사일은 2011.1.1.이고 과세기간별 총급여액은 다음과 같다.

과세기간	총급여액
2017년	9천만원
2018년	1억 5천만원
2019년	1억 2천만원
2020년 이후	1억 5천만원*

* 매년 동일한 금액을 지급받았음

(2) 甲이 2011. 12. 31.에 퇴직했을 경우 지급받았을 퇴직금은 50,000,000원이다.

① 100,000,000원 ② 282,000,000원 ③ 318,000,000원
④ 568,000,000원 ⑤ 582,000,000원

06 근로자인 거주자 갑(임원 아님)은 제조업을 영위하는 내국법인 ㈜A에서 근무하던 중 퇴사하면서 ㈜A의 정관규정에 따라 퇴직금을 지급받았으며, 이와 관련된 자료는 다음과 같다. 근로자 갑의 2025년 퇴직소득산출세액을 계산한 것으로 옳은 것은? CPA 2015

(1) 퇴직급여액 : 100,000,000원(비과세소득 제외)

(2) 근로자 갑의 입사일 및 퇴사일
가. 입사일 : 2016년 2월 1일
나. 퇴사일 : 2025년 3월 31일

(3) ㈜A의 정관에 의한 퇴직급여지급규정을 준수하고 있으며, 근속연수기간 중 근로기간으로 보지 아니한 기간은 없음

(4) 근속연수공제 : 근속연수가 5년 초과 10년 이하인 경우
500만원 + 200만원 × (근속연수 − 5년)

(5) 환산급여공제액

환산급여	환산급여공제액
7천만원 초과 1억원 이하	4천520만원 + (7천만원 초과분의 55퍼센트)
1억원 초과 3억원 이하	6천170만원 + (1억원 초과분의 45퍼센트)

(6) 기본세율

과세표준	세 율
1,400만원 초과 5,000만원 이하	84만원 + 1,400만원 초과액의 15%
5,000만원 초과 8,800만원 이하	624만원 + 5,000만원 초과액의 24%

① 3,875,000원 ② 5,316,000원 ③ 6,816,000원
④ 6,960,000원 ⑤ 8,540,000원

07 다음의 자료를 이용하여 내국법인 ㈜A에서 경리부장으로 2021년 7월 1일부터 2025년 9월 30일까지 근무하고 퇴직한 거주자 갑의 퇴직소득산출세액을 계산한 것으로 옳은 것은? CPA 2020

(1) 갑은 ㈜A에서 퇴직하면서 퇴직급여 30,000,000원을 수령하였으며, 퇴직공로금으로 5,000,000원을 별도 수령하였다.
(2) 근속연수공제 : 근속연수가 5년 이하인 경우 100만원×근속연수
(3) 환산급여공제

환산급여	공제액
800만원 초과 7,000만원 이하	800만원 + 800만원 초과분의 60%
7,000만원 초과 1억원 이하	4,520만원 + 7,000만원 초과분의 55%

(4) 기본세율

과세표준	세 율
1,400만원 초과 5,000만원 이하	84만원 + 1,400만원 초과액의 15%
5,000만원 초과 8,800만원 이하	624만원 + 5,000만원 초과액의 24%

① 612,000원 ② 1,081,250원 ③ 1,249,000원
④ 1,392,500원 ⑤ 1,586,500원

정답 및 해설

01 정답 ④

한국교직원공제회법에 따라 설립된 한국교직원공제회로부터 지급받는 초과반환금(직장공제회 초과반환금)은 이자소득에 해당한다.

02 정답 ②

원천징수의무자가 12월에 퇴직한 사람의 퇴직소득을 12월 31일까지 지급하지 아니한 경우에는 그 퇴직소득을 2월 말일에 지급한 것으로 보아 소득세를 원천징수한다. (1월부터 11월까지 퇴직한 사람의 경우에 12월 31일임)

03 정답 ④

퇴직소득의 외국납부세액공제는 이월공제의 규정이 없다.

04 정답 ③

퇴직소득이 퇴직일 현재 연금계좌에 있거나 연금계좌로 지급되는 경우 또는 퇴직하여 지급받은 날부터 60일 이내에 연금계좌에 입금되는 경우에 해당 퇴직소득으로 인한 소득세는 연금외수령하기 전까지 과세이연을 통해 원천징수하지 아니한다. 이미 소득세가 원천징수된 경우 환급을 신청할 수 있다.

05 정답 ④

1. 임원퇴직급여 한도초과액

(1) 2011년까지의 급여 : max[①,②] = 100,000,000

① 1,500,000,000 × 12월(*1)/180월(*2) = 100,000,000

② 2011.12.31.에 퇴직했을 경우 지급받았을 퇴직금: 50,000,000

*1) 2011년말 이전 기간 : 12개월

*2) 총근무기간 : 2011. 1. 1. ~ 2025. 12. 31. ➜ 180개월

(2) 2012년 이후의 급여 : 1,500,000,000 − 100,000,000 = 1,400,000,000

(3) 한도 : 468,000,000

① 2012년부터 2019년까지

(90,000,000 + 150,000,000 + 120,000,000) × 1/3 × 10% × 8년 × 3배수 = 288,000,000

② 2020년 이후

150,000,000 × 10% × 6년 × 2배수 = 180,000,000

(4) 한도초과액 : 1,400,000,000 − 468,000,000 = 932,000,000 ➔ 근로소득으로 간주함

2. 퇴직소득금액 : 1,500,000,000 − 932,000,000 = 568,000,000

06 정답 ①

1. 환산급여 : {(1) − (2)} × 12/10년 = 102,000,000

(1) 퇴직소득금액 : 100,000,000

(2) 근속연수공제 : 5,000,000 + (10년* − 5년) × 2,000,000 = 15,000,000

* 2016. 2. 1.~ 2025. 3. 31. ➔ 9년 2개월 ➔ 10년으로 올림

2. 퇴직소득과세표준

(1) 환산급여공제 : 61,700,000 + (102,000,000 − 100,000,000) × 45% = 62,600,000

(2) 퇴직소득과세표준 : 102,000,000 − 62,600,000 = 39,400,000

3. 퇴직소득산출세액

39,400,000 × 기본세율 × 10년/12 = 3,875,000

07 정답 ②

1. 환산급여 : {(1) − (2)} × 12/5년 = 72,000,000

(1) 퇴직소득금액 : 35,000,000

*1 회사로부터 수령한 퇴직공로금은 퇴직소득에 포함됨

*2 근속연수 계산 시 1년 미만의 기간은 1년으로 함. 2021.7.1. ~ 2025.9.30. = 4년 3개월 ➔ 5년

(2) 근속연수공제 : 1,000,000 × 5년 = 5,000,000

2. 퇴직소득과세표준 : 72,000,000 − 46,300,000* = 25,700,000

* 환산급여공제 : 45,200,000 + (72,000,000 − 70,000,000) × 55% = 46,300,000

3. 퇴직소득산출세액 : 25,700,000 × 기본세율 × 5년/12 = 1,081,250

제9장 양도소득세

9.1 양도소득의 범위

사업활동이 아닌 경우
& 1. 양도소득세 과세대상 자산의
& 2. 양도로 인한 소득

1. 양도소득세 과세대상 자산

구 분		내 용
(1) 1그룹	1) 부 동 산	토지 · 건물(건물에 부속된 시설물 · 구축물 포함)
	2) 부 동 산 관련 권리	① (향후) 부동산을 취득할 수 있는 권리 a. 아파트당첨권(딱지) · 토지상환채권 · 주택상환채권 등 b. 부동산매매계약을 체결한 자가 계약금만 지급한 상태에서 양도하는 권리 ② (향후) 부동산을 이용할 수 있는 권리 a. (등기 여부를 불문하고) 지상권 · 전세권 주1 b. 등기된 부동산 임차권
	3) 기 타 자 산	① 특정주식 A · B 주2 ② 특정시설물이용권(배타적 사용이 가능한 골프회원권 · 콘도회원권 · 종합체육시설이용권 · 고급사교장회원권 등) ③ 사업용 고정자산(토지 · 건물 · 부동산 관한 권리)과 함께 양도하는 영업권 ④ 토지 · 건물과 함께 양도한 이축권* * 해당 이축권에 감정평가업자가 감정한 가액이 있는 경우 그 가액(감정가액이 2 이상인 경우 그 감정가액의 평균액)을 구분하여 신고한 경우에는 기타소득으로 과세함

<table>
<tr><td rowspan="2">(2) 2그룹</td><td>1) 일반주식</td><td>
<table>
<tr><th>구 분</th><th colspan="3">내 용</th></tr>
<tr><td rowspan="3">① 상 장 주 식 (KOSPI, KOSDAQ 등)</td><td>구 분</td><td>장내거래(일반)</td><td>장외거래*1 (특이)</td></tr>
<tr><td>a. 대주주 주3</td><td>과 세</td><td rowspan="2">과 세</td></tr>
<tr><td>b. 소액주주 (일 반)</td><td>비열거소득</td></tr>
<tr><td>② 비 상 장 주 식</td><td colspan="3">과 세*2</td></tr>
</table>
*1 주식의 포괄적 교환 · 이전 또는 주식의 포괄적 교환 · 이전에 대한 주식매수청구권 행사로 양도하는 주식 등은 제외함
*2 주권비상장법인의 대주주에 해당하지 않는 자가 한국금융투자협회가 행하는 장외매매거래에 의해 양도하는 중소기업 및 중견기업의 주식 등은 제외함
</td></tr>
<tr><td>2) 외국주식</td><td>① 외국법인이 발행한 주식(우리나라 증권시장에 상장된 주식과 기타자산에 해당하는 주식은 제외)
② 내국법인이 발행한 주식(국외 예탁기관이 발행한 증권예탁증권 포함)으로서 해외 주식</td></tr>
<tr><td colspan="2">(3) 3그룹</td><td>① 주가지수 관련 장내 파생상품
② 차액결제거래(CFO)
③ 주식워런트증권(ELW)
④ 해외 파생상품 시장에서 거래되는 파생상품
⑤ 주가지수 장외 파생상품</td></tr>
<tr><td colspan="2">(4) 4그룹</td><td>신탁의 이익을 받을 권리</td></tr>
</table>

주1 지상권 · 전세권 및 부동산임차권의 비교

구 분	지상권 · 전세권	부동산임차권
(1) 성 격	① 지상권: 타인 토지에 건물 등을 축조하기 위해 토지를 사용하는 권리	임대차계약에 의해 임차인이 임대인의 부동산을 사용하는 권리
	② 전세권: 전세권자가 전세금을 지급하고 부동산을 사용하여 얻는 권리 ➡ 둘 다 물권 성격임	➡ 채권 성격임
(2) 과세대상	(물권이므로) 등기여부 불문하고 과세대상 자산임	(채권이므로) 등기된 경우에만 과세대상 자산임

주2 특정주식 A vs B (1그룹인 특정주식과 2그룹인 일반주식에 동시에 해당하면 특정주식임)

구 분	특정주식 A	특정주식 B
(1) 부동산 등*1 비율	자산총액의 50% 초과	자산총액의 80% 이상
(2) 업 종	제한 없음	골프장 · 스키장 · 휴양콘도미니엄 · 전문휴양시설 영위법인

구 분	특정주식 A	특정주식 B
(3) 주주의 지분율	전체 주식의 50% 이상인 주주[*2]	제한 없음 (예 0.1% 소유 중인 주주가 단 한주를 양도해도 해당)
(4) 주주의 양도비율	소급[*4]하여 3년간 50% 이상[*3] 양도	

*1 전체 자산 중 부동산 + 부동산에 관한 권리의 금액이 50% 이상이므로, 부동산이 아주 많은 회사임

*2 1대 주주(+ 특수관계인)의 보유주식을 의미함

*3 지난 3년간 1대 주주(+ 특수관계인)의 보유주식 중 50% 이상을 양도한다는 뜻이 아니라, 회사 전체 발행주식 총수의 50% 이상을 1대 주주(+ 특수관계인)가 양도했다는 뜻임(만족하기 상당히 어려움)

*4 만약 소급규정이 없다면, 100%를 양도할 때 48%, 48%, 2%씩 나눠서 양도 시 이 규정을 피해나갈 수 있으므로, 지난 3년간의 양도 합계액이 소급하여 50%인지를 판단하는 것임

실무에서 특정주식 A, B는 요건에 해당하기 상당히 어려운 특이한 규정임에도 이를 양도소득세 과세대상으로 규정한 이유는, 이런 회사의 주식을 양도할 경우 이는 성격상 주식의 양도가 아닌 부동산의 양도로 보고 양도소득세를 과세하겠다는 penalty 성격임

주3 대주주 범위

구 분	내 용
유가증권시장	지분율 1% 이상 또는 시가총액 50억원 이상 보유
코스닥시장	지분율 2% 이상 또는 시가총액 50억원 이상 보유
코넥스시장	지분율 4% 이상 또는 시가총액 50억원 이상 보유
비상장법인	지분율 4% 이상 또는 시가총액 50억원 이상 보유

2. 양도의 개념

구 분	내 용
(1) 양도로 봄	① 등기 · 등록에 관계없이(즉, 미등기자산[*1]도 양도소득세 과세) 매도 · 교환 · 현물출자 · 대물변제[*4] · 경매 · 수용 등으로 자산이 유상으로 이전되는 것(무상이전 시 양도소득세 대신, 상대방이 증여세 부담) ② 부담부증여 ➠ 형식은 증여이나, 실질은 양도의 부분이 일부 있음
(2) 양도로 안 봄	① 양도담보[*2] (단, 향후 채무불이행 시에는 자산이 실질적으로 이전되므로 양도로 봄) ② 도시재개발법 기타 법률의 규정에 의한 환지처분 · 보류지 충당 ③ 토지의 경계를 변경하기 위하여 측량 · 수로조사 및 지적에 관한 법률에 따른 토지의 분할 등 토지의 교환으로 인한 변동면적이 교환 대상 토지 전체 규모 ④ 법원의 확정판결에 의한 신탁해지를 원인으로 하는 소유권이전등기를 하는 경우 ⑤ 매매원인무효의 소에 의하여 그 매매사실이 원인무효로 판시되어 환원될 경우 ⑥ 공동소유의 토지를 소유지분별로 단순히 분할만 하는 경우(단, 공유지분이 변경되는 경우에는 변경되는 부분은 양도임)[*3 *4]

	⑦ 소유자산을 경매 · 공매로 인하여 자기가 재취득하는 경우 ⑧ 위탁자와 수탁자 간 신임관계에 기하여 위탁자의 자산에 신탁이 설정되고 그 신탁재산의 소유권이 수탁자에게 이전된 경우로서 위탁자가 신탁설정을 해지하거나 신탁의 수익자로 변경할 수 있는 등 신탁재산을 실질적으로 지배하고 소유하는 것으로 볼 수 있는 경우

*1 만약 등기된 자산만 양도소득세 과세한다면, 자산을 (고의로) 미등기함으로서 양도소득세를 손쉽게 피할 수 있음

*2 예 내집 마련 시 은행에 자신의 집을 담보로 제공하고 융자를 받는 경우는 내 집이 양도된 것은 아님

*3 예 A와 B가 50대 50로 공동 소유 중이던 토지를 반반씩 분할하면 양도가 아니나, 40대 60으로 분할하면 A가 B에게 10%를 양도한 셈임

*4 예 이혼 시

① 남편의 귀책사유로 부인이 위자료 대신 부동산을 받는 경우 ➠ 대물변제이므로 양도소득세 과세 O

② 부부 공동소유 중이던 부동산을 부인이 재산분할청구권 행사 ➠ 공동소유재산의 분할이므로 양도소득세 과세 X

9.2 비과세 양도소득

1. 1세대 1주택의 양도

구 분		내 용
(1) 의 미		양도일 현재 1세대가 1주택만을 보유 중 & 주택의 보유기간이 2년 이상(조정대상지역은 보유기간 2년 이상 & 거주기간 2년 이상)인 경우 (단, 실지양도가액 12억원 초과의 고가주택은 1주택만을 보유하다 양도해도 양도소득세 과세임)
(2) 1세대	1) 원 칙	거주자 및 배우자(주1)와 그들과 동일한 주소 · 거소에서 생계를 같이하는 가족(주2)의 집단
	2) 예 외	원칙적으로 세대를 구성하려면 배우자가 있어야 하나, 다음의 경우에는 없어도 됨 ① 30세 이상인 경우 ② 배우자가 사망하거나 이혼한 경우 ③ 종합 · 퇴직 · 양도소득이 국민기초생활 보장법에 따른 기준 중위소득 40% 이상으로서 소유하고 있는 주택 또는 토지를 관리 · 유지하면서 독립된 생계를 유지할 수 있는 경우(단, 미성년자는 제외(주3))

<table>
<tr><td rowspan="2">(3) 1주택</td><td>1) 원 칙</td><td>① 사실상 주거용으로 사용하는 건물과 그 부수토지 (주4)
(공부(공공의 장부)상 용도와 사실상 용도가 다르면 사실상 용도로 판단함)
(부수토지는 주택정착면적의 5배(도시지역 외 10배)까지 주택으로 봄)
② 겸용주택(주＋상)의 경우
부가가치세법의 규정을 준용 (부가가치세법 참고)
a. 주택면적 > 주택외면적(상가)부분의 면적 : 건물 전체를 주택으로 봄
b. 주택면적 ≤ 주택외면적(상가)부분의 면적 : 건물 중 주택 부분만 주택으로 봄
③ 다가구주택
a. 특이 : 한 가구가 독립하여 거주할 수 있도록 구획된 부분 ➠ 각각 한 개의 주택임
b. 일반 : 가구별로 분양하지 않고 하나의 매매단위로 양도 ➠ 단독주택임
④ 공동소유주택
소득세법에 특별한 규정이 있는 것 외에는 공동 소유자 각자의 소유로 봄</td></tr>
<tr><td>2) 예 외</td><td>1세대 2주택의 경우에는, 먼저 양도하는 주택은 양도소득세가 과세되나 (주5), 다음의 경우는 1세대 2주택이어도 (사유가 인정되므로) 1주택으로 보고 비과세함
① 종전 주택을 취득한 날부터 1년 이상이 지난 후 신규 주택을 취득하고 다음 규정에 따라 종전 주택을 양도하는 경우 : 신규 주택을 취득한 날부터 3년 이내 종전 주택을 양도하는 경우 (주6)
② 직계존속 동거봉양 2주택 : 60세 이상 직계존속 동거봉양을 위해 세대를 합친 후 10년 이내 양도
③ 혼인으로 인한 2주택 : 1주택 보유자(또는 무주택이나, 동거중인 직계존속이 1주택인 경우 포함)가, 주택이 있는 배우자와 혼인 후 10년[개정] 이내 양도
④ 장기저당담보주택 2주택 : 장기저당담보주택을 소유하고 있는 직계존속을 동거봉양하기 위하여 세대를 합침으로써 1세대가 2주택 보유 중, 양도
⑤ 임대주택사업자의 거주용 2주택 : 임대주택사업자가 장기임대주택 또는 장기어린이집과 (거주기간 2년 이상인) 거주주택을 보유 중 거주주택을 양도. 양도일 현재 사업자등록을 해야 함.
⑥ 특별한 사유*로 인한 주택과 일반주택을 보유 중, 일반주택을 먼저 양도
a. 상속받은 주택(이 경우 일반주택은 상속개시 당시 보유한 주택 또는 상속개시 당시 보유한 조합원 입주권 또는 분양권에 의하여 사업시행 완료 후 취득한 신축주택만 해당하며 상속개시일부터 소급하여 2년 이내에 피상속인으로부터 증여받은 주택 또는 증여받은 조합원 입주권 또는 분양권에 의하여 사업시행 완료후 취득한 신축주택은 제외) (주7)
b. 수도권 밖 (주8) 주택 : 취학 · 근무상 형편 · 질병요양 · 기타 사유로 취득한 수도권 밖 주택과 일반주택을 1개씩 소유 중, 일반주택을 양도하는 경우
c. 고향주택
d. 농어촌주택
e. 지정문화재 주택</td></tr>
</table>

구분	구분	내용
(4) 2년 이상 보유	1) 원칙	보유기간이 2년 이상이어야 1세대 1주택 비과세의 혜택이 있음. 다만, 취득 당시 조정대상지역 내 주택은 2년 이상의 보유기간*1 중 2년 이상 거주*2하여야 함. *1 2주택 이상을 보유한 1세대가 1주택 외의 주택을 모두 처분(양도, 증여, 용도변경 포함)한 경우에는 처분 후 1주택을 보유하게 된 날부터 보유기간을 기산함 *2 공동상속주택의 거주기간은 다음의 순서에 따른 사람이 거주한 기간으로 판단함. ① 상속지분이 가장 큰 상속인 ② 당해 주택에 거주하는 자 ③ 최연장자
(4) 2년 이상 보유	2) 특례	다음은 보유기간 제한이 없음 ① 임차일부터 양도일까지 기간 중 세대 전원이 거주한 기간이 5년 이상 거주한 건설임대주택 ② 국외이주 · 1년 이상 국외 거주를 필요로 하는 취학 · 근무상 형편으로 세대 전원이 출국하는 경우(출국일 현재 1주택을 보유하고 있는 경우로서 출국일부터 2년 이내에 양도하는 경우) ③ 학교(유치원 · 초 · 중학교 제외)의 취학 · 근무상 형편(*not* 사업상 형편) · 1년 이상 장기치료를 위하여 세대 전원이 다른 시군으로 이주하는 경우(1년 이상 거주) ④ 협의매수 · 수용 · 그 밖의 법률에 의하여 수용되는 경우 ⑤ 주택재개발 · 재건축 등의 조합원이 사업시행기간 중 다른 주택을 1년 이상 거주하다가 관리처분계획 등에 따라 취득하는 주택으로 세대전원이 이주하는 경우

주1 배우자는 생계요건이 없으므로 별거시에도 무조건 거주자와 같은 세대로 봄. 또한, 법률상 이혼했으나 생계를 같이하는 등 사실상 이혼한 것으로 보기 어려운 사람을 포함함

주2 기타 동거가족이 취학 · 질병요양 · 근무상 형편 · 사업상 형편으로 일시 퇴거한 경우에도 같은 세대로 봄. 기타 동거가족은 양도일 현재 거주자와 생계를 같이하면 동일한 세대로 보나, 별거하는 경우에는 동일한 세대가 아님

주3 미성년자의 결혼 또는 가족의 사망으로 1세대의 구성이 불가피한 경우에는 1세대로 봄

주4 1세대 1주택 비과세가 적용되는 주택 부수토지의 배수

① 도시지역 내의 토지
- a. 수도권 내의 토지 중 주거지역·상업지역 및 공업지역 내의 토지: 3배
- b. 수도권 내의 토지 중 녹지지역 내의 토지: 5배
- c. 수도권 밖의 토지: 5배

② 도시지역 외 토지: 10배

주5 2개 이상의 주택을 같은 날에 양도하는 경우에는 당해 거주자가 선택하는 순서에 따름

주6 일시적 2주택 ➡ 일반적으로 구주택처분 후 신주택을 취득하나, 일시적으로 두 기간이 겹치는 경우임

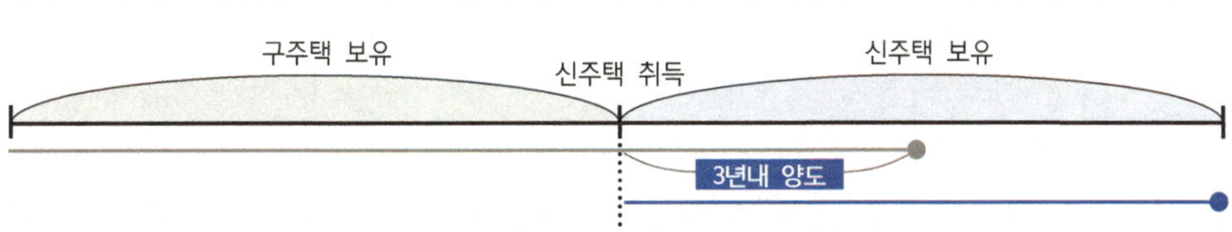

주7 상속주택 외의 일반주택 양도시 1세대 1주택 특례 적용 제한

상속개시시점에서 이미 보유하고 있던 주택 1채에 대해서는 1세대1주택 비과세를 적용하되 이후 취득하는 주택 양도시에는 상속주택을 포함하여 주택수를 판정

--------▲--------▲--------▲---------▲---------▲-------

A주택취득　B주택상속　A주택양도　C주택취득　C주택양도

이 경우 A주택의 양도시에는 1세대1주택 비과세이나, C주택 양도시에는 양도소득세가 과세됨(단, 수도권 밖의 읍 · 면 지역에 소재하는 상속주택은 예외임)

?! 혼인당시 보유하던 조합원입주권에 의해 취득한 주택도 1세대 1주택 비과세 적용을 함(다만, 주택으로 완공된 후 보유기간이 2년 이상이고, 혼인한 날부터 5년 이내에 양도하는 경우에 한함)
주택일부 수용 후 잔존 주택 · 부수토지의 양도기한을 2년에서 5년으로 연장

주8 상속받은 주택으로서 상속인과 피상속인이 상속개시 당시 동일세대인 경우에는 상속 개시전에 상속인과 피상속인이 동일세대로서 거주하고 보유한 재산을 통산함

참고 조합원 입주권 특례

조합원입주권과 1주택을 소유 중, 다음의 경우는 1세대 1주택으로 봄

(1) 조합원입주권을 먼저 양도시
　① 양도일 현재 다른 주택이 없는 경우
　② 양도일 현재 1조합원입주권 외에 1주택을 소유한 경우로서 해당 1주택을 취득한 날부터 3년 이내에 해당 조합원입주권을 양도하는 경우

(2) 종전주택을 먼저 양도시
　① 조합원입주권 취득일부터 3년 이내 양도: 종전의 주택을 취득한 날부터 1년 이상이 지난 후에 조합원입주권을 취득하고 그 조합원입주권을 취득한 날부터 3년 이내에 종전의 주택을 양도하는 경우
　② 조합원입주권 취득일부터 3년 이후 양도 : 조합원입주권을 취득한 날부터 3년이 지나 종전의 주택을 양도하는 경우로서, 주택재개발사업 · 주택재건축사업의 관리처분계획에 따라 취득하는 주택이 완성된 후 2년 이내에 그 주택으로 세대전원이 이사하여 1년 이상 계속하여 거주할 것

2. 기타 비과세

① 파산선고에 의한 처분으로 인하여 발생하는 소득

② 농지의 교환 · 분합으로 인하여 발생하는 소득

③ 지적재조사에 관한 특별법에 따른 경계의 확정으로 지적공부상의 면적이 감소되어 지급받는 조정금

3. 비과세 · 감면의 배제

(1) 미등기양도자산에 대한 비과세 · 감면 배제

참고 미등기자산으로 보지 않는 경우

다음은 합당한 사유가 있으므로 미등기자산으로 보지 않음

① 1세대 1주택에 해당하는 무허가주택
② 8년 이상 자경한 농지
③ 농지의 교환, 분합, 대토
④ 장기할부조건으로 취득한 자산으로서 그 계약조건 등에 의해 자산 취득 등기가 불가능한 자산
⑤ 법률의 규정 · 법원의 결정에 의하여 양도 당시 그 자산의 취득에 관한 등기가 불가능한 자산
⑥ 도시개발사업이 종료되지 아니하여 토지 취득등기를 하지 아니하고 양도하는 토지
⑦ 건설업자가 도시개발법에 따라 공사용역 대가로 취득한 보류지를 토지구획환지처분 공고 전에 양도하는 토지
⑧ 상속에 의한 소유권이전등기를 하지 아니한 자산으로서 공익사업을위한토지등의취득및보상에관한법률에 의하여 사업시행자에게 양도하는 것

(2) 허위계약서(다운계약서, 업계약서 등) 작성시 비과세 · 감면 배제

매매계약서의 거래가액을 실지거래가액과 다르게 적은 경우에는 해당 자산에 대하여 양도소득세의 비과세 또는 감면에 관한 규정을 적용할 때 비과세 또는 감면받았거나 받을 세액에서 다음의 금액을 차감함 ➟ 양도소득세의 비과세(또는 감면)에 관한 규정을 적용받을 경우 : 비과세(또는 감면)에 관한 규정을 적용하지 아니하였을 경우의 양도소득 산출세액(또는 해당 감면세액)과 매매계약서의 거래가액과 실지거래가액과의 차액 중 적은 금액

사례

거주자 유대리는 4년 전 4억원에서 5,000만원을 낮춰 3억5000만원에 아파트 취득 시 다운계약서를 쓴 후 당기에 5억원에 양도했을 경우 비과세 배제액은?

해답

보유기간 상으로는 1세대 1주택에 비과세 혜택 적용 대상이나, 허위계약서 작성으로 세금을 추징당함
만약 실제 양도차익 1억원에 대한 산출세액이 2,000만원이라고 가정하면, 허위계약서 작성으로 낮춘 금액인 5,000만원과 2,000만원 중 적은 금액인 2,000만원의 양도소득세를 추징당함*

* 양도소득세 비과세 · 감면 적용 후 사후관리 규정 위반시 사유가 발생한 날이 속하는 달의 말일부터 2개월 이내에 신고납부

9.3 양도소득세 계산구조

　　양　도　가　액 ㉮1 ➠ 실지거래가액이 원칙이나, 예외규정(추계결정) 있음
－ 취　득　가　액 ㉮2 ➠ 실지거래가액이 원칙이나, 예외규정(추계결정) 있음
－ 기 타 필 요 경 비 ㉮3 ➠ 양도비용 & 자본적 지출 등
＝ 양　도　차　익
－ 장기보유특별공제 ㉮4 ➠ 장기간 보유한 부동산 등에 대한 우대 차원
＝ 양 도 소 득 금 액 1
－ 양　도　차　손
＝ 양 도 소 득 금 액 2
－ 양도소득기본공제 ㉮5 ➠ 1~4그룹별로 250만원 공제
＝ 양도소득과세표준
× 양 도 소 득 세 율 ㉮6 ➠ 기본세율(6 ~ 45%)외에도 다양한 세율이 있음
　　양도소득산출세액

㉮1 양도가액 및 취득가액 산정원리

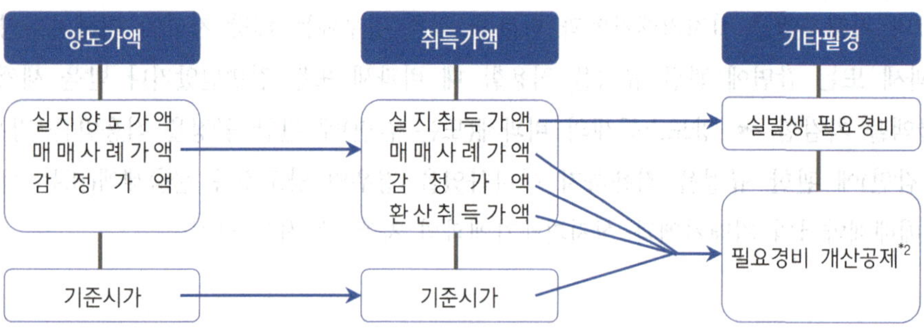

① 실지거래가액이 원칙
② 동일기준적용원칙
(양도가액이 실 · 사 · 감 ➠ 취득가액은 실 · 사 · 감 · 환 중 있는 순서대로 적용. 양도가액이 기준시가 ➠ 취득가액은 반드시 기준시가)
③ 취득가액이 실지취득가액이면 기타필요경비는 실발생 필요경비, 그 외의 방법이면 필요경비 개산공제 적용

*1 각 개념의 정의

구 분	내 용
(1) 매매사례가액	양도일 또는 취득일 전후 각 3개월 이내에 해당 자산(주권상장법인의 주식 등은 제외)과 동일성 · 유사성이 있는 자산의 매매사례가 있는 경우 그 가액
(2) 감 정 가 액	양도일 또는 취득일 전후 각 3개월 이내에 해당 자산(주식 제외)에 대하여 2 이상의 감정평가업자가 평가한 것으로서 신빙성이 있는 것으로 인정되는 감정가액(감정평가기준일이 양도일 또는 취득일 전후 각 3월 이내인 것에 한함)이 있는 경우 그 감정가액의 평균액(다만, 기준시가가 10억원 이하인 자산의 경우에는 하나의 감정평가업자가 평가한 것으로서 신빙성 있는 것으로 인정되는 가액)

(3) 환산취득가액	양도당시의 실 · 사 · 감을 기준시가에 따라 환산한 취득가액(환산양도가액의 개념은 없음) $= \text{양도당시 실} \cdot \text{사} \cdot \text{감 등} \times \frac{\text{취득당시의 기준시가}}{\text{양도당시의 기준시가}}$ 신주인수권의 경우에는 환산취득가액의 적용을 배제함

(4) 기 준 시 가

구 분	내 용
1) 토 지	① 일반지역 : 개별공시지가 ② 지정지역 : 개별공시지가 × 배율
2) 건 물	국세청장 고시가격
3) 주 택	고시된 개별주택가격 또는 공동주택가격
4) 지정지역 내 오피스텔 등	국세청장 고시가격
5) 부 동 산 을 이용할 수 있는 권리	상속세 및 증여세법을 준용하여 평가한 가액
6) 부동산취득권	취득일까지 불입액 + 프리미엄상당액
7) 상 장 주 식	양도일 또는 취득일 이전 1개월간의 최종시세가액 평균액
8) 비상장주식	Max[① 1주당 순손익가치와 1주당 순자산가치를 가중평균한 금액, ② 1주당 순자산가치 × 80%]
9) 신탁수익권	상속세 및 증여세법을 준용하여 평가한 가액

*2 필요경비 개산공제

구 분	내 용
(1) 토지 · 건물 등	취득시 기준시가 × 3% (미등기시 0.3%)
(2) 부동산에 관한 권리	취득시 기준시가 × 7% (미등기시 1%)
(3) 주식 등 기타자산	취득시 기준시가 × 1%

*3 환산가액 적용 특례

Max[① 환산취득가액 + 필요경비개산공제, ② 자본적 지출 + 양도비용]

*4 실지취득가액 기타규정

① 토지 · 건물 · 구축물 등을 일괄양도하여 양도가액의 구분이 불분명한 경우 ➟ 부가가치세법에 따라 안분계산 (부가가치세법 참고)

② 매수자가 양도소득세를 (대신) 부담한 경우 ➟ 양도소득세를 포함한 가액을 각각 매도자의 양도가액과 매수자로 취득원가로 인정함

③ 상속세 및 증여세법에 따른 가업상속공제가 적용된 자산의 양도차익을 계산할 때 취득가액은 다음을 합한 금액으로 함

a. 피상속인의 취득가액 × 가업상속공제적용률

b. 상속개시일 현재 해당 자산가액 × (1 － 가업상속공제적용률)

사례

다음의 경우 case별 토지(등기자산)의 양도차익은?

구 분	case 1	case 2	case 3
(1) 양도가액	실지양도가액 800	감정가액 600 · 기준시가 300	기 준 시 가 300
(2) 취득가액	실지취득가액 500	기 준 시 가 100	기 준 시 가 100
(3) 필요경비	실발생 필요경비 50	실발생 필요경비 40	실발생 필요경비 40
(4) 양도차익	800 − 500 − 50 = 250	600 − 200[*1] − 3[*2] = 397	300 − 100 − 3[*2] = 197

*1 환산취득가액 = 양도당시 실 · 사 · 감 등 × $\frac{\text{취득당시의 기준시가}}{\text{양도당시의 기준시가}}$ = 600 × (100/300) = 200

*2 취득시 기준시가 × 3% = 100(*not* 200) × 3% = 3

주2 취득가액

① 세무상 추산가액

세무상 취득가액 = 결산상 취득가액 + 구분계상 현재가치할인차금
− (사업소득 등의 필요경비 인정되는) 현재가치할인차금상각비 · 감가상각비

사례

당기 초 취득가액 1,000(PV 800. 매년 100씩 2년간 상각)인 건물(내용연수 2년, 정액법)취득 후 1년간 자신의 사업에 필요경비로 인정받은 유씨가 기말에 동 건물을 1,200에 양도할 경우 양도차익

구 분		case 1 : 취득 시 명목가액으로 산정	case 2 : 취득 시 현재가치로 산정
(1) 기초		건물 1,000 / 장기기지급금 1,000	건물 800 / 장기기지급금 1,000 현할차 200
(2) 기말		감비 500 / 감누 500	감비 400 / 감누 400 이자비용 100 현할차 100
(3) 양도소득세	1) 양도가액	1,200	1,200
	2) 취득가액	결산상 취득 + 구분계상 현할차 − (현할차상각비 + 감가상각비) = 1,000 + 0 − (0 + 500) = 500	결산상 취득 + 구분계상 현할차 − (현할차상각비 + 감가상각비) = 800 + 200 − (100 + 400) = 500
	3) 양도차익	700	700

?! 이렇듯 case 1(명목가액으로 취득)과 case 2(현재가치로 취득)의 양도소득세 부담액이 같아야 하므로 현재가치할인차금(*not* 상각비)을 취득가액에 더해야 하며, (이미 사업소득 계산시 필요경비산입으로 혜택을 본) 현재가치할인차금상각비(*not* 현재가치할인차금)와 감가상각비는 취득가액에서 차감함으로서 양도차익을 다시 키워주는 효과임(이중혜택 금지)

② 부가가치세

ㄱ. 사업자가 매입시 공제받은 후 폐업으로 인해 다시 납부한 잔존재화에 대한 부가가치세를 양도소득세 과세시 필요경비로 인정함

ㄴ. 비사업자 · 간이과세자 · 면세사업자가 취득 시 매입세액공제 받지 못한 부가가치세

ㄷ. 부가가치세 과세사업자가 매입시 매입세액 공제를 받은 후 면세사업자로 전환됨에 따라 부가가치세법상 면세전용에 해당하여 납부하였거나 납부할 부가가치세

주3 기타 필요경비

구 분	내 용
(1) 자본적지출	자산의 가치 증가 등(사후적 취득의 개념). 적격 증명 또는 금융거래 증명을 수취한 경우에 한함
(2) 양도비용 등 (적격증명 또는 금융거래 증명에 한함)	① 자산 양도 직접 비용 : 계약서 작성비용 · 공증비용 · 인지대 · 소개비 · 명도비용 등 ② 주식을 양도 시 증권거래세 ③ 양도소득세 과세표준 신고서 작성 (공인회계사 · 세무사 등) 세무대리 비용 ④ 취득 관련 쟁송이 있을 경우, 직접 관련된 소송비용(변호사 비용 등) ➡ 단, 부동산매매계약의 해약으로 인하여 지급하는 위약금 등은 필요경비 X ⑤ 취득 · 등록세 ➡ 납부영수증이 없는 경우에도 공제(국가가 알고 있으므로) ⑥ 자산을 취득함에 있어서 법령 등의 규정에 따라 매입한 국민주택채권 및 토지개발채권을 만기 전에 양도함으로써 발생하는 매각차손(단, 금융기관 외의 자(사채업자 등)에게 양도시 ➡ 동일한 날에 금융기관에 양도 가정시의 매각차손을 한도로 함)

사례

토지취득 시 강제매입한 250의 국민주택채권을 사채업자에 100에 매각하여 매각차손 발생(같은 날에 금융기관에 매각 시 140 수령 가능)

해답

필요경비에 산입할 수 있는 매각차손 = Min[150, 110] = 110

?! 사채업자와 거래하여 입은 매각차손은 신뢰성이 떨어지므로, 같은 날 금융기관과 거래시 매각차손을 한도로 매각차손을 필요경비에 산입한다는 의미임

주4 장기보유특별공제

구 분	내 용
(1) 대 상	3년 이상 보유한 토지 건물, 조합원입주권(관리처분계획인가 전 토지분 또는 건물분의 양도차익에 한정)만 가능. 단, 미등기자산 및 다주택자의 조정대상지역내 일정주택(1세대 2주택 등)은 적용 불가능, 비사업용 토지도 적용가능하고 이때 보유기간 기산일은 과거 취득일부터임
(2) 공 제 율	① 일반적인 경우

보유기간	공제율	보유기간	공제율
3년 이상 4년 미만	6%	10년 이상 11년 미만	20%

(2) 공 제 율

4년 이상 5년 미만	8%	11년 이상 12년 미만	22%
5년 이상 6년 미만	10%	12년 이상 13년 미만	24%
6년 이상 7년 미만	12%	13년 이상 14년 미만	26%
7년 이상 8년 미만	14%	14년 이상 15년 미만	28%
8년 이상 9년 미만	16%	15년 이상	30%
9년 이상 10년 미만	18%		

② 법 소정 1세대 1주택[*1]에 해당하는 경우 : 보유기간별 공제율 + 거주기간별 공제율

기 간	보유기간[*2]별 공제율	거주기간별 공제율	기 간	보유기간별 공제율	거주기간별 공제율
2년 이상 3년 미만	–	8%	7년 이상 8년 미만	28%	28%
3년 이상 4년 미만	12%	12%	8년 이상 9년 미만	32%	32%
4년 이상 5년 미만	16%	16%	9년 이상 10년 미만	36%	36%
5년 이상 6년 미만	20%	20%	10년 이상	40%	40%
6년 이상 7년 미만	24%	24%			

*1 고가주택 등(1세대 1주택임에도) 비과세 요건을 갖추지 못한 경우를 의미함

*2 보유기간

① 일반적인 경우 : 자산 취득일 ~ 양도일

② 예외

- 배우자 · 직계존비속으로부터 증여받은 재산에 대한 이월과세가 적용되는 경우 : 증여한 배우자 · 직계존비속이 해당 자산을 취득한 날 ~ 양도일
- 가업상속공제가 적용된 비율에 해당하는 자산 : 피상속인이 해당 자산을 취득한 날 ~ 양도일

주5 양도소득기본공제

구 분	내 용
(1) 대 상	미등기자산을 제외한 모든 양도자산
(2) 공제금액	(아래 표 참조)
(3) 공제순서	① 감면소득 외의 양도소득금액에서 먼저 공제 ➡ ② 감면소득 외의 양도소득금액 중에서는 해당 과세기간에 먼저 양도한 자산부터 순서대로 공제 ➡ ③ 만약 동시에 양도한 경우 납세자가 선택한 순서로 공제(*not* 안분). (높은 세율에서 공제해야 세부담 최소화 됨)

(2) 공제금액

자산그룹	대상자산	금 액
1) 1그룹	토지 · 건물 · 부동산권리 · 기타자산	250만원
2) 2그룹	일반주식	250만원
3) 3그룹	파생상품(코스피 200 선물 등)	250만원

주6 양도소득세율[*1]

구 분	내 용	양도소득세율
(1) 토지 · 건물 · 부동산에 관한 권리	미등기자산	70%
	비사업용토지	기본세율 + 10%
	분양권	60%
	등기분 중 1년 미만 보유분[*2]	50%
	등기분 중 1년 이상 2년 미만 보유분[*3]	40%
	위 이외의 자산(일반적인 경우)	기본세율
(2) 기타자산	일반적인 경우	기본세율
	자산총액 중 비사업용 토지의 비율이 50% 이상인 특정주식	기본세율 + 10%
(3) 일반주식[*4]	중소기업주식	10%
	비중소기업주식	20%
(4) 외국주식	중소기업주식	10%
	비중소기업주식	20%
(5) 파생상품		10%
(6) 조정대상지역 등	투기지정지역 내 비사업용 토지 또는 부동산 가격 급등 등으로 지정된 부동산	기본세율 + 20%[*5]
	조정대상지역 내 1세대 2주택 등	
	조정대상지역 내 1세대 3주택 이상 주택 등	기본세율 + 30%
(7) 신탁수익권	신탁의 이익을 받을 권리 중 과세표준 3억원 이하분	20%
	신탁의 이익을 받을 권리 중 과세표준 3억원 초과분	25%

*1 하나의 자산이 위의 세율 중 둘 이상의 세율에 해당할 때에는 그 중 세액이 가장 높은 것을 적용함
*2 주택 및 조합원 입주권, 분양권의 경우에는 70%
*3 주택 및 조합원 입주권, 분양권의 경우에는 60%
*4 대주주가 양도시
① 1년 미만 보유 : 30%
② 1년 이상 보유 : 20%(과세표준 3억원 초과분 25%)
*5 보유기간이 2년 이상인 주택을 2026.5.9.까지 양도하는 경우는 제외함

참고 세율이 다른 둘 이상의 1그룹 자산 양도시 산출세액 계산 특례

양도소득 산출세액 : Max[①, ②]
① 해당 과세기간의 양도소득과세표준 합계액 × 기본세율
② 상기 세율표에 따라 계산한 자산별 양도소득 산출세액의 합계

참고 투기지역의 부동산 양도

투기지역에 있는 부동산으로서 ①1세대 3주택 이상에 해당하는 주택, ②1세대로 주택과 조합원입주권을 보유한 경우로서 그 수의 합이 3 이상인 경우의 해당 주택, ③비사업용 토지 등을 양도하는 경우에는 기본세율+10%를 적용함(보유기간이 1년 미만인 경우 기본세율 + 10%와 50% 중 높은 세율, 보유기간이 2년 미만인 경우 기본세율 + 10%와 40% 중 높은 세율 적용)

사례

(1) 부동산임대업자 유씨는 임대사업에 쓰던 상가(등기자산)를 3억원에 양도하였음(연중 다른 자산의 양도는 없음)
(2) 이 건물은 5년 7개월 전에 현재가치 1.2억원만을 취득가액으로 계상하였으며, 3천만원을 현재가치할인차금으로 계상한 바 있음
(3) 양도일까지 현재가치할인차금상각액은 2천5백만원이며, 감가상각누계액은 7천만원임(상각부인액 6백만원 포함). 이 금액들은 모두 사업소득의 필요경비에 산입된 바 있음
(4) 자산취득 및 양도와 관련된 지출한 비용들은 다음과 같음
  ① 납부영수증이 없는 취득 · 등록세 : 3백만원
  ② 건물증설 자본적 지출 : 5천만원
  ③ 중개수수료 · 양도소득세 과세표준 신고서 작성비용 등 : 2백만원
  ④ 부동산매매계약의 해약으로 인한 위약금 지급액 : 4천만원
  ⑤ 건물 등기를 위한 국민주택채권을 8백만원에 매입하여 사채업자에게 1백만원에 매각함(이 날 금융회사에게 매각 시 3백만원 수령 가능함)
(5) 기본세율 속산표
  과세표준 8,800만원초과 1억5천만원 이하시 세율 : 35%(누진공제 1,544만원)

해답

구 분	금 액	계산근거
(1) 양도가액	300,000,000	실지양도가액
(2) 취득가액	(−) 61,000,000	120,000,000 + 30,000,000 − 25,000,000 − (70,000,000 − 6,000,000)
(3) 기타 필요경비	(−) 60,000,000	3,000,000 + 50,000,000 + 2,000,000 + Min(7,000,000, 5,000,000)
(4) 양도차익	(=) 179,000,000	
(5) 장기보유 특별공제	(−) 26,850,000	179,000,000 × 15% (5 ~ 6년)
(6) 양도소득 기본공제	(−) 2,500,000	1그룹(미등기자산 아님)
(7) 양도소득 과세표준	(=) 149,650,000	
(8) 양도소득 세율	(×) 기본세율	
(9) 양도소득 산출세액	(=) 36,937,500	149,650,000 × 35% − 15,440,000

참고 환산취득가액 적용에 따른 가산세

거주자가 건물을 신축하고 그 신축한 건물의 취득일부터 5년 이내에 해당 건물을 양도하는 경우로서 환산가액을 그 취득가액으로 하는 경우에는 해당 건물 환산가액의 5%에 해당하는 금액을 결정세액에 더함(이 규정은 양도소득 산출세액이 없는 경우에도 적용함)

9.4 취득시기와 양도시기

구 분	내 용
(1) 유 상 양 도	1) 대금청산이 분명(일반적인 경우) : 대금(잔금)청산일 2) 대금청산 전에 소유권이전등기시(특이) : 등기접수일 3) 대금청산이 불분명 : 등기 · 등록접수일 또는 명의개서일
(2) 장 기 할 부 조 건 주2	인도일 · 사용수익일 · 소유권이전등기(등록 및 명의개서 포함)접수일 중 빠른 날(할부라서 대금청산이 안됐으므로 대금청산일은 제외)
(3) 자기가 건설한 건축물	사용검사필증교부일 단, 사용검사 전 사용(또는 승인) ➡ 사용일(또는 사용승인일) 건축허가를 없이 건축하는 건축물 ➡ 사실상 사용일 또는 사용승인일
(4) 상속 · 증여로 취득시	상속개시일 · 증여일

주1 (양도자가 부담해야 할 양도소득세를) 양수자가 (대신) 양도소득세(부가세액 포함)를 부담하기로 약정한 경우 ➡ 양도소득세를 제외한 금액(즉, 원래의 양도대가 등만)을 청산하면 대금이 청산된 것임

주2 해당 자산의 양도대금을 월부 · 연부 등으로 수입하는 것으로서 ① 계약금을 제외한 양도대금을 2회 이상으로 분할하여 받고 ② 소유권이전등기(등록 및 명의개서 포함) 접수일 · 인도일 · 사용수익일 중 가장 빠른 날의 다음 날부터 최종 할부금의 지급기일까지의 기간이 1년 이상인 경우

주3 기타의 경우 양도시기 및 취득시기

1) 공익사업 수용 : 대금청산일 · 소유권이전등기접수일 · 수용개시일 중 빠른 날
2) 민법에 의한 점유로 소유권을 취득한 부동산 : 해당 부동산의 점유를 개시한 날
3) 완성 · 확정안 된 자산의 양도 · 취득한 경우로서 해당 자산의 대금을 청산한 날까지 그 목적물이 완성 · 확정 안 된 경우 : 목적물이 완성 또는 확정된 날
4) 환지처분으로 인하여 취득한 토지 : 환지 전의 토지의 취득일(단, 교부받은 토지의 면적이 환지처분에 의한 권리면적보다 증가 또는 감소된 경우 : 환지처분의 공고가 있은 날의 다음날)
5) 특정주식 A : 주주 1인과 기타주주가 주식 등을 양도함으로써 해당법인의 주식 등의 합계액의 50% 이상이 양도되는 날. 이 경우 양도가액은 그들이 사실상 주식 등을 양도한 날의 양도가액에 의함
6) 양도한 자산의 취득시기가 분명하지 않은 경우 : 먼저 취득한 자산을 먼저 양도한 것으로 봄

9.5 양도소득세 과세방법

구 분	내 용
(1) 예 정 신 고	양도일이 속하는 달의 말일부터 2개월 이내(주식은 양도일이 속하는 반기의 말일부터 2개월 이내, 파생상품 제외) 단, 부담부증여시에는 양도일이 속하는 달의 말일부터 3개월까지 예정신고기한이 연장됨 1) 일반 : 예정신고세액 = (양도차익 − 장기보유특별공제 − 양도소득기본공제) × 양도소득세율 2) 2회 이상 : (이미 신고한 양도소득금액 + 이후 신고하는 양도소득금액 − 양도소득기본공제) × 양도소득세율 − 이미 신고한 예정신고산출세액
(2) 확 정 신 고	종합소득에 합산하지 않고 별도로 분류과세함 ➠ 차기 5월에 확정신고 의무 단, ① 1세대 1주택 등 비과세되는 자산을 양도시 ➠ 양도소득세 확정신고 의무 없음 ② 1세대 1주택 등 비과세되는 자산을 양도 & 동일년도에 다른 과세자산을 양도하여 예정신고 납부한 경우 ➠ 양도소득세 확정신고 의무 없음
(3) 박물관 · 미술관 등의 이전시 양도소득세 과세특례	• 등록 후 3년 이상 운영한 박물관 · 미술관, 도서관, 과학관의 이전을 위해 `19. 12. 31.까지 건물 · 토지를 양도시 양도소득세 3년 거치 3년 분할납부 • 이전하지 않거나 이전 · 개관 후 3년 내 폐관 · 처분시 이자를 가산하여 양도소득세 납부

9.6 양도소득세 특수문제

1. 고가주택 과세표준계산

구 분	내 용
(1) 의 미	① 비과세대상인 1세대 1주택이나, 고가주택 및 조업원입주권은 경우에는 양도가액 중 12억원까지 비과세, 12억원을 초과하는 금액만 과세 ② 하나의 건물이 주택과 주택 이외의 부분으로 복합되어 있는 경우와 주택에 딸린 토지에 주택 외의 건물이 있는 경우에는 주택 외의 부분은 주택으로 보지 아니함
(2) 과세표준 계 산	1) 고가주택 양도차익 : 양도차익 × $\frac{(양도가액 - 12억원)}{양도가액}$ 2) 고가주택 장기보유특별공제 : 장기보유특별공제 × $\frac{(양도가액 - 12억원)}{양도가액}$ 3) 양도소득기본공제 : 안분없이 그룹별 250만원 공제

2. 부담부증여에 대한 과세표준계산

구 분	내 용
(1) 의 미	부담(을 조건)부로 증여 ➠ 증여재산에 포함된 채무 중 일부를 수증자가 부담하는 증여. 진정한 증여가 아닌 일부의 채무 부담이 있으므로, 이 금액은 양도로 보고 양도소득세 과세함
(2) 과세표준 계 산	1) 양도가액 : 상증법상 평가액(시가 또는 기준시가) × $\frac{채무액}{증여재산가액}$ 2) 취득가액 ① 양도가액을 시가로 한 경우 실지취득가액(또는 사 · 감 · 환) × $\frac{채무액}{증여재산가액(시가)}$ ② 양도가액을 기준시가로 한 경우 취득당시 기준시가 × $\frac{채무액}{증여재산가액(기준시가)}$ 3) 기타필요경비 : 실제지출액(또는 개산공제) × $\frac{채무액}{증여재산가액}$ 4) 증여가액 = 증여 당시 재산가액 − 채무인수액 예 증여가액 = 1,000 − 300 = 700

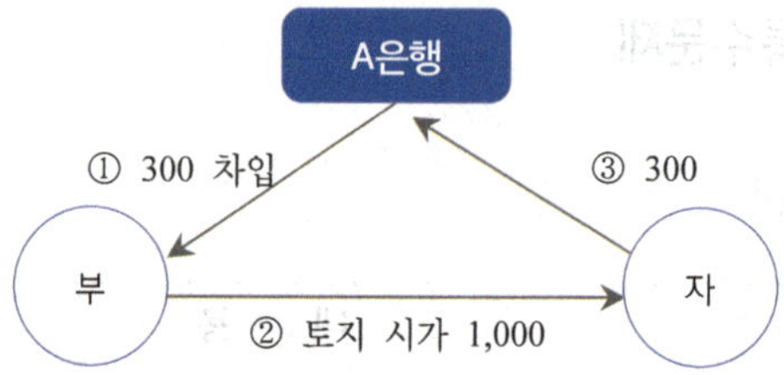

(결국 부는 자에게 1,000원의 토지를 증여하면서 300원의 대가를 받은 셈이므로, 300원은 증여가 아닌 양도로 보는 것임)

사례

다음의 case별 양도차익은?
- case1 : 취득가 7억원, 양도가 15억원(고가주택), 실발생필요경비 1억원일 경우
- case2 : 취득가 5억원, 양도가 8억원(채무부담 2억원), 실발생필요경비 1억원일 경우 부(父) ➠ 자(子)에게 채무부담을 조건으로 증여한 경우

해답

구 분	case1: 고가주택	case2: 부담부증여
(1) 양 도 가 액	15억원 × [(15억 - 12억원) / 15억원]	8억원 × 2억원 / 8억원
(2) 취 득 가 액	(-)7억원 × [(15억 - 12억원) / 15억원]	(-)5억원 × 2억원 / 8억원
(3) 기타필요경비	(-)1억원 × [(15억 - 12억원) / 15억원]	(-)1억원 × 2억원 / 8억원
(4) 양 도 차 익	(15억원 - 7억원 - 1억원) × [(15억원 - 12억원)/15억원] = 1.4억원	(8억원 - 5억원 - 1억원) × 2억원 / 8억원 = 0.5억원

3. 양도차손의 공제

구 분	내 용
(1) 의 미	기중 여러 자산을 양도한 결과, 어느 자산에서 양도차손이 발생 시, 다른 자산의 양도소득금액에서 공제하는 제도 (양도차손이 차기로 이월되는 것은 아님)
(2) 1단계	양도차손은 같은 그룹*에 속하는 자산의 양도소득금액에서만 공제 ➠ 다른 그룹에 속하는 자산의 양도소득금액에서는 공제 불가 * 1그룹 : 토지 · 건물 · 부동산에 관한 권리 · 기타자산 2그룹 : 일반주식, 3그룹 : 파생상품(코스피 200선물 등) 4그룹 : 신탁의 이익을 받을 권리
(3) 2단계	1그룹, 2그룹과 3그룹, 4그룹의 각각에 대하여 다음의 순서에 따라 양도차손을 통산 공제함 2-1) 양도차손이 발생한 자산과 동일 세율을 적용받는 자산의 양도소득금액에서 공제 2-2) 양도차손이 발생한 자산과 다른 세율을 적용받는 자산의 양도소득금액에서 공제 (2-2의 경우는 양도소득금액비율로 안분함)

사례

다음의 경우 양도차손의 통산 후 양도소득과세표준은? (단위 : 백만원)

해답

구 분	1그룹				2그룹
	토지 A	토지 B	건물 A	건물 B	비상장주식
보유기간 (세 율)	미등기 (70%)	5년 (기본세율)	1년 미만 (50%)	10년 (기본세율)	3년 (10%)
(1) 양도차익	40	△170	20	200	8
(2) 장기보유특별공제	–	–	–	200×30%=60	–
(3) 양도소득금액1	40	△170	20	140	8
(4) 1차통산	–	△170 ➠ △30	–	△140	–
(5) 2차통산	△30×(40/60) = △20	△30 ➠ 0	△30×(20/60) = △10	–	–
(6) 양도소득금액2	20	–	10	–	–
(7) 양도소득기본공제	– (미등기이므로)	–	△2.5	–	△2.5
(8) 양도소득과세표준	20	–	7.5	–	5.5

4. 배우자(직계존비속)로부터의 이월과세 vs 우회양도에 대한 부당행위계산부인

구 분	배우자(직계존비속)로부터의 이월과세	우회양도에 대한 부당행위계산부인
(1) 의미	부동산 등을 제3자에게 바로 양도시 높은 양도소득세 부담 ➠ 배우자 간 증여시 6억원의 증여재산공제를 악용 ➠ 배우자에게 먼저 증여 ➠ 10년(주식 및 출자지분은 1년) 이내에 자산을 다시 양도하면 양도차익이 거의 발생 안 되는 점을 막기 위한 제도	부동산 등을 제3자에게 바로 양도시 높은 양도소득세 부담 ➠ 형이 동생에게 자산 증여 ➠ 동생(수증자)이 자산을 10년 내 양도(동생이 증여세+양도소득세 부담) ➠ 형이 제3자에게 직접 양도를 가정한 양도소득세 부담이 더 크면 형과 동생사이의 증여를 부당행위로 보는 제도
(2) 요건	1) 배우자와 직계존비속간의 거래* 2) 이월과세를 적용한 양도세액이 미적용 양도세액보다 적은 경우는 적용배제 3) 토지 · 건물 · 부동산에 관한 권리 · 주식 및 출자지분 · 특정시설물이용권만 해당	1) 특수관계인과의 거래(좌측 이월과세를 적용받는 배우자 및 직계존비속 제외) 2) 조세부담의 부당한 감소가 있을 때만 적용(즉, A 양도소득세 > B 증여세 + 양도소득세일 경우에만 적용) 3) 모든 양도소득세 과세대상 자산에 해당

(3) 적 용 기 간	수증일부터 10년 이내 양도 시 적용	좌동
(4) 납 세 의 무 자	수증자(아내)	증여자(형)
(5) 양도소득세계산	증여자(남편)의 취득시기로 장기보유특별공제 등 계산	증여자(형)의 취득시기로 장기보유특별공제 등 계산
(6) 증 여 세 처 리	필요경비로 공제해 줌	(처음부터) 부과하지 않음
(7) 연대납세의무	배우자(직계존비속) 간에 연대납세의무 없음	특수관계인 간에 연대납세의무 있음

* (증여 당시에 혼인관계였다가 양도 전에 고의로 이혼해도 이 규정에 걸리게 하기 위해) 양도 당시 혼인관계가 소멸된 경우도 포함하나, 사망으로 소멸된 경우에는 이 규정을 적용하지 않음
또한 다음의 경우에 해당해도 이 규정을 적용하지 않음
① 사업인정고시일부터 소급하여 5년 이전에 증여받은 경우로서 공익사업을 위한 토지 등의 취득 및 보상에 관한 법률이나 그 밖의 법률에 따라 협의매수 또는 수용된 경우
② 수증자가 이월과세 적용으로 1세대1주택 비과세(1세대1주택 비과세 요건을 충족한 고가주택 포함)를 적용받는 경우(증여자의 취득일이 수증자에게 적용되다 보면 오히려 1세대 1주택 비과세 요건을 만족하는 경우에는 이 규정을 배제하겠다는 취지임)

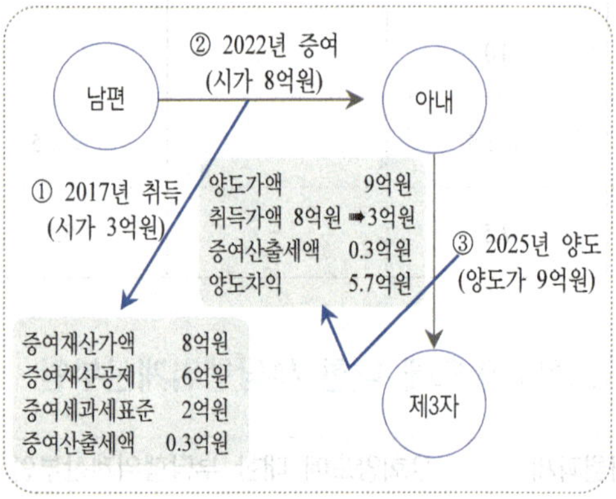

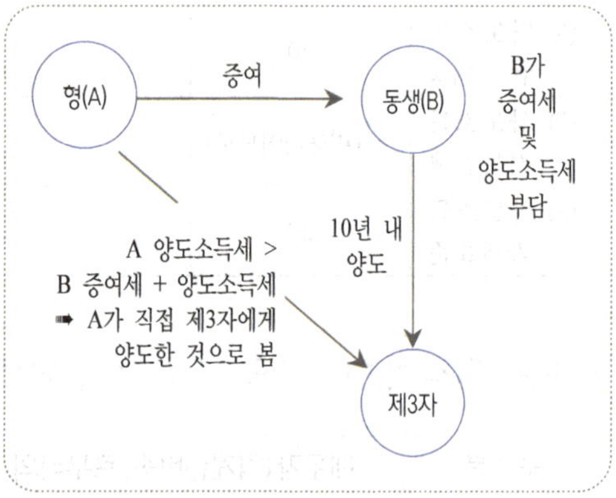

참고 가업상속공제가 적용된 자산에 대한 이월과세

① 취지 : 가업상속공제로 인해 상속세 부담이 경감된 후, 상속인이 자산을 양도할 경우 피상속인의 보유기간 동안의 자본이득에 대한 양도소득세까지 과세되지 않아 과세형평을 저해하는 문제를 막기 위한 제도
② 양도소득세 계산 : 가업상속공제가 적용된 자산의 양도차익을 계산할 때, 피상속인의 취득시기를 기준으로 필요경비 · 장기보유특별공제 · 세율을 적용함
③ 취득가액 : a + b
a : 피상속인의 취득가액 × 해당 자산가액 중 가업상속공제가 적용된 비율
b : 상속개시일 현재 해당 자산가액 × (1 − 가업상속공제 적용률)

5. 양도소득세의 이중과세 조정

<table>
<tr><th>구 분</th><th>고가양도(상대방 : 고수) 이중과세조정</th><th>저가양수(상대방 : 저도) 이중과세조정</th></tr>
<tr><td>(1) 의미</td><td>내가 상대방 법인 등에게 고가로 자산을 양도 ➠ 상대방 법인 등은 고가양수에 대한 부당행위에 해당함(예 <익금산입> 부당행위 5억원(상여)) ➠ 다시 나에게 상여처분으로 근로소득세 등이 과세됨 ➠ 이중과세를 방지하기 위해 양도소득세 계산시에는 (고가의) 실제 양도가액에서 이 금액을 차감해주는 제도</td><td>내가 상대방 법인 등에게 저가로 자산을 양수 ➠ 상대방 법인 등은 저가양도에 대한 부당행위에 해당함(예 <익금산입> 부당행위 5억원(상여)) ➠ 다시 나에게 상여처분으로 근로소득세 등이 과세됨 ➠ 이중과세를 방지하기 위해 양도소득세 계산시에는 (저가의) 실제 취득가액에서 이 금액을 가산해주는 제도</td></tr>
<tr><td>(2) 사례</td><td>5년 전 시가 20억원에 제3자로부터 취득한 토지를, 내가 대표이사로 있는 특수관계인인 법인에게 오늘 50억원에 고가로 양도함(시가는 45억원) ➠ (상대방 법인 입장에서는 고가양수이므로) 상대방 법인의 부당행위 세무조정으로 이미 나에게 상여 5억원이 과세됨
<table>
<tr><th>구 분</th><th>이중과세
조정 X</th><th>이중과세
적용 O</th></tr>
<tr><td>양도가액</td><td>50억원</td><td>~~50억원~~ − 5억원
= 45억원</td></tr>
<tr><td>취득가액</td><td>(−)20억원</td><td>(−)20억원</td></tr>
<tr><td>기타필경</td><td>없는 걸로 가정</td><td>없는 걸로 가정</td></tr>
<tr><td>양도차익</td><td>= 30억원</td><td>= 30억원
➠ 25억원</td></tr>
</table></td><td>내가 대표이사로 있는 특수관계인인 법인으로부터 토지를 5년전 25억원에 저가로 양수함(시가는 30억원) ➠ (상대방 법인 입장에서는 저가양도이므로) 상대방 법인의 부당행위 세무조정으로 이미 나에게 상여 5억원이 과세됨 ➠ 오늘 이 토지를 시가 70억원에 제3자에게 양도
<table>
<tr><th>구 분</th><th>이중과세
조정 X</th><th>이중과세
적용 O</th></tr>
<tr><td>양도가액</td><td>70억원</td><td>70억원</td></tr>
<tr><td>취득가액</td><td>(−)25억원</td><td>(−)[~~25억원~~ +
5억원] = 30억원</td></tr>
<tr><td>기타필경</td><td>없는 걸로 가정</td><td>없는 걸로 가정</td></tr>
<tr><td>양도차익</td><td>= 45억원</td><td>= ~~45억원~~
➠ 40억원</td></tr>
</table></td></tr>
<tr><td>(3) 증여
재산</td><td>상대방인 특수관계인 개인에게 고가양도하여 증여재산가액이 있는 경우에는 실제양도가액에서 일정액(Min(시가 × 30%, 3억원))을 차감하여 양도가액으로 봄</td><td>상대방인 특수관계인 개인으로부터 저가양수하여 증여재산가액이 있는 경우에는 해당 증여재산가액 또는 그 증감액을 취득가액에 가산하거나 차감함</td></tr>
</table>

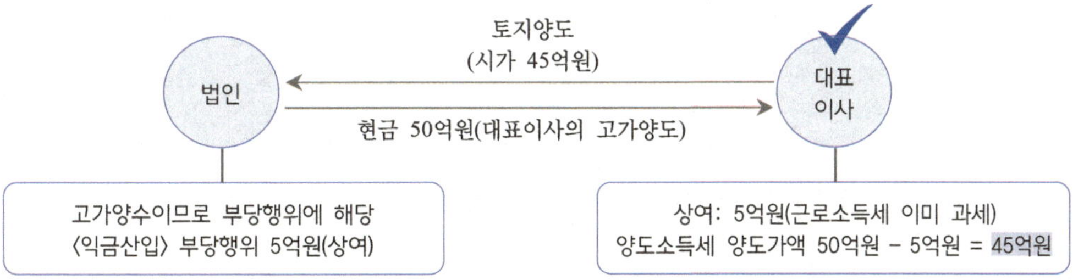

6. 국외전출시 양도소득세 과세특례

구 분	내 용
(1) 취 지	거주자가 이민 등으로 국외전출하는 경우 국외전출일에 국내주식을 양도한 것으로 보아 양도소득세를 과세함
(2) 과세대상주식* * 특정주식 A, B를 포함	① 상장주식 : 주식양도차익 과세대상자에 해당하는 대주주 보유 주식 ② 비상장주식 : 20%의 양도소득세율 적용대상에 해당하는 대주주 보유 주식
(3) 납 세 의 무 자	이민 등으로 국외전출하는 거주자로서 다음 요건을 모두 충족하는 자 ① 국외전출일 전 10년 중 5년 이상 국내에 주소 · 거소가 있을 것 ② 양도소득세 과세대상자인 대주주에 해당할 것
(4) 납세의무성립일	국외전출일
(5) 과 세 표 준	국외전출일에 국내주식을 양도한 것으로 보아 계산한 양도차익
(6) 세 율	20%(3억원 초과분 25%)
(7) 공 제 제 도	외국납부세액공제 및 추후 주식양도시 가격이 국외전출시보다 하락한 경우 세액공제 허용
(8) 신 고 · 납 부	① 국외전출자의 국내주식 등 양도소득에 대한 납세관리인과 국외전출자 국내주식 등의 보유현황은 출국일 전날까지 납세지 관할세무서장에게 신고하여야 함(국외전출자의 국내주식 등 보유현황은 신고일 전날을 기준으로 함) ② 양도소득과세표준을 국외전출일이 속하는 달의 말일부터 3개월 내(납세관리인을 신고할 경우 양도소득과세표준 확정신고 내)에 신고 · 납부(무신고시 납부할 세액의 20% 무신고 가산세 등 부과)
(9) 납 부 유 예	납세담보 설정, 납세관리인 지정 등 요건 충족시 5년간 납부유예 허용
(10) 환 급	국외전출일로부터 5년 내 국내전출자 국내주식 등을 양도하지 않고 국내 재전입 등으로 거주자가 되는 경우 기납부세액 환급

7. 국외자산 양도에 대한 양도소득세

구 분	내 용
(1) 의 미	해당자산 양도일까지 국내에 5년 이상 주소 · 거소를 둔 거주자(모든 거주자 X, 비거주자 X) (예 우리나라에서 평생 살아 온 김여사가 베트남 땅 투기로 인해 토지 양도소득이 있는 경우 ➡ 베트남에서도 과세되고 우리나라에서도 국외자산 양도에 대한 양도소득세 과세됨 ➡ 이중과세를 막기 위해 외국납부세액공제 가능 만약 마돈나(비거주자)가 베버리힐즈의 토지를 팔 경우 ➡ 우리나라 양도소득세와 무관)
(2) 과세대상	기본적으로 국내와 동일(예 1그룹, 2그룹 등) 주
(3) 환산규정	1) 양도가액 : 수령한 날의 기준환율(또는 재정환율) 2) 필요경비 : 지출한 날의 기준환율(또는 재정환율) (장기할부의 경우 등기접수일 · 인도일 · 사용수익일 중 빠른 날의 수령일 또는 지출일로 환산함)
(4) 양도가액 취득가액	1) 원칙 : 실지거래가액 2) 예외 ① 실지거래가액 ➡ ② (양도자산 소재국의 양도 당시 현황을 반영한) 시가 ➡ ③ 상증법상 보충적
(5) 기 타 필요경비	국내자산과 동일
(6) 장기보유 특별공제	인정이 안됨
(7) 양도소득 기본공제	1그룹, 2그룹에 한해 그룹당 연간 250만원(단, 미등기자산이어도 양도소득기본공제 적용 가능)
(8) 양도소득 세 율	(아래 표 참조)
(9) 외국납부 세액공제	외국납부세액공제방법과 필요경비 산입 방법 중 선택 가능함 외국납부세액공제 ① 국외자산의 양도소득세액 ② 한도액 : 양도소득 산출세액 × $\frac{\text{국외자산 양도소득금액}}{\text{전체 양도소득금액}}$

(8) 양도소득 세율

구 분		세 율
1) 토지 · 건물 · 부동산에 관한 권리 · 기타자산		기본세율
2) 주 식	① 중소기업의 주식	10%
	② 이외의 주식	20%

주 과세대상 주요 차이점

(1) 부동산임차권은 등기여부 불문하고 과세함

(2) 해외파생상품은 제외함

사례

5년 이상 거주자 유대리가 양도가액 USD 100(오늘 환율 1USD=1,000원), 취득가액 USD 40(당시 환율 1USD=900원)의 국외자산을 오늘 양도시, 양도차익은? (기타필요경비 없는 것으로 가정)

해답

USD 100 × 1,000원 − USD 40 × 900원 = 64,000원
(USD 60 × 1,000원 = 60,000원 X)

연습문제

01 소득세법상 양도소득세의 과세대상이 될 수 있는 경우에 해당하지 않는 것은? CTA 2013

① 건물을 처남에게 부담부증여한 경우

② 공동사업을 경영할 것을 약정하는 계약에 따라 건물을 해당 공동사업체에 현물출자하는 경우

③ 부동산매매계약을 체결한 자가 계약금만 지급한 상태에서 권리를 양도한 경우

④ 손해배상에 있어서 당사자간에 합의에 의하여 일정액의 위자료를 지급하기로 하고 동 위자료 지급에 갈음하여 당사자 일방이 소유하고 있던 부동산으로 대물변제한 경우

⑤ 소유자산을 경매 · 공매로 인하여 자기가 재취득하는 경우

02 소득세법상 양도소득세가 과세되는 것은? CTA 2018

① 거주자 甲은 이혼하면서 법원의 판결에 따른 재산분할에 의하여 배우자에게 혼인 중에 형성된 부부공동재산인 토지의 소유권을 이전하였다.

② 사업자인 거주자 乙은 사업용으로 사용하던 기계장치를 처분하였다.

③ 거주자 丙은 본인 소유의 토지를 동생에게 증여하면서, 동생이 그 토지에 의하여 담보된 丙의 은행대출 채무를 인수하였다.

④ 건설업을 영위하는 사업자인 거주자 丁은 아파트를 신축하여 판매하였다.

⑤ 거주자 戊는 자기소유의 토지를 경매로 인하여 자기가 재취득하였다.

03 다음 중 소득세법에 따라 양도소득세가 과세되는 경우는? CPA 2017

① 거주자 A는 이혼위자료로 배우자에게 본인 명의의 비상장주식을 이전하였다.
② 거주자 B(사업자)는 사업용으로 사용하던 기계장치를 처분하였다.
③ 거주자 C는 골프회원권을 채권자에게 양도담보로 제공하였다..
④ 거주자 D는 건설업을 영위하고 있으며, 주택을 신축하여 판매하였다.
⑤ 거주자 E는 자녀에게 본인 소유의 토지를 무상으로 이전하였다.

04 소득세법상 거주자의 양도소득에 대한 납세의무와 관련하여 양도에 관한 설명으로 옳지 않은 것은? CTA 2019

① 법원의 파산선고에 의한 부동산의 처분은 양도로 보지 아니한다.
② 이혼으로 인하여 혼인 중에 형성된 부부공동재산을 민법에 따라 재산분할하는 경우에는 양도로 보지 아니한다.
③ 공동사업을 경영할 것을 약정하는 계약에 따라 토지나 건물을 해당 공동사업체에 현물출자하는 경우 그 공동사업체에 유상으로 양도된 것으로 본다.
④ 도시개발법에 따른 환지처분으로 지번이 변경되는 경우도 양도로 보지 아니한다.
⑤ 양도담보계약에 따라 소유권을 이전하는 경우라 하더라도 법정요건을 갖춘 경우에는 양도로 보지 아니하나, 채무불이행으로 인하여 담보 자산을 변제에 충당한 때에는 양도한 것으로 본다.

05 1세대 1주택 양도소득세에 비과세에 관한 설명으로 옳은 것은? (단, 해당 주택은 등기된 것으로 고가주택이 아니다) CTA 2011

① 상속받은 주택으로서 상속인과 피상속인이 상속개시일 당시 동일 세대인 경우에는 상속개시 전에 피상속인이 보유한 기간과 동일세대로서 상속인과 함께 보유한 기간을 통산하여 1세대 1주택 비과세 규정을 적용한다.

② 1세대 1주택 비과세 규정을 적용함에 있어서 2개 이상의 주택을 같은 날에 양도하는 경우에는 양도 주택 중 실지거래가액이 가장 큰 주택을 먼저 양도한 것으로 본다.

③ 1주택을 보유하고 1세대를 구성하는 자가 70세의 아버지를 동거봉양하기 위하여 세대를 합침으로써 1세대가 2주택을 보유하게 되는 경우, 세대를 합친 날부터 10년 이내에 양도하는 종전 아버지 소유였던 주택에 한하여 이를 1세대 1주택으로 보아 비과세 규정을 적용한다.

④ 하나의 건물이 주택과 주택 외의 부분으로 복합되어 있는 겸용주택의 경우 주택의 연면적이 주택 외의 부분의 연면적보다 클 때에는 그 전부를 주택으로 본다.

⑤ 법령이 정하는 다가구주택을 가구별로 분양하지 아니하고 그 다가구주택을 하나의 매매단위로 하여 1인에게 양도하는 경우에는 이를 각각 하나의 주택으로 보아 비과세 여부를 적용한다.

06 양도소득세에 관한 설명으로 옳은 것은? CTA 2016

① 1세대 1주택 비과세요건 판정시 상속받은 주택과 그 밖의 주택을 국내에 각각 1개씩 소유하고 있는 1세대가 상속받은 주택을 양도하는 경우 국내에 1개의 주택을 소유한 것으로 본다.

② 1세대가 1주택을 취득 후 1년 이상 거주하고 세대원 중 일부가 사업상 형편으로 다른 시·군으로 이전하면서 해당 주택을 양도하는 경우에는 2년 미만 보유한 때에도 1세대 1주택 비과세한다.

③ 비사업용 토지(법적절차에 따라 등기된 것임)의 경우에도 장기보유특별공제를 적용받을 수 있다.

④ 주택과 주택외부분이 복합된 겸용주택으로서 그 전부를 주택으로 보는 경우에는 그 전부의 실지거래가액에서 주택외부분의 실지거래가액을 제외한 금액으로 고가주택(실지거래가액 12억원 초과)에 해당여부를 판단한다.

⑤ 파산선고에 의한 처분과 강제경매로 인하여 발생하는 소득에는 양도소득세를 과세하지 아니한다.

07 거주자 甲은 2025.6.30. 국내에 보유하고 있는 건물과 토지를, 건물은 300,000천원, 토지는 200,000천원으로 하여 특수관계인이 아닌 乙에게 일괄 양도하였다. 이 경우 건물의 양도차익은 얼마인가? CTA 2019

1. 실지거래금액 및 감정평가가액(아래 기재된 가액 이외의 매매사례가액, 감정평가가액 등은 없다고 가정함) (단위 : 천원)

구 분	건 물	토 지	비 고
계약서상 양도금액	300,000	200,000	
취득시 취득가액	120,000	180,000	2022.1.1. 취득
양도시 감정평가가액	150,000	250,000	

2. 건물은 정액법(내용연수 10년, 잔존가치 없음)으로 원활 상각하여 사업소득금액 계산시 필요경비에 산입하였다.
3. 甲은 취득시 건물과 토지 모두를 자신의 명의로 등기하였으며, 기준시가는 다음과 같다.

구 분	건 물	토 지	비 고
양도시점	120,000	200,000	
취득시점	80,000	120,000	

4. 양도시 양도계약서 작성비용 : 4,000천원
5. 건물 취득일에 완료한 외벽의 도색 비용 : 5,000천원

① 104,750천원 ② 105,500천원 ③ 108,000천원
④ 164,250천원 ⑤ 220,500천원

08 2025년 6월 1일 거주자 甲은 국내소재 주택(1세대 1주택으로 등기자산임)을 10억원에 양도하였다. 양도시점에 양도비용은 10,000,000원이 발생하였다. 해당 주택의 취득당시 기준시가는 2억원이며 양도당시 기준시가는 5억원이다. 취득당시 실지거래가액, 매매사례가액과 감정가액은 확인되지 않는다. 甲이 해당 주택의 취득당시 소유권 확보를 위하여 직접 소요된 소송비용 등은 20,000,000원이고 자본적 지출액은 10,000,000원이며, 모두 소득세법령이 정한 필요경비의 요건을 충족한다. 甲의 해당 주택의 보유기간은 11년 1개월(이 중 거주기간은 6년 8개월임)인 경우 해당 주택의 양도소득금액은? (단, 장기보유 특별공제액의 적용요건을 충족하고, 양도소득의 필요경비 계산특례 및 부당행위계산의 대상이 아니며, 주어진 자료 외의 사항은 고려하지 않음) CTA 2020

① 11,880,000원 ② 21,384,000원 ③ 54,648,000원
④ 100,850,000원 ⑤ 118,800,000원

09 거주자 甲이 부동산임대업을 영위하기 위해 장기할부조건으로 취득한 후 ㈜A에 양도한 국내소재 건물(주택이 아님)과 관련한 자료가 다음과 같은 경우, 甲의 2025년 과세기간의 양도소득과세표준은 얼마인가? CTA 2012

(1) 甲은 2018.7.9에 해당 건물을 시가인 10억원에 취득하면서 현재가치할인차금 1억을 제외한 9억원을 취득가액으로 계상하였다.
(2) 甲은 해당 건물의 보유기간 중에 부동산임대업에 대한 소득금액 계산시 6천만원의 현재가치할인차금 상각액과 9천만원의 건물 감가상각비를 필요경비에 산입하였다. 또한, 동 기간 중에 甲은 해당 건물에 대한 자본적 지출액으로 1억 5천만원을 계상하였다.
(3) 甲은 2025. 4. 8.에 해당 건물을 시가인 15억원에 양도하였다.
(4) 해당 건물을 미등기 자산이 아니다.
(5) 2025년 과세기간에 해당 건물 외에 다른 양도자산은 없다.

① 305,500,000원 ② 384,700,000원 ③ 437,500,000원
④ 440,000,000원 ⑤ 472,700,000원

10 다음 자료를 이용하여 거주자 甲이 양도한 A토지의 양도소득세 과세표준을 계산하면 얼마인가? (단, 주어진 자료 이외에는 고려하지 않음) CTA 2016

(1) 양도자산의 자료

양도자산	A토지(甲소유로 등기된 토지임)
비사업용 토지 여부	비사업용 토지에 해당되지 않음
면 적	90m^2
양도일자	2025.4.25.
취득일자	1994.5.20.

(2) A토지의 양도 당시 실거래가액은 100,000,000원이며, 취득 당시 실거래가액은 60,000,000원이다. 매매사례가액 및 감정가액은 없다.

(3) 개별공시지가에 대한 자료는 다음과 같다.

고시일	1993.5.30.	1994.5.30.	2025.5.29.
m^{2}당 개별공시지가	500,000원	600,000원	950,000원

(4) A토지의 소유권을 확보하기 위하여 직접 소요된 소송비용(그 지출한 연도의 각 소득금액의 계산에 있어서 필요경비에 산입하지 않았음)으로 10,000,000원을 지출하였으며, A토지 양도를 위해 직접 지출한 소개비 2,000,000원이 있다. 이상의 경비는 모두 법정증빙을 수취하였다.

(5) 2025년에 A토지 이외에 다른 양도는 없다.

① 17,100,000원 ② 21,300,000원 ③ 25,500,000원
④ 27,600,000원 ⑤ 31,555,000원

11 거주자 甲은 자기 소유로 등기된 국내소재 아파트를 양도할 예정이다. 다음 자료에 의하여 양도소득세 산출세액이 영("0")이 되는 양도가액의 최대금액은 얼마인가? (단, 원 단위 미만은 절사함) CTA 2014

> (1) 취득가액 : 500,000,000원
>
> (2) 취득일자 : 2010. 4. 25.
>
> (3) 양도예정일자 : 2025. 4. 26.
>
> (4) 양도소득세 비과세 및 감면규정의 적용대상은 아니며, 양도 당시에 3주택(조정대상지역 내 주택 아님)을 보유하고, 해당 과세기간에 다른 양도소득세 과세대상 자산을 양도하지 않는다는 것을 전제함
>
> (5) 양도가액과 취득가액은 실지거래가액이며, 취득가액 외의 필요경비는 고려하지 않음

① 502,500,000원　② 502,777,777원　③ 503,571,428원

④ 512,500,000원　⑤ 525,000,000원

정답 및 해설

01 정답 ⑤

소유자산을 경매 · 공매로 인하여 자기가 재취득하는 경우에는 양도에 해당하지 않는다.

02 정답 ③

부담부증여시 채무를 인수하는 것은 자산의 유상이전이므로 양도소득세 과세대상이다.

① 재산분할청구에 의한 소유권 이전은 양도에 해당하지 않는다.
② 사업용 기계는 양도대상 자산에 해당하지 않는다.
④ 건설업을 영위하는 사업자가 아파트를 신축하여 판매한 경우 사업소득으로 과세된다.
⑤ 소유자산을 경매 · 공매로 인하여 자기가 재취득하는 경우에는 양도에 해당하지 않는다.

03 정답 ①

이혼위자료로 비상장주식을 이전한 것은 대물변제이므로 양도소득세 과세대상이다.

② 기계장치는 양도대상 자산에 해당하지 않는다.
③ 양도담보는 양도로 보지 않는다.
④ 건설업을 영위하는 사업자가 주택을 신축하여 판매한 경우 사업소득으로 과세된다.
⑤ 자산의 무상이전의 경우 증여에 해당하므로 증여세 과세대상이다

04 정답 ①

법원의 파산선고에 의한 부동산의 처분은 비과세 대상 양도소득이다.

05 정답 ④

① 상속받은 주택으로서 상속인과 피상속인이 상속개시일 당시 동일 세대인 경우에는 상속개시 전에 피상속인과 상속인이 동일세대로서 보유한 기간과 상속인이 (단독으로) 보유한 기간을 통산하여 1세대 1주택 비과세 규정을 적용한다.

② 1세대 1주택 비과세 규정을 적용함에 있어서 2개 이상의 주택을 같은 날에 양도하는 경우에는 선택하는 순서에 따라 먼저 양도한 것으로 본다.

③ 10년 이내에 양도하는 종전 아버지 소유였던 주택에 한하여 ➜ 먼저 양도하는 주택에 대하여

⑤ 법령이 정하는 다가구주택을 가구별로 분양하지 아니하고 그 다가구주택을 하나의 매매단위로 하여 1인에게 양도하는 경우에는 이를 단독주택으로 본다.

06 정답 ③

① 1세대 1주택 비과세요건 판정시 상속받은 주택과 그 밖의 주택을 국내에 각각 1개씩 소유하고 있는 1세대가 일반주택을 먼저 양도하는 경우 국내에 1개의 주택을 소유한 것으로 본다.

② 1세대가 1주택을 취득 후 1년 이상 거주하고 세대원 전부가 사업상 형편으로 다른 시·군으로 이전하면서 해당 주택을 양도하는 경우에는 2년 미만 보유한 때에도 1세대 1주택 비과세한다.

④ 주택과 주택외부분이 복합된 겸용주택으로서 그 전부를 주택으로 보는 경우에는 그 전부의 실지거래가액으로 고가주택(실지거래가액 12억원 초과)에 해당여부를 판단한다.

⑤ 강제경매로 인하여 발생하는 소득에는 양도소득세으로 과세한다.

07 정답 ③

구 분	금 액	계 산 내 역
양도가액	187,500,000	*1
(-) 취득가액	78,000,000	*2
(-) 기타필요경비 등	1,500,000	*3
= 양도차익	108,000,000	

*1. 감정가액 안분 : 500,000,000 × 150,000,000 / (150,000,000 + 250,000,000) = 187,500,000
실지거래가액과 감정가액으로 안분계산한 가액이 30% 이상 차이가 있는 경우이므로 감정가액으로 계산한 가액이 양도가액이 됨
차이비율 : (300,000,000 − 187,500,000) / 187,500,000 = 60%

*2 120,000,000 − 42,000,000㈜ = 78,000,000
㈜ 필요경비 산입 감가상각누계 액: 120,000,000 × 0.1 × 3.5년 = 42,000,000

*3 4,000,000 × 150,000,000 / (150,000,000 + 250,000,000) = 1,500,000

*4 도색비용은 수익적지출에 해당함

08 정답 ②

구 분	금 액	계 산 내 역
양 도 가 액	1,000,000,000	
(−) 취 득 가 액	400,000,000	환산취득가액(1,000,000,000 × 2억원/5억원)
(−) 기타필요경비 등	6,000,000	필요경비개산공제 2억원 × 3%
= 양 도 차 익	59,400,000	(1,000,000,000 − 406,000,000) × 1억원/10억원
(−) 장기보유특별공제	38,016,000	59,400,000 × 64% 보유기간공제율 40%(10년) + 거주기간공제율 24%(6년) = 64%
양 도 소 득 금 액	21,384,000	

09 정답 ③

구 분	금 액	계 산 내 역
양 도 가 액	1,500,000,000	
(−) 취 득 가 액	850,000,000	1,000,000,000 − (60,000,000 + 90,000,000)
(−) 기타필요경비 등	150,000,000	
= 양 도 차 익	500,000,000	
(−) 장기보유특별공제	60,000,000	500,000,000 × 12%
(−) 양도소득기본공제	2,500,000	
양도소득과세표준	437,500,000	

10 정답 ①

구 분	금 액	계 산 내 역
양 도 가 액	100,000,000	양도당 시 실지거래가액을 적용함
취 득 가 액	(−) 60,000,000	양도당 시 실지거래가액을 적용함
기 타 필 요 경 비	(−) 12,000,000	
양 도 차 익	= 28,000,000	
장 기 보 유 특 별 공 제	(−) 8,400,000	28,000,000 × 30%
양 도 소 득 기 본 공 제	(−) 2,500,000	
양 도 소 득 과 세 표 준	= 17,100,000	

11 정답 ③

내 용	계산내역
양 도 가 액	x
(−) 취 득 가 액	500,000,000
(−) 기 타 필 요 경 비	−
= 양 도 차 익	(x − 500,000,000)
(−) 장기보유특별공제	(x − 500,000,000) × 30%*
(−) 양도소득기본공제	2,500,000
양도소득과세표준	0

* 1세대 3주택을 보유하고 있고 보유기간 15년 이상이므로 30%를 적용함

결국 양도소득과세표준이 0이 되는 양도가액(x값)을 구하면

$(x - 500,000,000) - (x - 500,000,000) \times 30\% - 2,500,000 = 0$

$\therefore x = 503,571,428$

제10장 신고와 납부

10.1 신고와 납부

1. 과세표준 확정신고

구 분		내 용
(1) 확정신고	1) 신 고 대 상 자	해당 과세기간의 종합 · 퇴직 · 양도소득금액이 있는 거주자는 과세표준을 다음 연도 5월 1일부터 5월 31일까지 납세지관할세무서장에게 신고 ➠ 해당 과세기간의 과세표준이 없거나 결손금이 있는 때에도 신고 의무는 있음
	2) 첨 부 서 류	복식부기의무자는 기업회계기준을 준용하여 작성한 재무상태표 · 손익계산서 · 그 부속서류 및 합계잔액시산표와 조정계산서를 제출해야 함 ➠ 미제출시 무신고임
(2) 특 례	1) 거주자 사망	상속인은 그 상속개시일이 속하는 달의 말일부터 6개월이 되는 날까지 사망일이 속하는 과세기간에 대한 해당 거주자의 과세표준을 신고해야 함(상속인이 승계한 연금계좌의 소득금액은 제외)
	2) 거주자 출국	출국일이 속하는 과세기간의 과세표준을 출국일 전날까지 신고해야 함
(3) 확정신고 예 외	1) 연말정산대상 소득만 있음	① 근로소득만 있는 자 ② 연금소득만 있는 자 ③ 연말정산대상 사업소득만 있는 자
	2) 퇴직소득만 있음	④ 퇴직소득만 있는 자
	3) 연말정산대상 소득과 퇴직 소득만 있음	⑤ 근로소득과 퇴직소득만 있는 자 (① & ④) ⑥ 연금소득과 퇴직소득만 있는 자 (② & ④) ⑦ 연말정산대상 사업소득과 퇴직소득만 있는 자 (③ & ④)
	4) 분리과세소득 만 있음	⑧ 분리과세이자소득 · 배당소득 · 연금소득 · 기타소득(원천징수되지 않는 위약금 · 배상금 및 가상자산소득 제외)만 있는 자
	5) 분리과세소득과 결합되는 경우	⑨ 위 ①부터 ⑦까지에 해당하는 자로서 분리과세이자소득 · 배당소득 · 연금소득 · 기타소득(원천징수되지 않는 위약금 · 배상금 및 가상자산소득 제외)이 있는 자
	6) 기 타	⑩ 수시부과 후 추가로 발생한 소득이 없는 자 ⑪ 양도소득이 있는 거주자로서 양도소득과세표준 예정신고를 한 자

(4) 확정신고 납 부	1) 납 부 기 한	과세표준 확정신고기한까지 확정신고납부세액을 납부해야 함
	2) 분 납	납부할 세액이 1천만원 초과 시 납부기한이 지난 후 2개월 이내 분납함 ① 납부할 세액이 2천만원 이하시 : 1천만원 초과 금액 ② 납부할 세액이 2천만원 초과시 : 세액의 50% 이하 금액

*1 2인 이상으로부터 받는 근로소득, 공적연금소득, 퇴직소득 또는 연말정산되는 사업소득이 있는 자(일용근로자는 제외함)는 확정신고의무가 있음. 다만, 주된 근무지 등의 원천징수의무자가 종된 근무지 등의 소득까지 합산하여 연말정산에 따라 소득세를 납부하거나 퇴직소득세를 납부함으로써 확정신고납부를 할 세액이 없는 자는 의무 없음

*2 원천징수제외대상 근로소득 · 퇴직소득이 있는 자는 확정신고의무가 있으나, 납세조합을 통해 연말정산에 의하여 소득세를 원천징수하여 납부한 자는 그러하지 아니함

2. 사업장 현황신고

구 분	내 용
(1) 의 미	사업자 인적사항 · 업종별 수입금액 명세 · 시설현황 등이 포함된 사업장현황신고서를 제출
(2) 대상자	부가가치세 면세사업자(해당 과세기간 중 휴 · 폐업한 사업자 포함)
(3) 기 한	다음연도 2월 10일까지 납세지 관할세무서장에게 신고
(4) 기 타	2 이상의 사업장이 있는 사업자는 각 사업장별로 사업장현황신고를 해야 함

* 사업자가 부가가치세법상 과세사업과 면세사업을 등을 겸영하여 면세사업 수입금액 등을 신고하는 경우에는 그 면세사업 등에 대하여 사업장 현황신고를 한 것으로 봄

3. 성실신고확인제도

구 분	내 용
(1) 의 미	• 수입금액(사업용 유형자산을 양도함으로써 발생한 수입금액 제외)이 일정금액 이상인 개인사업자가 세무사 등*이 장부기장 내용의 정확성 여부를 확인하고 작성한 성실신고확인서의 제출을 의미함 • 해당(*not* 직전) 과세기간의 수입금액 기준 : 도 · 소매업, 부동산매매업 등 : 15억원, 제조업, 숙박 및 서비스업 등 7.5억원, 부동산임대업 등 5억원) * 세무사(세무사법에 따라 등록한 공인회계사를 포함함), 세무법인 또는 회계법인
(2) 신 고 서 제출혜택	1) 신고기한 : 다음연도 5월 1일부터 6월 30일까지 확정신고 2) 교육비 · 의료비 세액공제 가능 3) 성실신고확인비용세액공제
(3) 미제출시 가 산 세	$\text{Max}\left[\text{① 종합소득산출세액} \times \dfrac{\text{사업소득금액}}{\text{종합소득금액}} \times 5\%,\ \text{② 수입금액} \times 0.02\%\right]$ • 다음연도 6월 30일까지 성실신고확인서를 제출하지 않은 경우 • 종합소득 산출세액이 경정으로 인해 0보다 크게 되는 경우에는 성실신고확인서 미제출 가산세를 결정세액에 더함 • 정기선정 외에도, 세무공무원은 성실신고확인서 제출을 하지 않으면 세무조사를 할 수 있음
(4) 기타규정	• 성실신고확인대상사업자는 확정신고시 제출서류에 더하여 비치 · 기록된 장부와 증명서류에 의하여 계산한 사업소득금액의 적정성을 세무사 등이 확인하고 작성한 확인서(성실신고확인서)를 납세지 관할 세무서장에게 제출하여야 함 ➠ 납세지 관할 세무서장은 제출된 성실신고확인서에 미비한 사항 또는 오류가 있을 때에는 그 보정을 요구가능 • 세무사가 성실신고확인대상사업자에 해당하는 경우에는 자신의 사업소득금액의 적정성에 대하여 해당 세무사가 성실신고확인서를 작성 · 제출해서는 안 됨(자기확인금지)

10.2 기납부세액

1. 중간예납

구 분	내 용
(1) 의 미	사업소득이 있는 거주자 주1 에 대해 중간예납세액을 결정하여 11월 30일까지 징수(고지납부원칙)
(2) 절 차	납세지 관할세무서장은 11.1.~11.15.의 기간에 중간예납세액의 납세고지서를 발급함
(3) 금 액	원칙적으로 직전 과세기간 납부실적의 1/2의 금액이 고지된 후 이를 납부 직전년도 납부세액 × 1/2 - 예정신고납부세액
(4) 예 외	예외적으로 중간예납기간의 실적기준을 선택 가능함 주3 ① 산출세액 = (중간예납기간 종합소득금액 × 2 - 종합소득공제) × 세율 ② 중간예납추계액 = 산출세액 / 2 - 중간예납기간의 세액감면 · 공제 · 기납부세액
(5) 기타규정	① 중간예납도 일정요건 만족 시 분납 가능 ② 중간예납세액이 50만원 미만인 경우 세액을 징수하지 않음 ③ 소득세 중간예납세액 납부세액 중 1,000원 미만은 절사

주1 사업소득이 있는 거주자만 중간예납의무 있으므로 사업소득이 없거나 퇴직 · 양도소득만 있으면 중간예납 의무 없음

주2 다음의 경우에는 중간예납 의무가 없음

(1) 신규사업개시자

(2) 사업소득 중 수시부과하는 소득

(3) 사업소득 중 속기 · 타자 등 사무지원 서비스업

(4) 보험모집원 · 자영예술가 등

(5) 사업소득 중 방문판매원 및 후원방문판매원(직전 과세기간의 사업소득에 대한 소득세를 연말 정산한 경우만 해당)

(6) 분리과세 주택임대소득

주3 **중간예납기간의 실적기준을 적용하는 경우**

(1) 중간예납기준액이 없는 거주자 중 복식부기의무자가 해당 과세기간의 중간예납기간 중에 종합소득이 있는 경우에는 직전 과세기간의 실적으로 할 수 없으므로 반드시 신고해야 함

(2) 사업부진 : 중간예납기간의 소득세액(중납예납추계액)이 중간예납기준액의 30%에 미달하는 경우로서 사업자가 중간예납추계액을 신고(이 때에는 선택규정임)

2. 원천징수

<table>
<tr><th colspan="2">구 분</th><th>내 용</th></tr>
<tr><td colspan="2">(1) 의 미</td><td>국내에서 아래의 대상소득을 지급하는 자(원천징수의무자)는 소득세를 원천징수하여 징수일이 속하는 달의 다음달 10일까지 납부해야 함</td></tr>
<tr><td rowspan="7">(2) 대상소득 및 세율 주1</td><td>1) 이 자 · 배당소득</td><td>① 원칙 : 14%(비영업대금의 이익* · 출자공동사업자의 분배금 : 25%)
* 금융위원회에 등록한 온라인투자연계금융업자를 통하여 지급받은 이자소득 : 14%
② 기타
a. 비실명금융소득 : 45%(90%)
b. 직장공제회초과반환금 : 기본세율
c. 분리과세를 신청한 장기채권의 이자와 할인액 : 30%</td></tr>
<tr><td>2) 사업소득</td><td>수입금액의 3%(봉사료는 별도 세율)</td></tr>
<tr><td>3) 근로소득</td><td>① 상용근로자 : 매월 간이세액표로 원천징수 후 다음 연도 2월 연말정산
② 일용근로자 : 일 15만원 공제 후 근로소득금액의 6% 원천징수</td></tr>
<tr><td>4) 연금소득 금 액</td><td>① 공적연금 : 연금소득 간이세액표로 원천징수 후 다음 연도 1월 연말정산
② 사적연금
ㄱ. 사적연금 중 이연퇴직소득
원천징수세액 = 연금외수령한 것으로 가정할 때의 이연퇴직소득세 원천징수세액 × 70%(연금 실제 수령 연차가 10년 초과시 60%)
ㄴ. 이연퇴직소득 이외의 사적연금소득
a. 연금수령자의 나이에 따른 구분
<table><tr><th>연금수령일 현재의 나이</th><th>원천징수세율</th></tr><tr><td>70세 미만</td><td>5%</td></tr><tr><td>70세 이상 80세 미만</td><td>4%</td></tr><tr><td>80세 이상</td><td>3%</td></tr></table>b. 종신계약에 따라 받는 연금소득 : 4%
* a와 b의 요건을 동시에 충족하는 때에는 낮은 세율을 적용함</td></tr>
<tr><td>5) 기타소득</td><td>① 기타소득금액의 20%(복권당첨소득 등의 3억원 초과분은 30%)
② 연금계좌에서 연금외수령하는 소득, 소기업 · 소상공인 공제부금의 해지일시금의 15%</td></tr>
<tr><td>6) 퇴직소득</td><td>퇴직소득 과세표준에 기본세율(연분연승법) 적용</td></tr>
<tr><td>7) 봉 사 료</td><td>수입금액의 5%</td></tr>
<tr><td colspan="2">(3) 원 천 징 수 시 기</td><td>1) 원칙
원천징수의무자는 소득을 지급할 때 원천징수하여 원천징수세액을 다음달 10일까지 납부해야 함
2) 지급시기 의제
다음의 경우에는 소득금액을 지급하지 않아도 이를 지급한 것으로 의제 및 원천징수함</td></tr>
</table>

(3) 원천징수 시기

?! 아래 소득들을 미지급하면 원칙적으로 원천징수를 할 수 없으므로 국가는 (실제 지급시까지) 원천징수 관련 과세문제를 종결할 수 없음 ➠ 지급시기 의제라는 가상의 개념을 도입하여 원천징수 관련 과세문제를 종결시키려는 다분히 행정편의적인 성격이 있는 규정임

구 분	종 류	원천징수시기 특례
① 이자소득	a. 정기예금연결정기적금	해약되거나 정기적금의 저축기간이 끝나는 때
	b. 금융회사가 매출 · 중개하는 어음, 표지어음의 이자 · 할인액	할인매출일
	c. 동업기업 과세특례에 따라 배분받은 이자소득	지급받은 날. 단, 동업기업의 과세기간 종료 후 3개월까지 미지급시 ➠ 3개월이 되는 날
	d. 그 밖의 이자소득	총수입금액의 수입시기
② 배당소득	a. 잉여금처분에 따른 배당 미지급금	잉여금처분결의일부터 3개월이 되는 날(단, 11.1.~12.31. 사이에 결정된 처분에 따라 다음연도 2월 말일까지 배당을 지급하지 않은 경우 : 그 처분을 결정한 날이 속하는 과세기간의 다음연도 2월 말일)
	b. 의제배당	의제배당의 수입시기
	c. 출자공동사업자의 배당소득	지급받은 날. 단, 과세기간 종료 후 3개월까지 미지급시 ➠ 3개월이 되는 날
	d. 동업기업 과세특례에 따라 배분받은 배당소득	지급받은 날. 단, 동업기업의 과세기간 종료 후 3개월까지 미지급시 ➠ 3개월이 되는 날
③ 연말정산 사업소득	미지급된 연말정산대상 사업소득	• 1월부터 11월분 : 12월 31일 • 12월분 : 다음연도 2월 말일
④ 근로소득	a. 미지급된 근로소득	• 1월부터 11월분 : 12월 31일 • 12월분 : 다음연도 2월 말일
	b. 잉여금처분에 따른 상여 미지급금	잉여금처분결의일부터 3개월 되는 날. 단, 11.1.~12.31. 사이에 결정된 경우 ➠ 다음 연도 2월 말일
⑤ 퇴직소득	미지급된 퇴직소득	• 1월부터 11월분 : 12월 31일 • 12월분 : 다음연도 2월 말일
⑥ 소득처분한 소득	인정배당 · 인정상여 · 인정기타소득으로 처분된 경우	• 법인이 세무조정 후 신고하는 경우(일반) : 법인세 과세표준 신고기일 또는 수정신고일 • 세무서장이 경정하는 경우(특이) : 소득금액변동통지서를 받은 날

(4) 원천징수 반기특례	직전 과세기간(신규사업장의 경우 신청일이 속하는 반기)의 매월 말일 현재의 상시고용인원의 평균인원수가 20인 이하의 원천징수의무자 (금융보험업자 제외)로서 관할 세무서장의 승인 또는 국세청장의 지정을 받은 소규모사업자와 종교단체(인원무관)는 반기의 마지막 달의 다음 달(7월 · 다음 연도 1월) 10일까지 납부가능 주2
(5) 상여처분의 원천징수 특례	법인이 채무자 회생 및 파산에 관한 법률에 따른 회생절차에 따라 특수관계인이 아닌 다른 법인에 합병되는 등 지배주주가 변경(인수)된 이후 회생절차 개시 전에 발생한 사유로 인수된 법인의 대표자 등에 대하여 법인세법상 상여로 처분되는 소득에 대해서는 소득세를 원천징수하지 아니함
(6) 기타규정 주3	1) 소액부징수 : 원천징수세액 1,000원 미만 시 원천징수를 안 함(단, 이자소득금액은 소액이어도 원천징수함) 2) 아래의 경우 원천징수 면제가 됨 ① 비과세소득 또는 면세소득을 지급하는 경우 ② 미지급소득이 이미 종합소득에 합산되어 소득세가 과세된 후 그 미지급소득을 지급하는 경우

주1 원천징수 제외 금액

① gross－up된 금액(10% 해당분) 및 국외금융소득

② 사업소득 중 부가가치세 면제되는 의료보건용역 · 인적용역을 제외한 일반적인 사업소득

③ 국외근로소득

④ 기타소득 중 B(뇌물 등), C(계약금이 위약금으로 대체된 경우 : 매수자 해약시)

⑤ 양도소득

주2 다음의 금액은 반기별 특례가 적용되지 않으므로 (일반적인 경우처럼) 매월 납부해야 함

① 법인세법에 따라 배당 · 상여 · 기타소득으로 처분된 금액

② 국제조세조정에관한법률에 따라 소득 처분된 금액

③ 비거주연예인 등의 용역제공과 관련된 원천징수세액

3. 예정신고(2가지 의무)

구 분	(사업소득자 중) 토지 등 매매차익 예정신고	(일반개인 중) 양도소득과세표준 예정신고
(1) 의 미	부동산매매업자는 토지 · 건물의 매매차익과 세액을 매매월의 말일부터 2개월이 되는 날까지 납세지 관할세무서장에게 신고해야 함	양도소득세 과세대상자산(외국주식과 3그룹 자산은 제외)을 양도한 거주자는 양도소득과세표준을 양도월의 말일(주식은 반기의 말일)부터 2개월 이내에 납세지 관할 세무서장에게 신고 · 납부해야 함
(2) 대 상 자	부동산매매업자로서 토지 · 건물을 양도한 자	양도소득세 과세대상자산을 양도한 거주자
(3) 신고기한	매매월의 말일부터 2개월 이내	양도월의 말일부터 2개월 이내(주식은 양도월이 속하는 반기 말일부터 2개월 이내)

(4) 세 액 의 계산방식	양도소득세 계산방식을 준용함 (단, 양도소득기본공제는 적용하지 않음) ① 매매차익 = 매매가액 - (필요경비 + 장기보유특별공제) ② 신고세액 = 매매차익 × 세율	양도소득세 계산방식에 따라 계산함. 만약 연중 2회 이상 양도시는 별도규정 있음 ㈜ ① 양도소득과세표준 = (양도차익 - 장기보유특별공제 - 양도소득기본공제) ② 신고세액 = 양도소득과세표준 × 세율
(5) 미이행시 제 재	가산세를 부과함	가산세를 부과함

㈜ 2회 이상 양도시의 예정신고 산출세액

(이미 신고한 과세표준 + 이후 신고하는 과세표준) × 양도소득세율 - 이미 신고한 예정신고산출세액

사례

(1) 2.27.에 양도한 건물의 과세표준 : 3천만원, 산출세액 3,420,000 ➡ 4.30.까지 예정신고 및 납부
(2) 9.19.에 양도한 토지의 과세표준 : 5천만원일 경우 예정신고 산출세액은?
* 세율 : 과세표준 5,000만원 ~ 8,800만원시 24%(누진공제 576백만원)

해답

[(30,000,000 + 50,000,000) × 24% - 5,760,000] - 3,420,000 = 10,020,000
➡ 11.30.까지 추가로 예정신고 및 납부

4. 수시부과세액

구 분	내 용	
(1) 의 미	과세기간이 종료되지 않은 경우에도 사업부진 · 기타 사유로 장기간 휴 · 폐업상태일 경우 등 소득세를 포탈할 우려가 있다고 인정되는 경우 해당 과세기간의 소득에 대하여 (수시로) 과세할 수 있음	
(2) 수 시 부과세액	1) 소득세 포탈 우려시	(수시부과기간의 종합소득금액 - 본인에 대한 기본공제) × 기본세율
	2) 주한국제연합군 등으로부터 수입금액 영수시	수시부과기간의 종합소득금액 × (1 - 단순경비율) × 기본세율

연습문제

01 소득세법상 신고 · 납부절차에 관한 설명으로 옳지 않은 것은? CTA 2016

① 과세기간의 개시일 현재 사업자가 아닌 자로서 그 과세기간 중 신규로 사업을 시작한 거주자는 그 과세기간의 사업소득에 대하여 중간예납 의무가 없다.

② 중간예납세액이 50만원 미만인 경우에는 해당 세액을 징수하지 않는다.

③ 복식부기의무자가 아닌 농 · 축 · 수산물 판매업을 영위하는 거주자는 납세조합을 조직할 수 있다.

④ 금융업을 경영하는 사업자가 직전 과세기간의 상시고용인원의 평균인원수가 20인 이하인 원천징수의무자로서 관할 세무서장으로부터 승인을 얻은 경우에는 원천징수한 소득세를 그 징수일이 속하는 반기의 마지막 달의 다음 달 10일까지 납부할 수 있다.

⑤ 분리과세이자소득, 분리과세배당소득, 분리과세연금소득 및 분리과세기타소득만 있는 거주자는 과세표준확정신고를 하지 아니할 수 있다.

02 종합소득세의 납세절차에 관한 설명으로 옳은 것은? CTA 2013

① 중간예납의무자는 중간예납세액을 중간예납기간 종료일부터 2개월 이내에 자진 납부하여야 한다.

② 근로소득 및 공적연금소득만 있는 자는 과세표준 확정신고를 하지 아니하여도 된다.

③ 부가가치세가 면제되는 재화 또는 용역을 공급하는 개인사업자에 대하여는 사업장현황 신고의무가 면제된다.

④ 성실신고확인대상 사업자가 성실신고 확인서를 제출하는 경우에는 종합소득과세표준 확정신고를 그 과세기간의 다음 연도 5월 1일부터 6월 30일까지 하여야 한다.

⑤ 이자소득에 대한 원천징수세액이 1,000원 미만인 때에는 해당 소득세를 징수하지 않는다.

03 다음 중 종합소득과세표준 확정신고를 하여야 하는 자로만 묶인 것은? 단, 원천징수 및 연말정산 대상 소득에 대해서는 적법하게 원천징수와 연말정산이 이루어졌으며, 모든 금액은 원천징수세액을 차감하기 전 금액이다. 또한 아래 금액 중 과세제외되거나 비과세되는 소득은 없다. CPA 2014

> 가. 내국법인으로부터 받은 총급여 70,000,000원과 내국법인으로부터 받은 현금배당 15,000,000원이 있는 자
> 나. 내국법인으로부터 받은 퇴직급여 50,000,000원과 공적연금 수령액 15,000,000원이 있는 자
> 다. 내국법인으로부터 받은 총급여 20,000,000원과 공적연금 수령액 30,000,000원이 있는 자
> 라. 공적연금 수령액 10,000,000원과 외국법인으로부터 받은 현금배당(국내에서 원천징수되지 않음) 10,000,000원이 있는 자
> 마. 공적연금 수령액 40,000,000원과 상가임대료 수입 10,000,000원이 있는 자
> 바. 국내은행 정기예금이자 15,000,000원과 고용관계 없이 다수인에게 강연하고 받은 강연료(기타소득에 해당) 6,000,000원이 있는 자

① 나 – 라 – 마 ② 나 – 마 – 바 ③ 가 – 다 – 바
④ 다 – 라 – 마 ⑤ 라 – 마 – 바

04 사업장 현황신고 및 성실신고확인에 관한 설명으로 옳지 않은 것은? CTA 2014

① 부가가치세법에 따라 적법하게 신고한 일반과세자는 해당 과세기간의 다음 연도 2월 10일까지 사업장 현황을 관할 세무서장에게 신고할 의무가 있다.
② 주로 소비자에게 용역을 제공하는 의료법에 따른 의료업을 행하는 사업자가 해당 과세기간의 다음 연도 2월 10일까지 사업장 현황신고를 하지 아니한 경우 사업장 현황신고불성실가산세 적용대상이 된다.
③ 성실신고확인대상사업자가 그 과세기간의 다음 연도 6월 30일까지 성실신고확인서를 제출하지 아니한 경우 성실신고확인서 미제출 가산세 적용대상이 된다.
④ 성실신고확인대상사업자가 성실신고확인서를 제출하는 경우 종합소득 과세표준확정신고를 그 과세기간의 다음 연도 5월 1일부터 6월 30일까지 하여야 한다.
⑤ 제조업을 영위하는 거주자인 사업자의 해당 과세기간의 수입금액의 합계액이 7억 5천만원 이상인 경우 성실신고확인대상사업자에 해당한다.

05 소득세법상 원천징수와 관련한 설명이다. 옳은 것은? CPA 2009

① 배당소득은 일반적으로 원천징수의 대상이 되나, 투자신탁의 이익에 대하여는 원천징수를 하지 아니한다.

② 보험모집인의 사업소득과 국민연금법에 의하여 지급받는 연금소득에 대하여는 간이세액표를 적용하여 원천징수를 하되 추가로 연말정산을 실시한다.

③ 근로소득에 대한 원천징수의무자가 12월분의 급여액을 다음 연도 1월 말일까지 지급하지 아니한 때에는 그 급여액은 1월 말일에 지급한 것으로 본다.

④ 직전연도의 상시고용인원이 20명 이하인 금융 · 보험업자로서 원천징수 관할세무서장으로부터 승인을 얻은 자는 원천징수한 소득세를 그 징수일이 속하는 반기의 마지막 달의 다음달 10일까지 납부할 수 있다.

⑤ 원천징수대상 근로소득으로서 그 발생된 소득이 지급되지 아니함으로써 소득세가 원천징수되지 아니한 해당 소득이 종합소득에 합산되어 과세된 경우에 해당 소득을 지급하는 때에는 소득세를 원천징수하지 아니한다.

06 소득세법상 원천징수에 관한 설명으로 옳지 않은 것은? CPA 2016

① 거주자가 내국법인이 발행한 채권의 이자를 지급받기 전에 발행법인에게 매도하는 경우 그 보유기간 이자상당액에 대하여는 원천징수의무자가 해당 발행법인이다.

② 반기별 납부를 승인받지 않은 원천징수의무자는 2025년 2월 26일에 원천징수한 소득세를 2025년 3월 10일까지 원천징수 관할 세무서 등에 납부하여야 한다.

③ 반기별 납부를 승인받은 원천징수의무자는 근로소득, 법인세법상 소득처분된 배당 및 기타소득에 대한 원천징수세액을 그 징수일이 속하는 반기의 마지막 달의 다음 달 10일까지 납부할 수 있다.

④ 잉여금의 처분에 따른 배당을 12월 1일에 결정하였고 다음연도 2월 말일까지 배당소득을 지급하지 아니한 경우, 다음연도 2월 말일에 그 배당소득을 지급한 것으로 보아 소득세를 원천징수한다.

⑤ 매월분의 공적연금소득에 대한 원천징수세율을 적용할 때에는 법령으로 정한 연금소득 간이세액표를 적용하여 원천징수한다.

07 원천징수에 관한 설명으로 옳은 것은? CTA 2014

① 비영업대금의 이익에 대한 원천징수세율은 100분의 14를 적용한다.

② 국내에서 거주자에게 이자소득을 지급하는 자가 사업자가 아닌 경우에는 원천징수 의무가 없다.

③ 12월 31일에 법인이 이익처분에 따른 배당을 결정하고 다음연도 3월 말일까지 배당소득을 지급하지 아니하는 경우 그 3월 말일에 배당소득을 지급한 것으로 보아 소득세를 원천징수한다.

④ 법인세 과세표준을 신고하는 경우에 법인세법에 따라 처분되는 상여는 법인이 소득금액변동통지서를 받는 날에 지급한 것으로 보아 소득세를 원천징수한다.

⑤ 매월분의 근로소득(일용근로자 제외)에 대한 원천징수세율을 적용할 때에는 법령으로 정한 근로소득 간이세액표를 적용하여 원천징수한다.

08 소득세법상 원천징수에 관한 설명으로 옳지 않은 것은? CTA 2017

① 법인세 과세표준을 경정하는 경우 법인세법에 따라 처분되는 상여는 경정의 대상이 되는 사업연도 중 근로를 제공 받은 날에 근로소득을 지급한 것으로 보아 소득세를 원천징수한다.

② 원천징수의무자가 소득세가 면제되는 이자소득을 거주자에게 지급할 때는 소득세를 원천징수하지 아니한다.

③ 배당소득이 발생한 후 지급되지 않아 소득세가 원천징수되지 않고 종합소득에 합산되어 종합소득에 대한 소득세가 과세된 경우에 그 소득을 지급할 때는 소득세를 원천징수하지 아니한다.

④ 거주자의 퇴직소득이 퇴직일 현재 연금계좌에 있는 경우 해당 퇴직소득에 대한 소득세를 연금외수령하기 전까지 원천징수하지 아니한다.

⑤ 공적연금소득을 받는 사람이 해당 과세기간 중에 사망한 경우 원천징수의무자는 그 사망일이 속하는 달의 다음다음 달 말일까지 그 사망자의 공적연금소득에 대한 연말정산을 하여야 한다.

09 소득세의 과세방법에 대한 소득세법상의 규정이다. 옳지 않은 것은? CPA 2011

① 피상속인의 소득금액에 대한 소득세로서 상속인에게 과세할 것과 상속인의 소득금액에 대한 소득세는 구분하여 계산하여야 한다.

② 법인 아닌 단체 중 법인으로 보는 단체 외의 단체는 국내에 주사무소 또는 사업의 실질적 관리장소를 둔 경우에는 1거주자로, 그 밖의 경우에는 1비거주자로 보아 소득세법을 적용한다.

③ 수시부과 후 추가로 발생한 소득이 없을 경우에도 과세표준확정신고를 하여야 한다.

④ 분리과세이자소득, 분리과세배당소득, 분리과세연금소득과 분리과세기타소득만이 있는 자에 대해서는 기본공제, 추가공제, 특별소득공제, 연금보험료공제를 적용하지 아니한다.

⑤ 비거주자에 대해서도 중간예납 규정이 적용될 수 있다.

10 소득세 성실신고확인제도에 관한 설명이다. 옳지 않은 것은? CPA 2020

① 성실신고확인대상사업자로서 성실신고확인서를 제출한 자가 법령상 의료비를 지출한 경우 의료비세액공제를 적용받을 수 있다.

② 성실신고확인대상사업자가 성실신고확인서를 제출하는 경우에는 종합소득과세표준확정신고를 그 과세기간의 다음 연도 5월 1일부터 6월 30일까지 하여야 한다.

③ 세무사가 성실신고확인대상사업자에 해당하는 경우에는 자신의 사업소득금액의 적정성에 대하여 해당 세무사가 성실신고확인서를 작성·제출해서는 아니된다.

④ 납세지 관할 세무서장은 성실신고확인서에 미비한 사항이 있을 때에는 그 보정을 요구할 수 있다.

⑤ 제조업을 영위하는 사업자의 해당 과세기간의 수입금액의 합계액이 5억원인 경우 성실신고확인대상사업자에 해당한다.

정답 및 해설

01 정답 ④

이를 반기별 원천징수 납부특례라 하는데, 이 납부대상에는 금융·보험업자는 제외된다.

02 정답 ④

① 중간예납의무자는 중간예납세액을 11월 30일까지 자진 납부하여야 한다.

② 근로소득 및 공적연금소득만 있는 자는 과세표준 확정신고를 하여야 한다.

③ 부가가치세가 면제되는 재화 또는 용역을 공급하는 개인사업자에 대하여는 사업장 현황 신고의무가 있다.

⑤ 이자소득을 제외한 원천징수세액이 1,000원 미만인 때에는 해당 소득세를 징수하지 않는다.

03 정답 ④

가: 근로소득만 있는 자이므로 확정신고 의무 없음(금융소득은 2천만원 미만이므로 종합과세 되지 않음)

나: 공적연금소득과 퇴직소득만 있으므로 확정신고 의무 없음

다: 근로소득과 연금소득이 있는 경우에는 확정신고 의무 있음

라: 공적연금소득은 연말정산으로 납세의무가 종결되지만 외국법인으로부터의 배당은 무조건 종합과세 대상이므로 확정신고 의무 있음

마: 공적연금소득은 연말정산으로 납세의무가 종결되지만 사업소득이 있으므로 확정신고 의무 있음

바: 분리과세 이자소득과 분리과세 기타소득[*1]만 있는 경우이므로 확정신고 의무 없음

*1 기타소득금액: 6,000,000 × (1 − 60%) = 2,400,000

04 정답 ①

부가가치세법상 면세사업자는 해당 과세기간의 다음 연도 2월 10일까지 사업장 현황을 관할 세무서장에게 신고할 의무가 있다.

05 정답 ⑤

① 투자신탁의 이익도 다른 배당소득과 마찬가지로 원천징수를 한다.

② 보험모집인의 사업소득에 대해서는 수입금액의 3%에 대해 원천징수를 한다.

③ 근로소득에 대한 원천징수의무자가 12월분의 급여액을 지급하지 아니한 때에는 그 급여액은 다음연도 2월 말일에 지급한 것으로 본다.

④ 직전연도의 상시고용인원이 20명 이하인 반기별 원천징수의무자에는 금융 · 보험업자가 제외된다.

06 정답 ③

반기별 납부를 승인받은 원천징수의무자의 경우에도 법인세법상 소득처분된 상여 · 배당 및 기타소득에 대한 원천징수세액을 그 징수일이 속하는 달의 다음달 10일까지 납부하여야 한다.

07 정답 ⑤

① 비영업대금의 이익에 대한 원천징수세율은 100분의 25를 적용한다.

② 국내에서 거주자에게 이자소득을 지급하는 자가 사업자가 아닌 경우에도 원천징수의무가 있다.

③ 11월 1일부터 12월 31일까지 결정된 처분에 따라 다음 연도 2월 말일까지 배당소득을 지급하지 아니한 경우에는 그 처분을 결정한 날이 속하는 과세기간의 다음 연도 2월 말일에 그 배당소득을 지급한 것으로 보아 소득세를 원천징수한다.

④ 법인세법에 따라 처분되는 상여에 대하여는 다음의 어느 하나에 해당하는 날에 그 배당소득을 지급한 것으로 보아 소득세를 원천징수한다.

㉠ 법인세 과세표준을 결정 또는 경정하는 경우: 대통령령으로 정하는 소득금액변동통지서를 받은 날

㉡ 법인세 과세표준을 신고하는 경우: 그 신고일 또는 수정신고일

08 정답 ①

법인세 과세표준을 경정하는 경우 법인세법에 따라 처분되는 상여는 소득금액변동통지서를 받은 날에 근로소득을 지급한 것으로 보아 원천징수한다.

09 정답 ③

이미 연중에 수시부과를 한 후에 추가적인 소득이 없는 경우에는 과세표준의 확정신고 의무가 없다.

10 정답 ⑤

제조업을 영위하는 사업자의 해당 과세기간의 수입금액의 합계액이 7억 5천만원인 경우 성실신고확인대상사업자에 해당한다.

제11장 결정 · 징수 및 환급과 비거주자에 대한 과세

11.1 결정과 경정

1. 결정과 경정 ➠ 납세의무자가 아닌 국가에 의한 행위로서, 정상적인 상황은 아님

구 분	내 용
(1) 결 정	확정신고를 하여야 할 자가 신고를 하지 아니한 경우(무신고시)에는 과세표준 확정신고기일부터 1년 이내에 납세지 관할세무서장 또는 지방국세청장이 과세표준과 세액을 정하는 절차
(2) 경 정	(납세의무자에 의한) 확정신고 및 (국가에 의한) 결정이 잘못된 경우, 이를 고치는 절차 ① 신고내용에 탈루 또는 오류가 있는 경우 ② 연말정산 내용에 탈루 또는 오류가 있는 경우로서 원천징수의무자의 폐업 · 행방불명 등으로 원천징수의무자로부터 징수하기 어렵거나 근로소득자의 퇴사로 원천징수의무자의 원천징수이행이 어렵다고 인정되는 경우 ③ 근로소득자 중 소득 · 세액공제신고서를 제출한 자가 사실과 다르게 기재된 영수증을 받는 등 부당한 방법으로 종합소득 · 세액공제를 받은 경우로서 원천징수의무자가 부당공제 여부를 확인하기 어렵다고 인정되는 경우 ④ 매출 · 매입처별계산서합계표 또는 지급명세서의 전부 또는 일부를 제출하지 아니한 경우 ⑤ 기타 사유(주)로 시설규모나 영업상황으로 보아 신고내용이 불성실하다고 판단되는 경우

(주) 경정의 기타사유

① 사업용계좌를 이용하여야 할 사업자가 이를 이행하지 아니한 경우
② 사업용계좌를 개설 · 신고하여야 할 사업자가 이를 이행하지 아니한 경우
③ 신용카드가맹점 가입요건에 해당하는 사업자가 정당한 사유없이 신용카드가맹점으로 가입하지 아니한 경우
④ 신용카드가맹점이 정당한 사유없이 신용카드에 따른 거래를 거부하거나 신용카드 매출전표를 사실과 다르게 발급한 경우
⑤ 현금영수증가맹점으로 가입하여야 하는 사업자가 정당한 사유없이 현금영수증가맹점으로 가입하지 아니한 경우
⑥ 현금영수증가맹점으로 가입한 사업자가 정당한 사유없이 현금영수증을 발급하지 아니하거나 사실과 다르게 발급한 경우

2. 결정과 경정 방법

구 분	내 용
(1) 실지조사	납세지 관할세무서장 · 지방국세청장은 장부나 그 밖의 증명서류를 근거로 과세표준과 세액을 결정 · 경정해야 함
(2) 추계조사	① 장부와 증명서류가 없거나 중요한 부분이 미비 · 허위인 때 또는 ② 기장의 내용이 허위임이 명백한 경우 예외적인 방법으로 추계(추정하여 계산)함
(3) 추계금액 계산방식	1) 단순경비율 대상자(해당 과세기간의 수입금액이 간편장부 대상자는 수입금액 기준에 미달하여야 함) ① 신규사업자로서 해당 과세기간의 수입금액이 복식부기의무기준액 미달자 ② 직전 과세기간의 수입금액합계액이 일정액에 미달하는 사업자 소득금액 : Min[①, ②] ① 수입금액 − (수입금액 × 단순경비율) ② 수입금액 − (주요경비[*1] + 수입금액 × 기준경비율[*2]) 2) 기준경비율 대상자 : 단순경비율 대상자가 아닌 사업자 소득금액 : Min[①, ②] ① 수입금액 − (주요경비[*1] + 수입금액 × 기준경비율[*2]) ② [수입금액 − (수입금액 × 단순경비율)] × 배율 *1 주요비용인 ① 매입비용(고정자산 제외), ② 고정자산 임차료, ③ 인건비(급여 · 임금 · 퇴직급여) ➠ 이 경우에는 추계결정이라 하더라도 '지출증빙(*not* 장부)'이 있어야 함 *2 복식부기의무자의 경우에는 기준경비율의 1/2를 곱함

사례

추계결정하는 유씨의 소득정보가 다음과 같을 경우, 단순경비율과 기준경비율에 따른 사업소득금액은?

(1) 매출액 50,000,000
(2) 지출증빙 있는 인건비 · 임차료 · 매입비용 20,000,000
(3) 단순경비율 70%, 기준경비율 10%, 배율 2배

해답

단순경비율 = 15,000,000	기준경비율 = 25,000,000
① 수입금액 − (수입금액 × 단순경비율) 50,000,000 − (50,000,000 × 70%) = 15,000,000 ② 수입금액 − (주요경비 + 수입금액 × 기준경비율) 50,000,000 − (20,000,000 + 50,000,000 × 10%) = 25,000,000	① 수입금액 − (주요경비 + 수입금액 × 기준경비율) 50,000,000 − (20,000,000 + 50,000,000 × 10%) = 25,000,000 ② [수입금액 − (수입금액 × 단순경비율)] × 배율 [50,000,000 − (50,000,000 × 70%)] × 2배 = 30,000,000

11.2 기타규정

1. 가산세

구 분	내 용	가산세 금액
(1) 지급명세서 제출불성실가산세	지급명세서를 그 기한 주1 까지 미제출 · 불분명제출	지급금액 · 불분명한 분의 지급금액 × 1%(제출기한이 지난 후 3개월 이내에 제출시 : 0.5%)
(2) 증명불비가산세	사업자(소규모사업자 · 추계자 제외)가 사업과 관련하여 지출건당 3만원 초과 거래에 법정증명서류를 미수취 · 사실과 다르게 수취	미수취 · 사실과 다르게 수취한 금액 × 2%
(3) 계산서불성실가산세* * 소규모사업자 제외	1) 계산서를 미발급 2) 필요적 기재사항의 전부 · 일부가 미기재 · 사실과 다르게 기재	공급가액 × 1% 미발급, 가공계산서 수수, 위장계산서 수수시에는 2% (단, 전자계산서를 발급해야 하는 자가 전자계산서 외의 계산서를 발급하는 경우와 계산서 발급시기가 지난 후 해당 재화 · 용역의 공급시기가 속하는 과세기간의 다음연도 1월 25일까지 발급한 경우 : 1%)
	3) 매출 · 매입처별계산서합계표 또는 매입처별세금계산서합계표 미제출 4) 제출한 합계표에 거래처별 등록번호와 공급가액의 전부 · 일부미기재 · 사실과 다르게 기재	공급가액 × 0.5%
(4) 영수증수취 명세서 미제출가산세	사업자(소규모사업자 · 추계자 제외)가 영수증수취명세서를 과세표준확정신고 기한까지 미제출 · 불분명제출	미제출 · 불분명제출 금액×1%
(5) 무기장가산세	사업자(소규모사업자를 제외)가 장부를 비치 · 기록하지 아니하였거나 비치 · 기록한 금액이 기장하여야 할 금액에 미달한 때	산출세액 × $\frac{\text{무기장 등 금액}}{\text{소득금액}}$ ×20%
(6) 사업장현황신고 불성실가산세	사업자(의료업 · 수의업 · 약사업)가 사업장현황신고를 무신고 · 미달신고	무신고 · 미달신고 수입금액 × 0.5%
(7) 공동사업장 등록 불성실가산세	1) 공동사업자가 사업자등록을 미등록 · 공동사업자가 아닌 자가 거짓등록	미등록 · 거짓등록에 해당하는 각 과세기간의 총수입금액 × 0.5%

	2) 공동사업자가 사업자등록시 신고하여야 할 내용을 무신고 · 거짓신고	무신고 · 거짓신고에 해당하는 각 과세기간 총수입금액 × 0.1%
(8) 사업용계좌 미사용가산세	1) 사업용계좌의 사용의무가 있는 복식부기 의무자가 사업용계좌를 미사용	사업용계좌 미사용 금액 × 0.2%
	2) 복식부기의무자가 해당하는 과세기간 개시일부터 3월 이내 사업용계좌를 개설 · 신고하지 아니한 경우	Max[①, ②] ① 사업용계좌 미개설기간의 수입금액 × 0.2% ② 사업용계좌 사용대상인 거래금액 × 0.2%
(9) 신용카드매출전표 미발급가산세	신용카드가맹점이 신용카드에 따른 거래를 거부하거나 신용카드매출전표를 사실과 다르게 발급한 경우	통보받은 건별 발급거부금액 · 건별로 사실과 다르게 발급한 금액 × 5%(건별로 계산한 금액이 5천원에 미달하는 경우는 5천원)
(10) 현금영수증 미발급가산세	1) 현금영수증가맹점으로 가입하여야 할 사업자가 가입하지 아니한 경우	미가입기간 수입금액(현금영수증가맹점 가입대상인 업종의 수입금액만 해당) × 1%
	2) 현금영수증가맹점으로 가입한 사업자가 현금영수증 발급거부하거나 미발급 · 사실과 달리 발급	건별미발급 · 사실과 달리 발급금액(건별로 발급하여야 할 금액과의 차액) × 5%(건별로 계산한 금액이 5천원에 미달하는 경우는 5천원)
	3) 미발급한 경우	20%(10일 이내 자진신고시 10%)
(11) 기부금영수증 불성실가산세	1) 기부금액이 사실과 다르게 발급된 경우 주2	사실과 다르게 발급된 금액 × 2%
	2) 기부자별 발급명세서를 작성 · 보관 안한 경우	작성 · 보관하지 아니한 금액 × 0.2%
(12) 특정외국법인 유보소득계산 명세서미제출가산세	특정외국법인의 유보소득계산명세서를 제출하여야 하는 거주자가 그 제출기한까지 제출하지 않거나 제출한 명세서가 불분명한 경우	특정외국법인의 배당 가능한 유보소득금액 × 0.5%
(13) 전자계산서발급명세 전송불성실가산세	1) 지연전송한 경우 : 공급가액 × 0.3% 2) 미지연전송한 경우 : 공급가액 × 0.5%	소규모사업자 제외
(14) 주택임대 사업자 미등록가산세	주택임대사업자가 사업자등록을 하지 않은 경우	주택임대수입금액* × 20% * 사업개시일부터 등록을 신청하는 날의 직전일까지의 주택임대수입금액

주1 지급명세서 제출기한

구 분	제출기한
① 원천징수대상 사업소득, 근로 · 퇴직소득, 봉사료	다음연도 3.10.*1
② 이자 · 배당 · 기타소득	다음연도 2월 말일*1
③ 일용근로자의 근로소득	분기 마지막 달의 다음 달 말일*2

*1 휴 · 폐업한 경우에는 휴 · 폐업일이 속하는 달의 다음 다음 달 말일까지

*2 4월, 7월, 10월, 다음 연도 2월 말일까지

주2 기부금액 또는 기부자의 인적사항 등 주요사항을 적지 아니하고 발급하는 경우를 포함함

2. 징수와 환급

구 분	내 용
(1) 일반적 징수	관할세무서장은 다음에 해당하는 때에는 그 미납된 소득세액을 그 납부기간의 경과한 날부터 3월 이내에 징수함 ① 중간예납세액을 신고 · 납부하여야 할 자가 해당 세액의 전부 · 일부를 납부하지 않은 때 ② 해당 과세기간의 소득세로서 납부하여야 할 세액의 전부 · 일부를 납부하지 않은 때
(2) 원천징수세액	관할세무서장은 원천징수의무자가 원천징수세액을 납부기한까지 미납부 · 미달납부 시 원천징수세액에 가산세액을 더한 금액을 그 원천징수의무자로부터 징수해야 함 주
(3) 환 급	관할 세무서장은 기납부세액이 종합 · 퇴직 · 양도소득 총결정세액을 초과하는 때에는 그 초과하는 세액은 ① 이를 환급하거나 ② 다른 국세 · 가산금 및 체납처분비에 충당해야 함

주 다음에 해당하는 때에는 원천징수불성실가산세만 징수함

① 납세의무자가 신고, 납부한 과세표준금액에 그 원천징수하지 아니한 원천징수 대상 소득금액이 이미 산입된 때

② 원천징수하지 아니한 원천징수대상 소득금액에 대하여 납세의무자의 관할 서무서장이 해당 납세의무자에게 직접 소득세를 부과 징수하는 때

11.3 비거주자 및 외국법인에 대한 과세방법

1. 비거주자 및 외국법인㈜의 납세의무 범위

구 분	각사업연도 소득	청산소득	토지 등 양도소득
(1 - 1) 외국영리법인	국내원천의 모든 소득	N	Y
(1 - 2) 외국비영리법인	국내원천의 수익사업소득		
(2) 비거주자	국내원천의 소득을 과세함		

㈜ 외국법인 판정기준

① 설립된 국가의 법에 따라 법인격이 부여된 경우
② 유한책임사원만으로 구성된 경우
③ 동종 또는 가장 유사한 국내사업체가 국내 사법상 법인에 해당하는 경우
④ 구성원과 독립하여 자산을 소유하거나 소송의 당사자가 되는 등 직접 권리 · 의무의 주체가 되는 단체

2. 비거주자와 외국법인의 국내원천소득 범위(by 열거주의)

구 분		내 용
(1) 이 자 소 득		① 국가 · 지자체 · 거주자 · 내국법인 · 외국법인의 국내사업장 또는 비거주자의 국내사업장으로부터 받은 이자와 신탁의 이익(계약기간 1년 이상 장기 외화정기예금은 이자소득세 비과세임) ② 외국법인 · 비거주자로부터 받은 소득으로서 그 소득을 지급하는 외국법인 · 비거주자의 국내사업장과 실질적으로 관련하여 국내 사업장의 소득금액 계산할 때 필요경비 또는 손금에 산입되는 것
(2) 배 당 소 득		내국법인 또는 법인으로 보는 단체나 그 밖의 국내로부터 받는 소득세법상 배당소득(외국법인으로부터 배당 제외) 및 국제조세조정에관한법률에 의하여 배당으로 처분된 금액
(3) 사업소득	1) 일반사업소득	국내에서 경영하는 사업에서 발생하는 소득
	2) 부동산소득	국내에 있는 부동산 또는 부동산상 권리와 국내에서 취득한 광업권 · 조광권 · 토사석 채취에 관한 권리 · 지하수의 개발이용권 양도. 임대 · 그 밖에 운영으로 인하여 발생하는 소득
	3) 선박 등 임대소득	거주자 · 내국법인 · 외국법인의 국내사업장 · 비거주자의 국내사업장에 선박 · 항공기 · 등록된 자동차 · 건설기계 또는 산업상 · 상업상 · 과학상의 기계설비 · 장치 그밖에 운반구 · 공구 · 가구 · 비품을 임대함으로써 발생하는 소득
	4) 인적용역소득	국내에서 인적용역을 제공함으로써 발생하는 소득(이 경우 그 인적용역을 제공하는 자 또는 제공받는 자 가 인적용역 제공과 관련하여 항공료 · 숙박비 또는 식사대를 부담하는 경우에는 그 비용을 제외한 금액)

<table>
<tr><td colspan="2">(4) 근로소득</td><td>국내에서 제공하는 근로의 대가로 받는 급여(단, 외국법인은 제외)</td></tr>
<tr><td rowspan="2">(5) 기타소득</td><td>1) 일반기타소득</td><td>위 이외의 소득으로서 일회성 성격이 있는 열거된 기타소득 및 인정기타소득</td></tr>
<tr><td>2) 사용료소득</td><td>저작권 · 특허권 · 상표권 · 정보 또는 노하우 등 특정자산 · 정보 또는 권리를 국내에서 사용 · 양도로 인하여 발생하는 소득</td></tr>
<tr><td colspan="2">(6) 퇴직소득</td><td>국내에서 제공하는 근로의 대가로 받는 연금과 퇴직급여(단, 외국법인은 제외)</td></tr>
<tr><td rowspan="2">(7) 양도소득</td><td>1) 일반양도소득</td><td>국내에 소재하는 양도소득세 과세대상(일반주식의 양도소득 제외)의 양도소득</td></tr>
<tr><td>2) 유가증권 양도소득</td><td>① 내국법인이 발행한 주식 또는 출자증권과 기타의 유가증권
② 외국법인이 발행한 주식 또는 출자증권(증권 상장된 것에 한함)과 외국법인의 국내사업장이 발행한 기타의 유가증권</td></tr>
<tr><td colspan="2">(8) 연금소득</td><td>국내에서 지급받는 연금소득을 의미하며, 국내사업장에 귀속되지 않는 소득인 경우에는 거주자와 같은 방법으로 원천징수하고 분리과세함</td></tr>
</table>

3. 비거주자와 외국법인의 과세방법

구 분	내 용
(1) 종합소득	1) 국내사업장 주1 or 부동산소득이 있는 때 종합과세함 주2 (단, 국내사업장과 무관하거나 국내사업장에 귀속되지 않는 소득금액은 분리과세로 과세 종결됨) 2) 국내사업장도 없고 부동산소득도 없는 때 소득을 지급하는 자가 원천징수하는 것으로 과세의무 종결 3) 인적용역소득 특례 인적용역을 제공하고 받는 소득을 확정신고하면 (2)에 해당하더라도) 국내원천소득에 대한 종합과세 가능함
(2) 비거주자의 퇴직 · 양도소득	국내사업장 여부와 무관하게 거주자와 동일한 방법으로 과세함 주4

주1 국내사업장의 범위

구 분	내 용
(1) 고정사업장*	국내에 사업을 영위하기 위한 고정된 사업장을 둔 경우
(2) 종속대리인	국내에 자기를 위하여 체결할 권한을 가지고 그 권한을 반복적으로 행사하는 자 또는 이에 준하는 자를 두고 있는 경우

* 고정사업장의 범위

고정사업장에 해당하는 장소	예비적 · 보조적 활동만을 하므로 고정사업장 제외
① 지점 · 사무소 · 영업소 ② 상점 기타의 고정된 판매장소 ③ 작업장 · 공장 · 창고 ④ 6월을 초과하여 존속하는 건축 장소 · 건설 · 조립 · 설치공사의 현장 또는 이와 관련되는 감독 활동을 수행하는 장소 ⑤ 고용인을 통하여 용역을 제공하는 경우로서 다음에 해당하는 장소 a. 용역의 제공이 계속되는 12월 기간 중 합계 6월을 초과하는 기간 동안 용역이 수행되는 장소 b. 용역의 제공이 계속되는 12월 기간 중 합계 6월을 초과하는 아니하는 경우로서 유사한 종류의 용역이 2년 이상 계속적. 반복적으로 수행되는 장소 ⑥ 광산, 채석장 또는 해저천연자원 기타 천연자원의 탐사 및 채취장소	① 자산의 단순한 구입만을 위하여 사용하는 일정한 장소 ② 판매를 목적으로 하지 아니하는 자산의 저장 또는 보관을 위하여서만 사용하는 일정한 장소 ③ 광고, 선전, 정보의 수집과 제공, 시장조사 기타사업 수행 상 예비적이며 보조적인 성격을 가진 사업활동을 행하기 위하여 사용되는 일정한 장소 ④ 자기의 자산을 타인으로 하여금 가공하게 하기 위하여 사용하는 일정한 장소

주2 비거주자의 종합과세 방법

비주자의 국내원천소득에 대한 과세표준과 세액의 계산에 관하여는 거주자에 대한 소득세의 과세표준과 세액의 계산에 관한 규정을 준용함. 단, 종합소득공제를 하는 경우에는 본인에 대한 기본공제와 추가공제만 적용하고, 비거주자 본인 이외의 자에 대한 인적공제와 특별소득공제, 자녀세액공제 및 특별세액공제는 적용하지 않음

주3 비거주자의 신고와 납부

비거주자의 신고와 납부(중간예납 포함)에 관하여는 소득세법 중 거주자의 신고와 납부에 관한 규정을 준용함. 단, 확정신고자진납부규정을 준용함에 있어서 비거주자의 과세표준에 원천 징수된 소득이 포함되어 있는 경우에는 해당 원천징수세액은 기납부세액으로 공제되는 세액으로 봄

주4 비거주자의 양도소득 계산시에는 ① 1세대1주택의 비과세규정(해외이주 또는 1년 이상 국외거주를 필요로 하는 경우로서 비과세요건을 충족하는 경우는 제외) ② 1세대1주택의 장기보유특별공제는 적용하지 않음

연 습 문 제

01 소득세법상 거주자의 신고 · 납부 및 징수와 관련된 규정에 관한 설명으로 옳지 않은 것은? CPA 2013

① 중간예납기준액이 없는 거주자가 해당 과세기간의 중간예납기간 중 사업소득(중간예납의무가 있음)이 있는 경우에는 11월 1일부터 11월 30일까지의 기간에 중간예납추계액을 중간예납세액으로 하여 납세지 관할세무서장에게 신고하여야 한다.

② 2025년 1월 20일에 비상장주식을 양도한 거주자는 2025년 8월 31일까지 양도소득과세표준 예정신고를 하여야 한다.

③ 내국법인이 법인세 과세표준을 신고하는 때 법인세법에 따라 처분되는 배당에 대하여는 그 신고일에 그 배당소득을 지급한 것으로 보아 소득세를 원천징수한다.

④ 부가가치세법에 따른 간이과세자가 각 과세기간의 부가가치세 과세표준과 납부세액을 신고한 경우에는 해당 사업장의 현황을 해당 과세기간의 다음 연도 2월 10일까지 사업장 소재지 관할세무서장에게 신고하여야 한다.

⑤ 근로소득(일용근로소득은 제외)이 있는 자에 대하여 원천징수의무를 부담하는 자가 소득세를 원천징수하지 아니한 때에는 그 근로소득이 있는 자가 과세표준 확정신고를 하여야 한다.

02 소득세의 신고 · 납부 · 결정 및 징수에 대한 설명이다. 옳지 않은 것은? CPA 2009

① 사업자가 장부를 비치 · 기장하지 아니하였거나 비치 · 기장한 장부에 의한 소득금액이 기장하여야 할 금액에 미달한 때에는 가산세를 부담함이 원칙이나, 해당 과세기간에 신규로 사업을 개시한 사업자의 경우에는 그렇지 않다.

② 이자소득 이외의 소득에 대한 원천징수세액이 1,000원 미만인 때에는 해당 소득세를 징수하지 아니한다.

③ 비거주자의 중간예납에 관하여는 거주자의 신고와 납부에 관한 규정을 준용하지 아니한다.

④ 수시부과 후 추가로 발생한 소득이 없을 경우에는 과세표준확정신고를 하지 아니할 수 있다.

⑤ 확정신고 자진납부할 세액이 2천만원을 초과하는 때에는 그 세액의 50% 이하의 금액을 납부기한 경과 후 2개월 이내에 분납할 수 있다.

03 과세표준의 확정신고와 납부 및 결정에 관한 설명으로 옳지 않은 것은? CTA 2011

① 소득금액을 추계조사 결정하는 경우 사업장 현황신고 불성실 가산세의 적용대상자인 의료업을 영위하는 사업자는 직전 과세기간의 수입금액이 업종별로 법령에 정한 금액에 미달하더라도 기준경비율 적용 대상자에 해당한다.

② 종합소득과 퇴직소득, 양도소득에 대한 소득세 물납은 허용되지 아니한다.

③ 해당 과세기간에 신규로 세무사업을 개시한 사업자의 소득금액을 추계조사 결정하는 경우에는 단순경비율을 적용한다.

④ 과세표준확정신고를 하여야 할 거주자가 국외이주를 위하여 출국하는 경우에는 출국일이 속하는 과세기간의 과세표준을 출국일 전날까지 신고하여야 한다.

⑤ 종합소득 과세표준확정신고기한이 지난 후에 세무서장이 법인세 과세표준을 경정하여 익금에 산입한 금액이 배당 등으로 처분됨으로써 소득금액에 변동이 발생함에 따라 종합소득 과세표준확정신고 의무가 없었던 자가 소득세를 추가 납부하여야 하는 경우, 해당 법인 등이 소득금액변동통지서를 받은 날이 속하는 달의 다음 다음 달 말일까지 추가신고납부한 때에는 확정신고기한까지 신고납부한 것으로 본다.

04 거주자의 종합소득에 대한 신고, 납부 및 징수와 관련된 다음의 설명 중 옳지 않은 것은? CPA 2017

① 무신고가산세와 무기장가산세가 동시에 적용되는 경우에는 그 중 가산세액이 큰 가산세만을 적용한다.

② 해당 과세기간의 개시일 현재 사업자가 아닌 자로서 그 과세기간 중 신규로 사업을 개시한 자는 해당 과세기간에 대한 중간예납 의무가 없다.

③ 납세지 관할 세무서장 또는 지방국세청장은 과세표준확정신고를 하여야 할 자가 그 신고를 하지 아니한 경우에는 해당 거주자의 해당 과세기간 과세표준과 세액을 결정한다.

④ 납세지 관할 세무서장 또는 지방국세청장은 거주자가 조세를 포탈할 우려가 있다고 인정되는 상당한 이유가 있는 경우에는 수시로 그 거주자에 대한 소득세를 부과할 수 있다.

⑤ 간편장부사업자 이외의 사업자가 복식부기에 따라 기장한 경우에는 기장세액공제를 받으며, 기장하지 않은 경우에는 무기장가산세가 적용된다.

05 종합소득의 신고, 납부 및 징수에 관한 설명으로 옳지 않은 것은? CPA 2018

① 부가가치세법상 면세사업만을 영위하는 사업자는 사업장 현황 신고를 하여야 한다. 다만 면세사업자 중 납세조합 가입자 등 대통령령으로 정하는 사업자는 사업장 현황 신고를 하지 아니할 수 있다.

② 과세표준확정신고를 하여야 할 거주자가 출국하는 경우에는 출국일이 속하는 과세기간의 과세표준을 출국일 전날까지 신고하여야 한다.

③ 종합소득의 납부할 세액이 1천만원을 초과하는 경우에는 납부기한이 지난 후 2개월 이내에 분할납부할 수 있다.

④ 해당 과세기간의 상시고용인원이 20명 이하인 원천징수의무자(금융 · 보험업자는 제외)로서 원천징수 관할세무서장의 승인을 받거나 국세청장의 지정을 받은 자는 원천징수세액을 그 징수일이 속하는 분기의 마지막 달의 다음 달 10일까지 납부할 수 있다.

⑤ 부동산매매업자는 토지 또는 건물의 매매차익과 그 세액을 매매일이 속하는 달의 말일부터 2개월이 되는 날까지 납세지 관할세무서장에게 신고하여야 한다.

06 소득세법상 거주자의 종합소득 및 퇴직소득에 대한 신고, 납부 및 징수에 관한 설명이다. 옳지 않은 것은? CPA 2019

① 국내에서 거주자에게 퇴직소득을 지급하는 내국법인은 그 거주자에 대한 소득세를 원천징수하여 그 징수일이 속하는 달의 다음 달 10일까지 납부하여야 한다.

② 근로소득 및 퇴직소득만 있는 거주자는 해당 소득에 대하여 과세표준확정신고를 하지 아니할 수 있다.

③ 원천징수대상 소득으로서 발생 후 지급되지 아니함으로써 원천징수되지 아니한 소득이 종합소득에 합산되어 종합소득에 대한 소득세가 과세된 경우에는 그 소득을 지급할 때 소득세를 원천징수하고 이미 납부된 소득세는 환급하여야 한다.

④ 복식부기의무자가 재무상태표, 손익계산서, 합계잔액시산표 및 조정계산서를 제출하지 않은 경우에는 종합소득 과세표준확정신고를 하지 않은 것으로 본다.

⑤ 종합소득 과세표준확정신고를 하여야 할 자가 그 신고를 하지 않은 경우에는 납세지 관할세무서장 또는 지방국세청장이 해당 거주자의 과세표준과 세액을 결정한다.

07 소득세법상 거주자와 비거주자에 관한 설명이다. 옳지 않은 것은? CPA 2020

① 비거주자로서 국내원천소득이 있는 개인은 소득세를 납부할 의무를 진다.

② 거주자가 국내 주소의 국외 이전을 위하여 출국하는 경우 출국하는 날의 다음 날에 비거주자로 된다.

③ 내국법인의 국외사업장에 파견된 직원은 거주자로 본다.

④ 비거주자의 국내원천 퇴직소득이란 비거주자가 국내에서 제공하는 근로의 대가로 받는 퇴직소득을 말한다.

⑤ 비거주자에 대하여 종합과세하는 경우 종합소득공제는 본인 및 배우자에 대한 인적공제만 적용되고 특별소득공제는 적용되지 않는다.

08 다음은 제조업을 영위하는 개인사업자인 거주자 갑의 2025년 소득자료이다. 추계조사결정에 의하여 거주자 갑의 2025년 귀속 사업소득금액을 계산한 것으로 옳은 것은? 단, 거주자 갑은 복식부기의무자이며 기준경비율 적용대상자이다. CPA 2015

> (1) 2025년 귀속 수입금액: 100,000,000원
> (2) 세법에서 정한 증명서류로 확인되는 주요경비의 지급명세
> 가. 원재료의 매입비용: 5,000,000원
> 나. 사업용 유형자산의 매입비용: 4,000,000원
> 다. 사업용 유형자산의 임차료: 5,000,000원
> 라. 급여(거주자 갑의 급여와 퇴직급여 10,000,000원 포함) : 25,000,000원
> (3) 거주자 갑의 해당 업종의 기준경비율은 20%이고 단순경비율은 60%이며, 기획재정부령이 정하는 배율은 복식부기의무자의 경우 3.2배이고 간편장부대상자인 경우 2.6배이다.
> (4) 천재 · 지변 기타 불가항력으로 장부 기타 증명서류가 멸실됨에 따라 추계조사결정하는 것은 아니다.

① 65,000,000원 ② 80,880,000원 ③ 91,300,000원
④ 102,000,000원 ⑤ 120,000,000원

09 다음은 가구제조업을 영위하는 거주자 갑의 2025년도 사업소득과 관련된 자료이다. 이 자료를 이용하여 갑의 추계조사결정에 의한 2025년도 사업소득금액을 계산한 것으로 옳은 것은? (단, 조세부담의 최소화를 가정함) CPA 2013

(1) 제조업 매출액은 90,000,000원이며, 매출액과는 별도로 해당 사업과 관련하여 지방자치단체로부터 지급받은 보조금 10,000,000원이 있다.

(2) 해당 사업과 관련된 필요경비로서 증명서류에 의하여 지출한 것이 확인되는 것은 다음과 같다.
가. 재화 매입비용 10,000,000원(사업용 유형자산 매입비용 5,000,000원 포함)
나. 사업용 유형자산(기계설비)에 대한 임차료 3,000,000원
다. 종업원의 급여 10,000,000원과 퇴직급여 2,000,000원

(3) 기획재정부령으로 정하는 배율은 2배로 가정하며, 배율을 적용하여 소득금액을 계산하는 것으로 한다.

(4) 복식부기의무자인 갑은 단순경비율 적용대상자가 아니며, 기준경비율과 단순경비율은 각각 20%와 60%로 가정한다.

(5) 천재 · 지변 기타 불가항력으로 장부 기타 증명서류가 멸실되어 추계조사결정하는 것은 아니며, 부가가치세법상 신용카드 등의 사용에 따른 세액공제규정에 따라 공제받은 부가가치세액은 없다.

① 52,000,000원 ② 60,000,000원 ③ 61,000,000원
④ 70,000,000원 ⑤ 80,000,000원

정답 및 해설

01 정답 ④

다음 연도 2월 10일까지 사업장 소재지 관할세무서장에게 사업장현황신고를 해야 하는 자는 부가가가치세법상 면세사업자이지, 간이과세자가 아님

02 정답 ③

비거주자의 중간예납에 관하여는 거주자의 신고와 납부에 관한 규정을 준용한다.

03 정답 ③

간이과세 배제대상인 변호사업 · 공인회계사업 · 세무사업 등의 사업서비스업을 영위하는 자는 단순경비율 적용대상자에 포함되지 않는다.

04 정답 ⑤

복식부기의무자가 복식부기에 따라 기장한 경우에는 기장세액공제를 받을 수 없다.

05 정답 ④

해당 과세기간의 상시고용인원이 20명 이하인 원천징수의무자(금융·보험업자는 제외)로서 원천징수 관할세무서장의 승인을 받거나 국세청장의 지정을 받은 자는 원천징수세액을 그 징수일이 속하는 반기의 마지막 달의 다음 달 10일까지 납부할 수 있다.

06 정답 ③

원천징수대상 소득으로서 발생 후 지급되지 아니함으로써 원천징수되지 아니한 소득이 종합소득에 합산되어 종합소득에 대한 소득세가 과세된 경우에는 그 소득을 지급할 때에는 소득세를 원천징수하지 아니한다.

07 정답 ⑤

비거주자에 대하여 종합과세하는 경우 종합소득공제에서 인적공제 중 본인 외의 자에 대한 공제와 특별소득공제는 적용되지 않는다.

08 정답 ①

기준경비율에 의한 추계 : Min[①, ②] = 65,000,000

① 수입금액 − (주요경비 + 수입금액 × 기준경비율)

100,000,000 − (25,000,000[*1] + 100,000,000 × 20% × 1/2배[*2]) = 65,000,000

*1 주요경비: 5,000,000 + 5,000,000 + (25,000,000 - 10,000,000) = 25,000,000

*2 복식부기의무자의 경우에는 기준경비율의 1/2를 곱함

② [수입금액 − (수입금액 × 단순경비율)] × 배율

[100,000,000 − (100,000,000 × 60%)] × 3.2배 = 128,000,000

09 정답 ④

구 분	금 액	계산내역
사업소득금액	70,000,000	min[(1), (2)]
(1) 기준경비율법	70,000,000	① − ② − (① × 기준경비율 × 50%[*1]) = 100,000,000 − 20,000,000 − (100,000,000 × 20% × 50%)
① 수입금액	100,000,000	90,000,000 + 10,000,000
② 주요경비	20,000,000	
매입비용	5,000,000	10,000,000 − 5,000,000[*2]
임차료	3,000,000	
인건비	12,000,000	10,000,000 + 2,000,000
(2) 단순경비율법	80,000,000	(100,000,000 − 100,000,000 × 60%) × 2배

*1 복식부의무자는 기준경비율의 50%를 곱하여 감액 산출함

*2 유형자산 매입비용은 제외

제12장 동업기업과세특례

동업기업 ➡ 동 업 자

S회계법인 소득 100억원 ➡

과세 X

구 분	지분율	배분받은 소득	자신의 타소득	합산
김상무(법인 · 개인)	40%	40억원	10억원	50억원
이상무(법인 · 개인)	30%	30억원	5억원	35억원
유상무(법인 · 개인)	30%	30억원	2억원	32억원

1. 의의

구 분	내 용
(1) 동업기업	2명 이상이 금전 · 그 밖의 재산 · 노무 등을 출자하여 공동사업을 경영하면서 발생한 이익 또는 손실을 배분받기 위하여 설립한 단체 ➡ 인적회사의 성격이 있는 ① 민법상 조합 ② 상법상 합명회사 ③ 합자회사 ④ 인적용역을 제공하는 법무법인 · 회계법인 · 세무법인 · 노무법인 등 ⑤ 국외공동사업체* * 동업기업과세특례를 적용받는 국내사업체와 유사한 국외공동사업체도 동업기업과세특례 대상 단체에 포함
(2) 동 업 자	동업기업의 출자자인 내국법인 · 거주자 · 외국법인 · 비거주자를 의미함 ➡ 각각 ① 내국법인군, ② 거주자군, ③ 외국법인군, ④ 비거주자군을 구성하게 됨
(3) 동업기업 과세특례	동업기업을 도관으로 보아 동업기업에는 과세하지 않고, 그 소득을 동업자에게 배분하여 동업자에게만 과세함 ➡ 결손금이 발생해도 배분

㈜ 동업기업과세특례를 적용하는 경우 배분된 소득에 대해서는 이중과세되지 않으므로 이중과세조정 X

2. 적용 및 신청 · 포기

구 분	내 용
(1) 적 용	동업기업과세특례를 적용받는 동업기업과 동업자에 대해서는 각 세법의 규정에 우선하여 동업기업과세특례 규정을 우선 적용함
(2) 적용신청	동업기업과세특례를 적용받으려는 기업은 아래 기한 내에 적용신청을 해야 함 ① 신설법인의 경우 : 신설 과세연도의 개시일 이후 1개월 이내 ② 위 이외의 경우 : 적용 받으려는 최초의 과세연도의 개시일 이전

(3) 포기신청	동업기업과세특례를 적용받지 않으려는 최초의 과세연도의 개시일 이전에 관할 세무서장에게 포기신청서를 제출 (주)
(4) 준 청 산 소 득	동업기업과세특례를 적용받기 위하여 동업기업으로 전환한 법인은 준청산소득에 대한 법인세를 신고기한부터 3년 동안 균분한 금액 이상을 납부해야 함
(5) 배분명세 신 고	각 과세연도 종료일이 속하는 달의 말일부터 3개월이 되는 날이 속하는 달의 15일까지 소득의 계산 및 배분명세를 관할세무서장에게 신고해야 함

(주) 단, (과세방법의 자의적인 변경을 통한 조세회피를 방지하기 위하여) 동업기업과세특례를 최초로 적용받는 과세연도+그 다음 과세연도 개시일부터 4년 이내에 종료하는 과세연도까지는 (총 5개 과세연도) 동업기업 과세특례의 적용의 포기가 불가능함

3. 동업기업 소득금액 및 세액의 계산과 배분

[1단계] 동업자군별 동업기업의 소득금액(결손금) 계산
→ 동업자군별로 동업기업을 각각 1 내국법인, 1 거주자, 1 외국법인, 1 비거주자로 보아 소득금액(또는 결손금) 계산 (주1)

[2단계] 동업자군별 배분대상 소득금액(결손금) 계산
→ 동업자군별 동업기업 소득금액 (또는 결손금) × 동업자군별 손익배분비율

[3단계] 동업자별 소득금액(결손금) 계산
→ 동업자별 배분배상 소득금액 (또는 결손금) × 동업자의 손익배분비율 (주2)

(주1) 동업자군별 소득의 구분

구 분		동업자군별 분배 가능한 소득금액	동업자군별 분배 가능한 결손금*2
(1) 내국 관련	1) 내국법인군	각사업연도소득	결손금
	2) 거주자군	이자 · 배당 · 사업 · 기타 · 양도소득*1	이 중 사업 · 양도소득만 결손금 발생 가능
(2) 외국 관련	1) 외국법인군	비거주자·외국법인의 (1)~(8)의 소득	이 중 이자 · 배당 · 기타소득을 제외한 결손금
	2) 비거주자군	비거주자·외국법인의 (1)~(8)의 소득	이 중 이자 · 배당 · 기타소득을 제외한 결손금

*1 동업기업으로부터 소득을 배분 받아야 하므로, 근로 관련 소득인 근로 · 연금 · 퇴직소득은 동업기업으로부터 배분이 되지 않음

*2 수동적 사업자에게 (당장은) 결손금을 배분하지 않음 ➡ 해당 과세연도의 종료일부터 10년 이내에 끝나는 각 과세연도에 그 수동적 동업자에게 소득금액을 배분할 때 배분되지 않은 결손금을 그 배분대상 소득금액에서 공제하고 배분함

(주2) 동업자별 손익분배비율

① 약정된 비율에 따르는 것이 원칙이나 ② 어느 동업자의 출자지분 + 그와 특수관계인인 동업자의 출자지분 합계가 가장 큰 경우에는 그 동업자와 특수관계인 간에는 지분비율로 손익을 분배함

4. 지분가액의 조정 · 지분의 양도 및 자산의 분배

구 분	내 용
(1) 의 미	동업기업과세제도에서는 실제 자산배분리과세 관계없이 과세연도 말에 소득금액을 강제로 배분하여 과세함 ➡ 향후에 실제 자산분배 시(또는 지분양도 시) 이중과세되지 않도록 지분가액을 조정해야 함
(2) 조정방법	1) 자산 분배 시 과세소득 = 분배되는 자산의 시가 − 지분가액 2) 양도시 과세소득 = 양도가액 − 지분가액
(3) 지분가액 조정순서	지분가액 조정사유가 동시에 발생한 경우에는 다음 순서에 따라 적용함 ① 자산출자 등에 대한 증액 조정 ➡ ② 자산분배 등에 대한 감액 조정 ③ 소득금액의 배분에 따른 증액 조정 ➡ ④ 결손금의 배분에 따른 감액 조정
(4) 지분의 양도	동업자가 동업기업 지분을 양도 시에는 다음과 같이 과세함 1) 개인인 동업자 : 특정주식 · 일반주식을 양도한 것으로 보아 주식의 양도소득으로 과세 2) 법인인 동업자 : 각 사업연도 소득으로 과세
(5) 자산의 분배	동업자가 동업기업으로부터 자산을 분배받은 경우에는 다음과 같이 처리함 1) 분배받은 자산 시가 > 지분가액 ➡ 초과액은 배당소득으로 봄 2) 분배받은 자산 시가 < 지분가액 ① (분배 받으면서) 동업자 지위 유지 ➡ 지분가액에서 감액조정(손익으로 인식 X) ② (분배 받으면서) 동업자 지위 소멸 ➡ 미달액을 주식양도차손으로 처리

5. 기타규정

(1) 동업기업과 동업자 간의 거래

구 분	내 용
1) 동업기업과 동업자간의 거래	동업자가 동업자의 자격이 아닌 제3자의 자격 ㉜으로 동업기업과 거래한 것으로 인정되는 경우에는 손익을 인식할 수 있음
2) 부당행위계산부인 적용	동업자가 동업기업과 제3자 자격으로 거래하는 경우, 동업기업 또는 동업자의 소득을 부당하게 감소시킨 것으로 인정되면 법인세법상 부당행위 계산 부인규정을 적용할 수 있음

㉜ 제3자 자격의 거래

동업자가 동업기업으로부터 얻은 거래대가가 동업기업의 소득과 관계없이 해당 거래를 통하여 공급되는 재화 또는 용역의 가치에 따라 결정되는 경우

① 자산의 양수도

② 금전 기타 자산을 대부 · 임대 · 차입 · 임차하는 거래

③ 용역제공(단, 동업자가 해당 동업기업이 영위하는 사업에 해당하는 용역을 제공하는 거래는 제외)

2025

스마트세법

부가가치세편

이 책은 별도의 언급이 없는 한 1월 1일부터 12월 31일까지를 한 기로 봅니다. (12월말 결산법인 가정)

제1장 총설

1.1 부가가치세의 기본이론

1. 부가가치의 개념

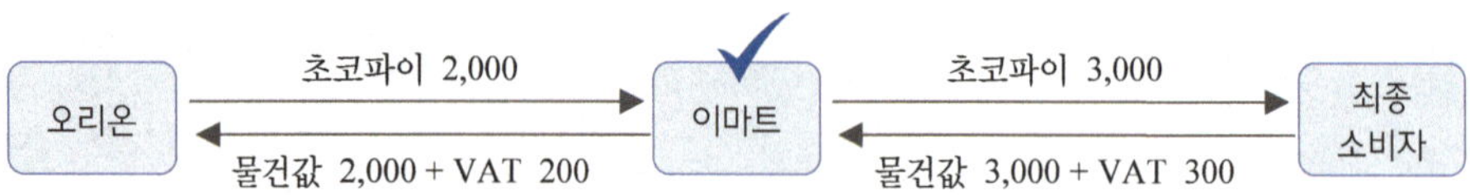

〈매입시〉

차) 상품(매입) 2,000 대) 현금 2,200
VAT매입세액 200

〈매출시〉

차) 현금 3,300 대) 매출 3,000
VAT매출세액 300

(1) 공제법

부가가치(1,000) = 매출액(3,000) − 매입액(2,000)

(2) 가산법(부가가치 구성요소)

부가가치(1,000) = 임금(400) + 지대(300) + 이자(200) + 이윤(100)

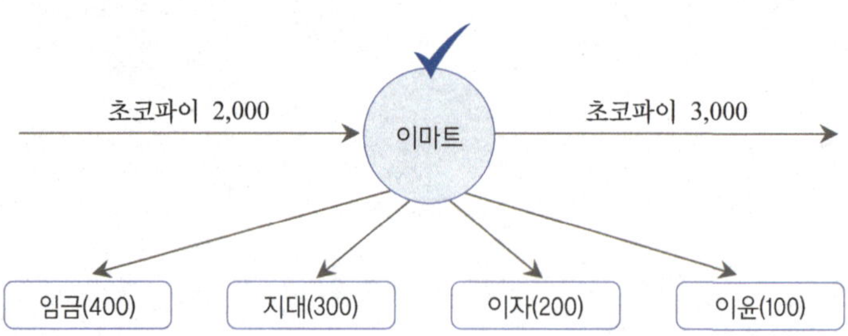

2. 부가가치의 계산방법

(1) 전단계 거래액공제법 : (매출액 - 매입액) × 세율
(2) 전단계 세액공제법 : 매출액 × 세율 - 매입세액

수학적으로는 둘이 같은 의미이지만 세법에서는 (2)의 방식을 적용함
(1)은 매출액 - 매입액(즉, 부가가치)이 과세표준이나, (2)는 매출액이 과세표준임. 또한 (2)에서는 매입세액을 공제 받으려면 자신에게 공급하는 자로부터 반드시 세금계산서(Tax Invoice, 이하 T/I)를 수령해야만 함

3. 소비지국 과세원칙

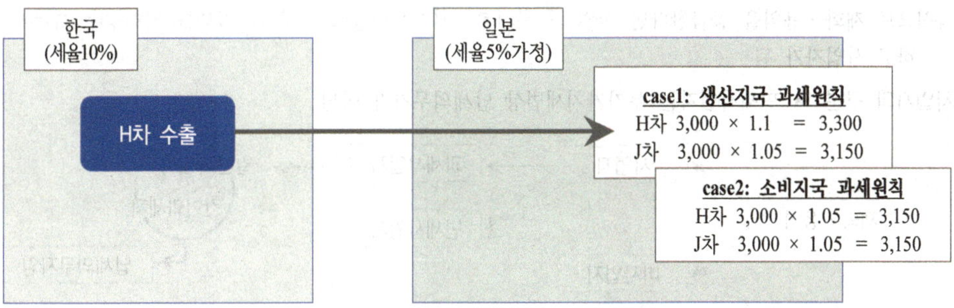

각 국별로 부가가치세율이 다름에도 불구하고 생산지국 과세원칙을 적용하면 부가가치세율의 차이로 인한 최종 소비자 가격의 왜곡을 초래함 ➠ 수출하는 경우 소비지국(*not* 생산지국)에서 부가가치세를 붙임 ➠ 즉, 수출하는 국가에서는 0의 세율로 수출품을 선적하게 됨

4. 우리나라 부가가치세 특징

일반소비세(*not* 특별소비세) · 간접세(납세의무자 ≠ 담세자) · 소비형부가가치세 · 전단계세액공제법 · 소비지국 과세원칙

1.2 부가가치세 총칙

1. 납세의무자

구 분	내 용
(1) 사업자 주1	영리목적 유무에 관계없이 사업상 독립적으로 재화·용역을 공급하는 사업자 (즉, 국가·지방자치단체도 부가가치세의 납세의무자가 될 수 있으나(*not* 비과세법인) 대부분 면세이므로 실질적 납세를 하는 것은 아님)
(2) 재화를 수입하는 자	수입자는 사업자 여부에 관계없이 부가가치세의 납세의무 있음

주1 사업자의 요건

영리목적 유무에 관계없이 사업상 독립적으로 재화·용역을 공급해야 함. 즉, 사업형태를 갖고 계속적·반복적으로 재화·용역을 공급한다면 사업자등록여부·거래상대방에게 부가가치세를 거래징수 했는지 여부를 불문하고 사업자가 됨

주2 사업자의 구분 ➠ 면세사업자는 부가가치세법상 납세의무자가 아님

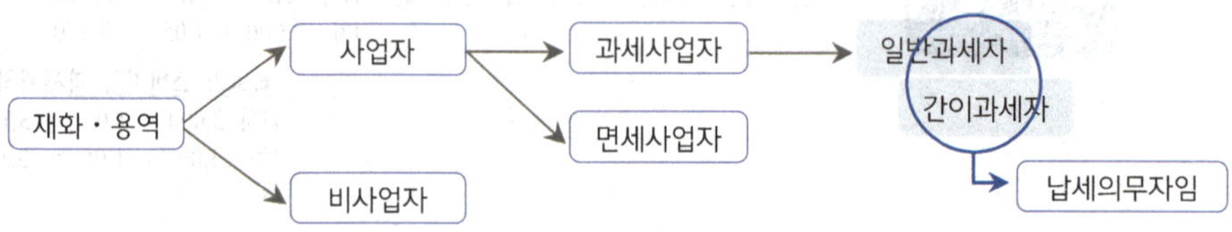

주3 납세의무자의 사례

(1) 농가부업(소득세 3장 참고)

1) 소득세 과세되는 농가부업 : VAT 과세거래 O (독립된 사업이므로)

2) 소득세 비과세되는 농가부업

① 고공품제조·축산·양어 : VAT 과세거래 X (독립된 사업이 아닌 농업의 일부로 보므로)

② 민박·음식물판매·특산품제조·전통차 제조·기타 이와 유사한 활동 : VAT 과세거래 O

(2) 부동산매매업의 범위

구 분	내 용
1) 부동산 매매·중개를(명시적으로) 사업목적으로 나타낸 경우	매매횟수에 관계없이 부동산매매업으로 봄 ➠ 납세의무자
2) 부동산 매매·중개를 사업목적으로 나타내지 않은 경우	사업상 목적으로 1과세기간 중에 1회 이상 부동산을 취득하고 2회 이상 판매한 경우에는 부동산매매업으로 봄 ➠ 납세의무자

(3) 기타사례

1) 국외거래에 대한 납세의무 : 대한민국의 주권이 미치는 범위에서만 부가가치세의 납세의무가 있으므로 사업자가 국외에서 재화를 공급하는 경우에는 부가가치세 납세의무 없음. 단, 중계무역방식의 수출, 위탁판매수출, 외국인도수출, 위탁가공무역방식의 수출, 국외위탁가공재화의 양도로 공급하는 경우, 우리나라 국적의 항공기 또는 선박에서 이루어지는 거래는 부가가치세 납세의무 있음

2) 청산중에 있는 내국법인의 납세의무 : 청산중에 있는 내국법인은 (상법에 따른 계속등기에 관계없

이) 사실상 사업을 계속하는 경우에는 납세의무 있음

3) 농민이 일시적으로 토사석을 판매하는 경우 납세의무 없음

4) 법인간의 흡수합병에 있어서 합병등기일 전 실제 합병한 경우, 실제 합병일부터 합병등기일까지 피합병법인의 사업장에서 거래된 재화 또는 용역의 공급 및 매입분에 대해서는 피합병법인의 명의로 세금계산서를 발급하거나 발급받고 부가가치세를 신고 · 납부함

주4 신탁재산 특례 개정

구 분	내 용
(1) 원칙	일반적인 납세의무자의 규정에도 불구하고 신탁재산과 관련된 재화 또는 용역을 공급하는 경우에는 신탁법에 따른 수탁자가 신탁재산별로 각각 별도의 납세의무자로서 부가가치세를 납부할 의무가 있음
(2) 예외	위에 불구하고 다음 중 어느 하나에 해당하는 경우 신탁법에 따른 위탁자가 부가가치세를 납부할 의무가 있음 1) 신탁재산과 관련된 재화 또는 용역을 위탁자 명의로 공급하는 경우 2) 위탁자가 신탁재산을 실질적으로 지배·통제하는 경우로서 다음의 어느 하나에 해당하는 경우 ① 수탁자가 위탁자로부터 부동산 또는 지상권, 전세권, 부동산임차권, 부동산소유권이전등기청구권, 그 밖의 부동산 관련 권리의 재산을 수탁받아 부동산개발사업을 목적으로 하는 신탁계약을 체결한 경우로서 그 신탁계약에 의한 부동산개발사업비의 조달의무를 수탁자가 부담하지 아니하는 경우* * 수탁자가 도시 및 주거환경정비법 또는 빈집 및 소규모주택 정비에 관한 특례법에 따른 재개발사업 · 재건축사업 또는 가로주택정비사업 · 소규모재건축사업의 사업시행자인 경우는 제외 ② 수탁자가 도시 및 주거환경정비법 또는 빈집 및 소규모주택 정비에 관한 특례법에 따른 재개발사업 · 재건축사업 또는 가로주택정비사업 · 소규모재건축사업의 사업대행자인 경우 ③ 그밖에 신탁의 유형, 신탁설정의 내용, 수탁자의 임무 및 신탁사무 범위 등을 고려하여 대통령령으로 정하는 경우

2. 과세기간

구 분		내 용
(1) 원칙	1) 계속사업자(일반적인 경우)	1기(1.1. ~ 6.30.), 2기(7.1. ~ 12.31.)
	2) 계속사업자(간이과세자)	1.1. ~ 12.31.(1년)
	3) 신규사업자의 최초과세기간	사업개시일 주1 주2 부터 그 날이 속하는 과세기간 종료일까지
	4) 폐업자의 최종 과세기간	과세기간 시작일부터 폐업일까지 주3
	5) 과세유형 변경되는 해의 간이과세 적용기간	① 간이 ➡ 일반 : 그 변경 이전 1.1. ~ 6.30. ② 일반 ➡ 간이 : 그 변경 이후 7.1. ~ 12.31.

구 분		내 용
(2) 예 외	1) 사업개시전 등록자가 사실상 사업을 시작하지 않는 경우	사업개시전 등록자가 정당한 사유 없이 6개월 이상 사업을 시작하지 않는 경우에는 폐업한 것으로 의제함. 이 때에는 등록일부터 폐업의제일까지가 1과세기간임
	2) 간이과세를 포기한 경우 ➡ 포기 전후를 각각 1기로 봄	개시일 ~ 포기신고일이 있는 달의 말일 : 1과세기간 포기신고일이 있는 달의 다음달 1일 ~ 과세기간 종료일 : 1 과세기간

㈜1 사업개시일

재화의 제조를 개시하는 날, 재화 · 용역의 공급을 개시하는 날, 광물의 채취를 개시하는 날 등임

㈜2 사업개시 전 등록의 경우, 사업자등록일(*not* 사업개시일)부터 시작됨

㈜3 폐업일의 기준

구 분	폐 업 일
(1) 합병으로 인한 소멸법인의 경우	합병법인의 변경등기일 또는 설립등기일
(2) 분할로 인하여 사업을 폐업하는 경우	분할법인의 분할변경등기일(분할법인이 소멸하는 경우 : 분할신설법인의 설립등기일)
(3) 위 외 의 경 우	사업장별로 그 사업을 실질적으로 폐업하는 날. 다만, 폐업한 날이 분명하지 않은 경우에는 폐업신고서의 접수일로 함

3. 납세지

구 분	내 용
(1) 원 칙	사업장 ㈜1 (*not* 사업자) 단위로 신고 및 납부를 하므로, 사업자는 한명이어도 사업장이 여러 개이면 각 사업장마다 신고 및 납부를 해야 함
(2) 특 례 ㈜3	1) 주사업장총괄납부 ➡ 납부(또는 환급)만 총괄함 2) 사업자단위과세제도 ➡ 부가가치세법상 모든 의무를 총괄함

㈜1 사업장의 범위

사업자나 사용인이 상시 주재하여 거래의 전부 또는 일부를 행하는 장소. 사업자가 사업장을 두지 않으면 사업자의 주소 또는 거소를 사업장으로 함

구 분	내 용
(1) 광 업	광업사무소의 소재지
(2) 제 조 업	최종제품의 완성 장소. 단, 따로 제품 포장 · 용기 충전만 하는 장소는 제외
(3) 건설업 · 운수업 · 부동산매매업	1) 사업자가 법인일 때 : 법인의 등기부상의 소재지(등기부상 지점소재지 포함) 2) 사업자가 개인일 때 : 업무총괄장소
(4) 부 동 산 임 대 업	부동산(*not* 법인)의 등기부상의 소재지(부동산 상의 권리만 대여시 ➡ 업무총괄 장소)
(5) 무인자동판매기사업	그 사업에 관한 업무총괄장소(≒ 동전 세는 곳)
(6) 비거주자 · 외국법인	비거주자 · 외국법인의 국내사업장

(7) 다 단 계 판 매 원	다단계판매업자의 주된 사업장 소재지(다만, 별도 등록한 사업장이 있으면 제외)
(8) 이 동 통 신 역 무 를 제공하는 전기통신사업	사업자가 법인인 경우에는 그 법인의 본점소재지. 개인인 경우에는 그 사업에 관한 업무를 총괄하는 장소
(9) 기 타	위의 사업장 이외의 장소도 사업자의 신청에 의하여 사업장으로 등록 가능함. 단, 무인자동판매기(너무 많음)에 사업은 적용 안 됨

* 그 밖의 사업장

① 우정사업조직이 선택적우편역무 중 소포우편물을 방문접수하여 배달하는 용역을 공급하는 사업 : 사업에 관한 업무를 총괄하는 장소

② 국가, 지방자치단체 또는 지방자치단체조합이 부동산임대업, 도매 및 소매업, 음식점업, 숙박업, 골프장 및 스키장운영업, 기타 스포츠시설운영업에 해당하는 과세사업, 주차장운영업 : 사업에 관한 업무를 총괄하는 장소(다만, 위임 · 위탁 또는 대리에 의하여 재화나 용역을 공급하는 경우에는 수임자 · 수탁자 또는 대리인이 그 업무를 총괄하는 장소를 사업장으로 봄)

③ 신탁재산을 사업장으로 보아 사업자등록을 신청하는 경우 해당 신탁재산의 등기부상 소재지 또는 그 사업에 관한 업무총괄장소를 사업장으로 함

주2 직매장 · 하치장 · 임시사업장의 비교

구 분	내 용	사업장 여부	사업자 의무
(1) 직 매 장	직접 판매하기 위하여 특별히 판매시설을 갖춘 장소	사업장 ○	사업자등록을 해야 함
(2) 하 치 장	재화의 보관 · 관리시설만을 갖춘 장소로서 판매행위가 이루어지지 않는 장소	사업장 ×	설치일부터 10일 이내에 하치장 설치신고서를 제출
(3) 임시사업장	각종 경기대회 · 박람회 등이 개최되는 장소에서 임시로 개설한 사업장 ➠ 기존사업장에 포함	사업장 ×	임시사업장개설 · 폐쇄신고(기간이 10일 이내면 생략가능)

주3 주사업장총괄납부 vs 사업자단위과세제도

구 분	주사업장총괄납부	사업자단위과세제도
(1) 개 념	• 2 이상의 사업장이 있는 사업자가 각 사업장의 납부(환급)세액을 총괄하여 (한번에) 납부하는 제도 • 판매목적 타사업장 반출에 의한 재화공급의 의제 적용을 막을 수 있음	2 이상의 사업장이 있는 사업자(사업장이 하나이나 추가로 사업장을 개설하려는 사업자 포함)가 (부가가치세법상 의무는 사업장 단위임에도 불구하고) 사업자단위로 모든 납세의무를 수행하는 제도
(2) 취 지	(환급이 늦게 되는) 자금의 압박문제 해소[*1]	ERP 등을 활용한 납세편의의 도모
(3) 주 사 업 장	본점(주사무소)원칙, 법인은 지점(분사무소) 가능	본점(주사무소)만 가능
(4) 요 건	신청으로 가능(*not* 승인)	사업자단위과세사업자로 사업자등록증을 신청
(5) 사업자등록과 세금계산서 발급수취	사업장별로 사업자등록을 하고, 그 등록번호로 세금계산서 발급 · 수취	본점(주사무소)에서 사업자등록을 하고 그 등록번호로 세금계산서 발급 · 수취
(6) 신고 및 납세지	신고는 사업장별로 하되, 납부(또는 환급)는 주사업장에서 총괄	사업자단위과세 적용사업장에서 신고납부
(7) 과세표준 · 세액산정	사업장 단위	사업자 단위

(8) 신청	1) 계속사업자 : 과세기간 개시 20일 전까지 신청*2 2) 신규사업자 : 사업자등록증을 받은 날부터 20일 이내 신청	1) 계속사업자 : 좌동*2 2) 신규사업자 : 사업개시일부터 20일 이내 신청
(9) 적용제외	①사업내용의 변경이 있거나 ②주사업장의 이동이 빈번하거나 ③기타 사유가 있을 때	적용제외 규정이 없음
(10) 포기	과세기간 개시 20일 전까지 신고 ➡ 별도의 승인요건 없음	좌동

*1 주사업장총괄납부의 취지 : 납부는 3개월 만에 하는데 반해, 환급은 6개월 만에 하므로, 그 사이에 자금의 압박이 오는 것을 막는 제도 ➡ 주사업장에서 총괄하여 2억원을 납부할 수 있음

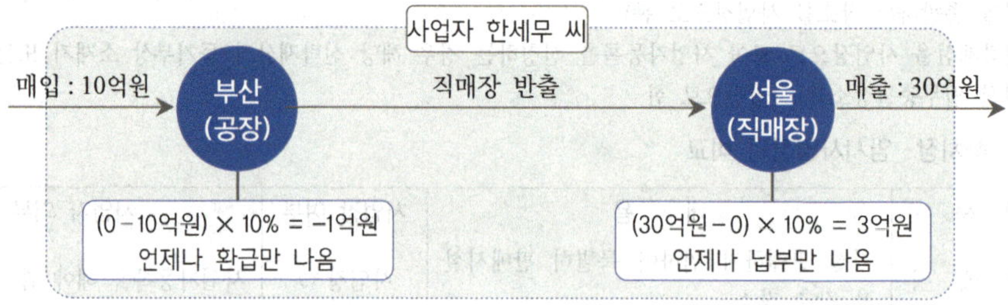

*2 사업장이 하나이나 추가로 사업장을 개설하려는 자가 사업자 단위 과세사업자 또는 주사업장 총괄납부를 적용할 경우 : 추가 사업장의 사업 개시일부터 20일 이내(추가 사업장의 사업 개시일이 속하는 과세기간 이내로 한정)에 사업자의 본점 또는 주사무소 관할 세무서장에게 변경등록을 신청해야 함

4. 사업자등록

구 분	내 용
(1) 의미	(사람의 주민등록번호와 같이) 사업의 개시사실을 관할세무서에 신고하는 절차 ➡ 부가가치세 업무의 효율적인 운용을 위해 납세의무자의 사업 관련 정보를 등록함
(2) 등록신청 ㈜	1) 사업장 단위등록 ① 사업장마다 사업개시일부터 20일 이내에 사업장 관할 세무서장(사업자 관할 세무서장이 아닌 다른 관할세무서장도 가능)에게 등록해야 함. 신규개시자는 사업개시일 전이라도 등록 가능 ② 신탁재산 특례납세의무자 규정에 따라 수탁자가 납세의무자가 되는 경우 수탁자(공동수탁자가 있는 경우 대표수탁자)는 해당 신탁재산을 사업장으로 보아 사업자등록신청을 함) 2) 사업자 단위등록 ① 둘 이상의 사업장이 있는 사업자는 사업자 단위로 해당 사업자의 본점 또는 주사무소 관할 세무서장에게 사업개시일부터 20일 이내 등록 가능 ② 사업장단위 ➡ 사업자단위로 변경하려면 사업자단위과세사업자로 적용 받으려는 과세기간 개시 20일전까지 등록해야 함

구 분	내 용
(3) 등록증발급	사업장 관할세무서장은 신청일부터 2일*(토요일 · 공휴일 · 근로자의 날은 제외) 이내 발급 ➠ 단, 사업장시설 등을 확인하기 위하여 국세청장이 필요하다고 인정하는 경우에는 발급기한을 5일 이내에서 연장 가능(이 때 10일 이내 기간 동안 보정도 요구 가능. 보정기간은 등록증 발급기간에 포함 X)
(4) 직 권 등 록	사업자가 등록하지 않거나, 국외사업자 등이 간편사업자등록을 하지 아니한 경우 관할세무서장이 조사하여 직권으로 등록시키는 것도 가능
(5) 등 록 거 부	사업개시 전 등록신청을 받은 세무서장은 신청자가 사업을 사실상 개시하지 아니할 것으로 인정되는 때에는 등록을 거부 가능(희박함)
(6) 등 록 정 정	사업자는 특정 사유 주2 가 발생한 경우에는 지체 없이 등록정정신고 해야 함
(7) 휴 · 폐업신고	사업자가 휴 · 폐업(폐업의제 포함)한 때에는 지체 없이 휴 · 폐업신고서에 사업자등록증과 폐업신고확인서를 첨부하여 관할 세무서장에게 제출
(8) 등 록 말 소	사업자가 ①폐업하거나 ②사업개시 전에 등록한 후 사실상 사업을 시작하지 아니하게 되는 경우 주3 에는 사업장 관할세무서장은 그 등록을 말소하고 지체 없이 사업자등록증을 회수해야 함. 회수할 수 없는 경우에는 등록말소의 사실을 공시해야 함

주1 미등록의 경우 불이익

① 미등록가산세 부과

② 등록 전 매입세액불공제, 다만 공급시기가 속하는 과세기간이 끝난 후 20일 이내에 등록 신청한 경우 그 공급시기 내 매입세액은 공제

주2 사업자등록증 정정사유 및 재발급기한

사 유	재발급기한
① 법인 또는 단체의 대표자를 변경하는 때 ② 사업의 종류에 변동이 있는 때 ③ 사업장(사업자단위과세사업자의 경우에는 사업자단위과세적용사업장을 의미함)을 이전하는 때 ④ 상속으로 인하여 사업자의 명의가 변경되는 때 ⑤ 공동사업자의 구성원 또는 출자지분의 변경이 있는 때 ⑥ 임대인, 임대차 목적물 · 그 면적, 보증금, 차임 또는 임대차기간의 변경이 있거나 새로이 상가건물을 임차한 때 ⑦ 사업자단위과세사업자가 사업자단위과세적용사업장을 변경하는 때 ⑧ 사업자단위과세사업자가 종된 사업장을 신설 또는 이전하는 때 ⑨ 사업자단위과세사업자가 종된 사업장의 사업을 휴업하거나 폐업하는 때	신청일부터 2일내
⑩ 상호를 변경하는 때 ⑪ 통신판매업자가 사이버몰의 명칭 또는 인터넷 도메인이름을 변경하는 때	신청일 당일

주3 사실상 사업을 시작하지 아니하게 되는 경우

① 사업자가 사업자등록 후 정당한 사유 없이 6개월 이상 사업을 시작하지 아니한 경우

② 사업자가 부도발생, 고액체납 등으로 도산하여 소재 불명인 경우

③ 사업자가 인가 · 허가 취소 또는 그 밖의 사유로 사업수행이 불가능하여 사실상 폐업상태에 있는 경우

④ 사업자가 정당한 사유 없이 계속하여 둘 이상의 과세기간에 걸쳐 부가가치세 신고를 하지 아니한 자로서 사실상 폐업상태에 있는 경우

⑤ 그 밖에 사업자가 위 '①'부터 '④'의 사유와 유사한 사유로 사실상 사업을 시작하지 아니하는 경우

주4 면세사업자의 등록신청

법인세법 · 소득세법의 규정에 의하여 등록한 자로서 면세사업을 영위하는 자가 추가로 과세사업을 영위하고자 하는 경우에 사업자등록 정정신고서를 제출한 때에는 사업자등록신청을 한 것으로 봄

참고 **개별소비세법 또는 교통 · 에너지 · 환경세법상 신고에 따른 부가가치세법상 사업자등록 등의 의제**

개별소비세법 또는 교통 · 에너지 · 환경세법상의 납세의무가 있는 사업자가 개별소비세법 또는 교통 · 에너지 · 환경세법에 따라 다음의 구분에 따른 신고를 하는 경우에는 해당 구분에 따른 등록신청 또는 신고를 한 것으로 봄

① 개별소비세법 또는 교통 · 에너지 · 환경세법에 따른 개업 신고를 한 경우 : 사업자 등록의 신청
② 개별소비세법 또는 교통 · 에너지 · 환경세법에 따른 휴업·폐업·변경 신고를 한 경우 : 휴업 · 폐업 신고 또는 등록사항 변경 신고
③ 개별소비세법 또는 교통 · 에너지 · 환경세법에 따른 사업자단위과세사업자 신고를 한 경우 : 사업자 단위 과세 사업자 등록 신청 또는 사업자 단위 과세사업자 변경 등록 신청
④ 개별소비세법 또는 교통 · 에너지 · 환경세법에 다른 양수, 상속, 합병 신고를 한 경우 : 등록사항 변경 신고

연 습 문 제

01 부가가치세법과 전단계세액공제법(간접법)에 대한 설명이다. 옳지 않은 것은? CPA 2009

① 부가가치세법상 과세표준인 재화 또는 용역의 공급에 대한 공급가액은 해당 거래단계에서 창출된 부가가치의 총액을 의미한다.

② 부가가치세법은 부가가치를 직접 산출하여 과세하지 않고 전단계세액공제법에 따라 재화 또는 용역의 공급, 재화의 수입에 대하여 부가가치세를 부과한다.

③ 전단계세액공제법은 매출액에 세율을 곱하여 거래징수한 매출세액에서 재화 등을 매입할 때 거래징수 당한 매입세액을 공제하여 부가가치세 납부세액을 계산하는 방법이다.

④ 전단계세액공제법에서 전단계세액은 부가가치세법상 매입세액에 해당한다.

⑤ 부가가치세법상 납부세액을 산출함에 있어 매출세액에서 매입세액을 공제하는 이유는 이전 거래단계에서 창출된 부가가치에 대한 중복과세를 회피하기 위한 것이다.

02 부가가치세법상 납세의무에 관한 설명이다. 옳은 것은? CPA 2012

① 사업자가 아닌 자가 부가가치세가 과세되는 재화를 개인적 용도로 사용하기 위해 수입하는 경우 부가가치세 납세의무가 없다.

② 사업자가 부가가치세가 과세되는 재화 또는 용역을 공급하는 경우 부가가치세를 거래징수하지 않았다면 부가가치세 납세의무가 없다.

③ 청산중에 있는 내국법인은 계속등기 여부에 불구하고 사실상 사업을 계속하는 경우에는 납세의무가 있다.

④ 개인 · 법인과 법인격이 없는 사단 · 재단 또는 그 밖의 단체는 부가가치세법상 납세의무자가 될 수 있으나, 국가 · 지방자치단체와 지방자치단체조합은 부가가치세법상 납세의무자가 될 수 없다.

⑤ 사업자가 현물출자에 의하여 재화를 인도하는 경우에는 해당 재화가 과세대상에 해당하더라도 사업성이 없으므로 부가가치세 납세의무가 없다.

03 부가가치세법상 사업장에 관한 설명이다. 옳지 않은 것은? CPA 2014

① 사업장은 사업자가 사업을 하기 위하여 거래의 전부 또는 일부를 하는 고정된 장소로 하며, 사업자가 사업장을 두지 아니하면 사업자의 주소 또는 거소를 사업장으로 한다.

② 건설업은 사업자가 법인인 경우 법인의 등기부상 소재지(등기부상의 지점소재지 포함)를 사업장으로 하며, 사업자가 개인인 경우 사업에 관한 업무를 총괄하는 장소를 사업장으로 한다.

③ 제조업은 최종제품을 완성하는 장소를 사업장으로 하며, 따로 제품 포장만을 하거나 용기에 충전만을 하는 장소와 개별소비세법에 따른 저유소는 사업장으로 보지 않는다.

④ 무인자동판매기를 통하여 재화·용역을 공급하는 사업은 사업에 관한 업무를 총괄하는 장소를 사업장으로 한다.

⑤ 부동산임대업은 그 업무를 총괄하는 장소를 사업장으로 한다.

04 부가가치세법상 사업장에 관한 설명으로 옳지 않은 것은? CTA 2019

① 사업장은 사업자가 사업을 하기 위하여 거래의 전부 또는 일부를 하는 고정된 장소로 한다.

② 사업장을 설치하지 아니하고 사업자등록도 하지 아니한 경우에는 과세표준 및 세액을 결정하거나 경정할 당시의 사업자의 주소 또는 거소를 사업장으로 한다.

③ 광업의 경우 광업사무소의 소재지로 하되, 광업사무소가 광구(鑛區) 밖에 있을 때에는 그 광업사무소에서 가장 가까운 광구에 대하여 작성한 광업 원부의 맨 처음에 등록된 광구 소재지에 광업사무소가 있는 것으로 본다.

④ 제조업의 경우 따로 제품 포장만을 하거나 용기에 충전만을 하는 장소와 개별소비세법 제10조의 5에 따른 저유소(貯油所)는 사업장에서 제외한다.

⑤ 부동산상의 관리만 대여하는 부동산임대업의 경우에는 부동산의 등기부상 소재지를 사업장으로 하여야 한다.

05 부가가치세법상 납세지와 사업자등록에 관한 설명이다. 옳지 않은 것은? CPA 2019

① 사업장이 둘 이상인 사업자가 사업자 단위로 사업자등록을 한 경우에는 각 사업장을 대신하여 그 사업자의 본점 또는 주사무소 소재지를 부가가치세 납세지로 한다.

② 사업자 단위로 등록한 사업자의 세금계산서 발급 · 수취 의무와 부가가치세 신고 · 납부 의무는 본점 또는 주사무소에서 사업자 단위로 이행한다.

③ 국내사업장이 없어 사업자등록을 하지 아니한 비거주자가 국내에 전자적 용역을 공급하는 경우에는 간편사업자등록을 하여야 한다.

④ 주사업장 총괄납부 사업자의 세금계산서 발급 · 수취 의무는 각 사업장 단위로 이행하지만, 부가가치세 신고 · 납부 의무는 주사업장에서만 이행한다.

⑤ 법인의 경우에는 지점을 주된 사업장으로 하여 주사업장 총괄 납부를 신청할 수 있다.

06 부가가치세법의 총칙에 관한 설명으로 옳지 않은 것은? CTA 2018

① 사업자 단위 과세 사업자는 각 사업장을 대신하여 그 사업자의 본점 또는 주사무소의 소재지를 부가가치세 납세지로 한다.

② 신규로 사업을 시작하는 자가 사업개시일 이전에 사업자등록을 신청한 경우의 최초의 과세기간은 사업개시일부터 신청일이 속하는 과세기간의 종료일까지로 한다.

③ 사업장 단위로 등록한 사업자가 사업자 단위 과세 사업자로 변경하려면 사업자 단위 과세 사업자로 적용받으려는 과세기간 개시 20일 전까지 사업자의 본점 또는 주사무소 관할 세무서장에게 변경등록을 신청하여야 한다.

④ 사업자등록증을 발급받은 사업자는 휴업 또는 폐업을 하거나 등록사항이 변경되면 지체 없이 사업장 관할 세무서장에게 신고하여야 한다.

⑤ 재화를 수입하는 자의 부가가치세 납세지는 관세법에 따라 수입을 신고하는 세관의 소재지로 한다.

정답 및 해설

01 정답 ①

전단계세액공제법에서는 납부세액 = 공급가액 × 10% − 매입세액이므로 과세표준은 공급가액이 되고, 이는 해당 거래단계만이 아닌 모든 단계에서 창출된 부가가치의 총액을 의미한다.

02 정답 ③

① 재화 수입의 경우에는 사업자가 아닌 자가 부가가치세가 과세되는 재화를 개인적 용도로 사용하기 위한 경우에도 부가가치세 납세의무가 있다.

② 사업자는 거래징수 여부에 관계없이 부가가치세가 과세되는 재화 또는 용역을 공급하는 경우, 부가가치세 납세의무가 있다.

④ 법인세법과 달리 부가가치세법에서는 국가 · 지방자치단체와 지방자치단체조합도 부가가치세법상 납세의무자이다.

⑤ 사업자가 현물출자로 의하여 재화를 인도하는 경우에는 납세의무가 있다.

03 정답 ⑤

부동산임대업의 사업장은 부동산의 등기부상 소재지이다.

04 정답 ⑤

부동산상의 권리만을 대여하는 경우에는 그 사업에 관한 업무를 총괄하는 장소를 사업장으로 하여야 한다.

05 정답 ④

주사업장 총괄납부 사업자의 세금계산서 발급 · 수취 및 부가가치세 신고 의무는 각 사업장 단위로 이행하지만, 부가가치세 납부 의무는 주사업장에서만 이행한다.

06 정답 ②

신규로 사업을 시작하는 자가 사업개시일 이전에 사업자등록을 신청한 경우의 최초의 과세기간은 등록신청일부터 신청일이 속하는 과세기간의 종료일까지로 한다.

제2장 과세거래 · 시기 · 장소

2.1 부가가치세 과세거래

과세거래의 판단 원칙

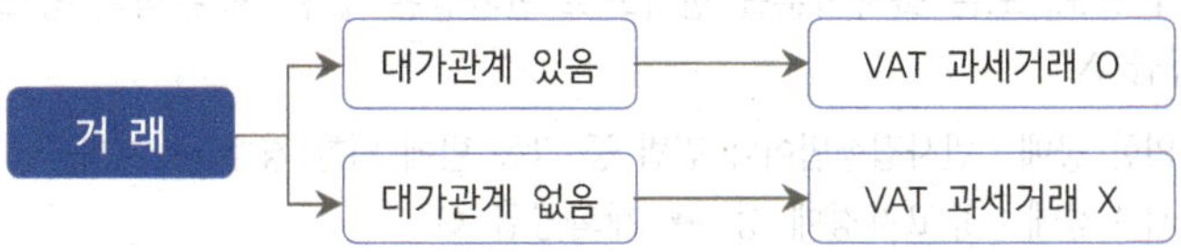

단, 재화 공급의 특례(간주공급)는 대가관계가 없더라도 과세당할 수 있음에 유의할 것

1. 재화의 실질공급

(1) 재화의 개념

구 분	내 용
1) 의 미	재산가치가 있는 모든 유체물과 무체물(물 · 흙 · 퇴비 등도 재화의 범위에 포함됨)
2) 유체물	모든 유형적 물건을 포함. 다만 그 자체가 소비의 대상이 아닌 화폐대용증권(수표 · 어음 · 상품권 등), 유가증권 등은 과세대상 재화가 아님 ㈜
3) 무체물	동력(전기 과세) · 열과 기타 관리할 수 있는 자연력 또는 권리 등(광업권 · 지상권 등)

㈜ 창고증권* · 선하증권 · 화물상환증은 유가증권이긴 하나, 이 세 가지 증권은 증권의 인도를 통해 그 물건(예 창고증권에 대한 창고 안의 물건) 자체가 인도되는 것으로 보므로 과세대상 재화임

* 창고증권 중 과세대상 재화가 아닌 것

① 보세구역 안에 있는 조달청 창고에 보관된 물품에 대하여 조달청장이 발행하는 창고증권의 양도로서 임차물의 반환이 수반되지 아니하는 것

② 보세구역 안에 있는 런던금속거래소에 보관된 물품에 대하여 동 거래소의 지정창고가 발행하는 창고증권의 양도로서 임치물의 반환이 수반되지 아니하는 것
(단, 사업자가 국내로부터 보세구역에 있는 위의 창고에 임치된 임치물을 국내로 다시 반입하는 것은 재화의 공급임)

사례

롯데백화점이 추석맞이 상품권을 팔 때 ➠ 상품권판매는 VAT 과세거래 X
추석 끝나고 고객이 이 상품권을 가지고 와서 물건으로 바꿔갈 때 ➠ 물건판매는 VAT 과세거래 O

(2) 재화의 실질공급 : 계약상 · 법률상 모든 원인에 의해 재화를 인도 · 양도하는 것

구 분	내 용
1) 매 매 계 약	현금판매 · 외상판매 · 할부판매 · 장기할부판매 · 조건부 및 기한부판매 · 위탁판매 · 기타매매계약
2) 가공계약 주1	자기가 주요자재의 전부 · 일부를 부담하고 상대방으로부터 인도받은 재화에 공작을 가하여 새로운 재화를 만드는 계약(주요 자재를 전혀 부담하지 않으면 용역의 공급임)
3) 교 환 계 약	재화의 인도대가로서 다른 재화를 인도받거나 용역을 제공받는 교환계약 재화를 빌려주고 향후에 반환 받는 것(소비대차) 주2
4) 현 물 출 자	① 출자(주식을 구입)를 하기 위해서 건물 등의 현물을 양도하는 경우 ➠ 재화공급 O ② 단, 출자지분의 양도, 또는 출자지분을 현금으로 반환받는 경우 ➠ 주식의 양도로 보므로 재화공급 X
5) 경 매	① 국세징수법에 의한 공매 · 민사집행법이나 민법 등 각종 법에 의한 경매 ➠ 재화공급 X ② 옥션 등에서 사적경매 · 중고차경매 등 ➠ 재화공급 O
6) 수 용	수용되는 재화는 소유자의 직접 철거여부에 관계없이 철거될 재화의 수용시 과세대상에서 제외
7) 대 물 변 제	대물변제는 재화의 공급으로 보나, 사업용 자산을 상증법 등에 의해 물납하는 경우(조세의 물납)는 재화 공급이 아님

주1 가공계약

예를 들어 ZARA가 하청업체에 옷의 가공을 하청 준 후, 하청업체가 이를 ZARA에 다시 납품하는 경우

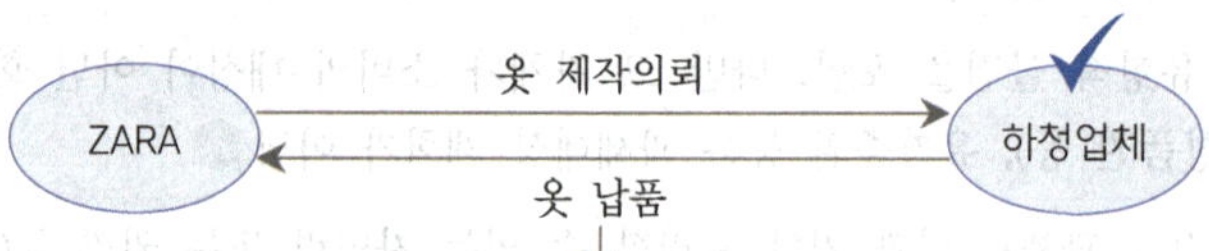

하청업체 입장에서, ZARA에 ①옷이라는 재화를 공급하는 것인지? ②자신의 순수한 인력과 노력(용역)을 공급하는 것인지?

case 1: 하청업체가 원단 등(주요 자재의 전부 · 일부를 부담)을 직접 사서 옷을 제작 후 납품 ➠ 재화의 공급

case 2: ZARA가 원단 등을 공급해주면 하청업체는 순전히 인력 · 노력 등만 제공 ➠ 용역의 공급

주2 소비대차

재화를 빌려 줄 때 (A사는 차용으로 과세), 반환 받을 때 (B사는 반환으로 과세) 모두 과세임

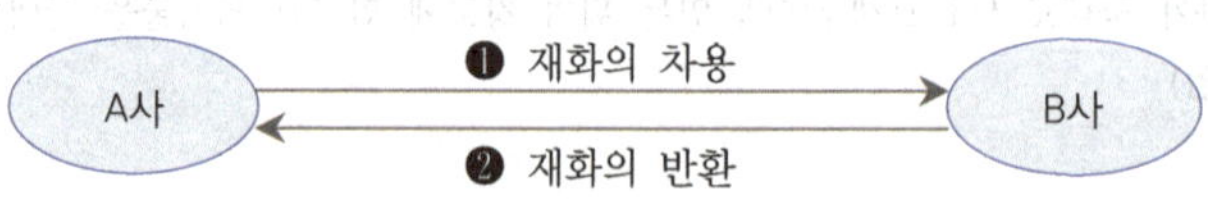

단, 한국석유공사가 보세구역 내 비축용 석유를 외국법인 등에게 무위험차익거래 조건으로 소비대차하는 경우에는 재화의 공급으로 보지 않음

주3 재화의 과세거래 사례

과세거래로 보는 경우 ➠ VAT 과세됨	과세거래로 보지 않는 경우 ➠ VAT 과세 안 됨
① (상대방이 주식 등의 출자지분을 반납했을 경우) 출자지분의 반납대가로 (내가) 재화를 공급하는 경우 ② 향후 반환조건이 없는 골프장 · 테니스장 등의 입회금 등(단, 향후 반환할 경우에는 부채이므로 과세 안됨) ③ 사업자가 과세사업에 사용 후 매각하는 비영업용 소형승용차*1	① 출자지분을 양도하거나 반납하고 그 대가로 금전을 받는 경우 ② 재고자산의 폐품 · 수재 · 화재 · 도난 · 파손 등 ③ 손해배상금 · 지체상금 · 위약금 등 ④ 협회나 단체가 회원으로부터 받는 협회비 · 찬조비 · 특별회비 등 ⑤ 체선료 : 선주가 하역회사로부터 받는 경우 ⑥ 조출료 : 화주가 선주로부터 받는 경우

*1 비영업용소형승용차는 매입시 매입세액 불공제이나, 실질공급시는 매출세액이 과세됨

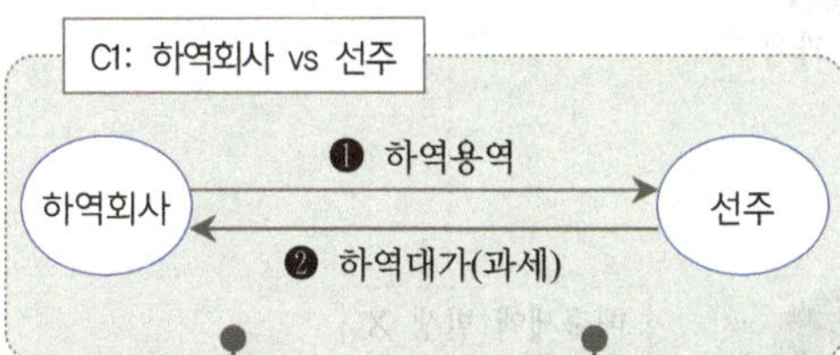

하역회사가 배에 있는 화물을 운송해 준 후 선주로부터 대가를 받는 관계. 이 때 하역회사가 화물을 예정보다 늦게 내려 준 후 (벌금 성격으로) 선주가 하역회사로부터 체선료를 받는 경우가 있는데, 이는 하역대가와 관계가 없으므로 VAT 과세가 안됨

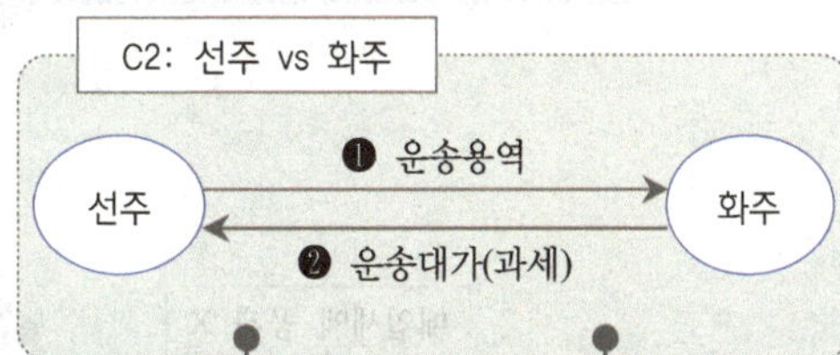

선주(현대상선)가 화주(현대차)의 화물을 운송해 준 후 화주로부터 대가를 받는 관계. 이 때 화주가 화물(자동차)을 부두에 일찍 가져다 놓으면 배가 일찍 출발할 수 있어서 화주가 선주로부터 (보상 성격으로) 조출료를 받는 경우가 있는데, 이는 운송대가와 관계가 없으므로 VAT 과세가 안됨

주4 위탁매매 또는 대리인에 의한 매매

위탁매매 또는 대리인에 의한 매매를 할 때에는 위탁자 또는 본인이 직접 재화를 공급하거나 공급받은 것으로 봄. 다만, 위탁자 또는 본인을 알 수 없는 경우로서 대통령령으로 정하는 경우에는 수탁자 또는 대리인에게 재화를 공급하거나 수탁자 또는 대리인으로부터 재화를 공급받은 것으로 봄

2. 재화공급의 특례(간주공급)

상대방으로부터 대가를 받지 않았어도 10%의 매출세액을 (내가 스스로 만들어서 국가에) 납부하는 제도*1

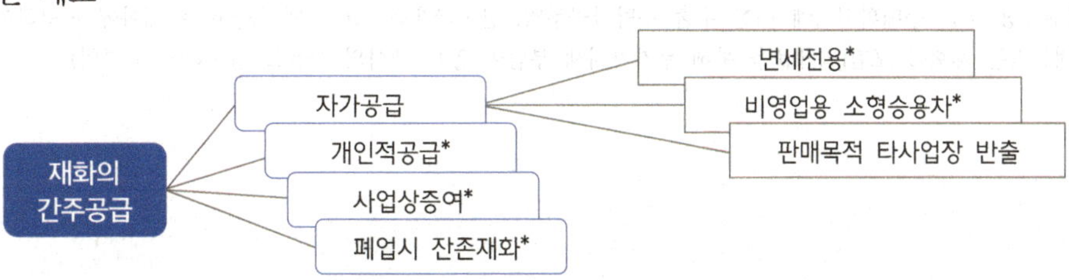

* (당초 매입시) 매입세액불공제분은 간주공급으로 보지 않음

*1 간주공급은 (실질공급과 비교해서) 상대방으로부터 현금 등으로 대가를 받지도 않았음에도 불구하고 10%의 매출세액을 (자기가 스스로 만들어서) 국가에 납부하는 제도임. 간주공급의 취지는, (당초 매입을 했을 때 이미 10%의 매입세액 공제라는 혜택을 받았을 것이므로) 상대방에게 대가를 받고 넘겼든 그냥 공짜로 넘겼든 끝까지 10%의 매출세액을 책임지라는 제도임

(1) 자가공급

1) (과세사업을 위해 생산 · 취득한 재화를) 면세 사업에 전용하는 경우

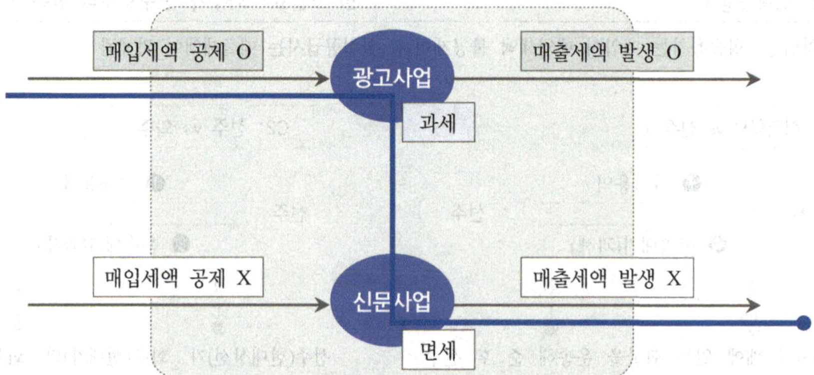

* 광고사업(과세)에 쓰려고 취득했던 잉크를 신문사업(면세)에 전용한다면(즉, 파란색의 흐름), 신문사 입장에서는 매입세액 공제는 이미 받고, 매출세액은 만들어내지 않음 ➠ 과세당국 입장에서 불리한 결과가 도출 ➠ 이 때 과세당국은, 신문사의 광고사업에서 신문사업으로 잉크를 자가공급 했다고 간주하고 이에 대한 10% 매출세액을 (신문사가 스스로 만들어서) 과세당국에 납부시키려는 제도임

구 분	내 용
① 의미	과세사업과 면세사업을 겸영하는 사업자가 과세사업을 위하여 생산 · 취득한 재화*를 면세사업을 위하여 사용 · 소비하는 경우 (자기 자신에게) 재화를 공급하는 것으로 봄
② 사례	a. 광고사업과 신문사업을 겸영하는 사업자가 광고사업에 쓰던 잉크를 신문사업에 전용 b. 전세버스운송업(과세)과 시내버스운송업(면세)을 겸영하는 사업자가 전세버스운송업에서 사용하던 정비기계를 시내버스운송업에 전용
③ 예외	(과거에) 생산 · 취득시 매입세액불공제된 것은 (매입세액공제라는 혜택을 받은 적이 없으므로) 간주공급으로 보지 않음 (단, 사업의 포괄적양수도에 의해 과거에 사업양도자가 매입세액을 공제받은 재화는 간주공급으로 봄)

* 내국신용장 또는 구매확인서에 대한 수출 수탁가공무역, 한국국제협력단 등에 공급하는 재화에 해당하여 영세율을 적용받는 재화를 포함(영세율을 통해 부가가치세 부담이 없는 재화의 사용을 방지하기 위함임)

2) (영업용을) 비영업용 소형승용차* (또는 그 유지를 위한 재화)로 전용하는 경우 주

* 소형승용차를 개별소비세 과세대상 자동차라고도 함

구 분	내 용
① 의 미	사업자가 과세사업(영업용을 의미 예 운수업, 자동차 판매업 등)을 위하여 생산 · 취득한 재화를 비영업용 소형승용차로 사용하거나 그 유지를 위하여 사용하는 경우 (자기 자신에게) 재화를 공급하는 것으로 봄
② 사 례	a. 택시회사(영업용)에서 택시로 쓰려고 매입해 온 K5를 회사 내 업무용으로 사용하는 경우 b. 주유소에서 매입한 석유를 주유소 내 다른 목적으로 사용하는 경우
③ 예 외	(과거에) 생산 · 취득시 매입세액불공제된 것은 (매입세액공제라는 혜택을 받은 적이 없으므로) 간주공급으로 보지 않음 (단, 사업의 포괄적양수도에 의해 과거에 사업양도자가 매입세액을 공제받은 재화는 간주공급으로 봄)

주 차량의 구분

(1) 목적에 따른 구분

1) 영업용 : 돈 내고 타는 차 ➡ 택시회사, 렌터카회사, 운전학원회사 차량 등

2) 업무용(비영업용) : 회사 내부에서 업무를 위해 쓰는 차 ➡ 사장님 업무용 에쿠스, 영업팀 소나타, 칠성사이다 배달 트럭 등

(2) 크기에 따른 구분

1) 소형승용차 ➡ 경차를 제외한 일반적인 승용차라고 생각하면 됨

① 승용자동차 : 정원 8인 이하의 자동차 (배기량이 1,000cc 이하의 것으로 길이가 3.6미터 이하이고 폭이 1.6미터 이하 경차 등은 제외)

② 2륜자동차 (내연기관을 원동기로 하는 것은 총배기량이 125cc를 초과하는 것에 한하며, 내연기관 외의 것을 원동기로 하는 것은 정격출력이 1킬로와트를 초과하는 것에 한함)

③ 캠핑용 자동차 (캠핑용 트레일러 포함)

2) 그 외 : 트럭 등

∴ (택시회사 등의) 영업용 차량은 (당초 매입시부터) 매입세액 공제를 받을 수 있으나, (삼성전자 등의) 비영업용(≒ 업무용) 차량은 ①트럭 등 ➡ 매입세액 공제가 가능하나 ②소형승용차 ➡ 매입세액이 불공제 됨

3) 판매목적 타사업장 반출 주1

구 분	내 용
① 의 미	2 이상의 사업장이 있는 사업자가 자기사업과 관련하여 생산 · 취득한 재화를 타인에게 직접 판매할 목적으로 (자신의) 다른 사업장에 반출하는 경우 (자기 자신에게) 재화를 공급하는 것으로 봄
② 사 례	A사가 부산공장에서 생산한 재화를 판매를 목적으로 (자신의) 타사업장인 서울 직매장에 반출하는 경우
③ 예 외 주2	주사업장 총괄납부사업자와 사업자단위과세사업자가 반출하는 것은 (한쪽은 환급만, 한쪽은 납부만 발생하는 일이 이미 해결됐으므로) 간주공급으로 보지 않음 (단, 주사업장 총괄납부사업자가 굳이 자신의 사업장끼리 세금계산서를 발급하는 경우에는 다시 간주공급으로 봄)

주1 판매목적 타사업장 반출을 간주공급으로 보는 취지

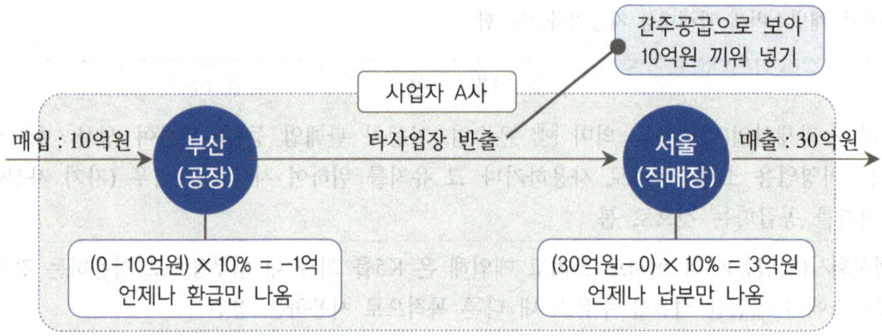

이렇듯 한쪽은 환급만, 한쪽은 납부만 발생하는 일을 막을 수 있는 방법

① 주사업장총괄납부를 신청

② 사업자단위과세제도를 신청

③ 타사업장인 서울 직매장에 반출시 간주공급으로 보고 10억원의 금액을 끼워 넣기

주2 판매목적 타사업장 반출의 요약

구 분	사업자의 구분	간주공급		T/I발급	비 고
(1) 판매목적 타사업장반출*1	1) 일반적인 경우 (사업장단위과세)	O		O	한쪽은 환급만 나오는 현상을 해결하기 위한 방법
	2) 주사업장총괄납부 · 사업자단위과세제도	① 원 칙	X	X	위의 문제가 이미 해결됐음
		② 특례*2	O	O	굳이 T/I를 서로 주고 받았음
(2) 기타목적 타사업장 반출	–	X		X	예 상품 진열목적으로 (자신의) 타사업장으로 반출

*1 이 규정은 판매목적(*not* 기타목적)으로 (자신의) 타사업장에 반출할 때에만 해당되는 규정이므로, 예를 들어 타인의 사업장에 반출하는 경우에는 별도의 언급이 없는 한 정상적인 매출거래임

*2 주사업장총괄납부의 경우에만 해당하는 특례규정임

*3 간주공급 중 자가공급은 위의 1) ~ 3)에만 해당되므로, 다음은 간주공급으로 보지 아니함 ➡ 자기 자신에게서 10%의 매출세액을 창출 및 부담할 필요 없음

① 자신의 다른 사업장에서 원료 · 자재 등으로 사용 · 소비하기 위하여 반출, 또는 불량품 교환 · 광고 선전을 위한 상품진열 등을 위하여 반출하는 경우(*not* 판매목적 타사업장 반출)

② 자기사업상의 기술개발을 위하여 시험용으로 사용 · 소비하는 경우

③ 수선비등에 대체하여 사용 · 소비하는 경우

④ 사후 무료서비스 제공을 위하여 사용 · 소비하는 경우

⑤ 건설업을 영위하는 사업자가 자기의 사업과 관련하여 생산 · 취득한 재화를 자기의 해외건설공사에서 건설용 자재로 사용 · 소비할 목적으로 국외로 반출하는 경우

(2) 개인적 공급

구 분	내 용
1) 의미	사업자가 자기의 사업과 관련하여 생산 · 취득한 재화를 자기나 그 사용인의 개인적 목적 등으로 사용 · 소비하는 경우 재화의 공급으로 봄
2) 사례	(이미 시계 10개 매입시 매입세액 공제라는 혜택을 다 받은) 시계도매상이 시계를 6개만 판 상태에서 남은 4개를 명절을 맞이하여 종업원 등에게 무상으로 주는 경우
3) 예외	① (과거에) 생산 · 취득시 매입세액불공제된 것은 (매입세액공제라는 혜택을 받은 적이 없으므로) 간주공급으로 보지 않음 (단, 사업의 포괄적양수도에 의해 과거에 사업양도자가 매입세액을 공제받은 재화는 간주공급으로 봄) ② 사업장 내에서 작업복 · 작업모 · 작업화 · 직장체육비 · 직장연예비로 소비한 재화 ➡ 임직원 등의 복리후생 향상을 위한 좋은 취지이므로 10% 매출세액 부담 안함 ③ 경조사 등과 관련된 재화로서 다음의 항목별로 각각 사용인 1인당 연간 10만원 이하의 재화를 공급하는 경우 a. 경조사와 관련된 재화 b. 설날 · 추석과 관련된 재화 c. 창립기념일 및 생일 등과 관련된 재화

(3) 사업상증여

구 분	내 용
1) 의미	사업자가 자기의 사업과 관련하여 생산 · 취득한 재화를 자기의 고객이나 불특정다수인에게 증여하는 경우 재화의 공급으로 봄
2) 사례 ㈜	(이미 시계 10개 매입시 매입세액 공제라는 혜택을 다 받은) 시계도매상이 시계를 6개만 판 상태에서 남은 4개를 고객 추첨 등으로 경품 제공하는 경우
3) 예외	(과거에) 생산 · 취득시 매입세액불공제된 것은 (매입세액공제라는 혜택을 받은 적이 없으므로) 간주공급으로 보지 않음 (단, 사업의 포괄적양수도에 의해 과거에 사업양도자가 매입세액을 공제받은 재화는 간주공급으로 봄)

㈜ 사업상증여로 보는 사례

사업상증여로 보는 경우 ➡ VAT 과세됨	사업상증여로 보지 않는 경우 ➡ VAT 과세안 됨
① 판매장려품 : 판매촉진을 위하여 거래상대방의 판매실적에 따라 지급하는 일정률의 물품 ② 경품 : 고객 중 추첨을 통하여 당첨된 자에게 재화를 경품으로 제공하는 경우 ③ 거래처에 접대 목적으로 제품을 증여	① 사업을 위하여 대가를 받지 않고 인도 · 양도하는 견본품(샘플임. 경품과 구분할 것) ② 광고선전용으로 불특정다수인에게 증여하는 재화 ③ 부수재화인 증정품 : 물품 구입 시 고객에게 증정하는 기증품은 부수재화이므로 별도의 과세거래가 아님(예 케익 구매시 증정하는 초는 별도로 과세하지 않음) ④ 특별재난지역에 공급하는 물품

(4) 폐업시 잔존재화

구 분	내 용
1) 의 미	사업자가 사업을 폐업(또는 폐업의제)하는 경우 사업장에 남아 있는 재화는 사업자인 자신이 비사업자인 자신에게 공급한 것으로 봄
2) 사 례	(이미 시계 10개 매입시 매입세액 공제라는 혜택을 다 받은) 시계도매상이 시계를 6개만 판 상태에서 폐업을 하는 경우, 남은 4개에 대해 (나중에라도 중고로 처분을 할 것이므로) 미리 10%의 매출세액을 부담하고 폐업하는 경우
3) 예 외	① (과거에) 생산 · 취득시 매입세액불공제된 것은 (매입세액공제라는 혜택을 받은 적이 없으므로) 간주공급으로 보지 않음 (단, 사업의 포괄적양수도에 의해 과거에 사업양도자가 매입세액을 공제받은 재화는 간주공급으로 봄) ② 사업자가 직매장을 폐지하고 자신의 다른 사업장으로 이전하는 경우 해당 직매장의 재화

참고 폐업시 잔존재화로서 과세하지 아니하는 경우

① 사업자가 사업의 종류를 변경한 경우 변경 전 사업에 대한 잔존재화
② 동일사업장내에서 2 이상의 사업을 겸영하는 사업자가 그 중 일부 사업을 폐지하는 경우 해당 폐지한 사업과 관련된 재고재화
③ 개인사업자 2인이 공동사업을 영위할 목적으로 한 사업자의 사업장을 다른 사업자의 사업장에 통합하여 공동명의로 사업을 영위하는 경우에 통합으로 인하여 폐지된 사업장의 재고재화
④ 폐업일 현재 수입신고(통관)되지 아니한 미도착재화
⑤ 사업자가 직매장을 폐지하고 자기의 다른 사업장으로 이전하는 경우 해당 직매장의 재고재화

매입 당시 매입세액불공제 여부를 따지지 않고 공급으로 보는 경우

① 간주공급 중 판매목적 타사업장 반출(다른 간주공급들과는 취지가 다르므로)
② 실질공급 전부(실질공급은 상대방으로부터 실제로 대가를 받으므로) (예 매입 당시 매입세액 불공제를 받은 비영업용소형승용차를 중고로 판매했을 경우 ➠ 실질공급이므로 재화의 공급임)

재화공급으로 보지 않는 경우 ➠ 매출세액 10%를 부담하지 않음

구 분	내 용
(1) 담 보 제 공 (양도담보)	질권 · 저당권 · 양도담보 등으로 부동산 등을 제공하는 것은 재화공급 X (단, 채무불이행으로 인하여 담보물의 소유권이 이전되면 재화공급 O) (소득세 9장 참고)
(2) 사업의양도	사업장별로 그 사업에 관한 권리와 의무를 포괄적으로 승계시키는 것* 주
(3) 조 세 물 납	사업용 자산을 법률에 따라 상속세 · 증여세 또는 지방세(재산세) · 종합부동산세를 사업용 자산으로 물납하는 경우 (국가로부터 VAT를 징수해야 하므로 실효성 없음)

(4) 기　　타	① 사업자가 위탁가공을 위하여 원자재를 국외의 수탁가공사업자에게 대가 없이 반출하는 경우 (영세율이 적용되는 것은 제외함) ② 한국석유공사가 보세구역 내 비축용 석유를 외국법인 등에게 무위험차익거래 조건으로 소비대차 하는 경우

주 다음은 포괄적 양도 등이 아님에도 불구하고 사업의 포괄적 양도로 봄

① 미수금 또는 미지급금에 관한 것을 제외한 승계

② 해당 사업과 직접 관련이 없는 토지 · 건물 등에 관한 것을 제외한 승계

③ 양수자가 새로운 사업의 종류를 추가하거나 사업의 종류를 변경한 경우

④ 법인세법상 과세이연요건을 갖춘 적격분할

⑤ 조특법상 과세이연요건을 갖춘 자산의 포괄적 양도

* 다만, 사업의 양도에 따라 그 사업을 양수받는 자는 그 대가를 지급하는 때에 그 대가를 받은 자로부터 부가가치세를 징수하여 그 대가를 지급하는 날이 속하는 달의 말일까지 사업장 관할 세무서장에게 납부(대리납부)하는 경우에는 재화의 공급으로 봄

참고 신탁 관련 부가가치세

① 과세대상 신탁자산의 이전: 신탁재산을 수탁자의 명의로 매매할 때에는 위탁자가 직접 재화를 공급하는 것으로 봄. 다만, 다음의 경우에는 수탁자가 재화를 공급한 것으로 봄

가. 위탁자의 채무이행을 담보할 목적으로 대통령령으로 정하는 신탁계약을 체결한 경우로서 수탁자가 그 채무이행을 위하여 신탁재산을 처분하는 경우

나. 수탁자가 도시 및 주거환경정비법 또는 빈집 및 소규모주택 정비에 관한 특례법에 따라 지정개발자로서 재개발사업 · 재건축사업 또는 가로주택정비사업 · 소규모재건축사업을 시행하는 과정에서 신탁재산을 처분하는 경우

② 신탁재산의 소유권 이전 중 재화의 공급이 아닌 것

가. 위탁자로부터 수탁자에게 신탁재산을 이전하는 경우

나. 신탁의 종료로 인하여 수탁자로부터 위탁자에게 신탁재산을 이전하는 경우

다. 수탁자가 변경되어 새로운 수탁자에게 신탁재산을 이전하는 경우

3. 용역의 공급

구 분	내 용
(1) 범　　위	건설업 · 숙박 및 음식점업 · 운수업 · 금융 및 보험업 · 부동산업 및 임대업 등 주1
(2) 실질공급	① 주요 자재를 전혀 부담하지 아니하는 단순가공 ② 산업상 · 상업상 또는 과학상의 지식 · 경험 또는 숙련에 관한 정보의 제공 ③ 재화 · 시설물 또는 권리를 사용하게 하고 그 대가를 받는 경우: 부동산임대업 등 주2
(3) 간주공급	용역에는 자가공급 · 무상공급의 개념이 없으므로 실질공급만 과세대상임. 단, 사업자가 특수관계인에게 사업용 부동산임대용역을 무상으로 공급하는 경우에는 과세거래로 봄

주1 용역의 범위 유의사항

① 건설업은 상대방이 주요 자재의 전부 · 일부를 부담했는지 여부와 관계없이 용역으로 봄

② 부동산매매업은 재화를 공급하는 사업에 포함함

③ 전 · 답 등의 임대는 부동산의 임대임에도 용역의 범위에서 제외 ➠ 부가가치세 과세대상 X

주2 ① 재화 등을 양도 시 ➠ 재화의 공급

② 재화 등을 대여 시 ➠ 용역의 공급

4. 재화의 수입

구 분	내 용
(1) 범 위	다음의 물품을 우리나라에 반입하는 것(보세구역을 거치는 것은 보세구역에서 반입하는 것) ① 외국으로부터 우리나라에 들어온 물품(외국의 선박에 의하여 공해에서 채취되거나 잡힌 수산물을 포함) ② 수출신고가 수리된 물품으로서 선적이 완료되었던 물품이 우리나라에 다시 반입되는 것
(2) 수입이 아 님	① 수출신고가 수리된 물품으로서 선적되지 않았던 물품을 보세구역에서 반입하는 것 ② 외국에서 보세구역으로 재화를 반입하는 것 주

주 보세구역 관련 거래

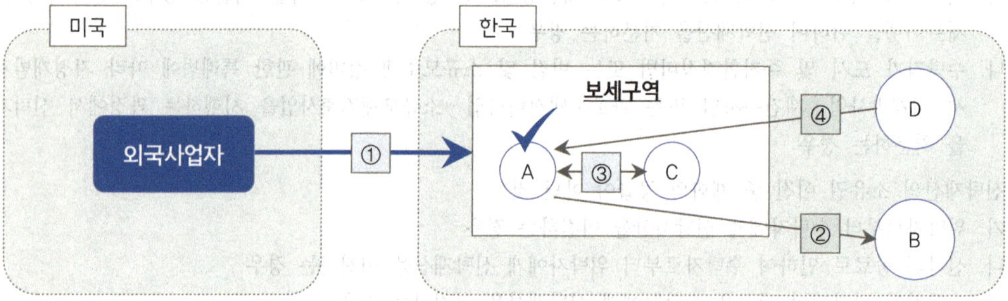

① 외국에서 보세구역으로 재화를 반입하는 것은 재화의 수입이 아님 (보세 : 세금 유보)

② 외국물품을 보세구역에서 보세구역 밖의 국내로 반입하는 것은 재화의 수입임 ➠ 재화를 반입한 자(B)는 세관장에게 수입재화에 대한 부가가치세를 신고 · 납부함

③ 동일한 보세구역 내에서 재화 · 용역을 공급하는 것은 재화 · 용역의 공급임

④ 보세구역 이외의 장소(일반적인 국내의 장소)에서 보세구역으로 재화 · 용역을 공급하는 것은 재화 · 용역의 공급임

5. 부수재화 · 용역

일반적으로 주된 거래 · 사업에 따라 과 · 면세 여부가 결정됨

구 분	내 용	판 정
(1) 대가관계	그 대가가 주된 거래인 재화 · 용역에 통상적으로 포함되는 경우	독립거래가 아니므로 주된 거래를 따름
(2) 공급관계	거래관행 상 주된 거래에 부수하여 공급되는 경우	부수재화 · 용역의 공급을 (굳이) 사업상증여로 보는 것은 아님
(3) 일시적 · 우발적공급	주된 사업과 관련하여 일시적 · 우발적으로 공급되는 경우	① 일시적공급이 면세라면 무조건 면세거래 ② 일시적공급이 과세라면, 나의 사업 자체가 면세일 때만 면세
(4) 부 산 물	주된 사업과 관련하여 주된 재화의 생산 과정이나 용역의 제공 과정에서 필연적으로 생기는 재화	주산물과 동일하게 과세 또는 면세됨

사례

다음의 경우 부수재화 · 용역의 과세 · 면세를 판정하면?

해답

1) 대가관계 : 토익책(면세)을 사면 포함되어 있는 별책부록 L/C CD(과세) ➡ 주된 거래인 토익책이 면세이므로 L/C CD도 면세가 됨

2) 공급관계 : 아이스크림 포장시 (거래 관행상 무상으로 주는) 드라이아이스 ➡ 주된 거래인 아이스크림이 과세이므로 드라이아이스도 과세(이 때, 드라이아이스는 무상이어도 사업상증여로 보는 것은 아니므로 드라이아이스의 과세표준만을 별도로 산정하여 매출세액 부담해야 하는 것은 아님. 케익 구입시 무료로 주는 초도 마찬가지임)

3) 일시적 · 우발적 공급 ?!

① 토지(면세)를 파는 경우 : 토지라는 공급 자체가 면세이므로, 면세사업자인 학교가 팔든, 과세사업자인 삼성전자가 팔든 전부 면세

② 책상(과세)을 파는 경우 : 책상이라는 공급 자체가 과세이므로 ①학교(면세사업자)가 팔면 면세, ②S전자(과세사업자)가 팔면 과세임

4) 부산물 : 참치통조림제조업자(과세사업자)가 통조림제조의 부산물인 참치알(면세)을 파는 경우 ➡ 주된 사업이 과세사업이므로 참치알도 과세가 됨

?! 만약 학교매점에서 빵을 판다면? 빵이라는 공급 자체가 과세이므로, 학교(면세사업자)가 팔면 면세??
➡ 이 경우는 일시적 · 우발적 공급이 아니므로, 당연히 빵은 과세가 됨

2.2 재화 · 용역의 공급시기

거래시기의 판단 원칙

(1) 의미 : 재화나 용역의 공급이 이루어진 시기 ➡ T/I를 발급하는 기준 시점이 됨

(2) 재화의 경우 : ①이동이 필요하면 재화가 인도되는 때 (인도주의, 예 계산기의 경우 문방구에서 골라온 시기) ②이동이 필요치 않으면 이용 가능하게 되는 때 (예 부동산의 공급)

(3) 용역의 경우 : 역무(service)가 제공되거나 재화 등이 사용되는 때 (완성주의 원칙)

1. 재화의 공급시기

구 분	내 용
(1) 현금판매 · 외상판매 · 할부판매	재화가 인도되거나 이용가능하게 되는 때
(2) 상품권의 판매 관련	(상품권의 최초 판매시가 아니라) 향후 현물과 교환되는 시기. 즉, 재화가 실제로 인도되는 때 주1
(3) 장기할부판매 · 중간지급조건부 · 완성도기준지급 · 계속적공급	대가의 각 부분을 받기로 한 때(회수기일도래기준) ➡ 실제로 더 받았어도, 덜 받았어도 회수기일도래기준임 주2
(4) 반환조건부판매 · 동의조건부판매 기타 조건부판매 및 기한부판매의 경우	그 조건이 성취되거나 기한이 경과되어 판매가 확정되는 때
(5) 재화의 공급으로 보는 가공	가공된 재화를 인도하는 때(*not* 완성한 때) 주3
(6) 간주공급 중 자가공급 · 개인적 공급 · 사업상 증여	재화가 사용 · 소비되는 때(판매목적 타사업장 반출은 재화를 반출하는 때, 사업상 증여는 재화를 증여하는 때)
(7) 간주공급 중 폐업시 잔존재화	폐업하는 때
(8) 무인판매기를 이용하여 재화를 공급하는 경우	무인판매기에서 현금을 인취하는 때(*not* 인도주의)
(9) 수출재화 1) 일반적인수출 · 중계무역방식수출 2) 원양어업 및 위탁판매수출 3) 위탁가공무역방식수출 · 외국인도수출 · 위탁가공을 위한 원료의 국외 무상반출 4) 내국신용장에 의한 공급	 수출재화의 선(기)적일 수출재화의 공급가액이 확정되는 때 외국에서 해당 재화가 인도되는 때 인도되는 날(인도주의)
(10) 사업자가 보세구역 내에서 국내에 재화를 공급하는 경우	수입신고수리일
(11) 기타의 경우	재화가 인도되거나 인도가능한 때

주1 상품권 판매 관련

(1) 추석 직전 영업사원이 롯데백화점에서 상품권을 구입 ➠ 과세대상 거래가 아님(T/I 발급 안함)

(2) 추석 이후, 이를 선물 받은 거래처 직원이 롯데백화점에서 상품권을 교환하고 재화를 구입 ➠ 과세대상 거래이자, 이 시기가 재화의 공급시기임

(3) 상품권 판매를 대행하는 업체 ➠ 상품권 판매 후 받는 수수료는 과세대상임

주2 회수기일도래기준이 적용되는 경우

구 분	내 용	사 례
(1) 장기할부판매[*1]	재화를 공급하고 그 대가를 월부 · 연부 기타 부불방법에 따라 받는 것 중 1) 2회 이상 분할하여 대가를 받는 것 2) 재화의 인도일의 다음날부터 최종의 부불금의 지급기일까지 1년 이상인 것	현대차를 2025. 1. 1.에 인도하고 매년 말 100씩 3년 동안 할부로 판매한 경우
(2) 중간지급 조건부[*1]	재화가 인도되기 전에 계약금 이외의 대가를 분할하여 지급하는 경우로서 계약금을 받기로 한 날의 다음 날부터 재화를 인도하는 날 또는 재화를 이용가능하게 하는 날까지의 기간이 6개월 이상인 경우 & 계약금 이외의 대가를 분할하여 수령(계약금 포함 3회 이상 수령)	2025.1.1.에 계약금 100을 지급하고 5.1.과 9.1에 각각 100을 지급한 후 건물을 인도한 경우
(3) 완성도 기준지급[*2]	재화의 공급에 장기간이 소요되는 경우 그 재화의 완성비율(진행률)에 따라 대가를 받는 조건으로 공급하는 것(선박건조 등)	현대중공업이 선박건조하면서 상대방으로부터 계약시 10, 50% 진행시 55, 인도일에 35를 받기로 한 경우
(4) 계속적 공급	전기 · 도시가스와 같이 공급단위를 나눌 수 없는 재화를 계속적으로 공급하는 경우	한전이 전기를 공급하고 다음달 20일에 청구를 하는 경우

*1 장기할부판매와 중간지급조건부의 비교

구 분	장기할부판매	중간지급조건부
(1) 재화의 위치	재화를 먼저 인도(대가는 향후에)	재화를 나중에 인도(그 전에 대가부터)
(2) 기간 및 횟수	1년 이상 2회 이상 분할	6개월 이상, 계약금 포함 3회
(3) 공급시기	회수기일도래기준	

*2 완성도 기준지급 시 기업회계 및 부가가치세법과의 차이
기업회계의 경우 완성도기준지급 시 진행률을 적용하나, 부가가치세법에서는 회수기일도래기준을 적용하므로, 둘 사이에 차이가 발생함
(예 위의 사례에서 50% 진행시 55를 수령하면 부가가치세법에서는 총 65를 수익으로 인식한 것이나, 기업회계에서의 진행률로는 50이 수익으로 인식됨)

*3 수출재화는 장기할부판매, 중간지급조건부 공급이어도 선적일이 공급시기임. 단, 내국신용장에 의하여 공급하는 재화는 인도하는 때가 공급시기임

주3 재화의 공급으로 보는 하청업체(즉, 하청업체가 주요 자재를 부담한 경우)가 옷의 가공을 올해 12.31.에 완성했으나, ZARA에 내년 1.2.에 납품(인도)한 경우 ➠ 올해 2기(7.1.~12.31.)가 아닌 내년 1기(1.1.~6.30.)가 공급시기이므로 이때의 과세표준이 됨

2. 용역의 공급시기

<table>
<tr><th>구 분</th><th colspan="2">내 용</th></tr>
<tr><td>(1) 통상적인 공급</td><td colspan="2">역무의 제공이 완료되는 때(완성주의)</td></tr>
<tr><td>(2) 장기할부 · 완성도기준지급 · 중간지급조건부 · 공급단위를 구획할 수 계속적 공급 주1</td><td colspan="2">대가의 각 부분을 받기로 한 때</td></tr>
<tr><td>(3) 일정용역 주3 을 둘 이상 과세기간 동안 계속적으로 제공 & 대가를 선불로 수령</td><td>대가를 월수 주2 로 안분계산 ➡</td><td rowspan="4">예정신고 또는 과세기간 종료일</td></tr>
<tr><td>(4) 선불 · 후불의 부동산임대용역 임대료</td><td>대가를 월수 주2 로 안분계산 ➡</td></tr>
<tr><td>(5) BOT방식으로 건설한 시설을 일정기간 동안 운영하는 경우</td><td>대가를 월수 주2 로 안분계산 ➡</td></tr>
<tr><td>(6) 간주임대료</td><td>–</td></tr>
<tr><td>(7) 폐업 전에 공급한 용역의 공급시기가 폐업일 이후에 도래하는 경우</td><td colspan="2">폐업일</td></tr>
<tr><td>(8) 위 이외의 경우</td><td colspan="2">역무의 제공이 완료되고 그 공급가액이 확정되는 때</td></tr>
</table>

주1 계속적 공급

일정기간 동안 계속적으로 컴퓨터 유지보수용역 · 경비용역 등을 제공할 경우, 그 기간에 관계없이 (즉, 장기할부처럼 1년 요건을 따지지 않음) 대가의 각 부분을 받기로 한 때가 공급시기임

주2 이 때 첫 달이 1개월 미만이어도 첫 달부터 계산함 ➡ 초월산입 · 말월불산입

주3 일정한 용역

① 스포츠센터(수영장, 헬스클럽장 등)를 운영하는 사업자가 연회비를 미리 받고 회원에게 시설을 이용하게 하는 경우

② 사업자가 다른 사업자와 상표권 사용계약을 할 때 사용대가 전액을 일시불로 받고 상표권을 사용하게 하는 것

③ 노인복지시설(유료인 경우에만 해당)을 설치 · 운영하는 사업자가 그 시설을 분양받은 자로부터 입주 후 수영장 · 헬스클럽장 등을 이용하는 대가를 입주 전에 미리 받고 시설 내 수영장, 헬스클럽장 등을 이용하게 하는 것

④ 그 밖에 위와 유사한 용역

사례

*1 용역의 공급으로 보는 가공 : 용역의 공급으로 보는 하청업체(즉, 하청업체가 주요 자재를 부담 안한 경우)가 옷의 가공을 올해 12.31.에 완성했으나, ZARA에 내년 1.2.에 납품(인도)한 경우 ➡ 인도일인 내년 1기(1.1.~6.30.)가 아닌 가공의 완료일(완성주의)인 올해 2기(7.1.~12.31.)가 공급시기이므로 이때의 과세표준이 됨

*2 컴퓨터유지보수 업체인 피씨닥터 119가 A업체에게 올해 3.15.부터 9개월간 컴퓨터 유지 보수용역을 공급하고 매월 말 100씩 받기로 한 경우 ➡ 1기 확정신고기간의 과세표준은 100 × 3개월(4 ~ 6월) = 300

*3 헬스클럽에 2.10.에 1년간 연회원으로 가입한 한세무 씨에 납부한 연회비 1,200의 경우 ➡ 1기 예정신고기간의 과세표준은 1,200/12개월 × 2개월(2 ~ 3월) = 200 ➡ 공급시기는 3.31.임(*not* 2 · 3월 각각)

*4 부동산임대기간을 올해 2.10.부터 12개월로 하고, 올해 2.10에 120을 선수한 경우 ➡ 1기 확정신고기간의 과세표준은 1,200/12개월 × 3개월(4 ~ 6월) = 300 ➡ 공급시기는 6.30.임(*not* 4 · 5 · 6월 각각)

*5 BOT(Built-Operate-Transfer)방식 : 사회기반시설의 준공 후 일정기간 동안 사업시행자에게 해당 시설의 소유권이 인정되며, 그 기간이 만료되면 시설소유권이 발주자인 국가 또는 지방자치단체에 귀속되는 방식

3. 세금계산서 발급과 공급시기

구 분	내 용
(1) 원 칙	재화 · 용역의 공급시기에 발급함(예 9.19.에 재화를 인도 ➡ 9.19.에 T/I 발급)
(2) 선발급(공급시기 이전, 8.19.에 미리 T/I 발급)	원칙적으로 불인정이나(즉, 인도일인 9.19.가 다시 공급시기가 됨) 4가지 특례 주 에 해당하면 선발급일인 8.19.가 공급시기로 바뀜
(3) 후발급(공급시기 이후, 10.19.에 늦게 T/I 발급)	원칙적으로 불인정이나(즉, 인도일인 9.19.가 다시 공급시기가 됨) 공급한 과세기간의 확정신고기한까지 발급받으면 매입자는 매입세액공제 가능(단, 가산세 있음)

주 선발급이 인정되는 공급시기 특례 4가지

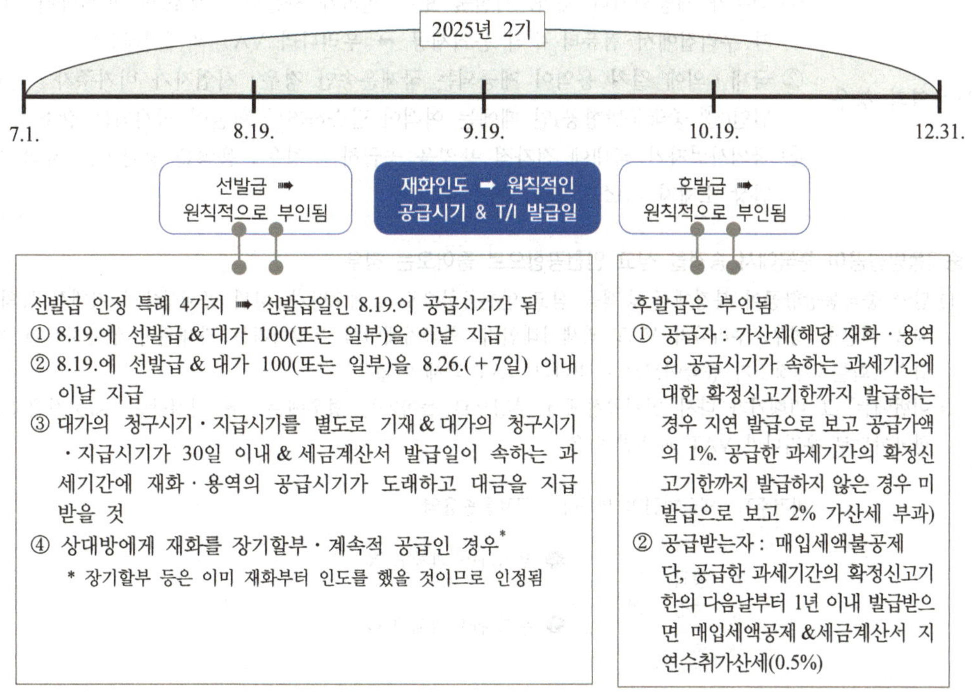

① 사업자가 공급시기 도래 전에 재화 · 용역 대가의 전부나 일부를 받고 이와 동시에 받은 대가에 대하여 세금계산서를 발급하는 경우

② 사업자가 공급시기 전에 세금계산서를 발급하고 세금계산서 발급일로부터 7일 이내에 대가를 지급받은 경우

③ 계약서 · 약정서 등의 대금청구시기와 지급시기가 별로도 적힌 경우로서 공급받은 자가 대금청구시기에 세금계산서를 발급받고, 대금청구시기와 지급시기 사이에 기간이 30일이 이내인 때
④ 재화 · 용역의 공급시기가 세금계산서 발급일이 속하는 과세기간(공급받은자가 조기환급을 받은 경우 세금계산서 발급일부터 30일 이내)에 도래하는 경우
⑤ 재화 · 용역의 장기할부와 계속적 공급의 경우

2.3 부가가치세 거래장소

구 분	내 용
(1) 의 미	재화 · 용역이 공급되는 장소로서 ①이 장소가 국내이면 우리나라의 VAT 과세권이 있고 ②이 장소가 국외이면 우리나라의 VAT 과세권이 없음(예 비욘세가 미국에서 하는 공연에 대해서 우리나라 국세청이 VAT를 과세할 리 없음)
(2) 재화의 경우	① 재화의 이동이 필요한 경우 : 재화의 이동이 시작되는 장소(계산기의 경우 문방구 ➠ 우리나라 VAT 과세거래임) ② 재화의 이동이 불필요한 경우 : 공급시기에 재화가 소재하는 장소(건물의 경우 건물이 소재하는 장소 ➠ 우리나라 VAT 과세거래임)
(3) 용역의 경우	① 역무가 제공되거나 재화. 시설물 또는 권리가 사용되는 장소(예 피씨닥터 119가 우리집에서 컴퓨터 수리 용역제공 ➠ 우리나라 VAT 과세거래임) ② 국내 · 외에 걸쳐 용역이 제공되는 국제운송인 경우 : 사업자가 비거주자 · 외국법인(예 중국동방항공)인 때에는 여객이 탑승하거나 화물이 적재되는 장소 주 ③ 국외사업자가 국내에 전자적 용역을 공급하는 경우 : 용역을 공급받는 자의 사업상 소재지, 주소지 또는 거소지

주 중국동방항공이 중국에서 승객을 싣고 인천공항으로 들어오는 경우

1) 만약 중국동방항공이 북경에서 승객을 싣고 인천공항으로 들어오다가, 하필 공해상에서 기내식 등의 용역을 제공할 경우, 우리나라 VAT 과세거래인지, 외국거래여서 우리나라는 과세권이 없는지? ➠ 여객탑승 · 화물적재장소가 중국이므로 우리나라 VAT 과세권 없음
2) 이번에는 그 비행기가 다시 인천공항에서 북경으로 돌아가는 경우에는? ➠ 여객탑승 · 화물적재장소가 한국이므로 우리나라 VAT 과세권 있음

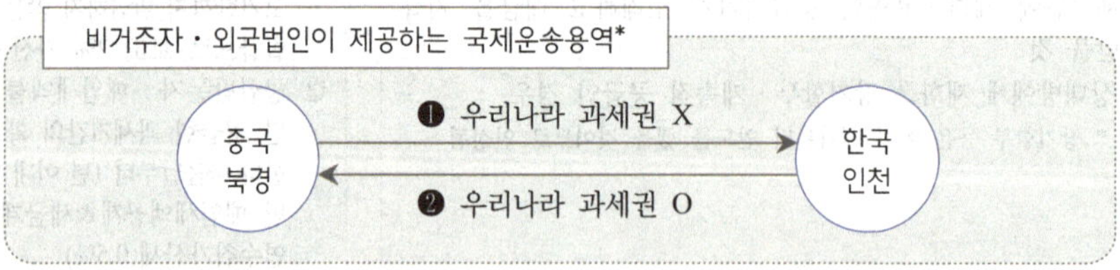

* 만약 이 비행기가 거주자 · 내국법인(예 대한항공 · 아시아나항공)이 제공하는 국제운송용역인 경우에는 우리나라 과세권이 있는 국내 거래임에 유의할 것 (다만, 국제선은 영세율 적용됨)

연습문제

01 부가가치세법상 과세대상 거래에 관한 설명으로 옳지 않은 것은? CTA 2016

① 사업자가 취득한 재화(매입세액공제 받음)를 사업과 직접적인 관계없이 자기의 개인적인 목적으로 사용 · 소비하는 경우에는 재화의 공급으로 본다.

② 사업자가 취득한 재화를 견본품으로서 사업을 위하여 대가를 받지 아니하고 다른 사업자에게 인도하는 경우, 당해 견본품의 인도는 재화의 공급으로 보지 아니한다.

③ 사업자가 폐업할 때 자기생산 · 취득재화(매입세액공제 받음) 중 남아 있는 재화는 자기에게 공급하는 것으로 본다.

④ 위탁매매에 의한 매매를 하는 해당 거래의 특성상 위탁자를 알 수 없는 경우에는 수탁자에게 재화를 공급하거나 수탁자로부터 재화를 공급받은 것으로 본다.

⑤ 사업용 자산을 상속세 및 증여세법에 따라 물납(物納)하는 것은 재화의 공급으로 본다.

02 다음 경우 중 부가가치세 과세대상이 아닌 것은? CPA 2016

① 유류판매업을 운영하는 사업자가 매입세액이 공제된 판매용 휘발유를 영업활동을 위해 사용하는 개별소비세 과세대상 소형승용자동차에 주유한 경우

② 운전학원업을 운영하는 사업자가 매입세액이 공제되었으며 개별소비세 과세대상인 운전교습용 소형승용자동차를 임직원의 업무출장용으로 전용한 경우

③ 컴퓨터판매업을 운영하는 사업자가 폐업할 때, 자기의 과세사업과 관련하여 취득하였고 매입세액이 공제된 상품이 남아 있는 경우

④ 부동산임대업을 운영하는 사업자가 사용인에게 대가를 받지 아니하고 사업용 부동산의 일부에 대하여 임대용역을 제공하는 경우

⑤ 기계제조업을 운영하는 사업자가 대가를 받지 아니하고 상대방으로부터 인도받은 재화를 자재 부담 없이 단순히 가공만 해주는 경우

03 재화의 공급에 관한 설명으로 옳지 않은 것은? CTA 2014

① 사업자가 폐업할 때 자기생산 · 취득재화(매입세액 공제받음) 중 남아 있는 재화는 자기에게 공급하는 것으로 본다.

② 사업자가 사업을 위하여 대가를 받지 아니하고 다른 사업자에게 인도하는 견본품은 재화의 공급으로 보지 아니한다.

③ 사업자가 자기의 과세사업과 관련하여 취득한 재화로서 매입세액이 공제된 재화를 자기의 면세사업을 위하여 직접 사용하는 것은 재화의 공급으로 본다.

④ 사업장이 둘인 사업자가 사업자 단위 과세사업자로 적용을 받는 과세기간에 자기의 사업과 관련하여 취득한 재화를 판매할 목적으로 자기의 다른 사업장으로 반출하는 경우에는 재화의 공급으로 본다.

⑤ 운수업을 경영하는 사업자가 자기의 과세사업과 관련하여 취득한 재화(매입세액 공제받음) 중 배기량 2천씨씨를 초과하는 승용자동차를 운수업에 직접 영업으로 사용하지 않고 개인적 용도로 사용하는 경우에는 재화의 공급으로 본다.

04 부가가치세법상 부가가치세가 과세되는 경우는 모두 몇 개인가? CTA 2020

가. 사업자가 자기생산 · 취득재화를 고객에게 증여하는 경우로서 자기적립마일리지 등으로만 전부를 결제받고 공급하는 경우

나. 도시 및 주거환경정비법 등에 따른 수용절차에서 수용대상 재화의 소유자가 수용된 재화에 대한 대가를 받는 경우

다. 사업자가 자기생산 · 취득재화를 경조사와 관련된 재화로서 사용인 1명당 연간 10만원 이하의 재화를 제공하는 경우

라. 사업자가 자기의 과세사업과 관련하여 취득한 재화(내국신용장에 의해 공급받아 영세율을 적용받음)를 자기의 면세사업을 위하여 직접 사용하는 경우

마. 사업자가 자기생산 · 취득재화를 매입세액이 불공제되는 개별소비세법 제1조 제2항 제3호에 따른 자동차로 사용 · 소비하거나 그 자동차의 유지를 위하여 사용 · 소비하는 경우

① 1개 ② 2개 ③ 3개
④ 4개 ⑤ 5개

05 부가가치세법상 재화와 용역의 공급에 관한 설명이다. 옳지 않은 것은? CPA 2012

① 사업자가 자기의 사업과 관련하여 취득한 재화를 자기의 과세사업과 관련한 수선비 등에 대체하여 사용하거나 소비하는 경우에는 재화의 공급으로 보지 않는다.

② 건설업을 영위하는 사업자가 건설자재의 일부 또는 전부를 부담하고 용역을 공급한 경우 사업자가 부담한 건설자재는 용역의 공급으로 본다.

③ 사업자가 위탁가공을 위하여 원자재를 국외의 수탁가공사업자에게 대가없이 반출하는 경우(영세율 적용되는 것은 제외함)에는 재화의 공급으로 보지 않는다.

④ 사업자가 자기의 고객 중 추첨을 통하여 당첨된 자에게 자기가 취득한 재화(해당 경품 구입에 대한 매입세액이 불공제되는 경우는 제외)를 경품으로 제공하는 경우에는 과세되는 재화의 공급으로 본다.

⑤ 사업자가 자기의 사업과 관련하여 거래처에 경영컨설팅 용역을 무상으로 제공하는 경우에는 과세되는 용역의 공급으로 본다.

06 부가가치세법상 재화와 용역의 공급에 관한 설명이다. 옳은 것은? CPA 2015

① 재화의 인도대가로 다른 용역을 제공받는 교환계약에 따라 재화를 인도하는 것은 재화의 공급으로 보지 않는다.

② 사업자가 과학상의 지식 · 경험 또는 숙련에 관한 정보를 제공하는 것은 용역의 공급으로 본다.

③ 건설업의 경우 건설업자가 건설자재의 전부를 부담하는 경우 재화의 공급으로 본다.

④ 사업자가 저작권을 양도하는 것은 용역의 공급으로 본다.

⑤ 민사집행법에 따른 경매로 재화를 인도하는 것은 재화의 공급으로 본다.

07 부가가치세법상 재화 또는 용역의 공급시기에 관한 설명이다. 옳은 것은? CPA 2014

① 상품권을 현금으로 판매하고 그 후 상품권이 현물과 교환되는 경우에는 상품권이 판매되는 때를 재화의 공급시기로 한다.

② 재화의 공급으로 보는 가공의 경우에는 재화의 가공이 완료된 때를 재화의 공급시기로 한다.

③ 사업자가 재화 또는 용역의 공급시기가 되기 전에 세금계산서를 발급하고 그 세금계산서 발급일부터 7일 이내에 대가를 받으면 해당 대가를 받은 때를 재화 또는 용역의 공급시기로 본다.

④ 사업자가 보세구역 안에서 보세구역 밖의 국내에 재화를 공급하는 경우가 재화의 수입에 해당할 때에는 수입신고 수리일을 재화의 공급시기로 본다.

⑤ 재화를 위탁판매수출하는 경우에는 외국에서 해당 재화가 인도되는 때를 재화의 공급시기로 본다.

08 부가가치세법상 공급시기에 관한 설명으로 옳지 않은 것은? CPA 2017

① 반환조건부 판매, 동의조건부 판매, 그 밖의 조건부 판매 및 기한부 판매의 경우에는 그 조건이 성취되거나 기한이 지나 판매가 확정되는 때를 공급시기로 본다.

② 현금판매의 경우 재화가 인도되거나 이용가능하게 되는 때를 공급시기로 본다.

③ 무인판매기를 이용하여 재화를 공급하는 경우 해당 사업자가 무인판매기에서 현금을 꺼내는 때를 재화의 공급시기로 본다.

④ 기획재정부령이 정하는 장기할부판매의 경우에는 대가의 각 부분을 받기로 한 때를 공급시기로 본다.

⑤ 재화의 수입시기는 당해 재화가 보세창고에 입고된 때로 한다.

09 부가가치세법상 공급시기에 관한 설명이다. 옳지 않은 것은? CPA 2020

① 사업자가 재화의 공급시기가 되기 전에 세금계산서를 발급하고, 그 세금계산서 발급일부터 7일 이내에 대가를 받으면 해당 대가를 받은 때를 재화의 공급시기로 본다.

② 사업자가 재화의 공급시기가 되기 전에 재화에 대한 대가의 전부 또는 일부를 받고, 그 받은 대가에 대하여 세금계산서를 발급하면 그 세금계산서를 발급하는 때를 그 재화의 공급시기로 본다.

③ 사업자가 폐업 전에 공급한 재화의 공급시기가 폐업일 이후에 도래하는 경우에는 그 폐업일을 공급시기로 본다.

④ 사업자가 장기할부판매로 재화를 공급하는 경우 공급시기가 되기 전에 세금계산서를 발급하면 그 발급한 때를 그 재화의 공급시기로 본다.

⑤ 재화의 공급으로 보는 가공의 경우 가공된 재화를 인도하는 때를 공급시기로 본다.

10 다음 자료를 이용하여 과세사업자 ㈜A의 2025년 제1기 예정신고기간(2025.1.1. ~ 2025.3.31.)의 부가가치세 과세표준을 계산한 것으로 옳은 것은? 단, 아래에 제시된 금액들은 부가가치세를 포함하지 아니한 것이다. CPA 2016

(1) 1월 30일: 상품을 10,000,000원에 판매하였는데, 그 대금은 1월 말일부터 매월 말일에 1,000,000원씩 10회 받기로 하였다.
(2) 2월 10일: 제품을 10,000,000원에 주문생산판매하기로 하였는데 그 대금은 ① 계약시 10%, ② 30% 완성시 40%, ③ 70% 완성시 30%, ④ 인도시 20%를 받기로 하였다. 3월 말일 현재 생산의 완성도는 30%이다.
(3) 2월 20일: 사업용 부동산을 10,000,000원(건물가액 7,000,000원, 토지가액 3,000,000원)에 양도하기로 계약하였다. 대금은 2월 20일에 1,000,000원, 4월 20일에 4,000,000원, 6월 20일에 5,000,000원을 받기로 하였으며, 부동산은 6월 20일에 양도하기로 했다.
(4) 3월 10일: 상품을 1,000,000원에 판매하기로 계약하고 계약금 200,000원을 수령하였으며, 수령한 대가에 대하여 세금계산서를 발급하였다. 상품은 4월 10일에 인도되었다.

① 14,900,000원　② 15,200,000원　③ 15,900,000원
④ 16,000,000원　⑤ 18,200,000원

11 과세사업을 영위하는 일반과세자 ㈜A(제조업)의 공급에 대한 다음 자료에서 2025년 제2기 과세기간(2025.7.1. ~ 12.31.) 공급가액의 합계는 얼마인가? (단, 주어진 자료 이외에는 고려하지 않음) CTA 2018

> (1) 2026.1.31.에 인도 예정인 재화(공급가액 1,000,000원)에 대한 대가를 2025.12.30.에 모두 받고, 그 받은 대가에 대한 세금계산서를 즉시 발급하였다.
>
> (2) 2025.9.1.에 할부판매 조건으로 재화를 인도하고, 공급가액 1,000,000원은 10월 말부터 2개월마다 4번에 걸쳐 받기로 하였다.
>
> (3) 2025.5.1.에 인도를 완료한 재화의 공급에 대하여 그 대가의 지급이 지체되었음을 이유로 2025.10.31.에 연체이자 1,000,000원을 수취하였다.
>
> (4) 2025.12.1.에 상품권 1,000,000원을 현금판매하였고, 그 후 당해 상품권은 2026.1.10.에 현물과 교환되었다.

① 0원 ② 1,000,000원 ③ 2,000,000원

④ 3,000,000원 ⑤ 4,000,000원

정답 및 해설

01 정답 ⑤

사업용 자산을 상속세 및 증여세법에 따라 물납하는 것은 재화의 공급으로 보지 아니한다.

02 정답 ⑤

이 경우에는 용역의 무상공급에 해당하므로 과세대상거래가 아니다.

03 정답 ④

주사업장총괄납부 또는 사업자단위과세제도를 적용받는 과세기간에 자기의 다른 사업장에 반출하는 경우에는 재화의 공급으로 보지 아니한다.

04 정답 ②

라. 사업자가 자기의 과세사업과 관련하여 취득한 재화(내국신용장에 의해 공급받아 영세율을 적용받음)를 자기의 면세사업을 위하여 직접 사용하는 경우는 면세사업의 전용에 해당하여 재화의 공급으로 과세된다.

마. 사업자가 자기생산·취득재화를 매입세액이 불공제되는 개별소비세법 제1조 제2항 제3호에 따른 자동차로 사용·소비하거나 그 자동차의 유지를 위하여 사용·소비하는 경우는 재화의 공급으로 과세된다.

05 정답 ⑤

용역의 무상공급은 일반적으로 부가가치세를 과세하지 않는다(특수관계인 사업용 부동산 무상임대용역은 과세됨).

06 정답 ②

① 교환계약에 따라 재화를 인도하는 것은 재화의 공급으로 본다.

③ 건설업의 경우에는 건설자재의 전부 또는 일부의 부담 여부와 관계없이 용역의 공급이다.

④ 재화의 범위에 해당하는 권리는 광업권, 특허권, 저작권 등 재산적 가치가 있는 모든 것으로 한다.

⑤ 민사집행법에 따른 경매로 재화를 인도하는 것은 재화의 공급에 해당하지 않는다.

07 정답 ④

① 상품권의 판매: 재화가 실제로 인도되는 때

② 재화의 공급으로 보는 가공: 가공된 재화를 인도하는 때

③ 공급시기 전 세금계산서를 발급하고 그 세금계산서 발급일부터 7일 이내 대가를 받는 경우: 세금계산서를 발급한 때

⑤ 재화의 위탁판매수출: 수출재화의 공급가액이 확정되는 때

08 정답 ⑤

재화의 수입시기는 수입신고가 수리된 때로 한다.

09 정답 ①

사업자가 재화의 공급시기가 되기 전에 세금계산서를 발급하고, 그 세금계산서 발급일부터 7일 이내에 대가를 받으면 세금계산서를 발급한 때를 재화의 공급시기로 본다.

10 정답 ②

구 분	금 액	비 고
단기할부판매	10,000,000	
완성도기준지급조건부	5,000,000	10,000,000 × (40% + 10%)
부동산일괄공급	0	계약금을 받기로 한 날의 다음날부터 재화를 인도하는 날 또는 이용가능하게 하는 날 까지의 기간이 6개월 이상이 아니므로 중간지급조건부 공급에 해당하지 않음. 이 경우 공급시기는 양도일(6월 20일)임
선발급특례	200,000	
부가가치세 과세표준	15,200,000	

11 정답 ③

1,000,000(선발급특례) + 1,000,000(단기할부) = 2,000,000

* 연체이자는 공급가액에 포함하지 아니함. 상품권 판매의 공급시기는 실제 재화가 인도되는 때임

제3장 영세율과 면세

3.1 영세율

1. 수출재화

직수출 외에도 외화획득이 가능하면 영세율이 되는 경우가 있음

구 분	내 용
(1) 직수출 · 대행위탁 수출	1) 직수출 : 생산업자가 직접 수출(무상반출도 수출임. 단, 견본품은 아예 VAT 상거래가 아니므로 제외함) 2) 대행위탁수출 : 생산업자가 수출업자(무역회사)에게 위탁 ➠ 수출업자 명의로 수출하는 경우 ① (수출품)생산업자 : 영세율 ② 수출업자 : (수출품)생산업자로부터 수령하는 수출대행수수료는 (국내거래이므로) 10% 세율
(2) 중계무역 방식 등 주1	1) 중계무역수출 : 수출목적으로 물품 등을 수입하여 국내 반입 없이 바로 해외에서 인도하는 수출 2) 위탁판매수출 : 물품을 무환으로 수출 후 물품의 판매범위 안에서 대금을 결제하는 형태의 수출 3) 외국인도수출 : 국내에서 통관되지 않은 수출물품 등을 외국에서 인도하는 수출 4) 위탁가공수출 : 가공임금 등을 지급조건으로 외국에서 가공할 원료를 거래상대방에게 수출하거나 외국에서 조달하여 가공한 후 가공물품을 외국으로 인도하는 수출 5) 국외의 수탁가공 사업자에게 원료를 대가없이 반출하여 가공한 재화를 양도하는 경우에 그 원료의 반출을 포함함 6) 수입신고가 수리되기 전의 물품으로서 보세구역에 보관하는 물품을 외국으로 반출하는 것
(3) 내국신용장 수출 주2	• 내국신용장(구매확인서)에 의하여 공급하는 재화(금지금 제외) • 재화 공급 후 내국신용장이 개설된 경우에도 공급시기가 속하는 과세기간 종료 후 25일 이내(7.25. 또는 내년 1.25.)에 개설된 경우에는 영세율이 적용함 ➠ 26일째부터는 10% 과세거래임

(3) 내국신용장 수 출 주2	• 외국으로 반출되지 아니하는 재화의 공급과 관련하여 개설된 내국신용장(주한미국군 군납계약서 등)에 의한 재화 또는 용역의 공급은 영세율이 적용되지 아니함 • 수탁자가 자기명의로 내국신용장을 개설 받아 위탁자의 재화를 공급하는 경우, 위탁자가 영세율을 적용 받음
(4) 기 타	1) 수탁가공 무역에 사용할 재화 주3 2) 사업자가 한국국제협력단(KOICA) · 한국국제보건의료재단 및 대한적십자사에 공급하는 재화(해당 재화를 외국에 무상으로 반출하는 경우에 한함. 해외무상원조를 지원하기 위해서임)

주1 중계무역방식 등 사례

(1) 중계무역방식 : 일본의 주문을 받아서, 인도네시아의 원목을 바로 일본으로 수출하는 한국회사
(2) 위탁판매수출 : 국순당이 백세주를 미국 유통업체에게 위탁한 후, 미국 유통업자의 판매액 내에서 대가수령
(3) 외국인도수출 : 중동에서 다리건설 후 덤프트럭 등을 외국에 그대로 두고(판매하고) 오는 경우
(4) 위탁가공무역 : 해외 OEM처럼 중국에서 옷을 가공하도록 원단 등을 수출하고, 중국에서 만든 옷을 외국에서 판매

주2 내국신용장 거래구조

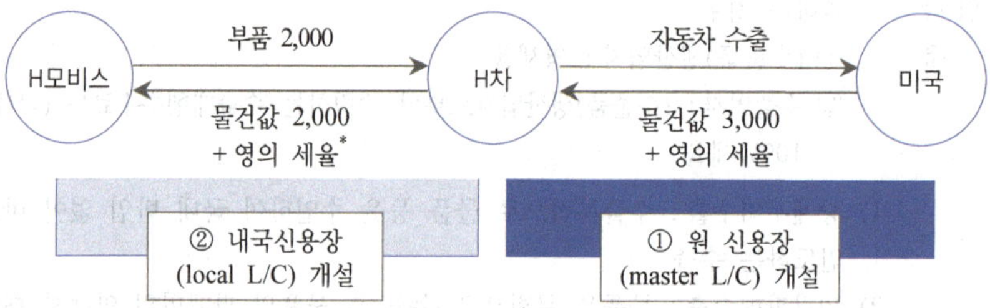

* H자동차가 수출시 영세율 적용받으면, H모비스로부터 징수 당한 매입세액 200을 환급 받게 됨 ➠ 어차피 향후 환급받을 것이므로, H모비스가 H자동차에게 자동차 부품을 공급할 때에도 내국신용장을 발행하여 영세율을 적용함

주3 수탁가공무역에 사용할 재화의 공급이 영세율을 적용받기 위한 요건

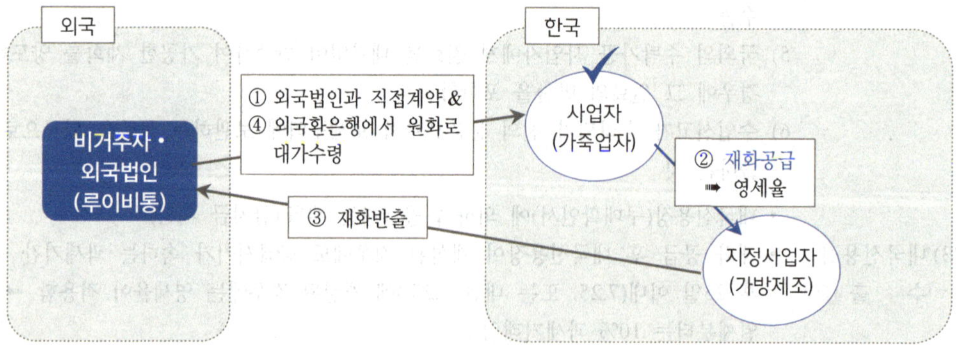

(1) 국외의 비거주자 또는 외국법인과 직접 계약에 의하여 공급
(2) 국외의 비거주자 또는 외국법인 등이 지정하는 국내의 다른 사업자에게 인도

(3) 국내의 다른 사업자가 비거주자 또는 외국법인 등과의 계약에 의해 인도 받은 재화를 그대로 반출하거나 제조가공 후 반출

(4) 대금을 외국환은행에서 원화로 받을 것

2. 국외제공용역 및 외국항행용역

구 분	내 용
(1) 국외에서 제공하는 용역	(국외에서 제공되는 용역은 국외거래이므로 우리나라 VAT의 과세권이 없는 것이 원칙이나) 용역제공은 속인주의에 따라, 납세지인 사업장이 국내일 경우 영세율이 적용됨*
(2) 선박 · 항공기의 외국항행용역	선박 또는 항공기에 의하여 여객이나 화물을 ①국내에서 국외로, ②국외에서 국내로, ③국외에서 국외로 수송하는 것과 그 부수재화 · 용역(국내에서 국내는 10% 과세임)

* (우리나라에 사업장이 있는 법인 · 개인사업자의 경우) 용역제공장소가 국외이더라도 우리나라 영세율 거래가 됨. 이 때, 거래상대방(한국인 · 외국인여부)이나 대금결제방법(외화 · 한화) 여부와 무관하게 영세율을 적용함

사례

다음과 같이 흔다이건설(국내에 본점 소재)이 부동산임대용역과 건설용역을 제공 중일 때,

- case1 : 흔다이건설이 인도에서 부동산임대용역을 제공 중임 ➠ 부동산임대용역은 부동산의 소재지가 납세지이므로, 흔다이건설의 납세지는 인도가 됨 ➠ 우리나라 VAT와 무관
- case2 : 흔다이건설이 인도에서 다리를 건설중인 현대건설로부터 다리건설을 하도급 받음 ➠ 건설업은 법인의 등기상 소재지가 납세지이므로 우리나라 VAT 거래임 ➠ 상대방이 내국법인인 현대건설이라 하더라도 용역의 경우에는 용역제공장소가 국외이면 영세율 거래임

참고 외국항행용역에 포함되는 거래

1. 외국항행사업자가 자기의 사업에 부수하여 공급하는 재화 또는 용역으로서 다음의 것을 포함함
   ① 다른 외국항행사업자가 운용하는 선박 또는 항공기의 탑승권을 판매하거나 화물운송계약을 체결하는 것
   ② 외국을 항행하는 선박 또는 항공기내에서 승객에게 공급하는 것
   ③ 자기의 승객만이 전용하는 버스를 탑승하게 하는 것
   ④ 자기의 승객만이 전용하는 호텔에 투숙하게 하는 것
2. 기타
   ① 운송주선업자가 국제복합운송계약에 의하여 화주(貨主)로부터 화물을 인수하고 자기책임과 계산으로 타인의 선박 또는 항공기 등의 운송수단을 이용하여 화물을 운송하고 화주로부터 운임을 받는 국제운송용역
   ② 「항공법」에 따른 상업서류송달용역

3. 기타

구 분	내 용
(1) 대사관 등에 공급	국내에 주재하는 외국정부기관 · 국제기구 · 국제연합군 · 미국군에게 공급하는 재화나 용역 (원화로 대가를 수령하는 경우도 포함)
(2) 수출재화 임가공용역*1 주1	임가공업자가 ①(내국신용장 업자처럼) 내국신용장을 개설하여 수출업자에 임가공 용역을 제공하면 ➡ 영세율 당연 적용 ②(내국신용장을 개설하지 못했어도) 수출업자와 직접 도급계약을 체결하여 수출업자에게 임가공 용역을 제공해도 ➡ 영세율 적용 주2 (단, 수출업자가 아닌 내국신용장업자와 직접 도급계약을 체결한 경우에는 일반 국내거래로 보아 10% 과세함)
(3) 국내에서 비거주자 · 외국법인에게 공급하는 일정한 재화 · 용역*2	1) 일정한 업종 등 요건 ① 재화의 경우 : 비거주자 · 외국법인이 지정하는 국내사업자에게 인도하는 재화로서 해당 사업자의 과세사업에 사용되어야 함 ② 용역의 경우 : 사업서비스업 · 무형재산권임대업 등 기타용역 (부동산임대업은 해당되지 않음. 즉, 영세율이 아닌 10% 과세)*3 2) 원화수령 요건 ① 비거주자 등의 국내사업장이 없는 경우 : 외국환은행에서 원화로 수령해야 함 ② 비거주자 등의 국내사업장이 있는 경우 : 국외의 비거주자등과 직접계약 & 대금을 해당 비거주자 등으로부터 외국환은행을 통하여 원화로 수령해야 함
(4) 그 외에 국내거래이나 영세율 적용하는 경우	① 외국인전용 판매장을 영위하는 자가 국내에서 공급하는 재화 · 용역으로서 그 대가를 외화로 받고 그 외화를 외국환은행에서 원화로 환전하는 것 ② 국내에 상주하는 외교공관 · 영사기관(명예영사관원을 장으로 하는 영사관 제외). 국제연합과 이에 준하는 국제기구(우리나라가 당사국인 조약과 그 밖의 국내법령에 따라 특권과 면제를 부여받을 수 있는 경우만 해당)의 소속 직원으로서 해당 국가로부터 공무원 신분을 부여받은 자 또는 외교통상부장관으로부터 이에 준하는 신분임을 확인받은 자 중 내국인이 아닌 자가 지정사업장에서 외교관 면세카드를 제시하여 공급받는 법 소정 재화 · 용역(단, 외교관 면세판매기록표에 의하여 외교관 등과의 거래임이 표시되는 것으로서 상호 면세되는 경우에 한한다)

*1 (하청업체 입장에서) 재료비의 부담이 전혀 없이 용역만을 공급하는 경우를 의미함

*2 국내에 있는 비거주자 · 외국법인에게 재화 · 용역을 공급하면 외화획득을 할 가능성이 있으나, 그렇다고 무조건 영세율이 적용되는 것이 아니라, 일정 요건을 만족하는 재화 · 용역에 대해서만 영세율 적용 가능

*3 예 한세무 씨가 비거주자(외국인)에 3개월간 상가를 임대해주고 대가를 외화로 받는 경우 ➡ 이 경우에는 외화를 획득했어도, 부동산임대업은 업종요건을 충족하지 못하는 용역이므로 이는 우리나라 일반 과세로 봄 ➡ 10% 세율로 과세

㈜1 임가공용역의 거래구조

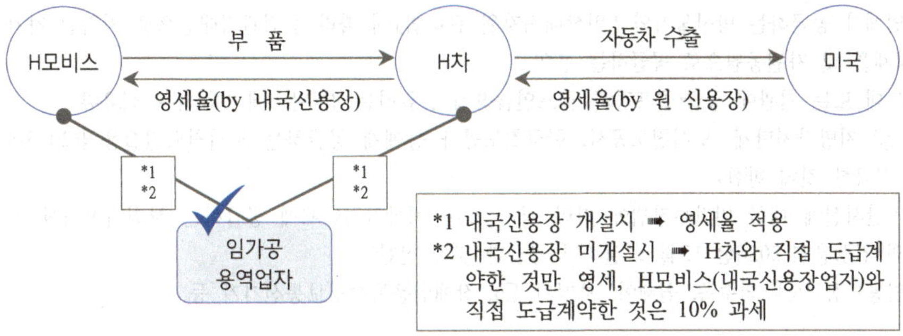

㈜2 ① 임가공사업자가 자신이 임가공했는지 여부과 상관없이 영세율 적용함
② (굳이) 부가가치세를 별도로 적은 세금계산서를 발급하는 경우 ➡ 다시 10% 과세임

참고 기타용역의 범위

① 전문 · 과학 및 기술서비스업(수의업 등 제외), 의료기관이 제공하는 임상시험용역 ② 임대업 중 무형재산권 임대업 ③ 통신업 ④ 컨테이너수리업, 보세구역의 보관 및 창고업, 해운대리점업 및 해운중개업 ⑤ 출판 · 영상 · 방송통신 및 정보서비스업 중 뉴스제공업 · 영상 · 오디오 기록물 제작 및 배급업(영화관 · 비디오물감상실 운영업은 제외), 소프트웨어개발업, 컴퓨터프로그래밍, 시스템통합관리업, 자료처리, 호스팅, 포털 및 기타 인터넷 정보매개서비스업, 기타 정보서비스업 ⑥ 상품중개업 · 전자상거래 소매중개업 ⑦ 사업시설관리 및 사업지원서비스업(조경관리 및 유지서비스업, 여행사 및 기타 여행보조 서비스업은 제외) ⑧ 교육서비스업(교육지원서비스업만 해당) ⑨ 보건업(임상시험용역을 공급하는 경우로 한정) ⑩ 관세법에 따른 보세운송업자가 제공하는 보세운송용역 ⑪ 투자자문업

영세율 적용 시 T/I 발급여부

구 분	내 용
(1) 일반적인 경우	T/I 발급하지 않음
(2) T/I 발급하는 경우	다음 거래들은 성격 상 국내거래의 성격이 강하므로 T/I 발급함 ① 내국신용장(구매확인서)에 의해 공급하는 재화 ② 수출업자와 직접 도급계약에 의한 임가공용역 ③ 한국국제협력단 등에 공급하는 재화 ④ 국외제공용역 ➡ 용역을 제공받는 자(현대건설)가 국내사업장이 있는 내국인 · 국내사업자 · 비거주자 · 외국법인인 경우

참고 영세율 첨부서류*

• 영세율이 적용되는 경우에는 예정 · 확정신고시 영세율임을 증명하는 서류를 제출해야 함
• 영세율 첨부서류를 제출하지 않은 경우에도 영세율 대상임이 확인만 된다면 영세율을 적용하나 영세율과세표준 과소신고(무신고)가산세가 적용됨

* ① 수출하는 재화 : 수출실적명세서 · 수출계약서사본 또는 외화입금증명서
② 국외제공용역 : 외화입금증명서 또는 국외제공 용역계약서
③ 선박 · 항공기의 외국항행용역 : 외화입금증명서 · 공급가액확정명세서 등

참고 조세특례제한법에 의한 영세율 적용대상거래

① 방산업체가 공급하는 방산물자와 「비상대비자원 관리법」에 따라 중점관리대상으로 지정된 자가 생산공급하는 시제품 및 자원동원으로 공급하는 용역
② 국군부대 또는 기관에 공급(골프장과 골프연습장에 공급하는 경우는 제외함)하는 석유류
③ 국가 및 지방자치단체, 도시철도공사, 한국철도공사 등에게 공급하는 도시철도건설용역(2026년 12월 31일까지 공급한 것에 한함)
④ 사회기반시설에 대한 민간투자법에 따라 국가 또는 지방자치단체에 공급하는 사회기반시설 또는 사회기반시설의 건설용역(2026년 12월 31일까지 공급한 것에 한함)
⑤ 장애인용보장구(예 의수족, 휠체어, 보청기 등), 장애인용특수정보통신기기 등

3.2 면세

1. 면세대상

구 분	내 용
(1) 기초생활필수 재화용역	① 미가공식료품(국산과 외국산을 포함) 주1. 단순가공식품의 경우에는 판매시설 및 독립적 관입·병입시 과세 주2 ② 우리나라에서 생산된 비식용 농산물·축산물·수산물과 임산물 주3 ③ 수돗물(생수는 과세)·연탄과 무연탄 ④ 여성용 생리처리 위생용품 ⑤ 여객운송용역 다만, 항공기·우등고속버스·고급고속버스·전세버스·택시·특수자동차·특종선박·고속철도·관광사업목적의 일반철도(철도사업자가 국토교통부 장관에게 신고한 여객운임·요금을 초과해서 용역의 대가를 받을 경우로 한다)에 의한 여객운송용역·자동차 대여사업은 과세 ⑥ 주택과 부수토지의 임대용역 주4 ⑦ 주택 공급 중 국민주택공급 및 건설용역 주6
(2) 국민후생관련 재화·용역	① 의료보건용역(일부 미용목적은 과세, 수의사용역은 일반적으로 과세)과 혈액(동물의 혈액 포함. 약사의 조제는 면세, 의약품판매는 과세) 주5 ② 정부의 허가·인가 또는 주무관청에 등록 또는 신고된 교육용역, 어린이집과 청소년 수련시설, 산학협력단, 사회적 기업, 사회적 협동조합(자동차 운전면허학원, 무도학원 등은 과세) ③ 우표(수집용 우표는 과세)·인지·증지·복권과 공중전화 ④ 법 소정 제조담배 중 판매가격 200원(20개비 기준) 이하 등

(3) 문화관련 재화·용역	① 도서·도서대여용역 ② 신문(인터넷신문 포함)·잡지·관보 및 뉴스통신(방송 및 광고는 과세) ③ 예술창작품(골동품 과세)·예술행사·문화행사(비영리 목적)·아마추어 운동경기 ④ 도서관·과학관·박물관·미술관·동물원 또는 식물원에의 입장
(4) 부가가치의 구성요소 (생산요소)	① 저술가·작곡가 등의 직업상 제공하는 인적용역 ② 토지의 공급 (토지의 임대 및 토·사·석의 매매는 과세됨. 단, 농민의 일시적 토·사·석 판매는 납세의무 없음) 주6 ③ 금융·보험용역 주7
(5) 기타	① 국가·지방자치단체·지방자치단체조합이 공급하는 재화·용역 주8 ② 국가·지방자치단체·지방자치단체조합·일정공익단체에 무상으로 공급하는 재화·용역 ③ 종교·자선·학술·구호 그 밖의 공익을 목적으로 하는 단체가 공급하는 재화·용역 ④ 재화의 수입 시 특정 면세대상 재화 ⑤ 공동주택 어린이집의 임대용역 ⑥ 영구 임대주택에 공급하는 난방용역 ⑦ 기타 법정요소를 충족한 재화·용역

주1 미가공식료품(국내·수입 불문)

(1) 농산물·축산물·수산물·임산물·소금으로서 ①전혀 가공되지 아니하였거나 ②원생산물의 본래의 성질이 변하지 아니하는 정도의 1차 가공을 거친 것 ➠ 맛소금·설탕 과세

(2) 1차 가공 : 탈곡·정미·정맥·제분·정육·건조·냉동·염장·포장 등(열을 가하지 않은 경우)

(3) 다음의 경우도 면세임

① 농산물 등의 1차 가공 과정에서 발생한 부산물

② 미가공 식료품을 단순히 혼합한 것

③ 기능성 쌀(쌀에 식품첨가물을 첨가. 코팅 하거나 버섯균 등을 배양시킨 것)

주2 단순가공식품

(1) 의미 : 데친 채소류·김치·단무지·장아찌·젓갈류·게장·두부·메주·간장·된장·고추장 등 단순히 가공한 식품

(2) 면세여부 : 열을 가했으므로 원칙적으로 과세이어야 하나, 재래시장·자취생 우대 등을 위해 면세로 봄

(3) 관입 등 과세 : 단순가공식품을 제조시설을 갖추고 판매목적으로 독립된 거래단위로 관입·병입 등으로 판매시 과세(종갓집 김치 과세) ➠ 다만 일시적 운반편의를 위한 관입 등은 면세(시장 반찬가게에서 비닐에 담아준 김치는 면세)

주3 비식용 농산물·축산물·수산물과 임산물

갯지렁이·금붕어·목재 등 먹을 수 없는 농산물·축산물·수산물과 임산물은 국내산만 면세임 ➠ 수입 애완견은 과세

주4 주택과 부수토지의 임대용역

(1) 면세대상 : ①주택 ②이에 부수되는 토지로서 주택의 연 면적이 정착된 면적의 5배(도시지역 외 : 10배) 중 넓은 면적을 초과하지 않는 경우

(2) 겸용주택의 임대

구 분	건 물	부수토지
1) 주택면적 〉 상 가 면 적	전부 주택에 해당 ➠ 면세	전부 주택부수토지에 해당 ➠ 면세 단, 건물 정착면적의 5배(10배)를 넘으면 ➠ 초과분 과세
2) 주택면적 ≤ 상 가 면 적	①주택 : 주택면적 ➠ 면세 ②상가 : 상가면적 ➠ 과세	① 주택부수토지 : Min[a, b] ➠ 면세 a. 토지면적 × $\frac{\text{주택면적}}{\text{건물면적}}$ b. 주택정착면적*1 × 5배(10배)*2 ② 상가부수토지 : 전체토지면적 − 주택부수토지 ➠ 과세

*1 2층 이상의 건물 : 건물정착면적 × $\frac{\text{주택면적}}{\text{건물면적}}$

*2 2층 이상의 건물 : 주택정착면적의 5배(10배)보다 주택연면적이 넓으면 주택연면적을 채택

주5 면세하는 의료보건 용역의 범위

① 의료법에 따른 의사, 치과의사, 한의사, 조산사 또는 간호사가 제공하는 용역. 다만, 국민건강보험법에 따라 요양급여의 대상에서 제외되는 다음의 진료용역은 과세

- 쌍꺼풀수술, 코성형수술, 유방확대 · 축소술(유방암 수술에 따른 유방 재건술은 제외), 지방흡인술, 주름살제거술, 안면윤곽술, 치아성형(치아미백, 라미네이트와 잇몸성형술을 말함) 등 성형수술(성형수술로 인한 후유증 치료, 선천성 기형의 재건수술과 종양 제거에 따른 재건수술은 제외)과 악안면 교정술(치아교정치료가 선행되는 악안면 교정술은 제외)
- 색소모반 · 주근깨 · 흑색점 · 기미 치료술, 여드름 치료술, 제모술, 탈모치료술, 모발이식술, 문신술 및 문신제거술, 피어싱, 지방융해술, 피부재생술, 피부미백술, 항노화치료술 및 모공축소술

② 약사법에 따른 약사가 제공하는 의약품의 조제용역

③ 수의사법에 따른 수의사가 제공하는 용역. 다만, 가축, 수산동물, 장애인보조견, 기초생활수급자가 기르는 동물 등에 한정

④ 장의업자가 제공하는 장의용역

주6 토지 · 건물의 임대 vs 공급

구 분		임 대	공 급
1) 건 물	① 국민주택*1 이하	면 세	면 세
	② 국 민 주 택 초 과		과 세
	③ 상 가	과 세	과 세
2) 토 지		과 세*2	면 세

*1 전용면적 85m^2 이하를 의미함

*2 단, 주택부수토지는 면세. 논 · 밭 · 과수원 · 목장용지 · 임야 · 염전의 임대는 과세제외

주7 금융 · 보험용역

(1) 은행업 · 증권업 · 보험업 등의 법에 열거된 용역은 면세

단, 다음의 용역은 면세대상인 금융 · 보험용역으로 보지 않으므로 과세됨

① 복권, 입장권, 상품권, 지금형주화 또는 금지금에 관한 대행용역. 다만, 수익증권 등 금융업자의 금융상품 판매대행용역, 유가증권의 명의개서 대행용역, 수납 · 지급 대행용역 및 국가 · 지방자치단체의 금고대행용역은 제외

② 기업합병 또는 기업매수의 중개 · 주선 · 대리, 신용정보서비스 및 은행업에 관련된 전산시스템과 소프트웨어의 판매 · 대여 용역

③ 부동산 임대용역

④ 감가상각자산의 대여용역(시설대여업자가 제공하는 시설대여용역은 제외하되, 그 시설대여자동차를 대여하고 정비용역을 함께 제공하는 경우는 과세함)

(2) 금융 · 보험업을 영위하지 아니하는 경우 : 금융 · 보험업을 영위하지 아니하는 사업자가 주된 사업에 부수하여 금융 보험용역과 동일 · 유사한 용역을 제공하는 경우에도 면세함

주8 국가 등이 공급하는 재화 · 용역

국가 등이 공급하는 재화 · 용역은 면세가 원칙이나 우체국택배, KTX, 부동산임대업*, 주차장운영업, 우정사업본부의 우편주문 판매대행 용역 등은 과세형평 상 면세가 아님

* 단, 국방부 또는 국군이 군인, 군무원 그 밖에 이들의 배우자 · 직계존비속에게 제공하는 부동산 임대업, 소매업은 제외함)

사례

다음의 경우 과세 및 면세의 판단 및 그 이유는?

내 용	과 · 면	이 유
(1) 러시아산 동태	면세	(1) ①
(2) 맥반석오징어	과세	열을 가함 ➠ 가공으로 봄
(3) 제조시설을 갖추고 병에 담아 판매하는 우유	면세	(1) ① (관입 등은 단순가공식품일 때만 과세임)
(4) 바나나우유	과세	바나나우유는 가공유(가공식품)임
(5) 수입한 애완용 고양이	과세	(1) ②는 국산만 면세임
(6) 약사가 판매하는 박카스	과세	약사의 조제용역이 아님
(7) 전기	과세	재화 중 무체물로 과세됨
(8) 공인회계사 자문용역	과세	인적용역이나, 부가가치세 구성요소인 인적용역은 아님*1
(9) 택시	과세	(1) ⑤에 해당하지 않음
(10) 토지의 임대용역	과세	토지공급과 달리 토지임대는 과세임
(11) 국민주택규모를 초과하는 주택의 공급	과세	'주5' 참고
(12) 봉황대기 고교야구 입장권	면세	(3) ③
(13) 동네 책 대여점의 대여용역	면세	(3) ①
(14) 운전면허학원 · 무도학원	과세	인허가 여부와 무관하게 과세임
(15) 수의사의 애완견 진료용역	과세	수의사의 가축진료 용역 등만 면세임*2
(16) 과세제조업자가 제조업에 부수하는 금융용역을 제공	면세	'주6'의 (2)
(17) 3층 건물(층별 $30m^2$) 중 한 층을 주택으로 임대	과/면	별도 해설 참고*3

*1 인적용역 중 전문직(공인회계사 · 세무사 · 변호사 · 변리사 · 법무사 등)에 대한 규정

구 분	내 용
1) 부가가치세법	① VAT 과세임(단, 국선변호 · 법률구조 등은 면세) ② 간이과세 배제업종임 ➠ 일반과세자임 ③ 영수증의 발급이 원칙 ➠ 단, 상대방이 사업자인 경우 T/I 발급 (예 S회계법인이 S전자에 감사용역 제공 시, VAT 과세 & T/I 발급함)
2) 법 인 세 법	① 법인의 형태일 경우 법인세법상 과세대상임 ② 단, 동업기업과세특례 적용 시(예 회계법인 · 세무법인 등) 동업자에게 과세
3) 소 득 세 법	① 개인일 경우 간편장부대상자 및 단순경비율 대상자가 아님 ② 원천징수대상 사업소득이 아님 (➠ 소득세 3장 참고)

*2 수의사가 제공하는 용역 중 면세용역

① (애완견 등이 아닌) 가축(소 · 돼지 등)에 대한 진료용역
② 수산동물에 대한 진료용역
③ 장애인보조견에 대한 진료용역
④ 국민기초생활법에 의한 수급자가 기르는 동물 진료용역 등

*3 도시지역 3층 건물 90m²(상가는 1, 2층 각각 30m², 주택은 3층 30m²)와 부수토지 300m²을 임대한 경우

구 분	주택분 ➠ 면세	상가분 ➠ 과세
1) 건 물	30	60
2) 토 지	주택부수토지 : Min[a, b] = **50** a. $300 \times \frac{30}{90}$ = **100**, b. ~~30~~ 10* × 5배 = ~~150~~ **50**	300 − 50 = 250

* 주택정착면적 : $\text{건물정착면적} \times \frac{\text{주택면적}}{\text{건물면적}} = 30 \times \frac{30}{90} = 10$
(즉, 바닥면적 중 주택이 차지하는 비율을 산정함)

참 고 조세특례제한법상 주요 면세대상

① 국민주택 및 국민주택의 건설용역(리모델링 용역 포함)
② 정부업무대행단체가 그 고유목적사업으로서 공급하는 일정한 재화·용역
③ 영유아용 기저귀와 분유, 액상형 분유
④ 온실가스배출권과 외부사업 온실가스 감축량 및 상쇄배출권
⑤ 사회기반시설에 대한 민간투자법에 따른 사업시행자가 부가가치세가 면제되는 사업을 할 목적으로 국가 또는 지방자치단체에 공급하는 사회기반시설 또는 사회기반시설의 건설용역

2. 면세포기제도

구 분	내 용
(1) 의 미	누적효과를 제거하거나 영세율을 적용하기 위해서 면세를 포기할 수 있음
(2) 면세 포기대상	① 영세율 적용대상인 재화 · 용역(예 면세인 쌀을 수출하는 경우) ② 공익단체 중 학술연구단체와 기술연구단체가 공급하는 재화 또는 용역 주
(3) 포기의 범위	① 면세되는 2 이상의 사업 · 종목을 영위하는 사업자는 포기하고자 하는 재화 · 용역의 공급을 구분하여 면세를 포기 가능함 ② 영세율 적용대상만을 면세포기한 경우에는 국내에 공급하는 재화 · 용역에는 면세포기의 효력이 없음(예 수출재화를 면세포기한 경우, 일부 재화는 수출하고 일부 재화는 국내에 공급 ➡ 국내공급분은 면세)
(4) 절차규정	① 면세포기신고를 하고 지체 없이 사업자등록을 해야 함(승인 X) ② 면세포기 신고기한에는 별도 규정이 없으므로 면세포기를 하고자 하는 자는 언제든지 면세포기 신고 가능함 ③ 면세의 재적용 제한 : 면세포기신고를 한 사업자는 신고한 날부터 3년간은 부가가치세의 면제를 받지 못함 ④ 포기신고를 한 날부터 3년이 지난 뒤 다시 면세를 적용 받으려면 면세적용신고서와 발급받은 사업자등록증을 제출해야 함. 만약 면세적용신고서를 제출하지 않으면 계속 면세 포기로 봄

주 면세는 주로 최종소비자들의 VAT를 경감하기 위한 제도이므로, 최종소비자를 대상으로 하지 않는 학술연구단체 등이 면세포기 가능함

참고 누적효과와 환수효과

① 누적효과 : 전단계세액공제법의 부가가치세에서 중간단계에 면세하고 그 다음 단계에서 과세하면 거래단계 전체에서 창출된 부가가치에 세율을 곱한 금액보다 더 많은 부가가치세가 국고로 납입되는 현상

② 환수효과 : 중간단계에 영세율이나 면세를 적용하고 그 다음 단계에서 과세하면 영세율이나 면세로 징수하지 못한 부가가치세가 그 다음 단계에서 징수되는 현상

➡ 누적효과 · 환수효과를 막기 위해 ①면세포기제도 ②의제매입세액공제제도(재활용폐자원 등 매입세액공제제도) ③간이과세포기제도 등이 있음

3.3 영세율과 면세의 비교

영세율과 면세의 개념

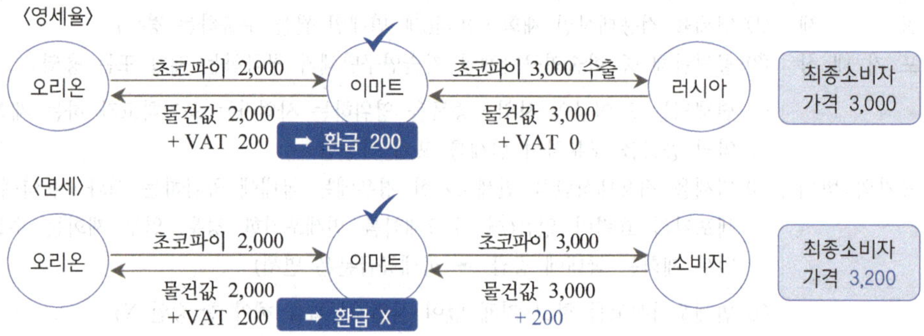

영세율과 면세의 비교

구 분	영세율	면 세
(1) 취 지	소비지국 과세원칙의 구현	부가가치세의 역진성 주 완화
(2) 적용대상	수출하는 재화 등 특정 거래	기초생활 필수품 등 일정 재화 · 용역
(3) 매입세액 환 급	매입세액 전액 환급	매입세액 환급 X ➡ 재화의 공급가액에 포함시킴 ➡ 최종소비자에게 전가됨
(4) 면세의 정 도	완전면세제도(영세율 적용단계 및 그 전 단계의 부가가치 전체에 대하여 면제)	부분면세제도(면세 적용단계에서 창출되는 부가가치에 대해서만 면제)
(5) 과표 및 매출세액	과세표준에는 포함되지만 영의 세율이 적용되므로 실제 매출세액은 없음	과세표준에 포함되지 않고, 거래징수할 매출세액도 없음
(6) 제반의무	부가가치세법상 사업자로서의 의무 있음	부가가치세법상 의무 없음(단, 매입처별 세금계산서합계표 제출의무 · 대리납부의무는 있음)
(7) 사업자여부	부가가치세법상 사업자임	부가가치세법상 사업자 아님

주1 역진성

- 법인세 · 소득세는 과세표준에 따른 세율이 다양하므로 소득이 높은 사람이 더 많은 세부담을 함(예 소득세의 경우 과세표준 1,200만원까지는 6%, 5억원 이상은 (초과액의) 42%)
- 이에 비해 부가가치세는 단일세율(10%)이다보니, 소득이 높든 낮든 재화 · 용역의 소비에 똑같이 10%의 VAT를 부담해야 하는 역진성이 있음 ➡ 이를 해소하기 위하여 생필품 등이라도 VAT를 면제하도록 함

주2 영세율 적용대상자

① 과세사업자(간이과세자 포함) : 영세율 적용
② 면세사업자 : 영세율적용 불가능. 단, 면세포기시에 가능
③ 거주자 또는 내국법인 : 영세율 적용
④ 비거주자 또는 외국법인 : 상호면세주의에 따라 영세율 적용 가능

연습문제

01 부가가치세법상 재화의 수출에 포함되지 않는 것은? CTA 2020

① 내국신용장 또는 구매확인서에 의하여 금지금(金地金)을 공급하는 것
② 원료를 대가 없이 국외의 수탁가공 사업자에게 반출하여 가공한 재화를 양도하는 경우에 그 원료의 반출
③ 수출대금은 국내에서 영수(領收)하지만 국내에서 통관되지 아니한 수출물품 등을 외국으로 인도하거나 제공하는 수출
④ 관세법에 따른 수입신고 수리 전의 물품으로서 보세구역에 보관하는 물품의 외국으로의 반출
⑤ 물품 등을 무환(無換)으로 수출하여 해당 물품이 판매된 범위에서 대금을 결제하는 계약에 의한 수출

02 다음 중 부가가치세법상 영세율 적용 대상에 해당하는 것은? CPA 2012

① 수출물품의 원자재는 2024.12.20에 공급되었으나, 그에 대한 내국신용장이 2025.1.27에 개설된 경우
② 국내사업장만 있는 사업자가 가공임을 지급하는 조건으로 베트남 현지 가공업자에게 원재료를 반출하여 가공시킨 후 가공물품을 현지에서 중국에 인도하는 경우
③ 신제품의 해외시장 확대를 위하여 신제품의 견본품 1,500개(시가 @10,000원)를 해외거래처에 무상 반출한 경우
④ 수출업자가 국내에서 수출품생산업자와의 계약에 따라 수출을 대행하고 수출대행수수료를 받는 경우
⑤ 사업자가 국내사업장이 있는 외국법인으로부터 국내 건설용역을 수주하여 공급하고 그 대가를 외국법인의 본점으로부터 받는 경우

03 영세율에 관한 설명으로 옳지 않은 것은? CTA 2014

① 사업자가 법령으로 정한 내국신용장 또는 구매확인서에 의하여 재화[금지금(金地金)은 제외]를 공급하는 경우 영세율을 적용한다.

② 사업자가 법령으로 정한 중계무역 방식으로 수출하는 경우 국내 사업장에서 계약과 대가 수령 등 거래가 이루어지는 것은 영세율을 적용한다.

③ 외국법인의 국내사업장이 있는 경우에 사업자가 국내에서 국외의 외국법인과 직접 계약하여 교육지원서비스업에 해당하는 용역을 공급하고 그 대금을 해당 외국법인으로부터 외국환은행에서 원화로 받는 경우에는 영세율을 적용한다.

④ 영세율을 적용할 때 사업자가 비거주자 또는 외국법인이면 그 해당 국가에서 대한민국의 소득세법상 거주자 또는 법인세법상 내국법인에 대하여 동일하게 면세하는 경우에만 영세율을 적용한다.

⑤ 영세율이 적용되는 재화나 용역을 공급하는 사업자는 사업자등록, 세금계산서발급, 신고 · 납부 등의 의무사항을 이행하지 않아도 되고, 그 의무를 이행하지 않더라도 가산세 등 불이익처분을 받지 않는다.

04 부가가치세 영세율에 관한 설명이다. 옳지 않은 것은? CPA 2020

① 사업자가 부가가치세를 별도로 적은 세금계산서를 발급하여 수출업자와 직접도급계약에 의한 수출재화 임가공용역을 제공한 경우 영세율을 적용한다.

② 간이과세자는 과세사업자에 해당하므로 영세율을 적용받을 수 있다.

③ 외국항행사업자가 자기의 사업에 부수하여 자기의 승객만이 전용하는 호텔에 투숙하게 하는 용역을 제공하는 것은 영세율 적용대상이다.

④ 사업자가 지방자치단체에 직접 공급하는 도시철도건설용역(면세에 해당하는 경우 제외)은 영세율 적용대상이다.

⑤ 영세율을 적용할 때 사업자가 비거주자 또는 외국법인이면 그 해당 국가에서 대한민국의 거주자 또는 내국법인에 대하여 동일하게 면세하는 경우에만 영세율을 적용한다.

05 부가가치세법 상 영세율에 관한 설명으로 옳지 않은 것은? CTA 2019

① 관세법에 따른 수입신고 수리 전의 물품으로서 보세구역에 보관하는 물품을 외국으로 반출할 경우(국내 사업장에서 계약과 대가 수령 등 거래가 이루어짐) 영세율 적용이 된다.

② 수출용 완제품을 공급한 후라도 내국신용장이 그 공급시기가 속하는 과세기간이 끝난 후 25일 이내에 개설된 경우에는 영세율이 적용된다.

③ 국내사업장을 둔 사업자가 해외에서 도로건설 용역을 제공하는 경우 외화로 대금을 수령할 경우에만 영세율을 적용받는다.

④ 선박 또는 항공기에 의한 외국항행용역의 공급은 영세율을 적용한다. 이 때, 외국항행 용역에는 선박 또는 항공기에 의하여 여객이나 화물을 국내에서 국외로, 국외에서 국내로 또는 국외에서 국외로 수송하는 것을 포함한다.

⑤ 관광진흥법 시행령에 따른 일반여행업자가 외국인 관광객에게 공급하는 관광알선용역(그 대가를 외국환은행에서 원화로 받았다)에는 영세율을 적용한다.

06 부가가치세법상 면세에 관한 설명으로 옳지 않은 것은? CTA 2013

① 약사법에 규정하는 약사가 조제하지 않은 의약품을 판매하는 경우 면세되는 의료보건용역에 해당하지 않는다.

② 면세포기신고를 한 사업자는 신고한 날부터 3년간은 면세를 적용받지 못한다.

③ 발표회 · 연구회 · 경연대회 등의 예술행사는 영리 목적으로 하지 않는 경우에 면세대상이다.

④ 사업 목적 이외의 상시주거용 주택 임대용역의 공급(주택부수토지는 부가가치세법 시행령 관련규정 한도 내 면적임)에 대해서는 부가가치세가 면제된다.

⑤ 면세되는 교육용역 제공 시 필요한 교재의 대가를 수강료에 포함하지 않고 별도로 받는 경우에는 주된 용역인 교육용역에 부수되는 재화로서 면세되지 않는다.

07 부가가치세법상 면세에 관한 설명이다. 옳지 않은 것은? CPA 2019

① 시내버스에 의한 여객운송용역은 면세대상이지만, 시외우등고속버스에 의한 여객운송용역은 과세대상이다.

② 국민주택규모 이하 주택의 임대용역은 면세대상이지만, 국민주택규모를 초과하는 주택의 임대용역은 과세대상이다.

③ 약사가 제공하는 의약품의 조제용역은 면세대상이지만, 약사가 조제하지 않고 단순히 판매하는 의약품은 과세대상이다.

④ 도서의 공급은 면세대상이지만, 도서에 게재되는 광고의 공급은 과세대상이다.

⑤ 면세재화의 공급이 영세율 적용 대상인 경우에는 면세의 포기를 신고하고 과세 사업자등록을 하여 영세율을 적용받을 수 있다.

08 부가가치세법상 면세포기에 관한 설명으로 옳지 않은 것은? CPA 2013

① 부가가치세가 면제되는 재화 또는 용역의 공급이 영세율 적용의 대상이 되는 경우와 학술연구단체 또는 기술연구단체가 학술연구 또는 기술연구와 관련하여 이를 공급하는 경우는 부가가치세의 면세포기가 가능하다.

② 부가가치세의 면세포기를 적용받기 위해서는 그 적용을 받으려는 달의 마지막 날까지 사업장 관할세무서장에게 신고하여야 한다.

③ 부가가치세의 면세를 포기하려는 사업자는 면세포기신고서에 의하여 관할세무서장에게 신고하고, 지체없이 등록하여야 한다.

④ 부가가치세의 면세포기신고를 한 사업자가 다시 부가가치세의 면제를 받고자 하는 때에는 면세적용신고서와 함께 발급받은 사업자등록증을 제출하여야 하며, 면세적용신고서를 제출하지 아니한 경우에는 계속하여 면세를 포기한 것으로 본다.

⑤ 부가가치세의 면세포기신고를 한 사업자는 신고한 날부터 3년간은 부가가치세의 면제를 받지 못한다.

09 부가가치세법상 영세율과 면세에 관한 설명으로 옳지 않은 것은? CTA 2015

① 내국신용장의 개설을 전제로 하여 재화나 용역이 공급된 후 그 공급시기가 속하는 과세기간이 끝난 후 25일(그 날이 공휴일 또는 토요일인 경우에는 바로 다음영업일을 말한다) 이내에 내국신용장이 개설된 경우에도 영세율이 적용된다.

② 약사법에 따른 약사가 제공하는 의약품의 조제용역은 면세이다.

③ 도로교통법에서 규정하는 자동차운전학원에서 가르치는 것은 면세되는 교육용역에서 제외된다.

④ 도서관이나 과학관에 입장하는 것에는 면세가 적용된다.

⑤ 집합투자업자가 투자자로부터 자금 등을 모아서 실물자산에 운용하는 경우에는 면세가 적용된다.

정답 및 해설

01 정답 ①

내국신용장 또는 구매확인서에 의한 공급은 재화의 수출이나, 내국신용장 또는 구매확인서에 의하여 금지금을 공급하는 거래는 재화의 수출에 해당하지 않는다.

02 정답 ②

① 내국신용장이 2025.1.25.(과세기간 종료일 후 25일 이내)까지 개설된 경우 영세율 적용함
③ 견본품 자체가 재화공급이 아님
④ 수출대행수수료는 일반적인 국내거래임
⑤ 이 경우 일반적인 국내거래임

03 정답 ⑤

영세율이 적용되는 재화나 용역을 공급하는 사업자도 부가가치세법상 과세사업자에 해당되므로 사업자등록, 세금계산서 발급, 신고 및 납부 등의 의무사항을 이행해야 하며, 그 의무를 이행하지 않을 경우에는 가산세 등 불이익처분을 받는다.

04 정답 ①

사업자가 부가가치세를 별도로 적은 세금계산서를 발급하여 수출업자와 직접도급계약에 의한 수출재화 임가공용역을 제공한 경우 영세율을 적용하지 않는다.

05 정답 ③

국외제공용역은 해당 용역을 제공받는 자나 대금의 결제방법에 관계없이 영세율을 적용한다.

06 정답 ⑤

면세되는 교육용역 제공 시 필요한 교재의 대가를 수강료에 포함하지 않고 별도로 받는 경우에도 주된 용역인 교육용역에 부수되는 재화로서 면세된다.

07 정답 ②

주택의 임대용역은 모두 면세대상이다.

08 정답 ②

면세포기신고는 언제든지 가능하며, 별도의 신고기한은 없다.

09 정답 ⑤

집합투자업자가 투자자로부터 자금 등을 모아서 부동산, 실물자산 및 그 밖의 자산에 운용하는 경우는 면세대상이 아니다.

제4장 과세표준과 매출세액

부가가치세 계산구조

매 출 세 액	➡ 과세표준 × 세율
− 매 입 세 액	
= 납 부 세 액	
− 경 감 공 제 세 액	
− 예정신고미환급세액	
− 예 정 고 지 세 액	
+ 가 산 세	
= 차 가 감 납 부 세 액	

- (1) 과세 → ① T/I 발급분 ② 매입자발행 T/I ③ 신용카드 · 현금영수증 발급분 ④ 기타(정규영수증 외 매출)
- (2) 영세율 → ① T/I 발급분 ② 기타
- (3) 예정신고누락분
- (4) 대손세액가감

4.1 일반적인 과세표준

구 분	내 용	
(1) 의 미	재화 · 용역의 공급에 대해 공급가액을 과세표준으로 함(부가가치세는 포함 안 함)	
(2) 일 반 원 칙	1) 금전으로 대가를 받은 경우	공급에 대한 대가로 받은 금전적 가치 주1
	2) 금전 외의 대가를 받은 경우 ➡ 다음의 순서대로 과세표준을 산정함	① 공급한 재화 · 용역의 시가 주2 ② 공급받은 재화 · 용역의 시가 ③ 법인세법 · 소득세법상 부당행위계산 부인 시 적용가격
	3) 특수관계인으로부터 부당하게 낮은 대가를 받거나 대가를 받지 아니한 경우	공급한 재화 · 용역의 시가. 단, 용역의 무상공급은 특수관계인 사업용 부동산 임대용역만 과세가 됨 주3

(3) 과세표준에 포함하지 않는 금액	1) 부가가치세 2) 매출에누리 · 매출환입액 · 매출할인액 3) 공급대가의 지급이 지연되어 받는 연체이자 (예 상대방이 외상매출금을 갚지 않아서 내가 더 받게 되는 이자) 4) 공급받는 자에게 도달하기 전에 파손 · 멸실된 재화의 가액 5) 재화 · 용역의 공급과 직접 관련되지 아니하는 국고보조금 · 공공보조금 6) 반환조건부 포장용기 및 반환보증금 (부채 성격) 7) 용역대가와 봉사료를 구분하여 기재한 경우로서 봉사료를 해당 종업원에게 지급한 사실이 확인되는 경우 8) 공급받는 자가 부담하는 원재료 ➡ 가공료만 과세표준임 주4 9) 마일리지에 의한 결제액 주5
(4) 과세표준에서 공제하지 않는 금액	1) 판매장려금지급액(판매장려품의 지급은 오히려 과세표준에 가산함) 주6 2) 하자보증금 주7 3) 대손금(과세표준에서는 공제하지 않으나 향후 대손세액으로 공제됨)

주1 재화 · 용역의 공급대가에 포함되는 사례들

① 할부판매 및 장기할부판매의 이자상당액

② 대가의 일부로 받은 운송비 · 포장비 · 하역비 · 운송보험료 · 산재보험료

③ 개별소비세 · 주세 및 교통 · 에너지 · 환경세가 과세되는 재화 · 용역 ➡ 개별소비세 · 주세 및 교통 · 에너지 · 환경세 · 교육세 및 농어촌특별세 상당액이 모두 과세표준에 포함됨

주2 사례 : 재화의 교환거래

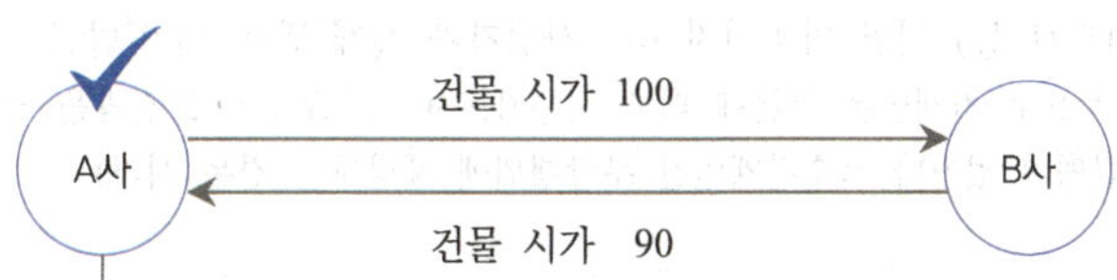

VAT법상 과세표준 : 100
법인세 · 소득세 : 90
VAT는 준 것의 시가, 나머지는 받은 것의 시가가 과세표준임

주3 특수관계인에게 재화 · 용역의 저가 또는 무상공급시 과세표준 정리

구 분	저가공급*2	무상공급
(1) 재화의 공급	시 가	시 가
(2) 용역의 공급	시 가	과세안함. 단, 특수관계인에 대한 사업용 부동산 무상임대시 시가로 과세*1

*1 대학이 설립한 산학협력단과 그 대학간 사업용 부동산의 임대용역을 과세 제외

*2 법인세와 달리 부가가치세법에서는 특수관계인이 아닌 자와 거래시에는 의제기부금 제도가 없으므로, 시가보다 낮은 가액으로 대가를 받더라도 정상가액(시가의 70%)이 아닌 실제 공급가액(저가)을 과세표준으로 함(예 A법인이 건물(시가 100)을 특수관계 없는 B법인에게 40에 저가양도 시 ①법인세 과세표준 ➡ 정상가액인 70(시가의 70%), ②VAT 과세표준 ➡ 실제 공급가액인 40)

㈜4 가공료만 과세표준인 경우의 사례

ZARA가 하청업체에 옷의 가공을 하청 준 후, 하청업체가 이를 ZARA에 다시 납품하는 경우

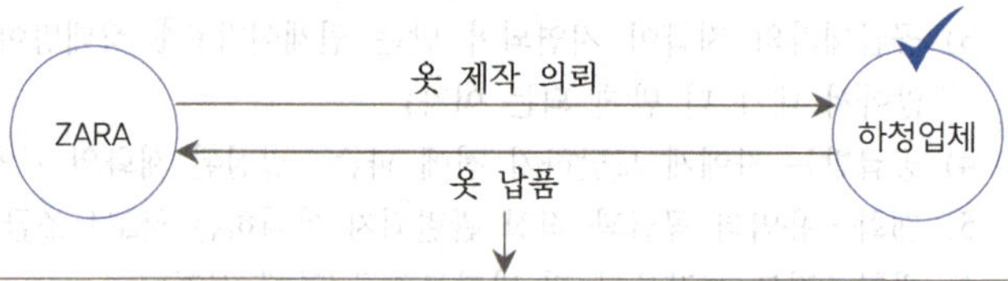

ZARA가 옷 제작을 의뢰하면서, 이미 100원의 원재료(원단)를 준 후, 나중에 하청업체가 120원의 완성품 옷을 납품할 때, 하청업체 입장에서는 120원이 과세표준인게 아니라, (공급받는 자인 ZARA가 원자재를 부담하므로) 가공료인 20원만 과세표준인 것임

㈜5 마일리지 등(마일리지, 포인트) 결제시 과세방식

1. 자기 적립 마일리지* 등 : 과세표준에서 제외
   * 당초 재화·용역을 공급하고 마일리지를 적립해준 사업자에게서 구입할 때에만 사용할 수 있는 마일리지

사례

하이마트에서 100만원 전자제품 구입 시 2%에 해당하는 2만원의 마일리지를 적립받은 거주자 한세무씨가 한달 후 5만원짜리 선풍기를 구입하면서 3만원은 현금 결제하고, 2만원을 마일리지로 결제한 경우, 하이마트의 과세표준은?

해답

(50,000원 − 20,000원) = 30,000원

2. 제3자(신용카드사 등) 적립 마일리지 등 : 사업자가 실제 받을 대가*만큼 과세표준에 포함
   * 마일리지 등으로 결제받은 부분에 대해 신용카드사 등으로부터 보전받을 금액
   (단, 보전금액이 없거나 특수관계인간 부당행위에 해당하는 경우 시가)

사례

하이마트에서 50만원짜리 세탁기를 구입한 거주자 한세무 씨가 구입가격 중 45만원은 현금 결제하고, 나머지 5만원은 카드사 포인트 등으로 결제한 경우, 하이마트의 과세표준은? (이 때 하이마트는 5만원을 사후적으로 신용카드사 등으로부터 보전받을 것임)

해답

500,000원

주6 판매장려금 지급액

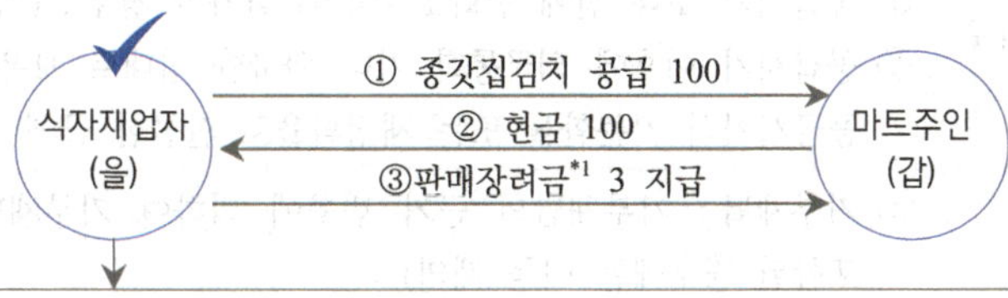

구 분	총액*1	순액*1
매 출 액	100	97
판매비와관리비		
판매장려금	3	0
손 익 효 과	97	97

*1 총액이든 순액이든 결국 식자재업자 입장에서는 손익이 97인 것은 마찬가지이나, 부가가치세법에서는 매출활동(+100)과 판매장려금 지급활동(−3)을 별개의 활동으로 각각 보므로, 결국 과세표준은 100이 잡힘(*not* 97)

① 문제에서는 일반적으로 과세표준 100(총액)으로 출제되므로, 이 때는 과세표준을 100으로 가만히 놔두면 됨(즉, 과세표준에서 공제하지 않음). 만약 문제에서 과세표준이 97(순액)로 출제되면, 이때는 반드시 3을 (오히려) 더해야 함

② 이와 별개로, 을이 갑에게 '판매장려품'을 5원짜리 물건으로 주면, 이는 간주공급의 일종인 사업상 증여이므로 과세표준에 (오히려) 더해야 함 ➠ 과세표준 100 − 0 + 5 = 105

③ 판매장려금을 지급받은 자(공급받은 자 = 마트주인 갑)는 공급받은 자에 불과하므로 지급받은 판매장려금 3원은 과세표준과 무관함

주7 하자보증금

아파트 건축 등에 있어서 입주자의 권리(입주 후의 하자보수를 요구할 권리 등)를 보호하기 위해 건설사 등이 건축비의 3퍼센트 가량을 보증금 형태로 예치하는 제도
(예 S물산이 아파트를 100억원에 건설 후, 입주자대표회의 등에 3%인 3억원을 하자보증금으로 돌려 준 경우 ➠ S물산 입장에서 현금은 97억원만 입금되었더라도, 100억원과 3억원을 별개의 거래로 보아 부가가치세법상 과세표준은 100억원이 됨(즉, 하자보증금 3억원을 과세표준에서 공제하지 않음)

4.2 거래형태별 과세표준

1. 거래형태별 과세표준

구 분	내 용
(1) 외상판매 및 할부판매	공급한 재화의 총가액(예 현금판매시 100, 외상판매시 120 ➠ 과세표준은 120)
(2) 장기할부판매 등 주1	계약에 따라 받기로 한 대가의 각 부분(*not* 실제로 받은 금액)
(3) 재 화 수 입 주2	관세의 과세가격 + 관세 + 개별소비세 · 주세 · 교통 · 에너지 · 환경세 + 교육세 · 농특세
(4) 보세구역 내에서 국 내 공 급 주2	공급가액 − 수입재화의 과세표준

(5) (수출시) 외국통화로 대가를 받는 경우 주3	① 공급시기 도래 전에 원화로 (미리) 환가한 경우 : (미리) 환가한 금액 ② 공급시기 이후에 외국통화 기타 외국환 상태로 보유하거나 받는 경우 : 공급시기의 기준환율 또는 재정환율로 환산한 금액
(6) 기 타 거 래	① 기부채납 : 기부채납의 근거 법률에 의하여 기부채납 된 가액(VAT가 포함된 경우에는 이를 제외) ② 위탁가공무역방식의 수출 : 완성된 제품의 인도가액(예 중국에 옷을 위탁가공을 준 경우, 중국으로 보낸 원단가액이 아니라 향후 옷 가공이 완성된 후의 완성된 제품의 인도가액) ③ 공유수면관리및매립에관한법률에 의한 매립용역을 제공시 : 매입공사에 소요된 총사업비 ④ BOT방식으로 건설한 시설을 일정기간동안 운영하는 경우 : $(\text{용역제공기간 동안 지급받는 대가} + \text{시설의 설치가액}) \times \dfrac{\text{당기용역제공 월수}}{\text{용역제공기간의 총월수}}$

주1 완성도기준지급 · 중간지급조건부 · 계속적 공급을 포함함

주2 재화 수입시의 과세표준

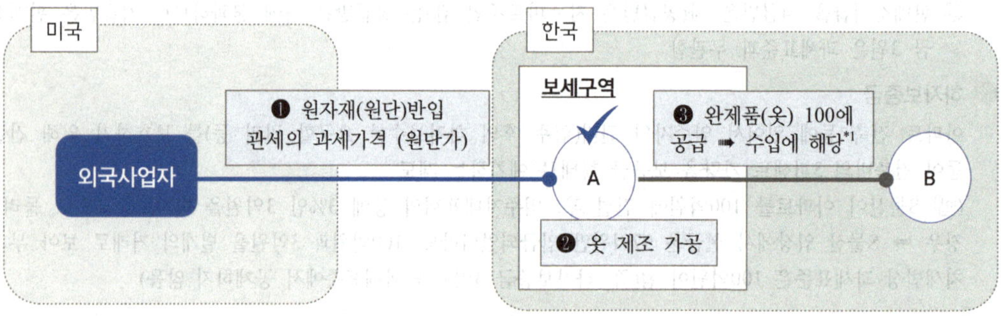

*1 이 때 수입재화에 해당하게 됨

(1) 외국사업자 vs B : 재화의 수입에 해당함 ➠ 세관장이 거래징수 & 수입 T/I를 발급함

이 때의 수입재화 과세표준 : 관세의 과세가격(원단가 50) + 관세(20) + 개별소비세 · 주세 등(10) = 80

(2) A vs B : 재화의 공급에 해당함 ➠ 사업자 A가 거래징수 & T/I를 발급함

이 때의 과세표준 : 공급가액 − 수입재화 과세표준 = 100 − 80 = 20

(결국 A는 총 80원에 사와서 100원에 판매한 셈)

*2 세관장이 부가가치세를 징수하기 전에 같은 재화에 대한 선하증권이 양도되는 경우에는 양수인으로부터 받은 대가를 공급가액으로 할 수 있음

주3 예 4.10.(환율@1,000)에 USD 20을 선수 후 환가, 5.10.(환율@1,100)에 수출품 공급, 6.10.(환율@1,200)에 USD 80 잔금 지급 받은 후 환가함

과세표준 = USD 20 × @1,000 + USD 80 × @1,100(*not* @1,200) = 108,000

2. 간주공급

구 분		내 용
(1) 일반적인 경 우	1) 비상각자산(재고자산 등)	시가
	2) 상 각 자 산	간주시가 = 취득가액[*1] × (1 − 25%[*2] × 경과기간수)[*3]
(2) 판매목적 타사업장 반 출	1) 일 반 적 인 경 우	취득가액(소득세법 또는 법인세법상 취득가액)
	2) 취득가액에 일정금액 가산시	취득가액 + 가산금액
	3) 개별소비세 등 부과재화	개별소비세 등 과세표준 + 개별소비세 · 주세 등 가산금액

*1 매입세액 공제받은 해당 재화의 가액을 의미(명목가액이므로, PV + 현할차 등을 가산)

*2 건물 · 구축물은 5%(2001년 이전 취득분 10%였음)

*3 면세일부전용에는 여기에 당기면세공급가액 / 당기총공급가액을 곱함

사례

2024.9.19.에 신문사에서 광고사업(과세)에 사용하고자 100에 매입(매입세액공제 받음)한 것을 2025.12.19.에 신문사업(면세)에 완전 전용한 경우

해답

내 용	간주공급의 과세표준
(1) 잉 크 인 경 우	2025.12.19.의 시가인 90(가정치) ➠ 매출세액 9
(2) 윤 전 기 인 경 우	100 × (1 − 25% × 2기) = 50 ➠ 매출세액 5

?! 실제로 같은 회사인 신문사 내에서 광고사업과 신문사업간에 이 금액을 주고받을 리 없지만, 부가가치세법상 이 금액을 과세표준으로 하여 매출세액을 납부하라는 의미임

4.3 부동산관련 과세표준

1. 부동산 일괄공급시 과세표준

토지 공급이 면세이므로 안분계산해야 함. 이 때 실지거래가액의 구분이 불분명*한 경우 아래의 기준을 따름

* 사업자가 실지거래가액으로 구분한 토지 · 건물 · 구축물 등의 가액이, 실지거래가액이 불분명한 경우에 적용되는 계산방법에 따라 안분계산한 금액과 30% 이상 차이가 있다면 실지거래가액의 구분이 불분명한 것으로 봄

구 분		내 용
1) 감정평가가액이 있는 경우		감정가액 안분*1*2
2) 감정평가가액이 없는 경우	① 기준시가가 모두 있는 경우	공급계약일 현재의 기준시가에 따라 계산된 가액에 비례하여 안분계산
	② 기준시가 없는 자산이 포함*3	a. 1차 안분 : 장부가액(장부가액이 없으면 취득가액)에 비례하여 안분계산 b. 2차 안분 : 기준시가가 있는 자산에 대해서는 1차 안분결과의 합계액을 다시 기준시가에 의해 안분계산
3) 위 규정을 적용할 수 없거나 적용하기 곤란한 경우		국세청장이 정하는 바에 따라 안분계산

*1 공급시기(중간지급조건부 또는 장기할부판매는 최초공급시기)가 속하는 과세기간의 직전 과세기간 시작일부터 공급시기가 속하는 과세기간의 종료일까지의 감정평가액이 가능함 (총 2기)

*2 일괄공급가액에 부가가치세가 포함되지 않은 경우 $= \text{일괄공급가액} \times \dfrac{\text{건물 등 가액}}{\text{토지가액} + \text{건물 등 가액}}$

일괄공급가액에 부가가치세가 포함된 경우 $= \text{일괄공급가액} \times \dfrac{\text{건물 등 가액}}{\text{토지가액} + \text{건물 등 가액} \times 110\%}$

예 토지 · 건물을 1,000(VAT 포함)에 일괄공급, 각각의 감정가액이 200과 300인 경우

$$\text{건물의 과세표준} = 1{,}000 \times \frac{300}{200 + 300 \times 1.1} = 566.04$$

*3 우리나라는 현행 법규 상 구축물 · 기계장치 등에는 기준시가 제도가 없음

사례

A사가 토지 · 건물 · 구축물을 1,000(VAT 포함 안됨)에 일괄공급한 경우(각각의 실지거래가액이 불분명함) 과세표준을 구하면? (감정가액은 없음)

해답

구 분	기준시가	장부가액	1차안분 by 장부가액	2차안분 by 기준시가	과 표
토 지	30	100	1,000 × (300/500) = 600	600 × (30/100) = 180	−(토지는 면세임)
건 물	70	200		600 × (70/100) = 420	420
구 축 물	−	200	1,000 × (200/500) = 400	해당 없음	400
합 계	100	500			820

간편법 : ① 건물 = 1,000 × ((100 + 200) / 500) × (70 / 100) = 420, ② 구축물 = 1,000 × (200 / 500) = 400

2. 부동산 임대시 과세표준

과세표준 = (월) 임대료 + 관리비수입 + 간주임대료

(월) 임대료
① 해당기간에 수입할 금액(약정주의)
② 선세금(미리 받은 월세) : 월수로 안분계산(초월산입 · 말월불산입)

관리비수입
① 청소비 등 : 과세표준 포함
② 징수대행 전기료 등 : 과세표준 아님

간주임대료

$$간주임대료 = 보증금\ 등의\ 적수^{*1} \times 정기예금이자율^{*2} \times \frac{1}{365(윤년\ 366)}$$

*1 전세금 또는 임대보증금을 임대료에 충당한 경우 그 금액을 제외(예 보1,000만원 / 월50만원에서 11월, 12월 월세를 납부하지 않으면 임대보증금은 900만원만 남게 되는 셈)

*2 해당 기간 중에 이자율 변동시에도 예정신고기간 또는 과세기간 말 현재의 이자율을 적용함

*3 전대한 경우 임대보증금의 공제 : 사업자가 부동산을 임차하여 다시 임대용역을 제공하는 경우에는 해당 기간의 임대보증금에서 (예전에) 임차 시 지불한 임차보증금(전세금 포함)을 차감함. (예 100의 보증금에 $400m^2$를 임차하여 이 중 $200m^2$를 150의 임대보증금을 받고 전대한 경우

$$(150 - 100 \times \frac{200}{400}) \times 일수 \times 정기예금이자율 \times \frac{1}{365})$$

*4 기부채납한 지하도 건설비 공제 : 하기의 건설비 상당액을 보증금 등에서 차감

$$건설비\ 상당액 = 기부채납된\ 지하도의\ 건설비 \times \frac{전세금\ 등을\ 받고\ 임대한\ 면적}{임대가능면적}$$

3. 겸용주택 임대시 과세표준

주택 임대는 면세이므로, 안분 계산해야 함

구 분	내 용
1) 제1단계	겸용주택의 임대 시 건물과 토지에 대하여 과세면적비율의 계산
2) 제2단계	부동산임대시 총임대료의 계산 총임대료 = 임대료 + 관리비 + 간주임대료
3) 제3단계	① 총임대료를 기준시가에 의해 안분하여 토지분 임대료와 건물분 임대료를 계산함 ② 토지분 임대료와 건물분 임대료를 각각 토지와 건물의 과세면적비율로 안분함 ③ 과세표준 = 과세대상 토지임대료 + 과세대상 건물임대료

4.4 대손세액공제

<table>
<tr><th>구 분</th><th colspan="3">내 용</th></tr>
<tr><td>(1) 대손요건</td><td colspan="3">① 대손사유: 사업자가 부가가치세 과세대상 재화 · 용역을 공급한 후 소득세법 및 법인세법상 대손사유 발생
② 대손확정기한: 공급일부터 10년이 경과한 날이 속하는 과세기간에 대한 확정신고 기한까지 대손세액공제요건이 확정되어야 함 ㈜</td></tr>
<tr><td>(2) 공 제 액</td><td colspan="3">대손세액 공제액 = 대손금액(부가가치세 포함) × 10/110</td></tr>
<tr><td>(3) 공제절차</td><td colspan="3">대손세액공제를 받기 위해서는 부가가치세의 확정신고시(not 예정신고시) 확정신고서에 대손세액공제(변제)신고서와 증명서류를 제출</td></tr>
<tr><td rowspan="3">(4) 대손세액 가 산 액</td><td>구 분</td><td>공급자</td><td>공급받는 자</td></tr>
<tr><td>① (현재) 대손확정시</td><td>매출세액에서 차감</td><td>매입세액에서 차감</td></tr>
<tr><td>② (향후) 대손금 회수(변제)시</td><td>매출세액에 가산</td><td>매입세액에 가산</td></tr>
</table>

㈜ 2015.3.23.에 공급 후 ①2025.7.25.까지 대손확정시 ➠ 대손세액 공제 가능 ②2025.7.26. 이후 대손확정시 ➠ 대손세액 공제 불가능

사례

A가 B에게 6.1에 공급가액 100에 공급 후, 두 달 후인 8.1.에 대금을 결제 받기로 함
이 두 달 사이에 하필 7.25. 1기 확정신고기한이 끼어 있어서, A는 매출세액 10을 납부

해답

일자	내 용	회계처리
6. 1.	공급가액 100을 공급 후, 두 달 후 대가를 받기로 함	매출채권 110 / 매출 100 VAT매출세액 10
7.25.	1기 확정신고기한이라, B로부터 여전히 외상으로 남아 있음에도 A는 VAT 10을 신고납부 함	VAT매출세액 10 / 현금 10
8. 1.	B거래처가 대손사유를 충족하여 대손이 발생한 경우	내년 1.25.에 대손세액공제*

* B거래처가 대손 발생함에 따라, A거래처는 자신의 공급가액인 100만 손해 봐야 하므로 VAT 매출세액 10을 대손세액 공제라는 방식으로 돌려주는 것임(6.1.에 매출이 있었던 사실은 부인할 수 없으므로 과세표준에서 100을 공제하는 것이 아니라 매출세액에서 직접 10을 차감)

연습문제

01 부가가치세법상 공급가액 및 과세표준에 대한 설명이다. 옳지 않은 것은? CPA 2011

① 재화의 수입에 대한 부가가치세 과세표준은 관세의 과세가격과 관세 · 개별소비세 · 주세 · 교육세 · 농어촌특별세 및 교통 · 에너지 · 환경세를 합한 금액으로 한다.

② 사업자가 그와 특수관계 있는 자에게 시가보다 낮은 대가를 받거나 대가를 받지 않고 제공하는 용역(부동산임대용역 제외)의 경우 자기가 공급한 용역의 시가를 과세표준으로 한다.

③ 부가가치세 공급가액에는 거래상대자로부터 받은 대금 · 요금 · 수수료 기타 명목여하에 불구하고 대가관계에 있는 모든 금전적 가치 있는 것을 포함한다.

④ 재화 · 용역의 공급과 직접 관련되지 아니하는 국고보조금과 공공보조금은 과세표준에 포함하지 아니한다.

⑤ 공급받는 자에게 도달하기 전에 파손, 훼손 또는 멸실된 재화의 가액은 과세표준에 포함하지 아니한다.

02 부가가치세법상 과세표준에 관한 설명으로 옳지 않은 것은? CTA 2017

① 사업자가 법령에 따른 특수관계인에게 대가를 받지 않고 과세되는 사업용 부동산 임대용역을 공급하는 경우 공급가액에 포함되지 아니한다.

② 완성도기준지급조건부로 용역을 공급하는 경우 계약에 따라 받기로 한 대가의 각 부분을 과세표준으로 한다.

③ 위탁가공무역 방식으로 수출하는 경우 완성된 제품의 인도가액을 과세표준으로 한다.

④ 기부채납의 경우 해당 기부채납의 근거가 되는 법률에 따라 기부채납된 가액을 과세표준으로 하되 기부채납된 가액에 부가가치세가 포함된 경우 그 부가가치세는 제외한다.

⑤ 재화의 공급과 직접 관련된 국고보조금과 공공보조금은 과세표준에 포함된다.

03 다음 자료를 이용하여 과세사업자 ㈜A의 2025년 제1기 예정신고기간(2025.1.1. ~ 3.31.)의 부가가치세 과세표준을 계산한 것으로 옳은 것은? 단, 아래에 제시된 금액들은 부가가치세를 포함하지 아니한 것이다. CPA 2014

(1) 1월 5일: ㈜B에게 5월 10일에 판매대금을 받기로 하고 제품을 5,000,000원에 판매하였다.

(2) 1월 20일: 직전 과세기간에 발생한 ㈜C에 대한 매출채권을 ㈜C가 조기변제함에 따라 500,000원의 매출할인이 발생하였다.

(3) 2월 3일: 상품을 인도하기 전에 ㈜D로부터 판매대금 중 1,000,000원을 선수금으로 수령하고, 수령한 대가에 대하여 세금계산서를 발급하였다.

(4) 2월 15일: 사업을 위하여 ㈜E에게 시가 500,000원(원가 300,000원)의 견본품을 무상으로 제공하였다.

(5) 3월 15일: 업무와 관련하여 ㈜F로부터 시가 100,000원의 비품을 기증받았다.

(6) 3월 30일: 국가에 시가 1,000,000원(원가 500,000원)에 상당하는 제품을 무상으로 기증하였다.

(7) 3월 31일: ㈜A가 생산한 제품(시가 300,000원)을 ㈜G가 생산한 제품(시가 500,000원)과 교환하였다.

① 5,800,000원 ② 6,300,000원 ③ 6,800,000원
④ 7,300,000원 ⑤ 7,800,000원

04 다음은 제조업을 영위하는 일반과세자인 ㈜A의 2025년 제2기 과세기간(2025.7.1. ~ 12.31.)에 대한 자료이다. ㈜A의 2025년 제2기 과세기간의 부가가치세 과세표준은 얼마인가? (단, 다음 자료의 금액에는 부가가치세가 포함되지 않음) CTA 2017

(1) 7월 20일: 기계를 15,000,000원에 판매하고 7월 20일부터 15개월 간 매달 20일에 1,000,000원씩 받기로 하였다.

(2) 7월 25일: 기계유지보수 계약을 맺고 7월 25일부터 10개월 간 매달 25일에 200,000원씩 받기로 하였다.

(3) 9월 25일: 증여세 20,000,000원을 사업용 건물로 물납하였다.

(4) 10월 14일: 당사가 생산한 제품(매입세액공제분)을 거래처에 판매장려물품(제조원가: 800,000원, 시가: 1,000,000원)으로 기증하였다.

(5) 11월 11일: 사업용으로 사용하던 화물자동차를 500,000원에 매각하였다.
(6) 12월 5일: 공급에 대한 대가의 지급이 지체되어 거래처로부터 연체이자 800,000원을 수령하였다.

① 7,700,000원 ② 8,500,000원 ③ 8,700,000원
④ 9,500,000원 ⑤ 28,700,000원

05 다음은 반도체용 기계장치 및 소재 제조업을 영위하는 일반과세자인 ㈜A의 2025년 제2기 과세기간(2025.7.1.~12.31.)에 대한 자료이다. ㈜A의 2025년 제2기 과세기간의 부가가치세 과세표준금액은? (단, 다음 자료의 금액에는 부가가치세가 포함되지 않음) CTA 2020

(1) 8월 20일 : 미국에 있는 거래처 B사에 ㈜A의 제품을 직수출하기 위해 선적하였다. 해당 제품의 총공급가액은 $10,000로 선적일의 기준환율은 1,000원/$이다. 대금지급조건은 다음과 같다.
① 계약금 $10,000 : 2025년 8월 20일 지급 (기준환율 1,000원/$)
② 중도금 $ 5,000 : 2025년 12월 20일 지급 (기준환율 1,000원/$)
③ 잔 금 $ 4,000 : 2026년 9월 30일 지급
(2) 11월 10일 : ㈜A의 제품을 거래처 C사에 판매장려 목적으로 무상 제공하였다. 해당 제품의 제조원가(적법하게 매입세액공제 받았음)는 1,000,000원이고 시가는 2,000,000원이다.
(3) 12월 15일 : ㈜A는 D사의 해약으로 인하여 제품의 공급없이 받은 손해배상금 3,000,000원을 수령하였다.
(4) 12월 20일 : ㈜A는 국내에서 수출물품의 원자재(공급가액 4,000,000원)를 수출업자인 E사에 공급하였는데 그 구매확인서가 2026년 1월 31일에 발급되었다.

① 7,000,000원 ② 8,000,000원 ③ 11,000,000원
④ 12,000,000원 ⑤ 16,000,000원

06 내국법인인 ㈜A의 2025. 4. 1.부터 2025. 6. 30까지의 부가가치세 과세표준을 계산하면 얼마인가? (단, ㈜A는 주사업장총괄납부를 하고 있으며, 각 금액에는 부가가치세가 포함되어 있지 않다) CTA 2010

거래일	거래내용
4. 3.	거래처 B에 전액 외상매출한 제품 50,000,000원
4.25.	4월 3일 거래처 B에 매출한 제품 환입액 100,000원
5. 2.	지방자치단체에 무상기증한 제품(원가 3,000,000원, 시가 3,750,000원)
5.24.	세금계산서 발급 없이 직매장에 반출한 제품(원가 1,000,000원, 시가 1,250,000원)
6. 5.	대가를 받지 아니하고 거래처 C에 증여한 견본품(원가 400,000원, 시가 500,000원)
6.12.	매입세액공제를 받은 후 대표자 개인용도로 사용한 제품(원가 2,000,000원, 시가 2,500,000원)
6.23.	미국의 거래처 D에 제품을 직수출하기 위하여 6월 23일 선적함. 6월 1일 수출대금 $50,000 중 $10,000(6월 2일 10,000,000원에 환가함)을 수령하고 잔액은 전액 외상으로 함(기준환율 6월 23일 $1: 1,100원, 6월 30일 $1: 1,120원)

① 103,000,000원 ② 105,000,000원 ③ 105,500,000원
④ 106,400,000원 ⑤ 107,200,000원

07 다음 자료에 의하여 제조업을 영위하는 일반과세자인 甲의 2025년 제1기 과세기간(2025.1.1. ~ 6.30.)의 과세표준은 얼마인가? (단, 모두 국내거래이고, 금액에는 부가가치세가 포함되지 않았으며, 아래의 자료를 제외한 세무상 처리는 모두 적정하였음) CTA 2019

일자	거래내용	금 액
4.11.	A제품을 乙에게 외상으로 공급함(대금은 2025.7.10.에 수령함)	10,000,000원
5.20.	대가를 받지 않고 丙에게 A제품을 견본품으로 제공함	시가 100,000원 원가 60,000원
6.17.	A제품을 직원의 생일축하선물로 제공함	시가 150,000원 원가 80,000원
6.26.	일주일 안으로 서면이나 구두로 매입동의 여부를 알려 주기로 하고 시제품을 丁에게 인도함(2025.7.1. 상대방이 구두로 매입의사를 밝힘)	700,000원
6.27.	A제품을 戊에게 공급하기로 계약을 체결하였으나 戊가 일방적으로 이를 해제함에 따라 위약금으로 받은 금액	200,000원

① 10,000,000원 ② 10,080,000원 ③ 10,150,000원
④ 10,350,000원 ⑤ 10,990,000원

08 공기정화기 임대 및 판매 사업을 영위하는 ㈜M의 2025년 제1기 예정신고기간 자료이다. 2025년 제1기 예정신고시 부가가치세 과세표준은 얼마인가? 제시된 자료의 금액에는 부가가치세가 포함되지 아니하였다. CPA 2019

(1) 2025년 1월 5일: 시가 50,000,000원의 재화를 공급하고, 대금은 매출할인 1,000,000원을 차감한 현금 49,000,000원을 받았으며, 1개월 뒤 판매실적에 따라 시가 2,000,000원의 판매용 상품을 판매장려금품으로 지급하였다.

(2) 2025년 2월 16일: 특수관계인이 아닌 자에게 사무실 일부를 6개월간 임대해 주고 현금 6,000,000원을 받았다. 이 임대용역의 시가는 9,000,000원이다.

(3) 2025년 2월 25일: 시가 10,000,000원의 재화를 공급하고 현금 6,000,000원, 과거에 ㈜M이 적립해 준 마일리지 1,000,000원 및 Y통신사 마일리지 3,000,000원을 받았다. 회사는 이 거래에 대하여 Y통신사로부터 현금 2,000,000원을 1개월 후에 보전 받았으며, 회사와 Y통신사는 특수관계인이 아니다.

(4) 2025년 3월 23일: 특수관계인에게 공기정화기 임대용역을 12개월간 무상으로 공급하였다. 이 용역의 시가는 12,000,000원이다.

(5) 2025년 3월 25일: 시가 40,000,000원인 회사 사무실 건물 및 시가 30,000,000원인 부수토지를 양도하고, 그 대가로 시가 73,000,000원의 공기정화기를 받았다.

① 99,000,000원 ② 101,000,000원 ③ 102,000,000원
④ 103,000,000원 ⑤ 133,000,000원

09 과세사업(신발제조업)을 영위하던 일반과세자인 甲은 2025년 6월 20일에 해당 사업을 폐업하였다. 폐업 시점에 남아있는 재화의 현황이 다음과 같은 경우 부가가치세 과세표준금액은? (단, 건물과 원재료의 취득가액은 매입세액공제를 받은 금액이며, 주어진 자료 이외에는 고려하지 않음) CTA 2020

폐업시점에 남은 재화	취득일	취득가액	시 가
토 지*1	2020.1. 1.	100,000,000원	200,000,000원
건 물*1	2023.2.10.	100,000,000원	150,000,000원
차 량*2	2024.7. 2.	60,000,000원	50,000,000원
원 재 료	2024.12.1.	70,000,000원	80,000,000원

*1 건물과 토지는 신발 제조를 위한 건물 및 그 부속토지임

*2 차량은 개별소비세법 제1조 제2항 제3호에 따른 자동차로서 취득 시 매입세액을 공제받지 아니하였음

① 150,000,000원
② 160,000,000원
③ 205,000,000원
④ 210,000,000원
⑤ 260,000,000원

10 일반과세자로 제조업을 영위하는 개인사업자 갑은 2025년 10월 30일 폐업하였다. 폐업 시 사업장의 잔존 재화가 다음과 같을 때 2025년 제2기 동 재화에 대한 부가가치세 과세표준으로 옳은 것은? 단, 제시된 금액은 부가가치세를 포함하지 아니한 금액이다. CPA 2020

(1) 잔존 재화 내역

구 분	취득일	취득원가	시 가
제 품	2025년 9월 1일	10,000,000원	9,000,000원
건 물	2023년 12월 1일	85,000,000원	88,000,000원
소 형 승 용 차	2025년 1월 1일	30,000,000원	25,000,000원

(2) 추가자료

- 제품은 취득 시 매입세액공제를 받았으며, 폐업일 현재 일부가 파손되어 시가가 취득원가에 미달한다.
- 건물은 취득 시 매입세액공제를 받았으며, 다음과 같이 회계처리하였다.

(차) 건 물	85,000,000	(대) 장 기 미 지 급 금	100,000,000
현재가치할인차금	15,000,000		

- 소형승용차의 취득원가는 매입가액을 의미하며 취득 시 매입세액공제는 받지 못하였다.

① 77,000,000원 ② 78,000,000원 ③ 89,000,000원
④ 90,000,000원 ⑤ 112,400,000원

11 건물 1채를 소유하고 부동산임대업을 영위하는 일반과세자인 개인 사업자 갑이 2025년 제1기 확정신고를 할 때 부가가치세 과세표준을 계산한 것으로 옳은 것은? 단, 아래에 제시된 금액들은 부가가치세를 포함하지 아니한 금액이며, 원 단위 미만은 절사한다. CPA 2018

(1) 갑은 보유건물을 2025년 4월 1일부터 2026년 3월 31일까지 을에게 임대하는 계약을 체결하였고, 임대건물은 단층이며 도시지역 내에 있다.
   가. 상가의 임대면적은 $40m^2$이고, 주택의 임대면적은 $50m^2$이며, 건물의 부수토지는 $750m^2$이다.
   나. 보증금은 91,250,000원, 월임대료는 1,500,000원, 월관리비는 300,000원이며 월임대료 및 월관리비(공공요금 등의 징수 대행이 아님)는 매월말에 수령하기로 약정되어 있다.
   다. 2025년 제1기 확정신고기간 종료일 현재 계약기간 1년의 정기예금이자율은 1.8%로 가정한다.
(2) 2025년 제1기 확정신고기간 종료일 현재 건물의 기준시가는 100,000,000원이며 토지의 기준시가는 400,000,000원이다

① 1,571,040원 ② 1,859,040원 ③ 2,478,720원
④ 3,098,400원 ⑤ 3,614,800원

12 부동산 임대업을 영위하는 ㈜갑은 겸용주택A(도시지역 내 소재)를 을에게 일괄 임대하고 있으며, 그 내역은 다음과 같다. ㈜갑의 2025년 제2기 예정신고기간의 겸용주택A에 대한 부가가치세 과세표준으로 옳은 것은? 단, 제시된 금액은 부가가치세를 포함하지 아니한 금액이다. CPA 2020

(1) 건물(단층) 및 토지 면적

구 분	건 물	토 지
주 택	200㎡	2,500㎡
상 가	200㎡	

(2) 임대기간 : 2025년 9월 1일 ~ 2027년 8월 31일

(3) 임대조건 : 월임대료 3,000,000원(매월 말 지급), 임대보증금 없음

(4) 2025년 9월 30일 현재 감정가액 및 기준시가

구 분	감정가액	기준시가
토 지	480,000,000원	200,000,000원
건 물	320,000,000원	200,000,000원

① 1,320,000원 ② 1,350,000원 ③ 1,500,000원
④ 1,650,000원 ⑤ 1,680,000원

13 부가가치세법상 일반과세자인 사업자에게 적용되는 대손세액공제에 관한 설명으로 옳지 않은 것은? CPA 2013

① 사업자가 부가가치세가 과세되는 재화 또는 용역을 공급하는 경우 공급을 받는 자의 소득세법 및 법인세법상 대손사유로 그 재화·용역의 공급에 대한 외상매출금이나 그 밖의 매출채권(부가가치세 포함)의 전부 또는 일부가 대손되어 회수할 수 없는 경우에는 대손금액의 110분의 10을 그 대손이 확정된 날이 속하는 과세기간의 매출세액에서 뺄 수 있다.

② 대손세액공제의 범위는 사업자가 부가가치세가 과세되는 재화 또는 용역을 공급한 후 그 공급일부터 10년이 경과된 날이 속하는 과세기간에 대한 확정신고기한까지 소득세법 및 법인세법상 대손사유로 인하여 확정되는 대손세액으로 한다.

③ 재화 또는 용역을 공급받은 사업자가 대손세액의 전부 또는 일부를 매입세액으로 공제받은 경우로서 공급자의 대손이 그 공급을 받은 사업자가 폐업하기 전에 확정되는 경우에는 관련 대손세액에 해당하는 금액을 그 공급받은 사업자의 폐업일이 속하는 과세기간의 매입세액에서 뺀다.

④ 재화 또는 용역의 공급자가 대손세액을 매출세액에서 차감한 경우 공급자의 관할 세무서장은 대손세액공제사실을 공급받는 자의 관할 세무서장에게 통지하여야 한다.

⑤ 대손세액공제를 받은 사업자가 그 대손금액의 전부 또는 일부를 회수한 경우에는 회수한 대손금액에 관련된 대손세액을 회수한 날이 속하는 과세기간의 매출세액에 더한다.

14 전자제품을 제조 및 판매하는 중소기업으로서 내국법인 ㈜A의 2025년 제1기 과세기간의 부가가치세 신고와 관련된 자료이다. 확정신고와 함께 법령으로 정하는 바에 따라 대손금액이 발생한 사실을 증명하는 서류를 제출하는 경우 공제받을 수 있는 대손세액은 얼마인가? (단, 대손금액에는 부가가치세가 포함되어 있으며, ㈜A는 채무자의 재산에 저당권을 일체 설정하지 않았다) CTA 2010

구 분	대손사유 및 대손금액
매출처甲	2023. 3. 5. 제품을 외상매출하고 2025. 2. 1. 채무자 회생 및 파산에 관한 법률에 따른 면책결정에 따라 회수불능으로 확정된 외상매출금 2,200,000원
매출처乙	2024. 10. 5. 제품을 외상매출하고 공급대가로 받은 것으로서 2025. 2. 25. 부도발생한 어음상의 채권 5,500,000원
매출처丙	2023. 8. 1. 제품을 외상매출하고 2025. 4. 7. 채무자의 강제집행으로 회수할 수 없게 된 외상매출금 1,100,000원

① 100,000원 ② 300,000원 ③ 500,000원
④ 700,000원 ⑤ 800,000원

정답 및 해설

01 정답 ②

사업자가 그와 특수관계에 있는 자에게 시가보다 낮은 대가를 받으면 부당행위에 해당하여 시가를 과세표준으로 하나, 대가를 받지 않고 제공하는 용역의 경우 무상공급은 과세대상이 아니다(단, 사업자가 특수관계인에게 사업용 부동산의 임대용역을 무상으로 공급하는 경우에는 과세 대상임).

02 정답 ①

일반적으로 용역의 무상공급은 과세대상이 아니나, 법령에 따른 특수관계인에게 사업용 부동산의 임대 용역을 무상공급하는 경우에는 과세된다.

03 정답 ①

번호	과세표준	비 고
(1)	5,000,000	외상판매의 공급시기는 인도일임
(2)	△500,000	매출환입은 환입일이나 환입의 발생사유일이 속하는 기간에 차감함
(3)	1,000,000	선발행 세금계산서가 인정됨(대가의 전부 또는 일부를 수령함)
(4)	–	견본품은 과세표준에 해당하지 아니함
(5)	–	상대방인 (주)F의 부가가치세 과세표준임
(6)	–	국가에 무상 기증한 경우 과세표준에서 제외됨
(7)	300,000	제공한 재화의 시가가 과세표준임
계	5,800,000	

04 정답 ③

6,000,000*1 + 1,200,000*2 + 1,000,000*3 + 500,000 = 8,700,000

*1 기계판매(장기할부판매) : 1,000,000 × 6월 = 6,000,000

*2 기계유지보수용역(계속적공급) : 200,000 × 6월 = 1,200,000

*3 판매장려물품은 사업상증여에 해당하여 시가를 과세표준으로 함
조세물납과 연체이자는 과세표준에 포함하지 아니함

05 정답 ⑤

구 분	금 액	비 고
재 화 공 급	10,000,000	$10,000×1,000원/$=10,000,000. 장기할부판매의 수출의 경우에도 선적일을 공급시기로 함
판 매 장 려 품	2,000,000	사업상 증여시 재고자산의 공급가액은 시가로 함
손 해 배 상 금	–	재화 공급없이 받은 손해배상금은 과세거래 아님
구 매 확 인 서	4,000,000	공급시기가 속하는 과세기간이 끝난 후 25일을 경과하였으므로 영세율 적용이 아님
합 계	16,000,000	

06 정답 ④

구 분	금 액	비 고
외 상 매 출 액	50,000,000	
제 품 환 입 액	(100,000)	
대표자 개인용도 사용액	2,500,000	
직 수 출	54,000,000	10,000,000 + USD 40,000 × 1,100
합 계	106,400,000	

* 지방자치단체 무상기증은 면세임
총괄납부사업자이므로 재화의 공급으로 보지 않음(단, 세금계산서 발급시에는 간주공급으로 봄)
견본품은 과세대상이 아님

07 정답 ③

10,000,000*1 + 150,000*2 = 10,150,000

*1 외상판매는 인도일에 과세됨

*2 직원 경조사 관련 재화가 10만원을 초과하므로 시가로 과세됨
견본품의 무상제공, 위약금은 거세거래가 아님 기한부판매는 기한이 지나 판매가 확정되는 때(2기) 과세임

08 정답 ②

구 분	금 액	비 고
재화공급	49,000,000	매출할인은 차감
판매장려금품	2,000,000	
임대용역	2,000,000	6,000,000 × 2개월 / 6개월
재화공급	8,000,000	6,000,000(현금결제액) + 2,000,000(보전금액)
사무실 건물	40,000,000	교환거래는 공급한 재화의 시가로 과세됨, 토지는 면세
합 계	101,000,000	

* 공기청정기 임대용역은 용역의 무상공급이므로 과세하지 아니함

09 정답 ③

구 분	금 액	비 고
토 지	–	토지공급은 면세임
건 물	80,000,000	100,000,000 × (1 – 5%×4)
차 량	–	매입시 불공제된 재화이므로 공급의제가 아님
원 재 료	80,000,000	원재료는 공급의제시 시가를 공급가액으로 함
합 계	160,000,000	

10 정답 ③

구 분	금 액	비 고
제 품	9,000,000	제품은 공급의제시 시가를 공급가액으로 함
건 물	80,000,000	100,000,000 × (1 – 5% × 4)
소형승용차	–	매입시 불공제된 재화이므로 공급의제가 아님
합 계	89,000,000	

11 정답 ②

(1) 과세대상 면적의 구분

구 분	건 물	부수토지
주택(면세)	$90m^2$	min[①, ②] = $450m^2$ ① $750m^2$ ② max[$90m^2$, $90m^2$ × 5배] = $450m^2$
상가(과세)	$0m^2$	$750m^2$ − $450m^2$ = $300m^2$

(2) 총임대료 : ① + ② + ③ = 5,809,500

① 월 임대료 : 1,500,000 × 3월 = 4,500,000

② 간주임대료 : 91,250,000 × 91일 × 1/365 × 1.8% = 409,500

③ 관리비 : 300,000 × 3월 = 900,000

(3) 토지분 임대료 중 공급가액 :

5,809,500 × 400,000,000 / (100,000,000 + 400,000,000) × $300m^2$ / $750m^2$ = 1,859,040

12 정답 ④

1. 과세대상 면적의 구분

주택면적과 상가면적이 동일하므로, 주택부분만 주택으로 본다.

(1) 면세(주택부수토지) 면적 min[①, ②] = 1,000㎡

① max(200㎡, 200㎡ × 5배 도시지역 내) = 1,000㎡

② 2,500㎡ × (200㎡ ÷ 400㎡) = 1,250㎡

(2) 과세(상가부수토지) 면적 : 2,500㎡ − 1,000㎡ = 1,500㎡

2. 과세표준 : 1,650,000

(1) 건물 : $₩3,000,000 \times \frac{200,000,000}{400,000,000} \times \frac{200㎡}{400㎡} = 750,000$

(2) 토지 : $₩3,000,000 \times \frac{200,000,000}{400,000,000} \times \frac{1,500㎡}{2,500㎡} = 900,000$

13 정답 ③

재화 또는 용역을 공급받은 사업자가 대손세액의 전부 또는 일부를 매입세액으로 공제받은 경우로서 공급자의 대손이 그 공급을 받은 사업자가 폐업하기 전에 확정되는 경우에는 관련 대손세액에 해당하는 금액을 세법상 대손이 확정된 날이 속하는 과세기간의 매입세액에서 공제한다.

14 정답 ②

$$(2,200,000 + 1,100,000) \times \frac{10}{110} = 300,000$$

매출처 乙은 1기 과세기간 내에는 부도발생 6개월 경과가 아니므로 법인세법상 대손사유에 해당하지 않음.

제5장 매입세액과 차감납부세액

매입세액 계산구조

순번	구 분	금 액	세 율	세 액
(1)	세금계산서수취분매입세액*	×××		○○○
(2)	예정신고누락분	×××		○○○
(3)	매입자발행세금계산서에의한매입세액	×××		○○○
(4)	신용카드매출전표등수취분*	×××		○○○
(5)	의제매입세액	×××	2/102 등	○○○
(6)	과세전환매입세액			○○○
(7)	재고매입세액			○○○
(8)	변제대손세액			○○○
(9)	대손처분받은세액			○○○
(10)	매입세액불공제액*			○○○
=	매입세액공제액	(1)+(2)+(3)+(4)+(5)+(6)+(7)+(8)−(9)−(10)		

* (1)에는 매입세액불공제 여부를 불문한 모든 금액을 기재 후 (10)에서 차감함(총액방식). 단, (4)에는 처음부터 매입세액공제가능한 금액만을 기재함(순액방식)

차가감납부세액 계산구조

매 출 세 액
− 매 입 세 액

= 납 부 세 액
− 경 감 공 제 세 액 ➠ 신용카드매출전표 등 발행공제 · 전자신고세액공제 등
− 예정신고미환급세액 ➠ 예정신고시 환급되지 않았던 금액
− 예정고지납부세액 ➠ 개인사업자의 경우 예정신고 때 이미 고지 및 납부했던 금액
+ 가 산 세 ➠ 7장 참고

= 차 가 감 납 부 세 액 ➠ 차가감납부세액의 74.7%는 부가가치세로, 25.3%는 지방소비세로 함* 개정

* 부가가치세와 지방소비세를 신고 · 납부 · 경정 · 환급시에는 부가가치세와 지방소비세를 합한 금액을 신고 · 납부 · 경정 · 환급함

5.1 매입세액

1. 세금계산서 수취분 매입세액 등

구 분		내 용
(1) 세금계산서 수취분매입세액		사업자가 재화·용역을 공급받거나 재화를 수입할 때 지급한 매입세액 중 세금계산서에 의해 확인되는 금액(사업양수자의 대리납부 규정에 따라 납부한 부가가치세 매입세액 포함) ➡ 구입일(*not* 사용시점)이 속하는 예정·확정신고기간
(2) 매입자발행세금계산서에 의한 매입세액*	1) 의미	공급자가 세금계산서를 발급하지 않은(거부하는) 경우(공급자의 부도·폐업 등으로 공급자가 수정세금계산서 또는 수정전자세금계산서를 발급하지 아니한 경우 포함) 매입자가 관할 세무서장의 확인을 받아 매입세액공제를 받는 제도
	2) 공급자	세금계산서 발급의무가 있는 사업자(영수증 발급대상 사업자 중 거래상대방의 요구시 세금계산서 발급의무가 있는 사업자 O)
	3) 공급받는자	모든 사업자(일반과세자·간이과세자·면세사업자 포함)
	4) 발행대상	거래사실의 확인신청대상이 되는 거래건당 공급대가가 5만원 이상(해당재화 또는 용역의 공급시기가 속하는 과세기간 종료일로부터 1년 이내 신청)
(3) 신용카드매출전표 등 수취분	1) 의미	일반과세자 ㊟ 로부터 재화 또는 용역을 공급받고 부가가치세액이 별도로 구분 가능한 신용카드매출전표 등을 발급받은 경우
	2) 요건	① 신용카드매출전표 등 수령명세서를 제출할 것 ② 신용카드매출전표 등을 그 거래사실이 속하는 과세기간에 대한 확정신고를 한 날부터 5년간 보관할 것 ③ 매입세액불공제 사유가 아닐 것(예 접대관련매입) ④ 간이과세자가 영수증을 발급하여야 하는 기간에 발급한 신용카드매출전표 등이 아닐 것

* 기타규정

① 신청인은 세금계산서 발급시기부터 3개월 이내에 기획재정부령이 정하는 거래사실확인신청서에 거래사실을 객관적으로 입증할 수 있는 서류를 첨부하여 신청인의 관할세무서장에게 거래사실의 확인을 신청해야 함

② 신청을 받은 관할세무서장은 신청서에 공급자의 인적사항이 부정확하거나 신청서 기재방식에 흠이 있는 경우에는 신청일부터 7일 이내에 일정한 기간을 정하여 보정요구 가능

③ 신청인이 제보정요구에 응하지 아니하거나 다음에 해당하는 경우에는 신청인의 관할세무서장은 거래사실의 확인을 거부하는 결정을 함
- 신청기간을 넘긴 것이 명백한 경우
- 신청서의 내용으로 보아 거래당시 미등록사업자 및 휴·폐업자와 거래한 것이 명백한 경우

㊟ 신용카드매출전표 등 수취분에 의한 매입세액공제는 ①간이과세자 영수증만 발급해야 하는 자 ②일반과세자 중 세금계산서 발급 금지대상업종(미용·욕탕 등)으로부터 수취할 경우에는 적용 불가능함

2. 의제매입세액공제

구 분		내 용
(1) 의 미		과세사업자가 ①면세로 농산물 등을 구입하여 제조 · 가공한 재화 · 용역의 공급이 ②과세되는 경우(면세를 포기하여 영세율이 적용되는 경우는 제외)에는 매입액에 소정의 비율을 곱한 금액을 매입세액으로서 공제함(누적효과를 완화하기 위한 제도임)
(2) 공제요건	1) 공제대상일 것	면세로 공급받은 농산물 · 축산물 · 수산물 · 임산물과 소금(면세되는 1차 가공과정의 부산물, 미가공식료품의 단순혼합, 단순가공식료품인 김치 · 두부 등도 가능)
	2) 공제서류 제출할 것	예정 · 확정신고시 아래의 서식을 제출해야 함. 단, 제조업을 영위하는 사업자가 (증빙발급이 곤란한) 농 · 어민으로부터 면세농산물 등을 직접 공급받은 경우에는 의제매입세액공제신고서만을 제출해도 (구입증빙 없이) 적용가능 ① 매입처별계산서합계표 ② 신용카드매출전표 등 수령명세서
(3) 계산방식	1) 세액계산	의제매입세액 = 면세농산물 등의 매입가액 × 2/102 등 주1
	2) 매입가액	① 원재료의 매입가액 : 운임 등의 부대비용을 제외 ② 사업자가 직접 제조 · 채취 등을 한 경우 : 법인세법 · 소득세법에 의한 취득가액 ③ 수입되는 면세농산물 등 : 관세의 과세가격(관세는 제외)
(4) 공제시기		면세농산물 등의 구입일(*not* 사용일)이 속하는 예정 또는 확정신고시
(5) 재계산		의제매입세액으로서 공제한 면세농산물 등을 ①그대로 양도 · 인도하거나 ②면세사업을 위해 사용 · 소비하거나 ③개인적공급 · 사업상증여 등 기타 목적을 위하여 사용하거나 소비하는 경우 재계산한 금액을 납부세액에 가산하거나 환급세액에서 공제함

주1 의제매입세액공제율

구 분		의제매입세액공제율
(1) 일반업종		2/102
(2) 음식업	1) 일반음식업	개인 8/108[*1], 법인 6/106
	2) 과세유흥장소	2/102
(3) 중소제조업		4/104[*2]

*1 과세표준 2억원 이하인 경우 2026.12.31.까지 9/109

*2 과자점업, 도정업, 제분업 및 떡류 제조업 중 떡방앗간을 경영하는 개인사업자는 6/106

㊟2 의제매입세액 한도

구 분		한 도*	
		음식점업	기타업종
(1) 개인사업자	① 과세표준이 1억원 이하시	과세표준 ×75%	과세표준 × 65%
	② 과세표준이 1억원 초과 2억원 이하시	과세표준 × 70%	
	③ 과세표준이 2억원 초과시	과세표준 × 60%	과세표준 × 55%
(2) 법인사업자		과세표준 × 50%	

* 의제매입세액 공제한도는 해당 과세기간인 6개월을 기준으로 계산하므로 예정신고시 의제매입세액공제는 별도의 한도를 적용하지 아니하고, 확정신고시 의제매입세액공제 적용시에만 한도를 적용함(이 때 예정신고시 이미 공제받은 금액을 확정신고시 정산함)

참 고 제조업의 의제매입세액공제 특례

구 분	내 용
(1) 특 례 대 상	다음의 요건을 모두 충족하는 제조업을 영위하는 사업자 ① 1역년에 공급받은 면세농산물 등의 가액 대비 제1기 과세기간에 공급받은 면세농산물 등의 가액의 비중이 75% 이상이거나 25% 미만일 것 ② 해당 과세기간에 속하는 1역년 동안 계속하여 제조업을 영위하였을 것
(2) 의 제 매 입 세액의 계산	제2기 과세기간에 대한 납부세액을 확정신고시, 다음의 금액을 의제매입세액으로 함 제2기 과세기간 의제매입세액 = Min[①, ②] − 제1기 과세기간 의제매입세액 ① 1역년에 공급받은 면세농산물 등의 가액 × 공제율 ② 1역년에 면세농산물 등과 관련하여 공급한 과세표준 합계액 × 적용률* × 공제율 * 적용률 법인사업자 : 40% 개인사업자 : 1역년 과세표준이 4억원 이하인 경우 : 55%(4억원 초과시 45%)

참 고 조세특례제한법상의 의제매입세액공제

구 분	재활용폐자원에 대한 의제매입세액공제
(1) 대 상	일반과세자가 아닌 자로부터 재활용폐자원 · 중고차를 구입
(2) 공 제 액	취득가액 × 3/103, 중고차는 10/110
(3) 취득가액한도	재활용폐자원 과세표준 × 80% − T/I 수취분 재활용폐자원매입가액(고정자산매입분 제외)

3. (면세로 구입 후) 과세전환 매입세액

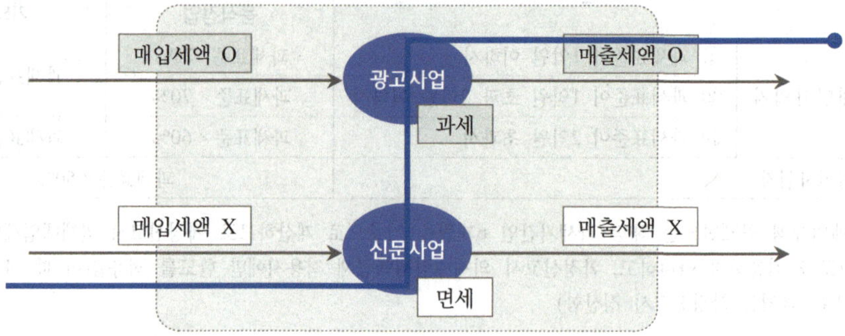

<table>
<tr><th>구 분</th><th colspan="2">내 용</th></tr>
<tr><td>(1) 의 미</td><td colspan="2">당초 면세사업용으로 매입하여 매입세액 불공제 당한 재화를 향후 과세사업에 사용 · 소비하면 (매출세액이 뒤늦게나마 나올 것이므로) 당초의 매입세액 불공제액을 과세사업에 사용 · 소비하는 날에 매입세액으로 공제해 주는 제도 (면세전용의 반대개념)</td></tr>
<tr><td>(2) 공 제 요 건</td><td colspan="2">① (기존에) 면세사업에서 구입 시 매입세액이 불공제되었던 감가상각자산일 것
② 취득일이 속하는 과세기간 후에 과세사업에 전용할 것
③ 과세사업에 전환한 확정신고시 신고할 것 (예정신고 때에는 적용 안됨)</td></tr>
<tr><td rowspan="2">(3) 계 산 금 액</td><td>1) 완 전 전 용</td><td>해당재화 매입세액 × (1 − 25%* × 경과기간수)</td></tr>
<tr><td>2) 일 부 전 용</td><td>해당재화 매입세액 × (1 − 25%* × 경과기간수) × 일부전용 과세기간 $\frac{\text{과세}}{\text{총}}$ 공급가액 ㈜</td></tr>
</table>

* 건물과 구축물은 5%

㈜ 일부전용 관련 규정

① 과세공급가액이 총공급가액의 5% 미만인 경우에는 공제세액은 없는 것으로 봄

② 일부전용 시 공급가액이 없는 경우의 안분계산방법 및 정산방법 등은 6장 참고

4. 매입세액불공제

구 분	내 용
(1) 사업 무관지출 매입세액	업무무관자산의 취득 · 관리비용, 공동경비 중 초과 분담비율 등
(2) 등 록 전 매 입 세 액	단, 공급시기가 속하는 과세기간이 끝난 후 20일 이내에 등록 신청한 경우 그 과세기간내의 매입세액은 공제허용
(3) 세금계산서 미수취 · 부실기재* 및 합계표의 미제출 · 부실기재	세금계산서를 발급받지 않은 경우 주1, 합계표를 제출하지 않은 경우 주2
(4) 비영업용 소형승용차구입 · 임차 · 유지 관련 매입세액	개인적인 목적으로 사용되는 경우가 많은 이유 등으로 매입세액 불공제함. 다만 운수업, 자동차판매업, 자동차임대업, 운전학원업, 무인경비업(출동차량에 한정)은 매입세액공제 업종에 해당함
(5) 토 지 관 련 매 입 세 액	토지의 매입 및 자본적 지출에 대한 매입세액 포함 주3
(6) 면세사업 등 관련 매입세액	VAT가 면제되는 재화 · 용역을 공급하는 사업(카지노 사업 등 VAT가 비과세 되는 사업포함)에 관련된 매입세액을 불공제함 주4
(7) 기업업무추진비 관련 매입세액	개인적인 목적으로 사용되는 경우가 많은 이유 등으로 매입세액 불공제함

* 공급가액이 사실과 다르게 적힌 경우에는 사실과 다르게 적힌 금액의 차액에 해당하는 세액을 불공제함

주1 다음의 경우에는 매입세액 공제가 가능함

① 사업자등록을 신청한 사업자가 사업자등록증 발급일까지의 거래에 대하여 해당 사업자 또는 대표자의 주민등록번호를 적어 발급받은 경우

② 발급받은 세금계산서의 필요적 기재사항 중 일부가 착오로 사실과 다르게 적혔으나 그 세금계산서에 적힌 나머지 필요적 기재사항 또는 임의적 기재사항으로 보아 거래사실이 확인되는 경우

③ 재화 또는 용역의 공급시기 이후에 발급받은 세금계산서로서 해당 공급시기가 속하는 과세기간의 확정신고기한까지 발급받은 경우(공급시기 후 세금계산서 발급특례 규정에 따라 발급받은 경우를 포함)

④ 전자세금계산서 의무발급 사업자로부터 발급받은 전자세금계산서로서 국세청장에게 전송되지 아니하였으나 발급한 사실이 확인되는 경우

⑤ 전자세금계산서 의무발급 사업자로부터 발급받은 전자세금계산서 외의 세금계산서로서 재화 또는 용역의 공급시기가 속하는 과세기간의 확정신고기한까지 발급(공급시기 후 세금계산서 발급특례 규정에 의한 발급을 포함)받았고, 그 거래사실도 확인되는 경우

⑥ 실제로 재화 또는 용역을 공급하거나 공급받은 사업장이 아닌 사업장을 적은 세금계산서를 발급받았더라도 그 사업장이 총괄하여 납부하거나 사업자 단위 과세 사업자에 해당하는 사업장인 경우로서 그 재화 또는 용역을 실제로 공급한 사업자가 납세지 관할 세무서장에게 해당 과세기간에 대한 납부세액을 신고하고 납부한 경우

⑦ 재화 또는 용역의 공급시기가 속하는 과세기간에 대한 확정신고기한 이후 세금계산서를 발급받았더라도 그 세금계산서의 발급일이 재화 또는 용역의 공급시기가 속하는 과세기간에 대한 확정신고기한 다음날부터 1년 이내인 다음의 어느 하나인 경우

가. 발급받은 세금계산서와 함께 과세표준수정신고서 및 경정청구서를 제출하는 경우

나. 거래사실이 확인되어 납세지 관할 세무서장 등이 결정 또는 경정하는 경우

⑧ 재화 또는 용역의 공급시기 이전에 세금계산서를 발급받았더라도 그 세금계산서의 발급일부터 재화 또는 용역의 공급시기가 30일 이내에 도래하고 거래사실이 확인되어 납세지 관할 세무서장 등이 결정 또는 경정하는 경우

⑨ 거래의 실질이 위탁매매 또는 대리인에 의한 매매에 해당하나 거래 당사자 간 계약에 따라 해당 거래를 위탁매매 또는 대리인에 의한 매매로 보지 않고 발급받은 세금계산서로서 그 계약에 따른 거래사실이 확인되고 거래 당사자가 납세지 관할 세무서장에게 해당 과세기간에 납부세액을 신고하고 납부한 경우

⑩ 거래의 실질이 위탁매매 또는 대리인에 의한 매매에 해당하지 않으나 거래 당사자 간 계약에 따라 해당 거래를 위탁매매 또는 대리인에 의한 매매로 보고 발급받은 세금계산서로서 그 계약에 따른 거래사실이 확인되고 거래 당사자가 납세지 관할 세무서장에게 해당 과세기간에 납부세액을 신고하고 납부한 경우

주2 지연제출 관련 요약[*1]

구 분	매입세액공제 여부	가산세 부과 여부
① 예정신고기한까지 제출하여야 할 것을 확정신고시 제출하는 경우	매입세액 공제	가산세 배제
② 수정신고 · 경정청구 · 기한 후 신고시 제출하는 경우	매입세액 공제	가산세 배제
③ 경정(≒ 세무조사 등)시 경정기관의 확인을 거쳐 제출하는 경우	매입세액 공제	가산세 적용

*1 T/I의 후발급이 아닌, 합계표의 지연제출 임에 유의할 것(즉, T/I는 당초 거래시기에 적절히 발급되었다고 가정함)

주3 토지 관련 및 자본적 지출 매입세액 불공제 사례

① 토지의 취득 및 형질변경 · 공장부지 · 택지조성 등에 관련된 매입세액

② 건축물이 있는 토지를 취득하여 건축물을 철거하고 토지만을 사용하거나 취득한 건축물을 철거하고 새로운 건축물을 신축하는 경우에 철거한 건축물의 취득 및 철거비용에 관련된 매입세액

③ 토지의 가치를 현실적으로 증가시켜 토지의 취득가액을 구성하는 비용에 관련된 매입세액

주4 과세사업자가 과세사업용으로 취득한 재화를 국가 등에 무상으로 공급하여 '면세거래(*not* 면세사업)'를 적용 받는 경우에는, 해당 매입세액은 면세사업 관련 매입세액이 아니므로 매입세액 공제 가능함

5.2 차가감 납부세액

<table>
<tr><th>구 분</th><th colspan="2">내 용</th></tr>
<tr><td rowspan="3">(1) 신용카드 매출전표 등 발행공제</td><td>1) 공제대상</td><td>영수증 발급대상 사업을 영위하는 개인사업자(법인 불가, 개인사업자 중 각 사업장의 직전사업연도 재화 · 용역의 공급가액합계액이 10억원을 초과하는 경우 제외)가 부가가치세가 과세되는 재화 · 용역을 공급하고 세금계산서의 발급 시기에 신용카드매출전표, 직불카드영수증, 기명식선불카드영수증, 현금영수증을 발행하거나 전자적 결제수단에 의하여 대금을 결제 받는 경우</td></tr>
<tr><td>2) 공제액</td><td>① 공제액 : 발급금액 또는 결제금액 × 1.3%(2027.1.1.부터 1%)
② 공제한도 : 연간 1,000만원(2027.1.1.부터 500만원)</td></tr>
<tr><td>3) 환급제한</td><td>납부할 세액(= 납부세액 − 다른 공제세액(전자신고세액공제 · 전자T/I 발급세액공제) + 가산할 세액(가산세 제외))을 한도로 하여 공제 가능 ➠ 초과분을 환급해주진 않음</td></tr>
<tr><td>(2) 전자신고에 대한 세액공제</td><td colspan="2">납세자가 직접 전자신고방법에 의하여 부가가치세 확정신고를 하는 경우에는 해당 납부세액에서 1만원을 공제(연간 2만원)</td></tr>
<tr><td>(3) 전자세금계산서 발급 · 전송 세액공제</td><td colspan="2">직전연도 사업장별 공급가액(면세 공급가액 포함)이 3억원 미만인 개인사업자 또는 해당 연도 신규 사업 개시 개인사업자가 전자세금계산서를 2027.12.31.까지 발급하는 경우

공제금액 = Min[① , ②]
① 전자세금계산서 발급 건수 × 200원
② 한도 : 연간 100만원</td></tr>
<tr><td>(4) 일반택시운송사업자에 대한 경감</td><td colspan="2">부가가치세 납부세액의 99%를 2026.12.31.까지 경감</td></tr>
<tr><td>(5) 예정신고 미환급세액</td><td colspan="2">예정신고기간의 일반환급세액은 (조기환급이 아닌 한, 일반환급은 확정신고에만 환급이 되므로) 확정신고시 공제해 줌</td></tr>
<tr><td>(6) 예정고지 납부세액</td><td colspan="2">예정신고 시 고지납부세액방식으로 납부한 개인사업자 등은 확정신고시 이를 공제해 줌</td></tr>
</table>

연습문제

01 부가가치세 매입세액공제에 관한 설명으로 옳지 않은 것은? CTA 2013

① 면세재화를 제조 · 공급하는 사업자가 구입한 원재료관련 부가가치세는 매입세액으로 공제받을 수 없다.

② 건축물이 있는 토지를 구입하여 건축물을 철거하고 토지만을 사용하는 경우 철거비용 관련 부가가치세는 매입세액으로 공제받을 수 없다.

③ 주무관청으로부터 허가 · 인가 또는 등록 · 신고하지 않은 학원의 경우 건물 임차료에 대한 부가가치세는 매입세액으로 공제받을 수 없다.

④ 세무사사무소 직원이 업무용으로 사용하는 개별소비세 과세대상 소형승용자동차의 수리 관련 부가가치세는 매입세액으로 공제받을 수 없다.

⑤ 골프장 토지 소유자가 골프코스를 조성하기 위해 지출한 정지비에 대한 부가가치세는 매입세액으로 공제받을 수 없다.

02 부가가치세법상 매입세액공제 및 납부세액에 관한 설명으로 옳은 것은? CPA 2018

① 건축물이 있는 토지를 취득하여 그 건축물을 철거하고 토지만 사용하는 경우에 철거한 건축물의 취득 및 철거 비용과 관련된 매입세액은 공제하지 아니한다.

② 면세농산물을 공급받아 과세재화와 면세재화를 공급하는 사업자가 당기 중에 매입하였으나 사용하지 않은 면세농산물은 의제매입 세액공제를 적용하지 아니한다.

③ 일반과세자가 간이과세를 적용받게 되면 일반과세자인 경우에 공제받지 못한 매입세액을 추가적으로 공제하기 위하여 간이 과세자의 납부세액에서 차감한다.

④ 2025년 6월 25일에 사업을 개시하고 2025년 7월 15일 사업자등록 신청을 한 도매업자가 2025년 6월 28일에 매입한 상품에 대한 매입세액은 공제받을 수 없다.

⑤ 과세사업에만 사용하던 감가상각대상 재화를 면세사업에만 사용 하게 된 경우에는 불공제되는 매입세액을 계산하여 납부세액에 가산한다.

03 다음은 과세유흥장소가 아닌 음식점업을 경영하는 ㈜A(사업개시일: 2025. 4. 10.)의 2025년 제1기 과세기간의 매입내역이다. 이를 근거로 제1기 부가가치세 확정신고시 공제받을 수 있는 의제매입세액공제액은 얼마인가? (단, 의제매입세액공제 한도는 고려하지 아니하고 의제매입세액을 공제받기 위한 모든 요건은 충족되었다고 가정함. 또한, 주어진 자료 이외에는 고려하지 아니하고, 원 단위 미만은 절사함) CTA 2016

(1) 쌀과 활어를 각각 15,000,000원과 28,000,000원에 구입하였다.
(2) 미국에서 가공하지 않은 바닷가재를 직수입하였으며 그 가액은 12,000,000원으로 관세가 2,000,000원 포함되어 있다.
(3) 사업자인 영덕수산으로부터 가공하지 않은 대게를 인터넷으로 직접 구입하고 그 대금으로 21,000,000원을 신용카드로 결제하였다.
(4) 위 매입액 중 6월말 기준 재고액 37,100,000원을 제외하고는 모두 음식재료로 사용되었다.

① 2,088,679원 ② 3,000,000원 ③ 4,188,679원
④ 4,301,886원 ⑤ 4,313,207원

04 다음은 복숭아도매업과 복숭아통조림제조업을 겸영하고 있는 중소기업이 아닌 ㈜A의 공급 및 매입내역이다. 이 자료를 이용하여 ㈜A의 2025년 제1기 과세기간의 의제매입세액공제액을 계산하면 얼마인가? (단, 의제매입세액을 공제받기 위한 제반 요건은 충족되었다고 가정함) CTA 2015

(1) 2024년 제2기와 2025년 제1기 과세기간의 공급가액(전액 국내매출)은 다음과 같다.

구 분	2024년 제2기분	2025년 제1기분
복숭아도매업	30,000,000원	76,500,000원
복숭아통조림제조업	120,000,000원	127,500,000원
합 계	150,000,000원	204,000,000원

(2) 2025년 제1기 과세기간의 복숭아 매입가액은 80,000,000원으로 과세기간 중 사용내역은 다음과 같다. (단, 2025. 1. 1. 현재 복숭아의 기초재고는 없다고 가정함)
① 판매한 복숭아(원가상당액) : 18,800,000원
② 통조림제조에 소비한 금액 : 51,000,000원
③ 과세기간 종료일 현재 복숭아 재고액 : 10,200,000원

① 750,000원 ② 875,000원 ③ 1,000,000원
④ 1,125,000원 ⑤ 1,160,000원

05 ㈜A는 의류를 제작하여 판매를 하는 중소기업으로 일반과세자이다. 제2기 예정신고기간(2025.7.1. ~ 2025.9.30.) 중에 공급받은 재화 및 용역의 거래내역이다. ㈜A의 2025년 제2기 예정신고기간의 매입세액공제액으로 옳은 것은? CPA 2017

(1) 국내거래처로부터 원단을 구입하고 공급가액 350,000,000원의 세금계산서를 수취하였다.
(2) 자매결연을 맺은 고아원에 보내기 위해 사업과 관련없이 장난감을 구입하면서 공급가액 8,000,000원의 신용카드매출전표를 수취하였다.
(3) 출자임원(소액주주 아님) 사택으로 사용하고 있는 ㈜A 소유의 주택에 대한 유지비용을 지출하면서 공급가액 10,000,000원의 세금계산서를 수취하였다.
(4) 공급가액 30,000,000원(세금계산서 수취)에 구입한 재화를 거래처에 접대 목적으로 무상 이전하였다.
(5) 생산직 직원들의 작업복으로 사용할 목적으로 의류를 구입하고 공급가액 4,000,000원의 세금계산서를 수취하였다.
(6) 특별한 언급이 없는 한 세금계산서와 신용카드매출전표는 적법하게 발급 및 수취되었다고 가정한다.

① 35,000,000원 ② 35,400,000원 ③ 35,800,000원
④ 36,800,000원 ⑤ 39,800,000원

06 일반과세자로 제조업을 영위하는 ㈜갑의 2025년 제2기 매입거래이다. ㈜갑의 2025년 제2기 매입세액공제액으로 옳은 것은? CPA 2020

> (1) 공급가액 9,000,000원의 원재료를 구입하고 착오로 공급가액 10,000,000원의 세금계산서를 수령하였으나 기타의 기재사항으로 보아 그 거래사실과 금액이 동일 과세기간에 확인되었다.
> (2) 업무용소형승용차의 대여료를 지급하고 공급가액 2,000,000원의 세금계산서를 수령하였다.
> (3) 종업원 식대를 지급하고 신규로 사업을 시작한 간이과세자로부터 공급대가 1,320,000원의 신용카드매출전표를 수령하였다.
> (4) 직원 사택의 수리비를 지급하고 공급가액 4,000,000원의 세금계산서를 수령하였다.
> (5) 관세의 과세가격이 10,000,000원인 원재료를 수입하였는데, 이에 대한 관세는 800,000원이며 세관장이 발행한 수입세금계산서를 수령하였다. 관세와 부가가치세를 제외한 세금은 없다.

① 2,100,000원　② 2,280,000원　③ 2,300,000원
④ 2,380,000원　⑤ 2,500,000원

07 다음의 자료에 따라 과세사업인 음식점을 운영하는 ㈜A의 2025년 제1기 부가가치세 확정신고시의 공제가능한 매입세액을 계산한 것으로 옳은 것은? (단, 주어진 자료의 금액은 부가가치세가 포함되지 아니한 금액이며, 1기의 과세표준은 2억원이다.) CPA 2010

> (1) 2025년 4월 1일부터 2025년 6월 30일까지의 매입명세는 다음과 같고, 별도의 기술이 없는 경우 ㈜A는 매입과 함께 세금계산서 또는 계산서를 발급받았다.
> 가. 4월 10일에 외국산 미가공농산물을 53,000,000원에 매입하여 식품제조용 원료로 전부 사용하였다.
> 나. 5월 3일에 음식점 건물의 임대인인 ㈜갑에게 4월부터 6월까지의 임차료 21,000,000원을 지급하였다. 단, ㈜갑이 발급한 세금계산서는 착오로 공급가액이 20,000,000원으로 기재되었으나 해당 세금계산서의 세액(2,100,000원) 또는 수량(3개월) 및 단가(7,000,000원) 등으로 보아 임차료가 21,000,000원인 사실을 확인할 수 있다.
> 다. 5월 25일에 음식물 배달을 위해 5인승의 승용자동차(배기량 2,000cc)를 25,000,000원에 매입했다.

라. 6월 30일에 대형 냉장고를 10,000,000원에 매입했는데, 세금계산서는 7월 25일에 발급받았다.

(2) 2025년 3월 25일에 ㈜을로부터 간판을 5,000,000원에 매입하고 세금계산서를 발급받았으나 ㈜A는 2025년 제1기 예정신고기간의 매입세액에서 이를 누락하여 공제받지 못하였다.

(3) 2025년 5월 1일에 ㈜병으로부터 경영자문용역을 4,000,000원에 매입했으나 ㈜병이 세금계산서를 발급하지 않아서 ㈜A는 5월 10일에 사업장 관할세무서장에게 거래사실의 확인을 신청하였다. 6월 1일에 사업장 관할세무서장으로부터 거래사실 확인 통지를 받은 ㈜A는 5월 1일(㈜병의 사업장 관할세무서장이 확인한 거래일자임)을 작성일자로 하여 매입자발행세금계산서를 발행하여 ㈜병에게 발급하였다.

① 5,000,000원 ② 5,500,000원 ③ 5,600,000원
④ 7,000,000원 ⑤ 8,500,000원

08 일반과세자로 음식점을 운영하는 개인사업자 갑의 2025년 제2기 부가가치세 관련 자료이다. 갑의 2025년 제2기 확정신고시 납부세액과 차가감납부세액(지방소비세 차감 전)으로 옳은 것은? CPA 2020

(1) 공급가액 : 450,000,000원
  - 공급가액 중 350,000,000원에 대하여는 신용카드매출전표 385,000,000원(부가가치세 포함)을 발행함

(2) 세금계산서 수령 매입세액 : 10,000,000원(기업업무추진비 관련 매입세액 500,000원 포함)

(3) 거래처의 부도로 대손처리한 받을어음 내역*

대손금액 (부가가치세 포함)	부도발생일	공급일
2,200,000원	2025년 6월 1일	2024년 1월 1일

* 대손세액공제신고서와 대손사실을 증명하는 서류를 제출함

(4) 의제매입세액 : 2,000,000원(한도 내 금액)

(5) 2025년 제1기 신용카드매출전표 발행세액공제액 : 4,500,000원

(6) 중간예납고지액과 가산세는 없으며, 전자신고 방식에 의하여 확정신고함

(7) 갑의 2024년 공급가액 합계액 : 900,000,000원

	납부세액	차가감납부세액 (지방소비세 차감 전)
①	33,200,000원	27,790,000원
②	33,200,000원	27,800,000원
③	33,300,000원	27,790,000원
④	33,300,000원	28,285,000원
⑤	33,300,000원	28,740,000원

09 다음 자료에 의하여 ㈜A의 2025년 제1기 부가가치세 확정신고 시 차가감 납부할 세액(지방소비세 포함)을 계산하면 얼마인가? CTA 2015

(1) 2025. 4. 6. 현재 보유하고 있는 토지와 건물을 346,500,000원(부가가치세 포함)을 받고 함께 처분하였다. 토지와 건물의 실지거래가액의 구분은 불분명하며, 장부가액과 소득세법 제99조에 따른 기준시가는 다음과 같다.

구 분	장부가액	기준시가
건 물	200,000,000원	150,000,000원
토 지	275,000,000원	220,000,000원

(2) 2025. 4. 10. 건축물이 있는 토지를 취득하여 토지만 사용하기 위하여 건축물을 철거하였다. 철거한 건축물의 취득과 관련된 매입세액은 1,000,000원이고, 철거비용에 관련된 매입세액은 300,000원이다.

(3) 2023년 제2기 부가가치세 확정신고 시 매입세액에서 차감한 대손세액은 200,000원이었다. 동 대손세액과 관련하여 2025. 2. 1. 대손금액 전부를 변제하였으며, 2025년 제1기 확정신고 시 변제사실을 증명하는 서류를 첨부하여 대손세액변제신고서를 제출하였다.

(4) 위 자료 외에 부가가치세법 및 다른 법률에서 정하는 공제세액 등은 고려하지 않는다.

① 12,000,000원 ② 12,200,000원 ③ 12,300,000원
④ 13,300,000원 ⑤ 13,500,000원

정답 및 해설

01 정답 ③

주무관청으로부터 허가 · 인가 또는 등록 · 신고하지 않은 학원은 부가가치세법상 면세가 되지 않는다. 즉 이런 경우에는 부가가치세 매출세액을 부담하므로 건물 임차료에 대한 부가가치세도 과세 대응을 위해서는 매입세액으로 공제받을 수 있다.

02 정답 ①

② 의제매입세액은 매입시점에 공제하므로 매입하였으나 사용하지 않은 면세농산물에 대한 의제매입세액공제도 공제된다.

③ 간이과세자가 일반과세를 적용받게 되면 재고매입세액을 공제하며, 일반과세자가 간이과세를 적용받게 되면 재고납부세액을 납부하여야 한다.

④ 공급시기가 속하는 과세기간이 끝난 후 20일 이내에 등록을 신청한 경우 과세기간 기산일까지 역산한 기간 이내의 매입세액을 공제한다. 그러므로 2025년 6월 25일에 사업을 개시하고 2025년 7월 15일 사업자등록신청을 한 도매업자가 2025년 6월 28일에 매입한 상품에 대한 매입세액은 공제받을 수 있다.

⑤ 과세사업에만 사용하던 감가상각대상 재화를 면세사업에만 사용하게 된 경우에는 면세전용으로 공급으로 의제하며, 매입세액을 조정하지 않는다.

03 정답 ③

(43,000,000 + 10,000,000* + 21,000,000) × 6/106 = 4,188,679

* 12,000,000 − 2,000,000 = 10,000,000

04 정답 ③

(1) 의제매입세액: 1,125,000

① 통조림제조 : 51,000,000 × 2/102 = 1,000,000

② 기말재고액 : 10,200,000 × 127,500,000/204,000,000 × 2/102 = 125,000

(2) 한도액 : 127,500,000 × 40% × 2/102 = 1,000,000

∴ 의제매입세액 공제액: 1,000,000

05 정답 ②

매입세액공제액: 350,000,000 × 10% + 4,000,000 × 10% = 35,400,000

* 고아원관련 매입세액과 출자임원 사택관련 매입세액은 업무무관 매입세액으로 불공제대상임
  접대목적 재화구입은 매입세액으로 불공제대상임

06 정답 ④

구 분	금 액	비 고
원 재 료	900,000	9,000,000*1 × 10%
업무용승용차	–	비영업용 소형승용차 관련 매입세액 불공제
종업원식대	–	신규로 사업을 시작한 간이과세자로부터 받은 영수증은 매입세액 불공제
직원 사택 수리비	400,000	4,000,000×10%
원재료수입	1,080,000	(10,000,000 + 800,000*2)×10%
합 계	2,380,000	

*1 착오의 경우 그 밖의 기재사항으로 보아 거래사실이 확인되는 경우 매입세액을 공제함

*2 재화 수입의 과세표준은 관세의 과세가격과 관세를 포함한 금액임

07 정답 ④

구 분	금 액	계 산 내 역
의제매입세액	3,000,000	$\min \left[\frac{200,000,000 \times 3\%}{53,000,000}\right] \times 6 / 106$
임 차 료	2,100,000	21,000,000 × 10%
소형승용차	–	비영업용이므로 매입세액 불공제
대형냉장고	1,000,000	공급시기 이후 발급받은 경우, 당해 공급시기가 속하는 과세기간에 대한 확정신고기한(7. 25)까지 발급받았으므로 매입세액 공제함.
간 판	500,000	5,000,000 × 10% 예정미공제는 확정 때 가능
경영자문용역	400,000	4,000,000 × 10% 매입자발행세금계산서
합 계	7,000,000	

08 정답 ④

(1) 매출세액 : 45,000,000 − 200,000(대손세액공제*) = 44,800,000

* 2,200,000 × 10/110 =200,000

(2) 매입세액 : (10,000,000 − 500,000) + 2,000,000(의제매입세액) = 11,500,000

(3) 납부세액 : 44,800,000 − 11,500,000 = 33,300,000

(4) 경감 · 공제세액 : 10,000(전자신고세액공제) + 5,005,000 = 5,015,000

* 신용카드매출전표 발행세액공제 : 385,000,000 × 1.3% = 5,005,000
연간 1천만원 한도 중 1기 공제액이 4,500,000이므로 2기 한도는 5,500,000임

(5) 차가감납부세액 = 33,300,000 − 5,015,000 = 28,285,000

09 정답 ④

구 분	금 액	계 산 내 역
1. 매 출 세 액	13,500,000	346,500,000 × [150,000,000/(150,000,000 × 1.1 + 220,000,000)] × 10%
2. 매 입 세 액	(−) 200,000	
일 반	−	
대손세액변제	(−) 200,000	
3. 납 부 세 액	13,300,000	
4. 차가감납부세액	13,300,000	

제6장 겸영사업자의 세액안분

6.1 과세표준과 매입세액의 안분계산

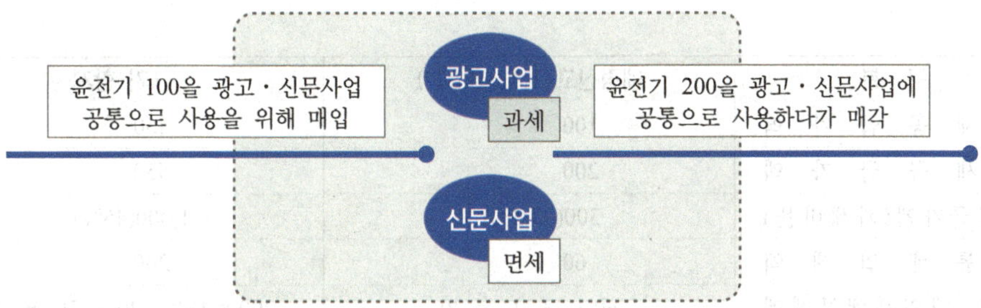

㊟ 지금까지는 광고사업과 신문사업에서 각각 매입 및 매각(공급)을 한다고 가정했으나, 현실적으로 공통매입 · 공통매출이 더 자주 발생함 ➡ 과세분과 면세분*을 안분하여 과세분만 매입세액공제 · 과세표준산출을 하여야 함 ➡ 이 때 가장 합리적인 방법은 과세와 면세의 매출액(공급가액) 비율임

* 면세공급가액 : 면세사업 등에 대한 공급가액과 사업자가 해당 면세사업 등과 관련하여 받았으나 과세표준에는 포함되지 아니하는 국고보조금 · 공공보조금 등의 합계액임.

1. 공통과세표준 및 공통매입세액의 안분계산

구 분	공통과세표준의 안분계산	공통매입세액[*3]의 안분계산
(1) 안분계산 방 법 ㊟1	공통공급가액 × 직전과세기간 $\frac{\text{과세}}{\text{총}}$ 공급가액[*1]	공통매입세액 × 해당과세기간 $\frac{\text{과세}}{\text{총}}$ 공급가액[*2]
(2) 안분계산 생 략	① (공급단위별) 재화 공급가액이 50만원 미만 ② 직전과세기간 총공급가액 중 면세공급가액이 5% 미만. 단, 해당 재화 공급가액이 5천만원 이상인 경우는 생략 안함 ③ 재화공급일이 속하는 과세기간에 신규로 사업을 시작 ➡ 이 경우 전부 과세표준임	① 해당과세기간 공통매입세액이 5만원 미만 ② 해당과세기간 총공급가액 중 면세공급가액이 5% 미만, 단 공통매입세액이 5백만원 이상인 경우는 생략 안함 ③ 해당과세기간에 신규로 사업을 시작한 사업자가 해당 과세기간 공통으로 사용하던 재화를 공급하여 과세표준의 안분계산을 생략한 재화의 매입세액 ➡ 이 경우, 전부 매입세액공제

*1 만약 당기 3.10.에 공통매출을 했다면, 해당기간의 과세비율은 아직 산정 안됐을 것이므로 직전기간 과세비율을 씀
*2 매입세액공제는 살 때마다 건건으로 공제받는 것이 아니라 6개월 합계치를 매입세액 공제로 신고할 것이므로 1기 과세기간 끝나고 해당기간의 과세비율로 안분 가능함
*3 과세 · 비과세 겸영사업자에 대하여도 공통매입세액을 안분함

주1 예정신고 안분계산에 대한 확정신고시 정산

공통매입세액은 예정신고시 (그 당시의 최선의 추정치인) 예정신고기간의 공급가액으로 안분계산하고, 확정신고시 정산함

사례

예정 및 확정신고 시의 공통매입세액 관련 자료가 다음과 같을 때, 정산금액은?

해답

구 분	예정신고(1.1.~3.31.)	1기 합계
과 세 공 급 가 액	100	450
면 세 공 급 가 액	200	550
총공급가액(과세비율)	300(33.3%)	1,000(45%)
공 통 매 입 세 액	60	200
안분 매입세액공제액	60 × 33.3% = 20	200 × 45% − 20 = 70 ➠ 정산

주2 안분계산의 특례

(1) 과세표준안분 계산특례

공통매입세액을 사용면적비율로 안분계산한 경우, 과세표준도 사용면적비율로 안분함

(2) 공통매입 세액안분계산특례

1) 해당과세기간 구입한 재화를 (바로) 그 과세기간에 공급한 경우

① 신규사업자 : 전부과세 & 전부공제(앞 표의 (2) ③을 의미함)

② 계속사업자 : 과세표준의 안분계산 방법을 따름(즉, 직전 과세기간의 과세비율)

2) 공급가액이 없는 경우 ➠ 공급가액비율로 안분할 수 없으므로, 대용치를 사용할 수 밖에 없음[*1]

➠ 향후 과세사업과 면세사업의 공급가액이나 사용면적이 확정되는 과세기간에 정산함[*2]

① 총매입가액에 대한 과세사업 관련 매입가액의 비율 ➠ 해당과세기간 $\frac{\text{과세}}{\text{총}}$ 매입가액

② 총예정공급가액에 대한 과세사업 예정공급가액비율 ➠ 해당과세기간 $\frac{\text{과세(예정)}}{\text{총(예정)}}$ 공급가액

③ 총예정사용면적에 대한 과세사업 예정사용면적비율 ➠ 해당과세기간 $\frac{\text{과세(예정)}}{\text{총(예정)}}$ 사용면적

*1 건물을 신축 · 취득한 경우로서 ③의 비율이 있으면 ①과 ②의 비율보다 우선 적용함. ③의 비율을 적용 후, 향후에 건물 신축 · 취득 후 사용면적이 확정되면 실제사용면적비율에 따라 공통매입세액을 정산함

*2 공통매입세액의 정산공식

$$\text{가산 · 환급되는 세액} = \text{공통매입가액} \times \frac{\text{과세공급가액(또는 사용면적)}}{\text{총공급가액(또는 사용면적)}} - \text{이미공제받은세액}$$

6.2 기타 안분유형

1. 의제매입세액의 안분계산

구 분	내 용
(1) 의 미	과 · 면세 겸영사업자가 면세농산물 등을 구입하여 과 · 면세에 사용하는 경우 실지귀속에 따라 의제매입세액공제대상인지 구분함. 단, ①사용분 중 과세인지 면세인지의 실지귀속이 불분명한 것과 ②차기이월분은 공통매입세액의 안분계산 규정을 준용하여 의제매입세액공제대상을 구분함
(2) 계 산 액	의제매입세액 = 매입가액 × 해당과세기간 $\frac{\text{과세}}{\text{총}}$ 공급가액 × 2/102 등

과세사업자 vs 과 · 면세 겸영사업자의 의제매입세액공제 적용 여부

구 분	과세사업자		과 · 면세 겸영사업자	
(1) 면세농산물 등 당기사용액	① 과 세 사 용	O	① 과 세 사 용	O
			② 면 세 사 용	X
			③ 공통사용 중 귀속불분명	안분계산
	② 그대로양도 등	X	④ 그 대 로 양 도 등	X
(2) 면세농산물 등 기말재고액	O		안분계산	

2. 납부(환급)세액의 재계산

구 분	내 용
(1) 의 미	사업자가 과 · 면세사업에 공통으로 사용하는 감가상각자산에 대하여 공통매입세액의 안분계산을 적용함 ➠ 이후 과세기간의 면세비율이 증감되는 경우 당초 받았던 공통매입세액 안분 비율이 바뀌어야 하므로 이 비율을 재계산해야 함 ➠ 이 결과 납부(환급)세액 재계산을 함 ① (향후) 면세비율이 증가 ➠ 매입세액불공제 증가 ➠ 납부세액 ② (향후) 면세비율이 감소 ➠ 매입세액불공제 감소 ➠ 환급세액
(2) 적용요건	① 과 · 면세사업에 공통으로 사용되는 감가상각자산에 대하여 매입세액 공제 · 공통매입세액 안분계산 · 공통매입세액정산 등, 이미 매입세액 공제를 적용한 경우일 것 ② 면세비율이 (직전 재계산 기간과 비교하여) 5% 이상 증감된 경우일 것
(3) 계 산 액	납부(환급)세액 = 공통매입세액 × (1 − 25%* × 경과기간 수) × 증감 면세비율
(4) 적용배제	과 · 면세사업 공통재화를 공급(실질공급과 간주공급)한 과세기간 ➠ (팔렸으므로) 재계산 적용 안함

* 건물 · 구축물의 경우 5%

예 2025.1기에 운전기를 공통매입세액 100으로 매입 시, 그 이후 기간별 재계산액은?

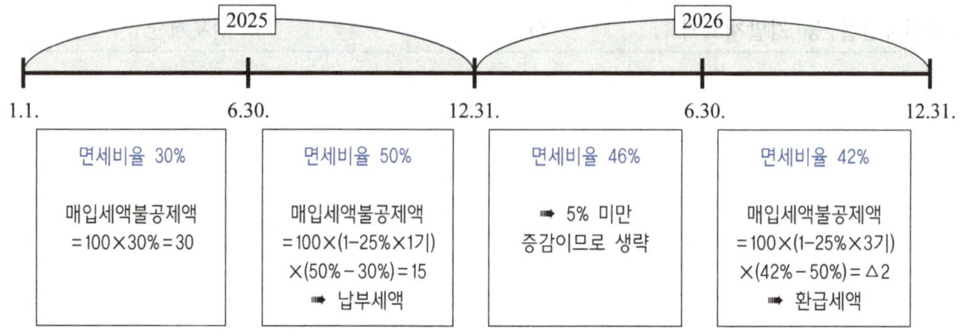

연습문제

01 계속사업자인 ㈜A는 2025년 제1기에 과세사업과 면세사업에 공통으로 사용할 건물을 취득하여 1억원의 공통매입세액이 발생하였다. 각 과세기간별 부가가치세 면세비율의 계산과 관련된 상황이 다음과 같을 때, 과세기간별 면세사업에 관련한 불공제매입세액의 계산에 적용할 비율로 옳은 것은? CTA 2011

> (1) 2025년 제1기: 당해 과세기간에 면세사업의 공급가액이 없으나, 예정공급가액과 예정사용면적은 구분할 수 있음
>
> (2) 2025년 제2기: 과세사업과 면세사업의 공급가액을 모두 알 수 있으나, 과세사업과 면세사업의 사용면적이 확정되지 아니함
>
> (3) 2026년 제1기: 과세사업과 면세사업의 공급가액을 모두 알 수 있고, 과세사업과 면세사업의 사용면적도 확정됨
>
> (4) 관련 비율은 다음과 같다.
> A = 면세공급가액 / 총공급가액
> B = 면세사업과 관련된 예정공급가액 / 총예정공급가액
> C = 면세사업과 관련된 예정사용면적 / 총예정사용면적
> D = 면세사업과 관련된 사용면적 / 총사용면적

	2025년 제1기	2025년 제2기	2026년 제1기
①	B	A	A
②	B	B	A
③	C	A	A
④	C	A	D
⑤	C	C	D

02 과세사업과 면세사업을 겸영하는 일반과세자 甲이 두 사업에 공통으로 사용되는 차량운반구(화물운반용 트럭)를 매각하였다. 다음 자료에 의하여 차량운반구의 매각과 관련된 부가가치세 과세표준금액은? CTA 2020

(1) 2025년 제1기와 제2기 과세기간의 공급가액 내역

구 분	제1기	제2기
과세사업	50,000,000원	80,000,000원
면세사업	150,000,000원	120,000,000원

(2) 차량운반구의 취득일은 2024년 7월 30일이고 취득가액은 30,000,000원이다. (단, 취득가액은 매입세액을 공제받은 가액임)

(3) 차량운반구의 매각일은 2025년 8월 8일이고 매각금액은 22,000,000원(부가가치세가 포함되지 않음)이다.

① 3,750,000원 ② 4,000,000원 ③ 5,000,000원
④ 5,500,000원 ⑤ 8,800,000원

03 부동산임대사업자 ㈜B는 다음의 임대용 부동산을 양도하였다. 부동산 양도에 따른 부가가치세 과세표준을 계산한 것으로 옳은 것은? 단, 아래에 제시된 금액들은 부가가치세를 포함하지 아니한 것이다. CPA 2016

(1) 건물의 1층은 상가, 2층은 사무실, 3층은 주택이며, 각 층의 면적은 각각 $40m^2$이다. 부수토지의 면적은 $400m^2$이며, 도시지역에 있다.

(2) 건물과 부수토지는 2025년 6월 6일에 200,000,000원을 받고 양도하였다. 양도가액 중 건물가액과 토지가액의 구분은 불분명하다.

(3) 양도한 부동산의 가액 (단위: 원)

구 분	취득가액	장부가액	기준시가	감정평가액*
건 물	60,000,000	40,000,000	64,000,000	54,000,000
부수토지	40,000,000	40,000,000	96,000,000	126,000,000
계	100,000,000	80,000,000	160,000,000	180,000,000

* 감정평가는 2024년 9월 9일에 감정평가업자에 의해 시행되었다.

① 40,000,000원 ② 60,000,000원 ③ 80,000,000원
④ 53,333,333원 ⑤ 156,666,666원

04 양계 후 생닭으로 판매하는 축산회사 ㈜H의 2025년 3월 3일 회사 사옥 및 부수토지 양도 관련 자료이다. 2025년 제1기 예정신고시 부동산 양도에 따른 부가가치세 과세표준은 얼마인가? 제시된 자료의 금액에는 부가가치세가 포함되지 아니하였다. CPA 2019

(1) 건물의 구입시부터 1층($100m^2$)은 K은행 점포 임대에 사용하고 있으며, 2층부터 5층(총 $400m^2$)은 ㈜H가 사무실로 사용하고 있다. 부수토지의 면적은 $300m^2$이다.

(2) 건물과 부수토지를 100,000,000원에 양도하였다. 양도가액 중 건물가액과 토지가액의 구분은 불분명하다.

(3) 양도한 부동산의 가액

구 분	취득가액	기준시가	감정평가액
건 물	30,000,000원	35,000,000원	40,000,000원
부수토지	20,000,000원	35,000,000원	60,000,000원
계	50,000,000원	70,000,000원	100,000,000원

(4) 건물 취득시 발생한 매입세액 중 공제가능액은 사용면적비율에 따라 계산되었으며, 감정평가는 2025년 2월 2일에 감정평가업자에 의해 시행되었다.

(5) 회사 공급가액의 비율

구 분	2024년 제2기	2025년 제1기
생닭판매	60%	70%
부동산 임대수익	40%	30%

① 8,000,000원 ② 10,000,000원 ③ 16,000,000원
④ 40,000,000원 ⑤ 0원

05 다음 자료에 의하여 수산물(고등어) 도매업과 통조림 제조업을 겸영하고 있는 ㈜대한(조세특례제한법상 중소기업이 아님)의 2025년 제1기 과세기간의 의제매입세액공제액은? (단, 제시된 금액은 부가가치세를 포함하지 않는 금액이며, 의제매입세액공제를 받기 위한 요건은 충족하였고 원 단위 미만은 절사함) CTA 2020

(1) 2024년 제2기와 2025년 제1기 과세기간의 공급가액(국내매출)은 다음과 같다.

구 분	2024년 제2기	2025년 제1기
수산물 도매업	20,000,000원	50,000,000원
통조림 제조업	180,000,000원	200,000,000원

(2) 2025년 제1기분 수입물 매입명세

① 국내수산물 매입액 : 80,000,000원(매입부대비용 6,000,000원을 포함함)

② 국외수산물 수입액 : 30,000,000원(관세의 과세가격은 28,000,000원이며 관세는 2,000,000원으로 함)

(3) 2025년 제1기분 수산물 사용명세(2025년 1월 1일 현재 수산물 기초재고는 없음)

구분	수량
수 산 물 판 매 분	3,000kg
통조림 제조 사용분	9,000kg
기 말 재 고	3,000kg
합 계	15,000kg

① 1,520,000원 ② 1,560,000원 ③ 1,568,627원 ④ 1,600,000원 ⑤ 1,657,154원

06 의료보건 용역을 제공하는 개인사업자 갑은 2025.10.2. 사업을 개시하였다. 다음은 갑의 2025년 제2기 부가가치세 확정신고와 관련된 사항이다. 갑이 2025년 제2기 확정신고할 때 납부하여야 할 부가가치세(지방소비세를 포함한 금액임)로 옳은 것은? 단, 가산세와 세액공제는 고려하지 않으며 아래에 제시된 금액들은 부가가치세를 포함하지 아니한 것이다. CPA 2017

(1) 2025.10.2. ~ 2025.12.31.까지의 공급가액은 다음과 같다.

구 분	금 액
미용 관련 시술*	192,000,000원
질병치료 관련 시술	8,000,000원

* 미용 관련 시술은 부가가치세 과세대상 거래에 해당된다.

(2) 2025.10.3. 병원운영을 위해 상가건물을 100,000,000원에 구입하였다.

(3) 2025.10.8. 미용시술에 사용할 의료용기계를 25,000,000원에 구입하였고, 같은 날 병원운영을 위해 침대 등 비품을 5,000,000원에 구입하였다.

(4) 2025.10.10. 질병치료 목적에 사용하기 위한 의약품을 2,000,000원에 구입하였다.

(5) 업무목적으로 사용할 승용차(개별소비세 과세대상)를 30,000,000원에 구입하였다.

(6) 모든 매입거래는 전자세금계산서를 수취하였으며, 병원운영목적으로 구입한 재화는 미용 및 질병치료에 공통으로 사용된다.

① 3,200,000원 ② 3,740,000원 ③ 6,200,000원
④ 6,620,000원 ⑤ 6,800,000원

07 부가가치세 겸영사업자인 신문사 ㈜A의 2025년 제1기 과세기간 확정신고시 ㉠ 공제받지 못할 매입세액과 2025년 제2기 과세기간 확정신고시 납부·환급세액을 재계산하여 ㉡ 납부세액에 가산(또는 공제)하거나 환급세액에 가산(또는 공제)할 금액은 얼마인가? (단, 다음 자료의 금액은 부가가치세가 포함되지 아니한 금액이고, 건물의 과세 및 면세사용면적은 구분되지 않으며, 세금계산서 등의 증명서류는 회사설립 이후 현재까지 적법하게 수령 및 발급되었다고 가정함. ㉡의 경우 납부세액에 가산하거나 환급세액에 공제하는 것은 (+)로, 납부세액에 공제하거나 환급세액에 가산하는 것은 (-)로 표시함) CTA 2017

(1) ㈜A는 2025.2.1.에 사업용 건물을 3,000,000,000원에 구입하였다.

(2) 광고료 및 신문판매 공급가액 자료

구 분	2024년 제2기	2025년 제1기	2025년 제2기
광 고 료 수입	2,000,000,000원	3,000,000,000원	3,000,000,000원
신문판매 수입	2,000,000,000원	2,000,000,000원	1,000,000,000원

	㉠	㉡
①	120,000,000원	(-)42,750,000원
②	120,000,000원	(-)33,750,000원
③	120,000,000원	(+)42,750,000원
④	150,000,000원	(-)40,500,000원
⑤	150,000,000원	(-)33,750,000원

08 도서출판업(면세)을 하고 있는 ㈜A는 도서출판업에만 사용하던 재화를 2025. 4. 1. 광고사업용에도 공통으로 사용하게 되었다. 과세사업 전용과 관련하여 ㈜A가 2025년 제1기 부가가치세 확정신고 시 매입세액으로 공제받을 수 있는 금액은 얼마인가?

CTA 2015

(1) 광고사업용으로 전용한 도서출판용 재화

구 분	취득일	매입가액	당초매입세액 불공제액	비 고
건 물	2023. 8. 10.	30,000,000원	3,000,000원	일부전용
기계장치	2024. 6. 11.	15,000,000원	1,500,000원	일부전용
원 재 료	2025. 1. 19.	600,000원	60,000원	일부전용

(2) 공급가액

구 분	2024년 제2기	2025년 제1기	2025년 제2기
도서출판업	600,000,000원	400,000,000원	300,000,000원
광고사업	–	100,000,000원	200,000,000원
합 계	600,000,000원	500,000,000원	500,000,000원

① 660,000원　② 690,000원　③ 720,000원
④ 735,000원　⑤ 810,000원

09 부가가치세 과세사업인 제조업 및 부동산임대업과 면세사업인 과일판매업을 겸영하는 ㈜A의 2025년 제1기 예정신고기간(2025. 1. 1. ~ 3. 31.)의 거래내용은 다음과 같다. 2025년 제1기 예정신고기간의 부가가치세 납부세액은 얼마인가? (단, 부가가치세 부담 최소화를 가정함) CTA 2012

(1) 제조업과 과일 판매업의 공급가액은 다음과 같다.

구 분	2024년 제2기 과세기간	2025년 제1기 과세기간
제조업(국내판매)	225,000,000원	105,000,000원
과 일 판 매 업	75,000,000원	45,000,000원
합 계	300,000,000원	150,000,000원

(2) 제조업과 과일판매업의 2025년 제1기 예정신고기간에 발급받은 세금계산서상 매입세액은 다음과 같다(단, 공통매입세액은 실지 귀속이 불분명하며 면세관련 매입세액 외에는 모두 공제가능함).

구 분	금 액
제 조 업 매 입 세 액	8,000,000원
과일판매업 매입세액	3,500,000원
공 통 매 입 세 액	4,000,000원
합 계	15,500,000원

(3) 2024.3.10. 제조업에서 공급한 재화 7,700,000(부가가치세 포함)에 대한 받을어음이 2024. 9. 30.에 부도가 발생하였다.

(4) ㈜A는 특수관계인이 아닌 乙에게 무상임대하던 건물(부수토지 포함)을 2025. 1. 5.에 ㈜B에게 1,701,000,000원(부가가치세포함)에 양도하였는데 그 가액의 구분은 불분명하며, 공급계약일 현재 토지 · 건물에 관한 자료는 다음과 같다(단, 건물은 주택이 아니며 임대 외의 다른 용도로 사용되지 아니함).

구 분	장부가액	기준시가
토 지	500,000,000원	760,000,000원
건 물	200,000,000원	340,000,000원
합 계	700,000,000원	1,100,000,000원

① 46,950,000원 ② 50,000,000원 ③ 50,500,000원
④ 50,700,000원 ⑤ 50,900,000원

10 과세사업과 면세사업을 겸영하는 제조업자 ㈜갑의 2025년 자료이다. 공통매입세액 정산과 납부·환급세액 재계산 규정을 고려한 ㈜갑의 2025년 제2기 확정신고시 부가가치세 납부세액으로 옳은 것은? 단, 제시된 금액은 부가가치세를 포함하지 아니한 금액이며, 2025년 제2기 예정신고까지의 부가가치세 신고·납부는 정확하게 이루어졌다. CPA 2020

(1) 공급가액의 내역

기 간	과 세	면 세
1월 ~ 3월	50,000,000원	50,000,000원
4월 ~ 6월	30,000,000원	70,000,000원
7월 ~ 9월	49,000,000원	51,000,000원
10월 ~ 12월	51,000,000원	49,000,000원

(2) 매입세액의 내역

기 간	과 세	면 세	공 통
1월 ~ 3월	2,500,000원	3,000,000원	2,000,000원*1
4월 ~ 6월	2,200,000원	3,300,000원	–
7월 ~ 9월	2,500,000원	3,500,000원	1,000,000원*2
10월 ~ 12월	3,500,000원	2,500,000원	–

*1 2025년 2월 1일에 과세사업과 면세사업에 공통으로 사용하기 위하여 기계장치를 20,000,000원에 구입하였으며 실지귀속은 알 수 없다.

*2 2025년 9월 1일에 과세사업과 면세사업에 공통으로 사용하기 위하여 운반용 트럭을 10,000,000원에 구입하였으며 실지귀속은 알 수 없다.

① 1,430,000원　② 1,435,000원　③ 1,440,000원
④ 1,442,500원　⑤ 1,450,000원

정답 및 해설

01 정답 ⑤

(1) 2025년 제1기: 당해 과세기간에 면세사업의 공급가액이 없으므로 예정공급가액과 예정사용면적을 대용치로 사용함. 이 때 건물의 경우 예정사용면적을 우선 적용함

(2) 2025년 제2기: 면적을 우선적용 했으나, 면적이 확정되지 않았으므로 2025년 제1기 동일

(3) 2026년 제1기: 사용면적이 확정되었으므로 예정사용면적이 아닌 실제사용면적 기준인 D를 적용함

02 정답 ④

과세표준 = 22,000,000 × 25%* = 5,500,000

* 공통공급시의 비율은 직전 과세기간 과세 공급가액 비율이 원칙임

03 정답 ①

건물 중 국민주택 이외분 과세표준: 200,000,000 × 54,000,000/180,000,000 × 80/120
= 40,000,000

* 국민주택(전용면적 85㎡이하) 및 해당 주택의 건설용역은 면세임

04 정답 ①

100,000,000 × 40,000,000/100,000,000* × $100m^2/500m^2$ = 8,000,000

* 공급시기가 속하는 과세기간의 직전 과세기간 개시일(2024.7.1.)부터 공급시기가 속하는 과세시간 종료일(2025.6.30.)까지 감정평가업자가 평가한 가액이 있으므로 감정가액으로 안분계산함

05 정답 ①

(1) 의제매입세액 : 1,520,000

① 통조림제조 : 102,000,000 × 9,000kg/15,000kg × 2/102 = 1,200,000

② 기말재고액 : 102,000,000 × 3,000kg/15,000kg× 200,000,000/250,000,000 × 2/102
= 320,000

(2) 한도액 : 200,000,000 × 40% × 2/102 = 1,568,627

06 정답 ④

구 분	금 액	계 산 내 역
1. 매 출 세 액	19,200,000	192,000,000×10%
2. 매 입 세 액	(−)12,580,000	
건 물	9,600,000	10,000,000 × 96%*
기 계	2,500,000	
비 품	480,000	500,000 × 96%*
3. 납 부 세 액	6,620,000	

* 192,000,000 / (192,000,000 + 8,000,000) = 96%
해당 과세기간의 총공급가액 중 면세공급가액이 5% 미만이지만, 공통매입세액이 500만원 이상(10,000,000 + 500,000 = 10,500,000)이므로 안분계산한다.

07 정답 ①

(1) 공제받지 못할 매입세액
300,000,000 × 20억원/50억원 = 120,000,000

(2) 납부세액의 재계산
300,000,000 × (1 − 5% × 1기) × (25%* − 40%*) = (−)42,750,000

* 면세비율: 2025년 제2기 10억원 / 40억원 = 25%, 2025년 1기 20억원 / 50억원 = 40%

08 정답 ①

(1) 건물 : 3,000,000 × (1 − 5% × 3기) × 100,000,000/500,000,000 = 510,000

(2) 기계장치 : 1,500,000 × (1 − 25% × 2기) × 100,000,000/500,000,000 = 150,000

(3) 합계 : 660,000

* 과세사업 전용과 관련한 매입세액 공제는 감가상각대상 자산에 대하여만 계산하므로 원재료는 해당사항 없음

09 정답 ④

구 분	금 액	계 산 내 역
1. 매출세액	61,500,000	
일반	10,500,000	105,000,000 × 10%
건물분 공급	51,000,000	510,000,000*1 × 10%
대손세액공제	–	*2
2. 매입세액	10,800,000	
일반	8,000,000	
공통	2,800,000	4,000,000원 × 10.5억원/15억원
3. 납부세액	50,700,000	

*1 $1{,}701{,}000{,}000\text{원} \times \dfrac{3.4\text{억원}}{7.6\text{억원} + 3.4\text{억원} \times 1.1} = 510{,}000{,}000$

*2 예정신고시에는 적용하지 아니함

10 정답 ③

(1) 매출세액 : 51,000,000 × 10% = 5,100,000

(2) 매입세액 : 3,510,000

① 일반매입세액 : 3,500,000

② 공통매입세액 : 1,000,000 × (50%*1 − 49%*2) = 10,000

*1 2025년 2기 과세공급가액 비율 :
(49,000,000 + 51,000,000) / (49,000,000 + 51,000,000 + 51,000,000 + 49,000,000) = 50%

*2 2025년 2기 예정신고기간 과세공급가액 비율 : 49,000,000 / (49,000,000 + 51,000,000) = 49%

(3) 납부세액의 재계산 : 2,000,000 × (1 − 25% × 1) × (50%*1 − 60%*2) = △150,000

*1 2025년 2기 면세공급가액 비율 : 1 − 50% = 50%

*2 2025년 1기 면세공급가액 비율 :
(50,000,000 + 70,000,000) / (50,000,000 + 50,000,000 + 30,000,000 + 70,000,000) = 60%

(4) 납부세액 : 5,100,000 − 3,510,000 + △150,000 = 1,440,000

제7장 거래징수 및 세금계산서

7.1 거래징수 및 세금계산서

1. 거래징수

구 분	내 용
(1) 의 미	사업자가 재화 · 용역을 공급할 때 VAT를 거래상대방으로부터 징수하는 제도
(2) 징수대상	① 사업자(면세사업자 제외)는 VAT 과세대상 재화 · 용역을 공급한 경우 부가가치세의 거래징수 의무가 있음 ② 영세율대상인 경우에는 매출세액이 0(영)이므로 거래징수 할 세액이 없음 ③ 부가가치세법은 공급자가 사업자 여부인지가 중요하므로, 사업자는 거래상대방이 최종소비자 · 사업자 · 과세사업자 · 면세사업자 여부와 관계없이 거래징수 의무가 있음 (예 최종소비자가 중고차매매상으로부터 중고차를 구입하는 경우 ➡ 공급자는 중고차매매상(사업자일 것임)이므로 중고차매매상은 거래징수 의무가 있음)

2. 세금계산서 개념

구 분	내 용
(1) 의 미	과세사업자가 재화 · 용역의 공급 시 VAT를 거래징수한 사실을 증명하기 위해 공급받는 자에게 발급하는 세금증빙
(2) 기 능	송장 · 청구서 · 대금영수증 · 증빙서류 · 과세자료로서의 기능
(3) 필 요 적 기재사항	① 공급하는 사업자의 등록번호 · 성명 · 명칭 ② 공급받는 자의 등록번호 ③ 작성연월일 ④ 공급가액과 부가가치세액

주 ① 공급받는 자의 상호 · 성명 · 주소, 공급연월일 등은 임의적 기재사항임.
② 필요적 기재사항 미기재시 : 공급자 ➡ 가산세, 공급받는 자 ➡ 매입세액불공제(가산세는 없음)의 penalty 있음

3. 세금계산서 기타사항

구 분		내 용
(1) T/I 발급 특례 주1		아래의 경우에는 재화 · 용역의 공급한 달의 다음달 10일까지 T/I를 발급할 수 있음 ① 거래처별로 1역월의 공급가액을 합계하여 해당 월의 말일자를 발행일자로 하여 세금계산서를 발급하는 경우(월합계 T/I) ② 거래처별로 1역월 이내에서 사업자가 임의로 정한 기간의 공급가액을 합계하여 그 기간의 종료일자를 발행일자로 하여 세금계산서를 발급하는 경우 ③ 관계 증명서류 등에 따라 실제거래사실이 확인되는 경우로서 해당 거래일자를 발행일자로 하여 세금계산서를 발급하는 경우
(2) 수정 T/I 발급	1) 처음 공급한 재화의 환입	재화가 환입된 날이 작성일자가 됨(비고란에 당초 세금계산서 작성일자를 덧붙여 적은 후 붉은색 글씨로 쓰거나 음(陰)의 표시로 발급) ➡ 당초 작성일자 X
	2) 계약의 해제로 인한 미공급	계약해제일이 작성일자가 됨(비고란에 처음 세금계산서 작성일을 부기한 후 붉은색 글씨로 쓰거나 음(陰)의 표시로 발급) ➡ 당초 작성일자 X
	3) 계약의 해지 등에 따른 증감발생	증감 사유가 발생한 날이 작성일자가 됨(증가하는 금액은 검은색 글씨로 쓰고, 차감되는 금액은 붉은색 글씨로 쓰거나 음(陰)의 표시로 발급) ➡ 당초 작성일자 X
	4) 내국신용장 발급 관련	재화 · 용역을 공급한 후 공급시기가 속하는 과세기간 종료 후 25일 이내에 내국신용장 · 구매확인서가 개설된 경우에는 당초 세금계산서 작성일자가 작성일자임(비고란에 내국신용장 개설일 등을 덧붙여 적음) ➡ 내국신용장 개설일자 X
	5) 필요적 기재사항 등이 착오로 잘못 적힌 경우	처음에 발급한 세금계산서의 내용대로 세금계산서를 붉은 글씨로 쓰거나 음(陰)의 표시로 하여 발급. 수정하여 발급하는 세금계산서는 검은색 글씨로 작성함. 단, 과세표준 또는 세액을 국가가 경정할 것을 미리 알고 있는 경우는 제외
(3) 특수한 경우의 T/I 발급	1) 위탁판매	① 일반 : 수탁자(대리인)가 재화를 인도하는 경우 ➡ 수탁자(대리인)가 위탁자(본인)의 명의로 세금계산서를 대신 발급 ② 특이 : 위탁자(본인)가 재화를 인도하는 경우 ➡ 위탁자(본인)가 세금계산서를 직접 발급함(수탁자(대리인)의 등록번호 덧붙여 적음)
	2) 위탁매입	공급자가 위탁자 또는 본인을 공급받는 자로 하여 세금계산서를 발급. 이 경우 수탁자 또는 대리인의 등록번호를 덧붙여 적어야 함
	3) 리스거래	사업자가 시설대여업자로부터 시설 등을 임차하고 해당 시설 등을 공급자(또는 세관장)로부터 직접 인도받는 경우에는 공급자(또는 세관장)가 해당 사업자에게 직접 세금계산서를 발급할 수 있음 (예 A사가 현대오토리스와 자동차리스계약을 체결 후, 현대차로부터 직접 자동차를 인도 받는 경우, 현대차가 A사에게 직접 T/I를 발급할 수 있음)
	4) 합병의 경우	합병에 따라 소멸하는 법인이 합병계약서에 기재된 합병을 한 날부터 합병등기일까지의 기간에 재화 또는 용역을 공급하거나 공급받는 경우 합병 이후 존속하는 법인 또는 합병으로 신설되는 법인이 세금계산서를 발급하거나 발급 받을 수 있음

㈜1 세금계산서 발급특례

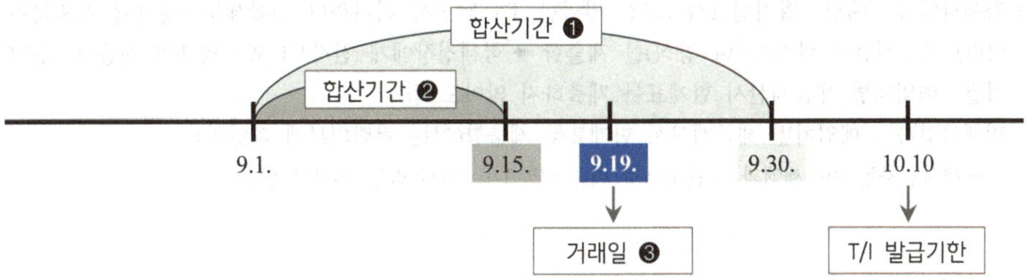

① 9.30.을 작성일자로 하여 9월(1역월)의 공급가액을 합계 ➠ 10.10.까지 발급(실무에서 이를 월합계 T/I라고 하여 매우 광범위하게 쓰임)
② 9.15.을 작성일자로 하여 15일간(1역월 이내의 임의로 정한 기간)의 공급가액을 합계 ➠ 10.10.까지 발급
③ 9.19.을 작성일자로 하여 특정거래일(9.19.)의 공급가액을 기준으로 T/I 발급 ➠ 10.10.까지 발급
(문제에서 6.30. 공급한 재화를 7.1.에 T/I를 늦게 발급하여, 2기의 과세표준으로 잡히는 경우가 있는데, 실무에서는 이럴 경우(아직 다음달 10일이 안됐으므로) 6.30.일자로 T/I를 발급함)

㈜2 수정 T/I 기타 규정

① 필요적 기재사항 등이 착오 외의 사유로 잘못 적힌 경우 : 재화 및 용역의 공급일이 속하는 과세기간에 대한 확정신고기한의 다음날부터 1년까지 세금계산서를 작성하되, 처음에 발급한 세금계산서의 내용대로 세금계산서를 붉은색 글씨로 쓰거나 음(陰)의 표시를 하여 발급하고, 수정하여 발급하는 세금계산서는 검은색 글씨로 작성. 다만, 과세표준 또는 세액을 경정할 것을 미리 알고 있는 경우*는 제외
  * 과세표준 또는 세액을 경정할 것을 미리 알고 있는 경우
    ① 세무조사의 통지를 받은 경우
    ② 세무공무원이 과세자료의 수집 또는 민원 등을 처리하기 위하여 현지출장이나 확인업무에 착수한 경우
    ③ 세무서장으로부터 과세자료 해명안내 통지를 받은 경우
    ④ 그밖에 ①부터 ③까지의 규정에 따른 사항과 유사한 경우
② 착오로 전자세금계산서를 이중으로 발급한 경우 : 당초에 발급한 세금계산서의 내용대로 음(陰)의 표시로 발급
③ 면세 등 발급대상이 아닌 거래 등에 대하여 발급한 경우 : 처음에 발급한 세금계산서의 내용대로 붉은색 글씨로 쓰거나 음(陰)의 표시로 발급
④ 세율을 잘못 적용하여 발급한 경우 : 처음에 발급한 세금계산서의 내용대로 세금계산서를 붉은색 글씨로 쓰거나 음(陰)의 표시를 하여 발급하고, 수정하여 발급하는 세금계산서는 검은색 글씨로 작성함
⑤ 일반과세자에서 간이과세자로 과세유형이 전환된 후 과세유형전환 전에 공급한 재화 또는 용역에 수정세금계산서 발급사유가 발생한 경우에는 위의 절차에도 불구하고 처음에 발급한 세금계산서 작성일을 수정세금계산서 또는 수정전자세금계산서의 작성일로 적고, 비고란에 사유 발생일을 덧붙여 적은 후 추가되는 금액은 검은색 글씨로 쓰고 차감되는 금액은 붉은색 글씨로 쓰거나 음(陰)의 표시를 하여 수정세금계산서나 수정전자세금계산서를 발급할 수 있음
⑥ 간이과세자에서 일반과세자로 과세유형이 전환된 후에 과세유형 전환전에 공급한 재화 또는 용역에 대하여 수정세금계산서 발급사유가 발생한 경우 : 처음에 발급한 세금계산서 작성일을 수정세금계산서의 작성일로 적고 비고란에 사유발생일을 덧붙여 적은 후 추가되는 금액은 검은색 글씨로 쓰고 차감되는 금액은 붉은색 글씨로 쓰거나 음의 표시를 하여 수정세금계산서를 발급해야 함

주3 세금계산서 합계표의 제출

① 과세사업자 : 예정 · 확정신고시 (그간 발급한 T/I 낱장을 하나하나 관할세무서장에게 제출하는 것이 아니라) 세금계산서 합계표(A4 양식)를 제출함 ➡ 국세청장에게 전자T/I 발급명세를 전송한 경우에는 매출처별 · 매입처별 세금계산서 합계표를 제출하지 않아도 됨

② 면세사업자* : 매입처별 세금계산서 합계표를 제출함(이는 협력의무에 해당함)

* 면세사업자는 매출세액과 무관하므로 매출처별 T/I 합계표라는 개념은 없음

4. 전자 세금계산서

구 분	내 용
(1) 발급대상자	① 법인사업자 : 의무발급 ② 개인사업자 : 직전연도의 사업장별 재화 · 용역의 공급가액(면세공급가액 포함) 합계액이 8천만원 이상*인 경우(수정신고 또는 결정 · 경정에 의해 8천만원 이상이 되는 경우에는 경정일 등이 속하는 과세 기간 다음 과세기간부터 의무발급) ➡ 이 외의 개인사업자는 선택규정에 의해서 발급 가능함 * 전자 T/I를 발급해야 하는 기간이 시작되기 1개월 전까지 세무서장은 그 사실을 해당 개인사업자에게 통지해야 함
(2) 발급명세전송	① 전자 T/I 발급 후, 발급일의 다음날까지 전자T/I 발급명세를 국세청장에게 전송해야 함 ② 전자 T/I 발급 후, 해당 재화 또는 용역의 공급시기가 속하는 예정 · 확정신고기간 마지막 날의 다음달 11일까지 전자 T/I 발급 명세를 국세청장에게 전송한 경우 • (예정 · 확정신고시) 매출처별 · 매입처별 T/I 합계표를 제출하지 않아도 됨 • T/I (낱장 하나하나)의 보존의무가 면제됨

5. 세금계산서 발급의무면제

구 분	내 용
(1) 최종소비자 · 불특정다수 대상업종	① 택시운송 · 노점 · 행상 · 무인판매기로 재화를 공급하는 경우 ② 소매업, 목욕 · 이발 · 미용업을 영위하는 자가 공급하는 재화 · 용역 ➡ 이 중 소매업은 공급받는 자가 세금계산서의 발급을 요구하지 않는 경우만 발급의무가 면제됨 ③ 전자서명법에 따른 공인인증기관이 공인인증서를 발급하는 용역. 다만, 공급받는 자가 사업자로서 세금계산서 발급을 요구하는 경우는 제외
(2) 간주관련규정	① 간주공급 : 자가 공급 · 개인적 공급 · 사업상 증여 · 폐업시 잔존재화의 경우(실제로 대가를 주고받지 않으므로 T/I 발급의무 없음) ➡ 단, 판매목적사업장 반출은 세금계산서 발급을 해야 함 ② 간주임대료 ➡ 임대인 · 임차인 누가 부담했는지와 관계없이 T/I 발급의무 없음 (월 임대료 등의 실제임대료는 T/I 발급해야 함)

구 분	내 용
(3) 영세율관련	① 수출재화 : 발급의무 면제 ② 국외제공 용역 : 발급의무 면제 ③ 외국항행용역 : 항공기운송용역, 상업서류송달용역, 국내사업장이 없는 비거주자와 외국법인에 대한 공급은 발급의무 면제 ④ 기타외화획득거래인 국내주재 외국정부기관에 대한 공급, 국내사업장이 없는 비거주자와 외국법인에 대한 공급 : 발급의무 면제* 발급대상 : ①내국신용장(구매확인서)에 의한 공급 ②수출재화 임가공용역 ③한국국제협력단(KOICA) · 한국국제보건의료재단 및 대한적십자사에 대한 공급 ④위탁가공을 위한 원료의 국외무상반출(가공된 재화를 국내사업자에게 양도하는 경우)

* 국내사업장이 없는 비거주자 · 외국법인에 대한 공급은 비거주자 · 외국법인이 외국사업자 증명서류를 제시하고 T/I 발급을 요구시에는 발급해야 함

6. 영수증

<table>
<tr><th>구 분</th><th>내 용</th></tr>
<tr><td>(1) 의 미</td><td>필요적 기재사항 중 공급받는 자의 등록번호와 부가가치세가 없는 증빙
① 영수증 발급의 경우에도 공급자는 VAT 매출세액을 납부하나, 공급받는 자는 매입세액 공제 불가
② 일반과세자로서 영수증발급업종 사업자가 신용카드 · 직불카드기로 영수증 발급시에는 공급가액과 세액을 별도 구분기재 해야 함(일반적인 신용카드매출전표를 생각하면 됨)</td></tr>
<tr><td>(2) 발 급 대상자</td><td>1) 간이과세자 중 다음의 어느 하나에 해당하는 자
① 직전연도 공급대가 합계액(직전 과세기간에 신규로 사업을 시작한 개인사업자의 경우 12개월로 환산한 금액)이 4,800만원 미만인 자
② 신규로 사업을 시작하는 개인사업자로서 사업자등록신청시 간이과세 적용신고를 하여 간이과세자로 하는 최초의 과세기간 중에 있는 자
2) 일반과세자 중 별도로 열거된 업종
<table>
<tr><th>영수증 발급 사업자</th><th>T/I 발급 가능여부</th></tr>
<tr><td>① 미용 · 욕탕 및 유사서비스업</td><td rowspan="6">(개인목적의 사용이 많으므로) 발급불가*
(단, 감가상각 자산(예 목욕탕에서 온수공급기를 처분) 등을 공급하는 경우에는 발급해야 함)</td></tr>
<tr><td>② 여객운송업(전세버스운송업 제외)</td></tr>
<tr><td>③ 입장권발행 영위사업</td></tr>
<tr><td>④ 미용목적 성형수술의 진료용역</td></tr>
<tr><td>⑤ 수의사가 제공하는 VAT 과세되는 동물 진료용역</td></tr>
<tr><td>⑥ 무도학원 · 자동차운전학원</td></tr>
<tr><td>⑦ 소매업 · 음식점업(다과점업 포함) · 숙박업</td><td>발급가능*</td></tr>
</table>
</td></tr>
</table>

구분	내용	세금계산서
(2) 발 급 대상자	⑧ 간이과세가 배제되는 전문직사업자(예 공인회계사 · 세무사 · 변호사 등) 및 행정사업 ➡ 단, 사업자에게 공급시는 세금계산서 발급함 (예 S회계법인이 S전자에 감사용역 제공시에는 T/I 발급함)	발급가능*
	⑨ 우체국택배업 · 공인인증서를 발급하는 사업	
	⑩ 주로 최종소비자에게 재화 · 용역을 공급하는 경우(주차장운영 · 도정업 · 떡방앗간 · 부동산중개업 · 양복점업 등)	
	⑪ 여객운송업 중 전세버스운송사업(예 S회계법인이 신입회계사 연수를 위해 단체버스를 빌렸을 경우, 여행사로부터 영수증 또는 T/I 발급을 요구할 수 있음)	
	⑫ 공인인증서 발급사업(단, 공급받는 사업자가 세금계산서의 발급을 요구하는 경우 제외)	
	* 거래상대방인 공급받는 일반과세자가 (자신의 사업자등록증을 제시하며, 자신의 매입세액 공제를 위해) 공급자에게 T/I의 발급을 요구하는 경우, 영수증 발급대상자도 경우에 따라 T/I를 발급할 수 있음	
(3) 발 급 효 과	① 영수증발급도 공급자는 VAT 매출세액을 납부하나, 공급받는 자는 매입세액 공제 불가(단, 신용카드매출전표 등에 VAT가 별도로 기재되었을 경우 공제 가능) ② 일반과세자로서 영수증발급업종 사업자가 신용카드 · 직불카드기로 영수증 발급시에는 공급가액과 세액을 별도 구분기재 해야 함(일반적인 신용카드매출전표를 생각하면 됨) ③ 영수증 발급대상자 중 ⑦~⑫에 해당하는 일반과세자가 신용카드 · 직불카드매출전표, 현금영수증 등을 이미 발행한 경우, 거래상대방이 T/I 발급을 요구하더라도 이중으로 T/I를 발급하지 아니함	

참 고 현금영수증가맹점 가입 · 의무발급

- 가입대상 : 주로 사업자가 아닌 소비자에게 재화나 용역을 공급하는 사업자로서 소정 요건에 해당하는 법인은 그 요건에 해당하는 날부터 3개월 이내에 현금영수증가맹점으로 가입하여야 함
- 의무발급 : 소정 업종을 경영하는 내국법인이 건당 거래금액(부가가치세액을 포함)이 10만원 이상인 재화 또는 용역을 공급하고 그 대금을 현금으로 받은 경우에는 상대방이 현금영수증 발급을 요청하지 아니하더라도 현금영수증을 발급하여야 함. 다만, 사업자등록을 한 자에게 재화나 용역을 공급하고 계산서 · 세금계산서를 발급한 경우에는 현금영수증을 발급하지 아니할 수 있음

연습문제

01 부가가치세법상 세금계산서에 관한 설명으로 옳은 것은? CTA 2020

① 법인사업자와 직전 연도의 사업장별 재화 및 용역의 공급가액(면세공급가액 포함)의 합계액이 5천만원 이상인 개인사업자는 세금계산서를 발급하려면 전자세금계산서를 발급하여야 한다.

② 계약의 해제로 재화 또는 용역이 공급되지 아니한 경우 수정세금계산서의 작성일은 처음 세금계산서 작성일로 적고, 비고란에 계약해제일을 덧붙여 적은 후 붉은색 글씨로 쓰거나 음(陰)의 표시를 하여 발급할 수 있다.

③ 처음 공급한 재화가 환입된 경우에는 재화가 환입된 날을 작성일로 적고 비고란에 처음 세금계산서 작성일을 덧붙여 적은 후 붉은색 글씨로 쓰거나 음(陰)의 표시를 하여 발급할 수 있다.

④ 전자세금계산서 발급명세 전송기한이 지난 후 재화 또는 용역의 공급시기가 속하는 과세기간에 대한 확정신고기한까지 국세청장에게 전자세금계산서 발급명세를 전송하는 경우 그 공급가액의 0.5%를 납부세액에 더하거나 환급세액에서 뺀다.

⑤ 매입자발행세금계산서를 발행하려는 자는 거래건당 공급가액이 100만원 이상인 거래에 한하여 해당 재화 또는 용역의 공급시기가 속하는 과세기간의 종료일부터 1년 이내에 신청인 관할 세무서장에게 거래사실의 확인을 신청하여야 한다.

02 세금계산서에 관한 설명으로 옳은 것은? CTA 2010

① 법인사업자가 전자세금계산서를 발급하였을 때에는 그 발급일이 속하는 달의 다음 달 25일까지 세금계산서 발급명세를 국세청장에게 전송하여야 한다.

② 사업자가 거래처별로 1역월의 공급가액을 합계하여 해당 월의 말일자를 발행일자로 하여 세금계산서를 발급하는 경우에는 재화 또는 용역의 공급일이 속하는 달의 말일까지 세금계산서를 발급하여야 한다.

③ 전자세금계산서를 발급한 사업자가 국세청장에게 세금계산서 발급명세를 전송한 경우에는 전자세금계산서를 보존할 의무가 면제된다.

④ 위탁판매의 경우에 수탁자가 재화를 인도하는 때에는 수탁자가 자기의 명의로 세금계산서를 발급하며, 위탁자가 직접 재화를 인도하는 때는 수탁자가 위탁자 명의로 세금계산서를 발급하고 위탁자의 등록번호를 부기하여야 한다.

⑤ 공급받는 자의 등록번호와 공급연월일은 세금계산서의 필요적 기재사항이다.

03 거래징수 및 세금계산서에 대한 설명이다. 옳지 않은 것은? CPA 2009

① 사업자가 재화 또는 용역을 공급하는 때에 과세표준에 10%의 세율을 적용하여 계산한 부가가치세를 그 공급을 받는 자로부터 징수하는 것을 거래징수라고 한다.

② 필요적 기재사항이 모두 기재된 신용카드매출전표와 현금영수증은 세금계산서로 본다.

③ 세금계산서 기재사항 중 작성연월일은 필요적 기재사항이고, 공급연월일은 임의적 기재사항이다.

④ 납세의무자로 등록한 사업자가 부가가치세 과세대상인 재화를 공급하는 경우에는 거래상대방이 면세사업자일지라도 세금계산서를 발급하여야 한다.

⑤ 관계증명서류 등에 따라 실제거래사실이 확인되는 경우로서 해당 거래일자를 작성연월일로 하여 재화의 공급일이 속하는 달의 다음달 10일까지 세금계산서를 발급한 경우에는 적법하게 세금계산서를 발급한 것으로 본다.

04 부가가치세법상 세금계산서에 관한 설명으로 옳지 않은 것은? CTA 2013

① 위탁매입의 경우에는 공급자가 위탁자를 공급받는 자로 하여 세금계산서를 발급하며, 이 경우에는 수탁자의 등록번호를 부기하여야 한다.

② 착오로 전자세금계산서를 이중으로 발급한 경우에는 처음에 발급한 세금계산서의 내용대로 부(−)의 표시를 하여 발급한다.

③ 직전 과세기간의 사업장별 재화 및 용역의 공급가액의 합계액이 5천만원 이상인 개인사업자는 전자세금계산서를 의무발급하여야 한다.

④ 대리인에 의한 판매의 경우에 대리인이 재화를 인도하는 때에는 대리인이 본인의 명의로 세금계산서를 발급하며, 본인이 직접 재화를 인도하는 때에는 본인이 세금계산서를 발급할 수 있다. 이 경우에 대리인의 등록번호를 부기하여야 한다.

⑤ 전자세금계산서를 발급하였을 때에는 전자세금계산서 발급일의 다음 날까지 세금계산서 발급명세를 국세청장에게 전송하여야 한다.

05 부가가치세법상 세금계산서에 관한 설명이다. 옳지 않은 것은? CPA 2020

① 자기생산 · 취득재화가 공급의제되는 경우 세금계산서 발급의무가 없으나, 판매목적 타사업장 반출로서 공급의제되는 경우에는 세금계산서를 발급하여야 한다.

② 부동산임대용역 중 간주임대료에 해당하는 부분에 대하여는 세금계산서를 발급하지 않는다.

③ 내국신용장에 의하여 영세율이 적용되는 재화의 공급은 세금계산서 발급의무가 있다.

④ 직전 연도 공급가액이 과세 2억원, 면세 2억원이며 사업장이 하나인 개인사업자가 당해 연도 제2기 과세기간에 세금계산서를 발급하려면 전자세금계산서를 발급하여야 한다.

⑤ 세금계산서를 발급한 후 계약의 해제로 재화가 공급되지 않아 수정세금계산서를 작성하고자 하는 경우 그 작성일에는 처음 세금계산서 작성일을 기입한다.

06 부가가치세법상 세금계산서에 관한 설명으로 옳은 것은? CPA 2018

① 위탁에 의하여 재화를 공급하는 위탁판매의 경우에는 수탁자가 수탁자의 명의로 세금계산서를 발급하며, 이 경우 위탁자의 등록 번호를 덧붙여 적어야 한다.

② 공급시기가 2025년 8월 25일인 재화의 공급대가를 2025년 7월 25일에 수령한 경우 2025년 7월 20일자로 세금계산서를 발급할 수 있다.

③ 세금계산서 교부의무가 있는 일반과세자로부터 재화를 공급받은 간이과세자는 공급하는 자가 세금계산서를 발급하지 아니한 경우 매입자발행 세금계산서를 발급할 수 없다.

④ 사업자는 15일 단위로 거래처별 공급가액을 합하여 그 기간이 속하는 달의 말일을 작성 연월일로 하여 세금계산서를 발급할 수 있다.

⑤ 미용업을 영위하는 일반과세자가 미용용역을 제공하는 경우에 세금계산서 발급의무가 면제되지만 공급받은 자가 사업자등록증을 제시하고 세금계산서 발급을 요구하는 경우에는 세금계산서를 발급할 수 있다.

07 부가가치세법상 세금계산서 등에 관한 설명으로 옳은 것을 모두 고른 것은? CTA 2018

ㄱ. 착오로 전자세금계산서를 이중으로 발급한 경우에는 처음에 발급한 세금계산서의 내용대로 음(陰)의 표시를 하여 수정전자세금계산서를 발급한다.

ㄴ. 세금계산서를 발급한 후 처음 공급한 재화가 환입된 경우, 재화를 처음 공급한 날을 작성일로 적고 비고란에 환입일을 덧붙여 적은 후 붉은 색 글씨로 쓰거나 음(陰)의 표시를 하여 수정세금계산서를 발급한다.

ㄷ. 관할 세무서장은 개인사업자가 전자세금계산서 의무발급 개인사업자에 해당하는 경우에는 전자세금계산서를 발급하여야 하는 기간이 시작되기 1개월 전까지 그 사실을 해당 개인사업자에게 통지하여야 한다.

① ㄱ　　② ㄴ　　③ ㄱ, ㄷ

④ ㄴ, ㄷ　　⑤ ㄱ, ㄴ, ㄷ

정답 및 해설

01 정답 ③

① 법인사업자와 직전 연도의 사업장별 재화 및 용역의 공급가액(면세공급가액 포함)의 합계액이 8천만원 이상인 개인사업자는 세금계산서를 발급하려면 전자세금계산서를 발급하여야 한다.

② 계약의 해제로 재화 또는 용역이 공급되지 아니한 경우 수정세금계산서의 작성일은 계약해제일을 적고, 비고란에 처음 세금계산서 작성일을 덧붙여 적은 후 붉은색 글씨로 쓰거나 음(陰)의 표시를 하여 발급할 수 있다.

④ 전자세금계산서 발급명세 전송기한이 지난 후 재화 또는 용역의 공급시기가 속하는 과세기간에 대한 확정신고기한까지 국세청장에게 전자세금계산서 발급명세를 전송하는 경우 그 공급가액의 0.3%를 납부세액에 더하거나 환급세액에서 뺀다.

⑤ 매입자발행세금계산서를 발행하려는 자는 거래 건당 공급대가가 5만원 이상인 거래에 한하여 해당 재화 또는 용역의 공급시기가 속하는 과세기간의 종료일부터 1년 이내에 신청인 관할 세무서장에게 거래사실의 확인을 신청하여야 한다.

02 정답 ③

① 법인사업자가 전자세금계산서를 발급하였을 때에는 그 발급일의 다음날까지 세금계산서 발급명세를 국세청장에게 전송하여야 한다.

② 사업자가 거래처별로 1역월의 공급가액을 합계하여 해당 월의 말일자를 발행일자로 하여 세금계산서를 발급하는 경우에는 재화 또는 용역의 공급일이 속하는 달의 다음달 10일까지 세금계산서를 발급하여야 한다.

④ 위탁판매의 경우에 수탁자가 재화를 인도하는 때에는 수탁자가 위탁자의 명의로 세금계산서를 발급하며, 위탁자가 직접 재화를 인도하는 때는 위탁자가 위탁자 명의로 세금계산서를 발급하고 수탁자의 등록번호를 부기하여야 한다.

⑤ 공급연월일은 세금계산서의 임의적 기재사항이다(작성연월일은 필요적 기재사항임).

03 정답 ②

필요적 기재사항이 모두 기재되었다고 해서 신용카드매출전표와 현금영수증은 세금계산서로 보는 것은 아니다. 다만 일반과세자로부터 공급받은 신용카드매출전표와 현금영수증은 매입세액공제가 가능하다.

04 정답 ③

직전 연도의 사업장별 재화 및 용역의 공급가액의 합계액이 8천만원 이상인 개인사업자는 전자세금계산서를 발급하여야 한다.

05 정답 ⑤

세금계산서를 발급한 후 계약의 해제로 재화가 공급되지 않아 수정세금계산서를 작성하고자 하는 경우 그 작성일에는 계약해제일을 기입한다.

06 정답 ②

세금계산서를 선발급하고 그 세금계산서 발급일부터 7일 이내에 대가를 받을 경우 해당 세금계산서를 발급한 때를 재화 또는 용역의 공급시기로 할 수 있다.

① 위탁판매의 경우에는 수탁자가 위탁자의 명의로 세금계산서를 발급하며, 이 경우 수탁자의 등록번호를 덧붙여 적어야 한다.

③ 세금계산서 교부의무가 있는 일반과세자로부터 재화를 공급받은 사업자(면세사업자, 간이과세자포함)는 공급하는 자가 세금계산서를 발급하지 아니한 경우 매입자발행 세금계산서를 발급할 수 있다.

④ 사업자는 15일 단위로 거래처별 공급가액을 합하여 그 기간의 종료일을 작성 연월일로 하여 세금계산서를 발급할 수 있다.

⑤ 미용업을 영위하는 일반과세자가 미용용역을 제공하는 경우에는 공급받은 자가 사업자등록증을 제시하고 세금계산서 발급을 요구하는 경우에도 세금계산서를 발급할 수 없다.

07 정답 ③

세금계산서를 발급한 후 처음 공급한 재화가 환입된 경우, 재화가 환입된 날을 작성일로 적고 비고란에 처음 세금계산서 작성일을 덧붙여 적은 후 붉은색 글씨로 쓰거나 음의 표시를 하여 수정세금계산서를 발급한다.

제8장 절차규정

8.1 신고 · 납부절차

1. 신고 · 납부

<table>
<tr><th>구 분</th><th colspan="2">내 용</th></tr>
<tr><td rowspan="3">(1) 예정신고 · 납부</td><td>1) 기 한</td><td>예정신고기간(1 ~ 3월, 7 ~ 9월) 종료일부터 25일 이내(4.25., 10. 25.)에 신고 · 납부 ➠ 개인사업자는 예정신고기간에 대해서는 고지납부 함(not 신고납부). 단, 간이과세자는 직전 과세기간에 대한 차감 납부세액 1/2를 7.25까지 예정고지 & 납부함</td></tr>
<tr><td>2) 법 인 사업자*1</td><td>대손세액공제액, 과세전환 매입세액공제, 일반환급, 가산세, 전자신고세액공제, 납부(환급)세액재계산은 예정신고시 적용 X</td></tr>
<tr><td>3) 개 인 사업자</td><td>① 원칙 ➠ 고지납부 : 직전 과세기간 납부세액의 1/2에 해당하는 금액*2 (1천원 미만은 버림)을 결정 ➠ 예정신고기간 종료 후 10일 이내(4.10., 10.10.)에 고지서를 발부 및 징수함 (①징수하여야 할 금액이 50만원 미만인 경우 ②간이과세자가 해당 과세기간 개시일 현재 일반과세자로 변경된 경우에는 예정기간 시 징수하지 않고 확정신고시 한 번에 징수)
② 특례 ➠ 예정신고선택 : 다음의 개인사업자는 예정신고를 선택 가능함
a. 휴업 · 사업부진 등으로 각 예정신고기간의 공급가액 또는 납부세액이 직전 과세기간의 공급가액 또는 납부세액의 1/3에 미달하는 자
b. 각 예정신고기간분에 대하여 조기환급을 받고자 하는 자</td></tr>
<tr><td rowspan="2">(2) 확정신고 · 납부</td><td>1) 기 한</td><td>확정신고기간 종료일부터 25일 이내(7.25., 1.25.)에 신고 · 납부 ➠ 예정신고 · 조기환급신고시 이미 신고한 내용은 확정신고대상에서 제외</td></tr>
<tr><td>2) 절 차</td><td>부가가치세확정신고서와 매출처별 · 매입처별세금계산서합계표, 수입금액명세서(법 소정 사업자에 한함), 기타첨부서류를 제출해야 함</td></tr>
<tr><td>(3) 재화를 수입하는 자</td><td colspan="2">재화를 수입하는 자가 관세법에 따라 관세를 신고 · 납부하는 경우에는 재화의 수입에 대한 부가가치세를 함께 신고 및 납부함</td></tr>
</table>

*1 직전과세기간의 과세표준이 1억 5천만원 미만인 경우 예정고지 대상이 됨

*2 예정고지세액은 직전과세기간납부세액에서 신용카드발행공제, 전자신고 세액공제, 전자세금계산서 발급공제, 택시운송사업자 경감세액을 차감한 금액의 1/2을 의미함

2. 대리납부제도

(1) 국외사업자로부터 용역 등을 공급받는 경우의 대리납부

<table>
<tr><th>구 분</th><th colspan="2">내 용</th></tr>
<tr><td>(1) 의 미</td><td colspan="2">국내사업장이 없는 비거주자 · 외국법인으로부터 용역(또는 무체물)을 공급받는 경우 비거주자 · 외국법인을 대신하여 그 대가를 지급하는 자(자기 자신)가 VAT를 대신 징수하여 납부하는 제도</td></tr>
<tr><td rowspan="3">(2) 요 건</td><td>1) 공 급 자</td><td>① 국내사업장이 없는 비거주자 또는 외국법인
② 국내사업장이 있는 비거주자 또는 외국법인(국내사업장과 실질적으로 관련되지 않거나 국내사업장에 귀속되지 않는 용역을 공급하는 경우에 한함)</td></tr>
<tr><td>2) 공급받는자[*1]</td><td>① 비사업자 또는 면세사업자
② 과세사업자로서 해당 용역 등이 매입세액불공제 대상인 경우</td></tr>
<tr><td>3) 공급대상용역[*2]</td><td>VAT 과세대상 용역(또는 권리)이어야 함 ➠ 면세대상 용역(무체물)은 대리납부대상 X</td></tr>
<tr><td>(3) 납부시기</td><td colspan="2">비거주자 등에게 용역대가를 지급하는 때(not 용역제공 완료일)</td></tr>
<tr><td>(4) 납부세액</td><td colspan="2">대리납부세액 = 용역의 공급가액 × 10%</td></tr>
<tr><td>(5) 징수 및 가산세</td><td colspan="2">대리납부의무자가 부가가치세를 사업장 또는 주소지 관할세무서장에게 납부하지 아니한 경우 ➠ 납부하지 아니한 세액 + 가산세[*3]를 징수함</td></tr>
</table>

*1 만약 공급받는 자가 과세사업자라면, 대리납부를 굳이 하지 않고 이 금액을 자신의 매입세액으로 본 후, 매입세액공제를 받는 것이 더 간편하므로, 대리납부는 비과세사업자에게 주로 있는 의무임(비거주자 등으로부터 과세용역을 공급받되, 내가 과세사업자가 아니어야 하므로, 실무적으로 자주 등장하지 않은 규정임)

*2 국내에 반입하는 것으로서 관세와 함께 부가가치세를 신고 · 납부하여야 하는 재화의 수입에 해당하지 아니하는 경우를 포함

*3 미납세액 × Min[3% + 납부기한 다음날부터 납부일까지의 일수 × 2.2/10,000 , 50%]. 단, 납부기한 다음날부터 납세고지일까지는 총 한도율을 10%함

(2) 사업의 포괄양도시 양수자의 대리납부

부가가치세 과세대상이 아닌 사업의 포괄적 양도(이에 해당하는지 여부가 분명하지 않은 경우를 포함)에 따라 그 사업을 양수받는 자는 그 대가를 지급하는 때에 그 대가를 받은 자(사업양도자)로부터 부가가치세를 징수하여 그 대가를 지급하는 날이 속하는 달의 다음달 25일까지 사장 관할 세무서장에게 납부할 수 있음

(3) 신용카드 등 결제금액 부가가치세 대리납부

구 분	내 용
(1) 의 의	부가가치세 탈루가 많은 일부 소비자 대상 업종에 대해 체납 방지 등을 위해 소비자가 재화 또는 용역을 공급받을 때 신용카드로 결제 시, 해당 부가가치세액을 공급자가 아닌 신용카드사에서 대리납부를 하게 함
(2) 적용대상 사업자	① 일반유흥주점업(단란주점 포함) ② 무도유흥주점업
(3) 대리납부자	신용카드사
(4) 대리납부 금액	① 대리납부금액* : 신용카드 결제금액(봉사료 제외)의 4/110 ➠ 공급가액의 4%에 해당함 * 대리납부한 금액은 해당 사업자가 기 납부한 부가가치세액으로 보아 부가가치세 신고시 정산 ② 대리납부 기한 : 매 분기가 끝나는 날의 다음 달 25일
(5) 대리납부 금액의 처리	① 신용카드사가 대리납부한 금액은 적용대상 사업자(유흥주점업 등)가 부가가치세 예정신고 및 확정신고시 기납부세액으로 봄 ② 적용대상 사업자(유흥주점업 등)는 신용카드사가 대리납부한 금액의 1%를 예정신고 및 확정신고시 세액공제 받을 수 있음

사례

일반유흥주점업을 영위하는 사업자 A와 무도유흥주점업을 영위하는 사업자 B의 2025. 1. 1.부터 2025. 3. 31.까지의 매출액이 11,000원(모두 신용카드, 직불카드 또는 선불카드를 사용한 거래로 가정함)일 경우 예정신고시 납부(환급)세액은 얼마인가?

구 분	사업자 A	사업자 B
매출액	11,000(매출세액 1,000)	
매입액	5,500(매입세액 500)	7,700(매입세액 700)

해답

구 분	사업자 A	사업자 B
매출액	11,000(매출세액 1,000)	
매입액	5,500(매입세액 500)	7,700(매입세액 700)
납부세액(A) (매출세액 − 매입세액)	500	300
신용카드사에 의한 대리납부액 (= 예정신고시 기납부세액)	400	400
신고시 납부세액(A − B)	100	△100(환급)

*1 봉사료는 매출액에서 제외되었으며, 부가가치세액은 매출액에 포함됨

*2 신용카드 등 매출액에 대한 세액공제(11,000×1.3% = 143), 대리납부금액에 대한 세액공제(400×1% = 4) 등은 고려하지 않음

참고 국외사업자의 용역 등 위탁판매 특례

국외사업자가 사업자등록의 대상인 위탁매매인 · 준위탁매매인 · 대리인에 의하여 용역 등을 공급하는 경우에는 (위탁자인 국외사업자가 아니라, 수탁자인) 위탁매매인 · 준위탁매매인 · 대리인이 해당 용역 등을 공급한 것으로 봄(일반적인 위탁판매는 위탁자가 직접용역을 공급한 것으로 보나, 국외사업자가 위탁자가 되는 경우에는 (국내의) 수탁자가 용역을 공급한 것으로 보므로 VAT를 신고해야 함 ➠ 국외사업자의 용역 등 위탁공급시의 탈세를 막기 위한 제도임)

3. 재화의 수입에 대한 부가가치세 납부의 유예

구 분	내 용
의 의	세관장은 매출액에서 수출액이 차지하는 비율 등 대통령령으로 정하는 요건을 충족하는 중소사업자가 물품을 제조·가공하기 위한 원재료 등의 수입에 대하여 부가가치세의 납부유예를 미리 신청하는 경우에는 재화를 수입할 때 부가가치세의 납부를 유예할 수 있음
중소사업자 요 건	① 직전 사업연도에 「조세특례제한법 시행령」에 따른 중소기업(제조업을 주된 사업으로 영위하는 기업에 한함) 및 중견기업 ② 직전 사업연도에 영세율을 적용받은 재화의 공급가액의 합계액이 같은 기간에 공급한 재화 또는 용역의 공급가액의 합계액에서 차지하는 비중이 30퍼센트 이상일 것 (또는 중소기업은 수출액이 50억원 이상일 것) ③ 3년 이상 계속하여 사업을 하였을 것 ④ 2년 이상 국세(관세를 포함)를 체납한 사실이 없을 것(다만, 납세고지서에 따른 납부기한 경과 후 15일 이내에 체납된 국세를 모두 납부한 경우는 제외) ⑤ 2년 이상 조세범처벌법 또는 관세법 위반으로 처벌받은 사실이 없을 것 ⑥ 최근 2년간 납부유예가 취소된 사실이 없을 것
납부유예 방 법	위 규정에 따라 납부를 유예받은 중소사업자는 납세지 관할 세무서장에게 예정신고 또는 확정신고 등을 할 때 대통령령으로 정하는 바에 따라 그 납부가 유예된 세액을 정산하거나 납부하여야 함. 이 경우 납세지 관할 세무서장에게 납부한 세액은 세관장에게 납부한 것으로 봄

4. 신탁 관련 제2차 납세의무 및 물적납세의무

구 분	내 용
(1) 수익자의 제2차 납세의무	신탁재산 특례 납세의무자 규정에 따라 수탁자가 납부하여야 하는 다음의 어느 하나에 해당하는 부가가치세 또는 강제징수비를 신탁재산으로 충당하여도 부족한 경우 그 신탁의 수익자(신탁이 종료되어 신탁재산이 귀속되는 자 포함)는 지급받은 수익과 귀속된 재산의 가액을 합한 금액을 한도로 그 부족한 금액에 대해 납부할 의무가 있음 ① 신탁 설정일 이후에 국세기본법에 따른 법정기일이 도래하는 부가가치세로서 해당 신탁재산과 관련하여 발생한 것 ② ①의 금액에 대한 강제징수 과정에서 발생한 강제징수비
(2) 수탁자의 물적납세의무	신탁재산 특례 납세의무자 규정에 따라 부가가치세를 납부하여야 하는 위탁자가 부가가치세 등을 체납한 경우로서 그 위탁자의 다른 재산에 대하여 강제징수를 하여도 징수할 금액에 미치지 못할 경우에는 해당 신탁재산의 수탁자는 그 신탁재산으로서 부가가치세법에 따라 위탁자의 부가가치세 등을 납부할 의무가 있음

8.2 환급 및 결정 · 경정

1. 환급

(1) 일반환급과 조기환급

구 분	일반환급	조기환급
1) 환급사유	매입세액이 매출세액을 초과하는 등 납부세액이 음수인 경우	① 영세율을 적용하는 경우 ② 사업설비(감가상각자산)를 신설 · 취득 · 확장 · 증축하는 경우 주1 ③ 재무구조개선계획(법원의 인가결정을 받은 회생계획 등)을 이행중인 사업자
2) 환급단위	각 과세기간 단위 ➡ 예정신고기간에는 불가	① 예정 · 확정신고기간별 조기환급 ② 예정 · 확정신고기간 중 매월 또는 매 2월 주2
3) 신고기한	확정신고기간 종료일부터 25일 이내 (7.25., 1.25.)	조기환급기간 종료일부터 25일 이내
4) 환급기한	확정신고기한 경과 후 30일 이내 (8.24., 2.24.)	조기환급신고기한 경과 후 15일 이내

주1 **사례 :** 매 3개월마다 100억원 가량의 매출액, 80억원 가량의 매입액이 있는 사업자의 경우

구 분	평상시	기계장치 50억원에 취득
매출세액	100억원 × 10% = 10억원	100억원 × 10% = 10억원
매입세액	80억원 × 10% = 8억원	(80억원 + 50억원) × 10% = 13억원
납부세액	2억원	△3억원 ➡ 조기환급 가능

주2 조기환급기간의 조기환급

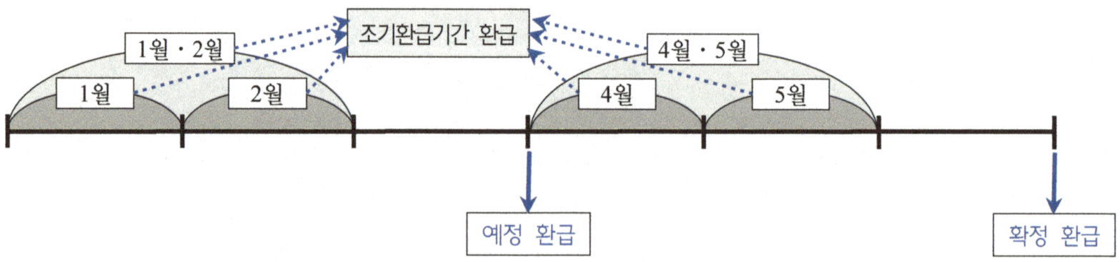

주3 조기환급의 계산단위

조기환급은 영세율 조기환급, 시설투자 등 조기환급, 국내공급분 환급 등을 별도로 구분하지 않고, 부가가치세법의 기본단위인 사업장별로 환급세액을 계산함

예 인천사업장의 수출사업부와 내수사업부의 세액이 다음가 같을 경우, 1기 예정신고시 조기환급 대상금액은?

구 분	수출사업부	내수사업부	사업장 합계
매출세액	100억원 × 0% = 0	50억원 × 10% = 5억원	5억원
매입세액	80억원 × 10% = 8억원	60억원 × 10% = 6억원	14억원
납부세액	△8억원	△1억원	△9억원

➟ 조기환급은 영세율 · 설비투자 등에만 가능하므로 원칙은 8억원에 대해서만 조기환급이 가능하나, 조기환급의 계산단위가 사업장별 이므로, 내수사업부도 조기환급을 같이 적용받는 혜택이 있음(총 9억원 환급)

(2) 경정에 의한 환급

경정에 의해 사업자가 환급을 받게 되는 경우(예 경정에 의해 매출세액이 감소 · 매입세액이 증가)에는 관할세무서장이 지체 없이(*not* 15일 · 30일 이내) 환급해야 함

2. 결정 및 경정

구 분	내 용
(1) 결정사유	1) 예정신고 또는 확정신고를 하지 아니한 경우
(2) 경정사유	1) 예정신고 또는 확정신고한 내용에 오류 또는 탈루가 있는 경우 2) 확정신고를 할 때 매출처별세금계산서합계표 또는 매입처별세금계산서합계표를 제출하지 아니하거나 제출한 매출처별세금계산서합계표 또는 매입처별세금계산서합계표의 기재사항의 전부 또는 일부가 적혀 있지 아니하거나 사실과 다르게 적혀 있는 경우 3) 영세율 등 조기환급신고의 내용에 오류 또는 탈루가 있는 경우 4) 기타 다음의 사유로 부가가치세를 포탈할 우려가 있는 경우 ① 사업장의 이동이 빈번한 경우 또는 빈번하다고 인정되는 지역에 사업장이 있는 경우 ② 휴업 또는 폐업상태에 있는 경우 ③ 신용카드가맹점 · 현금영수증가맹점 가입대상으로 지정받은 사업자가 정당한 사유없이 신용카드가맹점 · 현금영수증가맹점으로 가입하지 않은 경우 등 사업규모나 영업상황으로 보아 신고내용이 불성실하다고 판단되는 경우 ④ 조기환급 신고의 내용에 오류가 있거나 내용이 누락된 경우
(3) 경정의 제한	영수증 발급 사업 중 국세청장이 정하는 업종을 경영하는 사업자로서 같은 장소에서 계속하여 5년 이상 사업을 경영한 자에 대해서는 객관적인 증명자료로 보아 과소하게 신고한 것이 분명한 경우에만 경정할 수 있음

(4) 결정·경정 방 법	세금계산서, 수입세금계산서, 장부 또는 그 밖의 증명 자료를 근거로 함(실지조사 원칙). 다만, 다음의 어느 하나에 해당하면 대통령령으로 정하는 바에 따라 추계 가능 ① 과세표준을 계산할 때 필요한 세금계산서, 수입세금계산서, 장부 또는 그 밖의 증명 자료가 없거나 그 중요한 부분이 갖추어지지 아니한 경우 ② 세금계산서, 수입세금계산서, 장부 또는 그 밖의 증명 자료의 내용이 시설규모, 종업원 수와 원자재·상품·제품 또는 각종 요금의 시가에 비추어 거짓임이 명백한 경우 ③ 세금계산서, 수입세금계산서, 장부 또는 그 밖의 증명 자료의 내용이 원자재 사용량, 동력 사용량이나 그 밖의 조업 상황에 비추어 거짓임이 명백한 경우
(5) 결정·경정 기 관	① 각 납세지 관할 세무서장이 결정·경정을 함. 다만, 국세청장이 특히 중요하다고 인정하는 경우에는 납세지 관할 지방국세청장 또는 국세청장이 결정하거나 경정할 수 있음 ② 주사업장 총괄 납부를 하는 경우 각 납세지 관할 세무서장, 납세지 관할 지방국세청장 또는 국세청장이 과세표준과 납부세액 또는 환급세액을 결정하거나 경정하였을 때에는 지체 없이 납세지 관할 세무서장 또는 총괄 납부를 하는 주된 사업장의 관할 세무서장에게 통지해야 함

참고 전자적용역을 공급하는 국외사업자의 용역공급과 사업자등록 등에 관한 특례

구 분	내 용
(1) 의 미	기존에는 국내 오픈마켓(SKT, KT 등의 앱스토어) 등에서 구매시, 국내 개발자 앱 뿐만 아니라 해외 개발자 앱도 국내 오픈마켓사업자 등이 부가가치세를 신고·납부했으나, 해외 오픈마켓(구글·애플 등의 앱스토어) 등에서 구매시 국내 개발자 앱과 달리 해외 개발자 앱의 경우 해외 개발자·해외 오픈마켓사업자 모두 부가가치세를 납부하지 않는 문제점 발생 ➡ 국내 개발자와 해외 개발자간 과세형평 제고 및 과세기반 확대를 위하여 해외 개발자 앱의 경우에도 해외오픈마켓 사업자가 국세청 홈페이지에 온라인으로 간편 사업자 등록을 하고 납부하는 제도
(2) 용 역 공 급 특 례	① 해외개발자가 직접 공급하는 경우: 해외개발자가 국내에 전자적 용역을 공급하는 경우에는 국내에서 해당 전자적 용역이 공급되는 것으로 봄 ② 해외개발자가 해외 오픈마켓 사업자를 통하여 국내에 전자적 용역을 공급하는 경우에는 해외 오픈마켓 사업자가 해당 전자적 용역을 국내에서 공급하는 것으로 봄
(3) 사업자 등에 관한 특례	① 간편사업자등록 : 용역공급의 특례에 따라 국내에 전자적 용역을 공급하는 자는 간편사업자등록을 해야 함. 이 경우 그 사업의 개시일부터 20일 이내에 간편사업자 등록을 해야 함 ② 신고·납부 : 간편사업자등록을 한 자는 용역 또는 권리의 수입에 대한 대리납부 규정에도 불구하고 부가가치세 예정신고·납부 및 확정신고·납부를 해야 함 ③ 매입세액공제 : 간편사업자등록을 한 자는 해당 전자적 용역의 공급과 관련하여 부가가치세법에 따라 공제되는 매입세액 외에는 매출세액 또는 납부세액에서 공제하지 않음 ④ 신고·납부 관련 가산세 적용배제 : 전자적 용역을 공급하는 국외사업자의 용역 공급과 사업자등록 등에 관한 특례규정에 따라 전자적 용역을 공급하는 자가 부가가치세를 납부하여야 하는 경우에는 무신고가산세, 과소신고·초과환급신고가산세, 납부·환급불성실가산세를 적용하지 않음

3. 가산세

(1) 부가가치세법상 가산세

구 분	내 용	가산세율
(1) 미등록 가산세	사업개시일부터 20일 이내에 사업자등록을 미신청한 경우 (예 2.2.에 사업개시, 3.28.에 등록신청시 ➡ 2.2.~3.27.의 공급가액 × 1%)	사업개시일~사업자등록 신청 직전일까지의 공급가액 1%(명의위장가산세는 2%)
(2) 타인명의 등록가산세	사업자가 타인명의로 사업자등록을 하거나 타인 명의의 따른 사업자등록을 이용하여 등록한 경우(단, 배우자나 기획재정부령으로 정하는 자는 타인명의로 보지 않음)	사업개시일~실제명의 사업영위가 확인되는 날의 직전일까지의 공급가액 1%
(3) 세금계산서 불성실가산세	① 세금계산서를 미발급* ② 재화 또는 용역의 공급 없이 세금계산서를 발급함 ③ 재화 또는 용역을 공급 없이 세금계산서를 발급 받음 ④ 타인명의로 세금계산서를 발급 함 ⑤ 타인명의로 세금계산서를 발급 받음 * 다음의 경우 1%를 적용함 가. 전자세금계산서를 발급해야 하는 사업자가 전자세금계산서를 발급하지 않고 전자세금계산서 외의 세금계산서(예 종이세금계산서)를 발급한 경우에는 그 공급가액의 1%를 가산세로 함 나. 둘 이상의 사업장을 가진 사업자가 재화 또는 용역을 공급한 사업장 명의로 세금계산서를 발급하지 아니하고 세금계산서의 발급시기에 자신의 다른 사업장 명의로 세금계산서를 발급한 경우 ⑥ 공급가액 과대기재한 경우	그 공급가액의 2% (가공세금계산서는 3%)
	⑦ 발급시기를 경과 & 공급시기가 속하는 과세기간에 대한 확정신고기한까지 세금계산서를 발급(지연발급) ⑧ 세금계산서의 필요적 기재사항의 전부 또는 일부가 적혀 있지 아니하거나 사실과 다르게 적혀 있는 경우	그 공급가액의 1%
	⑨ 지연수취 : 공급시기 이후에 받은 세금계산서로서 당해 공급시기 과세기간의 확정신고기한까지 발급받은 경우 ⑩ 재화 또는 용역의 공급시기가 속하는 과세기간에 대한 확정신고기한 이후 세금계산서를 발급받았더라도 그 세금계산서의 발급일이 재화 또는 용역의 공급시기가 속하는 과세기간에 대한 확정신고기한 다음날부터 1년 이내인 다음의 어느 하나인 경우 가. 발급받은 세금계산서와 함께 과세표준수정신고서 및 경정청구서를 제출하는 경우	그 공급가액의 0.5%

<table>
<tr><td>(3) 세금계산서 불성실가산세</td><td>나. 거래사실이 확인되어 납세지 관할 세무서장 등이 결정 또는 경정하는 경우
⑪ 재화 또는 용역의 공급시기 이전에 세금계산서를 발급받았더라도 그 세금계산서의 발급일부터 재화 또는 용역의 공급시기가 30일 이내에 도래하고 거래사실이 확인되어 납세지 관할 세무서장 등이 결정 또는 경정하는 경우</td><td>그 공급가액의 0.5%</td></tr>
<tr><td rowspan="2">(4) 전자 T/I 발급명세 미전송가산세</td><td>① 전자T/I 의무발급대상자가 국세청장에게 T/I발급명세를 지연전송시(공급시기가 속하는 과세기간에 대한 확정신고기한까지 발급명세를 전송)</td><td>① 지연전송시 :
공급가액 × 0.3%</td></tr>
<tr><td>② 미전송시(공급시기가 속하는 과세기간에 대한 확정신고기한까지 발급명세를 미전송)</td><td>② 미전송시 :
공급가액 × 0.5%</td></tr>
<tr><td rowspan="2">(5) 매출처별 T/I 합계표제출 불성실가산세</td><td>① 미제출한 경우
② 기재사항 중 거래처별 등록번호 또는 공급가액의 부실기재</td><td>공급가액의 0.5%</td></tr>
<tr><td>③ 지연제출</td><td>공급가액의 0.3%</td></tr>
<tr><td>(6) 매입처별 T/I 합계표제출 불성실가산세</td><td>① 공급시기 이후에 발급받은 세금계산서로서 해당 공급시기가 속하는 과세기간에 대한 확정신고기한까지 발급받아 매입세액을 공제받는 경우
② 경정시에 세금계산서 등을 경정기관의 확인을 거쳐 정부에 제출하여 매입세액을 공제받는 경우
③ 제출한 매입처별세금계산서합계표의 기재사항 중 공급가액을 사실과 다르게 과다하게 적어 신고한 때</td><td>그 공급가액의 0.5%</td></tr>
<tr><td>(7) 현금매출명세서 등 미제출가산세</td><td>① 공인회계사 · 세무사 · 변호사 · 변리사 · 법무사 등 전문자격사업자가 현금매출명세서를 미제출 · 허위기재
② 부동산임대업자가 부동산임대공급가액명세서를 미제출 · 허위기재</td><td>미제출 또는 허위제출한 수입금액 × 1%</td></tr>
</table>

(2) 가산세 중복적용 배제

구 분	내 용
1) 미등록 · 타인명의등록 가산세	① T/I 불성실가산세 중 ⑥, ⑦ ② 전자T/I 발급명세미전송가산세 ③ 매출처별 T/I 합계표 제출불성실가산세
2) T/I 불성실가산세 중 ①~⑥ 주	① 미등록 · 타인명의등록 가산세 ② 매출처별 · 매입처별 T/I 합계표 제출불성실가산세
3) 매출처별 T/I 합계표 제출불성실가산세	① T/I 불성실가산세 중 ⑥, ⑦ ② 전자T/I 발급명세미전송가산세
4) T/I 불성실가산세 중 ⑥	매출처별 T/I 합계표 제출불성실가산세
5) T/I 불성실가산세 중 ⑦	전자T/I 발급명세미전송가산세

주 예 세금계산서를 미발급한 경우에는, 이 거래금액을 매출처별 T/I 합계표에 올릴 수 없는 것이 당연하므로, 가산세를 이중으로 적용시키지 않는다는 의미임

참 고 가산세 한도

다음에 해당하면 가산세를 그 의무위반의 종류별로 1억원(중소기업은 5천만원)을 한도로 함. 다만 고의적 위반인 경우에는 한도 없음

① 미등록 · 타인명의등록 가산세

② T/I 불성실 가산세

③ 매출처별 · 매입처별 T/I합계표 제출불성실가산세

④ 현금매출명세서 등 미제출가산세

연 습 문 제

01 부가가치세법상 대리납부에 관한 설명으로 옳은 것은? CTA 2010

① 국내사업장이 없는 비거주자로부터 용역의 공급을 받는 자는 공급받는 용역을 과세사업에의 사용여부에 관계없이 부가가치세를 징수하여 납부하여야 한다.

② 국내사업장이 없는 외국법인으로부터 재화의 공급을 받는 자는 그 대가를 지급하는 때에 부가가치세를 징수하여야 한다.

③ 대리납부의무자는 사업자에 한한다.

④ 대리납부의무자가 부가가치세를 관할세무서장에게 납부하지 아니한 경우에는 관할세무서장은 그 납부하지 아니한 세액에 100분의 20에 해당하는 금액을 더하여 징수한다.

⑤ 국내사업장이 없는 비거주자로부터 부가가치세 면세대상 용역을 공급받는 자는 부가가치세 대리납부의무가 없다.

02 외국법인 A로부터 용역을 공급받는 자인 B의 대리납부에 관한 설명으로 옳은 것을 모두 고른 것은? (단, 각 지문은 상호 독립적이며, 대리납부에 관한 특례 규정은 고려하지 않음) CTA 2020

ㄱ. 국내사업장이 없는 A로부터 용역의 공급을 받는 B는 공급받는 용역(매입세액공제대상임)을 과세사업에 사용한 경우에는 대리납부의무가 있다.

ㄴ. 국내사업장이 없는 A로부터 부가가치세 과세대상 용역을 공급받는 면세사업을 영위하는 사업자 B는 대리납부의무가 있다.

ㄷ. 국내사업장이 없는 A로부터 부가가치세법상 매입세액이 공제되지 아니하는 용역을 공급받는 과세사업자 B는 대리납부의무가 있다.

ㄹ. 대리납부 적용 요건을 충족하는 용역을 공급받는 사업자 B는 용역의 공급시기에 관계없이 그 대가를 지급하는 때에 부가가치세액을 징수한다.

① ㄱ, ㄴ ② ㄱ, ㄷ ③ ㄴ, ㄷ
④ ㄴ, ㄹ ⑤ ㄴ, ㄷ, ㄹ

03 부가가치세법상 환급 및 조기환급에 관한 설명으로 옳지 않은 것은? **CPA 2013**

① 사업장 관할세무서장은 각 과세기간별로 해당 과세기간에 대한 환급세액을 그 확정신고기한 경과 후 30일내(조기환급 제외)에 사업자에게 환급하여야 한다.

② 사업장 관할세무서장은 결정 · 경정에 의하여 추가로 발생한 환급세액을 지체없이 사업자에게 환급하여야 한다.

③ 사업장 관할세무서장은 사업자가 영세율을 적용하는 경우 또는 사업설비를 신설 · 취득 · 확장 또는 증축하는 경우와 대통령령으로 정한 재무구조개선계획을 이행 중인 경우에 환급세액을 사업자에게 조기환급할 수 있다.

④ 조기환급세액은 영세율이 적용되는 공급분에 관련된 매입세액, 시설투자에 관련된 매입세액 또는 국내공급분에 대한 매입세액을 구분하여 사업장별로 해당 매출세액에서 매입세액을 공제하여 계산한다.

⑤ 조기환급신고를 한 부분은 예정신고 및 확정신고의 대상에서 제외하며, 조기환급신고에 있어서 매출 · 매입처별세금계산서합계표를 제출한 것은 예정신고 또는 확정신고와 함께 이를 제출한 것으로 본다.

04 부가가치세의 납세절차에 관한 설명으로 옳지 않은 것은? **CTA 2012**

① 사업자는 각 과세기간에 대한 과세표준과 납부세액 또는 환급세액을 그 과세기간이 끝난 후 25일(폐업하는 경우에는 폐업일이 속한 달의 다음 달 25일) 이내에 각 사업장 관할 세무서장에게 신고 · 납부하여야 한다.

② 법인의 합병으로 인한 소멸법인의 최종과세기간분에 대한 확정신고는 합병 후 존속하는 법인 또는 합병으로 인하여 설립된 법인이 소멸법인을 해당 과세기간의 납세의무자로 하여 소멸법인의 사업장 관할 세무서장에게 신고하여야한다.

③ 부가가치세를 추계결정 · 경정할 때 재해 기타 불가항력으로 인하여 발급받은 세금계산서가 소멸됨으로써 이를 제출하지 못하는 때에는 납부세액에서 공제하는 매입세액은 해당 사업에게 공급한 거래상대자가 제출한 세금계산서에 의하여 확인되는 것으로 한다.

④ 사업장 관할 세무서장은 영세율 등 조기환급신고내용의 오류 또는 탈루의 사유로 부가가치세를 포탈할 우려가 있는 경우, 그 과세기간에 대한 부가가치세의 과세표준과 납부세액 또는 환급세액을 조사하여 결정 또는 경정한다.

⑤ 사업자가 거래상대방의 사업자등록증을 확인하고 거래에 따른 세금계산서를 발급하거나 발급받은 경우, 거래 상대방이 관계기간의 조사로 인하여 명의위장사업자로

판정되는 경우에는 해당 사업자를 선의의 거래당사자로 볼 수 있는 때에도 경정 또는 조세범 처벌법에 따른 처벌 등 불이익한 처분을 받을 수 있다.

05 부가가치세법상 일반과세자의 납세절차에 관한 설명이다. 옳지 않은 것은? CPA 2015

① 사업양도로 사업을 양수받는 자는 그 대가를 지급하는 때에 부가가치세를 징수하여, 그 대가를 지급하는 날이 속하는 과세기간의 말일까지 관할세무서장에게 납부할 수 있다.

② 소득세법상 국내사업장이 없는 비거주자로부터 권리를 공급받는 경우 공급받는 자의 국내 사업장 소재지 또는 주소지를 해당 권리의 공급장소로 본다.

③ 납세지 관할세무서장 등은 사업자가 예정신고를 한 내용에 오류가 있는 경우 해당 예정신고기간에 대한 부가가치세의 과세표준과 납부세액 또는 환급세액을 결정 또는 경정한다.

④ 납세지 관할세무서장 등은 결정한 과세표준과 납부세액에 오류가 있는 경우 즉시 다시 경정한다.

⑤ 재화의 수입에 대한 부가가치세는 세관장이 관세법에 따라 징수한다.

06 부가가치세법상 신고 및 납부에 관한 설명으로 옳은 것은? CTA 2016

① 예정신고를 한 사업자는 확정신고 및 납부시 예정신고한 과세표준과 납부한 납부세액 또는 환급받은 환급세액도 포함하여 신고하여야 한다.

② 일반과세자인 개인사업자가 사업 부진으로 인하여 예정신고기간의 공급가액이 직전 과세기간 공급가액의 3분의 1에 미달하여 예정신고납부를 한 경우에는 예정고지세액의 결정은 없었던 것으로 본다.

③ 사업자가 물품을 제조하기 위한 원재료를 수입하면서 부가가치세의 납부유예를 미리 신청하는 경우에는 관할세무서장은 해당 재화를 수입할 때 부가가치세의 납부를 유예할 수 있다.

④ 간이과세자는 사업부진으로 인하여 예정부과기간의 공급대가의 합계액이 직전 과세기간의 공급대가 합계액의 3분의 1에 미달하여도 예정부과기간의 과세표준과 납부세액을 예정부과 기한까지 사업장 관할 세무서장에 신고할 수 없다.

⑤ 대리납부의무자는 사업자이어야 한다.

07 과세표준과 세액의 신고 및 납부, 환급에 관한 설명으로 옳지 않은 것은? CTA 2014

① 신규로 사업을 시작하는 자에 대한 최초의 예정신고기간은 사업 개시일(사업개시일 이전에 사업자등록을 신청한 경우 그 신청일)부터 그 날이 속하는 예정신고기간의 종료일까지로 한다.

② 재화를 수입하는 자가 재화의 수입에 대하여 관세법에 따라 관세를 세관장에게 신고 · 납부하는 경우 재화의 수입에 대한 부가가치세를 함께 신고 · 납부하여야 한다.

③ 주사업장 총괄 납부에 있어 주된 사업장은 법인의 본점(주사무소를 포함) 또는 개인의 주사무소로 하는 것이 원칙이지만, 법인의 경우에는 지점(분사무소를 포함)을 주된 사업장으로 할 수 있다.

④ 예정신고를 하는 사업자가 예정신고와 함께 매출 · 매입처별 세금계산서합계표를 제출하지 못하는 경우 해당 예정신고기간이 속하는 과세기간의 확정신고를 할 때 함께 제출할 수 있다.

⑤ 납세지 관할세무서장은 사업자가 감가상각자산인 사업설비를 취득하여 환급세액의 신고를 한 경우 체납된 국세와 체납처분비의 충당을 고려하지 않고 그 신고한 날부터 환급세액을 20일 이내에 환급하여야 한다.

정답 및 해설

01 정답 ⑤

① 국내사업장이 없는 비거주자로부터 용역의 공급을 받는 자는 공급받는 용역을 과세사업에 사용하는 경우에 대리납부 의무가 없다.

② 국내사업장이 없는 외국법인으로부터 용역의 공급을 받는 자는 그 대가를 지급하는 때에 부가가치세를 징수하여야 한다.

③ 대리납부의무자는 면세사업자이거나 비사업자인 경우에만 해당한다.

④ 대리납부불이행 가산세는 미납부세액 또는 과소납부세액 × (3% + 미납일수 × 0.022%)에 해당한다.

02 정답 ⑤

ㄱ. 공급받는자가 공급받는 용역을 자신의 과세사업에 사용하여 매입세액공제대상이 되는 경우에는 대리납부의무가 없다.

03 정답 ④

조기환급세액은 영세율이 적용되는 공급분에 관련된 매입세액, 시설투자에 관련된 매입세액 또는 국내공급분에 대한 매입세액을 별도로 구분하는 것이 아니라 사업장별로 해당 매출세액에서 매입세액을 공제하여 계산한다.

04 정답 ⑤

사업자가 거래상대방의 사업자등록증을 확인하고 거래에 따른 세금계산서를 발급하거나 발급받은 경우, 거래 상대방이 관계기간의 조사로 인하여 명의위장사업자로 판정되는 경우에는 해당 사업자를 선의의 거래당사자로 볼 수 있는 때에는 경정 또는 조세범 처벌법에 따른 처벌 등 불이익한 처분을 받지 않는다.

05 정답 ①

사업의 양도에 따라 그 사업을 양수받는 자는 그 대가를 지급하는 때에 그 대가를 받은 자로부터 부가가치세를 징수하여 그 대가를 지급하는 날이 속하는 달의 말일까지 사업장 관할 세무서장에게 납부할 수 있다.

06 정답 ②

① 예정신고를 한 사업자는 확정신고 및 납부시 예정신고한 내용을 제외하고 신고한다.

③ 사업자가 물품을 제조하기 위한 원재료를 수입하면서 부가가치세의 납부유예를 미리 신청하는 경우에는 세관장은 해당 재화를 수입할 때 부가가치세의 납부를 유예할 수 있다.

④ 간이과세자는 사업부진으로 인하여 예정부과기간의 공급대가의 합계액이 직전 과세기간의 공급대가 합계액의 3분의 1에 미달한 경우 예정고지 대신, 사업장 관할 세무서장에 신고할 수 있다.

⑤ 면세사업자나 비사업자 등이 비거주자 등으로부터 용역 등을 공급받을 때 대리납부의무가 있다.

07 정답 ⑤

조기환급의 경우에도 환급금을 체납된 국세 등에 충당하고, 그 후 환급할 금액이 있는 경우 조기환급 신고기한(조기환급기간이 끝난 날부터 25일 이내)이 지난 후 15일 이내에 환급하여야 한다.

제9장 간이과세자

9.1 간이과세의 적용

1. 간이과세자의 범위

구 분	내 용	
(1) 의 미	영세한 소규모 개인사업자의 부가가치세 부담을 덜어주기 위한 제도. 다만, 일반과세자에 비해 VAT가 과소하게 산출됨에 따라 과세의 형평성을 침해한다는 문제점도 있음	
(2) 적용대상자	① 직전 연도의 재화와 용역의 ② 공급대가가 ③ 1억 4백만원에 미달하는 ④ 개인사업자(법인사업자 불가)	
(3) 간이과세 적용배제	① 간이과세가 적용되지 아니하는 다른 사업장(일반과세사업장 등)을 보유하고 있는 사업자 ② 간이과세배제업종 (주)을 영위하는 사업자	
(4) 신규사업자	① 최초 간이과세 적용신고	신규로 사업을 시작하는 개인사업자*1는 일반과세자와 간이과세자 중 하나의 유형으로 선택 가능(간이과세자를 선택하는 것이 일반적임) ➡ 단, 간이과세의 적용이 배제되는 사업자 (주)는 간이과세 선택 불가*2
	② 금액 초과 시	간이과세자로 사업자등록을 하고 사업을 한 결과, 실제 공급대가의 연환산액*3이 간이과세 기준금액인 1억 4백만원을 초과하는 경우에도 최초의 과세기간과 그 다음 해 6월 30일까지는 간이과세자로 봄

*1 간이과세자로 사업자등록을 하고자 하는 자는 사업자등록신청서와 함께 간이과세적용 신청서를 제출해야 함

*2 미등록사업자의 경우 사업개시일이 속하는 연도의 공급대가 합계액이 간이과세기준금액에 미달하는 경우에는 최초 과세기간은 간이과세자로 함

*3 직전 1역년 중 휴업하거나 신규로 사업을 시작한 사업자인 경우에는 휴업기간 또는 사업 개시 전의 기간을 제외한 잔여기간에 대한 재화 또는 용역의 공급대가의 합계액을 12개월로 환산한 금액을 기준으로 하며, 휴업한 개인사업자인 경우로서 직전 1역년 중 공급대가가 없는 경우에는 신규로 사업을 시작한 것으로 봄. 이 경우 1개월 미만의 끝수가 있으면 1개월로 함

(주) 간이과세배제업종

① 광업

② 제조업(과자점업, 도정업, 제분업, 양복점업, 양장점업, 양화점업, 기타 국세청장이 정하는 경우는 제외)

③ 도매업(소매업을 경영하는 경우 포함하고, 재생용 재료수집 및 판매업 제외)

④ 부동산매매업

⑤ 부동산임대업으로서 기획재정부령이 정하는 것

⑥ 과세유흥장소 영위사업 중 일정한 기준을 충족하는 경우 : 일정한 기준이란 특별시, 광역시, 시지역(광역시와 시의 읍, 면 지역 제외) 또는 읍, 면지역 중 국세청장이 정하는 지역에 있는 과세유흥장소를 의미함

⑦ 전문직사업자 : 변호사업, 심판변론인업, 변리사업, 법무사업, 공인회계사업, 세무사업 등의 서비스업

⑧ 일반과세가 적용되는 다른 사업장을 보유하고 있는 사업자

⑨ 일반과세자로부터 양수한 사업(단, 간이과세배제업종에 해당하지 않는 경우로서 사업의 양수 이후 공급대가 합계액이 1억 4백만원에 미달하여 간이과세자 기준을 충족하는 경우에는 제외함)

⑩ 소득세법에 따른 복식부기의무자가 영위하는 사업

⑪ 둘 이상의 사업장을 운영하는 경우에는 둘 이상의 사업장 공급대가 합계액이 기준금액 이상인 경우 ➠ 간이과세 판정시 1억 4백만원은 사업장별 금액이 아닌 사업자 기준임을 의미함

⑫ 사업장의 소재 지역, 사업의 종류, 규모 등을 감안하여 국세청장이 정하여 기획재정부장관의 승인을 받은 것

2. 과세유형의 전환

<table>
<tr><th>구 분</th><th colspan="2">내 용</th></tr>
<tr><td>(1) 신 규 사 업 자</td><td colspan="2">• 신고를 한 개인사업자는 간이과세 배제대상이 아닌 경우 최초의 과세기간에는 간이과세자로 함
• 신규로 사업을 개시한 사업자의 경우 간이과세자에 관한 규정이 적용되거나 적용되지 아니하게 되는 기간은 최초로 사업을 개시한 해의 다음 해의 7월 1일부터 그 다음 해의 6월 30일까지로 함*</td></tr>
<tr><td>(2) 계 속 사 업 자</td><td colspan="2">간이과세자에 관한 규정이 적용되거나 적용되지 아니하게 되는 기간은 1역년의 공급대가의 합계액이 1억 4백만원에 미달하거나 그 이상이 되는 해의 다음 해의 7월 1일부터 그 다음 해의 6월 30일까지로 함</td></tr>
<tr><td>(3) 간 이 과 세 배제업종 겸영</td><td colspan="2">간이과세자가 간이과세 적용배제업종을 신규로 겸영하는 경우에는 해당 사업의 개시일이 속하는 과세기간의 다음 과세기간에 과세유형 전환됨. 다만, 일반과세자로 전환된 사업자로서 당해연도 공급대가의 합계액이 1억 4백만원 미만인 사업자가 간이과세 적용배제 사업을 폐지하는 경우, 해당 사업의 폐지일이 속하는 해의 다음 해 7월 1일부터 간이과세자에 관한 규정을 적용</td></tr>
<tr><td>(4) 경 정 시 간이과세적용</td><td colspan="2">경정 또는 재경정한 공급대가가 기준금액 이상인 개인사업자는 그 경정 또는 재경정한 날이 속하는 과세기간의 다음 과세기간부터 과세유형 전환됨</td></tr>
<tr><td>(5) 간이과세포기 신고 사업장이 있 는 경 우</td><td colspan="2">간이과세자가 간이과세의 포기신고를 하는 경우에는 일반과세자에 관한 규정을 적용받으려는 달이 속하는 과세기간의 다음 과세기간부터 해당 사업장 외의 사업장에 간이과세자에 관한 규정을 적용하지 않음</td></tr>
<tr><td>(6) 기준사업장이 폐업되는 경우</td><td colspan="2">기준사업장이 폐업되는 경우에는 일반과세로 전환된 사업장에 대하여 기준사업장의 폐업일이 속하는 과세기간의 다음 과세기간부터 간이과세자에 관한 규정을 적용함</td></tr>
<tr><td rowspan="2">(7) 과 세 유 형 전 환 통 지</td><td>① 일 반 과 세 자 ➠ 간이과세자</td><td>통지에 관계없이 전환시기에 간이과세자에 관한 규정을 적용 주1</td></tr>
<tr><td>② 간 이 과 세 자 ➠ 일반과세자</td><td>통지를 받은 날이 속하는 과세기간까지는 간이과세자로 봄 주2</td></tr>
</table>

주1 과세부담이 작아지는 유리한 방향의 변경 ➠ 변경통지를 받지 않아도 자동으로 변경되는 것임. (단, 부동산임대업은 거액의 세부담 우려가 있으므로 변경통지를 받은 날이 속하는 과세기간까지는 일반과세임)

주2 과세부담이 커지는 불리한 방향의 변경 ➠ 변경통지를 받아야 변경됨 ➠ 통지 받은 과세기간까지는 간이과세자임. 변경통지는 과세기간 개시 20일 전까지 해야 함 & 사업자등록증을 정정하여 개시 당일까지 발급해야 함

* 공급대가가 1억 4백만원을 초과했는지의 확인은 다음 기 25일에 알 수 있으므로, (이미 다음기가 시작이 된 관계로) 과세유형은 우리 생각보다 한기 더 늦게 전환되는 것임

3. 간이과세자에 대해 예정부과제도(6개월분)

구 분	내 용
(1) 예정부과방법	• 사업장 관할세무서장은 간이과세자에 대하여 직전 과세기간에 대한 납부세액의 2분의 1에 해당하는 금액(1천원 미만의 단수금액은 버림)을 1월 1일부터 6월 30일(예정부과기간)까지의 납부세액으로 결정하여 7월 1일부터 7월 10일까지 납세고지서를 발부하여 예정부과기간이 끝난 후 25일 이내에 징수함 • 다만, 징수하여야 할 금액이 20만원 미만이거나 간이과세자가 일반과세자로 변경되어 그 변경 이전 1월 1일부터 6월 30일까지 과세기간이 적용되는 간이과세자의 경우에는 이를 징수하지 아니함
(2) 예정신고 대상 간이과세자	휴업 · 사업부진 등으로 예정부과기간의 공급가액 · 납부세액이 직전 과세기간의 공급가액 · 납부세액의 3분의 1에 미달하는 자는 예정부과기간에 신고 및 납부를 선택할 수 있음
(3) 예정부과 · 납부방법	매입세금계산서 등 수취세액공제 · 신용카드매출전표등 발행세액공제 · 의제매입세액공제 전자신고세액공제액이 있는 경우에는 그 세액을 뺀 금액을, 결정 · 경정과 수정신고 · 경정청구에 따른 결정이 있는 경우에는 그 내용이 반영된 금액을 직전 과세기간에 대한 납부세액에 반영한 후 2분의 1에 해당하는 금액을 7월 25일 이내에 납부함
(4) 매입처별 세금계산서 합계표 제출	부가가치세신고서와 함께 제출

4. 간이과세의 포기

구 분	내 용
(1) 의 미	① 거래상대방이 사업자일 경우, 나에게 T/I 발급을 요청하는 경우가 있음 ② 누적효과를 제거하기 위해서 포기하는 경우가 있음
(2) 포기기한 등	① 간이과세자 또는 간이과세자에 관한 규정을 적용받게 되는 일반과세자가 간이과세자에 관한 규정의 적용을 포기하고 일반과세자에 관한 규정을 적용받으려는 경우에는 일반과세를 적용받으려는 달의 전달의 마지막 날까지 관할 세무서장에게 간이과세 포기신고를 해야 함 ② 신규사업자가 사업자등록을 신청할 때 납세지 관할 세무서장에게 간이과세자에 관한 규정의 적용을 포기하고 일반과세자에 관한 규정을 적용받기 위해 신고할 수 있음
(3) 포 기 시 과세기간 구분	간이과세 포기로 인하여 각각을 1기로 봄 ① 포기신고일이 속하는 과세기간 개시일 ~ 포기신고일이 속하는 달의 말일 ② 포기신고일이 속하는 달의 다음달 1일 ~ 해당 과세기간 종료일
(4) 재 적 용 제 한	① 간이과세 포기를 적용받고자 하는 달의 1일(신규사업자는 사업개시일이 속하는 달의 1일)부터 3년이 되는 날이 속하는 과세기간까지는 간이과세의 (재)적용 불가 ② 3년이 되는 날이 속하는 과세기간이 지난 후, 간이과세를 재적용 받고자 할 때에는 적용받고자 하는 과세기간 개시 10일전까지 간이과세적용신고서를 제출

9.2 간이과세의 계산구조

1. 간이과세의 계산구조

납부세액	➠	과세표준(공급대가 : VAT포함) × 부가가치율 주1 × 10%(영세율 0%)
+ 재고납부세액	➠	일반과세자에서 간이과세자로 과세유형 변경시 납부
− 공제세액		
매입세금계산서 등 수취세액공제	➠	세금계산서 등을 발급받은 공급대가 × 0.5% 주2
신용카드매출전표등 발행공제	➠	발급금액 × 1.3%, 한도 : 연간 1,000만원 주3(2027.1.1.이후 1%, 500만원)
전자신고세액공제	➠	확정신고시 1만원
전자세금계산서 발급 · 전송 세액공제(2027.12.31.까지)	➠	Min[① , ②] ① 전자세금계산서 발급 건수 × 200원 ② 한도 : 연간 100만원
+ 가산세	➠	미등록 · 타인명의등록가산세는 0.5%(*not* 1%), T/I 관련가산세 없음
= 차가감납부세액	➠	차가감납부세액의 74.7%는 부가가치세로, 25.3%는 지방소비세로 함 주4

* 간이과세자는 납부세액(재고납부세액 포함)보다 공제세액이 클 경우, 초과금액은 없는 것으로 봄

➠ 환급이 되지는 않음. 이 경우에도 가산세는 납부의무 있음

예 납부세액 70, 공제세액 △100, 가산세 10일 때, 차가감납부세액 = 70△100 + 10

➠ 0 + 10 = 10 (*not* △20)

예 일반과세자와 간이과세자의 세액 비교

소매업(부가가치율 10% 가정)을 영위하는 개인사업자 갑이 1,600원에 매입하여 3,000원에 매출(1,000원은 신용카드 발행)한 경우 (다른 세액공제 등은 없는 것으로 가정, 위 금액에는 VAT 미포함 됨)

구 분	일반과세자	간이과세자
매출세액	3,000 × 10% = 300	–
매입세액	1,600 × 10% = 160	–
납부세액	140	3,300 × 10% × 10% = 33
공제세액		
매입세금계산서	–	160 × 10% = 16
신용카드발행공제	1,100 × 1.3% = 14.3	1,100 × 1.3% = 14.3
차감납부세액	125.7	2.7

주1 부가가치율

(1) 업종별 부가가치율

직전 3년간 신고된 업종별 평균 부가가치율을 감안하여 시행령에 정한 부가가치율을 의미함

구 분	내 용
1. 소매업, 재생용 재료수집 및 판매업, 음식점업	15%
2. 제조업, 농업 · 임업 및 어업, 소화물 전문 운송업	20%
3. 숙박업	25%
4. 건설업, 그 밖의 운수업, 창고업, 정보통신업, 그 밖의 서비스업	30%
5. 금융 및 보험 관련 서비스업, 전문·과학 및 기술서비스업*, 사업시설관리 · 사업지원 및 임대서비스업, 부동산 관련 서비스업, 부동산임대업	40%

* 인물사진 및 행사용 영상 촬영업 제외

(2) 부가가치율이 서로 다른 업종을 겸영하는 사업자가 공통사용자산을 공급시 ➠ 각 업종의 가중평균 부가가치율을 적용(해당 과세기간 공급가액이 없는 경우 가장 가까운 과세기간의 공급대가로 계산)

주2 과 · 면세사업을 겸영하는 사업자가 공통사용자산을 매입시

$$\text{세금계산서 등을 발급받은 공급대가} \times \frac{\text{해당 과세기간의 과세공급대가}}{\text{해당 과세기간의 총공급대가}} \times 0.5\%$$

주3 공제대상

간이과세자 중 다음 어느 하나에 해당하는 자가 공급시기에 신용카드매출전표 등을 발행하는 경우

① 영수증발급 대상업종을 영위하는 사업자(직전 연도의 재화 또는 용역의 공급가액의 합계액이 사업장을 기준으로 10억원을 초과하는 자는 제외)

② 직전연도 공급대가가 4,800만원 미만 사업자 및 신규사업자

주4 납부의무의 면제

구 분	내 용
(1) 적 용 대 상	해당 과세기간에 대한 공급대가가 4,800만원 미만인 경우
(2) 의 무	납부의무만 면제이므로 ①사업자등록의무 ②신고의무 ③(일반 ➠ 간이시) 재고납부세액 납부의무는 있음
(3) 신규사업 개시자	신규개시 간이과세자에 대해서는 사업개시일부터 과세기간말까지의 공급대가로 12개월 환산한 금액을 기준으로 판단(휴 · 폐업자 · 과세유형 전환자의 경우도 동일)
(4) 가산세 적용배제	납부의무 면제자는 가산세 적용을 배제함, 단 미등록가산세는 적용함(고정된 물적시설을 갖추지 않고 공부에 등록된 사업장소재지가 없는 경우 적용 안됨) 납부의무면제자의 미등록가산세 = Max[공급대가 × 0.5% (*not* 1%), 5만원]
(5) 환 급	납부의무가 면제되는 간이과세자가 자진납부한 경우에는 관할세무서장은 납부한 금액을 환급함

2. 간이과세의 절차규정

구 분	내 용
(1) 확 정 신 고	각 과세기간의 과세표준과 납부세액을 과세기간이 종료 후 25일 이내에 사업장 관할세무서장에게 신고 · 납부함. 매출 · 매입처별세금계산서합계표를 함께 제출함
(2) 세금계산서 및 영수증 의 발 급	재화 · 용역을 공급 시 세금계산서 발급함. 다만, 영수증 발급 대상자, 직전연도 공급대가 합계액이 4,800만원 미만인 사업자 및 신규사업자는 영수증 발급
(3) 합 계 표 의 제 출	발급받은 세금계산서에 대한 매입처별세금계산서합계표를 해당 확정신고와 함께 제출해야 함(매출처별세금계산서합계표는 T/I를 발급 못하므로 제출할 일이 없음)
(4) 결정 · 경정 및 징수	일반과세자의 규정을 준용함

일반과세자와 간이과세자의 비교

구 분	일반과세자	간이과세자
(1) 적 용 대 상	① 간이과세자가 아닌 모든 과세사업자 ② 법인사업자 포함됨	① 직전연도의 공급대가가 1억 4백만원 미만인 개인사업자 ② 법인사업자 불가
(2) 배 제 업 종	없 음	광업 · 제조업 등 간이과세배제대상이 있음
(3) 포 기 제 도	없 음	간이과세를 포기 후 일반과세자로 변경 가능
(4) T/I 발 급	세금계산서 발급 원칙	세금계산서 발급 원칙. 영수증 발급도 가능
(5) 예정신고납부	신고납부원칙(개인사업자는 고지납부)	예정신고납부의무 없음
(6) 납부의무면제	–	공급대가가 4,800만원 미만인 경우
(7) 가 산 세	① T/I 관련 가산세 있음 ② 미등록가산세는 공급가액의 1% (명의위장가산세는 2%)	① T/I 관련 중 수취관련 가산세율은 다음만 적용함 a. 미수취 : 공급대가 × 0.5% b. 경정시 공제 : 공급가액 × 0.5% ② 미등록가산세는 공급대가의 0.5%
(8) 매출세액계산	공급가액 × 세율	공급대가 × 부가가치율 × 세율
(9) 대손세액공제	규정 있음	규정 없음
(10) 매입세액공제	매입세액 전액 공제 가능	매입세액 × 부가가치율

9.3 재고매입세액 재고납부세액

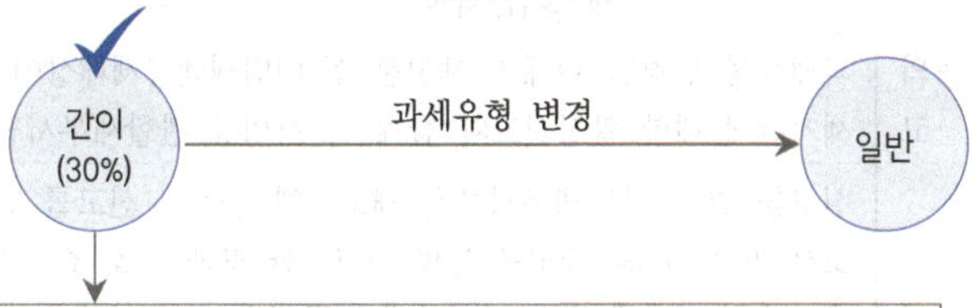

기존에 간이과세자로서의 상품 구입대가 110(VAT 10 포함)에 대해 매입세액공제 10 × 30% = 3만 적용 받았음
만약 처음부터 일반과세자였다면 10을 full로 공제 받았을 것임
즉, 과세유형이 간이 ➠ 일반으로 변경되면서, (과거에 매입세액공제를 받지 못했던 7에 대해서) 이번에 추가로 매입세액공제 해주는 제도임
재고매입세액공제 : 110 × (10/110) × (1 − 부가가치율 30%) = 7

구 분	재고매입세액	재고납부세액
(1) 의 미	간이 ➠ 일반으로 변경 시, 당초 간이과세자로서 일반과세자보다 부족하게 공제받은 매입세액을 일반과세자로 변경시에 추가로 공제해주는 제도	일반 ➠ 간이 변경 시, 당초 일반과세자로서 간이과세자보다 과다하게 공제받은 매입세액을 간이과세자로 변경시에 추가로 납부하는 제도
(2) 계 산 대 상	과거에 매입세액공제를 받은 자산	과거에 매입세액공제[*7]를 받은 자산
1) 재 고 품[*1]	재고금액[*2] × 10/110 × (1 − 부가가치율)	재고금액[*3] × 10/100 ×(1 − 부가가치율)
2) 매 입 한 감가상각자산	취득가액[*2] × (1 − 50%[*4] × 경과기간수) × 10/110 × (1 − 부가가치율)	취득가액[*3] × (1 − 25%[*5] × 경과기간수) × 10/100 × (1 − 부가가치율)
3) 자가건설 · 제조한 감가상각자산	매입세액공제액 × (1 − 상각률 × 경과기간수) × (1 − 부가가치율)	
4) 건설중인 자산	건설중인자산 관련 매입세액 × (1 − 부가가치율)	

*1 상품, 제품(반제품 및 재공품 포함), 재료(부재료 포함) 등을 말하며, 저장품은 제외됨

*2 재고품 및 감가상각자산의 금액 : 장부 또는 세금계산서에 의해 확인되는 취득가액(기존에 간이과세자로 거래했으므로 부가가치세 포함)이고, 이 금액이 없으면 재고매입세액공제 적용 불가능함

*3 재고품 및 감가상각자산의 금액 : 장부 또는 세금계산서에 의해 확인되는 취득가액(기존에 일반과세자로 거래했으므로 부가가치세 제외)이고, 이 금액이 없으면 재고품 등의 시가에 의해 재고납부세액을 적용함

*4 건물 · 구축물의 경우에는 10%

*5 건물 · 구축물의 경우에는 5%

*6 부가가치율 : 과세유형 변경일의 직전일(감가상각자산은 취득일)이 속하는 과세기간(재고납부세액의 경우에는 간이과세자로 변경된 날이 속하는 과세기간)에 적용된 업종별 부가가치율을 적용

*7 재고납부세액 계산시에는 재화의 공급으로 보지 않은 사업의 포괄적 양도에 의해 사업양수자가 양수한 자산으로서 사업양도자가 (과거 매입시) 매입세액공제를 받은 재화를 포함함

참고 재고매입세액과 재고납부세액의 절차규정 비교

구 분	재고매입세액	재고납부세액
(1) 재고품 등의 신고	과세유형 변경일 현재의 재고품 등(매입세액공제대상에 한함)을 변경되는 날의 직전 과세기간에 대한 확정신고와 함께 각 사업장 관할세무서장에 신고	
(2) 승인 및 통지	신고를 받은 관할세무서장은 재고금액 등을 조사 및 승인 후, 재고품 등의 신고기한 경과 후 1개월 이내에 해당 사업자에게 공제될 재고매입세액을 통지 ➠ 미통지 시에는 승인으로 간주함	신고를 받은 관할세무서장은 재고금액 등을 조사 및 승인 후, 간이과세자로 변경된 날부터 90일 이내에 해당 사업자에게 납부할 재고납부세액을 통지 ➠ 미통지 시에는 승인으로 간주함
(3) 납 부 방 법	승인을 얻은 날이 속하는 예정 · 확정신고기간의 매출세액에서 공제 ➠ 미공제분은 환급되는 등, 공제의 한도는 없음	간이과세자로 변경된 날이 속하는 과세기간에 대한 확정신고시 납부할 세액에 가산하여 납부

연습문제

01 부가가치세법상 간이과세에 관한 설명으로 옳지 않은 것은? CPA 2013

① 간이과세는 직전 연도의 재화와 용역의 공급대가(부가가치세 포함)가 1억 4백만원에 미달하는 개인사업자를 대상으로 적용한다. 다만, 간이과세가 적용되지 아니하는 다른 사업장을 보유하고 있는 사업자 또는 업종, 규모, 지역 등을 고려하여 법령으로 정하는 사업자의 경우에는 간이과세자로 보지 아니한다.

② 간이과세자가 일반과세자에 관한 규정을 적용받으려는 경우에는 그 적용을 받으려는 달의 전달 마지막 날까지 납세지 관할세무서장에게 간이과세포기신고를 하여야 하며, 그 적용받으려는 달의 1일부터 3년이 되는 날이 속하는 과세기간까지는 일반과세자에 관한 규정을 적용 받아야 한다.

③ 간이과세자가 부가가치세가 과세되는 재화 또는 용역을 공급하고 신용카드매출전표, 현금영수증을 발급하거나 또는 전자적 결제수단에 의하여 대금을 결제받는 경우에는 그 발급금액 · 결제금액의 1.3%에 해당하는 금액(연간 1,000만원 한도)을 납부세액에서 공제한다.

④ 간이과세자는 과세기간의 과세표준과 납부세액을 그 과세기간이 끝난 후 25일(폐업하는 경우에는 폐업일이 속한 달의 다음달 25일) 이내에 사업장 관할세무서장에게 신고 · 납부하여야 하며, 매입처별 세금계산서합계표도 함께 제출하여야 한다.

⑤ 간이과세자가 다른 사업자로부터 세금계산서 등을 발급받아 매입처별 세금계산서합계표 또는 신용카드매출전표 등 수령명세서를 사업장 관할세무서장에게 제출하는 경우에는 해당 과세기간에 발급받은 세금계산서 등에 적힌 매입세액(매출세액에서 공제하지 아니하는 매입세액을 포함)에 해당 업종의 부가가치율을 곱하여 계산한 금액을 과세기간에 대한 납부세액에서 공제한다.

02 부가가치세법상 간이과세에 관한 설명으로 옳지 않은 것은? CPA 2017

① 2025년 1월 음식점을 개업한 개인사업자 A(타사업장 없음)는 사업자등록을 하면서 간이과세 적용신고서를 제출하였다. A는 매출금액에 관계없이 2025년은 간이과세자 규정을 적용받는다.

② 사업개시일부터 간이과세를 적용받고 있는 간이과세자 B는 2025년 과세기간에 대한 공급대가의 합계액이 2,300만원인 경우 2025년 부가가치세 납부세액의 납부의무를 면제받는다.

③ 2025년 납부의무가 면제되는 간이과세자 C는 2025년 부가가치세 23,000원을 납부하였다. 이 경우 관할 세무서장은 납부금액에 대한 환급의무를 지지 아니한다.

④ 과세사업만을 영위하는 간이과세자 D는 매입세액공제 대상 재화를 매입하면서 정상적인 세금계산서를 발급받아 당해 과세기간 신고를 하면서 매입처별 세금계산서 합계표를 제출하였다. 이 경우 매입세금계산서상 매입세액에 업종별 부가가치율을 곱한 금액을 납부세액에서 공제한다.

⑤ 간이과세자 E의 2025년도 부가가치세 신고 과세표준은 해당 과세기간(2025. 1.1.~2025.12.31.)의 공급대가의 합계액으로 한다.

03 부가가치세법상 간이과세의 포기에 관한 설명이다. 옳지 않은 것은? CPA 2016

① 간이과세자가 간이과세를 포기하고 일반과세자에 관한 규정을 적용받으려는 경우 간이과세포기신고서를 납세지 관할 세무서장에게 제출하면 된다.

② 간이과세자가 간이과세포기신고서를 제출한 경우 제출일이 속하는 달의 다음달 1일부터 일반과세자에 관한 규정을 적용받게 된다.

③ 간이과세자는 간이과세를 포기하지 않으면 수출에 대하여 영세율을 적용받을 수 없다.

④ 간이과세포기신고서를 제출한 개인사업자는 일반과세자에 관한 규정을 적용받으려는 달의 1일부터 3년이 되는 날이 속하는 과세기간까지는 간이과세자에 관한 규정을 적용받지 못한다.

⑤ 간이과세포기신고서를 제출한 개인사업자가 3년이 지난 후 다시 간이과세를 적용받으려면 그 적용받으려는 과세기간 개시 10일 전까지 간이과세적용신고서를 관할 세무서장에게 제출하여야 한다.

04 다음은 음식점업(과세유흥장소 아님)을 영위하는 간이과세자 甲의 부가가치세 관련 자료이다. 2025년 과세기간에 대한 부가가치세 신고시 차감 납부세액(지방소비세 포함)은 얼마인가? (단, 주어진 자료 이외에는 고려하지 않음) CTA 2018

(1) 공급내역

기 간	업 종	공급대가
2025.1.1. ~ 6.30.	음식점업	32,000,000원
2025.7.1. ~ 12.31.	음식점업	23,000,000원
합 계		55,000,000원

(2) 공급대가 중 신용카드매출전표 발급금액은 8,000,000원이다.

(3) 농산물 구입은 계산서 수취분이며 농산물 가액은 1,090,000원이다.

(4) 대형마트를 통한 조미료 등의 구입은 세금계산서 수취분이며 발급대가는 20,000,000원이다.

(5) 음식점업의 업종 부가가치율은 15%이다. 2025년 예정부과기간의 고지세액은 없으며, 전자신고세액공제는 고려하지 않는다.

(6) 매입세액 및 의제매입세액은 공제받기 위한 모든 요건을 충족하였고, 세액공제 등에 대해 적법하게 신고한 것으로 가정하며, 甲은 복식부기의무자가 아니다.

① 0원 ② 152,000원 ③ 261,260원
④ 352,000원 ⑤ 621,000원

05 간이과세자인 甲은 화장품을 도매로 구입하여 소비자에게 직접 판매하는 소매업을 영위하고 있다. 다음 자료에 의하여 2025년 부가가치세 신고 시 차가감 납부할 세액(지방소비세 포함)을 계산하면 얼마인가? CTA 2015

(1) 거래내용

기 간	품 목	공급대가
2025. 1. 1. ~ 2025. 6. 30.	화장품	27,500,000원[*1]
2025. 7. 1. ~ 2025. 12. 31.	화장품	27,000,000원[*2]
합 계		54,500,000원

(*1) 견본품으로 제공한 금액 2,200,000원이 포함되어 있다.
(*2) 매장 직원의 생일선물로 제공한 판매용 화장품[공급대가 3,300,000원(시가에 부가가치세가 포함된 금액임), 원가 2,500,000원]은 포함되어 있지 않다.

(2) 신용카드매출전표 발행금액은 소비자에게 판매한 금액의 30%이다.

(3) 화장품 구입대금은 모두 세금계산서 수취분이며 세금계산서상 공급대가는 40,000,000원이다.

(4) 2025년 예정부과기간의 납부세액은 없다.

(5) 소매업의 업종별 부가가치율은 15%이며, 전자신고세액공제는 고려하지 않는다.

① 258,160원 ② 269,580원 ③ 313,280원
④ 382,450원 ⑤ 430,030원

06 소매업을 영위하는 개인사업자 甲은 2025.1.1.부터 간이과세자에서 일반과세자로 과세유형이 전환되었다. 전환일 현재의 재고품 및 감가상각자산이 다음과 같으며 모두 매입세액공제대상일 경우 재고매입세액은 얼마인가? (단, 甲은 일반과세자 전환시 보유자산에 대한 '재고품 등 신고서'를 적법하게 신고한 것으로 가정하고 자산의 취득은 적격증명서류를 갖추고 있음) CTA 2018

(1) 2025.1.1. 현재 보유자산 현황(취득가액은 모두 부가가치세 포함)

구 분	취득일자	취득가액	장부가액	시 가
건 물	2021. 6. 5.	220,000,000원	120,000,000원	230,000,000원
비 품	2023. 4.25.	44,000,000원	18,000,000원	24,000,000원
상 품	2024.12.20.	22,000,000원	22,000,000원	26,000,000원

※ 건물과 비품은 타인으로부터 매입한 자산이다.

(2) 해당업종의 부가가치율은 10%로 가정한다.

① 7,200,000원　② 12,600,000원　③ 14,400,000원
④ 15,600,000원　⑤ 16,200,000원

07 다음 자료를 이용하여 2025.1.1.부터 일반과세자에서 간이과세자로 전환된 사업자 갑이 간이과세자 부가가치세 확정신고 시 2025년 과세기간의 차감납부할 세액 또는 환급받을 세액(지방소비세 포함)을 계산하면 얼마인가? (단, 세법상 적법한 절차와 신고가 이루어졌고, 각 사업장의 직전연도 재화 공급가액의 합계액은 3억원 이하이다.)

CTA 2013

(1) 제분업을 운영하고 있으며 공급대가 60,000,000원(공급대가 중 10,000,000원은 신용카드 결제분임)이다.

(2) 간이과세자로 변경되는 일 현재의 보유자산 현황은 다음과 같다.

구 분	취득시기	취득가액	비 고
재고품	2024. 11. 3.	1,000,000원	
기 계	2024. 3. 1.	20,000,000원	
건 물	2022. 8. 1.	50,000,000원	토지가액 30,000,000원 포함

* 재고품, 기계, 건물은 취득 시 매입세액 공제를 받음

(3) 매입은 모두 세금계산서를 수령하였으며 동 세금계산서의 공급대가는 20,000,000원(매입세액 불공제분은 없음)이다.

(4) 해당 업종의 부가가치율은 20%로 가정한다.

① 1,250,000원 ② 2,310,000원 ③ 2,930,000원
④ 3,050,000원 ⑤ 4,190,000원

정답 및 해설

01 정답 ⑤

간이과세자의 매입세금계산서 등 세액공제시, 매출세액에서 공제되지 아니하는 매입세액(사업무관 지출 등 매입세액불공제 사유)은 포함하지 아니한다.

02 정답 ③

납부의무가 면제되는 사업자가 자진납부한 경우 납세지 관할세무서장은 납부한 금액을 환급하여야 한다.

03 정답 ③

간이과세자의 경우에도 직수출 등의 사유시에는 영세율을 적용받을 수 있다.

04 정답 ⑤

구 분	금 액	비 고
1. 납부세액	825,000	55,000,000 × 15% × 10%
2. 세액공제	204,000	
(1) 매입세금계산서 등 세액공제	100,000	20,000,000 × 0.5%
(2) 신용카드매출전표 발급 세액공제	104,000	8,000,000 × 1.3%
3. 차감납부할세액	621,000	

05 정답 ⑤

구 분	금 액	계 산 내 역
1. 납부세액	834,000	(54,500,000 − 2,200,000 + 3,300,000) × 15% × 10%
2. 세액공제	403,970	
(1) 매입세금계산서 등 세액공제	200,000	40,000,000 × 0.5%
(2) 신용카드매출전표 발급 세액공제	203,970	(54,500,000 − 2,200,000) × 30% × 1.3%
3. 차감납부할세액	430,030	

06 정답 ②

(1) 건물 : $220{,}000{,}000 \times \frac{10}{110} \times (1 - 10\% \times 4) \times (1 - 10\%) = 10{,}800{,}000$

(2) 비품 : $44{,}000{,}000 \times \frac{10}{110} \times (1 - 50\% \times 2) \times (1 - 10\%) = 0$

(3) 상품 : $22{,}000{,}000 \times \frac{10}{110} \times (1 - 10\%) = 1{,}800{,}000$

(4) 합계 : 12,600,000

07 정답 ④

구 분	금 액	비 고
1. 납부세액	3,280,000	
(1) 과세분	1,200,000	60,000,000 × 20% × 10%
(2) 재고납부세액	2,080,000	
① 재고품	80,000	1,000,000 × 10 / 100 × (1 − 20%)
② 기계	800,000	20,000,000 × 10 / 100 × (1 − 25% × 2기) × (1 − 20%)
③ 건물	1,200,000	20,000,000 × 10 / 100 × (1 − 5% × 5기) × (1 − 20%)
2. 세액공제	230,000	
(1) 매입세금계산서 등 세액공제	100,000	20,000,000 × 0.5%
(2) 신용카드매출전표 발급 세액공제	130,000	10,000,000 × 1.3%
3. 차감납부할세액	3,050,000	

저자소개

저자 임성종

경 력

- 고려대학교 경제학과 졸업
- 서울대학교 대학원 경영학 석사 졸업
- 성균관대학교 대학원 경영학 박사 졸업
- 삼일회계법인 · 우리회계법인 · 성산회계법인 근무(공인회계사 · 세무사)
- 국세청 국세심사위원회 위원, 한국공인회계사회 국세연구위원회 연구위원
- 한국경영학회 회계분야 편집위원, 한국회계학회 재무이사
- 삼일아카데미 · 대한상공회의소 · 한국공인회계사회 회계연수원 강사
- 연세대학교 · 성균관대학교 · 서울시립대학교 · 숙명여자대학교 강사
- 중앙대학교 경영학부 조교수
- UCLA 방문교수(Visiting Professor at University of California, Los Angeles)
- 공인회계사 · 세무사 · 국가직 5급 · 7급 공무원 PSAT 출제 · 선정위원

현, 충남대학교 경영학부 부교수

저 서

- 부가가치세 실무 네비게이터(영화조세통람)
- New 법인세이론과 결산실무(도서출판 어울림)
- 세법개론(도서출판 탐진)
- 중소기업 법인세 신고 및 회계기준서(중소기업중앙회) 외 다수

논 문

- 이동통신사 보조금의 부가가치세법상 과세 여부에 관한 사례 연구(세무와 회계연구)
- 가업상속공제의 요건별 개선방안에 관한 연구(공저, 세무와 회계저널)
- 한국은행 기준금리 변화가 상장기업 조세회피에 미치는 효과 연구(공저, 회계정보연구)
- 플립러닝을 통한 세무회계교육 및 성과 사례(회계정보연구) 외 다수

스마트세법 [소득부가세편]

초판 발행 • 2014년 1월 23일
제12판 발행 • 2025년 8월 29일
지은이 • 임성종
펴낸이 • 김대명
펴낸곳 • 나우퍼블리셔
등록번호 • 2020년 1월 20일 (제2020-000005호)
주소 • 서울특별시 성동구 한림말5길 11 덕성빌딩
전화 • 010-9133-5272 | 팩스 02-6305-3639
전자우편 • nowpublisher@daum.net
홈페이지 • www.nowpublisher.co.kr
ISBN • 979-11-7102-127-7 93320

정가 30,000 원